Flüchtlinge

Cinur Ghaderi · Thomas Eppenstein
(Hrsg.)

Flüchtlinge

Multiperspektivische Zugänge

Springer VS

Herausgeber
Cinur Ghaderi
Thomas Eppenstein

Evangelische Hochschule RWL
Bochum, Deutschland

ISBN 978-3-658-15740-1 ISBN 978-3-658-15741-8 (eBook)
DOI 10.1007/978-3-658-15741-8

Die Deutsche Nationalbibliothek verzeichnet diese Publikation in der Deutschen Nationalbibliografie; detaillierte bibliografische Daten sind im Internet über http://dnb.d-nb.de abrufbar.

Springer VS

Lektorat: Stefanie Laux

Springer VS ist Teil von Springer Nature
Die eingetragene Gesellschaft ist Springer Fachmedien Wiesbaden GmbH
Die Anschrift der Gesellschaft ist: Abraham-Lincoln-Str. 46, 65189 Wiesbaden, Germany

Inhalt

Perspektiven auf Flüchtlinge und Fluchtdynamiken – Eine Einführung

Thomas Eppenstein und Cinur Ghaderi

Flucht ist kein Zustand. Die Zustände, unter denen dies – normativ – richtig erscheint, werden in ihrem jeweiligen ‚Zustand' in Mitleidenschaft gezogen. Flucht ist als nicht zur Ruhe kommende *Fluchtdynamik* besser beschrieben. Auch wenn Fluchtdynamiken zur Tatsache geworden sind, die zum Zustand der gegenwärtigen Weltgesellschaft gehören, gibt es keine Gewöhnung, solange man hinsieht oder selbst involviert ist. Flucht bewegt und erregt nicht nur die, die auf der Flucht sind, eine Flucht hinter sich haben oder deren Flucht bevorsteht, sondern auch die anderen, die sich dazu in ein Verhältnis setzen; als Empfänger von Bildern und Nachrichten, Funktionsträger, Politiker_innen, Bürger_in[1] eines Transit- oder Aufnahmelandes, Helfer, Retter, Geschäftemacher, auch Verfolger und Feindselige. Wenn Flucht zum Dauerzustand wird, ist das kein Zustand: Flucht evoziert den Ruf nach Veränderung, ist Ausdruck von Veränderungen, sucht nach Veränderung und schafft Veränderung.

Die zentralen Fragen jeder Flucht nach dem „wie weiter…" und „wohin flüchten…" werden zur allgemeinen Aufgabe für Geflüchtete und Nicht-Geflüchtete; zwischen beiden entsteht eine Interdependenz in Hinblick auf Limitierungen und Möglichkeiten[2], in Hinblick auf Rechte und deren Beschneidung, in Hinblick auf Eigenmächtigkeit und kontrollierender Regulation. Flucht beschämt, weil das moralische Gefühl der Scham[3] (Brumlik 2002, S. 75) anzeigt, wo die Grenzen der Verletzlichkeit liegen und was normativ nicht geschehen oder nicht so bleiben sollte:

1 Die Berücksichtigung einer gendergerechten Sprache wird von den Autorinnen und Autoren dieses Bandes unterschiedlich umgesetzt.

2 Vgl. Grundmann, T. und Stephan, A. (2016): Welche und wie viele Flüchtlinge sollen wir aufnehmen? Philosophische Essays. Stuttgart: Reclam.

3 Brumlik beschreibt „Scham" als auf Normativität und Intersubjektivität zugleich bezogenes „moralisches Gefühl", in dem unsere Haltungen zu dem zum Ausdruck kommen, „wie es in der Welt, unsere Handlungen und Unterlassungen eingeschlossen, zugehen soll" (S. 75). Da-

dass Flucht ein Zustand bleibt als Ausdruck gewaltförmiger Verhältnisse. Europäische Fluchtverhältnisse sind ‚kein Zustand', weil unser Meer (mare nostrum/Mittelmeer) zum Massengrab mutiert, weil Innenminister darauf einstimmen, man müsse sich an unschöne Bilder an den Grenzen (Idomeni; Calais; Ceuta usw.) gewöhnen, weil illegale Grenzübertritte mit mehrjährigen Gefängnisstrafen belegt werden (wie in Ungarn), weil viele Geflüchtete, darunter Kinder und alleinstehende Jugendliche unregistriert bleiben, weil die Registrierung der Geflüchteten mit Restriktionen verbunden sind, weil es so gut wie keine legalen Möglichkeiten zur Einreise gibt, weil Zuständige überfordert sind, weil Unzuständige Überfremdung fürchten, weil…, weil…, weil…

Die Unzahl von – zuweilen in Konkurrenz zueinander stehenden – Gründen, dass hier keine tragbaren Zustände herrschen, evoziert allzu oft und zu rasch eine Sehnsucht nach Eindeutigkeit, nach Führung, bei manchen Zeitgenoss_innen nach Führern oder einer Führerin; Worin soll also ein Text einführen, wohin soll eine Einführung zu diesem Buch führen? Hier geht es nicht, wie ansonsten in wissenschaftlichen Publikationen üblich, lediglich um eine klare Bestimmung des Gegenstandes, sondern um eine darüber hinausreichende Erwartung, dass Forschung und Wissenschaft – quasi therapeutisch – das erhoffte Expertentum bereitstellt. Interesse kann auch Indiz für Ratlosigkeit sein. Doch hier wird kein Ratgeber bereitgestellt. Gegenüber solchen Ansprüchen ist Zurückhaltung angezeigt und dem Ruf nach Führung oder auch Rettung wird nicht gefolgt, denn auch die Wissenschaften und wissenschaftliches Wissen sind nicht frei von jeweilig historischen, diskursiven und gesellschaftlichen Einflüssen. Eine „führungslose Einführung" indes scheint dem Gegenstand angemessen, wenn der Reichtum multiperspektivischer Zugänge mit jeweils objektivierbaren Perspektiven zum komplexen Thema „Flüchtlinge…" erhalten bleiben soll. Der Verzicht auf Führung meint nicht Urteilsenthaltsamkeit, sondern erhält die Perspektive der Rekonstruktion, wie „Flüchtlinge" in unterschiedlichster Weise konstruiert werden: Als „Opfer" oder „Täter" im öffentlichen Diskurs; als politisches Thema; als Erzählung; als Männer, Frauen, Kinder oder Jugendliche; als Rechtssubjekte; als gesellschaftliche Kategorie; als potenzieller Sündenbock; als Bildungsaspiranten, Patienten, Adressat_innen Sozialer Arbeit oder als sogenannte „Abschüblinge" und so fort.

Eine Zusammenschau unterschiedlicher disziplinärer Zugänge soll durch diesen Band ermöglicht werden. Autorinnen und Autoren wurden eingeladen, im Ensemble von Facetten unterschiedlicher wissenschaftlicher Disziplinen den „bewegten und bewegenden Flüchtling" als Ankerpunkt ihres Beitrags in Hinblick auf Theorie, Forschung oder Handlungspraxis aufzunehmen.

---

bei ist „Scham als das Empfinden eines grundsätzlichen Zerbrechens für wichtig gehaltener Normen keineswegs an die Erfahrung selbst zu verantwortender Schuld gebunden" (ebd.).

Dieses Buchprojekt wurde vor dem Aufkommen der Rede von der „Flüchtlingskrise" im Sommer 2015 in Deutschland begonnen. Es will vor allem für Studierende, Lehrende und Forschende in Hochschulen, für Hauptamtliche in betroffenen Praxisfeldern wie für freiwillig Engagierte, Ehrenamtliche und interessierte Laien sachhaltige Zugänge aus unterschiedlichen Disziplinen verfügbar machen und zur Diskussion stellen.

1 Führungslose Einführung

Die Dynamiken von Fluchtbewegungen und Flüchtlingen fordern die Dynamiken wissenschaftlichen Nachdenkens und Forschens auf eigene Weise heraus. Die Bewegung der Flüchtlinge hat meist keine Kenntnis davon, wo sie ankommen wird, sie bewegt sich erst einmal weg von Verfolgung, Hoffnungslosigkeit, Gewalt, ökologischer oder ökonomischer Unerträglichkeit und Not. Hier besteht ein Kontrast zu den Ortsbestimmungen und Festlegungen wissenschaftlicher Disziplinen, die Fluchtdynamiken beobachten, beschreiben und im Sinne ihrer jeweiligen Verortung auch konstruieren. Möglicherweise kann dieser Kontrast fruchtbar gemacht werden, wenn multiple Perspektiven gefragt, artikuliert und kommuniziert werden.

Die Aktualität einer Thematik und ihre wissenschaftliche Reflexion gehen nicht immer eine harmonische Verbindung ein: Hier der Schrei nach schnellen Deutungen, Erklärungen oder Lösungen und dort die auf Gründlichkeit, reflexive Distanz, (inter-)disziplinäre Verortung und auch auf Langsamkeit verwiesene wissenschaftliche Redlichkeit; Beim Thema „Flucht, Asyl, Flüchtlinge" kann sich aufgrund der empirischen Realität – 65,3 Millionen Flüchtlinge zur Zeit weltweit, von denen 441 900 allein im Jahr 2015 einen Asylantrag in Deutschland gestellt haben und schätzungsweise nochmal so viele Geflüchtete leben[4] – und angesichts der medialen Präsenz kaum jemand einer Auseinandersetzung entziehen. Die damit angesprochenen Herausforderungen gewinnen aus handlungspraktischer, gesellschaftspolitischer und wissenschaftlicher Sicht an Bedeutung. In Deutschland mangelt es bisher an einer umfassenden multiplen Sicht auf die Forschungsperspektiven zu diesem Thema. Erste Bemühungen, eine Debatte über zentrale Begriffe, Konzepte und Zugänge anzuregen, gibt es beispielsweise über das DFG-

4 UNHCR (2016): Global Trends. Jährlicher Statistikbericht. Auszüge in FAZ v. 20.06.2016, S. 2 und http://www.unhcr.org/en-us/the-global-report.html. Zugegriffen: 23.06.2016. Zu jeweils aktuellen Entwicklungen in der Bundesrepublik vgl. Bundeszentrale für politische Bildung: http://www.bpb.de/232188.

Projekt „Grundlagen der Flüchtlingsforschung" (vgl. http://fluechtlingsforschung.net/grundlagen/).

Schroeder (2014) bilanzierte bereits vor dem Jahr 2015 hierzu, dass die Grundlagen-, Anwendungs- und Praxisforschung eher sporadisch und unsystematisch vorliegen und verweist auf ein bereits 1982 in GB an der Universität Oxford gegründetes „Refugee Studies Centre" (vgl. www.rsc.ox.ac.uk; vgl. Journal of Refugees Studies; für Deutschland: siehe www.asylforschung.de) (Schroeder 2014, S. 15).

Im Zuge des gesteigerten Interesses, öffentlicher Debatten und dem erkennbaren Bedarf an Anwendungsforschung seit dem Jahr 2015 wächst die Zahl an Studien und Forschungsanliegen.[5]

Eine Gesamtübersicht über den derzeitigen Forschungsstand gleich mehrerer Disziplinen ist trotz der meist als unzureichend eingestuften Forschungsdichte kaum leistbar; zahlreiche Autorinnen und Autoren dieses Bandes haben jeweilige Teildarstellungen und auch für nötig befundene Forschungsperspektiven in ihren Beiträgen integriert.

1.1 Begrifflichkeiten und Befindlichkeiten: *„Penaber"*

In Hinblick auf was oder wen gilt es einzuführen?

Wir haben uns für den Leitbegriff „Flüchtlinge" entschieden, um einen Möglichkeitsraum zu eröffnen, Positionen und Zugänge zu verdeutlichen, aber auch bislang nicht selten unklare oder auch unsichtbare Kontexte, Projektionen oder vermiedene Diskursstränge zu artikulieren und dabei in Erinnerung zu behalten, dass es beim Thema Flucht und Asyl um Individuen geht: Der oder die „Geflüchtete" erscheint zwischen Gruppenzugehörigkeit und individueller Disposition, zwischen Hilfebedarf und Bedrohungspotenzial, zwischen Konstrukt und Realität, zwischen Grenze und Entgrenzung; „Flüchtlinge", „Geflüchtete", „displaced persons" , „Asylflüchtlinge", „Fluchtmigranten_innen", „Movies", „refugees" usw. sind auf einen Begriff gebrachte notorisch umstrittene semantische Formen im öf-

5 Auf einer Veranstaltung der Johannes-Rau-Forschungsgemeinschaft (JRF) mit dem Titel „Flucht, Migration, Integration – Herausforderungen und Chancen aus Sicht der Forschung" am 17. Juni in Düsseldorf (https://jrf.nrw/2016/05/jrf-veranstaltung-integration/. Zugegriffen: 21.08.2016) wurden beispielhaft Forschungsinitiativen aus den Jahren 2015/16 genannt: (1) Des BICC (Bonn International Center of Conversion): Forschungsprojekte, die von Fluchtursachen bis zu Integration reichen, (2) Netzwerk Flüchtlingsforschung mit über 100 Wissenschaftler_innen seit 2013; Infos unter: flüchtlingsforschung.net., (3) Zentren für Türkeistudien: Potenziale von Migrantenorganisationen für die Integration der neu zugezogenen Flüchtlinge und (4) Forschungen des DIE (Deutsches Institut für Entwicklungspolitik) (vgl. auch https://jrf.nrw/2016/06/jrf-flucht-migration-integration/).

fentlichen Diskurs, in der Politik, bei NGOs oder Akteuren Sozialer Berufe und auch als Selbstbeschreibung Betroffener für einen Komplex an Aussagen, Problemsichten und Zuschreibungen, die für den wissenschaftlichen Sprachgebrauch nur bedingt taugen, da sie unscharf bleiben müssen. Wenn der Begriff „Flüchtlinge" auch unscharf bleiben muss, so ist doch eine Analyse seiner diskursiven Verwendung möglich: Derzeit schwanken die Debatten zwischen Erwägungen zur Nutzbarmachung im Sinne positiver wirtschaftlicher oder demographischer Effekte, Bedrohungsszenarien und Herausforderungen in kultureller, humanitärer oder organisatorischer Hinsicht.

Der Historiker Norman Naimark stellt die unterschiedlichen konzeptionellen Perspektiven unterschiedlicher Begriffsverwendungen von „Zwangsmigration (forced deportation/migration)", „zwangsweiser Verbringung (forced removal)", „erzwungene Bevölkerungsbewegungen (forced population movements)", „Bevölkerungstransfer (population transfer)" oder „Vertreibung" heraus und bemerkt: „Migration erscheint mir selbst mit dem Zusatz ‚erzwungen' als zu friedlich und zu sehr Teil des Laufs der Weltgeschichte, als dass dieser Begriff den Grad an Gewalttätigkeit einfangen könnte, den die meisten von uns im Sinn haben, wenn wir an die Vertreibungen in Europa im Umfeld des Ersten Weltkrieges, des Zweiten Weltkrieges und der Kriege in Jugoslawien denken" (Naimark 2016, S. 12). Und auch wenn wir die aktuellen Anlässe von Flucht vergegenwärtigen, wird Naimark bestätigt: Krieg in Syrien, die Gewalt des Daesch, Afghanistan, Irak, Eritrea usw. Mit Verweis auf Syrien sei die Geschichte der Zwangsmigration mitnichten abgeschlossen, „aber selbst in Europa scheint kein Ende bezüglich der Neigung zu Abschiebungen und Vertreibungen vorgeblich ‚fremder' Gruppen aus gut situierten Nationalstaaten erreicht zu sein" (Naimark 2016, S. 27). Die multiplen Konnotationen der diversen Begriffe spiegeln – so Naimark – die Ansichten ihrer jeweiligen Autoren über das von ihnen Beschriebene wieder und bewegen sich auf einer Bandbreite vom eher „weichen" Begriff Bevölkerungstransfer bis zur „ethnischen Säuberung (Genozid)" am harten Ende der Skala (S. 14). Es gibt demnach keinen normativ abstinenten oder einheitlich passenden Begriff und „statt historische Ereignisse in bestimmte Termini zu zwingen, ist es sinnvoller, jeweils solche Begriffe zu verwenden, die zu unterschiedlichen historischen Situationen in Vergangenheit und Gegenwart passen" (S. 26). Vor allem ist zu betonen: „Welchen Begriff auch immer man für erzwungene Dislozierung von Völkern benutzt, ist es wichtig zu verstehen, dass Gewalt, häufig auch extreme Gewalt, nahezu immer integraler Bestandteil dieses Prozesses ist" (S. 27).

Gegenwärtige Fluchtmotive und -gründe, Fluchtverläufe und die Lage von Geflüchteten in Durchgangs- und Ankunftsregionen bilden ein komplexes Konglomerat neuer Wanderungsbewegungen, die durch den in Folge der Erfahrungen des vergangenen Jahrhunderts konstruierten Asylstatus mit seinen umfangreichen Limitierungen nur noch eingeschränkt abgebildet werden können. Die Debatten um „sichere Herkunftsstaaten", Einschränkungen beim Recht auf Familiennachzug und die gängige Unterscheidung zwischen der Figur des „wirklich Verfolgten" und „Wirtschaftsflüchtlingen" bilden eher den Versuch staatlicher Regulierungen von Flüchtlingsbewegungen ab, als dass sie für eine menschliche und politische vertretbare Antwort auf die reale Dimension gegenwärtiger Fluchtmigrationen taugen (Nassehi 2015, S. 3).

Die 1933 aus Nazi-Deutschland über Frankreich nach New York geflüchtete politische Philosophin Hannah Arendt schreibt als staatenlose 1943 in einem Text mit dem Titel „*Wir Flüchtlinge*" zur einengenden Zuschreibung als Geflüchtete: „Vor allem mögen wir es nicht, wenn man uns ‚Flüchtlinge' nennt. Wir selbst bezeichnen uns als ‚Neuankömmlinge' oder ‚Einwanderer'. (…) Mit uns hat sich die Bedeutung des Begriffs ‚Flüchtling' gewandelt" (Arendt 1943/2016, S. 9). Arendt verweist hier auf die Veränderung der Bedeutungszuschreibung zum Begriff Flüchtling, die zwischen Heroismus, Unglückseligkeit und Gefahrenquelle changiert. Die Aktualität wird durch den historischen Text deutlich: Als „Neuankömmlinge" sind Geflüchtete menschliche ‚Körper', die überlebt haben mit unklarer Zukunftsperspektive; für eine kleine Anzahl von Ihnen, die eine asylrechtliche Anerkennung als Flüchtlinge erhalten, bleibt die Frage offen, als was sie sich jenseits ihrer Fluchtgeschichte verorten können.

Die Autoren und Autorinnen dieses Bandes beziehen sich in der Regel auf eine Definition Artikel 1 des UNHCR, wonach ein Flüchtling eine Person ist, die „*aus der begründeten Furcht vor Verfolgung wegen ihrer Rasse, Religion, Nationalität, Zugehörigkeit zu einer bestimmten sozialen Gruppe oder wegen ihrer politischen Überzeugung sich außerhalb des Landes befindet, dessen Staatsangehörigkeit sie besitzt, und den Schutz dieses Landes nicht in Anspruch nehmen kann oder wegen dieser Befürchtungen nicht in Anspruch nehmen will*".

Diese Begriffsdefinition dient als argumentativer Bezugspunkt und wird hinsichtlich ihrer Limitierungen gegenüber weitergehenden Fluchtphänomenen auch kritisch eingeordnet. Der Begriff „Flüchtlinge" wird als zentraler Begriff gewählt, um die Ambivalenz und Uneindeutigkeit deutlich zu machen, und politische, normativ-moralische oder handlungspraktische Aushandlungsprozesse zu analysieren. In diesen begrifflichen Standpunkten gibt es auch stets unsichtbare, tote Winkel, so geht beispielsweise die Mehrsprachigkeit unter. „*Penaber*", das kurdische Wort für Flüchtlinge kann übersetzt werden mit „Schutznehmende", wie jemand, der sich einen schattigen Platz an der Sonne nimmt. Auch in anderen Sprachen wird es andere Konnotationen und Implikationen des Begriffs geben. Der Titel dieses Buches übernimmt den Begriff „Flüchtlinge" also als dominanten diskursiven im Deutschen gebrauchten Begriff, wissend um dessen „Unreinheit" und Varianz.

Unterhalb der Leitvokabel „Flüchtlinge" entsteht ein Konglomerat neuer Begriffe, Namen und Bezeichnungen, die lange als Code für Experten_innen galten, mit der öffentlichen Thematisierung aber zunehmend zum Vokabular einer informierten Allgemeinheit zählen: „Dublin I, II, …." oder „Schengen-Abkommen"; „Kettenduldung"; EU-Grenzschutzagentur *Frontex;* Grenzüberwachungssystem *Eurosur* (European Border Surveillance System); „*Mobilitätspartnerschaften* mit afrikanischen Herkunftsländern und maghrebinischen Transitländern; „Asyl*paket* I, II…". „Sichere Herkunftsländer"; „subsidiärer Schutz" usw. Hinzu kommen Ortsnamen, die für dramatische Zustände stehen: Lampedusa, griechische Inseln (Chios, Lesbos); Ceuta, Meilla, Idomeni; Calais… und es werden neue Wörter generiert: „Hotspot"… „Zahlungskontoidentitätsprüfungsverordnung", „Moralischer Imperialismus". Es scheint, als müsse der Regelungs- und Regulierungsbedarf des vermeintlich absolut Neuen in immer neue Worte gefasst werden. Der Bedarf an neuen Formeln lässt vermuten, dass hier auf semantischer Ebene ein Abstand hergestellt werden soll, den man auch gegenüber den Flüchtlingen aufrechterhalten will. Allemal deutet sich im spezifischen Vokabular der systemische Zusammenhang eines Flüchtlingsregimes an, wobei Gelenkfunktionen zwischen einschlägigen Institutionen und der Allgemeinheit hergestellt werden. Die Geflüchteten selbst, für die die meisten hinter diesen Begriffen wirksamen Operationen unverständlich und undurchschaubar bleiben, werden zu Objekten einer umfassenden Exklusionsverwaltung, die einer eigenen solchen Sprachform bedarf.

1.2 Historische Anmerkungen

Gegenwärtige Fluchtdynamiken können vor dem Hintergrund historischer Entwicklungen und Erfahrungen besser verstanden werden, jedoch steht eine umfassende, zusammenhängende historische Rekonstruktion von Fluchtdynamiken nach dem zweiten Weltkrieg und ihren Interdependenzen mit Deutschland und Europa noch aus. Es steht ohnehin in Frage, ob Fluchtdynamiken überhaupt angemessen historisch aus nationaler Perspektive erfasst werden können. Sebastian Conrad verweist aus geschichtswissenschaftlicher Perspektive darauf, dass eine explizite „globalgeschichtliche Migrationsforschung" (beginnend Ende der 1990er Jahre) heterogen und vielfältig ist, benennt jedoch drei Schwerpunkte (Conrad 2013, S. 213): *Vielfältige Formen der Versklavung; Globale Lebensläufe* von mobilen Individuen; *Massenwanderungen und die großen Migrationswellen* seit ca. 1840 als eines der Charakteristika der Globalisierung im 19. Jahrhundert (S. 216). Mit Bezug auf Mc Keown (2005) zeigt er, dass „die minutiöse Sicherung und Kontrolle von Grenzen, ergänzt durch ein System von Reisepässen und biometrischen Verfahren (sich erst) in den drei Dekaden vor dem ersten Weltkrieg" nach dem Modell der Exklusion chinesischer und anderer asiatischer Migranten seit den 1880er Jahren in den weißen Siedlernationen entwickelt (Conrad 2013, S. 218). „Die Merkmale dieses Migrationsregimes – Kontrolle vornehmlich bei der Einreise; Individualisierung und Isolierung des Migranten; rigide Überwachung bei gleichzeitigem Ideal des ‚freien Migranten' – seien geblieben (...)" (ebd., S. 218).

Neben Studien zu den displaced persons scheinen hinlänglich ausführlich Flucht und Vertreibung von ‚ethnischen' Deutschen nach 1945 behandelt worden zu sein; (vgl. hierzu den Beitrag von Brumlik in diesem Band) bereits 1948 veröffentlicht Elisabeth Pfeil, eine im NS opportunistische Stadtsoziologin, die sich nach 1945 als empirisch arbeitende Flüchtlings-, Stadt- und Familiensoziologin etablierte (Schnitzler 2012, S. 319) die Schrift „Der Flüchtling. Gestalt einer Zeitenwende", in der sie die „wirtschaftlichen Gleichgewichtsstörungen" beschreibt: *„(...) und auch die sozialen und kulturellen Störungen verbreiten sich in wachsenden Ringen. Das wandernde Europa wird zum Weltproblem"* (S. 8). Im 21. Jahrhundert ist *„die wandernde Welt"* – so scheint es indes – zum Problem für Europa geworden.

Liest man die von Pfeil vorgenommene Konstruktion „des Flüchtlings" heute, also 70 Jahre später, erscheinen viele Formulierungen aktueller als vermutet. Einige Beispiele:

> *„Alles ist in Bewegung geraten: Menschen, Güter, Vorstellungen, Werte..."* (Pfeil 1948, S. 11).

> *„Wohin der Flüchtling sich auch wenden mag, auf allen Daseinsebenen begegnet er dem Nichts: Es ist nichts mehr da, woran er sich halten und orientieren kann. Nichtmehrbesitzen, Nirgendwohingehören, Nichtsgelten, Nichtbescheidwissen – es sind die typischen Erfahrungen der Entwurzelten"* (ebd., S. 48).

> *„Nachdem die erste Betäubung durch die unerwartete Menschenströmung vorüber ist, sollte es möglich sein, das ganze Geschehen gleichsam gärtnerisch zu überwachen, (...)"* (ebd., S. 49).

> *„(...) aber wir, die diese Vorgänge bewusster und wissender erleben, die wir mit dem Gedanken einer voraussehenden Planung vertraut (und gar ein wenig stolz darauf) sind, wir sollten doch eine größere Chance haben, das Problem zu meistern, und eine größere Schuld wäre es, davor zu versagen"* (ebd., S. 49).

Bei der letzten Passage drängen sich Analogien zum Diktum der Bundeskanzlerin der Bundesrepublik im Jahr 2015, Angela Merkel auf, die angesichts steigender Zahlen asylsuchender Geflüchteter vor allem aus den Kriegsgebieten Syriens mit dem Imperativ *„Wir schaffen das"* Stellung bezog.

Die *„gärtnerische“* und gewaltfreie Überwachung würde in heutiger Semantik wahrscheinlich in veränderter Formulierung als Kontrolle und Steuerung gefordert.

Das Zitat *„typischer Erfahrungen der Entwurzelten“* konturiert Geflüchtete als orientierungslose Opfer und als Menschen, die umständehalber ihres kulturellen Kapitals i. S. Bourdieus verlustig geworden sind.

Zur neueren Geschichte und zu Flüchtlingen, die keine ethnisch Deutschen waren, sind die unterschiedlichen Entwicklungen unter den bipolaren Bedingungen der deutschen Teilung und des ‚kalten Krieges‘ zu betrachten. Anders als bei der in den 1990er Jahren einsetzenden Massenflucht von Bürgerkriegsflüchtlingen ‚ohne Gesichter‘ aus dem ehemaligen Jugoslawien, galten die geflüchteten ‚Feinde der Feinde‘ jeweils zuweilen als Heroen.

Bis zur Überwindung der Diktaturen innerhalb Europas in Griechenland und Spanien unter Papadopoulos und Franco war es zuvor teils schwer möglich, trennscharf zwischen oppositionellen „Gastarbeitern“ und Flüchtlingen zu unterscheiden.

Dass geordnete Verfahren möglich waren, zeigte sich bei Kontingentflüchtlingen wie den aus Vietnam geflohenen „Boat-People“ oder jüdischen Flüchtlingen aus der Sowjetunion. Flüchtlinge aus Afghanistan oder Eritrea erreichten neben Verfolgten aus Sri Lanka, Lateinamerika oder dem Nahen Osten bereits die Bundesrepublik Deutschland in früheren Phasen, zuweilen knüpften Geflüchtete aus Bosnien an einen Status als frühere „ausländische Arbeitnehmer“ an. Die Einschränkung des Asylrechts 1993 blieb auf die Entwicklung von Zuzugszahlen nach Deutschland nicht wirkungslos und das in den Vereinbarungen von Dublin getroffene System der Verantwortungsverlagerung auf „sichere Drittstaaten“ zeigte Wirkung, bis es unter den Vorzeichen der jüngeren Entwicklungen zu kollabieren schien.

1.3 Etwas fehlt …

Die angestrebte Mehrperspektivität des vorliegenden Buches wurde indes auch eingeschränkt: Einmal durch die *Beschränkung auf Perspektiven aus der und auf die Bundesrepublik Deutschland,* wobei weltweite und europäische Kontexte nicht negiert werden sollen.

Zum anderen wurde auf spezifisch *religionswissenschaftliche Zugänge* verzichtet; das Themenspektrum zu Religion und Religiosität im Kontext von Fluchtmigrationen erschien uns zu komplex, als es angemessen im Rahmen dieser Schrift hätte berücksichtigt werden können, denn hier wären Stellungnahmen aus allen Religionsgemeinschaften gefragt, die aus ihrem jeweils originären Selbstverständnis heraus zu Wort kommen müssten.

Auch Überlegungen, *Stimmen von Akteuren aus den NGOs, zuständigen staatlichen Institutionen und nicht zuletzt der Geflüchteten selbst* umfassend zu Wort kommen zu lassen, wurden fallen gelassen. Einzelne Beiträge des Bandes berücksichtigen diese jedoch im Rahmen der jeweiligen Themenstellung. Auch finden sich des Öfteren Bezüge zu „*Flüchtlingen in der Literatur bzw. als Literatur*", ein eigenes Kapitel zum literaturwissenschaftlichen Zugang müssen wir leider vorenthalten.

Aufgrund kurzfristiger Absagen mussten wir auf Beiträge aus geschichtswissenschaftlicher Perspektive und zum Bereich Verwaltung – Ökonomie – Organisation verzichten.

2 Begrenzte Perspektive

Wenn Fluchtdynamiken, mithin Flüchtlinge zum Thema und Gegenstand des Interesses werden, wird die Begrenzung einer „*Perspektive auf…*" gegenüber einer „*Perspektive von…*" den Geflüchteten offenkundig. Nun kann es nicht Anliegen sein, die Eigenperspektive von Geflüchteten auf der Ebene womöglich romantisierender Betroffenheitsprosa zur Sprache zu bringen oder ihr sonst wie einen subalternen Ort in solch einer Publikation zuzuweisen. Geflüchtete, die eine wissenschaftliche Disziplin vertreten, die Zugänge zu unserem Thema ermöglicht und die gleichzeitig *zur Sache und in eigener Sache* sprechen können, werden in Zukunft in größerer Zahl zur Verfügung stehen. Einige Autoren_innen dieses Bandes weisen den umstrittenen sogenannten ‚Migrationshintergrund' in biografischer Hinsicht aus, auch konnotiert mit Erfahrungen von Fluchtmigration; sicher schwingen solche Erfahrungen und Hintergründe bei der Bearbeitung der Themen mit, sie sind wünschenswerte und wertvolle Elemente pluralen Eigensinns, aber sie bilden nicht die dominante Struktur der hier versammelten Beiträge.

Die Begrenzung der eigenen Perspektive einzuräumen wirft erneut die Frage auf, wer hier spricht und was diese Sprecher_innen-Funktion gegenüber dem sprechenden oder schweigenden Flüchtling bedeutet.

2.1 Can the refugee speak?

Beim Wort Flüchtling oder refugee flammt in jedem von uns ein Bild auf, die eines Menschen oder einer Menschengruppe. Doch steht der Begriff tatsächlich immer nur für einen Menschen?

Ein Rückgriff auf Mehrsprachigkeit und die Übersetzung verschiedener Worte für „Flüchtlinge" sensibilisiert für Fragen von Variabilität, Inkontinuität und Repräsentation. Wer spricht worüber und sichert welche Position, versichert sich einer Position? Und wer hört und versteht was wie? Gibt es überhaupt einem dialogischen Prozess und zwischen wem? Gibt es Schwierigkeiten des Subalternen sich Gehör zu verschaffen? Sind minderprivilegierte Geflüchtete subaltern?

Spivaks Essay „Can the Subaltern Speak?" (1988) erteilt Imaginationen eine Absage, die den Anderen naturalisieren. Sie spricht sich entschieden gegen den Versuch aus, „für" den Anderen, im Sinne eines subalternen und unterdrückten Subjekts zu sprechen. Subalternität versteht sie als soziales Konstrukt, dass hegemonial in Diskursen hergestellt wird. Was ist dann die Kategorie „Flüchtling"? Mit Bezug auf Brah (1996) unterscheidet Kron drei Konzepte von Kategorien: *Objekte sozialer Diskurse, analytisches Instrumentarium und Subjekte politischer Mobilisierung* (Kron 2011, S. 204). D. h. Kategorien fungieren als Markierer eines umkämpften Feldes, deren Kontext und kulturelle Repräsentationssysteme rekonstruierbar sind und die einhergehen mit *„narrativen Formationen subjektiver Erfahrung"* (ebd., S. 205). Menschen, die politische Grenzen und symbolische Ordnungen „übergehen", wie im September 2015, haben Erfahrungen gemacht, ebenso werden mit ihnen Erfahrungen gemacht, die Narrative (als Element der Politisierung) schaffen.

Narrative durchzogen mit dem Wort bzw. der Kategorie „Flüchtling" können zu Orten der Artikulation und der Verhandlung werden. Eine Sprecherposition Flüchtlingen zuzuweisen oder als Flüchtling einzunehmen kann rekonstruiert werden als strategische Handlung vor dem Hintergrund eines Anlasses oder Interesses. Sie ist jedoch nicht frei von Zeit und Raum, nicht exotisch und niemals essentiell zu bewerten.

Bipolare Szenarien von minderprivilegierten Geflüchteten und Grenzgängern als neues historisches Subjekt zu konstruieren oder zu idealisieren zeigen jeweils Facetten auf einer breiten Bühne von Möglichkeiten. Manchmal ist es möglich schweigend zu sprechen und sich in „Zwischenräumen" zu bewegen, diesen Anspruch hat zumindest die „Silent University". In der Selbstbeschreibung auf ihrer Homepage steht: *„Die Silent University, initiiert vom kurdischen Künstler Ahmet Öğüt, ist eine autonome Plattform zum Wissensaustausch für Akademiker, die ihre Kenntnisse und Fähigkeiten aufgrund ihres Aufenthaltsstatus oder wegen Nicht-Anerkennung von Abschlüssen nicht als Lehrende weitergeben können. Zum Schweigen gebrachtes Wissen wird wieder hörbar. Gemeinsam entwickeln die Teilnehmenden Kursinhalte, die ihren beruflichen Qualifikationen und ihren Reflexionen als Geflüchtete oder Asylsuchende entsprechen und die sie aus der Rolle der stimmlos Wartenden herausholen."*[6]

6 http://ringlokschuppen.ruhr/selber-machen/silent-university-ruhr/. Zugegriffen: 18.08.16.

Multiperspektivische Betrachtungen zu „Flüchtlingen als Kategorie“ ziehen mithin die Frage nach den Sprecherpositionen nach sich und es geht nicht allein um die Frage, wer aus welcher Disposition heraus spricht, sondern auch darum, in welchen Kontexten, mit welchen Möglichkeiten und mit welchen Absichten jeweils unter dem Label „Flüchtling“ gesprochen wird:

In einer Rede vom 12. 03. 2016 bei den Frankfurter Römerberggesprächen postuliert die Autorin und freie Journalistin Mely Kiyak, „Auch Flüchtlinge gehören an den Verhandlungstisch“[7] und moniert zu Recht: „Im Fall der Flüchtlinge haben wir es erstmal mit einem europäischen Problem zu tun, bei dem die Hilfsbedürftigen, die auf die Solidarität angewiesen sind, in keiner Form am Verhandlungstisch sitzen. (…) *Es gibt keine institutionalisierte Form, in der sie für sich sprechen können* (…)“. Solange ein struktureller Ort fehlt, an dem Flüchtlinge sich artikulieren und in Dialog oder Verhandlungen treten können, werden sie strukturell von Hilfebedürftigen zu hilflosen Personen degradiert; Ersteres sind sie zweifellos aufgrund ihrer Lage unter Fluchtumständen, zu Letzteren werden sie gemacht, weil ihnen Aushandlungsprozesse um angemessene Hilfeformen vorenthalten werden. Wer der Hilfe bedarf, dies jedoch nicht zur Sprache bringen kann oder darf, gilt gemeinhin als hilflose Person. Die Konstruktion von Hilflosigkeit bei Flüchtlingen drängt diese in eine Position von Almosenempfängern und widerspricht dem auf der Flucht unter Beweis gestellten Selbsthilfepotenzial der Betroffenen ebenso wie dem Anspruch, Rechte wahrzunehmen. Ein Rechtsweg kann bekanntlich erst beschritten werden, wenn das Zielland bereits erreicht wurde.

Der mit mehreren Literaturpreisen[8] ausgezeichnete Autor Abbas Khider, 1996 aus dem Irak geflohen und seit 2000 in Deutschland lebend, legt dem Protagonisten seines Romans „Ohrfeige“, Karim Mensey, einem in der bayrischen Provinz gestrandeten Flüchtling, im Traum die Worte in den Mund: *„Frau Schulz, wir reden zusammen. Ich wolle immer, und Sie haben keine Zeit oder Wille für mich, wenn ich vor ihrem Zimmer warten. Jetzt endlich ist es soweit! Ob Sie wollen oder nicht, wir reden (…)“* (Khider 2016, S. 10). Hier soll das Gespräch mit Gewalt erzwungen werden, ein Perspektivenwechsel der Beamtin der Behörde scheint sonst aussichtslos: *„Nie macht sich einer mal Gedanken über mein gegenwärtiges Leben“* (Khider 2016, S. 19).

Während der Roman zur Sprache bringt, wozu Geflüchtete gemeinhin zu schweigen haben, formuliert Nassehi den *„Eindruck, dass die hochkulturelle Vereinnahmung des Flüchtlings (…) den ‚sprechenden Flüchtling' hervorbringen soll,*

7 http://www.fr-online.de/kultur/mely-kiyak-auch-fluechtlinge-gehoeren-an-den-verhandlungstisch,1472786,33999684.html. Zugegriffen: 19. 08. 2016.

8 U. a. 2013 Nelly-Sachs-Preis der Stadt Dortmund und Hilde-Domin-Preis für Literatur im Exil der Stadt Heidelberg; 2016 Spycher Literaturpreis Leuk.

der mehr von sich preisgibt, als es Autochtone müssten" und spielt damit auf einen bestimmten Typus von Engagierten an, der mit Geflüchteten mehr Gemeinschaftlichkeit und Gemeinsamkeit erzeugen möchte, als es einer modernen Gesellschaft entspricht (Nassehi 2015b, S. 109/110).

Mit diesen Überlegungen setzt sich die vorliegende Publikation von Versuchen ab, Fluchtdynamiken einheitlich abzubilden und auf *einen* „wahren Grund" hin zu analysieren.[9]

Multiperspektivität bedeutet nicht Beliebigkeit und normative Enthaltsamkeit, sondern eine bewusste Eingrenzung auf jeweils bestimmte Perspektiven, Aspekte und Problemzusammenhänge, die als eine der vielen Bedingungen für die Möglichkeit gesehen werden, vom „Sprechen über..." zum „Sprechen von..." und auch zum „Sprechen mit..." zu gelangen. Dabei gilt es anzuerkennen, dass nicht alles gesagt und kommunikativ (mit)geteilt werden kann und braucht. Fluchtdynamiken werden höchst unterschiedlich zur Sprache gebracht; Es geht darum, gelegentlich die Richtungen zu wechseln und in Umkehrung des Zur-Sprache-Bringens die Sprache zu den Fluchtverhältnissen zu bringen.

2.2 Raumperspektiven auf Flucht und Geflüchtete

Die Frage danach, wer spricht, zieht die Frage nach dem *Ort,* den *Stand*ort, den Stand*punkt* der Sprechenden nach sich.[10] Noch einmal Hannah Arendt: „*Wir tun unser Bestes, um in eine Welt zu passen, in der man zum Einkaufen von Lebensmitteln eigentlich eine politische Gesinnung braucht*" (S. 23). Die Paradoxie (flucht)migrationsgesellschaftlicher Verhältnisse zeigt sich darin, dass die Schere zwischen der Faktizität gesteigerter Migrationen und dem Zwang, Ortsbestimmungen im Sinne eines Bekenntnisses, wo man steht, vorzunehmen, sich kontinuierlich weiter öffnet. Es geht also um mehr als um Ortswechsel, es geht auch um (Neu)Verortungen, bei denen Geflüchtete als weder „Hingehörige" noch „Zugehörige" (Pfeil 1946, S. 61) bei dem Zwang zur Standortbestimmung oft das Nachsehen haben. Migration – vor allem Fluchtmigration – erzeugt neue Klassen, Privilegien und Exklusionen in Hinblick auf Verwirklichungschancen, selbst zu entscheiden, wo und wie man sich verorten will. „*Je weniger wir frei sind zu entscheiden, wer wir sind oder wie wir leben wollen, desto mehr versuchen wir, eine Fassade zu errichten,*

9 Vgl. Slavoj Žižek (2015): Der neue Klassenkampf. Die wahren Gründe für Flucht und Terror.

10 Anders die Spannung zwischen Involviert-Sein und quasi distanzierter Beobachtung wissenschaftlicher Arbeit und wissenschaftlichen Nachdenkens: Sie erfordert in häufig gewählten Formulierungen wissenschaftlicher Texte *Blick-Achsen.* Das In-Den-Blick-Nehmen als semantische Beschreibung wissenschaftlichen Handelns zählt zur Signatur disziplinärer *Hin-Sichten.*

die Tatsachen zu verbergen und in Rollen zu schlüpfen" (Arendt 1943/2016, S. 23). Was Hannah Arendt im Exil 1943 so aus jüdischer Perspektive formulierte, kann heute als universelle Erfahrung gelten, die jeden Nationalismus mit seinen territorialen Identitätsangeboten ein weiteres Mal als Anachronismus bloßstellt.

Die Vernichtung der Herkunftsorte der Geflüchteten, die Ihren Ort verlassen mussten korrespondiert mit der virtuellen Vernichtung des Ortes im globalen Zeitalter der Netzwerkkommunikation, die durch Gleichzeitigkeit von Nachrichten und Kommunikation Orte und Zeiten in eins fallen lässt (Virillio). Nassehi sieht in den gegenwärtigen Auseinandersetzungen um Flucht und Vertreibung gar „Vorboten einer Situation, in der (…) die Stabilität von Staaten und staatlicher Ordnung, die wenigstens ansatzweise für eine Bindung von Bevölkerungen an den Raum gesorgt hat", immer mehr in Frage gestellt wird (Nassehi 2015, S. 4). Die Deterritorialisierung als Phänomen der Moderne bringt eine neue Klassifikation von privilegierten und unterprivilegierten Mobilitätsformen hervor.

Die Metaphern in der Sprache über Flüchtlinge decken auf: Es geht um die Beanspruchung und das Beharren auf der Perspektive des Raums. Anders als bei den Nationalsozialisten, die Ihre expansive Aggression mit Gebietsansprüchen für ein *Volk ohne Raum* zu legitimieren suchten, geht es heute um die *Verteidigung der Kategorie des Raums,* für die unter den Bedingungen einer raumgreifenden Globalisierung (noch) keine adäquate Theorie zur Verfügung steht: Eine krasse Teilung wird sichtbar, wenn alles mit Flucht und Flüchtlingen konnotierte in Metaphern fluider Eigenschaft daherkommt: Wellen, Ströme, Lawinen etc.[11] die Anderen indes von Verteilung auf Orte, Unterbringung, Residenzpflicht, Obergrenzen usw. sprechen. Hier die schwimmenden Körper und dort die festen Strukturen; und: In Hinblick auf die Verteidigung der Kategorie des Raumes sind sich die gegenwärtigen unterschiedlichen politischen Lager dennoch einig (freilich ohne es zu bemerken): Die Kanzlerin Angela Merkel wirbt, zu versuchen, *es zu schaffen;* der bayrische Koalitionär Seehofer opponiert, *es ginge nicht mehr…,* Flüchtlingsinitiativen argumentieren etwa mit Hinweisen auf die Relationen zwischen ansässiger Bevölkerung und Geflüchteten im Libanon, Jordanien oder anderswo, da *geht noch viel mehr* und Theologen formulieren vorsichtiger, *da sollte noch was gehen…* Was also soll sein, was kann sein, was geht, was geht nicht, wann kippt es? Die Debatten hierüber werden heftig geführt, zum Teil als Kampf um Deutungshoheit über den Grad des Katastrophischen, Grundsätzlichen, und immer geht es um eine Gefäßmethapher, eine Raumbezogenheit, eine Verunsicherung, was mit dem Raum, dem Ort, – vormals dem Territorium – geschieht: Die Geflüchteten werden

11 Eine schöne Ausnahme ist die Beobachtung von Dixi-Häuschen auf der sog. Balkanroute von Nevad Kermani. In Einbruch der Wirklichkeit. Auf dem Flüchtlingstreck durch Europa. 2015/2016. München: C. H. Beck.

abgestraft oder als potenzielle Heilsbringer begrüßt, nicht nur weil sie unterkommen müssen, sondern weil sie greifbar gewordenes Sinnbild einer Unsicherheit über die Zukunft der räumlichen Verortung der Menschen in der Moderne sind.

Auch in der *Einen Welt* gibt es Orte, die mehr oder weniger lebensfreundlich oder eben auch lebensfeindlich sind. Ortsgebundenheit von Menschen ist kein Frevel, aber die Gattungsgeschichte geht weiter und verlangt nach Perspektiven, die den Raum und die Orte anders in den Blick nehmen, als das bisher erlernt wurde. Von der Freiheit des Migranten sprach der 1940 vor den Nazis aus Prag geflohene und nach London, Brasilien und Frankreich emigrierte jüdische Kommunikationsphilosoph Vilém Flusser. Anhand einer lesenswerten Reflexion seiner eigenen Migrationsbiografie beschreibt er die aus der Heimatlosigkeit zu gewinnende Freiheit „nicht als Philanthropie, Kosmopolitismus oder Humanismus" (Flusser 1987, S. 26), sondern Heimatfindung als Verantwortungsübernahme für bestimmte Menschen: *„Ich bin nicht verantwortlich für die ganze Menschheit, etwa eine Milliarde Chinesen. Sondern es ist die Freiheit der Verantwortung für den ‚Nächsten'"*. Ferner unterscheidet er scharf zwischen Heimat und *‚Zu-Hause'*: *„Man hält die Heimat für den relativ permanenten, die Wohnung für den auswechselbaren,* übersiedelbaren *Standort. Das Gegenteil ist richtig: Man kann die Heimat auswechseln oder keine haben, aber man muss immer, gleichgültig wo, wohnen…"* (S. 27). Für Flusser ist Migration eine kreative wie schmerzhafte Situation mit dem Potential, nicht Außenseiter, sondern *„Vorposten der Zukunft"* (ebd., S. 16) zu werden.

2.3 Zeitperspektiven

Erste Vorüberlegungen und Planungen zu diesem Buch begannen Anfang des Jahres 2015, also vor den Fluchtereignissen im Sommer desselben Jahres, die seitdem eine unvergleichlich heftige diskursive Wucht entfaltet haben.

Man könnte erinnern, dass Vieles, was da ins Bewusstsein und in den Wahrnehmungsradius europäischer Bürger_innen gelangte, auch zuvor hätte registriert werden können: Rechtfertigt die Tatsache, dass das Schengen Abkommen hinfällig zu werden scheint, weil es den mit ihren Füßen abstimmenden Flüchtenden nicht standhält, dass die Zahl der Geflüchteten gegenüber den Vorjahren gestiegen ist, und dass eine Destabilisierung Europas befürchtet wird, auch durch wachsende rechtspopulistische Kräfte, was wiederum der Verunsicherung ob der Fluchtverhältnisse zugerechnet wird, rechtfertigt all dies die seit Sommer 2015 wiederholt medial verbreitete Rede darüber, dass die „Flüchtlingskrise" die Bundesrepublik auf lange Zeit nachhaltig verändern würde?

Letztlich wird sich diese Frage erst rückblickend empirisch beantworten lassen. Anhand der Repräsentationen der Geschehnisse in symbolischer, also sprachlicher wie vor allem in Fotografien, also Bildern erkennbarer Form können diese allerdings durchaus als ‚katastrophisch' eingeordnet werden. Zur Einordnung als Katastrophe gehört, dass sie nicht allein über materielle Ereignisse allein bestimmt werden kann, sondern dass sie historisch metaphorisch aufgeladen wird und damit für eine irreversible Veränderung steht (vgl. Trempler 2013, S. 60).

Mit einem Zweifel am Katastrophischen sind Fluchtereignisse, die zweifellos für viele Betroffene katastrophale Züge tragen, keineswegs in den Schatten gestellt; im Gegenteil ist Skepsis angebracht, wenn im Katastrophenbild Konkretes zum Allgemeinen hintendiert und Geschichte zum Mythos avanciert.

Zeitperspektiven auf Geflüchtete als Subjekte ihrer Lebensgeschichte, die sich nicht in Fluchtgeschichten erschöpft, auch wenn sie nachhaltig dadurch gekennzeichnet sein dürfte, ist durch den latent oder manifest drohenden Verlust von Zeitstruktur, Zeitperspektiven, Zukunftsplanung und Verfügbarkeit eigener Zeit zwischen auf Dauer gestellten Warteperioden und dem Glück, zur rechten Zeit am rechten Ort die rechte Entscheidung zu treffen, gekennzeichnet. Ein Stopp-and-Go ohne erkennbare Taktung, wobei die Eigenzeit der Flüchtenden mit der Zeitlogik der staatlich oder behördlich verordneten Zeitintervalle auf surreal anmutende Weise korrespondiert und konfligiert: Nachdem mit militärischen Mitteln *schnell* drauf gehalten wurde auf ihre Lebenswelten, heißt es *schnell weg*, schnell *rüber* (über die noch möglich erscheinende Passage oder Grenze), schnell *durch* (das Transitland…), schnell *rein* (in sichere Verhältnisse …), schnell *weiter* (in das gewünschte Zielland…). Die Eile ist jedoch keinesfalls andauernde Hektik, sondern Bereit-Sein im unkalkulierbaren Wartestand: In Lagern, vor Passagen, Grenzzäunen, Registrierungsstellen etc. Die Semantik im potenziellen Aufnahmeland Bundesrepublik signalisiert hingegen ein permanentes Schneller werden: *Schnellere Verfahren*, schnellere *Verteilung*, schnellere *Abschiebung*, schnellere *Integration*, schneller *in Arbeit*… und etabliert doch nur ein *Zeitregime voller Wartepositionen:* Warten weiter zu kommen, Warten vor den Zäunen auf der Balkanroute, Warten auf Registrierung, Warten, einen Asylantrag stellen zu können, Warten auf Beschäftigung, Warten auf die Familienangehörigen… Die Prüfung und Durchsetzung von Zuständigkeiten im Schengenraum scheint die Ressourcen ebenso oder gar in größerem Umfang aufzuzehren, wie eine steigende Zahl von Geflüchteten. Europa hat sich tatsächlich gewandelt, von der Festung zum kafkaesken Schloss: Erst, wenn über Boote Geflüchtete in die Türkei zurückgeführt worden sind, können andere von dort reguliert nach Europa einreisen, so der Plan zu Beginn des Jahres 2016. Die Umsetzung auf europäischer Ebene vereinbarter Regularien hat quantitativ homöopathische Ausmaße und wird im Schneckentempo umgesetzt. Derweil schnellen die Kosten und Risiken für alternative illegale Fluchtrouten nach oben.

Die Zeitperspektiven auf Fluchtdynamiken dürfen Zeitperspektiven von Flüchtlingen nicht übersehen: Fluchtzeiten als Lebenszeiten können sich nicht nur in die Länge ziehen, wie z. B. die eindrückliche Geschichte einer über 13 Jahre dauernden Flucht aus dem Bürgerkrieg im Sudan von Valentino Achak Deng durch den Erfolgsautor Dave Eggers beschreibt („Weit gegangen" 2008/2010), sie enden oft auch vor der Zeit durch den Tod während der Flucht. Die von Martha Nussbaum in ihrem Vorschlag einer ‚vagen Liste des Guten' als Kriterium formulierte Perspektive, als Mensch ein *ganzes Leben leben* zu können, wird für Flüchtlinge beginnend mit den Fluchtursachen auf Dauer in Frage gestellt; während der Flucht, die im schlechtesten Fall nie endet; und selbst wenn ein Fluchtort erreicht worden ist, erweist er sich nicht als dauerhaft sicher.

Nachrichten, Fluchtrouten, Grenzöffnungen oder -schließungen, der Kontakt mit Angehörigen, alles wird in Echtzeit über die digitalen Medien kommuniziert[12]; das ist praktisch, aber es raubt den Flüchtenden die Macht darüber, ein Vorher und Nachher zu bestimmen. Die Zeit als Kategorie bleibt nur den Flüchtlingsregimen und ihren Verwaltungen als Maßstab für ihre Organisation erhalten.

Während die Kategorie des Raumes in anachronistischer Weise verteidigt wird, entfremden sich die Zeitstrukturen zunehmend von den zeitlichen Perspektiven der einzelnen Menschen. ‚*Erinnern*' und ‚*Aufarbeiten*' sind neben Strukturen, die den zeitlichen Abläufen und Alltagsbedürfnissen in den jeweiligen Lebenswelten gerecht werden, mögliche Perspektiven, verlorene Zeit zwar nicht zurückzugewinnen, jedoch für das begrenzte Leben menschlicher Individuen verfügbar zu halten. Eine durchaus hoffnungsvolle Bedingung der Möglichkeit hierfür scheint die Option, im Rahmen einer allzu oft verbrämten „Willkommenskultur" Zeit miteinander zu teilen.

3 Zum Aufbau und den Beiträgen des Bandes

Im ersten Teil sind Beiträge aus unterschiedlichen disziplinären und theoretischen Perspektiven vertreten, die jeweils Wissen beisteuern, Problematisierungen vornehmen und diskutieren und damit zu grundsätzlichen Einordnungen verhelfen können.

Ein zweiter Teil ermöglicht exemplarisch drei Zugangsebenen über die Thematisierung von Flüchtlingen, Flucht und Asyl im Medium der Printmedien, des Films und der zeitgenössischen Kunst.

12 Vgl. Fiedler, Anke (2016): Information to go: Kommunikation im Prozess der Migration am Beispiel syrischer und irakischer Flüchtlinge auf ihrem Weg nach Deutschland. In Global Media Journal German Edition Vol. 6, No. 1, Spring/Summer 2016. URN: nbn:de:gbv:547-201600339. https://www.db-thueringen.de/servlets/MCRFileNodeServlet/dbt_derivate_00035504/GMJ11_Fiedler.pdf. Zugegriffen: 21. 08. 2016.

Der dritte Teil nimmt Flüchtlinge als vulnerable, verletzbare wenngleich dadurch nicht handlungsunfähige Subjekte und Adressaten_innen einschlägiger professioneller Dienste in den Blick. Zur Ambivalenz der Hilfswürdigkeit und Hilfebedürftigkeit von Geflüchteten gehört die doppelte Zuschreibung als Fremde, von denen die Helfenden – sensu Zygmunt Baumann – nicht wissen können, ob sie es mit Freund oder Feind zu tun haben. Professionelles Hilfehandeln geschieht vor der gesellschaftlichen Kulisse einer Konstruktion von Flüchtlingen einmal als Unglückselige, ein andermal als Verdächtige und ist daher auf fachliche Kategorisierungen angewiesen, die aus diesem Dilemma herausführen. Die Wahrung von Integrität vulnerabler Personen ist demnach ein Anliegen aller hier versammelten Beiträge. Zu erinnern ist die Erfahrung: „*Wenn wir gerettet werden, fühlen wir uns gedemütigt, und wenn man uns hilft, fühlen wir uns erniedrigt. (…) Nur sehr wenige Individuen bringen die Kraft auf, ihre eigene Identität zu wahren, wenn ihr sozialer, politischer und juristischer Status völlig verworren ist*" (Arendt 1943/2016, S. 21). Den Abschluss dieses Teils bildet ein Kapitel zu den Aporien von Abschiebeprozeduren und ersatzweise für eine in diesem Band zugunsten der Perspektive auf die Bundesrepublik Deutschland ausgebliebene Analyse weltweiter Fluchtverhältnisse, ein Einblick in die Lebensbedingungen in Flüchtlingslagern außerhalb Europas.

Welche besonderen politischen Herausforderungen im Sinn eines verantwortungsethischen Handelns ergeben sich für Demokratie und Rechtsstaat in Hinblick auf eine menschenrechtlich basierte Hilfe bei der Aufnahme von Geflüchteten einerseits und einer wachsenden Gefahr terroristischer und rechter Gewalt andererseits? Der Politikwissenschaftler *Hajo Funke* zeigt in seinem Beitrag, dass eine einfache Kausalverknüpfung zwischen den wachsenden Gefahren vom rechtsradikalen Rand und den gewachsenen Zahlen von Flüchtlingen unzulässig ist. Seine Analyse legt die gefährliche Eskalationsdynamik neonazistischer Gewalt und ihrer Resonanzen in AfD und Pegida-Bewegung frei, denen die Flüchtlinge willkommener Anlass zur Brandbeschleunigung einer im Grunde demokratiefeindlichen Bewegung sind. Der Beitrag geht auf die gegenwärtigen Kriege und kriegsähnlichen Zustände vor allem in Syrien, Afghanistan, Libyen und im Irak als Fluchtursachenherde ein, und bemängelt die „*bedrückende*" Lage der internationalen Politik. Zivilgesellschaftliches Engagement wird gewürdigt und auf nationaler Ebene ergeht die Aufforderung an „*Parteien, Öffentlichkeit und die Exekutiven, nicht nur einen Aufstand der Anständigen, sondern auch einen Aufstand der Zuständigen für die Sicherung von Demokratie und Rechtsstaat zu organisieren*".

Hier lässt sich die *ethische Reflexion* und Beurteilung der aktuellen deutschen und europäischen Flüchtlingspolitik von *Sigrid Graumann* im zweiten Kapitel anschließen, die der „*Ethik als Reflexionsdisziplin der Moral*" die Aufgabe zuweist, „*einen Beitrag zur Klärung von moralischen Problemen, die sich als sehr komplex darstellen, zu leisten*". Unter Bezug auf Seyla Benhabib geht es in der ethischen Reflexion um zwei unterschiedliche Fragen, „*erstens, ob Staaten die Pflicht haben, Menschen, die nicht ihre Bürger_innen sind, ein Recht auf Zuflucht zu gewähren, und zweitens, ob es eine staatliche Verpflichtung gibt, Menschen, die dauerhaft auf ihrem Territorium leben, die Einbürgerung zu ermöglichen und damit ein Recht auf Zugehörigkeit zuzugestehen*". Rechte auf Zuflucht und auf Zugehörigkeit werden als universelle moralische Rechte aller Menschen im Sinne des Ideals der Menschenrechte begründet, und mit Kant die Frage der damit verbundenen moralischen Pflichten gestellt. Allemal besteht eine Verpflichtung zur Nothilfe und Gewährung von Zuflucht für Menschen, die darauf angewiesen sind. Sie im Namen eines „*kollektiven Anspruchs auf politisch-kulturelle Selbstbestimmung*" zu verweigern, wird eine Absage erteilt.

Aussagen zu Zusammenhängen zwischen den Erfahrungen von Deutschen durch Flucht und Vertreibung nach dem zweiten Weltkrieg und Reaktionen auf die gegenwärtigen Fluchtgeschehnisse sind diskursiv umstritten und werden politisch oft instrumentalisiert. *Flucht und Flüchtlinge als Erzählung, als deutsches Narrativ* sind dem gegenüber nicht allein aus historischem Interesse von Bedeutung, wenn man von transgenerationellen Folgewirkungen ausgeht und die unterschiedlichen Formen der Verarbeitung als Teil eines kollektiven Gedächtnisses betrachtet, das für Haltungen gegenüber heutigen Geflüchteten nicht unerheblich ist. Hier setzt der Beitrag von *Micha Brumlik* an auf der Basis neuerer Theorien zum Problem ethnischer Säuberungen und stellt die Frage, „*wie Deutsche, in diesem Fall Mitglieder eines Volkes, das sich in großen Teilen der Duldung oder der Kooperation mit dem Nationalsozialismus schuldig gemacht hat, den Verlust ihrer Heimat literarisch und politisch verarbeitet haben*". Dass die „*oftmals unbelehrbare politische ‚Verarbeitung'*" literarisch oftmals übertroffen wurde, wird anhand zahlreicher Beispiele gezeigt. Vor dem Hintergrund einer Kritik der unterschiedlichen Erfahrungsebenen und der Genese ihrer jeweiligen Erzählungen, z. B. dem sogenannten Opferdiskurs, wird zur Diskussion gestellt, ob und wo hier vorbereitende Beiträge für eine Motivationsstruktur angelegt sind, die im Sinne einer postkonventionellen universalistischen Moral Beiträge zu einer heute ‚Willkommenskultur' genannten Haltung erst möglich machen.

Flucht und Asyl wird zunehmend vermeintlich geschlechtersensibel gerahmt, indem der Fokus auf geflüchtete Frauen als vulnerable Gruppe gelegt wird. Eine Perspektive, die *Ulrike Krause* in ihrem Beitrag „***Die** Flüchtling – der Flüchtling als Frau. Genderreflexiver Zugang*" aus unzureichend identifiziert. Erst wenn die komplexen Bedingungen berücksichtigt und sozialen Dynamiken thematisiert würden, die sowohl Frauen als auch Männer betreffen, gelänge ein genderreflexiver Zugang zur Flüchtlingsdebatte. Sie geht den Fragen nach: „*Hat das (völker-) rechtliche Flüchtlingskonstrukt ein Geschlecht? Welche Chancen und Gefahren kön-*

nen durch die Flucht für Frauen entstehen? Und werden Männer im Flüchtlingsschutz wie auch der Forschung ausreichend berücksichtigt?".

Krause argumentiert, dass der Flüchtling zwar einem männlichen Paradigma der Genfer Flüchtlingskonvention unterliegt, mittlerweile jedoch differenzierte Perspektiven aufgenommen wurden und Frauen zunehmend sichtbar werden. Geflüchtete Frauen seien vielfältigen Gefahren ausgesetzt, dennoch werde eine „Binarität" von „Opfer*frauen* und Täter*männern*" der komplexen Realität nicht gerecht.

Aus juristischer Sicht markiert der Terminus „Flüchtling" eine Rechtsposition, die als *„individueller Anspruch nach internationalem, europäischem und nationalem Recht ausgestaltet ist"*. Doch das Menschenrecht als Flüchtling mit einem subjektiven Recht auf Asyl markiert eine recht junge Entwicklung, so *Dorothee Frings* in ihrem Beitrag *„Flüchtlinge als Rechtssubjekte oder als Objekte gesonderter Rechte"*. Zuvor diente die Flüchtlingsaufnahme eher als *„Instrument staatlicher Souveränität"*. Das verfolgte Individuum als Rechtssubjekt rückt erst durch die Massenfluchtbewegungen des 20. Jahrhunderts und dem *„Eindruck der Verbrechen gegen die Menschlichkeit in Deutschland"* in den Fokus. Seitdem habe sich das europäische Asylrecht zunächst menschenrechtlich betrachtet *„auf einen guten Weg"* gemacht. Mit der neuen Zunahme der Einwanderung würden Flüchtlinge abgewehrt und ihre Autonomie und Mobilität strikt reguliert. Das führe dazu, dass die bisher *„erreichten Standards der Flüchtlingsaufnahme"* nicht eingehalten würden, indem Rechte verweigert und *„offener Rechtsbruch akzeptiert"* werde, um das Ziel die *„Steuerung und Kontrolle des Migrationsgeschehens"* durchzusetzen, und mit dem Ergebnis, dass diese Mechanismen Menschen zum *„Objekt staatlichen Handelns"* (Dürig) machen.

Im Jahr 2015 war fast durchgängig von ‚Flüchtlingskrise' die Rede, uneindeutig dabei welche Krise der Flüchtlinge gemeint ist. Geflüchtete sind handlungsfähige Subjekte, die durch soziale Vernetzung, kollektives Handeln oder durch die Berufung auf den Flüchtlingsstatus ihre Möglichkeiten erweitern können. Doch gerade dieser Flüchtlingsstatus trägt uneinlösbare Versprechen mit sich, die zur Krise führen. Nicht Flüchtlinge, sondern die Unzulänglichkeiten des internationalen Systems des Flüchtlingsschutzes sind Ursache der *Flüchtlingsschutzkrise*, die *Norbert Cyrus* in seinem Beitrag *„Die Flüchtlinge und ihr Status. Praktische Implikationen einer defizitären Rechtsstellung"* aus Perspektiven der refugee studies und Soziologie der Zwangsmigration untersucht. Erst die antagonistische Konzeption des Flüchtlingsstatus evoziere die Krise, da sie *„einerseits Nationalstaaten Anreize und Gelegenheiten bietet, sich einer Beteiligung am Flüchtlingsschutz zu entziehen. Andererseits werden Anreize und Gelegenheiten für Schutzsuchende gesetzt, auch unter lebensgefährlichen Risiken in ein sicheres Land zu reisen, um die Einlösung des Versprechens auf Überprüfung eines Asylantrages zu menschenwürdigen Bedingun-*

gen einzufordern". Cyrus bewertet als dringend geboten, durch rechtliche und institutionelle Reformen den Flüchtlingsschutz zu verbessern.

Der Beitrag von *Çiğdem Inan* und *Albert Scherr* greift aus *soziologischer Perspektive* die gegenwärtigen Migrations- und Fluchtdynamiken als Ausdruck eines strukturellen Grundwiderspruchs der globalisierten Weltgesellschaft auf: „*der Widerspruch zwischen der Produktion immer neuer Migrationsmöglichkeiten und -motive einerseits, Versuchen ihrer Eindämmung und Regulation andererseits*". Auf der Basis globalisierungstheoretischer Grundlagen wird herausgearbeitet, dass Globalisierungsprozesse einerseits mit einer Vervielfältigung von Migrationszwängen, -anlässen und -motiven einhergehen. Gleichzeitig werden „*Gleichheits- und Ungleichheitsschwellen*" durch nationalstaatliche Eingriffe geschaffen und reguliert und es entstehen neue Dimensionen sozialer Ungleichheit entlang der Verwirklichungschancen zur grenzüberschreitenden Mobilität. Der Flüchtlingsbegriff wird damit zu einer „*hoch folgenreichen Kategorie*", zu einer „*Grenz-Kategorie*", die als Aufforderung an die Soziologie verstanden werden kann, „*die Aushandlungsprozesse sowie die diesen zu Grunde liegenden Strukturen und Konfliktdynamiken zu analysieren, in die jeweilige Verwendungsweisen der Kategorie ‚Flüchtling' eingebettet sind*". Die Überlegungen münden in methodologische Gesichtspunkte für eine „*reflexive* (soziologische) *Flüchtlingsforschung*", die die politischen und rechtlichen Definitionen ihres Gegenstandes nicht einfach als vorausgesetzt gegeben annehmen kann.

Den komplexen pädagogischen und erziehungswissenschaftlichen Zugängen nähert sich *Thomas Eppenstein* in seinem Beitrag „*‚Geflüchtete' als Bildungsaspiranten und Flucht als Gegenstand für eine Bildung in der Weltgesellschaft*" und nimmt somit eine doppelte Perspektive ein. Zum einen richtet sich sein empirischer Blick auf die „*Geflüchteten als Anwärter für Bildungsprozesse*", ihnen offenstehende Bildungszugänge und sie hemmende Barrieren. Angesichts dieser Spannungen zwischen bestehender Möglichkeiten, den Integrationserwartungen als Bringschuld der Geflüchteten, und limitierenden Strukturen erscheint Bildungserfolg mal als „*Glück*", mal als „*Nötigung zur Teilnahme an ‚Bildungssackgassen'*" (Heckt). Noch gibt es kein durchlässiges Bildungssystem für „*umwegreiche Lernbiografien*" der geflüchteten Kinder und Jugendlichen, eher deute die empirische pädagogische Praxis auf eine „*Wiedervorlage der alten Ausländerpädagogik*".

Zum anderen wird „*das Thema Flucht als Bildungsanlass und Bildungsaufforderung (für Alle) verstanden.*" Hierbei werden Geflüchtete und verantwortliche Akteure im Bildungssystem gleichermaßen adressieret, Fluchtverhältnisse als „*epochaltypische Schlüsselprobleme*" (Klafki) zu identifizieren und „*jenseits einer Verwertbarkeit formaler Bildung auch jene Bildungshorizonte zu thematisieren, die Bildung im Sinn des menschenrechtlichen Würdebegriffs*" verorten.

Unter Bezugnahme auf Gruppenprozesse, Emotionen und politische Einflüsse erklärt *Ulrich Wagner* in seinem Beitrag „*Geflüchtete und wir – sozialpsychologi-*

sche Perspektiven" die psychologischen Vorgänge, die zu Ablehnung oder Akzeptanz gegenüber Geflüchteten führen. „*Psychologisch gehen solche Reaktionen auf Kategorisierungsprozesse und Emotionen zurück, die mit der Gruppe der Geflüchteten in Verbindung gebracht werden*". Die Wahrnehmung der Flüchtlinge als ähnliche Gruppe, löst Empathie aus, ihre Einordnung als „Fremde" ist mit negativen Emotionen verknüpft und kann von Ablehnung und Angst zu Vermeidung, Hass oder gar in Gewalt umschlagen. Die Bewertungen sind nicht entkoppelt von „*politischen und medialen Umgang mit dem sogenannten Flüchtlingsproblem*" zu sehen. Daher sei dieser Umgang zugleich der praktische Hebel, um gegen „*Vorurteile, Diskriminierung und Gewalt gegen Fremde*" vorzugehen. Politische Verantwortung impliziert „*unnötige Kategosierungen und willkürliche Abwertungen*" der Flüchtlinge als Fremde zu vermeiden.

Genau mit diesen Repräsentationen und Konstruktionen von Geflüchteten in den Medien, die prägend sind für die öffentliche Meinungsbildung, befasst sich der nächste Beitrag „*Flüchtlinge in den Printmedien*". Über eine diskursanalytische Momentaufnahme gelingt es *Esther Almstadt*, „*hegemoniale Prinzipien und Wertmaßstäbe*" in der medialen Berichterstattung über geflüchtete Menschen offenzulegen. In ihrer Analyse der drei größten überregionalen deutschen Tageszeitungen wird augenfällig, dass Geflüchtete in drei „*Repräsentationsformen*" eingeblendet werden: „*Als massenhaftes Phänomen sind sie Statisten der medial inszenierten Willkommenskultur, durch eine Nahaufnahme wird ein auf der Flucht ertrunkenes Kind zum Symbol für das Versagen Europas und in einem Diskurs über Kosten-Nutzen-Abwägungen wird die Frage verhandelt, ob Flüchtlinge eine ökonomische „Bereicherung" sind*". Nicht minder aufschlussreich sind die Ausblendungen wie Krieg, Armut und die „*Bedürfnisse der Flüchtlinge*", während die ihnen entgegengebrachte Hilfsbereitschaft „*zum Ausweis nationaler Güte konstruiert*" werde.

Anhand dreier Filmbeispiele aus der jüngeren Filmgeschichte verdeutlicht *Doron Kiesel* wie sich im Medium *Film* der „*Zugriff auf die Lebenswelt der Betroffenen als kommunikatives Medium erweist, das sowohl deren individuelle Erfahrungen, Ängste und Schrecken, als auch deren objektives Ausgeliefertsein dem Bewusstsein der Zuschauer näherbringen kann*". Die Filmsichtungen und -besprechungen von „*In This World – Aufbruch ins Ungewisse*", einem dokumentarisch wirkenden, dennoch inszenierten Spielfilm aus dem Jahr 2002, von der 2016 gezeigten Dokumentation „*Wie der Krieg nach Europa kam*" und der Romanverfilmung „*La Pirogue (Die Piroge)*[13] *(2012)*" zeigen, wie unterschiedliche Fluchtwellen thematisiert werden können und dabei die Intention der Regisseure, den Fokus auf individuelle Biografien zu legen, Perspektivwechsel beim Zuschauer ermöglichen: „*Mit Bil-*

13 2008 von dem senegalesischen Schriftsteller Abasse Ndione verfasst und in deutscher Übersetzung 2014 bei Transit Buchverlag Berlin.

dern werden die Erfahrungen der Flüchtenden, die aus weit entfernten Weltgegenden nach Europa kommen und die unterschiedliche Formen entgrenzter Gewalt erfahren haben, dokumentiert und zugleich in ein europäisches Narrativ eingeführt". Wird die Dramaturgie von den Ereignissen eingeholt, geraten Filme indes an die Grenze der Darstellbarkeit: *„Die Grenzen zwischen Spiel und Dokumentarfilm lösen sich hierbei zunehmend auf"*.

Im anschließenden Beitrag rekonstruiert der Kunsthistoriker *Stephan Strsembski* die *Ikonografie des „displacement" im Medium der Bildenden Kunst,* wobei er einen sprunghaften Anstieg seit der Jahrtausendwende feststellt. Auch hier geht es um die Frage, was Bilder bewirken und welchen Beitrag die künstlerischen Formen der Auseinandersetzung und Formfindung zur Artikulation des Themas beitragen, was nicht bereits in Textbeiträgen geschehen ist oder noch geschehen kann. Unter dem Topos der ‚Ikonischen Wende' wird die Aufmerksamkeit schaffende Funktion von Bildern analysiert: Journalistische Bilder; Kanzlerin Merkels Selfies; das Foto des in der Ägäis ertrunkenen Kindes Alan Kurdi sind jüngere Beispiele aus der medial vermittelten Bilderwelt, doch spielt „Displacement" auch *„in der visuellen Kultur und ihrer hochkulturellen Repräsentantin, der zeitgenössischen Kunst, eine herausgehobene Rolle"*. Hierzu wird der aktuelle Forschungsstand dargestellt und eine Interpretation alter und gegenwärtiger Beiträge vorgenommen, die von kunsthistorischen Motiven (Odysseus) bis zu den gesprayten Schablonenbildern von Banksy reicht. *„Als besonders tragfähig erweisen sich die künstlerischen Beiträge zum Thema ‚displacement', wenn sie sich einer eindeutigen Zuordnung zu einem der beiden Pole Ästhetisierung oder Aktionismus entziehen"*, was exemplarisch an zahlreichen Beiträgen gezeigt wird. Der ikonografische, zuweilen metaphorisch aufgeladene (Meer, Schiffbruch; Grenze) Eigensinn der Bildwerke bildet zum Thema ‚Displacement' den Gegenstand weder einfach nur ab, entfernt sich jedoch auch nur auf den ersten Blick von der ‚Wirklichkeit' der verarbeiteten Fluchtverhältnisse: Es sind gerade die nicht-standardisierten, ungewohnten, manchmal befremdenden Formgebungen im Medium bildender Kunst, die den Betrachtern neue Sichtweisen und damit verbundene Interpretationen und emotionale Aufmerksamkeit abverlangen.

Die Perspektive auf *„Flüchtlinge als Kinder – Kinderflüchtlinge"*, deren Zahl sich mittlerweile auf einem historischen Höchststand bewegt, steht im Zentrum des Beitrags von *Dima Zito*. Der Blick auf Kinderflüchtlinge ist nicht frei vom historischen, politischen und rechtlichen Kontexten, insofern seien Generalisierungen nicht angebracht. Annäherungen sucht sie über Vulnerabilitäten und Handlungszugänge, wie dem Bezug auf *„potentielle Traumatisierungen, mögliche Schutz- oder auch Risikofaktoren in der Familie, bei der Unterbringung, dem Zugang zum Bildungswesen und sozialen Netzwerken"*. Zito gibt Einblick in ihrer Forschung zur sequentiellen Traumatisierung bei Kindersoldat_innen, die als Flüchtlinge in Deutschland leben. Hier gilt, dass die *„traumatische Sequenz andauert, solange die Lebenssituation in Deutschland von aufenthaltsrechtlicher Unsicherheit sowie damit einhergehender weitgehender oder zumindest teilweiser Exklusion aus gesellschaftlichen Funktionssystemen geprägt ist"*. Die Rechte vulnerabler Flüchtlingskinder auf Rehabilitation und soziale Reintegration so umzusetzen, wie es die UN-Konvention über die Rechte des Kindes verlangt, könne nur über den Einbezug der sozialen Systeme wie Familie, Schule, des Asylsystems und der größeren Gemeinschaft gelingen. Forschungen zeigen, dass kriegsbetroffene Kinder durchaus zu *„Erfolgsgeschichten"* werden können, wenn sie *„soziale Unterstützung auf verschiedenen – individuellen, institutionellen und gesellschaftlichen Ebenen"* – erfahren.

In ihrem Beitrag zu Geflüchteten in der Psychotherapie verdeutlichen *Cinur Ghaderi* und *Eva van Keuk* auf der Grundlage konkreter Kasuistik, wie eine diversitätsbewußte, kultursensible psychotherapeutische Praxis auch im ‚Zustand der Unsicherheit' (Brandmaier) einen *„Schutz- und Übergangsraum"* bietet, der *„Heilung, erhöhte Handlungsmöglichkeiten und Verwirklichungschancen"* verspricht. Allerdings vollzieht sich diese helfende Praxis in einem politisierten Raum, wobei neben den sonstigen fluchtbedingten Vulnerabilitäten eine *„politische Vulnerabilität"* erzeugt wird. Eine durch Restriktionen und Verängstigungen kränkende und krankmachende Politik – exemplarisch an Beispielen des Umgangs mit Folteropfern und anhand des Begutachtungswesens verdeutlicht und problematisiert – wirft die Frage nach einer angemessenen Praxis im Spannungsfeld zwischen Pathologisierung und Politisierung auf. Der Flüchtling als Fall macht auch die behandelnden professionellen Therapeut_innen zu Fällen erlebter Hilflosigkeit, wenn sie sich als Akteure *„internalisierter Grenzregime"* erkennen zwischen Handeln und Nicht-Handeln, zwischen Subjekt-Objekt-Beziehung, zwischen Behandelnden und Behandelten usw. und sie *„müssen sich befragen, wie sie mit politischer Vulnerabilität umgehen, wie ihre internalisierten Grenzregime aussehen"*.

Die hohe Zahl der geflüchteten Menschen hat nicht zuletzt die medizinische Zunft bewegt. Ihr gesetzlicher Auftrag war der Verbreitung von Infektionskrankheiten vorzubeugen, in den Erstaufnahme- und Unterbringungseinrichtungen kurativ tätig zu sein und Flüchtlinge innerhalb der gesundheitlichen Regelversorgung zu integrieren. Umstritten sind hierbei politisch-administrative Vorgaben nach dem Asylbewerberleistungsgesetz (AsylbLG), die ausschließlich die medizinische Versorgung von Akuterkrankungen vorsehen und für strukturelle Limitationen sorgen. Gerade bei komplexen und komorbiden psychischen und psychosomatischen Erkrankungen ist die Reduzierung auf die körperliche Akutversorgung hochproblematisch. Daher plädieren *Ljiljana Joksimovic, André Karger, Dieter Kunzke, Monika Schröder* in ihrem Beitrag *„Flüchtlinge als Patienten"* für eine ganzheitliche medizinische Versorgung, die Psychotherapie ebenso impliziert wie den Einsatz von Sprach- und Integrationsmittlern. Als möglicher Lösungsansatz wird das *„Düsseldorfer Modell“* der Behandlung traumatisierter Flüchtlinge in der transkulturellen psychosomatischen Ambulanz des LVR-Klinikums vorgestellt.

Die Forschungslage *zur Sozialen Arbeit mit Geflüchteten* ist noch dürftig und widerspricht der gewachsenen Expertise und Praxis in zahlreichen Handlungsfeldern und Aufgabenbereichen. *Die Spannung* zwischen einer *spezialisierten Flüchtlingssozialarbeit,* die etwa Verfahrensberatung im Asylverfahren anbietet, Alltagsbewältigung bei Aufnahme, Unterbringung, Integration, Ausreise usw. unterstützt, sozialanwaltlich im Sinn einer Advocacy-Funktion interveniert oder die Angebote von Ehrenamtlichen koordiniert einerseits und einer *zielgruppenübergreifenden Qualifizierung aller Sozialen Dienste* in Hinblick auf eine angemessene Versorgung geflüchteter Klientel zum Beispiel im Rahmen der Jugendhilfe andererseits prägt die Soziale Arbeit mit Geflüchteten. *Christine Rehklau* bilanziert aus Perspektive der Sozialarbeitswissenschaft Tätigkeitsfelder und Aufgaben und bezieht Kontextbedingungen für Geflüchtete in Hinblick auf *„Wohnen“, „Gesundheit“, „Bildung und Arbeit“* ein. Der Beitrag informiert über Verfahren und rechtliche Aspekte bei Inobhutnahme von unbegleiteten minderjährigen Flüchtlingen und stellt erste Feldforschungen hierzu vor. *„Bisher hat die Soziale Arbeit abgesehen von kirchlichen Wohlfahrtsverbänden, dem Bundesverband für unbegleitete minderjährige Flüchtlinge und lokalen Flüchtlingsinitiativen und NGOs sich noch relativ wenig in die politische Auseinandersetzung mit eingebracht. In diesem Kontext wurden sodann auch Vorwürfe laut, dass die Soziale Arbeit ihr Selbstverständnis als Menschenrechtsprofession nicht ernst nehme“.* Auch fehlen bundesweite Standards für die Soziale Arbeit mit Flüchtlingen, ein Umstand, der die Fragen zum Umgang mit Spannungen zwischen Hilfe und Kontrolle, zwischen staatlicher oder administrativer Regulation und Empowerment fahrlässig zu vernachlässigen droht.

Dem Manko bislang noch relativ seltener empirischer Forschung zur Flüchtlingssozialarbeit wie zur Handhabung interkultureller Implikationen in der Beratungsarbeit mit Geflüchteten begegnet die folgende Ausarbeitung zum *„Flüchtlingsgespräch als fragilem Kooperationsprozess“* von *Roland Kurt.*

Unter der Prämisse migrationsbedingter wechselseitiger Fremdheitserfahrungen verbindet der Text eine historische Rekonstruktion interkultureller Sozialer Arbeit in der Migrationsgesellschaft mit einer qualitativen Einzelfallstudie. In hermeneutischen Fallanalysen von Flüchtlingsberatungsgesprächen auf der Basis von Videoaufzeichnungen, Interviews und teilnehmenden Beobachtungen wird herausgearbeitet, dass günstige Bedingungen für die Herstellung von Kooperationsbeziehungen insbesondere dann gegeben sind, *„wenn die Fachkraft für Soziale Arbeit die Thematisierung von kulturell Fremdem vermeidet und stattdessen insbesondere durch nonverbale Zeichen eine Atmosphäre des Verstehensvertrauens* *schafft*". Die Annahme, „*dass es in der Kommunikation zwischen Sozialarbeiter und Flüchtling vor allem um die Bewältigung kultureller Differenzen geht*", hat sich in den hier untersuchten Flüchtlingsberatungsgesprächen nicht bestätigen lassen, denn: „*Das Beratungsgespräch ist kein Ort, in dem Kulturen zusammenprallen oder ineinanderfließen. Es ist ein Ort, in dem Kooperation gelingt, – nicht immer, aber fast immer. Sie gelingt, wenn die Situationsdefinitionen, Rollenauffassungen und Relevanzsetzungen von Sozialarbeiterin und Flüchtling ausreichend kongruent sind und die Kommunikation von der Zuversicht getragen wird, dass man sich nicht nur verständigen und verstehen, sondern auch gemeinsam etwas erreichen kann*".

„Abschiebungen sind die Leichen im Keller unserer Integrationspolitik" (Oulios 2015, S. 1), „Hotspots" in Griechenland und Italien. Auffanglager auf Lesbos und Lampedusa. „Dort werden Asylsuchende registriert, Asylgesuche geprüft und Abschiebungen durchgeführt, unterstützt von zusätzlichem EU-Personal…" (ebd., S. 9).

Abschiebungen als Scheitern problematisiert *Barbara Eßer* in ihrem Beitrag „*Als Flüchtling gescheitert und raus? Abschiebungen als Mittel der Migrationskontrolle*". Eßer zeigt auf, wie ein von steigenden Flüchtlingszahlen getragener medialer und politischer Diskurs die „*Problembeschreibungen und Lösungsansätze des Abschiebevollzugs (sowie) politische Zielsetzungen beeinflusst und zu gravierenden Gesetzesänderungen geführt*" hat. Sie macht die zentralen Zielformulierungen des Abschiebevollzugs und deren Umsetzung sichtbar, setzt diesen die Erfahrungen aus der Beratung von Flüchtlingen gegenüber und schlussfolgert „*angesichts der zu erwartenden Konsequenzen beschleunigter Verfahren und Abschiebungen*" dringende Handlungsbedarfe.

Im abschließenden Beitrag leuchtet *Ronald Lutz* das Leben von Menschen in Flüchtlingslagern, im „*toten Winkel*" solcher ewigen Provisorien aus und erinnert daran, dass der überwiegende Teil der Flüchtlinge in Anrainerstaaten verbleibt oder zu Binnenflüchtlingen zählt. „*Das Leben der Flüchtenden geht in den Lagern, die für sie eröffnet werden bzw. schon länger existieren, unter extremen Bedingungen weiter. Der entsetzliche soziale Prozess ist mit der Flucht nicht beendet, er setzt sich fort, die Verwundbarkeit, die vor der Flucht bestand, ist auch nach der Flucht nicht aufgehoben*". Der Flüchtling „*woanders*" findet sich als Akteur innerhalb einer Struktur „*globaler Sozialhilfelandschaften*" im dauerhaften Status der Ausgrenzung wieder an Orten wie Smara, Ajun, Dakhla oder Ausserd in Algerien oder Dadaab im Norden Kenias, die exemplarisch beschrieben werden und die Lutz als „*verletzliche Orte des Ungewissen*" charakterisiert.

Literatur

Arendt, H. (1943/2016). Wir Flüchtlinge. Stuttgart: Reclam, Phillipp jun. *The Menorah Journal* Jg. 36. Nr.1 (Januar 1943), 69–77. Bluecher Literary Trust.

Brumlik, M. (2002). *Bildung und Glück*. Berlin, Wien: Philo.

Conrad, S. (2013). *Globalgeschichte. Eine Einführung*. München: C.H. Beck.

Eggers, D. (2008/2010). *Weit Gegangen*. Köln: KiWi.

Flusser, V. (1987/1994). *Von der Freiheit des Migranten*. Berlin: Bollmann Verlag.

Grundmann, T., Stephan, A. (2016). *Welche und wie viele Flüchtlinge sollen wir aufnehmen? Philosophische Essays*. Stuttgart: Reclam.

Keown Mc, A. (2005). Global Migration 1846–1940. *Journal of World History* 15, 155–189.

Kermani, N. (2015/2016). *Einbruch der Wirklichkeit. Auf dem Flüchtlingstreck durch Europa*. München: C.H. Beck.

Khider, A. (2016). *Ohrfeige*. München: Carl Hanser Roman.

Kron, S. (2011). Intersektionalität oder Borderland als Methode? In S. Hess, N. Langreiter & E. Timm (Hrsg.), *Intersektionalität revisited* (S. 197–221).

Kyack, M. (2016). *Auch Flüchtlinge gehören an den Verhandlungstisch. Vortrag Römerberggespräche*. Frankfurt am Main. http://www.fr-online.de/kultur/mely-kiyak-auch-fluechtlinge-gehoeren-an-den-verhandlungstisch,1472786,33999684.html. Zugegriffen: 19.08.2016.

Naimark, N. (2016). Zwangsmigration im Europa des 20. Jahrhunderts: Probleme und Verlaufsmuster. In Stefan Troebst, Michael Wildt (Hrsg.), *Comparativ: Zeitschrift für Globalgeschichte und vergleichende Gesellschaftsforschung* Heft 1, 26. Jg. (S. 11–27). Leipziger Universitätsverlag. Zwangsmigration im Europa der Moderne. Nationale Ursachen und transnationale Wirkungen.

Nassehi, A. (2015). *Wohin flüchten? Kursbuch 183* (S. 1–4). Hamburg: Murmann Verlag. Editoral.

Nassehi, A. (2015b). „Die arbeiten nichts". Eine kleine Polemik gegen die „Wirtschaftsflüchtlinge". In Ders. (Hrsg.), *Kursbuch a.a.O.* (S. 101–110).

Oulios, M. (2015). *Blackbox Abschiebung. Geschichte, Theorie und Praxis der deutschen Migrationspolitik*. Berlin: Suhrkamp.

Pfeil, E. (1948). *Der Flüchtling. Gestalt einer Zeitenwende*. Hamburg: Hans Hugo Verlag.

Schroeder, J. (2014). Der Forschungsstand zum „Fluchtort" Hamburg. In Maren Gag, F.F. Voges (Hrsg.), in Beitrag Ep a.a.O. (S. 15–28). Waxmann.

Schnitzler, S. (2012). *Soziologie im Nationalsozialismus zwischen Wissenschaft und Politik. Elisabeth Pfeil und das „Archiv für Bevölkerungswissenschaft und Bevölkerungspolitik"*. Wiesbaden: Springer VS.

Spivak, G.C. (1988). „Can the Subaltern Speak?" In Cary Nelson, Lawrence Grossberg (Hrsg.), *Marxism and the Interpretation of Culture* (S. 271–313). Chicago: University of Illinois Press.

Trempler, J. (2013). *Katastrophen. Ihre Entstehung aus dem Bild*. Berlin: Verlag Klaus Wagenbach.

UNHCR (2016). *Global Trends. Jährlicher Statistikbericht.* http://www.unhcr.org/en-us/the-global-report.html. Zugegriffen: 23.06.2016.
Žižek, S. (2015). *Der neue Klassenkampf. Die wahren Gründe für Flucht und Terror.* Deutsche Übersetzung. Berlin: Ullstein Buchverlag GmbH.

Disziplinäre Zugänge, Theoretische Perspektiven

I

Kriege, Flüchtlinge, Menschenrechte, Terror und die Gefahren von rechts als besondere politische Herausforderungen[1]

Hajo Funke

Zusammenfassung

Die aus Kriegs- und Terror-Regionen kommenden Flüchtlinge sind in ihrer Mehrheit von einschneidenden Verlusten betroffen und häufig schwer traumatisiert. Sie brauchen eine angemessene Versorgung und Betreuung. Das wird von Rechtspopulisten und Rechtsradikalen bestritten oder angegriffen. Die Entfesselung von Ressentiment hat zu einer beispiellosen Gewaltwelle beigetragen. Hinzu kommt der Terror des sogenannten IS. Damit sind Demokratie und Rechtsstaat neu zu verantwortungsethischem Krisenmanagement herausgefordert. Es wird angesprochen, wie dies geschehen kann.

1 Einleitung

Nicht länger darf verdrängt werden: Gesellschaft und Politik stehen vor großen Herausforderungen: Es gibt unabsehbare Sicherheitsrisiken durch den sogenannten IS, durch rechte Gewalt und seit der zweitletzten Juliwoche 2016 durch Terrorakte und Anschläge in Deutschland. Es gibt nach wie vor große Schwierigkeiten, die Flüchtlinge angemessen unterzubringen, zu versorgen und zu integrieren und es gibt nicht absehbare Wahlentscheidungen einer in Teilen verängstigten und verunsicherten Bevölkerung. Und inzwischen gibt es einen außer Rand und Band geratenen rassistischen rechtsradikalen Rand von Pegida und AfD, der nicht nur Migranten und Migrantinnen bedroht und unsere liberale rechtsstaatliche politische Kultur. Als Politikwissenschaftler versuche ich, die Flüchtlingspolitik

1 Ende Juli 2016 abgeschlossener Text; in ihn gehen Abschnitte ein, die anderswo von mir veröffentlicht sind oder werden (etwa in Funke 2016).

und ihre Wirkung auf gesellschaftliche Prozesse sowie deren Rückwirkungen auf die politischen Entscheidungsträger und die Debatten in der Öffentlichkeit zu beschreiben und zu analysieren. Dabei sind die international und national verabredeten und per Gesetz durchgesetzten Normen und Orientierung von Bedeutung. Hinsichtlich der gesellschaftlichen Einflüsse und Wirkungen ist es wichtig, wie Politik und politische Parteien die Herausforderungen der Flüchtlingspolitik wahrnehmen, beschreiben, verständlich machen und sich ein Optimum an Legitimität zu verschaffen suchen. Dies ist angesichts der gegebenen Herausforderungen und der verbreiteten Kritik an der Ausrichtung und Effizienz flüchtlingspolitischer Maßnahmen sowie eines gegen jede Flüchtlingspolitik gerichteten rechten Randes an Einstellungen, Orientierungen und Politikangeboten von besonderem Interesse. Dabei sind Rückgriffe auf Studien zu Einstellungen und zur Bewegungs-, Politik- und Parteienforschung unverzichtbar. In den folgenden Abschnitten geht es zunächst um Flüchtlinge, die Kriege – vor allem im Irak und in Syrien – die europäische und deutsche Asylproblematik und die Beunruhigten in Deutschland (I.). Die Gefahren von rechts und eine rassistisch rechtsradikale Polarisierung durch AfD und Pegida werden im zweiten Teil thematisiert (II.) und schließlich werden abschließend Argumente dafür vorgetragen (III.), dass es Demokraten um eine Offensive für ihre Republik gegen die Gefahren von rechts gehen sollte.

2 Kriege, Flüchtlinge, Menschenrechte

2.1 Die flüchten[2]…

Was wir heute in der Syrien-Katastrophe in Medien und persönlich erleben, ist bedrückend. Es sind Flüchtlinge, die vor Fassbomben und Terror fliehen. Jeder weiß, dass die Flüchtlinge in großer Zahl traumatisiert sind und sich absolut verunsichert sehen müssen, was mit ihnen geschieht, ob sie zusammenbleiben oder getrennt werden, zurück müssen, umverteilt werden, medizinische oder psychologische Hilfe bekommen oder nicht. Einige kurze Ausschnitte aus Begegnungen mit Flüchtlingen mit ihren Helfern am Rande des in Berlin zuständigen *Landesamt für Gesundheit und Soziales* (LAGeSo) möchte ich an den Anfang stellen.

Der freundliche Afghane, der aus Karaj bei Tehran gekommen ist, will nur zurück und fragt warum es so lange dauert, bis er darf. Er wollte zu Verwandten nach Schweden, ist in Dänemark abgefangen worden und gleich 40 Tage ins Gefängnis

2 Sie zeigen – ex negativo – den Bedarf an administrativer und persönlicher Hilfe zur Integration – dem so oft entsprochen wird.

gesperrt worden. Er durfte nur einmal die Woche mit seiner Familie reden. Er will zurück zu seinen Kindern und zu seiner Familie, je eher, desto besser. Auch wenn er nach Afghanistan abgeschoben oder zurückkehren will, gelingt es ihm wieder zurück zur Familie bei Karaj zu kommen. Die 40 Tage haben zugesetzt: Magengeschwüre, Bluthochdruck. Er ist außer sich. Als wir ein wenig hinein hören in dieses Schicksal, bricht er in Tränen aus.

Ich sprach mit einem Vater mit zwei kleinen Kindern aus einem Vorort von Damaskus. Der Junge hatte eine schwere Operation, das Mädchen ist gesund. Der Vater hat einen Steckschuss. Sie sollen zurück nach Hessen, haben aber hier Verwandte, unter anderen eine Schwester. Was tun? Wen kann man um eine Umverteilung bitten oder um einen entsprechenden Härtefallantrag? Wo sind die Papiere über die Operation des Kindes; seine Schwester holt einige Papiere heraus, die ihn zeigen, auch mit den registrierten Kindern. Gibt es die Chance, die Umverteilung durchzusetzen? Warten. Diskussion. Daneben kommen andere mit anderen Problemen. Schließlich eine Kennerin von Caritas, die einen Weg weiß, wenn man Behandlungsbedarf für das kranke Kind nachweisen kann. Die Kinder nutzen ihren Freiraum; sie sind vielleicht fünf und sechs Jahre alt und spielen mit dem, was ihnen in die Hände fällt: ein kleines Absperrsignal. Dann gibt es ein Stück Schokolade, das umkämpft ist. Unsicherheit, ob es eine Lösung gibt.

Zwei Brüder aus dem palästinensischen Lager J aus Syrien, sie sind neu. Der jüngere mit schweren Rückenleiden. Er schleppt sich in das etwa 200 m gelegene Haus M, da wo die Caritas medizinische Hilfe anbietet. – Die Berater werden unterbrochen, von einer Frau, die fragt, weil man sie schlägt, ob es eine Frauenhausunterstützung gibt. Es gibt lange Telefonate, auch nach einer halben Stunde ohne Erfolg. Dazwischen ein weiterer Afghane, der zurück will, aber nicht kann, weil der nächste Termin im LAGeSo erst in drei Wochen ist, fast einen Monat hin. Er will sich beeilen, auch weil er weiß, dass sich die Situation in Afghanistan und im Iran wieder verengen kann und er bestraft wird, wenn er zu spät zurückkehrt. Das Gespräch wird unterbrochen von dem kleinen Jungen, dem das Handy aus der Hand gefallen war und der für den Rest der Familie sorgt und nur kommt, weil er in der Beraterin eine freundliche sichere Beratung erfährt, selbst wenn sie nicht immer zielführend sein kann, weil die Restriktionen, die Bürokratien, die Ansprechpartner nicht da sind oder nicht zuständig. Vielleicht auch, weil niemand zuständig ist für die vielen Fragen die anstehen, nicht zuletzt die, wann man wie zurückkehren kann und die Bürokratien entscheiden müssen, ob sie den Flugpreis dafür zahlen oder nicht.

Heute sind die Abteilungen wieder geändert. Wie kann man jemanden einarbeiten, der vor verschlossenen Türen steht oder ganz woanders hin muss und dort abgewiesen wird und zurückkehrt und wartet. Das Personal ist verheizt, das neue nicht eingearbeitet. Es stockt und man wird abgewiesen, es gibt keine Freundlichkeit; es fehlt an Lotsen. Eine chaotische Erfahrung von Flüchtlingen jenseits ausrei-

chender menschenwürdiger Kommunikation und Umgang und verlässlicher Routine. Ein Tor das sich schließt und öffnet wie das des Schlosses für die furchtbaren Probleme die mit den Menschen kommen. Die Katastrophen die hinter ihnen liegen machen die Menschen apathisch, aufgeregt, verwirrt, resigniert, melancholisch. Sie sehen nur auf, wenn jemand freundlich in die Augen schaut und ihnen zu helfen bereit ist, auch wenn sie das vierte Mal wiederkommen und noch immer keine Hilfe erfolgreich war …

2.2 Die töten … … und keinen Frieden schaffen: Das Ausgangsproblem. Die Kriege und Asyl

Diese Flüchtlingssituation ist vor allem, ich muss kaum daran erinnern, die Folge eines gefährlich außer Kontrolle geratenen Bürgerkriegs in Syrien und dem Zerfall des Irak. Die Lage der internationalen Politik ist bedrückend[3], schlimmer als in Zeiten des kalten Kriegs und perspektivisch womöglich noch weniger unter Kontrolle als die Kontrollmechanismen im kalten Krieg. Die Staatengemeinschaft hat es nicht geschafft oder sogar ausdrücklich versäumt, sie früh einzuhegen.

Zu dem Versagen der Staatengemeinschaft insbesondere der Vereinigten Staaten gehört, dass im Falle des *Irak* ein Angriffskrieg entfesselt wurde, ohne dass es ein Konzept der Nationenbildung nach dem Konflikt gegeben hätte, sondern eine mehr oder weniger brutale Besatzung, die die Bedingungen für die Entfesselung von Terroreinheiten erst geschaffen hat. Der sogenannte „Islamische Staat" ist in vielerlei Hinsicht auch ein Resultat des verheerenden Umgangs der amerikanischen Besatzung nach 2003 mit der irakischen Bevölkerung.

---

3 Am 4. Februar 2016 – beispielsweise – wird uns quasi ohnmächtigen Fernsehzuschauern ein stolzer David Cameron präsentiert, der mit dem UN Generalsekretär mit stolzgeschwellter Brust und freundlichem Ton das Ergebnis der Geberkonferenz von London zur Hilfe für Flüchtlinge bekannt gibt: noch nie sei an einem Tag so viel an Geld, über 7 Milliarden zusammengekommen, besser: versprochen worden. In der gleichen Sekunde sehen wir Bilder in Syrien, die furchtbare Einkesselung von Aleppo und die entsetzliche Flucht von zehntausenden von Menschen in größter Eile und Hast in Richtung der türkischen Grenze, die nur für wenige geöffnet ist. Allein für diesen Tag braucht man einen Teil der sieben 7 Milliarden, um die Not der Flüchtlinge und eine menschenwürdige Perspektive für sie zu organisieren. Eine kafkaeske Gleichzeitigkeit, in der die Politik zur Eindämmung der Krise noch einmal versagt, noch einmal zurückfällt in den Nihilismus absoluter Zerstörung. Und am folgenden Tag erklärt ein sichtlich enttäuschter deutscher Außenminister auf einer Minister-Tagung in Amsterdam, man möge doch die Grenze zur Türkei öffnen und man sehe nun doch – gewiss an die Adresse seines politischen Vertrauten in Moskau, den Außenminister gerichtet –, dass eine militärische Lösung keine Lösung ist.

Selbst der von Bush Junior ebenfalls zuvor entschiedene Krieg gegen *Afghanistan* unter der Herrschaft der Taliban war kurzschlüssig auf die Niederringung dieser Gruppe fixiert, statt mit einem Konzept versehen zu sein, dass auf eine Entwicklung von Gesellschaft und Politik in Afghanistan gerichtet gewesen wäre.

Und schließlich *Libyen:* da gab es eine Sicherheitsratsresolution, die die Intervention vor allem der Briten und Franzosen ermöglicht hatte; diese aber hielten sich mit der Macht der Waffen vor Ort nicht mehr an die Grenzen dieser Resolution.

Die Eskalation der Proteste und der Gewalt gegen das autoritäre Assad-Regime wurde eilfertig und naiv von der Zulieferung von Freiwilligen und Waffen aus Libyen, nicht zuletzt durch amerikanische Hilfe befeuert. Während des Bürgerkriegs in *Syrien* ist versäumt worden, früh durch die internationale Staatengemeinschaft, repräsentiert im Sicherheitsrat zur Eindämmung des sich entfesselnden Bürgerkriegs beizutragen und etwa der Idee 2012 zu folgen, Waffenstillstände auch unter Hinnahme der Tatsache des Bestehens des Assad-Regimes durchzusetzen. Nun, vier Jahre später sind die Bedingungen enorm verschärft und führen sogar wie im Februar 2016 zu einer Ausdehnung der die Zivilbevölkerung treffenden militärischen Gewalt. Dies trotz der sehr intensiven Versuche des deutschen sowie des US-amerikanischen, französischen und russischen Außenministers und der entsprechenden UN-Organisationen im Wiener Prozess.

Die Entfremdung zwischen Russland und dem Westen hat seinen Preis: es kommt kaum zu vernünftigen Verabredungen auf der Basis einer einhelligen Einschätzung. Hier sind Fehler des Westens zu suchen, mit der Entscheidung der Vereinigten Staaten, in den Irak einzumarschieren, mit der Art und Weise, 2001 in Afghanistan den Krieg zu führen, und mit der Osterweiterung der NATO koste es was es wolle Dominanz zu zeigen und den früheren Gegner zu demütigen.

3 Abwehr. Regression. Rechtspopulismus. Rechtsradikalismus

Von Polarisierung muss gesprochen werden, seit die selbst ernannten „Retter des Abendlandes" mit ihren aggressiven Demonstrationen und Gewalttaten genau das tun, was sie ihren Feinden vorwerfen: Sie versuchen, die Meinungsfreiheit einzuschränken, vor allem aber: Sie hetzen gegen freiheitliche Werte der Religionsfreiheit oder der Minderheitenrechte und gegen den freiheitlich-liberalen und sozialen Rechtsstaat der Republik, sofern er die Menschenrechte achtet.[4] Die

4 Zwar war das Krisenmanagement in der Unterbringung einer ungeahnten Zahl von Flüchtlingen vielfach beispielhaft im letzten Sommer. Die Zivilgesellschaft half da aus, wo das Ver-

Entfesselung des Ressentiments – ein Kerngeschäft der Rechtspopulisten in Europa – zeichnete sich auch in Deutschland seit über einem Jahr ab und hat sich – und dies ist die entscheidende Lehre angesichts zu geringen Widerstands in Politik und Öffentlichkeit – selbst radikalisiert. Ein Phänomen, das die Politikwissenschaft zum Rechtspopulismus in Europa von Österreich und Frankreich längst kennt, wo das Zusammengehen von ÖVP und FPÖ in Österreich zur Stärkung der Rechtspopulisten und ähnlich mit Sarkozy in Frankreich geführt hat. Der Gefahr des Spiels mit den Rechtspopulisten sind die Schwesterparteien der CSU in Österreich und Frankreich längst erlegen. Sie haben dazu beigetragen, dass die Rechtspopulisten dort zwischen 20 und 30 % bekommen.[5] *Rechtspopulismus* definiert sich durch einen Dreischritt, den wir nicht nur in Österreich klassisch beobachten können: (1) Wir sind die Stimme des Volkes, eines Volkes, das wir selbst definieren. (2) Wir führen es an und lösen mit und für das Volk die Probleme. (3) Wir tun dies durch Projektive Aggressivität, entweder auf das Projekt Europa als Ganzes oder nicht zuletzt auf die, die wir als Feinde oder nicht Dazugehörige in unserer Gesellschaft ausgrenzen, abwerten und eigentlich aus dem Land werfen wollen. Die *Alternative für Deutschland* ist im Frühjahr 2013 von wirtschaftsliberalen Professoren um Bernd Lucke und ehemalige Industriebürokraten wie Hans-Olaf Henkel in der Auseinandersetzung um den Euro als Partei rechts der CDU gegründet worden. Der Sturz von Bernd Lucke und seiner Professorenriege auf dem Parteitag von Essen im Sommer 2015 hat diese nach außen moderate Partei mit gestürzt. Die bisherige Spitze ist vom radikalen Flügel um Petry, Gauland und Höcke ent-

---

waltungsversagen offenkundig war und ist. Aber da wo das Verwaltungsversagen blieb, die Erfassungssysteme nicht elektronisch übertragbar blieben, das BAMF schlecht organisiert war genauso wie das LAGeSo in Berlin, da stieß auch die Zivilgesellschaft von etwa 1 Million Aktiver in Deutschland an ihre Grenzen. Es blieb das Chaos, dem eine zunächst weithin chaotische Politik entsprach. Auf der Unterseite dieser zunächst strahlenden Seite wuchs die dunkle Seite von Deutschland wie Anja Reschke in ihrem Buch „Und das ist erst der Anfang. Deutschland und die Flüchtlinge" (vgl. Berlin 2015) schrieb. Im letzten Jahr gab es an die 1 000 Gewaltstraftaten von rechts, vor allem gegen Flüchtlinge und ihre Unterkünfte, mit bis heute stetigem Anstieg; begangen von Tatverdächtigen, von denen 2/3 bisher nicht auffielen wie der Finanzbeamte aus Escheburg, der das Nachbarhaus in Brand setzte, weil es mit irakischen Flüchtlingen belegt werden sollte. Er habe seine Idylle bewahren wollen. Angestachelt vielfach durch Chats und das Internet. Der eigentliche Trigger aber war die so genannte Pegida-Bewegung der patriotischen Europäer gegen die Islamisierung des Abendlands.

5 Ich beziehe mich darauf: in der Tat, rechtspopulistische Strömungen grassieren in Europa in einem nie gekannten Ausmaß. Sie sind dort besonders verbreitet, wo sie lang etabliert sind, in Österreich, in Frankreich, in den Niederlanden oder in Dänemark. Sie gefährden mit ihrer gegenüber Europa und dem europäischen Projekt aggressiven, zum Teil destruktiven Haltung eben dieses Projekt und die innere Balance, den gesellschaftlichen politischen und kulturellen Ausgleich in den jeweiligen Ländern. Das ist beängstigend und in der Tat bedrohlich (vgl. Rensmann et al. 2011).

machtet worden. Vertreter der *Erfurter Resolution* und der *Patriotischen Plattform* bestimmen seither weitgehend das Geschehen der Partei.

Diese Dynamik zum Rechtsradikalismus ist nicht zu verstehen ohne den Vorlauf ihres „natürlichen Verbündeten", der Pegida-Bewegung, die seit Oktober 2014 Ressentiments gegen Muslime und Flüchtlinge in einer Weise entfesselt hat, dass drei Monate danach die Zahl der Gewalt an Flüchtlingsheimen und Flüchtlingen auf das Doppelte geklettert ist und seither stetig steigt. Die Pegida-Bewegung hatte in schneller Folge alle Mäßigung aufgegeben und den neonazistischen Schatten, der etwa die Ordner in Dresden gestellt hat, zur rassistischen Gewalt veranlasst.

Seit Ende 2014 war mit der schon sprichwörtlichen Äußerung des Chefstrategen Gauland klar, wohin die Reise der Partei gehen soll: „Die Pegida-Bewegung ist der natürliche Verbündete der AfD." Schon ein halbes Jahr später war das bürgerlich moderate Gewand der neoliberalen Professorenriege abgestreift. Und die innerparteiliche Macht vollständig in den Händen des radikalen Flügels: der neuen Vorsitzenden Frauke Petry, der mächtigen Schiedskommission, die unter Leitung des baden-württembergischen Anwalts Brett über Ausschlüsse befindet, und der Agitatoren Höcke, Poggenburg und Gauland. Damit waren die Bedingungen für eine rücksichtslose Demagogie gegen Flüchtlinge gelegt, ehe im September 2015 durch die Zuspitzung der Flüchtlingslage in Europa und der phasenweisen Öffnung der Grenzen die Flüchtlinge zum Thema wurden und seither sind. Das ehemalige Mitglied Hans-Olaf Henkel spricht verbittert von einer „NPD light", zu der die einst von ihm mitgegründete Partei geworden sei. Selten in der Geschichte des Rechtspopulismus und Rechtsradikalismus ist eine ehemals moderate Rechtspartei im Nachkriegseuropa so schnell in eine rechtsradikale Partei verwandelt worden. Von Demagogie zeugen die radikalen Stellungnahmen der Parteispitze:

So beschwört etwa *Alexander Gauland* (einst Leiter der hessischen Staatskanzlei unter dem CDU Ministerpräsidenten Wallmann) in einer Berliner Rede den *Untergang Roms durch den Ansturm der Barbaren* und meint Deutschland. *Arabische Flüchtlinge haben hier nichts zu suchen,* so Gauland an anderer Stelle.

Björn Höcke wiederum erklärt in *biologistischer-rassistischer Manier,* wie wir sie aus dem *Nationalsozialismus* kennen, die Dekadenz der Europäer Europas im Vergleich zu den fruchtbaren Afrikanern (Björn Höcke vor dem „Institut für Staatspolitik" der extrem neuen Rechten unter deren Beifall). Er erklärt öffentlich, dass *der Syrer zwar sein Syrien behält* (!), aber dadurch, dass er nach Deutschland kommt, die deutsche offenkundig völkische Identität auslösche. Höcke hält die Zuwanderung durch sogenannte Fremde für eine existenzielle Gefährdung Deutschlands, seiner deutschen Identität und ethnischen Homogenität. Migranten und Zuwandernde zerstören seiner Ansicht nach Deutschlands Gesellschaft, seine Demokratie, und das Volk. Sein Gesellschafts- und Politik-Konzept einer organischen Nation ist ein fundamentales Gegenkonzept zum Zustand und Selbstverständnis der hiesigen liberal verfassten Demokratie. Es ist – wie das Gegenkonzept der konservativen Revolution gegen die Weimarer Republik – gegen die Berliner Republik gerichtet. Es „erlaubt“ ihm aus einer solchen Perspektive, sowohl gegen die politische Repräsentanz aller „Altparteien“ zu agitieren als auch gegen Asylflüchtlinge und die ethnische Vielfalt der Migration insgesamt. Wenn auch bemäntelt vertritt Höcke in fundamentaler Weise ein extrem rechtes Gedankengut, das ihm eine grenzenlose Kritik an den Verhältnissen und vor allem an dem Sündenbock des Asylflüchtlings bietet.

Frauke Petry schließlich erklärt Ende Januar 2016 dem „Mannheimer Morgen“, dass im Notfall gegen Flüchtlinge an der Grenze *geschossen* werden müsse. Frau *von Storch* dehnt dies im Facebook auf *Frauen und Kinder* aus. Der Parteivorstand weicht angesichts der riesigen Reaktionen der Öffentlichkeit zwar formal, aber nicht in der Sache zurück. Das ist offenkundig Ausdruck einer Strategie der Radikalisierung – einer geplanten Provokation in einer Politik der Mobilisierung von Erregungen und Aggressionen.[6]

Die AfD will eine gegen Zuwanderung und Flüchtlinge gerichtete *ethnisch-reine, völkische Nation* und damit eine *andere Republik*. Sie ist die Partei der Mobilisierung des Ressentiments gegen Flüchtlinge, spricht von Notwehr und Widerstand und fördert damit Gewalt in einer durch die rassistische Bewegung und die gefährliche Steigerung der Gewalt gegen Flüchtlinge und Flüchtlingsunterkünfte hoch aufgeladenen Situation der Republik.

3.1 AFD und Pegida: Gegen die Invasoren, die den Untergang Deutschlands wollen

Zum zweiten gibt es eine bewegungsbezogene Hass-Entfesselung, wie sie inzwischen durch eine Studie zu Pegida nachgezeichnet worden ist.[7] Seit Anfang Februar 2016 liegt diese instruktive Studie zu den Anhängern der Pegida-Bewegung im Internet vor. Die Autoren der Studie haben die Kommentare und Interaktio-

6 Marcus Pretzell, der nordrhein-westfälische Landesvorsitzende der Alternative für Deutschland (AfD), hatte schon Monate zuvor Waffengewalt als Ultima Ratio gegen Flüchtlinge vorgeschlagen. Der umstrittene Europaabgeordnete stand schon damals mit dieser Auffassung in seiner Partei nicht allein: Pretzell bekam Rückendeckung von Alexander Gauland, dem Vizechef der Bundespartei. „Ich sehe das ganz genauso“, sagte Gauland dem „Handelsblatt“. „Unsere Grenzen müssen effizient gesichert werden. Alles andere macht keinen Sinn.“ Pretzell hatte am Wochenende erklärt: „Die Verteidigung der deutschen Grenze mit Waffengewalt als Ultima Ratio ist eine Selbstverständlichkeit.“

7 Die Studie ist angefertigt worden von Anatol Stefanowitsch und Susanne Flach, nach Hannes Munzinger, Antonie Rietzschel und Hauke Bendt, in der Süddeutschen Zeitung, Magazin vom 04. 02. 2016: Facebook-Auswertung: Das gefährliche Weltbild von Pegida.

nen, die auf der Facebook-Seite der Bewegung im vergangenen Jahr stattgefunden haben, analysiert (In Facebook mobilisieren die Verantwortlichen ihre 200 000 Anhänger). Aus der Analyse der Zufallsauswahl einer Stichprobe von 1 000 Kommentaren ergibt sich nach der Süddeutschen Zeitung, dass die Aussagen über Flüchtlinge, Migranten und Muslime durchgängig auf Ablehnung, Delegitimation und Schuldweisungen abzielen. Dabei dienen die Begriffe Flüchtlinge, Migranten, Muslime oft als Synonyme. Alle werden als Teil einer homogenen, undifferenzierbaren Gruppe dargestellt. Zwar sei die rassistische Hetze nicht als solche sofort erkennbar, vielmehr pflegten die Anhänger von Pegida ihre Rolle als besorgte Bürger.

Flüchtlinge werden als *Opportunisten* dargestellt, die nicht wirklich vor Krieg oder Armut fliehen. Sie seien faul und primitiv. Es handele sich um Kriminelle, darunter Gewalttäter, Vergewaltiger und Betrüger (wie gesagt eine Studie für das Jahr 2015). In anderen Äußerungen würden Flüchtlinge pauschal als eine Gefahr dargestellt, weil sie Invasoren seien oder das Land zerstören wollen.

In diesem Zusammenhang ist häufig von *Islamisierung* (im Sinne einer feindlichen Eroberung durch Invasoren) die Rede. Dass die Menschen verschiedenen Religionsgruppen angehören, wird ignoriert. *Muslime und Flüchtlinge – alles das gleiche, so die Logik von Pegida.* Diese vermeintliche Islamisierung werde von Staaten aus dem arabischen Raum oder nicht näher genannten Mächten betrieben und von deutschen oder europäischen Regierungen und Medien unterstützt. Der Islam wird hierbei in den Kommentaren als gewalttätig, terroraffin und menschenverachtend dargestellt – ein Islam ohne jede Differenzierung. Dabei werde jedes Ereignis genutzt, um das Feindbild zu stützen. Für Pegida-Anhänger ist jeder Flüchtling der Feind, der die Deutschen verdrängt und an deren Vernichtung mitarbeitet. Dies gilt für alle Flüchtlinge und letztlich alle Muslime. Sie werden in der Verzerrung der Pegida-Anhänger alle gleich gemacht. Ihre schiere Anwesenheit wird als feindlich interpretiert, ja führt, folgt man Gauland von der AfD, zum Untergang Deutschlands, weswegen man wird auch gegen sie vorgehen müssen – und zwar mit allen Mitteln.

Die Flüchtlinge werden als Gruppe *zum Sündenbock* für alle Ressentiments gemacht.[8] Die Flüchtlinge sind danach ein *Werkzeug dieser Islamisierung*. Sie sollen die Deutschen verdrängen oder als Kämpfer an deren Vernichtung mitarbeiten.

8 Nach dieser Logik wird es möglich, Angriffe auf Flüchtlinge als Gegenwehr zu werten. Diese Bewegung ist in großen Teilen eine rassistische Islam- und flüchtlingsfeindliche Bewegung, die sich paranoid von einer Invasion fremder feindlicher Mächte gefährdet fühlt und deswegen mit Gegenwehr, ja mit einem Volksaufstand nach ihrer Logik reagieren muss. Sie hatten keinen Grund in Deutschland Zuflucht zu suchen. Ihnen wird vorgeworfen, Teil einer Invasionsmacht zu sein, die Deutschland erobern und islamisieren will.

Die einzige Lösung bestehe in einer Ausweisung aller muslimischen Flüchtlinge. Pegida müsse einen Volksaufstand gegen die etablierte Politik anführen.[9]

Konsequenterweise ist jede *Flüchtlingspolitik Verrat am Volk*, das selbst *völkisch* verstanden wird. Zunehmend wird der Linken, den Grünen und seit September 2015 Merkel und ihrer Regierung unterstellt, aus Naivität oder böser Absicht das Land zerstören zu wollen.

Das Weltbild der Pegida-Anhänger verzerrt die Wirklichkeit und setzt den Flüchtling aus Damaskus mit dem IS-Terroristen in Rakka gleich und ist daher paranoid. Aus der Analyse des Nationalsozialismus und seines paranoiden Antisemitismus wissen wir, dass die Kraft des krankhaft Paranoiden unendlich ist, weil er nur ein Ziel hat, dass die Invasoren, die uns zerstören, ausgeschaltet werden, damit das eigene Volk überlebt. Es ist: Die oder wir. Das „legitimiert", wenn man an der Macht ist, im Zweifel alles und damit auch tödliche Gewalt. Ist eine solche *Paranoia* im Individuum oder erst recht in einer Bewegung durchgesetzt, gibt es bei den Trägern dieser Bewegung von rechts kein Halten mehr. Hat sie Einfluss und Macht, käme es zur Entfesselung ubiquitärer Gewalt.[10]

---

9 Damit ist instruktiver als bisher angesprochen, dass nicht nur die Führung rassistisch – wie dies durch die rassistische Sprache Lutz Bachmanns im Internet deutlich wurde, wo er von Flüchtlingen als *Viehzeug* und *Dreckspack* spricht – denkt und handelt, sondern auch die Bewegung, wie sie sich im Facebook zeigt.

10 Wie aus einer Anfang Februar veröffentlichten Befragung weiter hervorgeht, würden 4/5 der Teilnehmer der Pegida-Demonstrationen in Dresden die AfD wählen und 20 Prozent erst gar nicht zur Wahl gehen. Die Verwandlung von Angst in Aggression gegen Schwächere: den Sündenbock. Nach der Studie *Fragile Mitte – Feindselige Zustände* (vgl. Zick und Klein 2014) nehmen mit der Erfahrung, ökonomisch doch nichts ändern zu können und sich abgehängt zu sehen, Einstellungen zu, Wut an Schwächeren auszulassen. Mit der resignativen Hinnahme, dass der Stärkere sich ohnehin durchsetzt, in der Ökonomie wie im gesellschaftlichen Leben, verbinden sich dann Formen einer Identifizierung mit diesen Erfahrungen, im Sinne eines Sozialdarwinismus. Dann heißt es, dass es *wertes und unwertes* Leben gebe und Langzeitarbeitslose selbst Schuld haben. Zu diesen autoritären Reaktionen gehören Aggressionen gegenüber Schwächeren, eben gegenüber den Langzeitarbeitslosen, aber auch gegenüber jenen, die man als nicht zugehörig zur deutschen Nation, zu der man sich bekennt und mit der man sich, gerade weil man selbst sich schwach sieht, identifiziert. – Es fügt sich, dass die politischen Einstellungen der AfD-Sympathisanten *einen erhöhten Chauvinismus und eine stärkere Verharmlosung der NS Zeit aufweisen. Nach jenen, die die NPD präferieren, zeigen sich in der AfD Anhängerschaft die zweithöchsten Zustimmungswerte zu Ausländerfeindlichkeit, Chauvinismus und Verharmlosung des Nationalsozialismus.* Auch eine Anti-Europa-Haltung ist deutlicher ausgeprägt als bei anderen (so die Studienergebnisse in einer Mitteilung der Friedrich-Ebert-Stiftung vom 20.11.2014).

3.2 Die AfD-Mobilisierung als Resonanzraum neonazistischer Gewalttäter

Das Besondere der Pegida-Bewegung wie nun auch der AFD ist jedoch, dass *die neonazistische Rechte* mit ihrer Gewaltbereitschaft an die Tür klopft und radikalisiert. Ein Jahr nach der Gründung von Pegida war die Zahl der Gewaltangriffe mit 471 Angriffen auf Flüchtlingsheime schon nach einem dreiviertel Jahr des Jahres 2015 mehr als das Doppelte der Angriffe des letzten Jahres. Mit über 1 000 Angriffen auf Flüchtlinge und Flüchtlingsheime hat sich dieser Trend durch das Jahr 2015 verstetigt und radikalisiert und setzt sich in den ersten Monaten des Jahres 2016 unvermindert fort. In keinem anderen Land Mittel- und Westeuropas, in dem es Rechtspopulismus oder Rechtsradikalismus gibt, sind wir mit diesem gewalt-gefährlichen Phänomen auch nur annähernd stark konfrontiert: Im Schatten von Pegida und AfD macht die extreme neonazistische Gewaltrechte mobil wie nie seit den frühen neunziger Jahren. Wo immer Rechtspopulisten auftreten, werden sie von den gewaltbereiten rechten Mischszenen und Neonazis instrumentalisiert, unterlaufen oder gekapert. So in Mecklenburg-Vorpommern, Dresden, Leipzig, Düsseldorf, Magdeburg oder auch in München. Die Mobilisierung des Mobs durch Rechtspopulisten entfesselt gleichzeitig die neonazistischen Gewaltkerne mit. Im Schatten von Pegida konnten sich die Neonazis um die NPD und die noch gefährlicheren kleinen Neugründungen reaktivieren bzw. neu bilden. Die NPD will nicht nur Asylflüchtlinge, sondern 10–15 000 000 Menschen, die nicht ethnisch rein seien, zurückführen. Nirgends ist das Verhältnis von Ideologie und Gewalt so eng wie in den neonazistischen Parteikreisen und ihrem Kameradschafts- und Hooligan-Umfeld. Inzwischen drohen Gefahren eines neuen Rechtsterrors der dazu fähigen neonazistischen kleinen Organisationen wie „Die Rechte" (so in Bamberg) oder der „Dritte Weg" (nicht zuletzt aus dem Umfeld des NSU heraus). Der Mordanschlag auf die jetzige Kölner Oberbürgermeisterin Reker vor wenigen Monaten ist Resultat einer monatelangen Aufheizung, die bisher latent gehaltene neonazistisch Sozialisierte erneut zu Gewalt greifen lässt.

BKA-Präsident Holger Münch hat angesichts zunehmender Gewalt gegen Flüchtlinge vor dem Entstehen rechtsextremer Untergrundgruppen nach NSU-Vorbild gewarnt. Die Polizei brauche „schnelle Ermittlungsergebnisse und Urteile, um die Dynamik der rechtsextremen Straftaten zu unterbrechen", sagte Münch der „Bild am Sonntag" (vom 17.1.2016). Sonst könnten sich schlimmstenfalls terroristische Strukturen bilden, wie es sie mit der NSU-Gruppe bereits gegeben habe. Von den rund ermittelten 500 Tätern bei Straftaten gegen Asylunterkünfte im vergangenen Jahr seien 70 Prozent vorher nicht wegen politisch motivierter Delikte aufgefallen. Sie seien überwiegend aus der Umgebung der Unterkünfte gekommen. Mit Sorge sehe er zudem die selbst ernannten Bürgerwehren, die Recht und Gesetz in die eigene Hand nehmen wollten, sagte Münch. Da müsse man genau hinschauen, wer da wie tätig werde. In rechtsextremen Internetforen gebe es seit den Übergriffen auf Frauen an Silvester so viel Kommunikation wie nach dem Anschlag von Paris. „Dort wird zur Notwehr aufgerufen mit dem Ziel, in der Bevölkerung hoffähig zu werden" (Reuters) – Innerhalb einer dramatisch kurzen Zeit hat sich so ein geradezu klassischer Versuch der AfD, rechtspopulistisch aufzutreten, in Organisation, Personal und Auftreten dynamisch rechts radikalisiert. Die AfD hat keine innere Richtschnur, mit der sie diese Radikalisierung in Partei, Personal wie in der Agitation noch unter Kontrolle bringen kann. Denn der braune Schatten ist auch im Vergleich zu anderen Ländern wie Österreich oder Frankreich sehr viel breiter, insbesondere in den neuen Bundesländern – eben unter jenen, die neonazistisch und gewalttätig sozialisiert in den frühen neunziger Jahren auftrumpften und sich in Gewaltorganisationen befanden wie dem Thüringer Heimatschutz, aus dem letztlich auch die *NSU-Terroristen* entstanden sind (vgl. Funke 2015).

4 Demokratie verteidigen. Flüchtlingen Helfen. Die rechtsradikale AfD stellen und die Sicherheitsmaßnahmen erhöhen

4.1 Demokratie verteidigen[11]

Die Polarisierung von ganz rechts zielt auf die Republik, ihre Rechtsstaatlichkeit und ihre grundgesetzlich verbrieften Grundrechte, dass alle Menschen gleich sind und gleich behandelt gehören, die Achtung der Menschenrechte, die überall für alle Menschen gültig sind und die es anzuerkennen gilt.[12] Die radikale Rechte will die Eskalation der Spannungen, koste es was es wolle, und riskiert damit die Zerstörung des freiheitlichen sozialen Zusammenhalts in Deutschland.

11 (vgl. auch im Folgenden Brumlik und Funke 2015).

12 Und d. h. wie sie im Grundgesetz dargelegt sind, nach der nach Art.3 jedem Menschen die Menschenrechte gleichermaßen garantiert sind, jeder Mensch vor dem Gesetz gleich und im Geschlecht gleichberechtigt ist. Es darf daher niemand wegen seines Geschlechtes, seiner Abstammung, seiner Rasse, seiner Sprache, seiner Heimat und Herkunft, seines Glaubens, seiner religiösen oder politischen Anschauungen oder wegen seiner Behinderung benachteiligt oder bevorzugt werden. Dazu gehört als internationale wie als nationale Selbstverpflichtung, Menschen, die durch Krieg, Terror und Genozid schwersten Menschenrechtsverletzungen ausgesetzt sind, zu schützen und dafür einzutreten, durch Diplomatie und Interventionen Genozide zu verhindern und für die Eindämmung von Kriegen einzutreten.

Will die deutsche Gesellschaft an den Kernprinzipien der Rechtsstaatlichkeit und der internationalen wie inneren Sicherung der Menschenrechte festhalten, wird sie gegen die Polarisierer von rechts in die Offensive gehen müssen.

Sie wird um eine liberale Integration gegen die Strategen der autoritären illiberalen Abwehr, ob aus Ungarn oder aus der AfD streiten und sie verteidigen müssen. An der Frage, was unter Integration verstanden werden soll, wird sich entscheiden, ob Länder des westlichen Europas jenen Weg einschlagen werden, für den heute beispielhaft Ungarn (…) steht. Das wäre der Weg eines völkischen Nationalismus, der noch vorgibt, die westlichen Freiheiten und liberalen Errungenschaften oder in der Sprache von Pegida das christliche Abendland zu verteidigen. Aber deren Logik ist auf eine ständige Rücknahme liberaler Spielräume, auf ein Wegrammen des liberalen Rechtsstaats ausgerichtet.

Entgegen oft geäußerter Absichten ist Rechtsradikalismus gerade nicht dazu in der Lage, die durch Immigration entstandenen gesellschaftlichen Spannungen zu mildern, sondern sie bis zu Formen des prognostizierten Bürgerkriegs zu treiben und den Untergang Deutschlands zu assoziieren, wenn wie Gauland auf einer Kundgebung der AfD in Berlin apokalyptisch vom Untergang Roms durch den Ansturm der Barbaren spricht und Deutschland meint. – Bei einer *liberalen Integration* geht es jedoch nicht darum, eine *multikulturelle Gesellschaft durchzusetzen.* Es geht umgekehrt um eine Gesellschaft, die ihrem Wesen nach immer schon multikulturell, weil liberal sein soll und in den verschiedensten kulturellen Alltagspraktiken garantiert sind – im Rahmen der Grenzen, die durch das Grundgesetz vorgegeben sind. Dies eröffnet erst die Möglichkeit, Freiheit und Gleichheit für alle zu erkämpfen,[13] eine Vorbedingung eines gegen die Exzesse des vielfach korrupten und korrumpierenden *Kasino-Kapitalismus* (Helmut Schmidt) gerichteten *sozialen Projekts.*

4.2 Christliche Impulse

Beide christlichen Kirchen haben in Bayern und insbesondere der bayerische Kardinal Reinhard Marx hat zu einem konstruktiven Umgang mit den Flüchtlingen aufgerufen. In der Flüchtlingsfrage gibt es bereits seit geraumer Zeit Spannungen

13 Gesine Schwan hat in der Sendung von Anne Will gegenüber den nationalkonservativen Traditionen in der CDU ein fundamental anderes Verständnis von Integration angemahnt. Sie hat zu Recht Merkel und CDU Politik noch vor zehn Jahren kritisiert, wo sich Merkel gegen Süssmuth, also auch gegen deren Integrations-Appelle ausgesprochen hat. Altmaier hat recht, wenn er sagt, dass wir (erst) vor zehn Jahren den Hebel umgelegt hätten mit Deutsch- und Integrationskursen oder mit dem Islamdialog vor 10 Jahren. Das ist eine geringe Zeit.

zwischen den beiden Kirchen und der Staatsregierung. Kardinal Marx kritisierte wiederholt die immer restriktivere Politik. Zuletzt forderte er in einem Gottesdienst an Allerheiligen eine „Wende im Kopf": Man dürfe sich nicht nur dauernd fragen: „Was wird aus uns, wenn wir den Schwachen helfen?" Vielmehr gehe es darum, was mit den Notleidenden geschehe, wenn man ihnen nicht helfe. Mehrmals hatten sich auch katholische Laiengremien kritisch mit der Politik auseinandergesetzt. Der Ratsvorsitzende der Evangelischen Kirche in Deutschland, Landesbischof Heinrich Bedford-Strohm und Kardinal Marx: „Das Willkommen war nicht nur ein Event, dem jetzt der Kater folgt". Aber von keinem ist die Unterstützung für einen humanen Umgang mit den Asylflüchtlingen nach seinem Besuch von Lampedusa erst recht größer und nachhaltiger als von dem jetzigen Papst Franziskus, der zugleich mit einer Politik der Unterstützung der Schwächeren, einer Abkehr von einer Politik der Spannungen und der Ressourcenverschwendung Ernst macht. Es heißt ja nicht nur: das macht man nicht, sondern auch: das macht man – so gut es geht.

4.3 Verantwortungsethisches Krisenmanagement zum menschenwürdigen Umgang mit Flüchtlingen

Statt unbedarfter Stimmungsmache braucht es angesichts der absolut bedrückenden Situation in und um Syrien eines ebenso entschiedenen wie ruhigen und *klugen Krisenmanagements.* Dabei geht es im Inneren um einen fairen Umgang mit den Flüchtlingen genauso wie mit den Anwohnern in den Stadtteilen, die vor neue Herausforderungen gestellt sind – wie dies in hunderten von Situationen auch durch die Hilfe von 100 000en von Flüchtlingshelfern gelingt. Es braucht einen menschenwürdigen Umgang in der Kommunikation, vor allem in den Erstaufnahmeeinrichtungen, um eine vernünftige Unterbringung und um schnelle erste Schritte der Integration durch Sprachkurse, aber darüber hinaus auch um Ausbildungs- und Arbeitschancen. Dazu ist eine einige handlungsfähige Exekutive auf Bundes-, Länder- und kommunaler Ebene notwendig. Wie gut das funktionieren kann, zeigt die Politik in einer Kette von Best-Practices einer guten administrativen Führung, einer entschlossenen kommunalen Politik und des flexiblen Engagements der Zivilgesellschaft – so um nur einige Beispiele zu nennen im Saarland, in Osnabrück, in Oranienburg oder in Wittenberge. Diese Beispiele zeigen: Das ist die Stunde einer vernünftigen Exekutive, weniger des Parteienstreits und schon gar nicht einer oft hysterisch aufgeladenen Politik und Medienmacht der Maximierung der Verunsicherung. Jedenfalls, wenn man dem Ziel, die Republik zusammen zu halten und die Menschenrechte nicht zu opfern, gerecht werden will. Immerhin sehen das Mehrheiten so. – Ein realistischer Blick auf die verheerende Bürgerkriegs- und Terrorlage im Nahen und mittleren Osten und die Scheiternserfahrungen in Europa zeigt schnell, dass einfache magische Formeln der pistolenbewehrten Grenzschließung allenfalls „unbedarft" (Münkler über Sloterdijk und Safranski) oder wie im Fall der Seehoferschen „Obergrenze" und einer vermeinten „Herrschaft des Unrechts" Reden ohne Wirkung sind. – Will man nicht jeden Rest an menschenrechtlicher Selbstverpflichtung aufgeben, wird man Wege finden müssen, die sich ausweitende Krise so gut wie möglich zu bewältigen. Dazu gehört die massive, bislang ausgebliebene, auch finanzielle Unterstützung der Länder, die als Nachbarn Syriens bisher mehr als 5 Millionen Flüchtlinge aufgenommen haben. Dazu gehört, Politiken zu unterstützen, die Flüchtlingen in der Nähe ihrer Herkunft eine menschenwürdigere Lage erlauben. Dazu gehört, mit noch größerem Druck die Enklaven wie Madaya oder Aleppo gefangenen Zivilisten überhaupt ansatzweise angemessen zu versorgen.

4.4 Statt Hass Freundlichkeit und beglückende Erfahrungen mit Flüchtlingen

An hunderten großstädtischen ebenso wie mittleren und kleinen Orten sehen wir gleichzeitig das fundamentale Gegenteil zur Beschwörung von Abwehr und Begrenzung:

Drei Beispiele: Dinklage/Niedersachsen. Berlin-Mitte. Wittenberge/Brandenburg.

Zum Beispiel in *Dinklage* in Niedersachsen, wo 40 ehemalige und noch aktive Lehrerinnen und einige Lehrer den vielleicht 160 Flüchtlingen aus Syrien oder dem Iran zuhören und wenn man ihnen noch nicht zuhören kann, helfen, die deutsche Sprache zu erlernen, dezentrale Unterkünfte zu besorgen und regelmäßig Kaffeekränzchen zu bereiten, so dass sich Einheimische und Flüchtlinge austauschen können. Vor allem aber bieten sie Kurse für Analphabeten und Integrationskurse an, unterstützt von einer großen Gruppe engagierter, freundlicher selbstbewusster Einheimischer, die dies als Christen oder aus Menschenpflicht tun. Die Menschen verlieren ihre Angst, selbst die, die aus dem Sindjar-Gebirge noch haben fliehen können. Sie lachen einem zu und es beglückt die, die helfen.

In *Berlin Mitte* organisieren weit mehr als hundert ehrenamtliche und bezahlte Lehrerinnen und Lehrer Sprachkurse für über 1 000 Flüchtlinge, die zugleich entscheidende Schritte für die Integration sind. Sie helfen ihnen, im verschlungenen Labyrinth der Berliner Bürokratie doch zurechtzukommen.

In *Wittenberge* im Nordwesten Brandenburgs gelingt es der Kommune und einer Gruppe Ehrenamtlicher, über 300 Flüchtlinge in übersichtlichen Gemeinschaftsunterkünften und vor allem dezentralen Wohnungen in der Stadt verteilt unterzubringen, Integrationskurse durchzuführen und Ausbildungs- und Arbeitszugänge anzubahnen.

Die Gemeinden und Regionen stemmen die Herausforderung großenteils bis auf außerordentlich kritische Lagen um das Lageso in Berlin oder die bisherigen Prozesse beim BAMF. Nach einer Studie, die von Monitor vorgelegt worden ist, sehen sich gegenwärtig nur wenige Gemeinden völlig überfordert, die große Mehrheit dagegen (noch) nicht. Dies dank der Unterstützung von Millionen Helfern, eine, vielleicht die größte zivilgesellschaftliche Leistung seit 1949. Und dank der demokratisch-menschenrechtlichen Haltung der übergroßen Mehrheit der Bevölkerung in Deutschland.

4.5 Klare Kante. Der Rechtsstaat ist stärker herausgefordert als in frühen neunziger Jahren: vor allem Polizei, Staatsschutz und Justiz

Seit den wütenden Demonstrationen gegen Flüchtlinge in Heidenau bei Dresden im August 2015 und dem Attentat des rechtsextremen Frank S auf die Kandidatin Henriette Reker für das Oberbürgermeisteramt in Köln im Oktober 2015 und der Attentate in der zweitletzten Juliwoche 2016 in Würzburg, Ansbach und München ist der Öffentlichkeit, vor allem aber auch der Politik und den Sicherheitsbehörden klar geworden, dass es vor Ort, also in den Kommunen wie auf Landes- und Bundesebene entschiedeneres Handeln der Sicherheitsbehörden geben muss, um der Gefahr weiterer Hetze und Gewalt zu wehren.

Dazu gehört, die weit verbreiteten Ängste und Sorgen – allerdings ohne Hysterie – ernst zu nehmen und abzubauen.[14] Für jede Demokratie ist es wichtig,

14 Natürlich gilt die Kritik auch der Bundesregierung. Der Bürgerkrieg in Syrien existiert seit knapp fünf Jahren. Spätestens seit 2013 haben Experten (swp) die Radikalisierung durch IS prognostiziert. Im außenpolitischen aber hat sich die Bundesregierung kaum bewegt, um ihren Anteil an der Eindämmung der sich ausdehnenden Bürgerkriege zu versuchen. Die Lage in den Flüchtlingslagern in der Türkei, im Libanon und in Jordanien war so dramatisch, dass der Minister für Zusammenarbeit schon seit längerem gefordert hat, mehr zur Entlastung etwa zur Verbesserung der Wasserversorgung in Flüchtlingslagern zu tun. Er war stolz, im Internet berichten zu können, dass er eineinhalb Millionen Euro dafür zur Verfügung gestellt hat – als Maßnahme zur Bekämpfung der Flüchtlingsursachen. Von strategischer Planung war also wenig zu sehen. Dann kam die Eskalation in und um Ungarn. Angesichts der Politik Ungarns mit seinem Antisemitismus duldenden Haltung und einer schroffen Ablehnung und Einschüchterung der Flüchtlinge war es schwer kalkulierbar, ob es zu einer Eskalation, die außer Kontrolle gerät, kommen würde. In dieser Situation gab es Signale aus der Bundesebene, den Flüchtlingsstrom flexibel zu halten. Womöglich auch, um eine blutige Eskalation zu vermeiden. Dies entlastete das Bild Deutschlands in Europa und der Welt. Aber es war ein Signal für noch mehr Flüchtlinge. Die Politik seither ist darauf bedacht, dieses Si-

Ängste, Verbitterung und Entfremdung von der Politik der Menschen anzusprechen – und Antworten zu finden, ohne Angst zu machen, also gerade nicht mit der Angst Politik zu machen, sondern verstehbare Ängste – eine Art Angst I – aufzugreifen und in rationale Politik umzuwandeln (durch die Sicherung von Kindergartenplätzen, vernünftiger Schule und dergleichen). Politik gerade auch in der Kommune muss den nicht zuletzt sozialen Ängsten Gehör verschaffen und in dem Maße, in dem es kommunaler Politik möglich ist, durch eine sozial gerechtere Politik abgebaut werden. Dies geschieht ebenso mit der Sicherung von Mindestlöhnen wie durch die entschiedene Hilfe für Langzeitarbeitslose oder eine Politik zur Sicherung bezahlbarer Wohnungen. Umgekehrt sollten wir die fremdenfeindliche Aufladung von Ängsten – eine Angst II, die Entfesselung der Ressentiments –, die dann zu den großen Erfolgen von Pegida geführt hat, strikt ohne rechtspopulistischen Opportunismus abweisen. Heute haben wir verglichen mit dem Ende der Weimarer Republik weder eine vergleichbare ökonomische noch eine politische und politisch-kulturelle Krise. Dies verbietet Ähnlichkeiten zwischen heute und der Weimarer Republik zu assoziieren weder für das Jahr 1928, noch für das Jahr 1930, schon gar nicht für das Jahr 1932. Auch die These eines Aufschaukelns von rechts und links entbehrt heute jeder vergleichbaren Grundlage: es gibt keine nennenswerte vergleichbare Gewaltbewegung einer extremen Linken. Das ist unbegründet und verzerrt den Blick auf die Chancen der Lösung der Probleme heute: Immerhin haben wir eine breite parlamentarische Mehrheit, die alles in allem den Kurs von Angela Merkel unterstützt. 94 % wollen, dass Bürgerkriegs- oder Kriegsflüchtlinge geholfen wird und immerhin fast drei Viertel, dass politisch und religiös Verfolgten geholfen wird.[15] Die AfD bleibt noch ein Rand, von dem wir nicht einmal wissen, ob er es in den nächsten Bundestag schafft.

5 Aktive internationale Politik des Realismus zur Kriseneindämmung

Fritz Pleitgen hat im Presseclub der ARD vom 14. Februar 2016 die bisherige Konfrontationspolitik mit Russland angesichts der Kriegskrisen kritisiert. Sie habe sich in einer falschen Sanktionspolitik gegenüber Russland in der Ukraine-Krise

gnal nicht zu zerstören, zugleich aber Schritte der Eindämmung vorzunehmen. So klar es ist, die Hinnahme der Lage in den Krisengebieten zu kritisieren, so schwer fällt es, das Krisenmanagement der letzten drei Monate zu verurteilen. Es sei denn, man mobilisiert wie die Rechtspopulisten gegen die Flüchtlinge, wie das teilweise in der CSU Leitung geschehen ist und treibt damit einen Teil der Bevölkerung in die Arme der sich selber rechtsradikalisierenden Rechtspopulisten.

15 (vgl. ARD-DeutschlandTrend. www.tagesschau.de. Zugegriffen: 03. 02. 2016).

gezeigt, ohne zugleich selbstkritisch auf die konfliktsteigernde Rolle der Assoziierungspolitik der Europäischen Union gegenüber Ukraine, nicht mit, sondern gegen Russland einzugehen. Botschafter Wolfgang Ischinger, Leiter der Münchner Sicherheitskonferenz, hat zur Sicherheitskonferenz öffentlich sogar von einem Zeitraum von 10–15 Jahren gesprochen, in der die Dinge mit Russland schiefgelaufen seien. Die Außenpolitik der USA unter Bush Junior war gegenüber Russland, wie gegenüber dem Irak mit dem Angriffskrieg 2003 und ebenso hinsichtlich der Ausdehnung der NATO auf osteuropäische Länder über ein langes Jahrzehnt eine Politik der Herabsetzung, Demütigung und nicht des Versuchs von Großmächten, zum Frieden beizutragen. Vermutlich hat Fritz Pleitgen recht: das, was wir jetzt in Syrien erleben, ist auch eine Reaktion auf die Sanktionspolitik des Westens. Zum politischen Schachspiel gehöre, egal wie man diese Politik Russlands finde, solche Reaktionen mit einzukalkulieren und daraus neue Optionen und Möglichkeiten der Kooperation zu finden. Statt sich *nur* noch einmal dazu darüber zu beschweren, wie brutal gegenwärtig die Militärpolitik Russlands in Syrien ist, ohne dass solche Beschwerden auch nur irgendetwas bewirkten. Wenn dem so ist, würde das bedeuten, dass man mehr als bisher zum Abbau des Misstrauens zwischen Russland und den Vereinigten Staaten tut und zugleich die NATO von einer Politik des Säbelrasselns abhält – und sich die Führungen der beiden Weltmächte endlich selbst entschiedener um eine Eindämmung des syrischen Bürgerkriegs bemühen (Wolfgang Ischinger). Es würde eine Überprüfung der bisherigen Beziehungen zugunsten eines Neuanfangs auf gleicher Augenhöhe bedeuten. Dies ist trotz aller beeindruckenden Bemühungen des deutschen Außenministers bisher nicht geschehen. Angesichts der Zerklüftung der Akteure und des Ausmaßes menschlichen Elends muss man, so darf man Fritz Pleitgen verstehen, alles entschieden jetzt tun, um zu einem Ende der Kampfhandlungen zu kommen.

6 Stärkung der demokratischen Kräfte. Mehr Sicherheit und bessere Integration

Die gefährlich anwachsende Gewaltwelle erinnert immer mehr an die frühen Neunzigerjahre. Aber Gesellschaft – sowohl Zivilgesellschaft wie große Bereiche der Wirtschaft –, Politik und Staat sind vergleichsweise demokratischer; große Mehrheiten in der Bevölkerung treten für Bürgerkriegsflüchtlinge ein; Politik und Gesellschaft sind kräftiger und demokratischer als vor einem Vierteljahrhundert, der Herausforderung dieser Flüchtlings-Krise ohne Panik und vor allem ohne Hysterie Herr zu werden. Aber sie sind mehr als zuvor nicht nur durch rechte Gewalttäter, sondern durch Terrorakte, die Deutschland erreicht haben, und eine damit verbundene realistische Angst vor solchen Gewalttaten herausgefordert, sowohl die Sicherheitsmaßnahmen auszudehnen wie die Anstrengungen zu erhöhen, mehrheitlich traumatisierte Flüchtlinge zu versorgen und zu betreuen. Wird ein entsprechendes Krisenmanagement optimiert, bestehen Chancen zusammen mit gut eingestellten Kommunen, den Ländern und der Zivilgesellschaft, die vorhandene Verunsicherung abzubauen, den fremdenfeindlichen und antimuslimischen Agitatoren den Nährboden zu entziehen und den Aufheizern und Gerüchtemachern entschiedener als bisher Paroli zu bieten. Wenn es zur Ausweitung der Gewalt – sei es von rechts oder durch Terroristen, die den Islam missbrauchen – und zur Entfesselung von Ressentiments und Hass kommt, sind Parteien, Öffentlichkeit und Zivilgesellschaft und die Exekutiven gleichermaßen aufgefordert, *nicht nur einen Aufstand der Anständigen,* sondern auch einen *Aufstand der Zuständigen* für die Sicherung von Demokratie und Rechtsstaat zu organisieren.

Literatur

Brumlik, M., Funke, H. (2016). Acht Thesen zum 13. März: Demokratie verteidigen. Die rechtsradikale AfD stellen. In *hajofunke.de.*

Funke, H. (2015). *„Staatsaffäre NSU".* Münster: Kontur-Verlag.

Funke, H. (2016). Von Wutbürgern und Brandstiftern. AfD – Pegida – Gewaltnetze. Berlin: Verlag für Berlin-Brandenburg.

Rensmann, L., Hagemann, S. & Funke, H. (2011). *Autoritarismus und Demokratie.* Schwalbach am Taunus: Wochenschau-Verlag.

Reschke, A. (2015). *Und das ist erst der Anfang. Deutschland und die Flüchtlinge.* Berlin: Rowohlt-Verlag.

Stefanowitsch, A., Flach, S. (2016). Das gefährliche Weltbild von Pegida. In Hannes Munzinger, Antonie Rietzschel & Hauke Bendt (Hrsg.), *Süddeutsche Zeitung.* Magazin vom 04. 02. 2016.

Zick, A., Klein, A. (2014). *Fragile Mitte – Feindselige Zustände.* Bonn: Dietz-Verlag.

„Geflüchtete als Drama" – eine ethische Beurteilung der aktuellen deutschen und europäischen Flüchtlingspolitik

Sigrid Graumann

Zusammenfassung

Der Beitrag, den die Ethik zur Debatte über die aktuelle Flüchtlingskrise leisten sollte, ist auszuweisen, wozu wir als Gesellschaft – und stellvertretend für uns Regierung und staatliche Stellen – gegenüber Geflüchteten verpflichtet sind. In der Debatte wird von kommunitaristischer Seite ein gemeinschaftliches Recht auf politisch-kulturelle Selbstbestimmung postuliert, mit dem geschlossene Grenzen verteidigt werden. Dem wird von liberaler Seite ein Menschenrecht auf globale Bewegungsfreiheit entgegengehalten. Es zeigt sich aber, dass beide Seiten keine zufriedenstellenden Antworten bieten können. Überzeugender ist eine zweistufige Argumentation, in der zwischen der Verpflichtung zur Nothilfe für Geflüchtete und der Verpflichtung zur Integration von dauerhaft bleibenden Migrantinnen und Migranten unterschieden wird. Diese Unterscheidung schafft Raum für eine ethisch vertretbare Flüchtlings- und Migrationspolitik.

„Das menschliche Leben ist so kostbar. Ich finde es daher schrecklich, mit ansehen zu müssen, wie jeden Tag junge Menschen ertrinken, auf der Flucht vor Diktaturen oder vor Hunger. Ich bin gegen illegale Immigration. Ich bin aber auch gegen noch mehr Grenzen und Gesetze, die es erlauben, diese Menschen zurück zu schicken oder zu verhaften. Solange in ihren Ländern Diktaturen, Arbeitslosigkeit und Armut herrschen, werden sie kommen. Weil dies das Letzte ist, was ihnen bleibt. Es ist ihre Art, Selbstmord zu begehen. Ich weiß keine Lösung. Ich weiß nur eins: Wir werden sie nicht stoppen. Es werden eher mehr." Najet Adouni

Najet Adouni[1] beschreibt in diesem Zitat sehr treffend die moralische Problematik der aktuellen „Flüchtlingskrise". Sie gesteht den Staaten zwar grundsätzlich zu, ihre Grenzen zu kontrollieren und Einwanderungswillige abzuweisen, sonst könnte es keine „illegale Immigration" geben. Sie weist aber auch darauf hin, dass die Abschottung der Grenzen, angesichts der Bereitschaft der Flüchtenden alles, auch ihr eigenes Leben, aufs Spiel zu setzen, um Grenzen zu überwinden, nur um den Preis massiver Gewalt möglich ist. Damit sieht sich die Flüchtlingspolitik der europäischen Staaten vor einem enormen moralischen Rechtfertigungsdruck.

Nun entspricht es dem Selbstverständnis der Ethik als Reflexionsdisziplin der Moral, einen Beitrag zur Klärung von moralischen Problemen, die sich hier als sehr komplex darstellen, zu leisten. Vor allem im englischsprachigen ethischen Diskurs wird schon seit einigen Jahren eine Kontroverse über Migrationsrechte geführt. Dabei ist umstritten, ob Staaten das Recht haben, Einwanderungswillige abzuweisen und auszuschließen oder ob dem ein universelles Recht auf transnationale Bewegungsfreiheit entgegensteht (Barry und Goodin 1992; Wellman und Cole 2011). Philosoph_innen neigen oft dazu, solche Fragen generell theoretisch und unter Absehung von besonderen Situationen zu betrachten und handeln sich dabei den Vorwurf ein, weltfremde Thesen zu vertreten. Dieser Vorwurf kann auch hier nicht ganz zu Unrecht erhoben werden. Angesichts des aktuellen „massenhaften Zustroms von Flüchtlingen und Migrantinnen" hält etwa der Diskursethiker Konrad Ott eine rein „gesinnungsethische" Verteidigung von Migrationsrechten für unangemessen und fordert eine „verantwortungsethische" Debatte über die realen Konsequenzen offener Grenzen (Ott 2016, S. 7–8). Ich teile zwar seine Meinung, dass ethische Beurteilungen die empirische Wirklichkeit nicht ignorieren dürfen. Das rechtfertigt aber keineswegs, moralische Grundsätze für vermeintliche politische Sachzwänge zu opfern, wie wir es in der aktuellen Flüchtlingspolitik beobachten können. Deshalb möchte ich diesen Beitrag

---

1 Najet Adouni, Journalistin und Schriftstellerin, musste aus ihrer Heimat Tunesien fliehen, weil sie von Salafisten bedroht wird und lebt heute in Weimar. Das Zitat stammt aus einem Beitrag von Claudia Kramatschek (2015) in Deutschlandradio Kultur.

mit den moralischen Herausforderungen der aktuellen „Flüchtlingskrise" beginnen, bevor ich auf die allgemeine ethische Kontroverse über Migrationsrechte eingehe. Ich werde zeigen, dass diese zwar interessante Einsichten bietet, aber wenig zur Lösung der aktuellen Probleme beizutragen vermag, solange die Verpflichtungen gegenüber Geflüchteten und anderen Migrant_innen nicht differenziert werden und deren Adressaten nicht klar benannt werden können (vgl. Owen 2014). Mit Seyla Benhabib und Immanuel Kant werde ich dann selbst ausgehend von Hannah Arendts Forderung nach einem Recht auf Rechte eine zweistufige ethische Argumentation vortragen, nach der die europäischen Staaten erstens die Verpflichtung haben, den Geflüchteten ohne Ansehen ihrer Fluchtgründe Zuflucht zu gewähren, und zweitens, denjenigen, die aufgenommen werden und bleiben wollen, gleiche Bürgerrechte zuzugestehen. Diese Verpflichtungen lassen sich, wie ich meine, nicht zurückweisen, ohne die aufklärerischen Ideen, auf die sich die westlichen Demokratien selbst stützen, in Frage zu stellen.

1 Aktuelle „Flüchtlingskrise"

Das Flüchtlingswerk der Vereinten Nationen meldete in seinem Halbjahresbericht 2015, dass erstmals weltweit mehr als 60 Millionen Menschen auf der Flucht sein könnten. Die Hauptursache für diesen enormen Anstieg sind jahrelange, gewaltsame Konflikte im Nahen Osten und in Afrika, die nicht zuletzt von Seiten europäischer Staaten und den USA durch finanzielle Unterstützung von Konfliktparteien, Waffenlieferungen bis hin zu direkten militärischen Interventionen verschärft wurden und werden. Das heißt, die europäischen Staaten tragen zumindest eine Mitverantwortung für die derzeitige „Flüchtlingskrise" (Becker und Krause 2015; Lüders 2016). Der größte Teil der Geflüchteten flieht im eigenen Land oder kommt in Lagern in den Nachbarländern der Konfliktzonen unter. Nur ein vergleichsweise kleiner Teil gelangt nach Europa (UNO-Flüchtlingshilfe o. J.). Dennoch sind es immer mehr Menschen, die es trotz Abschottung der Außengrenzen der Europäischen Union und trotz immer restriktiveren Asylgesetzen unter Einsatz ihres Lebens schaffen, nach Europa zu kommen, wo sie sich Schutz und Lebenschancen versprechen. Laut der Statistik des Bundesamts für Migration und Flüchtlinge stellten 2015 insgesamt 441 899 Menschen einen Erstantrag auf Asyl in Deutschland, mehr als doppelt so viele als je zuvor. Mit einem Anteil von 35,9 % sind die meisten von ihnen Kriegsgeflüchtete aus Syrien, gefolgt von den Balkanstaaten, Afghanistan, Irak, Eritrea und Pakistan (Bundesamt für Flüchtlinge und Migration 2015). Die wirkliche Zahl der eingereisten Geflüchteten dürfe nach Angaben des Bundesinnenministeriums allerdings deutlich höher – geschätzt bei 1,1 Millionen Personen – liegen, da die Asylantragstellung zum Teil erst zeitlich verzögert möglich ist und etliche Asylsuchende in andere EU-Staaten weiterreisen (Statistica o. J.).[2]

Bislang kamen die meisten Geflüchteten über die westliche und die mittlere Mittelmeerroute von Nordafrika nach Spanien, Malta und Italien (Frontex o. J.). Viele brauchen auf diesem Weg mehrere Anläufe, investieren alles was sie haben, wissen um die Gefahren und versuchen dennoch ihr Glück. Tausende sind in den letzten Jahren im Mittelmeer ertrunken (vgl. Bauer 2015). Erst nach und nach gelangte das volle Ausmaß des Dramas, das sich vor den Toren der EU abspielt, über die Medien ins öffentliche Bewusstsein. Der wesentliche Grund für das Drama ist, dass nicht der Schutz der Geflüchteten, sondern der Schutz der Grenzen Priorität in der europäischen Flüchtlingspolitik hat (Grenz et al. 2015; Richter 2015). 2015 kommt der größere Teil der Geflüchteten über die Balkanroute (vgl. Kermani 2016). Als Ungarn im September 2015 seine Grenzen schloss, entschied die Bundesregierung angesichts der drohenden „humanitären Katastrophe" seit Wochen festsitzende Geflüchtete aus Budapest einreisen zu lassen. Obwohl von Kanzlerin Angela Merkel explizit als Ausnahme bezeichnet, wurde das in den Medien als „Grundsatzentscheidung, in Verlängerung des von Merkel schon am 31. August 2015 verkündeten Credos ‚Wir schaffen das!'" behandelt[3].

Seitdem wird in der Politik erbittert über die sogenannte Flüchtlingskrise, eine Senkung der Flüchtlingszahlen – wobei akzeptable und praktikable Vorschläge dafür weitgehend fehlen – und die Mittel und Maßnahmen für die Aufnahme und Integration der Geflüchteten gestritten. Aber auch die Gesellschaft ist gespalten. Während einerseits viele Bürger_innen angesichts der existenziellen Not der Menschen und ihrer Entbehrungen auf der Flucht eine beispiellose Hilfsbereitschaft zeigen und damit offenbar auch eine Kritik an der herrschenden restriktiven Flüchtlingspolitik zum Ausdruck bringen (Karakayi und Kleist 2015), haben andererseits fremdenfeindliche Demonstrationen und Übergriffe auf Geflüchtete signifikant zugenommen (Pro Asyl 2015). Darin wird ein extrem polarisierter Wertekonflikt deutlich, der einer, angesichts der aktuellen Herausforderungen dringend notwendigen, gesellschaftlichen Verständigung über die künftige Ausrichtung der deutschen und europäischen Flüchtlingspolitik entgegensteht.

2 Die im Oktober 2016 vorliegende Statistik erfordert eine Korrektur dieser Schätzungen, da lediglich 890 000 Registrierungen gezählt wurden.

3 https://www.tagesschau.de/inland/ungarn-fluechtlinge-143.html. Zugegriffen: 1. März 2016.

2 Gibt es ein moralisches Recht auf Ausschluss?

Eine verbreitete moralische Überzeugung lautet, dass Staaten zunächst primär zum Schutz der Rechte ihrer eigenen Bürger_innen verpflichtet sind und ihnen das Entscheidungsrecht darüber zukommt, wer außer den eigenen Bürger_innen ins Land gelassen oder abgewiesen wird (Blake 2014). Für diese Position steht auch Michael Walzer (2012), der in der Kontroverse über Migrationsrechte einen *kollektiven Anspruch auf politisch-kulturelle Selbstbestimmung* postuliert und argumentiert, dass eine gerechte Verteilung von Gütern in einer unbegrenzten Welt die Ziehung von festen Grenzen um politische Gemeinschaften voraussetze, innerhalb derer die Güter verteilt werden. Eine Welt ohne Grenzen sei zwar denkaber nicht realisierbar. Mitgliedschaft versteht er als ein Gut, das diejenigen, die bereits Mitglied der politischen Gemeinschaft sind, denjenigen, die Zugang begehren, geben oder verweigern können. Damit verteidigt er die moralische Zulässigkeit von Ein- und Zuwanderungsbeschränkungen; diese dienten dem Zweck, Freiheit und Wohlfahrt, sowie Politik und Kultur einer Gruppe von Menschen, die sich einander verbunden fühlen und Lebensvorstellungen teilen, zu bewahren.

Walzer wird eine nationalistische Ideologie vorgehalten, die einerseits – angesichts des Wertepluralismus moderner Gesellschaften – fälschlicherweise von uniformen, geteilten Vorstellungen vom guten Leben ausgehe (Mona 2012), und andererseits einer problematischen Vereinheitlichung von Identitäten das Wort rede, die, wie die historische Erfahrung zeige, nach innen wie nach außen Ausschlüsse mit sich bringe (Benhabib 2008, S. 29). Joseph Carens (2012, S. 39) wendet außerdem gegen Walzer ein, dieser führe keine universellen moralischen Prinzipien für ein „Recht auf Ausschluss" an, sondern beziehe sich lediglich auf die geteilten Werte der jeweiligen Gemeinschaften. Dazu gehören im Fall der westlichen Demokratien ganz wesentlich die aufklärerischen Werte Freiheit, Gleichheit und die Menschenrechte, mit denen ein „Recht auf Ausschluss" nicht zu vereinbaren sei. Ganz ähnlich argumentiert Nikita Dhawan: Die Dramen, die sich auf den Fluchtrouten ereignen, seien „eine grausige Erinnerung daran, dass im postkolonialen Europa nicht nur Geflüchtete, sondern die Aufklärungsideale selbst in Gefahr sind" (Dhawan 2015).

Über diese Grundsatzkritik an Walzers Thesen hinaus, welche immerhin die moralischen Überzeugungen vieler Bürger_innen repräsentieren, kann mit Walzer keineswegs eine so restriktive Flüchtlingspolitik verteidigt werden, wie sie derzeit gemacht wird. Zwar müssten nach Walzer „in Not geratene Fremde" nicht generell aufgenommen werden, sofern ihnen an dem Ort, an dem sie sich befinden, geholfen werden könne. Geflüchteten aber ermangele es an einem „nicht exportierbaren Gut", der Zugehörigkeit (Walzer 2012, S. 128). Deshalb seien wir zumindest in gewissen Grenzen moralisch verpflichtet, sie aufzunehmen.

3 Gibt es ein moralisches Recht auf Einwanderung?

Geschlossene Grenzen sind vor dem Hintergrund der Folgen der Globalisierung in die Kritik geraten: Globalisierungskritiker_innen argumentieren, die Tatsache, dass es in der globalisierten Welt zwar offene Grenzen für Waren und Kapital gebe, nicht aber für Menschen, zementiere transnationale Ausbeutungsverhältnisse (Moses 2006, S. 18–34). Freie Migration wird hier als ein universelles moralisches Recht auf Selbstbestimmung verstanden, das jedem die Möglichkeit geben solle, Gewalt, Unterdrückung und Armut zu entkommen. Aus moralischer Sicht sei eine gleiche Verteilung von Lebenschancen anzustreben; nicht richtig sei, dass diese von zufälligen Bedingungen wie dem Ort der Geburt abhängig gemacht würden (Moses 2006, S. 57–77).

Die Forderung nach offenen Grenzen wird von Philosoph_innen mit einer *autonomiebasierten Begründung des Rechts auf Einwanderung* verteidigt, die darauf abzielt, „jedem Menschen ein grundsätzliches Interesse an Bewegungsfreiheit anzuerkennen – ohne Rücksicht auf kontingente Umstände“. Dieses moralische Recht könnte auch durch die „ordnungspolitischen Folgeprobleme offener Grenzen“ nicht generell außer Kraft gesetzt werden (Angeli 2011, S. 177–178). Die Asymmetrie im Menschenrecht auf Bewegungsfreiheit, das zwar umfasse, das eigene Land verlassen zu dürfen, nicht aber, in ein anderes Land frei einreisen zu dürfen, sei nicht haltbar (Brezger 2014). Dem entsprechend argumentiert auch Joseph Carens (2012; 2013) dafür, „dass Grenzen grundsätzlich offen und Menschen normalerweise frei sein sollten, ihr Herkunftsland zu verlassen und sich in einem anderen Land niederzulassen, wobei sie nur solchen Beschränkungen unterworfen sein sollten, die auch für die jetzigen Bürgerinnen des Einwanderungslandes gelten“ (Carens 2012, S. 24). Er verteidigt diese Position, in dem er zeigt, dass aus der Perspektive von drei Ethiktheorien, die zusammen den moralischen „Mainstream“ unter den europäischen Bürger_innen repräsentieren dürften, der Ausschluss von Migrant_innen nicht schlüssig legitimiert werden kann.

Carens erste Referenztheorie ist die „eigentumsrechtliche Tradition“ des klassischen Liberalismus, die gerne von Wirtschaftsliberalen in Anspruch genommen wird. Demnach hätten alle Individuen die gleichen Rechte, Eigentum zu erwerben, zu gebrauchen und freiwillige Tauschbeziehungen mit anderen einzugehen. Das hieße, wenn jemand Migrant_innen beschäftigen oder mit ihnen Handel treiben wolle, dürfe der Staat das nicht unterbinden. Dem Staat käme kein Recht zu, Einwanderung einzuschränken, aber auch keine Verpflichtung, Einwanderer bei der Integration zu unterstützen (Carens 2012, S. 25–27). Seine zweite Referenztheorie ist Rawls Konzept eines Wohlfahrtsstaats, in dem Regeln für den Schutz von Grundrechten und Freiheiten sowie Chancengleichheit und eine gerechte Verteilung von Einkommen und Vermögen gelten würden. Diese Regeln würden die Individuen in einer fiktiven ursprünglichen Vertragssituation unter einem „Schleier des Nichtwissens" gemeinsam festlegen, wobei sie keine Kenntnisse über den eigenen sozialen Status, die ethnische Zugehörigkeit, das Geschlecht etc. hätten. Da die Vertragsparteien damit rechnen müssten, nach dem Lüften des Schleiers zu einer benachteiligten Gruppe zu gehören, würden sie sich für die Regeln entscheiden, mit denen benachteiligte Gruppen am besten gestellt wären. Carens nimmt an, dass dabei die ursprünglichen Vertragsparteien unter dem Schleier des Nichtwissens auch keine Kenntnis darüber hätten, ob sie „Bürger eines bestimmten Staates oder ein Fremder, der Bürger werden möchte" sind. Die Konsequenz wäre, dass es zwar unter „nichtidealen" Bedingungen durchaus Gründe für Einwanderungsbegrenzungen geben könnte, das „Prinzip der Migrationsfreiheit" in der „idealen Theorie" aber zum zentralen Bestandteil einer gerechten sozialen Ordnung gehören müsste (Carens 2012, S. 27–36). Die dritte Referenztheorie ist der Utilitarismus mit seinem Moralprinzip der Nutzenmaximierung, dem zufolge alle Konsequenzen einer ungesteuerten Zuwanderung mit ihren Vor- und Nachteilen für alle Betroffenen in Rechnung gestellt werden müssten. Dabei seien unterschiedslos alle Interessen gleichermaßen einzubeziehen, auch die der Einwanderungswilligen, weswegen es kaum möglich sein dürfte, Einwanderungsbeschränkungen zu rechtfertigen (Carens 2012, S. 36–38). Daraus leitet Carens ab, dass die gegenwärtigen Einwanderungsbeschränkungen der westlichen demokratischen Staaten nicht zu rechtfertigen seien: „Sie wirken wie feudale Mobilitätsschranken und schützen ungerechte Privilegien" (Carens 2012, S. 44).

Carens kann damit zumindest deutlich machen, dass ein „Recht auf Ausschluss" nicht so selbstverständlich zu rechtfertigen ist, wie das in der Migrationspolitik offenbar angenommen wird. Dennoch kann seine Argumentation für offene Grenzen nicht überzeugen (vgl. Ladwig 2012). Am stärksten scheint das liberale Argument zu sein, wenn es gegenüber Vertreter_innen wirtschaftsliberaler Überzeugungen vorgebracht wird, die Regulierungsaufgaben des Staates generell auf ein Minimum beschränkt sehen möchten. Integrationsförderung und sozialstaatliche Unterstützung von Migrant_innen fielen dann aber aus (Schaber 2012). Am Schwächsten ist das utilitaristische Argument, weil es im Utilitarismus generell schwierig ist, moralische Rechte zu begründen. Letztlich könnte jedes moralische Recht zur Disposition stehen, wenn das nur dem Gesamtnutzen dient. Dabei wären die Rechte von Minderheiten besonders gefährdet, gegen mächtigere Interessen aufgerechnet zu werden. Mit dem Bezug auf Rawls Theorie sozialer Gerechtigkeit könnte die Herausforderungen der heutigen Flüchtlingspolitik möglicherweise besser Rechnung getragen werden, weil sich auch notwendige Ansprüche auf Unterstützung prinzipiell begründen lassen. Dem steht allerdings entgegen, dass sich Rawls nur mit Regeln innerhalb bestehender Gesellschaften (Rawls 2003) und mit Regeln zwischen Staaten (Rawls 2002) auseinandersetzt. Regeln für die Beziehung von Menschen zu Staaten, deren Bürger_innen diese nicht sind, sind in Rawls Theoriekonzept nicht vorgesehen.

Daran wird ein grundsätzliches Problem deutlich, das in der ethischen Kontroverse über allgemeine Migrationsrechte vernachlässigt wird: Es reicht nicht aus, Migrationsrechte als moralisch berechtigt auszuweisen, solange ungeklärt ist, an welche Adressaten sich die damit verbundenen Verpflichtungen konkret richten. Eine schlüssige Alternative dazu ist, die moralischen Rechte von Geflüchteten mit Kant von den damit verbundenen moralischen Pflichten her zu begründen (Graumann 2011, S. 221 ff.).

4 Gibt es ein Recht, Rechte zu haben?

Im Mittelpunkt der Ideale der Aufklärung steht die Idee der Menschenrechte nach der, „alle Menschen frei und gleich an Würde und Rechten geboren sind" (AEMR Art. 1). Eine Unterscheidung zwischen den Bürger_innen eines Landes und Fremden kommt hier nicht vor. Menschenrechte sind der Idee folgend moralische Rechte, die alleine in der Vernunft des Menschen begründet sind und gerade nicht in der Mitgliedschaft in einer Gruppe, einem Stand oder einer Nation. Im Umgang mit Geflüchteten wird allerdings, wie Hannah Arendt angesichts der Millionen Geflüchteten und Vertriebenen im zweiten Weltkrieg feststellte, eine „Aporie" der Menschenrechte deutlich: Das Unglück von Geflüchteten sei nicht, „dass sie des Lebens, der Freiheit, des Strebens nach Glück, der Gleichheit vor dem Gesetz und der Meinungsfreiheit beraubt sind; ihr Unglück ist mit keiner der Formeln zu decken, die entworfen wurden, um Probleme innerhalb gegebener Gemeinschaften zu lösen. Ihre Rechtlosigkeit entspringt einzig der Tatsache, dass sie zu keiner irgendwie gearteten Gemeinschaft mehr gehören." (Arendt 1949, S. 759) Diese Feststellung ist angesichts der über 60 Millionen Menschen, die sich derzeit auf der Flucht befinden, heute so aktuell wie damals. Die entscheidende Voraussetzung für die wirkungsvolle Anerkennung als Person mit gleicher Würde und gleichen Rechten ist, die *Zugehörigkeit zu einer politischen Gemeinschaft*. Das aber ist, wie selbst Walzer einräumt, für Geflüchtete nicht gegeben (Walzer 2012, S. 128–131). Die Missachtung der Menschenrechte von Geflüchteten ist daher weder ein örtlich – auf einzelne Staaten – noch ein zeitlich – auf bestimmte historische Situationen – begrenztes Problem, sondern „ein grundlegendes Konstruktionsproblem von nationalstaatlichen Demokratien." Da sich diese aber auf die Werte Freiheit, Gleichheit und Menschenrechte gründen, setzen sie ihre „Exklusionspraktiken" gegenüber Geflüchteten unter einen erheblichen moralischen Rechtfertigungsdruck" (De la Rosa 2015). Darin zeigt sich eine erhebliche Spannung zwischen Ethik und Recht: *ethisch* lässt sich die Verpflichtung demokratischer Nationalstaaten auf die universelle Geltung der Menschenrechte nicht ohne Selbstwiderspruch bestreiten, *rechtlich* aber wird nur den eigenen Bürger_innen der gleiche Schutz ihrer Rechte gewährt: Geflüchteten wird ein „Recht, Rechte zu haben" verwehrt (Arendt 1949, S. 760; Benhabib 2007, S. 56).

5 Welche moralischen Verpflichtungen bestehen gegenüber Geflüchteten?

Seyla Benhabib (2008) legt eine Begründung von Migrationsrechten vor, mit dem auch der von Hannah Arendt beklagten „Aporie" der Menschenrechte von Geflüchteten begegnet werden kann. Dafür müssen verschiedene moralische Verpflichtungen gegenüber Geflüchteten in den unterschiedlichen Phasen ihrer Migration unterschieden werden. Die erste Phase der Migration ist die Ausreise aus dem eigenen Land, an die sich die Einreise in ein Gastgeberland anschließt. Es folgt die „vorübergehende Aufnahme in die politischen, wirtschaftlichen und kulturellen Systeme des Gastlandes zum Zweck der Einreise". Gegebenenfalls kommt es dann zur dauerhaften Niederlassung im Gastland (Benhabib 2008, S. 137). Dementsprechend sind in der ethischen Reflexion zwei unterschiedliche Fragen zu behandeln, erstens, ob Staaten die Pflicht haben, Menschen, die nicht ihre Bürger_innen sind, ein *Recht auf Zuflucht* zu gewähren, und zweitens, ob es eine staatliche Verpflichtung gibt, Menschen, die dauerhaft auf ihrem Territorium leben, die Einbürgerung zu ermöglichen und damit ein *Recht auf Zugehörigkeit* zuzugestehen.

Benhabib geht in ihrer Rechtfertigung von Migrationsrechten von Kants Weltbürgerrecht aus (Benhabib 2008, S. 36–55), das die Beziehung zwischen Menschen und ausländischen Staaten regelt und jedem Menschen, der in friedlicher Absicht in ihr Territorium einreist, ein „Besuchsrecht" verleiht, „welches allen Menschen zusteht, sich zur Gesellschaft anzubieten" und „nicht feindselig behandelt" zu werden (Kant 1795/1977, S. 214). Das Weltbürgerrecht ist allerdings nach Kant kein dauerhaftes Gastrecht, sondern nur ein temporäres Besuchsrecht – begründet im gemeinsamen Besitz der Erde. Benhabib (2008, S. 129–167) beruft sich in ihrer weiteren Argumentation auf das Verhältnis von Ethik und Recht bei Kant: Mit Kant ist von einer Rechtsordnung zu fordern, dass sie mit dem moralischen Gesetz vereinbar ist (Kant 1797/1977, S. 336–337). Das moralische Gesetz schreibt aber vor, jeden Menschen als Zweck in sich selbst, das heißt als Person mit gleicher Würde und gleichen Rechten anzuerkennen (Kant 1785/1974, S. 69–70). Für die ethischen Anforderungen an eine Rechtsordnung heißt das, dass nicht nur die moralischen Rechte der eigenen Bürger_innen sondern auch die moralischen Rechte von Fremden durch sie zu achten und zu schützen sind (Owen 2014). Außerdem bringt die Anerkennung als Person mit gleicher Würde und gleichen Rechten auch die moralische Verpflichtung mit sich, zum Wohlergehen anderer Menschen beizutragen. Dabei sind mit Kant Tugendpflichten und Rechtspflichten zu unterscheiden. Tugendpflichten sind als moralische Selbstverpflichtungen zu verstehen, die einen gewissen Spielraum für Interpretationen lassen, wann sie gegenüber wem in welcher Form ausgeübt werden. Sie dürfen nicht erzwungen werden, insofern die Freiheitseinschränkung der zu Wohltätigkeitshandlungen gezwungenen Person nicht zumutbar wäre (Kant 1797/1977, S. 512). Das wäre etwa der Fall, wenn Geflüchtete zwangsweise im privaten Wohnraum von Bürger_innen untergebracht werden würden, was ja im Nachkriegsdeutschland eine übliche Praxis war. Und auch die ehrenamtliche Unterstützung von Geflüchteten, die viele Bürger_innen derzeit so vorbildlich leisten, darf der Staat nicht von ihnen erzwingen. Rechtspflichten dagegen können und dürfen staatlich erzwungen werden, insofern die damit verbundene Freiheitsbeschränkung notwendig ist, um gleiche Freiheit anderer zu garantieren (Kant 1797/1977, S. 520). Zum einen gehört Nothilfe in aller Regel zu den strikten Rechtspflichten, die staatlich sanktioniert sind, und zum anderen können legitimerweise Solidarbeiträge von den Bürger_innen verlangt werden, mit denen der Staat stellvertretend die kollektive Verpflichtung zur Unterstützung von Menschen, die auf Hilfe und Unterstützung angewiesen sind, übernimmt. Wir können davon ausgehen, dass beides verbindliche Verpflichtungen sind, die der Staat seinen Bürger_innen auferlegen kann, weil er damit von ihnen nicht zu viel verlangt (Graumann 2011, S. 219–243). Das heißt aber auch, dass die Lasten unter den Bürger_innen gerecht verteilt werden müssen und nicht einseitig denjenigen aufgebürdet werden dürfen, die ohnehin am wenigsten haben, wie derzeit viele befürchten.

Jedenfalls lässt sich auf diese Weise schlüssig eine universelle Verpflichtung von Staaten begründen, Geflüchteten ohne Ansehen ihrer Fluchtgründe eine freie Ein- oder Durchreise zu gewähren, Zuflucht zu gewähren, wenn sie darum bitten, und Nothilfe zu leisten, wenn sie darauf angewiesen sind. Dabei geht es um den Schutz von Leib und Leben und damit der Güter, denen in einer ethischen Abwägung eine sehr hohe Priorität beigemessen werden muss. Die Abschottung der europäischen Außengrenzen, die die Menschen auf lebensgefährliche Fluchtrouten zwingt, die Schließung von Grenzen auf der Balkanroute oder Abschiebungen in Krisenregionen, die zuvor entgegen besseren Wissens zu „sicheren Herkunftsstaaten" erklärt worden sind, sind folglich ethisch völlig inakzeptabel.

Eine moralische Verpflichtung zur Nothilfe für Menschen, die vor Verfolgung, Krieg, Gewalt und Hunger fliehen, sieht übrigens auch Michael Walzer. Ihre Abweisung im Namen eines kollektiven Anspruchs auf politisch-kulturelle Selbstbestimmung hält auch er für nicht zu rechtfertigen. Darüber hinaus macht er eine besondere Verantwortung gegenüber den Menschen geltend, „die durch unser Zutun, durch unsere Mithilfe zu Flüchtlingen geworden sind." Ihnen gegenüber hätten „wir durchaus die gleichen Verpflichtungen [...] wie unseren eigenen Mitbürgern gegenüber" (Walzer 2012, S. 128). Mit Blick auf die erhebliche Mitschuld der europäischen Staaten an den gewaltsamen Konflikten im Nahen Osten, insbesondere in Syrien, Afghanistan und dem Irak, und mit Blick auf die Verantwortung für die Armut und Perspektivlosigkeit vieler Menschen in Afrika in Folge einer entfesselten globalisierten Weltwirtschaft, die primär den Interessen der reichen Staaten dient, trifft dies für den allergrößten Teil der Geflüchteten zu. Jedenfalls dürfte es aus ethischer Sicht unabhängig von der allgemeinen Kontroverse über Migrationsrechte kaum begründete Zweifel an der moralischen Verpflichtung zur Aufnahme der derzeit auf der Flucht befindlichen Menschen geben.

> „Das universelle Recht auf Hospitalität, auf das jeder Mensch einen Anspruch hat, erlegt uns die bedingte moralische Verpflichtung auf, jenen zu helfen und Zuflucht zu gewähren, deren Leib, Leben und Freiheit in Gefahr ist" (Benhabib 2008, S. 45–46).

Wenn Geflüchtete einmal aufgenommen wurden und auf nicht absehbare Zeit bleiben werden, stellt sich aus ethischer Sicht die nächste Frage, ob sie ein Recht auf Einbürgerung haben. Für Tourist_innen, Geschäftsleute oder Studierende, deren Absicht nur ein vorübergehender Aufenthalt ist, ist sicher die vorübergehende Aufnahme in die politischen, wirtschaftlichen und kulturellen Systeme des Gastlandes zufriedenstellend. Generell aber hält Benhabib die Kantische Unterscheidung eines temporären Besuchsrechts, das jedem Menschen gewährt werden müsse, und einem dauerhaften Aufenthaltsrecht, das zugeteilt oder verweigert werden könne, für nicht plausibel. Mit Bezug auf Arendt argumentiert sie für ein Menschenrecht auf Zugehörigkeit, das Staaten zumindest zu transparenten und diskriminierungsfreien Einwanderungsverfahren verpflichte. Jedem Eingereisten müsse eine Einbürgerung ohne Diskriminierung offen stehen (Benhabib 2008, S. 129–167). Ein längerer Aufenthalt ohne gleichen Rechtsstatus hält sie, wie übrigens auch Walzer (2012), für moralisch inakzeptabel. Dies würde dem Gleichheitsgrundsatz widersprechen.

Dieser Argumentation folgend haben alle Menschen ein moralisches *Recht auf Zugehörigkeit* zu einer politischen Gemeinschaft, weil das die Voraussetzung dafür ist, als Person mit gleicher Würde und gleichen Rechten anerkannt zu werden. Geflüchtete aber, für die auf absehbare Zeit keine Rückkehr in Frage kommt, weil die Ursachen für ihre Flucht weiterbestehen oder sie andere Gründe dafür haben, haben die Zugehörigkeit zu ihrer ursprünglichen politischen Gemeinschaft verloren und können in der Gemeinschaft, in der sie Zuflucht gefunden haben, ohne Einbürgerung keine gleichen Rechte wahrnehmen. Ihnen die vollen Bürgerrechte vorzuenthalten, würde das Gleichheitsprinzip verletzten. Hier kann mit Kant über Kant hinaus argumentiert werden: Das Prinzip der Gleichheit beinhaltet für Kant, dass alle „als Untertanen" den gleichen Gesetzen unterworfen sein müssen. Deshalb spricht Kant von der Gleichheit „dem Rechte nach". Alle Bewohner_innen des Staatsgebiets unterliegen den Gesetzen und sollten deshalb auch rechtlich gleich behandelt werden. Das Prinzip demokratischer Selbstbestimmung umfasst außerdem, dass ein Gesetz, an dessen Erlass ein Mensch nicht über „seine politischen Mitwirkungsrechte beteiligt war, ihm gegenüber als Unrecht gelten" muss (Kant 1793/1977, S. 145–150). Auch in diesem Punkt bestehen übrigens erstaunlich wenig Kontroversen zwischen Vertreter_innen unterschiedlicher Ethiktheorien und auch Seyla Benhabib und Michael Walzer sind sich diesbezüglich einig: „Jedem neuen Zuwanderer, jedem der aufgenommenen Flüchtlinge, jeden, der am Ort wohnt und arbeitet, müssen die Vergünstigungen der Staatsbürgerschaft dargeboten werden." Alles andere wäre keine gemeinschaftliche Freiheit, sondern Unterdrückung (Walzer 2012, S. 143). Asylregelungen, mit denen das eigene Land als Zufluchtsort unattraktiv gemacht und Geflüchtete zur Rückkehr bewegt werden sollen, wie Arbeitsbeschränkungen, Residenzpflicht, Essenspakete, Einkaufsgutscheine oder ein nur begrenzter Zugang zu Gesundheitsversorgung sind folglich ethisch ebenfalls nicht zu rechtfertigen.

6 Es geht um mehr als die „Flüchtlingskrise"

Zweifellos stellt die aktuelle „Flüchtlingskrise" die europäischen Staaten vor große Herausforderungen. Dies rechtfertigt aber keineswegs eine restriktive Flüchtlingspolitik mit dem Einsatz massiver Gewalt zur Abschottung von Grenzen, der Verweigerung des Zugangs zu existenziellen Gütern wie Wasser, Nahrung, Obdach und Gesundheitsversorgung, der Abschiebung in Krisengebiete, wo die Geflüchteten wieder Verfolgung, Gewalt, Hunger und Armut ausgesetzt sind, und der Inkaufnahme von tausenden Toten im Mittelmeer. Die aktuelle deutsche und europäische Flüchtlingspolitik ist vielmehr aus ethischer Sicht als völlig inakzeptabel zu beurteilten, weil durch sie die staatliche Verpflichtung zur Achtung und zum Schutz der Rechte auf Zuflucht und auf Zugehörigkeit der Geflüchteten verletzt wird. Sicher müssen die Belastungen für die bisherigen Bürger_innen der Staaten, in denen Geflüchtete Zuflucht suchen, ernst genommen werden. Das kann aber keine Menschenrechtsverletzungen rechtfertigten. Außerdem ist noch viel Spielraum, bis die Grenzen der Aufnahme- und Integrationsfähigkeit in den reichsten Ländern der Welt erreicht sind, die zudem eine nicht unerhebliche Mitschuld an den Fluchtursachen haben, was ihre Rechtfertigungslasten noch erhöht. Anstatt Grenzen abzuschotten und „Flüchtlingsströme" zu bekämpfen, sollte sich eine ethisch verantwortliche deutsche und europäische Außenpolitik – anders als bislang – konsequent an dem zentralen Ziel einer friedlicheren und gerechteren internationalen Ordnung ausrichten. Leider deutet derzeit nicht viel darauf hin, dass die politischen Entscheidungsträger in Deutschland und in Europa dazu bereit sind, ihre geopolitischen, militärischen und wirtschaftlichen Interessen zurückzustellen und dieser Forderung nachzukommen.

Die Rechte auf Zuflucht und auf Zugehörigkeit sind, wie ich zu zeigen versucht habe, universelle moralische Rechte aller Menschen. Wenn diese in und durch westlich-demokratische Staaten negiert werden, geht das nicht ohne die grundlegenden Werte Freiheit, Gleichheit und Menschenrechte, auf die diese ihr Selbstverständnis gründen, in Frage zu stellen. Das heißt: Nicht die Geflüchteten bedrohen die freiheitlichen, demokratischen Werte Europas, wie oft behauptet wird, sondern eine Flüchtlingspolitik, die diese Werte mit Füßen tritt.

Literatur

Angeli, O. (2011). Das Recht auf Einwanderung und das Recht auf Ausschluss. *Zeitschrift für politische Theorie* 2 (2), 171–184.

Arendt, H. (1949). Es gibt nur ein einziges Menschenrecht. *Die Wandlung* IV, 754–770.

Barry, B., Goodin, R. E. (1992). *Free Movement. Ethical issues in the transnational migration of people and of money.* London, New York: Routledge.

Bauer, W. (2015). *Über das Meer. Mit Syrern auf der Flucht nach Europa. Eine Reportage.* Berlin: Suhrkamp.

Becker, J. M., Krause, U. (2015). *‚Flucht und ihre Ursachen'.* http://fluechtlingsforschung.net/flucht-und-ihre-ursachen/. Zugegriffen: 1. März 2016.

Benhabib, S. (2007). Ein anderer Universalismus. Einheit und Vielfalt der Menschenrechte. *Deutsche Zeitschrift für Philosophie* 55 (4), 501–519.

Benhabib, S. (2008). *Die Rechte der Anderen.* Frankfurt a. M.: Suhrkamp.

Blake, M. (2014). Zur Verteidigung des internationalen Rechts auf Bewegungsfreiheit. *Zeitschrift für Menschenrechte* 8 (2), 15–28.

Brezger, J. (2014). Zur Verteidigung des internationalen Rechts auf Bewegungsfreiheit. *Zeitschrift für Menschenrechte* 8 (2), 30–49.

Bundesamt für Geflüchtete und Migration (2015). *Asylgeschäftsstatistik für den Monat Dezember 2015.* http://www.bamf.de/SharedDocs/Anlagen/DE/Downloads/Infothek/Statistik/Asyl/201512-statistik-anlage-asyl-geschaeftsbericht.pdf?__blob=publicationFile. Zugegriffen: 1. März 2016.

Carens, J. H. (2012). Fremde und Bürger: Weshalb Grenzen offen sein sollten. In A. Cassee, A. Goppel (Hrsg.), *Migration und Ethik* (S. 23–46). Münster: Mentis.

Carens, J. H. (2013). *The Ethics of Immigration.* Oxford: Oxford University Press.

De la Rosa, S. (2015). Warum wir EuropäerInnen keine guten DemokratInnen sind. Was uns demokratietheoretische Konzepte über uns und die Flüchtlingsfrage sagen… http://fluechtlingsforschung.net/warum-wir-europaerinnen-keine-guten-demokratinnen-sind/ Zugegriffen: 28. Februar 2016.

Dhawan, N. (2015). Aufklärung vor Europäern retten. *Die Tageszeitung* 5. Mai 2015. http://www.taz.de/!5009731/. Zugegriffen: 1. März 2016.

Frontex (o.J). *Migratory Routes Map*. http://frontex.europa.eu/trends-and-routes/migratory-routes-map/. Zugegriffen: 1. März 2016.

Graumann, S. (2011). *Assistierte Freiheit. Von einer Behindertenpolitik der Wohltätigkeit zu einer Politik der Menschenrechte*. Frankfurt a. M.: Campus.

Grenz, W., Lehmann, J. & Keßler, S. (2015). *Schiffbruch. Das Versagen der europäischen Flüchtlingspolitik*. München: Knaur Verlag.

Kant, I. (1785/1974). Grundlegung zur Metaphysik der Sitten. In W. Weischedel (Hrsg.), *Werkausgabe Band VII* (S. 9–102). Frankfurt a. M.: Suhrkamp.

Kant, I. (1788/1974). Die Kritik der praktischen Vernunft. In W. Weischedel (Hrsg.), *Werkausgabe Band VII* (S. 105–302). Frankfurt a. M.: Suhrkamp.

Kant, I. (1793/1977). Über den Gemeinspruch: Das mag in der Theorie richtig sein, taugt aber nicht für die Praxis. In W. Weischedel (Hrsg.), *Werkausgabe Band XI* (S. 125–172). Frankfurt a. M.: Suhrkamp.

Kant, I. (1795/1977). Zum ewigen Frieden. In W. Weischedel (Hrsg.), *Werksausgabe Band XI* (S. 195–251). Frankfurt a. M.: Suhrkamp.

Kermani, N. (2016). *Einbruch der Wirklichkeit. Auf dem Flüchtlingstreck durch Europa*. München: Beck.

Kramatschek, C. (2015). *„Dazwischen das Meer" Flucht und Flüchtende in der Literatur*. http://www.deutschlandradiokultur.de/dazwischen-das-meer-flucht-und-fluechtende-in-der-literatur.976.de.html?dram:article_id=324766. Zugegriffen: 1. März 2016.

Ladwig, B. (2012). Offene Grenzen als Gebot der Gerechtigkeit? In A. Cassee, A. Goppel (Hrsg.), *Migration und Ethik* (S. 67–88). Münster: Mentis.

Lüders, M. (2016). *Wer den Wind sät: Was westliche Politik im Orient anrichtet*. München: Beck.

Mona, M. (2012). Recht auf Einwanderung oder auf politisch-kulturelle Selbstbestimmung? In A. Cassee, A. Goppel (Hrsg.), *Migration und Ethik* (S. 147–168). Münster: Mentis.

Moses, J. W. (2006). *International Migration. Globalization's Last Frontier*. London, New York: Zed Books.

Ott, K. (2016). *Zuwanderung und Moral*. Stuttgart: Reclam.

Owen, D. (2014). Human Rights, Refugees and Freedom of Movement. *Zeitschrift für Menschenrechte* 8 (2), 50–65.

Pro Asyl (2015). *2015: Dramatischer Anstieg von Gewalt gegen Flüchtlinge*. http://www.proasyl.de/de/news/detail/news/2015_dramatischer_anstieg_von_gewalt_gegen_fluechtlinge/. Zugegriffen: 1. März 2016.

Rawls, J. (2002). *The Law of Peoples*. Cambridge: Harvard University Press.

Rawls, J. (2003). *Politischer Liberalismus*. Frankfurt a. M.: Suhrkamp.

Richter, M. (2015). *Fluchtpunkt Europa. Unsere humanitäre Verantwortung*. Hamburg: edition Körber Stiftung.

Schaber, P. (2012). Das Recht auf Einwanderung: Ein Recht worauf? In A. Cassee, A. Goppel (Hrsg.), *Migration und Ethik* (S. 185–195). Münster: Mentis.

Statistica (o. J.). *Anzahl der Asylanträge (insgesamt) in Deutschland von 1995 bis 2016.* http://de.statista.com/statistik/daten/studie/76095/umfrage/asylantraege-insgesamt-in-deutschland-seit-1995/. Zugegriffen: 1. März 2016.

UNO-Flüchtlingshilfe (o. J.). *Geflüchtete weltweit. Zahlen & Fakten.* https://www.uno-fluechtlingshilfe.de/fluechtlinge/zahlen-fakten.html. Zugegriffen: 1. März 2016.

Walzer, M. (2012). Einwanderung: Das Argument für Beschränkungen. In A. Cassee, A. Goppel (Hrsg.), *Migration und Ethik* (S. 107–146). Münster: Mentis.

Wellman, C. H., Cole, P. (2011). *Debating the Ethics of Immigration.* Oxford: Oxford University Press.

Flüchtlinge als deutsches Narrativ

Micha Brumlik

Zusammenfassung

Der Beitrag „Flüchtlinge als deutsches Narrativ" setzt sich unter anderem mit den literarischen Erfahrungen von Deutschen auseinander, die den letzten Monaten des Zweiten Weltkrieges vor allem von der sowjetischen Armee, aber auch von Tschechen aus ihrer angestammten Heimat vertrieben, nach einer oft gefährlichen und mühsamen Flucht im westlichen Deutschland eine neue Heimat finden mussten. Darüber hinaus bemüht sich der Beitrag – unter Berücksichtigung wesentlicher neuerer Theorien zum Problem ethnischer Säuberungen – die Frage zu beantworten, wie Deutsche, in diesem Fall Mitglieder eines Volkes, das sich in großen Teilen der Duldung oder der Kooperation mit dem Nationalsozialismus schuldig gemacht hat, den Verlust ihrer Heimat literarisch und politisch verarbeitet haben. Weiter wird gezeigt, dass die literarische Verarbeitung die oftmals unbelehrbare politische ‚Verarbeitung' weitaus übertraf. Vor diesem Hintergrund geht es abschließend um die Überlegung, ob diese Erfahrungen einen vorbereitenden Beitrag zur deutschen Willkommenskultur der Gegenwart darstellen.

1 Willkommenskultur und Geschichte der Vertreibung

Das Deutschland des Jahres 2015 und der ersten Hälfte des Jahres 2016 erstaunte die Welt: die Öffnung der deutschen Grenzen für Flüchtlinge aus dem arabischen Raum, die sich an den ungarischen Grenzen zusammengefunden hatten, nötigte nicht nur den Medien in der Welt, sondern auch berühmten Autoren höchsten Respekt ab. Das, was sich als deutsche „Willkommenskultur" in Kanzlerin Merkels schon historisch gewordenem Satz „Wir schaffen das" artikulierte, brachte etwa die Holocaustüberlebende Ruth Klüger bei ihrer Ansprache am 9. November 2015 im deutschen Bundestag zu folgender Eloge:

> „Meine Herren und Damen, ich habe jetzt eine ganze Weile über moderne Versklavung als Zwangsarbeit in Nazi-Europa gesprochen und Beispiele aus dem Verdrängungsprozess zitiert, wie er im Nachkriegsdeutschland stattfand. Aber eine neue Generation, nein, zwei oder sogar drei Generationen sind seither hier aufgewachsen, und dieses Land, das vor achtzig Jahren für die schlimmsten Verbrechen des Jahrhunderts verantwortlich war, hat heute den Beifall der Welt gewonnen, dank seiner geöffneten Grenzen und der Großherzigkeit, mit der Sie die Flut von syrischen und anderen Flüchtlingen aufgenommen haben und noch aufnehmen. Ich bin eine von den vielen Außenstehenden, die von Verwunderung zu Bewunderung übergegangen sind. Das war der Hauptgrund, warum ich mit großer Freude Ihre Einladung angenommen und die Gelegenheit wahrgenommen habe, in diesem Rahmen, in Ihrer Hauptstadt, über die früheren Untaten sprechen zu dürfen, hier, wo ein gegensätzliches Vorbild entstanden ist und entsteht, mit dem bescheiden anmutendem und dabei heroischem Wahlwort: Wir schaffen das."

Und so fragt sich, ob jene auch von Ruth Klüger gelobte „Willkommenskultur", die der bayerische Ministerpräsident Seehofer kürzlich (Anfang 2016) selbstzufrieden für notariell beglaubigt beendet erklärt hat, Ausdruck der Erfahrung vieler Familien, die selbst unmittelbar nach dem Zweiten Weltkrieg vertrieben wurden, war. Über den Charakter dieser Vertreibungen, die ernsthaften Historikern zufolge etwa 1,5 Millionen Deutsche mit ihrem Leben bezahlten und etwa 13 Millionen Menschen zwang, ihren Wohnort zu verlassen, bestand bis in die letzten Jahre auch unter seriösen angelsächsischen Historikern keine Einigkeit. Während einige – etwa der Genozidforscher Rudolf Rummel mit Blick auf die Todesopfer eindeutig von einem „Genozid" schreiben (265), bemühen sich andere um einen differenzierteren Blick. So z. B. der Historiker Norman Naimark, dem eine ebenso luzide wie schonungslose Geschichte der Vertreibungen im Zwanzigsten Jahrhundert zu verdanken ist, in seinem Buch „Flammender Haß. Ethnische Säuberung im 20. Jahrhundert":

> „Tschechen und Polen benutzten den Deckmantel des Krieges und den Übergang vom Krieg zum Frieden, um die Deutschen aus ihren Ländern zu vertreiben und alte Rechnungen zu begleichen. Das Verhältnis zur deutschen Minderheit war in beiden Ländern zwischen den Kriegen problematisch geworden. Nationalistische Gefühle und der verständliche Wunsch nach Rache durchdrangen die polnische und tschechische Bevölkerung, als sie es ihren deutschen Unterdrückern gewaltsam heimzahlen konnten. Nationalistische Gefühle waren durch Krieg und Besatzung verstärkt worden. Den An-

stoß zur Eskalation des Nationalismus hatten die Nationalsozialisten gegeben, daher konnte man in gewisser Hinsicht sagen, die Deutschen hätten geerntet, was sie gesät hatten. Daß bei der ethnischen Säuberung Ostmitteleuropas von den Deutschen so viele ihr Leben oder ihre Existenz verloren, ist letzten Endes auf den Haß zurückzuführen, den die NS Politik in dieser Region erzeugt hatte." (Naimark 2004, S. 172)

Tatsächlich haben nur wenige Themen die Literatur der frühen Bundesrepublik so geprägt wie die Erfahrung von Vertreibung und Flucht. Das war auch noch in den späteren Jahren der Fall. Bekannt wurde die Debatte um Günter Grass im Jahr 2002 publizierten Roman „Im Krebsgang" – ein Roman, den Grass wie er meinte, schreiben wollte, um die öffentliche Debatte nicht „den Rechten" zu überlassen. Auf jeden Fall: der von ihm damit selbstbewußt verbundene Anspruch, diese Thematik zum ersten Mal behandelt zu haben, traf mit Sicherheit nicht zu.

Tatsächlich haben nur wenige Themen die Literatur jedenfalls der Bundesrepublik – die DDR ist in dieser Hinsicht ein Thema für sich – so bewegt; von allem Anfang an hat die Geschichte von Flucht und Vertreibung das Schreiben motiviert, wenn auch nicht immer auf dem jeweils höchsten literarischen Niveau.

Den Anfang machte ein lange vor Krieg, Flucht und Vertreibung schon 1930 erschienener Roman, der sich in der frühen Bundesrepublik größter Beliebtheit erfreute: William von Simpsons „Die Barrings", eine Art ostpreußisches „Vom Winde verweht", daß das alte Preußen und den allmählichen Niedergang seiner Rittergüter vom letzten Drittel des 19. Jahrhunderts bis zum Ende des Ersten Weltkrieges in dichten Schilderungen wiederzubeleben versucht. Das nach dem Zweiten Weltkrieg immer wieder auftauchende Motiv des Ritts zu Pferde nach Westen taucht so schon in von Simpsons Saga auf. In einer Ausgabe des Lübecker Generalanzeigers vom 10. August 1937 war über den Autor dieses Romans folgendes zu lesen:

„Ein interessanter Farbfleck ist der Ritt William von Simpsons auf seinem Schimmel Formidable von seinem Gut in Ostpreußen durch Deutschland, das damalige Österreich-Ungarn, Serbien, Bulgarien, die Türkei nach Konstantinopel, eine Strecke von 3 700 Klm, zu der er 54 Tage brauchte."

Derselbe Beitrag enthält auch Beschreibungen der Inneneinrichtung des heimatlichen Guts des Autors:

„An den Wänden hängen Familiengemälde, auch sie umfassen Generationen. Uns fallen drei schöne weichgetönte Pastelle auf, sie stellen Friedrich Wilhelm III, die Königin Luise und den Zaren Alexander I.dar. Das Königspaar" so die Reminiszenz an die Geschichte Preussens zur Zeit der napoleonischen Kriege „wohnte auf der Flucht nach Tilsit bei dem Urgroßvater William von Simpsons."

Die Lebensform der Rittergüter aber war schon lange vor dem Ersten und Zweiten Weltkrieg zu einem inneren Ende gekommen, und auch die vielen Versuche deutschnationaler Politiker in den letzten Jahren der Weimarer Republik, den unaufhaltsamen ökonomischen Niedergang der Güter der ostelbischen Junker durch freiwillige Arbeitsdienste zu lösen, waren am Ende vergeblich. Das schon lange vor 1918 anachronistisch gewordene Junkertum mitsamt der von den Rittergütern abhängigen bitter armen Landbevölkerung hatte sich längst überlebt, als es durch die Eroberung Ostpreussens durch die Rote Armee in den ersten Monaten des Jahres 1945 gewaltsam sein Ende fand. Die Eroberung des deutschen Ostens durch die Rote Armee, die Einverleibung dieser Gebiete vor allem durch ein von der Sowjetunion nach Westen verschobenes Polen markierte mit Blut, Angst und Schrecken auch das Ende einer ganzen Lebensform. In der frühen bundesrepublikanischen Literatur über die verlorene Heimat kommen mithin vor allem zwei Motive zum Ausdruck: Die ohnehin vorherrschende Melancholie über das Ende der Rittergüter wurde – wie im Fall von Simpsons noch unübersehbar – von der traumatischen Erfahrung von Vertreibung und Flucht beinahe ununterscheidbar überblendet.

William von Simpson, 1881 in Nettienen geboren, starb drei Tage nach dem Ende des Zweiten Weltkrieges in Scharbeutz an der Ostsee. Sein Roman „Die Barrings" erschien erstmals 1937, seine Fortsetzung „Die Enkel" 1939. William von Simpsons Vater starb hochverschuldet 1899, weshalb sein Gut Georgenburg im gleichen Jahr an den preussischen Staat verkauft werden musste. Sein Sohn William absolvierte zunächst eine Landwirtschaftslehre, studierte anschließend in Halle, diente als Kolonialoffizier, wurde schließlich Husar und lebte nach dem Ersten Weltkrieg einige Jahre in Brasilien, bevor er sich 1935 in Scharbeutz niederließ, um sich 1945, nach dem Einmarsch der Briten selbst das Leben zu nehmen. Auf den letzten Seiten seines Romans nimmt ein später Erbe der Familie Abschied von der Heimat:

> „Was er mit Wiesenburg verloren, das wußte er. Geld hatte er eingetauscht für sein Herz. Was war schließlich Geld? Jeder geschickt operierende Börsenjobber hatte es. Für dreckiges, gemeines Geld hatte er das höchste hergeben müssen, die Heimat. Die Heimat, die er so geliebt, die ihn so reich gemacht hatte, wo er jeden einzelnen der alten Bäume kannte und liebte, wo die Sonne so hell geschienen, die Vögel so jubelnd gesungen, die Blumen so süß geduftet hatte…Die Heimat mit dem Fluß, der weiterfließen würde zum Meer hin durch die Jahrhunderte, wenn die Gräber der Barrings längst verschwunden sein würden, Die Heimat war ihm genommen worden, die ihm gehört hatte, wie er ihr gehört hatte." (Simpson 1937)

Ganz ähnlich auch der Tenor in vielen, nach dem Zweiten Weltkrieg verfassten Arbeiten der Publizistin Marion Gräfin Dönhoff, der langjährigen Herausgeberin der Wochenzeitung „Die Zeit", einer linksliberalen Ikone der frühen Bundesrepublik – sie wurde 1909 auf Schloß Friedrichstein geboren – vor allem in ihrem erstmals 1971 publizierten Bericht „Namen, die keiner mehr kennt". Sie beschloß dieses Erinnerungsbuch mit versöhnlichen Worten:

> „Ich kann mir auch nicht vorstellen, daß der höchste Grad der Liebe zur Heimat dadurch dokumentiert wird, daß man sich in Haß verrennt gegen diejenigen, die sie in Besitz genommen haben, und daß man jene verleumdet, die einer Versöhnung zustimmen. Wenn ich" so die dem ostpreussischen Adel entsammende Publizistin „an die Wälder und Seen Ostpreussens denke, an die weiten Wiesen und alten Alleen, dann bin ich sicher, daß sie noch genauso unvergleichlich schön sind wie damals, als sie mir Heimat waren. Vielleicht ist dies der höchste Grad der Liebe: zu lieben ohne zu besitzen" (1998, S. 221).

Womöglich fiel diese gelungene Form der Trauer den Angehörigen des Adels auch deshalb leichter, weil sich der ostelbische Adel – wie am Beispiel von Simpsons deutlich wurde – schon lange vor der katastrophalen Niederlage mit seinem Ende auseinanderzusetzen hatte. Christian Graf von Krockow – er wurde 1927 in Pommern geboren – der als Professor für Politikwissenschaft stets einem nüchternen, aufgeklärten Patriotismus das Wort redete, gab dieser Form der Trauer um das Verlorene präzisen Ausdruck:

> „Ja und dann trauert jeder, der dort zu Hause war, natürlich der Landschaft nach – den weiten Wiesen und Feldern unter dem großen Himmel des Ostens; den einsamen Wäldern und klaren Seen, dem Zug der Wildgänse und Kraniche im Frühjahr und Herbst, dem abendlichen Schnepfenstrich und der morgendlichen Pirsch durch tauglänzendes Gras" (Krockow 1993, S. 320).

Die betrauerte Lebensform aber, die uns auch in dieser melancholischen Landschaftsschilderung begegnet, ist die einer rückwärtsgewandten agrarischen Utopie. So beantwortet dieser Autor die sich selbst gestellte Frage nach dem für Ostpreußen Typischen mit einem Zitat, einem Zitat aus einem Buch über ostpreußische Gutshäuser, dort herrsche

> „Beispielsweise das Gefühl, daß man in einer Gemeinschaft lebte, in der alle auf die gleiche Aufgabe konzentriert waren; eine Aufgabe, die der Pflege und dem Erhalt des Bestehenden gewidmet war und nicht in erster Linie dem Gewinn" (a. a. O., S. 1993).

Inbegriff einer konservativen Lebenshaltung: Pflege und Erhalt des Bestehenden… Motive der Politik auch der Politik der frühen Bundesrepublik Deutschland, nachdem alles Bestehende zerstört worden war.

1961 erschien ein Buch, das in dieser Phase der Bundesrepublik zum Bestseller werden sollte: Hans Graf Lehndorffs „Ostpreussisches Tagebuch – Aufzeichnungen eines Arztes aus den Jahren 1945–1947." Dieses Tagebuch verzeichnet redlich die Erfahrungen eines Arztes, der zunächst in Königsberg blieb und unter sowjetischer Aufsicht chirurgische Notdienste erfüllte, sich dann aber in Lager von Vertriebenen wiederfindet, der das Ende des Krieges am 8. Mai 1945 als eher unerhebliches Ereignis verbucht, um nach einer schweren Infektionserkrankung durch nun polnisches Gebiet im März 1947 in den östlichen Teil des besiegten Deutschland, die SBZ, die sowjetische Besatzungszone – später DDR – abgeschoben zu werden. Nach der Fahrt über die Neiße im offenen Eisenbahnwaggon war schließlich Ankunft zu vermelden. Dem gläubigen Christen war schon damals die Unwiderruflichkeit der geschichtlichen Ereignisse klar:

> „Und dann fuhren wir, wie im Traum, ganz langsam über einen kleine Fluß. Und als der Zug wieder hielt, durften wir aussteigen, ohne gleich wieder zurückgeholt zu werden. Wir waren in Deutschland" (Lehndorff 1961, S. 285).

Das, was dieser Beobachter hinter sich gelassen hatte, die versunkene und zerstörte ostpreußische Heimat, sowie jene Gebiete, die von polnischen Milizen in Besitz genommen wurden, waren eines nicht mehr: Deutschland.

Wie die anderen Autoren, so beschwört auch Lehndorff für jene Tage im Sommer 1944, als die Spitzen der Roten Armee Ostpreußen noch nicht erreicht hatten, ein letztes, geradezu dekadent aufblühendes Tablau der Natur, das im Betrachter Ahnungen weckt:

> „Und all das Ungreifbare, das aus der Landschaft heraus die Seele zum Schwingen bringt, nahm in einer Weise Gestalt an, wie es nur in der Abschiedsstunde Ereignis zu werden vermag..."

Wie die anderen AutorInnen auch sind es die Natur und ihre Zyklen, die das Ende andeuten:

> „Aber als der Sommer ging und die Störche zum Abflug rüsteten, ließ sich das bessere Wissen von dem, was bevorstand, nicht länger verborgen halten. Überall in den Dörfern sah man Menschen stehen und zum Himmel starren, wo die großen vertrauten Vögel ihre Kreise zogen, so als sollte es der letzte Abschied sein. Und jeder mochte bei ihrem Anblick etwa das gleiche empfinden: „Ja, ihr fliegt nun fort! Und wir? Was soll aus uns und unserem Land werden?" (Lehndorff 1961, S. 9).

2 Rückkehrrechte

Bei alledem gilt jedoch: Ein Blick auf die aktuelle Weltkarte und in die Tageszeitungen reicht aus, um sich davon zu überzeugen: das Zeitalter von Flucht und Vertreibungen ist noch nicht zu Ende – im Gegenteil! Das UN Protektorat Kosovo hat immer wieder damit zu kämpfen, dass unterschiedliche Ethnien nicht miteinander zusammenleben wollen – nachdem zunächst Serben Kosovaren vertrieben haben, haben im Anschluss albanische Kosovaren sowohl Serben als auch Roma gewaltsam des Landes verwiesen.

Eine Lösung des Palästinakonflikts hängt nach wie vor davon ab, ob ein palästinensischer Staat bereit sein wird, auf ein Rückkehrrecht für 1947/48 geflohene und vertriebene Palästinenser in das Territorium des Staates Israel in seinen Grenzen von 1967 zu verzichten, während in der sudanesischen Provinz Darfur islamische Reitermilizen eine ebenfalls islamische Bauernbevölkerung von ihren Subsistenzgründen verjagt – mit tödlichen Folgen für Zehntausende.

Zuletzt hat sich der tschechische Präsident Vaclav Klaus geweigert, zur Frage der sogenannten Benes-Dekrete, die die Enteigung und Entrechtung der Sudetendeutschen besiegelten, anders Stellung zu nehmen als in Form eines moralischen Bedauerns.

Derweil versucht die deutsche Rechte – im weiten Spektrum ihrer demokratischen und totalitären Spielarten – ein angemessenes Verhältnis zum Ende des Zweiten Weltkrieges und zu dem Umstand zu gewinnen, dass der von den Deutschen insgesamt keineswegs widerstrebend geführte Krieg Hitlers, seiner Ideologen und Technokraten gegen die Sowjetunion nicht nur mit dem Verlust der östlichen Teile Deutschlands, sondern auch mit dem Exodus, der Vertreibung deutscher Minderheiten aus Ost-Mitteleuropa, von Rumänien bis zu den östlichen Teilen der Tschechoslowakei endete.

Dabei, soweit besteht in der Forschung Übereinstimmung, sind in den Jahren 1945–1948 etwas mehr als eine Million Menschen ums Leben gekommen, während zwölf Millionen unter ungeheueren Strapazen die vor allem westlichen Besatzungszonen erreichten.

Vertreibungen, geförderte Fluchtbewegungen und Aussiedlungen sind im Kern nichts anderes als ein ebenso drastisches wie primitives Mittel der Biopolitik: der Kontrolle von Menschenmassen im Rahmen eines gegebenen Territoriums. Im 20. Jahrhundert ging es dabei um die Arrondierung von Nationalstaaten, totalitären Sozialismen oder rassepolitisch begründeten Imperien.

Um ein Tabu hat es sich bei der Geschichte der Vertreibung der Deutschen jedenfalls im Staat Konrad Adenauers niemals gehandelt. Daher kann man es auch nur als leerlaufende, Effekte haschende Rhetorik bezeichnen, wenn gegenwärtig unter dem Titel des „Opferdiskurses“ die Frage gestellt wird, ob es nicht jetzt – sechzig Jahre nach dem Ende des Zweiten Weltkrieges – endlich an der Zeit wäre, auch um die deutschen Opfer von Flucht und Vertreibung zu trauern. Es mag sein, dass das seinerzeit nicht in den liturgischen und therapeutischen Formen geschehen ist, die sich in dreißig Jahren öffentlicher Gedenkkultur anlässlich des Mordes an den europäischen Juden herausgebildet hat. Aber das zu fordern, liefe ja auch auf nichts anderes hinaus, als das eine mit dem anderen gleichzusetzen.

Tatsächlich verstanden sich schon die organisierten Vertriebenen in Westdeutschland spätestens seit 1950 als die eigentlichen Opfer des Zweiten Weltkrieges. Die vor allem von ehemaligen nationalsozialistischen Funktionären verfasste und unterschriebene „Charta der Heimatvertriebenen" stellt etwa 1950 – also nach den Nürnberger Kriegsverbrecherprozessen – allen Ernstes fest:

> „Die Völker der Welt sollen ihre Mitverantwortung am Schicksal der Heimatvertriebenen als der vom Leid dieser Zeit am schwersten Betroffenen empfinden."

Man muss diesen Satz zweimal lesen, um seine Ungeheuerlichkeit ganz zu erfassen. In ihm wird allen Ernstes behauptet, dass unter allen Opfern der Zeit des Zweiten Weltkrieges die Heimatvertriebenen am schwersten betroffen waren: also nicht die Überlebenden der Bombardements von Dresden und Hamburg, nicht die hunderttausende deutscher Kriegswaisen und -witwen, nicht die drangsalierten Polen oder Russen, schon gar nicht die sechs Millionen ermordeter Juden, deren Schicksal 1950 durchaus bekannt war.

Nein, der Skandal besteht in dem von den damaligen Vertriebenenfunktionären – beinahe ausnahmslos nationalsozialistische Volkstumskämpfer – erhobenen Anspruch, die am schwersten geschädigten Opfer zu sein. Das im Rahmen der aktuellen Gedenkpolitik neuerdings wieder heftig debattierte Thema einer Konkurrenz der Opfer hat hier einen seiner Ausgangspunkte. Es handelt sich bei der „Charta der Heimatvertriebenen" um Äußerungen, die an Realitätsblindheit, Wahrnehmungsschwäche, Egozentrismus und mangelnder Empathie fürs Leiden anderer schwerlich zu überbieten sind – Zeugnis einer Verantwortungslosigkeit, die sich bis heute durchhält und auch durch scheinbar universalistische Projekt eines „Zentrums gegen Vertreibungen" nicht wirklich überwunden wird.

Aber auch der in der Charta – immer wieder mit Stolz zitierte – Verzicht auf Rache und Vergeltung entpuppt sich in Wahrheit als Ungeheuerlichkeit. Kann man doch verzichten nur auf das, was einem entweder rechtens zusteht oder was man faktisch hat. Da von einem Recht auf Rache sinnvoll keine Rede sein, kann es sich hier nur um das – womöglich realistische – Eingeständnis handeln, noch 1950 voller Vergeltungssucht gewesen zu sein.

3 Vertreibung und Opferdiskurs

Wenn es also beim gegenwärtigen Opferdiskurs um kein Tabu geht, worum dann? Um eine abschließende, nachgeholte Trauerarbeit sowie um eine allgemeine menschenrechtliche Sensibilisierung am Beispiel von Flucht und Vertreibung der Deutschen?

Also um eine europäische Lektion – wie sie etwa die Aktivisten des geplanten „Zentrums gegen Vertreibungen", die CDU Bundestagsabgeordnete und Präsidentin des Bundes der Vertriebenen, Erika Steinbach und der ehemalige SPD Politiker Peter Glotz wollen? Wie würde eine solche, gesamteuropäische Erzählung aussehen? Etwa wie das hervorragende Buch „Flammender Hass" des amerikanischen Historikers Norman Naimark? In ihm zeichnet er nach, wie der 1915 von der jungtürkischen Führung des Osmanischen Reiches an den Armeniern begangene Genozid zu einer Blaupause wurde, die in den nächsten achtzig Jahren sämtlichen in Europa begangenen Genoziden und Vertreibungsverbrechen zu Grunde liegt. Aber daran dachten Steinbach und Glotz offenkundig eben nicht.

Eines jedenfalls ist klar und darf durch keine Vertriebenencharta und durch kein „Zentrum gegen Vertreibungen" geleugnet werden: Kein einziger Deutscher hätte am Ende des Krieges seine Heimat verlassen müssen, wenn das Deutsche Reich nicht die Tschechoslowakei zerschlagen sowie Polen und die Sowjetunion mit allen unvorstellbaren massenmörderischen Folgen angegriffen hätte. Dem Irrsinn der nationalsozialistischen „Umvolkungspolitik" führte bald nach Kriegsbeginn dazu, daß Juden brutal aus ihren Wohnungen im besetzten polnischen Territorium verjagt und in den Tod deportiert wurden, um Raum für „heimgeholte" Deutsche aus dem Baltikum zu schaffen. Gewiß: Einzelne tschechische und polnische Nationalisten träumten seit langem von ethnisch homogenen Territorien ohne Deutsche, gleichwohl: Es war ausschließlich das nationalsozialistische Deutsche Reich mit seinem Krieg, das derlei Nationalisten, der stalinistischen Expansionspolitik sowie britischem Vorstellungen von einem stabilen Mitteleuropa die Möglichkeit gab, ihre Vorstellungen zu verwirklichen.

Eine sensible, auf den Menschenrechten beruhende Betrachtung des Zweiten Weltkriegs, die – durchaus zu Recht – auch alliierte Kriegsverbrechen und Menschenrechtsverletzungen an Deutschen vermerkt, droht heute zur feinsinnig auftretenden Geschichtsklitterung missbraucht zu werden. Das lässt sich am heikelsten Fall, dem Fall der Tschechoslowakei und der „Benes Dekrete", die die zurückgekehrte tschechoslowakische Regierung ohne parlamentarische Beschlussfassung verkündete, verdeutlichen. Neben plausiblen Bestimmungen, etwa der Rückgängigmachung aller unter dem nationalsozialistischen Besatzungsregime getätigten „zivilen" Geschäfte, verfügten sie auch die Ausbürgerung der Deutschen, die sich übrigens mit ihrer Zustimmung zum Münchner Diktat 1938 selbst ausgebürgert hatten. Aus heutiger Perspektive stellen diese Dekrete zu einem großen Teil gewiß Formen „gesetzlichen Unrechts" (Gustav Radbruch) dar – andererseits: in keiner anderen Region des nationalsozialistischen Deutschland war die Mitgliedsquote der NSDAP so hoch wie in den Sudetengauen, auch war der Antisemitismus stärker verbreitet als anderswo und der Hass gegen die Tschechen ungemildert. Hätte man mit diesen drei Millionen besonders nationalsozialistisch gesonnenen Bürgern 1948 allen Ernstes einen multikulturellen Staat der Tschechen, Deutschen, Slowaken und Magyaren aufbauen können? Unter sozialistischen, sprich stalinistischen Vorzeichen?

Spätestens an diesem Punkt der Debatte wird die tragische Geschichte der sudetendeutschen Sozialdemokratie ins Spiel gebracht, die sich aber zu keinem Zeitpunkt des Zweiten Weltkriegs in der Lage sah, rückhaltlos zum tschechoslowakischen Staat zu stehen, so rückhaltlos, daß etwa Sudetendeutsche in tschechoslowakischen Uniformen gegen das nationalsozialistische Deutschland kämpfen sollten.

1930 lebten übrigens im Gebiet des späteren „Sudetengaus" etwa 25 000 Juden, in allen von Deutschland annektierten Gebieten der Tschechoslowakei 33 000 Juden, von denen viele noch vor dem Münchner Diktat vor immer brutaler werdenden antisemitischen Ausschreitungen ins Innere der Tschechoslowakei flüchteten. Indem die Deutschen in den Sudetengebieten seit 1937/38 immer stärker gegen die fehlerhafte tschechoslowakische Demokratie für den rassereinen Staat der nationalsozialistischen Diktatur optierten, gaben sie ihre jüdischen Nachbarn preis und wussten dabei genau, was sie taten. Die verspätet einsetzenden Pogrome der „Kristallnacht" waren dort von besonderer Grausamkeit.

Man kann es drehen und wenden, wie man will: so gut und richtig, ja sogar notwendig eine historisch gerichtete europäische, ja weltweite Verständigung darüber ist, daß Bevölkerungsverschiebungen als Mittel der Politik in Zukunft nicht mehr in Frage kommen und daß alle „ethnischen Säuberungen" – von Kaukasus bis ins subsaharische Afrika – leicht in Genozide umschlagen, so wenig folgt daraus eine kollektive, allemal verspätete öffentliche Liturgie der Trauer über Flucht und Vertreibung.

Das hat übrigens die überwiegende Mehrheit jener zwölf Millionen, die in Westdeutschland ein neues Leben begonnen haben, durchaus verstanden. Ihnen war klar, was – theologisch gesprochen – ein „Tun-Ergehens Zusammenhang" ist.

Was indes den Bund der Vertriebenen und das von Steinbach und Glotz forcierte Projekt eines „Zentrums gegen Vertreibungen" angeht – darüber wäre gewiß zu reden, wenn der „Bund der Vertriebenen", dessen damalige Präsidentin Erika Steinbach sowie dessen jetziger Präsident Bernd Fabritius, sich dazu entschließen könnten, die 1950 beschlossene, eindeutig völkisch, schöpfungstheologisch, ständestaatlich und geschichtsklitternd argumentierende „Charta" förmlich ausser Kraft zu setzen und sie durch eine neue Grundsatzerklärung aus demokratischem und menschenrechtlichem Geist zu ersetzen.

Die Geschichte und die Geschichten von Flucht und Vertreibung haben die Kultur und das Lebensgefühl der Bundesrepublik Deutschland – in Massen auch der DDR – immer wieder und mit unterschiedlichem Tenor beschäftigt. Wie sehr sich freilich die Verhältnisse gewandelt haben, beweist etwa der Tag der sudetendeutschen Landsmannschaft des Jahres 2016, einem Treffen, bei dem tatsächlich ein tschechischer Minister eine artig beklatschte Rede hielt.

Die auch von Ruth Klüger hervorgehobene deutsche Willkommenskultur, inzwischen durch die Schließung der Balkanroute und den sog. „Türkeideal“ zu einem Abschluß gekommen, hat freilich zu einer Grundsatzdebatte über die politische Kultur der Bundesrepublik Deutschland geführt.

So hat der Historiker Heinrich August Winkler, Autor eines Werks über „Deutschlands langen Weg nach Westen“ (wieder und wieder – vor allem in Zeitungsbeiträgen –) davor gewarnt, sich durch ein Übermaß an praktisch ungesetzter universalistischer Moral von anderen westlichen Staaten abzusetzen und sich so in die Lage zu bringen, als moralischer Präzeptor Europas zu gelten.

„Dem neuen deutschen Selbstbewusstsein“ so Winkler in der FAZ vom 30.9. 2015 „haftet etwas eigentümlich Verstiegenes an“. Eine Neigung, von einem Extrem ins andere zu fallen, konnte man indes schon in der Spätphase der alten Bundesrepublik beobachten. 1988 schrieb Oskar Lafontaine, damals noch sozialdemokratischer Ministerpräsident des Saarlandes, in seinem Buch „Die Gesellschaft der Zukunft“ (München 1988), gerade „weil wir Deutschen mit einem pervertierten Nationalismus schrecklichste Erfahrungen“ gemacht hätten, seien wir jetzt „geradezu prädestiniert, die treibende Rolle in dem Prozess der supranationalen Vereinigung Europas zu übernehmen“.

Professionelle Philosophen wie der Kieler Ethiker Konrad Ott unternehmen angesichts dieser Lage durch eine sachlich entfaltete Zuspitzung der schon von Max Weber getroffenen Unterscheidung zwischen „Gesinnungs-“ und „Verantwortungsethik“ den Versuch, die je unterschiedlichen Perspektiven von Politik hier und zivilgesellschaftlichen, global verpflichteten NGOs dort zu unterscheiden und beiden Haltungen Gerechtigkeit widerfahren zu lassen. So betrachtet mag man Winklers Einwurf als Hinweis darauf, wie sich die nur verantwortungsethisch denkbare Politik verhalten soll, durchaus für zustimmungsfähig halten, ohne damit die vor dem Hintergrund der deutschen Geschichte in der NS Zeit erworbenen Einsicht, dass Flüchtlingen Zuflucht zu gewähren ist, in ihrem Geltungsanspruch zurückzunehmen.

Es war und ist ja nicht die Ausgeburt moralistischer Sehnsüchte, die dazu geführt hat, dass als Grundsatz der deutschen Verfassung und damit aller Politik des deutschen Staates Artikel 1 Grundgesetz „Die Würde des Menschen ist unantastbar“ artikuliert und in Kraft gesetzt wurde: die „Würde des Menschen“ und eben nicht „Die Würde des Deutschen“.

Die Hintergrunderfahrungen jenes Verfassungsgrundsatzes sind unterschiedlichster Natur: sie reichen von den Gräueln des NS Regimes über erzwungene Emigration und Widerstand bis zu den Erfahrungen von Flucht und Vertreibung. Womöglich konnten sich die Mütter und Väter dieser Verfassung in den ersten Jahren nach dem leidvoll und denn doch überstandenen Zweiten Weltkrieg gar nicht vorstellen, dass sich Vergleichbares, Ähnliches in absehbarer historischer Zeit wiederholen werde; das aber rechtfertigt umgekehrt nicht den Schluss, dass es sich bei diesem Verfassungsprinzip lediglich um eine wohlfeile, historisch eigentlich überfällige Willensbekundung handelt. Der am Ende gar nicht bewusst angestrebte, sondern durch Technik, Verkehr und Medien – kurz Digitalisierung – eingeleitete Prozess einer weltgesellschaftlichen Vernetzung, der Globalisierung erzwingt ethisch politisches Nachdenken über seine Voraussetzungen und Folgen, zu denen Krieg, Vertreibung und eben auch Flucht gehören. Wenn sich diese Gegenwartserfahrungen mit den transgenerationell weitergegebenen, auch traumatischen Erfahrungen nicht weniger ethnischer Deutscher, deren Familien ein Vertreibungsschicksal erleiden mussten, verbinden, entsteht in weiteren Teilen der deutschen Bevölkerung ein Motivationspotential, das auf die weitere Institutionalisierung einer postkonventionellen, universalistischen Moral hinausläuft und nicht zuletzt in der beeindruckenden Bereitschaft breiter, nicht zuletzt zivilgesellschaftlicher und kirchlicher Kreise mündete, Flüchtlingen – nicht nur aus dem Mittleren Osten – eine „Willkommenskultur“ zu bieten.

Literatur

Charta der Heimatvertriebenen. http://www.bund-der-vertriebenen.de/charta-der-deutschen-heimatvertriebenen/charta-in-deutsch.html. Zugegriffen: 20.07.2016.

Dönhoff, M. Gräfin von (1971/1998). *Namen die keiner mehr kennt*. Rowohlt: Reinbek bei Hamburg.

Krockow, C. Graf von (1993). *Preussen eine Bilanz*. München: DVA.

Lafontaine, O. (1988). *Die Gesellschaft der Zukunft*. Hamburg: Hoffmann und Campe.

Lehndorff, H. Graf (1961). *Ostpreussisches Tagebuch – Aufzeichnungen eines Arztes aus den Jahren 1945–1947*. München: 2006.

Naimark, N. (2004). *Flammender Haß. Ethnische Säuberung im 20. Jahrhundert*. München: C. H. Beck.

Ott, K. (2016). *Zuwanderung und Moral*. Stuttgart: Reclam.

Rummel, R. (2003). *Demozid. Der befohlene Tod*. Münster: LIT.

Simpson, W. v. (1937). *Die Barrings*. Gütersloh: Bertelsmann o. J.

Winkler, H. A. (2000). *Deutschlands langen Weg nach Westen*. München: C. H. Beck.

Die Flüchtling – der Flüchtling als Frau

Genderreflexiver Zugang[1]

Ulrike Krause

Zusammenfassung

Hat das (völker-)rechtliche Flüchtlingskonstrukt ein Geschlecht? Welche Chancen und Gefahren können durch die Flucht für Frauen entstehen? Und werden Männer im Flüchtlingsschutz wie auch der Forschung ausreichend berücksichtigt? Diese Fragen stehen im Mittelpunkt des Beitrags, indem ein genderreflexiver Zugang zur Flüchtlingsdebatte aufgenommen wird. Es wird argumentiert, dass die Genfer Flüchtlingskonvention einem männlichen Paradigma unterlag und ‚der' Flüchtling in der Vergangenheit vornehmlich als Mann verstanden wurde. Seit den 1990er Jahren werden jedoch differenzierte Perspektiven aufgenommen und Frauen zunehmend berücksichtigt. Dennoch sind geflüchtete Frauen vielfältigen Gefahren ausgesetzt, wodurch sie im Flüchtlingsschutz als vulnerabel dargestellt werden. Dies führt zu einer Binarität von *Opferfrauen* und *Tätermännern*, die der Realität nicht gerecht wird.

1 Einleitung

Flucht, Asyl und Zwangsmigration werden zunehmend vermeintlich geschlechtersensibel gerahmt, vor allem indem die hohe Anzahl von fliehenden Frauen betont wird. Das reicht aber bei Weitem nicht aus, um Flucht als vergeschlechtlichte Pro-

1 Dieser Beitrag ist im Rahmen des Forschungsprojektes „Genderbeziehungen im begrenzten Raum. Bedingungen, Ausmaß und Formen von sexueller Gewalt an Frauen in kriegsbedingten Flüchtlingslagern" entstanden, das am Zentrum für Konfliktforschung der Philipps-Universität Marburg durchgeführt und von der Deutschen Stiftung Friedensforschung finanziert wird, bei der ich mich herzlich bedanke.

zesse zu eruieren oder geschlechterspezifische Erfahrungen der Geflüchteten und Auswirkungen auf Fliehende darzulegen. Dafür müssen die unterschiedlichen Gefahren von Frauen und Männern auf der Flucht und in Flüchtlingssituationen in den Mittelpunkt gerückt und die sozialen Dynamiken thematisiert werden. Denn im Zuge der Flucht werden Frauen und Männer aus ihren herkömmlichen Lebensrealitäten gerissen und sind im Exil neuen Umgebungen und Gegebenheiten ausgesetzt. Sie verlieren häufig ihre schützenden sozialen Strukturen und können ihre gewohnten Geschlechterrollen und -beziehungen im neuen Umfeld nicht mehr im gleichen oder ursprünglichen Maße leben. Andererseits kann die Flucht aus restriktiven oder patriarchalen Strukturen auch zur Selbstständigkeit und Ermächtigung von Geflüchteten beitragen und limitierende Geschlechterrollen und -verhältnisse aufbrechen. Flucht, Asyl und Zwangsmigration als vergeschlechtlichte Prozesse zu verstehen bedeutet also, die komplexen Bedingungen für Frauen und Männer[2] zu berücksichtigen.

Der Fokus dieses Beitrags liegt auf dem Flüchtling als Frau mit den Fragen: Hat das (völker-)rechtliche Flüchtlingskonstrukt ein Geschlecht? Welche Chancen und Gefahren können durch die Flucht für Frauen entstehen? Und werden Männer im Flüchtlingsschutz wie auch der Forschung ausreichend berücksichtigt? Entlang dieser Fragen soll der rechtsnormative Rahmen des Flüchtlings abgetastet und das zugrundeliegende männliche Paradigma der Genfer Flüchtlingskonvention hervorgehoben werden. Zudem sollen faktische Empowerment-Möglichkeiten sowie Gewaltgefahren für Frauen in Flüchtlingssituationen mit Hilfe empirischer Studien diskutiert werden. Was wäre aber letztlich ein *gender*reflexiver Beitrag zu *Frauen*, wenn nicht auch *Männer* berücksichtigt würden? So soll letztlich die Konzentration auf ‚vulnerable' Flüchtlingsfrauen kritisch hinterfragt werden, die zu einer Reproduktion binärer Strukturen von *Opferfrauen* und *Tätermännern* führt.

Dementsprechend ist der Beitrag in drei Teile strukturiert. Nach einer Betrachtung der (Un-)Sichtbarkeit von Flüchtlingsfrauen mit Fokus auf globale Normen wird auf den Flüchtlingsschutz für Frauen mit Chancen und Gefahren eingegangen. Abschließend wird mit einem genderreflexiven Ausblick Bezug zur Notwendigkeit der Berücksichtigung von Frauen und Männern in Genderanalysen genommen.

---

2 In diesem Beitrag liegt der Fokus auf Frauen und Männern. Weitere Gruppen wie etwa durch LGBTI aufgenommen, werden nicht berücksichtigt.

2 (Un-)Sichtbarkeit von Flüchtlingsfrauen?

Wer als Flüchtling gilt, rahmt völkerrechtlich das Abkommen über die Rechtstellung der Flüchtlinge von 1951 mit dem Protokoll von 1967 (UNGA 1951, 1967). Vertragsstaaten müssen die Definition anerkennen und im nationalen Recht verankern. Da weltweit 145 Staaten das Abkommen und 146 Staaten das Protokoll (UN 2015) unterzeichnet haben, findet die Definition weitläufige Anerkennung. Die Definition enthält allerdings keinerlei Hinweise auf Geschlechtsmerkmale, sodass davon ausgegangen werden könnte, dass das rechtliche Flüchtlingskonstrukt geschlechts*neutral* ist. Im Kontrast dazu wurde *der* Flüchtling zurzeit der Schaffung des Abkommens indes stereotypisch als junger, politisch aktiver Mann gesehen (Edwards 2003; Krause 2014a; Valji et al. 2003). Weibliche Flüchtlinge blieben dabei vernachlässigt, wobei Fiddian-Qasmiyeh (2014, S. 398) beschreibt, wie Frauen als apolitische Opfer ohne *agency* dargestellt wurden, die entweder Madonna-ähnlich oder zugehörend der schwachen und hilfsbedürftigen Kategorie *FrauenundKinder* zu sein schienen.

Der Fokus auf den männlichen Flüchtling ist nicht zuletzt eingebettet im damaligen Recht zu sehen. Denn westliche Rechtssysteme sind historisch auf einer klassischen Trennung in öffentliche und private Sphären begründet, wobei das Öffentliche als (völker-)rechtsrelevant angesehen wurde. Während Frauen formalen Zugang zum Öffentlichen erhielten, blieb das Private aber explizit mit dem Weiblichen verbunden und im internationalen Recht über lange Zeit unbeachtet (s. Pittaway und Bartolomei 2001, S. 25).

> *„Eine Anerkennung von geschlechtsspezifischen Menschenrechtsverletzungen, oder gar eine Geltung von Menschenrechten in der ‚privaten Sphäre', sollte erst viel später auf die Agenda des internationalen Rechts kommen. Der Flüchtlingsschutz setzt aber eine Menschenrechtsverletzung als Verfolgungsgrund gerade voraus."* (Markard 2012, S. 228)

Daher entstand ein Spannungsverhältnis zwischen asylrelevanten Fluchtgründen, die sich vordergründig auf die Erfahrungswelten männlicher Flüchtlinge bezog, sodass das internationale Flüchtlingsrecht durch ein „männliches Paradigma" geprägt ist und das Flüchtlingskonstrukt männlich dominiert bleibt (Markard 2007; 2012, S. 148; Hathaway 2005, S. 448 f.). Das Flüchtlingskonstrukt kann folglich nicht als geschlechtslos oder -neutral konzeptualisiert werden. Vielmehr muss dem Rechnung getragen werden, dass das Männliche in der Vergangenheit normsetzend war. Dadurch wurden Frauen wie auch andere Personen, die bspw. aufgrund ihrer sexuellen Orientierung und geschlechtlichen Identität flohen, tendenziell marginalisiert oder blieben gar unsichtbar (Calavita 2006, S. 111; Edwards

2003, S. 49), sodass das Flüchtlingskonstrukt vielmehr unter Geschlechterblindheit litt (Valji 2001, S. 27; Pittaway und Bartolomei 2001, S. 21).

In der Rechtspraxis erhalten Frauen mittlerweile häufig den Flüchtlingsstatus als Mitglieder einer „bestimmten sozialen Gruppe", hingegen wird der Ansatz als nicht hinreichend und die Statusdeterminierung nach wie vor als genderunsensibel kritisiert (Edwards 2003; Firth und Mauthe 2013, S. 477; Indra 1999, S. XIV; Markard 2007).[3] Im internationalen Flüchtlingsschutz werden Frauen seit den 1990er Jahren zunehmend berücksichtigt. Neben mehreren Entscheidungen des Exekutivkomitees von UNHCR zum Schutz von Frauen und Mädchen (s. UNHCR 2014b), die zur globalen Normsetzung beitrugen, veröffentlichte UNHCR 1990 die *Policy on Refugee Women* und im Folgejahr dazugehörige Leitlinien, wonach weitere Handbücher und Strategiepapiere erschienen (UNHCR 1990, 1991, 2003, 2008, 2011). Diese Dokumente prägen zwar maßgeblich die Art und Weise des Flüchtlingsschutzes für Frauen, sie tragen indes auch zur Viktimisierung von Flüchtlingsfrauen bei, die Frauen vorrangig als hilfsbedürftig darstellt (Edward 2007, S. viii, 4; Valji 2001, S. 25).

Unabhängig der Rechtspraxis werden Flüchtlinge häufig als passive und unschuldige Opfer gelabelt (s. Krause 2016), die scheinbar keine *agency* und Zukunftsverantwortung haben. Die Aberkennung des Akteur-Seins geht gleichwohl mit einer Homogenisierung von Flüchtlingen einher, da individuelle Hintergründe unbeachtet bleiben. Dies führt letztlich zu einer verhängten Feminisierung des Flüchtlingskonstrukts, weil Flüchtlinge weibliche Zuschreibungen der Ohnmacht, Hilfslosigkeit und Passivität erhalten (Hyndman und Giles 2011; Valji 2001).

Trotz weitreichender Entwicklungen hält die Kritik der Geschlechterblindheit in der Wissenschaft und Praxis an. Obwohl mittlerweile globale Schutznormen für Frauen existieren, bleiben geschlechtsspezifische Bedarfe nach wie vor nur teils berücksichtigt (Valji et al. 2003). Zudem sind Frauen und Mädchen weltweit in Flüchtlingssituationen vielfältigen Gefahren ausgesetzt, sie können ihnen aber auch Möglichkeiten bieten (Buckley-Zistel et al. 2014), worauf ich im Folgenden eingehe.

3 Flüchtlingsschutz für Frauen: Chancen oder Gefahren?

Flüchtlingsschutz und -arbeit sind nationalstaatliche Angelegenheiten, wobei Staaten UNHCR um Unterstützung bitten können, wenn die eigenen Kapazitäten

3 In Deutschland wurde 2005 ein Wendepunkt erreicht, als mit dem Zuwanderungsgesetz geschlechtsspezifische und nicht-staatliche Verfolgung formell anerkannt wurde.

nicht ausreichen. Während Flucht und Zwangsmigration grundsätzlich bedeutet, dass die Menschen aus ihren herkömmlichen Lebensumfeldern herausgezogen werden und sich in neuen Umgebungen mit anderen Bedingungen zurechtfinden müssen, werden Flüchtlinge insbesondere in Ländern des Globalen Südens häufig in Flüchtlingslagern untergebracht, wo unterschiedliche Hilfsorganisationen ihnen Dienstleistungen bereitstellen. Wie alle anderen politischen, sozialen und ökonomischen Beziehungen werden auch Geschlechterbeziehungen stark von Lebensumfeld und -bedingungen geprägt. Da aufgrund des Ortswechsels ursprüngliche soziale Rollen und Aufgabenbereiche von Frauen und Männern nicht in herkömmlicher Art ausgeübt werden können, müssen sie neu entwickelt und verhandelt werden (Buckley-Zistel et al. 2014). Dies verdeutlicht nicht nur, dass Flucht und Zwangsmigration vergeschlechtlichte Prozesse sind, sondern dass Aushandlungen der Geschlechterverhältnisse selbstverständlich auch Chancen bieten können. Neben den Chancen bestehen auch vielfältige Gefahren insbesondere für Frauen in Flüchtlingskontexten und die Bedingungen können dazu beitragen, dass die untergeordneten Rollen verfestigt werden (Freedman 2015, S. 37).

Chancen durch Empowerment

UNHCR betont in dem *Handbuch für den Schutz von Frauen und Mädchen*, dass die Flucht eine empowerende Wirkung insbesondere für Flüchtlingsfrauen haben kann.

> „*[F]orced displacement and return can be an empowering experience for women. Their experience and the changes in gender roles brought about by displacement may enable them actively to challenge traditional gender roles that hinder their participation in the political, economic, and social realms. Where they have organized, they may be able to claim their right to participate in different aspects of camp or urban life and in return communities.* “ (UNHCR 2008, S. 40)

Diese Perspektive wird von Hilfsorganisationen und allen voran UNHCR genutzt, um Empowermentmöglichkeiten strukturell sowie durch spezifische Projekte in der Flüchtlingsarbeit einzubinden und so das Empowerment von Frauen zu fördern. Die strukturelle Ausrichtung bezieht sich generell auf Gender Mainstreaming (UNHCR 2008, S. 13–15), um auf unterschiedliche Bedarfe von Frauen und Männer einzugehen. Laut UNHCR (2008, S. 15) sind dabei die Ziele, sexuelle und geschlechterbasierte Gewalt zu vermeiden und bearbeiten, politische und gesellschaftliche Teilnahmen von Frauen (und Männern) zu unterstützen, gleichgestellte Zugänge zu Ressourcen und Dienstleistungen zu ermöglichen und die Machtgefälle zwischen Männern und Frauen zu reduzieren. Daher sollten Frauen und Männer beim Zugang zu Dienstleistungen der Flüchtlingsarbeit gleichgestellt sein.

Da Frauen aber häufig als besonders vulnerabel mit erhöhter Schutzbedürftigkeit (Krause 2013, S. 157 f.) angesehen werden, erhalten sie bevorzugen Zugang zu Schutzmaßnahmen und gesonderten Empowermentprojekten.

Den gleichgestellten oder gar bevorzugten Zugang zu Ressourcen und Dienstleistungen nehmen Frauen insbesondere dann als ermächtigend wahr, wenn sie vor ihrer Flucht in stark patriarchalen Gesellschaften lebten und entsprechend weitreichende Restriktionen erfuhren. Mulumba (2005) betont bspw., dass südsudanesische Flüchtlinge in Uganda Land zur eigenständigen landwirtschaftlichen Nutzung erhalten. Da Frauen das Privileg des Besitzens im Südsudan nicht hatten und nun unabhängig von Ehemännern und Familien Entscheidungen treffen können, erfahren sie dies als für sich und ihrer Rolle bestärkend. Blue (2005) erläutert, wie partizipative Ansätze von Flüchtlingen in Guatemala zum Empowerment von Frauen beitragen, und Siddiquee und Kagan (2006), wie umgesiedelte Frauen in England den Zugang zu Internet und erweiterten Netzwerken als bestärkend wahrnehmen. Darüber hinaus legt UNHCR (2001) einige Projektansätze dar, in denen Frauen im besonderen Maße gefördert wurden, wie bspw. wirtschaftliche Autonomie durch Mikrokredite im Kosovo oder politische Partizipation durch die Gründung von Komitees in Tansania.

Der strukturell gleichberechtigte – oder gar bevorzugte – Zugang zu Maßnahmen kann daher Möglichkeiten des Empowerments für Frauen bieten. Allerdings erwiesen sich weder die strukturelle Gleichstellung noch vereinzelte Projekte ausreichend für ein nachhaltiges Empowerment, denn insbesondere in Flüchtlingslagern bleiben Flüchtlinge – Männer wie auch Frauen – häufig abhängig von den Dienstleistungen der Hilfsorganisationen. Es fehlen Freiräume, in denen Frauen wie auch Männer Eigeninitiative, Eigenverantwortung und Partizipationsmöglichkeiten nutzen und miteinander neue gesellschaftliche Rollen austarieren können. Die Betonung von Männern und Frauen ist relevant, denn Männer erfahren die bevorzugte Behandlung von Frauen häufig als vernachlässigend oder gar ausgrenzend, da sie nicht oder nur bedingt in Prozesse einbezogen werden. Das vermeintlich geschlechtersensible Vorgehen ist also vielmehr eine Gleichsetzung von „Gender = Frauen". Denn obwohl punktuelle Möglichkeiten für Frauen geschaffen werden, findet ein expliziter Eingriff in die sozialen Rollen und Beziehungen von Frauen und Männern durch die Hilfsprojekte statt, die anstelle einer Gleichstellung ein neues Ungleichgewicht konstruiert. Da der soziale Status von Frauen interdependent mit dem der Männern verbunden ist und gesellschaftliche Prozesse integriert, ist eine entsprechend genderreflexive Herangehensweise nötig (Krause 2014).

Flüchtlingsfrauen im Fokus von Gefahr und Gewalt

Eine gegensätzliche Perspektive rückt die Gefahren für Frauen in Flüchtlingskontexten in den Mittelpunkt. Während die restriktiven Bedingungen in Flüchtlingskontexten das Leben von Frauen und Männern prägen, ist es vor allem die sexuelle und geschlechterbasierte Gewalt[4] gegen Frauen, die als besondere Herausforderung herauszustellen ist. Dies steht im Mittelpunkt des aktuellen Forschungsprojekts „Genderbeziehungen im begrenzten Raum“, in dem anhand einer Fallstudie in Uganda in *Kyaka II Refugee Settlement* Bedingungen, Ausmaß und Formen der Gewalt untersucht werden. Kyaka II ist ein Flüchtlingslager, das 1983 auf einer Fläche von ca. 84 km² gegründet wurde und wo vornehmlich Flüchtlinge aus der Demokratischen Republik Kongo angesiedelt sind. Obwohl Kyaka II eine geplante Kapazität von ca. 17 000 Flüchtlinge hat, lebten dort zur Zeit der Feldforschung im Frühjahr 2014 mehr als 22 000 Flüchtlinge aufgrund anhaltender Konflikte in Nachbarländern (UNHCR 2014a).

In vielen Gesprächen berichteten Männer wie auch Frauen von sexueller und geschlechterbasierter Gewalt. Frauen und Mädchen fielen der Gewalt besonders häufig zum Opfer, wobei die Gewalt nicht auf das Flüchtlingslager begrenzt war, denn auch im Konflikt und auf der Flucht waren sie ähnlichen Übergriffen ausgesetzt. Vor allem der Konflikt im Osten Kongos ist für das weite Ausmaß von sexueller Gewalt bekannt (Meger 2010), stellt jedoch keinen Einzelfall dar. Vielmehr wird die sexuelle Gewalt als Kriegswaffe auch in anderen Konflikten genutzt. Dies wurde vor Jahren noch bagatellisiert, mittlerweile wird diese Gewalt aber als ernstzunehmende Gefahr, politisch geleiteter Akt und Verbrechen gegen die Menschlichkeit gewertet (Buckley-Zistel et al. 2014, S. 71–74). Folglich bedeutet das Ende von Konflikten häufig nicht das Ende von Gewalt, sodass von einem Gewaltkontinuum von Konflikt, Flucht und Flüchtlingssituation ausgegangen werden kann (s. Krause 2015a).

Im vermeintlich schützenden Raum der Flüchtlingslager angekommen, setzen Organisationen Maßnahmen zum Schutz und zur Unterstützung von Flüchtlingen um, allerdings sind Frauen besonderen Herausforderungen und Gewalt ausge-

4 Die sexuelle und geschlechterbasierte Gewalt wird als eine solche verstanden, die gegen den Willen einer Person und aufgrund ihres sozial zugeschriebenen Geschlechts bzw. den Geschlechtsunterschieden zwischen Männern und Frauen ausgeübt wird (IASC 2005, S. 7). Die sexuelle und geschlechterbasierte Gewalt erfasst vielfältige Gewaltformen: Neben physischen und sexuellen Formen gehören auch emotionale und psychische Handlungen sowie Versuche und Androhungen der Gewalt dazu (UNHCR 2003, S. 10; 2008, S. 7,10). Daher ist bspw. die geschlechterspezifische Diskriminierung und häusliche Gewalt genauso wie die Verweigerung des Zugangs zu Ressourcen geschlechterbedingte Gewalt.

setzt. In der Fallstudie[5] berichteten Flüchtlinge besonders häufig von Vergewaltigung, häuslicher Gewalt, früher und Zwangsverheiratung früher und Zwangsverheiratung sowie geschlechterspezifischer Diskriminierung. Die sexuelle Gewalt, eine der wohl traumatischsten Formen sexueller und geschlechterbasierter Gewalt, fand in Form von Vergewaltigung, sexueller Belästigung und teils Kindesmissbrauch statt, wobei dazu nicht nur die Taten, sondern auch Versuche und Androhungen zählen. Häufig waren es Ehepartner und Bekannte wie bspw. Nachbarn aber auch Fremde, die die Gewalt verübten. Dabei fanden Übergriffe im Heim sowie auf öffentlichen Plätzen wie Straßen, Märkten oder bei der Arbeit auf dem Feld oder beim Feuerholzholen statt. Daneben zeigt sich die häusliche Gewalt als weitverbreitet und Flüchtlinge erzählten, dass Frauen wie auch Kinder vor allem unter physischen Übergriffen durch ihre Partner und Väter litten. So sagte eine Frau: „My husband would beat me every day like a drum“ (weibliche Flüchtlinge, Diskussion, 12.03.2014, Base Camp). Die häusliche Gewalt ist eng mit strukturellen Diskriminierungsformen verbunden, denn Streit über Ressourcen wie Ernteerträge oder Geld geht oft mit handgreiflichen Auseinandersetzungen einher. Darüber hinaus sind Mädchen teilweise früher Zwangsverheiratung ausgesetzt und haben oft einen schlechteren Zugang zu Schulen, da sie für ihre häuslichen Pflichten als Mädchen keine Schulbildung benötigen (Krause 2015b).

Auf die Frage, warum die Gewalt stattfinde und so weit verbreitet sei, wurden vielfältige unterschiedliche Meinungen dargelegt. Dabei wurden nicht nur Langeweile und fehlende Arbeit, Alkoholkonsum und Befriedigung, sondern auch die Züchtigung von Frauen als Gründe betont. Eine Mitarbeiterin einer Hilfsorganisation ging auf die sozialen Rollen von Frauen und Männern ein und erklärte, dass Frauen in Flüchtlingslagern über ihre Rechte informiert würden und lernten, dass Gewalt Unrecht darstelle und sie Hilfe einholen könnten, wohingegen Männer diese Informationen häufig nicht erhielten. Während Frauen dieses Wissen nutzen, fühlen sich Männer teils in ihrer dominanten sozialen Rolle gefährdet, zu deren Verteidigung sie wiederum gewaltsam werden können. So sagte ein Mann: „We beat women because some women disobey. They don't understand. They want to talk and talk and do everything“ (männliche Flüchtlinge, Diskussion, 13.03.2014, Base Camp). Während Turner (1999) einen Flüchtling zitiert, der sagt, dass UNHCR den besseren Ehemann darstelle, weil nicht mehr Männer, sondern nun die Hilfsorganisationen die Positionen der Entscheider und Ernährer hätten, erfasst Lukunka (2011) die Ausgrenzung der Informationen und Projekte als Entmännlichung.

5 Die Fallstudie wurde im Rahmen des Forschungsprojektes „Genderbeziehungen im begrenzten Raum. Bedingungen, Ausmaß und Formen von sexueller Gewalt an Frauen in kriegsbedingten Flüchtlingslagern“ durchgeführt.

Gefahren und Bedingungen wie diese bestehen nicht nur in dem Flüchtlingslager in Uganda, sondern seit Jahren belegen vielfältige Studien bspw. in Tansania, Malawi, Indien, Libanon und Jordanien ähnliche Ergebnisse (Carlson 2005; Lukunka 2011; Turner 1999; UN Women 2013; UNHCR 2014c). Barbara Harrell-Bond wies bereits 1986 (S. 155–159) u. a. auf Kidnapping, Zwangsarbeit, Vergewaltigung und Mord in Flüchtlingslagern hin, Elizabeth Ferris 1990 auf den Zusammenhang von Gewalt im Konflikt auf der Flucht und im Flüchtlingslager sowie Myriam Gellner 1989 auf die private Gewalt gegen Frauen und ihre Unsichtbarkeit in der internationalen Politik. Auch außerhalb von Flüchtlingslagern in urbanen Zentren, wo Flüchtlinge häufig nicht strukturell durch Organisationen unterstützt werden, bestehen vielfältige Gefahren für alle Flüchtlinge, aber insbesondere für Frauen. Während sich Flüchtlinge in Städten vornehmlich eigenständig niederlassen und sie ein autonomeres Leben ohne die oktroyierten Entscheidungen der Hilfsorganisationen führen können, sind sie dennoch alltäglichen Herausforderungen sowie häufig korrupten Strukturen ausgesetzt. Alltägliche Herausforderungen sind neben Sprachbarrieren, Diskriminierung und sozialer Ausgrenzung auch Aspekte wie unbekannte Nahrung und Transportmöglichkeiten (Crisp et al. 2012). Insbesondere wenn sich Flüchtlinge nicht registrieren lassen und demnach staatlich nicht als Flüchtlinge anerkannt sind, erhalten sie keine Arbeitsgenehmigungen, sodass sie gezwungen sind, in informellen Sektoren zu arbeiten. Frauen müssen für ihren Lebensunterhalt dann häufig als kommerzielle Sexarbeiterinnen tätig sein (Naggujja et al. 2014), sie werden zu sexuellen Gegenleistungen für Nahrung oder Unterkunft gezwungen (Krause-Vilmar 2011), oder laufen Gefahr des sexuellen Missbrauchs durch Kollegen und Arbeitgeber (Crisp et al. 2012).

Unabhängig von ihrem Aufenthaltsort fliehen Frauen häufig ohne ihre Familien und müssen zusätzliche Aufgaben übernehmen, den Haushalt leiten und alle Entscheidungen treffen, was sie überlasten kann (Martin 2004, S. 15). Frauen müssen auf der Flucht sowie im Flüchtlingskontext ihre Kinder versorgen (UNHCR 2014c), wobei der Zugang zu Ressourcen oft schwierig ist und schützende soziale Strukturen fehlen, die vor der Flucht nicht selten von den Familien gestellt wurden. Zudem sind manche Kinder durch Vergewaltigungen entstanden und positive emotionale Beziehungen aufzubauen ist eine große Herausforderung, die nicht zuletzt mit den traumatischen Erlebnissen zusammenhängt und den Aufbau von stabilen Bindungen zu ihren Kindern und anderen Personen erschwert (Karunakara et al. 2004).

Folglich stellen die vielfältigen Gefahren und insbesondere die sexuelle und geschlechterbasierte Gewalt gegen Frauen und Mädchen in Flüchtlingssituationen globale Phänomene dar. Erschwerend kommt hinzu, dass Flüchtlingssituationen zunehmend lange andauern, weil keine dauerhafte Lösung erreicht werden kann und Langzeitsituationen entstehen. Laut UNHCR waren 2014 weltweit 6,4 Millionen Flüchtlinge, also 45 % aller Flüchtlinge in solchen Situationen gefangen (UNHCR 2015, S. 11), die eine durchschnittliche Dauer von 20 Jahren (Milner und Loescher 2011, S. 3) erreicht haben, aber teils länger als 30 Jahre andauern (UNHCR 2015, S. 11). Im Zuge dieser anhaltenden Situationen sind Flüchtlinge nicht nur konstant mit den unsicheren und instabilen Strukturen konfrontiert, sondern die Gewaltvorfälle und -strukturen manifestieren sich im Laufe der langen Zeit.

4 Genderreflexiver Ausblick: Frauen… aber auch Männer und andere Personen

Auf Grundlage internationaler Studien ist sicherlich unverkennbar, dass Frauen einerseits über lange Zeit durch das männliche Paradigma im völkerrechtlichen Flüchtlingsschutz unsichtbar blieben (Markard 2007; Valji 2001) und andererseits unter vielfältigen Gefahren und Gewaltformen in Flüchtlingssituationen leiden (Buckley-Zistel et al. 2014; Carlson 2005; Horn 2010). Während empirische Studien belegen, dass Frauen und Mädchen die größte Gruppe der Gewaltopfer darstellen, ist letztlich unklar, ob und wie häufig Männer dieser Gewalt ausgesetzt sind, denn der Fokus vieler Forschungsprojekte liegt auf der Analyse der Gewalt gegen Frauen und Mädchen. Dadurch wird die Opferperspektive auf Frauen verfestigt und binäre Strukturen von Frauen und Männern reproduziert. Die Opferperspektive auf Frauen geht damit einher, dass eine Kategorie der *FrauenundKinder* (Freedman 2015, Kapitel 5; Valji 2001, S. 30 ff.; Fiddian-Qasmiyeh 2014, S. 398, 402) nicht nur im Flüchtlingsschutz geformt, sondern auch in der Wissenschaft implizit aufgenommen wurde, wodurch Frauen ausschließlich im männlich dominierten System dargestellt und auf eine weitläufige Unmündigkeit reduziert werden.

> „*It is their identity as women which makes them dispensable objects in the male struggle for power, which has systematically subordinated women worldwide by the very means of imposing a gendered identity onto them. It is the intersection of refugee women's socially subordinate status as women compounded by the discrimination against their other marginalised identities that results in the deplorable atrocities committed against them.*“ (Pittaway und Pittaway 2004)

Die Opferperspektive auf Frauen erkennt folglich ihre *agency* ab und objektiviert sie letztlich, wobei Ansätze von Frauen zur Bewältigung geschlechterspezifischer Gefahren in den letzten Jahren mehr Aufmerksamkeit erhielten. So geht Thomson (2013) auf junge weibliche Flüchtlinge aus Somalia in Nairobi ein, die bewusst Stille und gedämpfte Stimmen als Strategie zur Ausübung ihrer *agency* nutzen, und Lenette et al. (2013), wie weibliche Flüchtlinge in Australien mit alltäglichen Herausforderungen kontextabhängig umgehen.

Andererseits werden binäre Strukturen der *Opferfrau* und des *Tätermanns* kontrastiert, wodurch beide Geschlechter reduziert, die Komplexität sozialer Rollen und Beziehungen vernachlässigt und – aus empirischer Sicht – Gefahren für und Gewalt gegen Männer als quasi nicht existent dargestellt werden. Wie weit das Ausmaß der Gewalt gegen Männer in Flüchtlingssituationen weltweit ist, wurde indes bislang nur im geringen Maße wissenschaftlich untersucht, sodass Schlussfolgerungen des Tätermanns zu kurz gegriffen sind. Studien fassen *allgemeine oder alltägliche* Gefahren häufig zusammen, wobei spezifische Wirkungen auf Männer und Maskulinitäten im Flüchtlingskontext nur selten explizit untersucht werden (u. a. Barker und Ricardo 2005; Turner 1999; 2004). Allerdings wirken jene vermeintlich alltäglichen Gefahren auf Männer, ihr Wohlergehen und ihre sozialen Rollen (Jaji 2009, S. 181), was ebenso relevant ist wie die Gefahren für Frauen. Dabei beeinflussen vielfältige Faktoren und Bedingungen Flüchtlingssituationen wie u. a. die Hilfsorganisationen, Projekte und Umgebungen, wobei die humanitären Organisationen mit ihren Hilfsstrukturen unbekannte Machtasymmetrien schaffen (Buckley-Zistel et al. 2014).

Mit Blick auf die sexuelle und geschlechterbasierte Gewalt zeigt sich ein besonders inhärenter Fokus auf weibliche und Vernachlässigung von männlichen Opfern, was im politischen wie auch wissenschaftlichen Diskurs auf eine weitgehende Tabuisierung hindeutet. Doch ist die sexuelle Gewalt etwas so Privates, dass es nur Frauen und Mädchen betreffen kann? Im expliziten Flüchtlingskontext gehen lediglich vereinzelte Studien auf das Ausmaß und die Folgen der Gewalt ein, wobei eine Studie zu Uganda belegt, dass ca. 13,4 % der befragten Männer unter sexueller Gewalt leiden (Dolan 2014), und eine andere zu Asylsuchenden und Flüchtlingen in Belgien und Holland herausstellt, dass 28,6 % der befragten Männer sexuelle Gewalt, Ausbeutung oder Missbrauch erfahren haben (Keygnaert et al. 2012). Scham, Stigmatisierung und soziale Ausgrenzung sind für weibliche wie auch männliche Opfer häufig die Folge, wobei Schutzmechanismen oft auf Frauen konzentriert bleiben.

Letztlich stellen Flucht und Zwangsmigration vergeschlechtlichte Prozesse dar, die auf Frauen wie auch Männer wirken und einer genderreflexiven Analyse bedürfen. Für eine weitläufige genderreflexive Betrachtung ist auch die Berücksichtigung von LGBTI (Lesbian, Gay, Bisexual, Transgender/Transsexual and Intersexed) relevant, was sich u. a. auf sexuelle Orientierung als Fluchtgrund, spezifischen Gefahren und Lebensbedingungen und notwendige Schutzmechanismen (FMR 2013) bezieht. Darüber hinaus besteht zwar in diesem Beitrag ein Fokus auf die globale Situation, jedoch bestehen auch in Deutschland mit den

Erstaufnahmeeinrichtungen Flüchtlingslager, in denen erste Erkenntnisse zu Gewaltvorfällen öffentlich wurden, sodass wissenschaftliche Diskussionen vielleicht lokal verankert, jedoch häufig kontextübergreifend relevant sind.

Literatur

Barker, G., Ricardo, C. (2005). Young Men and the Construction of Masculinity in Sub Saharan Africa: Implications for HIV/AIDS, Conflict, and Violence. *Social Development Papers* 26.

Blue, S. A. (2005). Including Women in Development: Guatemalan Refugees and Local NGOs. *Latin American Perspectives* 32 (5), 101–117.

Buckley-Zistel, S., Krause, U. & Loeper, L. (2014). Sexuelle und geschlechterbasierte Gewalt an Frauen in kriegsbedingten Flüchtlingslagern. Ein Literaturüberblick. *Peripherie: Zeitschrift für Politik und Ökonomie in der Dritten Welt* 34 (133), 45–63.

Calavita, K. (2006). Gender, Migration, and Law: Crossing Borders and Bridging Disciplines. *International Migration Review* 40 (1), 104–132.

Carlson, S. (2005). Contesting and Reinforcing Patriarchy: Domestic Violence in Dzaleka Refugee Camp. *RSC Working Paper Series* 23.

Crisp, J., Morris, T. & Refstie, H. (2012). Displacement in urban areas: new challenges, new partnerships. *Disasters, 36 Supplement* 1, 23–42.

Dolan, C. (2014). *Into the Mainstream: Addressing sexual violence against men and boys in conflict.* Paper presented at the Workshop, 14 May 2014. London.

Edward, J. K. (2007). *Sudanese Women Refugees: Transforming and Future Imaginings.* New York, Hampshire: Palgrave Macmillan.

Edwards, A. (2003). Age and Gender Dimensions in International Refugee Law. In E. Feller, V. Türk & F. Nicholson (Hrsg.), *Refugee Protection in International Law. UNHCR's Global Consultations on International Protection* (S. 46–80). Cambridge, New York, Geneva: Cambridge University Press; UNHCR.

Ferris, E. G. (1990). *Refugee women and violence.* Paper presented at the World Council of Churches, Geneva.

Firth, G., Mauthe, B. (2013). Refugee Law, Gender and the Concept of Personhood. *International Journal of Refugee Law* 25 (3), 470–501.

FMR – Forced Migration Review (2013). Sexual orientation and gender identity and the protection of forced migrants. *Forced Migration Review* 42.

Fiddian-Qasmiyeh, E. (2014). Gender and Forced Migration. In Elena Fiddian-Qasmiyeh et al. (Hrsg.), *The Oxford Handbook of Refugee and Forced Migration Studies* (S. 395–408). Oxford: Oxford University Press.

Freedman, J. (2015). *Gendering the International Asylum and Refugee Debate.* Basingstoke, Hampshire: Palgrave Macmillan.

Gellner, M. (1989). *Sexual violence against women refugees: from private sorrows to international politics* (Thesis), Rutgers University.

Harrell-Bond, B.E. (1986). *Imposing Aid. Emergency Assistance to Refugees*. Oxford, New York, Nairobi: Oxford University Press.

Hathaway, J.C. (2005). *The Rights of Refugees under international Law*. Cambridge: Cambridge University Press.

Horn, R. (2010). Exploring the Impact of Displacement and Encampment on Domestic Violence in Kakuma Refugee CamS. *Journal of Refugee Studies* 23 (3), 356–376.

IASC (2005). *Guidelines for Gender-based Violence Interventions in Humanitarian Settings. Focusing on Prevention of and Response to Sexual Violence in Emergencies*. Geneva: Inter-Agency Standing Committee.

Indra, D.M. (1999). *Engendering Forced Migration: Theory and Practice*. New York, Oxford: Berghahn Books.

Jaji, R. (2009). Masculinity on Unstable Ground: Young Refugee Men in Nairobi, Kenya. *Journal of Refugee Studies* 22 (2), 177–194.

Karunakara, U., Neuner, F., Schauer, M., Singh, K., Hill, K., Elbert, T. & Burnham, G. (2004). Traumatic events and symptoms of post-traumatic stress disorder amongst Sudanese nationals, refugees and Ugandans in the West Nile. *African Health Sciences* 4 (2), 83–93.

Keygnaert, I., Vettenburg, N. & Temmerman, M. (2012). Hidden violence is silent rape: sexual and gender-based violence in refugees, asylum seekers and undocumented migrants in Belgium and the Netherlands. *Culture, Health & Sexuality* 14 (5), 505–520.

Krause-Vilmar, J. (2011). The Living Ain't Easy. Urban Refugees in Kampala *Research. Rethink. Resolve*. New York: The Women's Refugee Commission.

Krause, U. (2013). *Linking Refugee Protection with Development Assistance. Analyses with a Case Study in Uganda*. Baden-Baden: Nomos.

Krause, U. (2014). Analysis of Empowerment of Refugee Women in Camps and Settlements. *Journal of Internal Displacement* 4 (1), 29–52.

Krause, U. (2015a). A Continuum of Violence? Linking Sexual and Gender-based Violence during Conflict, Flight and Encampment. *Refugee Survey Quarterly* 24 (4), 1–19.

Krause, U. (2015b). Zwischen Schutz und Scham? Flüchtlingslager, Gewalt und Geschlechterverhältnisse. *Peripherie: Zeitschrift für Politik und Ökonomie in der Dritten Welt* 35 (138/139), 235–259.

Krause, U. (2016). „It seems you don't have identity, you don't belong." Reflexionen über das Flüchtlingslabel und dessen Implikationen". *Zeitschrift für Internationale Beziehungen* 23 (1), i.E.

Lenette, C., Brough, M. & Cox, L. (2013). Everyday resilience: Narratives of single refugee women with children. *Qualitative Social Work* 12 (5), 637–653.

Lukunka, B. (2011). New Big Men: Refugee Emasculation as a Human Security Issue. *International Migration* 50 (5), 130–141.

Markard, N. (2007). Fortschritte im Flüchtlingsrecht? Gender Guidelines und geschlechtsspezifische Verfolgung. *Kritische Justiz: Vierteljahresschrift für Recht und Politik* 4, 373–390.

Markard, N. (2012). *Kriegsflüchtlinge. Gewalt gegen Zivilpersonen in bewaffneten Konflikten als Herausforderung für das Flüchtlingsrecht und den subsidiären Schutz.* Tübingen: Mohr Siebeck.
Martin, S. F. (2004). *Refugee Women* (2. Aufl.). Lanham: Lexington Books.
Meger, S. (2010). Rape of the Congo: Understanding sexual violence in the conflict in the Democratic Republic of Congo. *Journal of Contemporary African Studies* 28 (2), 119–35.
Milner, J., Loescher, G. (2011). Responding to protracted refugee situations. Lessons from a decade of Discussion. *Forced Migration Policy Briefing Series* 6.
Mulumba, D. (2005). *Gender relations, livelihood security and reproductive health among women refugees in Uganda. The case of Sudanese women in Rhino Camp and Kiryandongo Refugee Settlements* (PhD), Wageningen University, Wageningen.
Naggujja, Y., Owiny, E., Oyat, F. O. & Biira, M.-J. (2014). *From The Frying Pan to the Fire: Psychosocial Challenges Faced By Vulnerable Refugee Women and Girls in Kampala.* Kampala: Refugee Law Project.
Pittaway, E., Bartolomei, L. (2001). Refugees, Race, and Gender: The Multiple Discrimination against Refugee Women. *Refuge* 19 (1), 21–32.
Pittaway, E., Pittaway, E. (2004). Refugee Woman: A Dangerous Label. Opening A Discussion the Role of Identity and Intersectional Oppression in the Failure of the International Refugee Protection Regime For Refugee Women. *Australian Journal of Human Rights* 10 (2).
Siddiquee, A., Kagan, C. (2006). The internet, empowerment, and identity: an exploration of participation by refugee women in a Community Internet Project (CIP) in the United Kingdom (UK). *Journal of Community & Applied Social Psychology* 16 (3), 189–206.
Thomson, S. (2013). Agency as silence and muted voice: the problem-solving networks of unaccompanied young Somali refugee women in Eastleigh, Nairobi. *Conflict, Security & Development* 13 (5), 589–609.
Turner, S. (1999). Angry young men in camps: gender, age and class relations among Burundian refugees in Tanzania. *New Issues in Refugee Research* 9.
Turner, S. (2004). New Opportunities – Angry Young Men in a Tanzanian Refugee Camp. In Philomena Essed, Georg Frerks & Joke Schrijvers (Hrsg.), *Refugees and the Transformation of Societies – Agency, Policies, Ethics and Politics* (S. 94–105). New York, Oxford: Berghahn Books.
UN (2015). *Chapter V:* Refugees and Stateless Persons. https://treaties.un.org/pages/ViewDetailsII.aspx?src=TREATY&mtdsg_no=V-2&chapter=5&Temp=mtdsg2&lang=en. Zugegriffen: 2. November 2015.
UN Women (2013). Inter Agency Assessment of Gender-based Violence and Child Protection among Syrian Refugees in Jordan, with a Focus on Early Marriage. *Peace and Security,* 80. Amman, Jordan: UN Women.
UNGA – UN General Assembly (1951). Convention Relating to the Status of Refugees. *Treaty Series, Bd. 189,* S. 137.
UNGA – UN General Assembly (1967). Protocol Relating to the Status of Refugees. *Treaty Series, Bd. 606,* S. 267.

UNHCR (1990). *Policy on Refugee Women*. Geneva: UNHCR.
UNHCR (1991). *Guidelines on the Protection of Refugee Women*. Geneva: UNHCR.
UNHCR (2001). *A Practical Guide to Empowerment: UNHCR Good Practice on Gender Equality Mainstreaming*. Geneva: UNHCR.
UNHCR (2003). *Sexual and Gender-Based Violence against Refugees, Returnees and Internally Displaced Persons. Guidelines for Prevention and Response*. Geneva: UNHCR.
UNHCR (2008). *UNHCR Handbook for the Protection of Women and Girls*. Geneva: UNHCR.
UNHCR (2011). *Action against Sexual and Gender-based Violence: An Updated Strategy*. Geneva: UNHCR.
UNHCR (2014a). *Kyaka II. Fact Sheet 2014*. Kampala: UNHCR.
UNHCR (2014b). *A Thematic Compilation of Executive Committee Conclusions* (7. Aufl.). http://www.unhcr.org/53b26db69.html. Zugegriffen: 2. November 2015.
UNHCR (2014c). *Woman Alone – the Fight for Survival by Syrian Refugee Women*. Geneva: UNHCR.
UNHCR (2015). *Global Trends 2014: World at War*. Geneva: UNHCR.
Valji, N. (2001). Women and the 1951 Refugee Convention: Fifty Years of Seeking Visibility. *Refuge* 19 (5), 25–35.
Valji, N., De La Hunt, L.A. & Moffett, H. (2003). Where Are the Women? Gender Discrimination in Refugee Policies and Practices. *Agenda: Empowering Women for Gender Equity* 55, 61–72.

Flüchtlinge als Rechtssubjekte oder als Objekte gesonderter Rechte

Dorothee Frings

Zusammenfassung

Das Recht als „Flüchtling" in einem anderen als dem Herkunftsstaat aufgenommen zu werden und einen gesicherten Status zu erhalten, hat sich als Menschenrecht erst in der jüngsten Geschichte entwickelt. Erst die Massenfluchtbewegungen des 20. Jahrhunderts rückten das verfolgte Individuum als Rechtssubjekt in den Mittelpunkt des Asylrechts. Die Europäische Menschenrechtskonvention erweiterte dieses Recht um einen individuellen Anspruch auf Leben und Schutz vor existenzieller Vernichtung. Das Gemeinsame Europäische Asylsystem der EU entwickelte ein umfassendes Regelwerk, welches einerseits ein faires Aufnahmeverfahren zur Verfügung stellen sollte, anderseits die Bewegungsfreiheit innerhalb Europas durch Zuweisung des Aufnahmelandes aufhob. Die Autonomie der schutzbegehrenden Menschen wird zusätzlich eingeschränkt, weil das Asylverfahren zu einer Maschinerie ausgebaut wurde, in der das Individuum immer mehr zum Objekt staatlichen Handelns wird.

1 Einleitung

Asylsuchende sind Menschen, die den Staat, dem sie durch Staatsangehörigkeit oder Wohnrecht verbunden sind, verlassen, um aus der Position der zwischenstaatlichen Rechtlosigkeit heraus den Schutzschild einer anderen staatlichen Hoheitsgewalt beanspruchen oder erbitten.

Da zwischen den Staaten mangels internationalen Souveräns keine Rechtspositionen von Flüchtlingen existieren können, hängt es von der Ausstattung des nationalen Rechts ab, ob das gewünschte Asyl als subjektives Recht beansprucht oder nur erbeten werden kann.

Die mediale und parteipolitische Sprachkultur richtet sich zu Beginn des Jahres 2016 immer stärker darauf aus, die ankommenden Menschen als „illegal" einreisende Gesetzesbrecher, als rechtlose Bittsteller, als Bewerber um begrenzte privilegierte Plätze, oder als Hinzukommende, denen Zutritt bei Wohlverhalten, Bescheidenheit und Subordination[1] unter Bewährung gewährt werden kann, einzuordnen.

Der Mensch als „Flüchtling" bildet schon deshalb eine Bedrohung, weil er die Vorstellung der absoluten Souveränität des Nationalstaats in Frage stellt (Schmalz 2015). Das Asyl ist ein Recht, welches nur auf dem Territorium des schutzbereiten Staates in Anspruch genommen werden kann und welches doch ein Eindringen in dieses Gebiet ermöglicht.

Es gibt andere Formen des Asylrechts wie das Kirchenasyl oder das diplomatische Asyl in der diplomatischen Vertretung eines anderen Staates, die aber keine internationale oder nationale Anerkennung erfahren haben.

Der Terminus „Flüchtling" wird in der deutschen Flüchtlingshilfe in Frage gestellt, weil er eine Zuschreibung enthält, die möglicherweise abwertend konnotiert ist. Im Folgenden wird er jedoch bewusst als Statusbegriff und nicht als Beschreibung von Menschengruppen verwendet. Er markiert eine Rechtsposition, die als individueller Anspruch nach internationalem, europäischem und nationalem Recht ausgestaltet ist; aus diesem Grund beinhaltet er eine völlig andere Dimension als die soziologische Beschreibung in der Bezeichnung „geflüchtete Menschen".

2 Flüchtlingsschutz: Vom Instrument staatlicher Souveränität zum individuellen Menschenrechtsschutz

2.1 Anfänge einer Flüchtlingsperspektive

Flüchtlingsaufnahme galt im Verlauf der Geschichte seit der Antike überwiegend nicht als Recht des Flüchtlings, sondern als zwischenstaatliches Recht im Widerstreit zwischen dem Recht der Staaten, über ihre Angehörigen zu bestimmen (Personalhoheit), und dem Recht der Staaten, über die Vorgänge auf ihrem Gebiet zu

1 Arbeits- und Sozialministerin Andrea Nahles: „Wer bei uns Schutz sucht, der muss sich an unsere Regeln und Werte halten, wer einen Neustart in Deutschland will, der muss sein ganzes Können, seine Arbeitskraft und sein eigenes Vermögen einbringen." *Frankfurter Allgemeine Zeitung* vom 01. 02. 2016; Soko-Asyl-Leiter Ulf Küch: „Wer sich nicht fügt, fliegt raus", *Frankfurter Allgemeine Zeitung* vom 02. 02. 2016.

entscheiden (Territorialhoheit). Zu einer Kollision dieser Prinzipien kommt es, wenn eine Person sich außerhalb des angestammten Gebietes – später dann des Staates seiner Zugehörigkeit – aufhält und sowohl der Herkunftsstaat als auch der Aufenthaltsstaat das Recht geltend macht, über das Schicksal der Person zu verfügen. Das Asylrecht regelte, wann der Aufenthaltsstaat zur Auslieferung der Person an den Herkunftsstaat verpflichtet war. Im Verlauf der Geschichte durfte mal die Auslieferung der „Politischen" und mal die Auslieferung der „Kriminellen" verweigert werden (Tiedemann 2015, S. 4). In dieser Konstruktion des Asylrechts ist die Perspektive der Schutzsuchenden selbst nicht einbezogen, und bis zum Beginn des 20. Jahrhunderts spielte sie nahezu keine Rolle. Erstmals im britischen „Aliens Act" von 1905, der auf die Abwehr der Zuwanderung von verarmten Bauern und russischen Juden auf der Flucht vor Pogromen gerichtet war, findet sich ein Rückschiebungsschutz, der auf einen individuellen Schutz vor Verfolgung angelegt ist, auch wenn damit noch kein individueller Rechtsanspruch verbunden war: „…in the case of an immigrant who proves that he is seeking admission to this country solely to avoid prosecution or punishment on religios or political grounds or for an offence of a political character or persecution, involving danger of imprisonment or danger to life or limp, on account of religios belief, leave to land shall not be refused …" (Aliens Act 1905).

War das 19. Jahrhundert noch überwiegend von Arbeitsmigration im Zuge der Herausbildung der industriellen Zentren geprägt, so führten der Zerfall des osmanischen Reichs und der Habsburger Monarchie nach dem ersten Weltkrieg zu Fluchtbewegungen, Vertreibungen und einem Bevölkerungsaustausch in einem Europa der Nationalstaaten in einem nicht gekannten Ausmaß. Etwa zehn Millionen Menschen mussten ihren Wohnort verlegen (Oltmer 2013, S. 40 f.).

Mit der Gründung des Völkerbundes 1920 beginnt die Geschichte der internationalen Flüchtlingshilfe und des Amtes des Hochkommissars für Flüchtlinge mit seinem ersten Amtsinhaber, Fridjof Nansen. Auf seinen Namen geht der Begriff „Nansen-Pass" für den ersten international anerkannten Reiseausweis für Flüchtlinge zurück (Tiedemann 2015, S. 5 f.).

Im Oktober 1933 wurde vom Völkerbund die Konvention über den internationalen Status der Flüchtlinge verabschiedet. Das Abkommen bezog sich auf Flüchtlinge aus der Sowjetunion und der Türkei und enthielt die Verpflichtung der Beitrittsstaaten, Verfolgte nicht in den Herkunftsstaat zurückzuschicken (Non-Refoulement). Beigetreten sind diesem Abkommen lediglich acht Staaten – Belgien, Bulgarien, Dänemark, Frankreich, Großbritannien, Italien, Norwegen und die Tschechoslowakei (Makarov 1952, S. 432 f.).

Angesichts der Verfolgung der Juden in Deutschland und Österreich und ihrer Flucht aus diesen Ländern kam es auf Initiative von Roosevelt im Juli 1938 zur Konferenz von Evian, an der Regierungsvertreter von 32 Staaten teilnahmen.

In einer Resolution wurde die Grundlage für ein neues internationales Flüchtlingskommissariat gelegt, aber zugleich lehnte die große Mehrzahl der vertretenen Staaten „unter Bekundung grundsätzlicher Anteilnahme an dem Flüchtlingsproblem“ (Auswärtiges Amt 1939) die Aufnahme von Flüchtlingen ab. Das Ergebnis der Konferenz zeigt auf eindrucksvolle Weise, dass die Flüchtlingsaufnahme von der Staatengemeinschaft nur dann positiv bewertet wird, wenn damit eigene Interessen und Positionierungen innerhalb internationaler Konflikte verbunden sind. Sobald das Ausmaß der Fluchtbewegung eine Belastung der eigenen Systeme erwarten lässt und nicht nur zur wirtschaftlichen Entwicklung beiträgt, bleibt es bei unverbindlichen Deklarationen und dem Verweis auf die Verpflichtung anderer Staaten.

Auch die unter dem Eindruck der Verbrechen gegen die Menschlichkeit in Deutschland von der UN-Vollversammlung 1948 verabschiedete Allgemeine Erklärung der Menschenrechte nimmt zwar das Asylrecht auf, gestaltet es in der Endfassung aber nur als Staatenrecht auf Asylgewährung, nicht aber als individuellen Schutzanspruch (Art. 14).

2.2 Das Individualrecht auf Schutz vor Abschiebung in den Verfolgerstaat

Einen gewaltigen Sprung in der Entwicklung des internationalen Flüchtlingsschutzes bildet die Genfer Flüchtlingskonvention (GFK), die am 28.7.1951 von der UNO-Generalversammlung verabschiedet und bis heute von 146 Staaten ratifiziert (in nationales Recht übernommen) wurde.

Die GFK wird von drei entscheidenden Elementen geprägt: der Ausgestaltung eines einheitlichen Flüchtlings-Begriffs, dem subjektiven Rechtsanspruch auf Nicht-Zurückweisung in einen Verfolgerstaat (Non-Refoulement) und der Festlegung bestimmter Rechtspositionen für anerkannte Flüchtlinge.

Zwei Elemente, die ihr gelegentlich zugeschrieben werden, enthält die GFK nicht: einen Rechtsanspruch auf die Zuweisung des Flüchtlingsstatus und einen allgemeinen Schutz vor Menschenrechtsverletzungen. Das Refoulement-Verbot beinhaltet für die Staaten ein absolutes Verbot, an der Auslieferung zum Zweck der Verfolgung mitzuwirken, und ein korrespondierendes Individualrecht der Schutzsuchenden. Darin nicht enthalten ist das Verbot der Auslieferung an einen Staat, der z. B. zur Verfolgung kriminellen Unrechts Folter anwendet, der grausame Körperstrafen verhängt oder in dem eine konkrete Lebensgefahr durch Krieg, Hunger oder fehlende Gesundheitsversorgung besteht.

Die GFK wird heute öfter den Menschenrechtskonventionen zugerechnet, was nur insoweit stimmig ist, als der subjektive Anspruch auf Abschiebeschutz im Ergebnis Menschenrechte schützen kann; sie stellt aber keinesfalls einen absoluten Schutz der allgemeinen Menschenrechte zur Verfügung.

Verdeutlichen lässt sich das bereits an der Einschränkung des Refoulement-Verbotes, welches den vom Schutz ausschließt, der „aus schwer wiegenden Gründen als eine Gefahr für die Sicherheit des Landes anzusehen ist, in dem er sich befindet, oder der eine Gefahr für die Allgemeinheit dieses Staates bedeutet, weil er wegen eines Verbrechens oder eines besonders schweren Vergehens rechtskräftig verurteilt wurde" (Art. 33 Abs. 2 GFK). In diesen Fällen ist die Überstellung auch bei Folter, Todesstrafe und allen anderen Menschenrechtsverletzungen zulässig.

Ebensowenig verpflichtet die GFK die Mitgliedstaaten auf die Zuerkennung eines Flüchtlingsstatus mit internationalem Pass, Aufenthaltstitel und sozialer Teilhabe.

2.3 Das nationale Asylrecht

Anders konstruiert als die GKF war der ursprüngliche Art. 16 GG, der den politisch Verfolgten ein unbedingtes und subjektives Recht auf Asyl bot. Ein Ausnahmetatbestand war nicht vorgesehen und der Rechtsanspruch beinhaltete nicht allein den Abschiebeschutz, sondern auch den Anspruch auf den Status als „asylberechtigt". Dieser Anspruch ist heute obsolet. Zum einen wurde das Asylrecht mit der Reform des dann Art. 16a GG im Jahre 1993 davon abhängig gemacht, dass auf dem gesamten Fluchtweg keine Möglichkeit bestand, anderswo um Schutz nachzusuchen. Damit reduzierte sich das Asylrecht auf ein Recht für Begüterte, die mit ordentlichen Flugtickets und Visa ausreisen können, denn Deutschland ist lückenlos von Staaten umgeben, in denen Asylanträge gestellt werden können. Zum anderen hat Deutschland die Kompetenz zur Regelung des Asylrechts seit der Sitzung des Europäischen Rats in Tampere 1999 und der Schaffung eines gemeinsamen Europäischen Asylsystems (GEAS) weitgehend an den Europäischen Gesetzgeber abgetreten.

2.4 Menschenrechtlicher Abschiebeschutz

In den Jahren nach 1993 kam faktisch nur noch der Flüchtlingsschutz nach der GFK zur Anwendung, dafür rückte der Menschenrechtsschutz nach der Europäischen Menschenrechtskonvention (EMRK) in den Vordergrund. Die vom Europarat 1950 geschaffene EMRK verleiht den bereits auf der Ebene der Vereinten Nationen festgelegten menschenrechtlichen Mindeststandards für den Europäischen Raum (einschließlich Russland und der Türkei) ein besonderes Maß an Verbindlichkeit, weil zu ihrer Überwachung der Europäische Gerichtshof für Menschenrechte in Straßburg[2] geschaffen wurde, der verbindliche Entscheidungen treffen und den Staaten Sanktionen auferlegen kann. Als Abschiebeschutz wegen drohender Menschenrechtsverletzung sind das Verbot der Todesstrafe nach Art. 2 und das Folterverbot sowie das Verbot einer unmenschlichen oder erniedrigenden Strafe oder Behandlung nach Art. 3 EMRK zu beachten. In zahlreichen Entscheidungen hatte der EGMR klargestellt, dass nicht nur staatliche oder private Handlungen selbst als Verstoß gegen die EMRK zu werten sind, sondern dass es jedem Mitgliedstaat untersagt ist, durch eigenes Handeln eine Person der Gefahr dieser Behandlung auszusetzen (EGMR vom 7.7.1989, Nr. 1/1989/161/217 „Soering"; EGMR vom 7.3.2000, Nr. 43844/98 zur Kettenabschiebung). Auch das BVerfG ist dieser Auslegung gefolgt und sieht die Pflicht zur Prüfung des Abschiebeschutzes nach Art. 3 EMRK, wenn die Zuerkennung des Asylstatus oder des Flüchtlingsstatus nach der GFK abgelehnt wird (BVerfG vom 20.12.1989 – 2 BvR 958/86).

2.5 Einheitlicher menschenrechtsgeprägter Flüchtlingsbegriff im Europäischen Recht

Auch im Europäischen Rahmen standen zunächst zwei verschiedene Flüchtlingsbegriffe nebeneinander: einerseits der mit Aufenthalts-, Familiennachzugs- und Sozialrechten verbundene Flüchtlingsschutz, andererseits der Menschenrechtsschutz, der lediglich den Schutz vor Abschiebung ohne Ansprüche auf Aufenthaltstitel und eine reine Existenzsicherung ohne soziale Teilhaberechte beinhaltet. Erst mit der ersten Qualifikationsrichtlinie (QRL) 2004/83/EG, in der der Flüchtlingsbegriff und die Rechtsstellung von Flüchtlingen geregelt werden, wurde der Begriff des „subsidiären Schutzes" geschaffen, der in der Neufassung 2011/95/EU weiterentwickelt wurde. Voraussetzung für den Schutzanspruch ist die Gefahr eines ernsthaften Schadens, der in Art. 15 QRL wie folgt definiert wird:

2 Gegründet 1959 und auf der Grundlage des 11. Zusatzprotokolls in einen ständig tagenden Gerichtshof umgewandelt. Privatpersonen können direkt eine Beschwerde beim Gerichtshof in Straßburg einlegen, wenn sie sich in einem durch die Konvention garantierten Rechte verletzt fühlen. Beschwerden können sich gegen einen oder mehrere Staaten richten, die die Konvention ratifiziert haben. Alle innerstaatlichen Rechtsbehelfe müssen erschöpft sein und die endgültige innerstaatliche Entscheidung in dem Verfahren darf nicht länger als sechs Monate zurückliegen (Artikel 35). Neben der Individualbeschwerde (Artikel 34) sieht die Europäische Menschenrechtskonvention auch Staatenbeschwerden vor, die ein Mitgliedstaat gegen einen anderen Mitgliedstaat einlegen kann (Artikel 33).

„Als ernsthafter Schaden gilt

a) die Verhängung oder Vollstreckung der Todesstrafe oder
b) Folter oder unmenschliche oder erniedrigende Behandlung oder Bestrafung eines Antragstellers im Herkunftsland oder
c) eine ernsthafte individuelle Bedrohung des Lebens oder der Unversehrtheit einer Zivilperson infolge willkürlicher Gewalt im Rahmen eines internationalen oder innerstaatlichen bewaffneten Konflikts."

Es handelt sich dabei nicht um eine schlichte Aufnahme des Abschiebeschutzes in den Europäischen Flüchtlingsschutz. Der subsidiäre Schutz nimmt den Wortlaut der Art. 2 und 3 EMRK auf, erweitert den Schutz jedoch auf schwerwiegende Bedrohungen im Zusammenhang mit militärischen Konflikten. Dieser neu geschaffene Schutzstatus wird mit der Flüchtlingsanerkennung zusammengeführt und zu einem „internationalen Schutz" (Art. 2 lit. h QRL). Durch die Verbindung von Flüchtlingsschutz und Menschenrechtsgarantie zu einem einheitlich subjektiven Schutzanspruch konstituiert die Europäische Staatengemeinschaft eine neue Dimension des internationalen Flüchtlingsbegriffs (Bast 2011, S. 176 ff.). Es kommt so zu einer endgültigen Ablösung des Asylrechts als Instrument der Beziehung zwischen Nationalstaaten hin zu einem menschenrechtlich gebundenen Individualanspruch auf Aufnahme und Teilhabe im Zufluchtsstaat. Entsprechend legt die QRL 2011/95/EU in Art. 1 fest: *„Zweck dieser Richtlinie ist es, Normen für die Anerkennung von Drittstaatsangehörigen oder Staatenlosen als Personen mit Anspruch auf internationalen Schutz, für einen einheitlichen Status für Flüchtlinge oder für Personen, die Anspruch auf subsidiären Schutz haben, sowie für den Inhalt des zu gewährenden Schutzes festzulegen."*

Dieser individuelle Anspruch schließt eine Abwehr von Asylsuchenden unter Berufung auf die Verteidigung der Staatlichkeit aus. Eben dies versucht das jüngst von dem Verfassungsrichter a. D. Prof. Dr. Dr. Di Fabio im Auftrag der bayrischen Staatsregierung erstellte Gutachten zur Einreisverweigerung für Flüchtlinge: *„Kann ein Staat die massenhafte Einreise von Menschen in sein Territorium nicht mehr kontrollieren, ist ebenfalls seine Staatlichkeit in Gefahr, schon weil das Staatsvolk und seine für es handelnden Organe (Art. 20 Abs. 2 Satz 2 GG) Gefahr laufen, ihre personelle und territoriale Schutzverantwortung zu überspannen und die Funktionsfähigkeit als sozialer Rechtsstaat zu verlieren"* (Di Fabio 2016, S. 52).

Hier wird die Grenzverteidigung zur Vorbedingung von Staatlichkeit erhoben, obwohl das Europäische Asylrecht den Weg des nationalstaatlichen Asyls als Ausdruck der Souveränität bereits überwunden hatte und einem modernen Menschenrechtsverständnis des Flüchtlingsschutzes folgt, der den Schutz von Leib und Leben des Einzelnen über die staatliche Kontrolle der territorialen Grenzen stellt.

2.6 Anwendungsbereich der Menschenrechte

Der Menschenrechtsschutz wird dadurch allerdings nicht universell, sondern bleibt begrenzt auf die territoriale Wirksamkeit. Die EMRK (BGBl. 1954 II, S. 14; in Kraft seit dem 3.9.1953) und die GFK (BGBl. 1954 II, S. 619, in Kraft getreten am 22.4.1954) sind in Deutschland unmittelbar anwendbares Recht und gelten für jeden Menschen unabhängig von Staatsangehörigkeit, Herkunft etc., aber nur begrenzt auf das Territorium der Bundessrepublik. Internationale Konventionen können nur da Wirkung erlangen, wo die Organe eines Nationalstaates sich auf die Einhaltung verpflichten und für ihre Durchsetzung ein Rechtsschutzverfahren zur Verfügung stellen. Im zwischenstaatlichen Bereich kann es zwar Vertragsverletzungsverfahren und Überwachungsmechanismen geben, eine hoheitliche Instanz zur Durchsetzung von Verträgen existiert hingegen nicht.

Die grundsätzliche territoriale Begrenzung des Menschenrechtsschutzes wird jedoch erweitert auf die Areale, in die das Gewaltmonopol des Staates hinreicht. Der EGMR hatte zunächst in der Sache „Medvedyev u.a. ./. Frankreich" (Urteil vom 29.3.2010, Nr. 3394/03) die Frage zu entscheiden, ob die staatlichen Organe auch außerhalb des Territoriums des jeweiligen Nationalstaates einer Bindung an im nationalen Recht wirksamer Menschenrechtsverpflichtung unterliegen. In dieser Entscheidung stellt der EGMR den Grundsatz auf, dass alle Vertreter*innen einer staatlichen Hoheitsgewalt der Bindung an die EMRK unterliegen, soweit sie in ihrer Funktion tätig werden.

In der Sache „Hirsi" (vom 23.2.2012, Nr. 27765/09) wird dieser Grundsatz bestätigt. Zu Grunde lag der Fall einer Aktion der italienischen Küstenwache, die ein Schiff mit Flüchtlingen, welches sich außerhalb italienischer Gewässer befand, an die libysche Küste geschleppt hatte. Der EGMR stellt fest, dass die Bindung der Staatsorgane an die EMRK nicht an der Grenze ihres Territoriums endet, sondern auch die reale Ausübung einer Hoheitsgewalt gegenüber den Flüchtlingen wie eine Abschiebung vom eigenen Territorium zu bewerten ist. Erfolgt eine Übergabe an die Organe eines anderen Staates, so ist dies einer Massenabschiebung gleichzustellen, wenn die Betroffenen keine Gelegenheit erhalten haben, ihre individuellen Verfolgungsgründe darzustellen. Ein Verstoß gegen Art. 3 EMRK liegt vor, wenn entweder in dem Staat, an den übergeben wird, die konkrete Gefahr einer unmenschlichen oder erniedrigenden Behandlung besteht (EGMR vom 21.1.2011, 30696/09 „M.S.S. ./. Belgien u. Griechenland"), oder aber kein Schutz vor einer weiteren Abschiebung („chain refoulement") in einen Staat besteht, in dem eine schwerwiegende Menschenrechtsverletzung droht (Lehnert und Markard 2012, S. 196). Wichtig ist auch die zusätzliche Feststellung, dass Personen, die von einer hoheitlichen Maßnahme eines Staates betroffen sind, immer auch ein Rechtsmittel gegen diese Handlung eingeräumt werden muss.

Insgesamt hat diese Entscheidung wichtige Anregungen für die Diskussion über die exterritoriale Geltung von Menschenrechten gegeben (siehe Buckel und Pichl 2012); zweifelsfrei aber verpflichtet sie die Grenzorgane, schutzbegehrenden Menschen einen Zugang zu ihrem Territorium zu gewähren und Gelegenheit zur Asylantragstellung zu bieten – eine Konsequenz, die sich nicht nur aus Art. 3 EMRK und Art. 33 GFK ergibt, sondern ebenso aus dem Refoulement-Verbot in Art. 19 der Europäischen Grundrechtecharta (Jochum 2006, Rn. 17; Weber 2012, S. 267).

2.7 Anerkennung eines grundlegenden Existenzrechts

Die Konturen des Schutzes nach Art. 3 EMRK wurden in der Rechtsprechung des EMRK nie wirklich präzise gefasst (siehe z. B. EGMR vom 30. 10. 1991, Nr. 45/1990/236/302-306 „Vilvarajah"; EGMR vom 2. 5. 1997, Nr. 146/1996/767/964 Verstoß bei HIV-Erkrankung; und im Gegensatz dazu EGMR vom 15. 2. 2000, Nr. 46553/99 kein Verstoß bei HIV-Erkrankung) und so wurden viele Unklarheiten auch in den Begriff des „subsidiären Schutzes" übernommen. Umstritten ist insbesondere der Schutz vor „unmenschlicher und erniedrigender Behandlung".

Das BVerwG hat lange Zeit versucht, eine Beschränkung auf staatliches Handeln, vergleichbar der Konstruktion des Asylrechts nach dem GG vorzunehmen (BVerwG vom 15. 4. 1997 – 9 C 38/96; BVerwG vom 18. 12. 2006 – 1 B 53/06) und hat diese Rechtsprechung auch erst mit Inkrafttreten der QRL aufgegeben.

Soweit von Privatpersonen oder Organisationen eine konkrete Gefahr der unmenschlichen Behandlung ausgeht und eine Schutzunterstellung oder ein Ausweichen auf andere Gebiete des Herkunftsstaates nicht möglich ist, wird die Verletzung des Art. 3 EMRK mittlerweile anerkannt.

Auch kann das Fehlen jeglicher medizinischen Versorgung für Menschen mit schwerwiegenden Erkrankungen eine unmenschliche Behandlung darstellen (BVerwG vom 31. 1. 2013 – 10 C 15/12).

Deutlich zurückhaltender ist der EMGR hingegen bei vergleichbaren Gefahren, die sich aus Armut und allgemeiner Existenznot ergeben.

Ganz vereinzelt lässt sich in der Rechtsprechung erkennen, dass die bewusste staatliche Hinnahme von extremem Elend der Menschenrechtsverpflichtung zuwiderlaufen könnte. Der EGMR (vom 7. Juli 2015, Nr. 60125/11, „V. M. gegen Belgien") beschäftigte sich mit der Frage, ob eine serbische Flüchtlingsfamilie, die in Belgien während ihres Asylverfahrens ohne jede staatliche Unterstützung geblieben ist, sich auf das Verbot der unmenschlichen Behandlung nach Art. 3 EMRK berufen kann. Der EGMR verurteilte den belgischen Staat wegen grausamer und unmenschlicher Behandlung, weil diese Familie mit kleinen Kindern, von denen eines behindert war, über einen Zeitraum von vier Wochen weder eine Unterkunft noch Zugang zu Sanitäreinrichtungen hatte. Die Verurteilung erfolgt auch, weil dieser Familie faktisch kein Zugang zu einer Gerichtsbeschwerde gegen ihren Asylbescheid gewährt wurde (Art. 13 EMRK).

Allerdings hat der EGMR (vom 30. Juni 2015, Nr. 39350/13, „A. S. gegen Schweiz") zeitgleich auch entschieden, dass die ungeklärte Unterbringung in Italien bei einem erwachsenen, aber traumatisierten Flüchtling nicht zur Gefahr einer unmenschlichen Behandlung (Art. 3 EMRK) bei seiner Abschiebung nach Italien führe.

Diese Entscheidungen in Rückführungsfällen nach der Dublin-III-Verordnung[3] weisen auf die ambivalente Haltung hinsichtlich der Einordnung elender Lebensverhältnisse als Menschenrechtsverletzung. Auch das BVerwG weist in seinen Entscheidungen darauf hin, dass „schlechte humanitäre Bedingungen im Abschiebezielstaat ... nur in begründeten Ausnahmefällen in Bezug auf Art. 3 EMRK ein Abschiebungsverbot begründen" können (BVerwG vom 31. 1. 2013 – 10 C 15/12).

3 Die Rechtstellung Asylsuchender in und während des Feststellungsverfahrens

Auch hinsichtlich der Verfahrens- und Aufnahmebedingungen wurde in der Gesetzgebung der EU ein bislang unerreichter Standard festgeschrieben, der in allen Mitgliedstaaten verbindliches Recht ist.

Sowohl die Verfahrensrichtlinie (2013/32/EU) als auch die Aufnahmerichtlinie (2013/33/EU) wurden neu gefasst und waren bis zum 20. 07. 2015 in nationales Recht umzusetzen. Sie bestätigen die bisherigen Verfahrensrechte und Sozialstandards während des Asylverfahrens und ergänzen sie um eine Reihe von Präzisierungen und Verbesserungen der Rechtsstellung der Betroffenen.

Neu sind in beiden Richtlinien die Vorgaben zur Feststellung von Personen mit besonderen Bedürfnissen in einem unverzüglich einzuleitenden Clearingverfahren. Als besonders schutzbedürftig gelten alle Minderjährige (begleitet und unbegleitet), Behinderte, ältere Menschen, Schwangere, Alleinerziehende, Personen, die Folter, Vergewaltigung oder sonstige schwere Formen psychischer, physischer oder sexueller Gewalt erlitten haben, Opfer des Menschenhandels, Personen

3 Die Dublin-III-Verordnung regelt im Rahmen des Gemeinsamen Europäischen Asylsystems die Zuständigkeit für die Durchführung des Asylverfahrens und die Überstellung von einem nicht zuständigen in den zuständigen Staat. Nicht möglich ist die Rückführung, wenn in dem zuständigen Dublin-Staat systemische Mängel des Asylverfahrens bestehen oder konkrete Menschenrechtsverletzungen zu erwarten sind.

mit schweren körperlichen Erkrankungen, mit psychischen Störungen und Opfer der Verstümmelung weiblicher Genitalien (Art. 21 Richtlinie 2013/33/EU). Den besonderen Bedürfnissen dieser Personen ist während des gesamten Verfahrens Rechnung zu tragen; u. a. haben sie Anspruch auf eine Gesundheitsversorgung auf dem Niveau der gesetzlichen Krankenversicherungen (Art. 19 Abs. 2 Richtlinie 2013/33/EU).

Neu sind auch die Vorgaben für die baulichen, personellen und strukturellen Anforderungen an Gemeinschaftsunterkünfte (Art. 18 Richtlinie 2013/33/EU) und die erweiterten Informations- und Beratungsansprüche sowie die unentgeltliche Rechtsvertretung unter bestimmten Voraussetzungen (Artt. 8, 12, 19–23 Richtlinie 2013/32/EU und Artt. 5, 26 Richtlinie 2013/33/EU).

Der Realitätsabgleich führt allerdings zu dem ernüchternden Ergebnis, dass der vorgegebene Standard europaweit nicht eingehalten und zum Teil auch gänzlich ignoriert wird.

In Deutschland bestanden im Juli 2015 seitens der Bundesregierung und der politischen Parteien noch ernsthafte Absichten, die Aufnahmerichtlinie in ihren verbindlichen Vorgaben umzusetzen.

Auch das BAMF reagiert auf den Ablauf der Umsetzungsfrist unverzüglich und erklärte für seinen Aufgabenbereich die Verfahrensrichtlinie für unmittelbar anwendbar (Leitfaden vom 20. 7. 2015, 410-7406-30/15).

Die Gesetzentwürfe vom 14. 9. 2015 und vom 01. 11. 2015 enthielten eine unambitionierte Übernahme von Formulierungen aus der Aufnahmerichtlinie, die auf jede verfahrensrechtliche Konkretisierung verzichtete. Im Januar 2016 folgte dann jedoch die politische Entscheidung, die Aufnahme- und Verfahrensrichtlinie nicht in nationales Recht umzusetzen.[4] Soweit die Vorgaben nicht durch Auslegung der bestehenden Rechtsnormen umgesetzt werden könnten, sei es nun Sache des BAMF sowie der Bundesländer und Kommunen, die Richtlinien unmittelbar anzuwenden. Darin bereits liegt eine offensichtliche Gefolgsverweige-

4 Siehe z. B. Spiegel online vom 29. 01. 2016 „Die Bundesregierung hat ihr Ziel gekippt, für einen besseren Schutz von Flüchtlingsfrauen und Flüchtlingskindern zu sorgen. Eigentlich hatten sich Bundesfamilienministerin Manuela Schwesig (SPD) und Bundesinnenminister Thomas de Maizière (CDU) schon im September auf entsprechende Regelungen geeinigt (…).

Nun sind die Vorschläge jedoch nicht Bestandteil des Asylpakets II, das Bundesinnenministerium hat sie SPIEGEL-Informationen zufolge kassiert. In der aktuellen Fassung ist nur noch die Rede davon, dass ehrenamtliche Helfer zukünftig erweiterte Führungszeugnisse vorlegen müssen.

Ursprünglich sollten die Länder auch gezwungen werden, Mindeststandards wie abschließbare Toiletten und getrennte Duschen in ihren Flüchtlingsunterkünften bereitzustellen. Außerdem war geplant, dass all jene Heime, in denen Flüchtlingskinder leben, eine Betriebserlaubnis nach dem Kinder- und Jugendhilferecht benötigen."

rung gegenüber dem Europäischen Gesetzgeber. Der Umgang mit Richtlinien ist nicht ins Belieben der einzelnen Mitgliedstaaten gestellt, der Unionsvertrag selbst verpflichtet zu ihrer Umsetzung (Art. 288 AEUV). Die unmittelbare Anwendung oder auch die europarechtskonforme Auslegung nationaler Rechtsvorschriften ist lediglich eine Ersatzverpflichtung der Behörden und Gerichte zur Vermeidung der Rechtsverweigerung gegenüber den Trägern subjektiver Rechtsansprüche (Ruffert 2011; Greismann 2015).

Die rechtliche Stellung von geflüchteten Menschen im Verfahren um die Klärung des ihnen aus internationalem, europäischem oder nationalem Recht zustehenden individuellen Schutzanspruchs ist schon deshalb fundamental, weil eine Person, die bis zum Erreichen der territorialen Grenze als Mensch ohne Rechte für den jeweiligen Staat gilt, einen rechtsstaatlichen geregelten Zugang zum Schutz und damit zu einer mit Rechten ausgestatteten Position als Subjekt benötigt.

3.1 Das Regime der Flüchtlingsaufnahme

Unmittelbar nach dem Eintreffen endet für Asylsuchende das Grundrecht auf Freizügigkeit, welches das GG nur Deutschen uneingeschränkt garantiert (Art. 11 GG). Sie werden ab der Grenze oder ab dem Moment der ersten Meldung durch ein Labyrinth von zugewiesenen Aufenthaltsorten und angeordneten Transfers geschleust.

Das System der Flüchtlingsaufnahme und Prüfung des Schutzanspruchs arbeitet mit drei Formen von Aufnahmeeinrichtungen; hinzu kommen Gemeinschaftsunterkünfte der Städte und Gemeinden.

Im Mittelpunkt stehen die Ankunftszentren, deren Abläufe in dem Zentrum in Heidelberg modellhaft entwickelt wurden. Jedes Bundesland wird über ein solches Ankunftszentrum verfügen, in dem täglich mehrere tausend Menschen „abgefertigt" werden. Nach einer umfassenden Registrierung, erkennungsdienstlichen Behandlung und Gesundheitsprüfung erfolgt die Zuteilung einer Kategorie, wobei A für gute Prognose, B für schlechte Prognose, C für unklare Prognose und D für Dublin-Verteilung in einen anderen EU-Staat steht.[5] Die Betroffenen selbst haben keinerlei Einfluss auf die Zuordnung, die völlig unabhängig von der jeweiligen individuellen Verfolgungs- und Fluchterfahrung erfolgt. Grundlage sind ausschließlich die festgestellten oder vermuteten Herkunftsländer, die Frage des Erst-, Zweit- oder Folgeantrags, eventuell auch der Vorwurf, Unterlagen vernichtet zu haben, oder die Zugehörigkeit zur Gruppe der „besonders schutzbedürftigen Per-

5 (Siehe http://www.bamf.de/DE/Infothek/Aktuelles/aktuelles-node.html. Zugegriffen: 3. Februar 2016).

sonen". Wie letzteres allerdings festgestellt werden soll, bleibt unklar, weil das vorgeschriebene Clearingverfahren ausdrücklich nicht eingeführt werden soll.

Die Menschen werden nach Kategorien getrennt untergebracht; so lässt sich bereits im Lagerregime eine auch nach außen erkennbare Segregation in positiv bewertete Flüchtlinge und „Missbraucher" durchführen.

Menschen der Kategorie A erhalten ein „normales" Prüfungsverfahren, welches innerhalb von wenigen Tagen abgeschlossen werden soll, aber der Aufenthalt im Ankunftszentrum kann auch bis zu sechs Monaten ausgedehnt werden (§ 47 Abs. 1 AsylG). Sie unterliegen in dieser Zeit einer strengen Residenzpflicht; jedes Verlassen des Bezirks der Ausländerbehörde, in dem die Aufnahmeeinrichtung liegt, erfordert eine Genehmigung – ausgenommen sind lediglich Termine bei Behörden und Gerichten (§ 57 AsylG). In dieser Zeit besteht keine Möglichkeit, eine Arbeit, Ausbildung oder auch nur ein Praktikum aufzunehmen (Art. 61 Abs. 1 AsylG).

Während der Zeit in den Ankunftszentren oder sonstigen Aufnahmeeinrichtungen soll keinerlei Bargeld bezahlt werden (§ 3 Abs. 1 AsylbLG). Ob dann wenigsten durch Ausgabe von Handykarten der Kontakt zu Familienangehörige ermöglicht wird, bleibt abzuwarten; dagegen wird die Beauftragung eines Rechtsbeistandes faktisch unmöglich.

Menschen der Kategorie B erhalten ein Schnellverfahren, welches dem bisherigen Flughafenverfahren nachgebildet ist. Ihre Anträge sollen binnen einer Woche entschieden werden, auch die Fristen für das gerichtliche Schnellverfahren sind verkürzt. Traumatisierte Asylsuchende, von sexualisierter Gewalt betroffene Frauen und behinderte Menschen können ihre Belastungen und Bedarfe in derartigen Schnellverfahren nicht ausdrücken. Auch fehlt es für alle an einer ernsthaften Beratung über den Verfahrensablauf, vor allem aber die Bedeutung und Anforderung der persönlichen Anhörung durch die Mitarbeiter*innen des BAMF.

Wer der Kategorie C zugewiesen wird, verlässt das Ankunftszentrum, wird einer Aufnahmeeinrichtung zugewiesen und dort entweder in einer Aufnahmeeinrichtung untergebracht oder auch gleich an eine zugewiesene Kommune weitergereicht. Es sind Menschen, die sich darauf einstellen müssen, dass ihre Verfahren lange dauern, weil sie weder negativ noch positiv prioritär behandelt werden. Erfasst werden in der Kategorie C alle Herkunftsländer ausgenommen die sicheren Herkunftsstaaten[6] und die Staaten, für die eine positive Prognose errechnet wurde (derzeit Syrien, Irak, Iran, Eritrea, Somalia). Sie können zwar nach drei Monaten bzw. frühestens ab Überweisung an eine Kommune Arbeit aufnehmen (§ 61 Abs. 2

6 Derzeit: Albanien, Bosnien und Herzegowina, Ghana, Kosovo, Mazedonien, ehemalige jugoslawische Republik, Montenegro, Senegal, Serbien. Die Liste wird in einem weiteren Gesetzespaket um die Staaten Algerien, Marokko und Tunesien erweitert.

AsylG), aber nur mit einer Beschäftigungserlaubnis der Ausländerbehörde nach Zustimmung der Arbeitsagentur[7] (§ 32 BeschV). Im Gegensatz zur erwünschten Arbeitsmarktintegration steht das Verbot an einem Integrationskurs teilzunehmen, weil sie nicht über eine Positivprognose verfügen (§ 44 Abs. 4 AufenthG). In der Regel bleibt die Verpflichtung, in Gemeinschaftsunterkünften zu wohnen, bis zum Ende der Verfahren, auch über mehrere Jahre, aufrechterhalten.

Noch immer werden gestützt auf § 4 AsylbLG in der Praxis viele notwendige Krankenbehandlungen abgelehnt, selbst dann, wenn es sich um besonders schutzbedürftige Personen nach Art. 21 der Aufnahmerichtlinie handelt.

3.2 Die europäische Verteilung

Die Aufnahmezentren dienen auch der Durchführung des sog. Dublin-Verfahrens. Kernbestand des Gemeinsamen europäischen Asylsystems (GEAS) war einmal die Festlegung eines für die Durchführung des Asylverfahrens zuständigen Mitgliedstaates. Die Bestimmung erfolgt nach bestimmten gestaffelten Kriterien, wobei die Zuständigkeit überwiegend dem Staat zugewiesen wird, mit dem die Asylsuchenden den ersten Kontakt auf EU-Territorium haben (Art. 7 ff. Verordnung (EU) Nr. 604/2013). Deutschland hat diese Kriterien nicht nur federführend mitentwickelt, sondern auch viele Jahren entschieden auf ihrer Einhaltung bestanden. Die Regeln für die Festlegung begünstigten aus geographischen Gründen die Staaten, die im Zentrum der EU liegen und keine Grenzen zu Drittstaaten besitzen, belasten aber die Randstaaten mit EU-Außengrenzen, insbesondere die EU-Mittelmeer-Anrainerstaaten.

Obwohl dieses System spätestens seit Herbst 2015 zusammengebrochen ist, weil sich die meisten EU-Staaten nicht mehr daran beteiligen, soll die Belastung der Staaten mit Außengrenzen durch die Einrichtung von sog. „Hotspots" zur schnellen Registrierung weitergeführt werden.[8] nach der Konzeption der EU werden alle registrierten Asylsuchenden auf die EU-Staaten entsprechend ihrer Bevölkerungszahl und ihres BIP verteilt. Konsequent verfolgt wird mit diesem Verteilungssystem die Zuweisung eines Staates, die es Flüchtenden nicht erlaubt und ermöglicht, eine eigene Wahl hinsichtlich des Schutzstaates zu treffen.

---

7 Nach § 39 Abs. 2 AufenthG wird von der Arbeitsagentur geprüft, ob vorrangig verfügbare Arbeitnehmer*innen auf den jeweiligen Arbeitsplatz vermittelt werden können. Diese Vorrangprüfung wurde durch das Integrationsgesetz vom 31.7.2016 (BGBl. I vom 5.8.2016, S. 1939), in Kraft seit dem 6.8.2016, für die meisten Arbeitsagenturbezirke aufgehoben (§ 32 Abs. 5 Nr. 3 BeschV).

8 (Siehe ec.europa.eu/dgs/home-affairs/what-we-do/…/2_hotspots_de.pdf. Zugegriffen: 3. Februar 2016).

Handelte es sich lediglich um eine kurzfristige Zuweisung zur Durchführung des Verwaltungsverfahrens, ließe sich die erforderliche Akzeptanz für die Registrierung an der Außengrenze und die Verteilung innerhalb Europas voraussichtlich herstellen. Nach der Zuerkennung eines Flüchtlingsstatus ergibt sich jedoch der Wunsch nach Lebensperspektiven, die von vielen biographischen Umständen abhängen und oft aus der Perspektive der Flüchtlinge für eine Weiterwanderung sprechen. Derzeit besteht jedoch für anerkannte Flüchtlinge keine Freizügigkeit in Europa; einen Aufenthaltsanspruch können sie nur nach den Vorgaben des nationalen Aufenthaltsrechts etwa zum Zweck des Familiennachzugs, der Ausbildung oder Erwerbstätigkeit erwerben. Sie behalten in diesen Fällen zwar den Rechtsstatus als Flüchtling (§ 73a AufenthG); der Status als subsidiär schutzberechtigt vermittelt aber keine besondere Rechtstellung. Angesichts der geringen Mobilitätsmöglichkeiten für Flüchtlinge in Europa wird es faktisch kaum durchsetzbar sein, die Registrierung in den sog. „Hotspots" zu erzwingen und die Menschen davon abzuhalten, an der Registrierung vorbei weiterzuwandern.

4 Fazit

Das europäische Asylrecht hat sich in der letzten Dekade mit beeindruckendem Tempo in die Richtung eines menschenrechtlich gebundenen Schutzstatus für Flüchtlinge entwickelt und schien grundsätzlich auf einem guten Weg, auch die Gesichtspunkte eines allgemeinen Existenzrechts des Menschen einzubeziehen.

All dies geschah jedoch in einer Zeit sehr geringer Ankunftszahlen in Europa; Krieg, Hunger und Verfolgung blieben aus dem westeuropäischen Alltagsleben weitgehend ausgeblendet. Insbesondere die deutsche Politik konnte sich ungestört der wirtschaftlichen Verwertbarkeit von Zuwanderung widmen. Zu Beginn der neuen Flüchtlingsbewegung aus den Kriegsgebieten des Nahen Ostens erschien die Flüchtlingsaufnahme als höchst willkommene Konjunkturspritze. In dem Moment allerdings, in dem die Dimension der Zuwanderung keine lückenlose Kontrolle über das Einwanderungsgeschehen mehr ermöglichte, werden ankommende Flüchtlinge wieder als Sicherheitsproblem eingeordnet, auf das mit Abwehr, vor allem aber mit der Unterwerfung unter eine strikte Regulierung von Mobilität und Verhalten sowie die Kasernierung in immer größeren Sammellagern reagiert wird. Kollidieren diese Anforderungen mit den bisher erreichten Standards der Flüchtlingsaufnahme, so werden auch schlichte Rechtsverweigerung und offener Rechtsbruch akzeptiert, um das Ziel der Steuerung und Kontrolle des Migrationsgeschehens durchzusetzen.

Das wichtigste Element der Achtung der Menschenwürde ist das absolute Verbot den Menschen zum „Objekt staatlichen Handelns" (Objektformel von Dürig in: Maunz/Dürig, Stand 2015, Art. 1 Rn. 28) zu machen, ihn also einer „verächtlichen Behandlung“ (BVerfG vom 15.12.1970 – 2 BvF 1/69, 2 BvR 629/68, 2 BvR 308/69, Rn. 81) auszusetzen. Das verlangt das Grundgesetz auch gegenüber jedem Flüchtling.

Literatur

Aliens Act (1905). *(An Act to amend the Law with regard to Aliens), Parliament of the United Kingdom,* 5 Edw. 7 c. 13. http://www.uniset.ca/naty/aliensact1905.pdf. Zugegriffen: 02.02.2016.

Auswärtiges Amt (1939). *Die Judenfrage als Faktor der Außenpolitik im Jahre 1938* (Eine Studie des Auswärtigen Amtes zur Auswanderung der Juden), 25.1.1939. http://www.ns-archiv.de/verfolgung/auswanderung/aussenamt.php. Zugegriffen: 02.02.2016.

Bast, J. (2011). *Aufenthaltsrecht und Migrationssteuerung.* Tübingen: Mohr Siebeck.

Buckel, S., Maximilian P. (2012). „Staatsprojekt Europa – Kämpfe um Hegemonie in der Europäischen Union“. *Zeitschrift für Ausländerrecht und Ausländerpolitik* 32 (6), 178–182.

Di Fabio, U. (2016). *Migrationskrise als föderales Verfassungsproblem.* https://www.jura.uni-bonn.de/fileadmin/Fachbereich_Rechtswissenschaft/Einrichtungen/Lehrstuehle/Di_Fabio/Gutachten_Bay_DiFabio_formatiert.pdf. Zugegriffen: 02.02.2016.

Dürig, G. (2015). In T. Maunz, G. Dürig (Hrsg.), *Grundgesetz Kommentar, Erstbearbeitung.* München: Beck.

Greismann, M. (2015). In H. von der Groeben, J. Schwarze & A. Hatje (Hrsg.), *Europäisches Unionsrecht* (7. Auflage). Baden-Baden: Nomos.

Jochum, G. (2006). Art. 19: Schutz bei Abschiebung, Ausweisung und Auslieferung. In P.J. Tettinger, K. Stern (Hrsg.), *Kölner Gemeinschaftskommentar zur Europäischen Grundrechte-Charta.* München: C.H. Beck.

Lehnert, M., Markard N. (2012). „Mittelmeerroulette – Das Hirsi-Urteil des EGMR und die europäische Grenzschutzpolitik auf See“. *Zeitschrift für Ausländerrecht und Ausländerpolitik* 32 (6), 194–199.

Makarov, A. (1952). „Das internationale Flüchtlingsrecht und die Rechtsstellung heimatloser Ausländer nach dem Bundesgesetz vom 25.4.1951“. *Zeitschrift für ausländisches öffentliches Recht und Völkerrecht* 14 (3), 431–462.

Oltmer, J. (2013). *Migration im 19. und 20. Jahrhundert* (2. Aufl.). München: Oldenbourg.

Ruffert, M. (2011). In C. Callies, M. Ruffert (Hrsg.), *EUV/AEUV – Das Verfassungsrecht der Europäischen Union mit Europäischer Grundrechtecharta, Kommentar* (4. Auflage). München: C.H. Beck.

Schmalz, D. (2015). „Radikale Kosmopolitik – ein Rejoinder“. Verfassungsblog vom 16.9.2015. http://verfassungsblog.de/radikale-kosmopolitik-ein-rejoinder/. Zugegriffen: 04.02.2016.

Tiedemann, P. (2015). *Flüchtlingsrecht: Die materiellen und verfahrensrechtlichen Grundlagen*. Heidelberg u. a.: Springer.

Weber, A. (2012). „Menschenrechtlicher Schutz von Bootsflüchtlingen. Bedeutung des Straßburger Hirsi-Jamaa-Urteils für den Flüchtlingsschutz". *Zeitschrift für Ausländerrecht und Ausländerpolitik* 32 (8), 265–270.

Die Flüchtlinge und ihr Status

Praktische Implikationen einer defizitären Rechtsstellung

Norbert Cyrus

Zusammenfassung

Das System des internationalen Flüchtlingsschutzes ist nicht in der Lage, alle geflüchteten Schutzsuchenden in der erforderlichen und menschenrechtlich gebotenen Weise zu versorgen. Die Krise des Flüchtlingsschutzes wird durch eine antagonistische Konzeption des Flüchtlingsstatus evoziert, die einerseits Nationalstaaten Anreize und Gelegenheiten bietet, sich einer Beteiligung am Flüchtlingsschutz zu entziehen. Andererseits werden Anreize und Gelegenheiten für Schutzsuchende gesetzt, auch unter lebensgefährlichen Risiken in ein sicheres Land zu reisen, um die Einlösung des Versprechens auf Überprüfung eines Asylantrages zu menschenwürdigen Bedingungen einzufordern. Zur Verbesserung des Flüchtlingsschutzes sind die rechtlichen Bestimmungen und institutionellen Strukturen zu reformieren.

1 Einleitung

Das Beklagen der andauernden Unzulänglichkeiten und des punktuellen Versagens des internationalen Flüchtlingsschutzes und der dramatischen Folgen für Flüchtende sind keine neuen Themen. Zu den seit langem diskutierten Problemen gehören zum Beispiel eine als zu eng kritisierte Definition des Flüchtlingsbegriffs, das Fehlen sicherer Zugangsmöglichkeiten zu Schutzangeboten, die Unterfinanzierung des Flüchtlingshilfswerks der Vereinten Nationen oder die unzureichenden Lebensperspektiven für Flüchtlinge, die zum Teil seit Jahrzehnten ohne Aussicht auf Verbesserung ihrer Situation in Flüchtlingslagern leben müssen. In diesem Essay wird argumentiert, dass die unbefriedigende Situation durch eine antagonistische Konzeption des internationalen Flüchtlingsschutzes evoziert wird, die einerseits Nationalstaaten Anreize und Gelegenheiten bietet, sich einer Beteiligung am Flüchtlingsschutz zu entziehen und andererseits Anreize und Gelegenheiten für Schutzsuchende setzt, auch unter lebensgefährlichen Risiken in ein sicheres Land zu reisen, um die Einlösung des Versprechens auf Überprüfung eines Asylantrages zu menschenwürdigen Bedingungen einzufordern.

2 Die Flüchtlingsschutzkrise

In den aktuellen humanitären Debatten der 2010er Jahre ist die Rede von einer Flüchtlingskrise. Zutreffender ist aber die Bezeichnung Flüchtlings*schutz*krise. Denn das Wort Flüchtlingskrise verweist auf Flüchtende[1] als Ursache der Krise und als Adressaten von Maßnahmen zu ihrer Bewältigung. Der Begriff der *Flüchtlingsschutzkrise* verweist dagegen auf das internationale System des Flüchtlingsschutzes, stellt dessen Unzulänglichkeiten in den Vordergrund und markiert es als Ansatzpunkt für Interventionen. Zur wissenschaftlichen Analyse der *Flüchtlingsschutzkrise* werden zwei Ansätze verfolgt. Die Flüchtlingsforschung *(refugee studies)* konzentriert sich auf die Statusgruppe der Flüchtlinge und ihre Interaktion mit Transit- und Aufnahmestaaten sowie Hilfsorganisationen. In dieser Perspektive werden, ausgehend und auf der Grundlage der bestehenden internationalen und nationalen rechtlichen Bestimmungen, Mängel in der Umsetzung des Flüchtlingsschutzes analysiert und die konsequente Einhaltung der flüchtlingsrechtlichen Verpflichtungen durch die Mitgliedsstaaten der Genfer Flüchtlingskonvention (GFK) als Lösungsansatz aufgezeigt (Hathaway und Foster 2014). Dagegen untersucht die Soziologie der Zwangsmigration *(sociology of forced migration)* das *Flüchtlingsschutzsystem* nicht als isoliertes Phänomen, sondern als Effekt der Handlungen der an der Institution Flüchtlingsschutz Beteiligten. Es geht in dieser Perspektive zunächst darum, die Strukturen und Prozesslogiken des Flüchtlingsschutzsystems im Kontext von Migration und sozialer Transformation der Welt und die sozialen und politischen Dynamiken zu analysieren (Richmond 1988; Chimni 2008; Castles 2003). Konsequent weiter gedacht führt dieser Ansatz dazu, *auch* die Flüchtenden selber als handlungsfähige und handelnde Akteure zu betrachten: „It is vital to investigate the *human agency* of the forced migrants and of the sending and receiving communities" (Castles 2003, S. 30). Nur die syste-

1 Ich verwende den Begriff „Flüchtende" bzw. „Geflüchtete" als allgemeine Bezeichnung für Menschen, die ihren Wohnort aus Angst vor existenzbedrohender Gefährdungen verlassen und an einem anderen Ort Schutz suchen. Von „Flüchtlingen" rede ich nur im rechtlichen Sinne der Genfer Flüchtlingskonvention, dann auch von Konventionsflüchtlingen im engeren Sinne (politische Verfolgung) und weiteren Sinne (Verfolgung aufgrund weiterer Merkmale wie Geschlecht, Religion, sexuelle Orientierung).

matische Berücksichtigung der Handlungsfähigkeit *(human agency)* Flüchtender, so mein Argument, ermöglicht ein differenziertes Verständnis des Flüchtlingsschutzsystems und seiner Dynamiken.

Eine Betrachtung der wissenschaftlichen Beiträge zur Flüchtlingspolitik und Fluchtmigration vermittelt den Eindruck, dass in erster Linie und nicht selten allein den (Regierungen und Behörden der) Nationalstaaten Handlungsfähigkeit zugesprochen wird. So werden zum Beispiel in einer aktuellen Veröffentlichung mit dem – übersetzten – Titel „Das Recht zu flüchten" (Orchard 2014) allein Staaten und internationale Organisationen als handelnde Akteure betrachtet. Flüchtlinge erscheinen dagegen lediglich als Objekte und passive Empfänger der von Staaten, Internationalen Organisationen und Hilfsorganisationen durchgeführten bzw. angebotenen Maßnahmen.

Die Vorstellung, dass Flüchtlinge keine oder eine nur stark eingeschränkte Handlungsfähigkeit besitzen, entspricht und reproduziert stereotypische Vorstellungen, wonach das besondere Flüchtlingsmerkmal darin besteht, auf eine Gefährdungssituation ohne Wahlmöglichkeit nur noch mit spontaner Flucht reagieren und nichts weiter als das nackte Leben retten zu können. Eine solche universelle Festlegung des Flüchtlingsbegriffs wird aber, wie Katharina Inhetveen (2010a) argumentiert, der Vielfalt der Fluchtsituationen und der davon Betroffenen nicht gerecht und erweist sich angesichts der politischen Implikationen als prekäre Angelegenheit. In sozialwissenschaftlicher Perspektive handelt es sich bei dieser Festlegung um eine sozialweltliche Typisierung, ein Deutungsmuster, mit denen „der Flüchtling" interpretiert wird. Für Deutschland identifiziert Inhetveen fünf historisch, kulturell und rechtlich verankerte Sozialfiguren, anhand derer „der Flüchtling" durch andere gedeutet wird. Neben der Typisierung als „verletzliches Opfer", das von Spenden sammelnden Hilfsorganisationen mit dem Bild der in einem Flüchtlingslager lebenden „madonnenhaften Flüchtlingsmutter" ikonisiert wird, verweist Inhetveen auf den nach 1945 vertriebenen „tüchtigen Flüchtling", auf den vor dem Kommunismus geflohenen „politischen Flüchtling", auf den „gerissenen Asylbetrüger", der Schutz sucht ohne die enge und eng ausgelegte Definition des Flüchtlingsschutzes zu erfüllen und auf den „illegalen Flüchtling", der sich unberechtigterweise Zugang zum Territorium verschafft hat. Diese Deutungsmuster sind mit dem Flüchtlingsphänomen lose verkoppelt und stehen mit ihnen in Wechselwirkung, sind aber keinesfalls mit ihnen deckungsgleich (Inhetveen 2010a).

Die Handlungsfähigkeit von Flüchtlingen ist ein weitgehend vernachlässigtes und kaum beachtetes Forschungsfeld. Dies mag damit zusammenhängen, dass diese Perspektive das zweckdienliche Bild (convenient image) des Flüchtlings als hilfloses Opfer, das eine unmittelbar intuitive Begründung der Schutzbedürftigkeit liefert und die Bereitschaft zu Spenden fördert, in Frage zu stellen droht (Zetter

2007, S. 173). Die Nichtbeachtung der Handlungsfähigkeit kann aber auch durch ein Verständnis bedingt sein, das unter Handlungsfähigkeit allein die voraussetzungsvolle Kombination der Nutzung *und* Erweiterung von Handlungsräumen versteht (Holzkamp 1983, S. 354). Dagegen verstehe ich – unter Missachtung differenzierter und anspruchsvoller sozialwissenschaftlicher Konzeptionalisierungen (Homfeldt 2006) – in dem hier behandelten Rahmen und Zusammenhang unter Handlungsfähigkeit grob vereinfacht „die Fähigkeit, etwas herbeizuführen" im „Gegensatz zu dem Fall, in dem einem etwas bloß widerfährt" (Searle 2012, S. 116).

Der aktuelle Forschungsstand zum Entscheidungsprozess in Gefährdungssituationen verweist darauf, dass Flüchtende keine passiven Opfer sind (Cummings et al. 2015, S. 39). Fluchtmigration ist nicht vorrangig die Folge einer spontanen Reaktion auf eine plötzlich auftretende Gefahr für Leib und Leben, sondern kann auch das Ergebnis einer länger andauernden Abwägung sein. Die Risiken und Nachteile des Bleibens und des Flüchtens werden unter den Bedingungen schwer einzuschätzender Konkretheit der Gefahr und der ungewissen Entwicklung der Situation eingeschätzt (Zimmermann 2011). Menschen sehen auch die möglichen Nachteile einer verfrühten Entscheidung zur Flucht. Sie sehen auch die Gefahren und Risiken einer Flucht. Wenn die Einschätzung der aktuellen Gefahren für die eigene Sicherheit und das Überleben im Heimatland aber gegen ein Bleiben spricht, sind Menschen bereit, die Risiken der Flucht einzugehen. Flüchtende verfügen auch während der Reise über ein gewisses Maß an Handlungsfähigkeit: Sie können sich zusammenschließen, Anordnungen widersetzen, laut protestieren oder über öffentlichen Protest auf ihre Lage aufmerksam machen (Cummings et al. 2015, S. 39). Die individuellen Handlungsmöglichkeiten mögen oft eher gering sein und in Richtung Ohnmacht tendieren. Die Handlungsfähigkeit kann aber auf mindestens zwei Wegen erweitert werden: Zum einen durch soziale Vernetzung und kollektives Handeln. Und zum anderen durch die Berufung auf den Flüchtlingsstatus.

3 Der Flüchtlingsstatus als institutionelle Tatsache

Die folgende Betrachtung des Flüchtlingsstatus wird durch die Theorie institutioneller Tatsachen angeleitet. Der Gesellschaftsphilosoph John Searle argumentiert in Weiterführung der Sprechakttheorie, dass – stark verkürzt dargestellt – die *gesellschaftliche* Realität durch institutionelle Deklarationen konstituiert wird. So wird zum Beispiel einer bestimmten Sorte Papier per Deklaration einer Notenbank die Funktion eines Zahlungsmittels zugewiesen. Diese Sorte Papier hat damit einen Status als „institutionelle Tatsache", der mit Pflichten (das Papier als Zahlungsmittel zu akzeptieren) und Rechten (mit Papiergeld zahlen zu können) verbunden ist. Die konstitutive Regel für die Umwandlung von Papier in Geld lautet „X gilt im Kontext K als Y". Eine „institutionelle Tatsache" weist den an einer Institution Beteiligten Rechte, Pflichten, Festlegungen, Berechtigungen, Bewilligungen oder Befugnisse zu und bildet eine Ressource deontischer Machtausübung: „Deontische Machtbefugnisse beinhalten, dass man die Menschen zu bestimmten Handlungen bringt, ohne Gewalt anzuwenden (…) Gebe ich dir ein Versprechen, hast du mir gegenüber einen deontischen Machtanspruch, denn ich habe einen für mich verbindlichen Grund geschaffen, das zu tun, was ich dir versprochen habe" (Searle 2012, S. 248 f.). Das Funktionieren institutioneller Tatsachen ist nach Searle allerdings an zwei Voraussetzungen gebunden: „Allgemein gilt, dass institutionelle Strukturen, um zu funktionieren, kollektive Anerkennung von Seiten der an dieser Institution Beteiligten voraussetzt, während einzelne Transaktionen im Rahmen der Institutionen voraussetzen, dass es Kooperationen (…) gibt" (Searle 2012, S. 99).

Auch der Flüchtlingsstatus lässt sich mit Searle als ein Versprechen analysieren, das nach der konstitutiven Regel der Theorie institutioneller Tatsachen durch eine fortwährende Deklaration in die Welt gebracht wird: Ein Mensch (X) gilt unter der Voraussetzung, dass die Definition des von den Vereinten Nationen deklarierten Genfer Abkommens über die Rechtsstellung der Flüchtlinge von 1951 (GFK) und des New Yorker Protokolls von 1967 auf ihn zutreffen (K), als Flüchtling (Y). Wie alle institutionellen Tatsachen weist der Flüchtlingsstatus den institutionell Beteiligten je spezifische Rechte und Pflichten zu, die unter der Bedingung kollektiver Anerkennung und Kooperation zur Ressource deontischer Macht werden. In diesem Essay wird deutlich werden, dass der Flüchtlingsstatus einen hohen Grad kollektiver Anerkennung genießt, die sich allerdings auf eine sehr enge und eng ausgelegte formale Definition des Flüchtlingsbegriffs beschränkt und nur geringe Kooperationsbereitschaft zwischen den institutionell Beteiligten beinhaltet.

Historisch gesehen sollte das Genfer Abkommen vor allem die Funktion erfüllen, den westlichen Staaten das Recht zuzusichern, Angehörigen sozialistischer Staaten als Flüchtlinge Asyl zu gewähren und sie nicht ausliefern zu müssen (Kimminich 1982; Feller 2001). Zu diesem Zweck definierte das Abkommen den Begriff Flüchtling und regelte die Rechtsstellung im Verhältnis zu dem Land, in dem ein Flüchtling sich aufhält. Mit dem New Yorker Protokoll wurden die geographischen Beschränkungen auf europäische Flüchtlinge und die anfänglich befristete Laufzeit der Konvention 1967 aufgehoben. Als so nicht weiter bedachte Konsequenz haben Genfer Konvention und New Yorker Protokoll dem Flüchtlingsstatus eine Rechtsstellung gegeben, die zugleich stark und defizitär ist.

4 Die antagonistische Konzeption der institutionellen Tatsache Flüchtlingsstatus

Der Flüchtlingsstatus verleiht Schutzsuchenden, die sich auf dem Territorium eines Staates befinden und einen Antrag auf Schutzgewährung stellen können, eine starke Rechtsstellung: Im Sinne der GFK ist eine Person ein Flüchtling mit allen aus der GFK verbundenen Rechten, sobald die Flüchtlingsdefinition auf sie zutrifft. Die Zuerkennung des Flüchtlingsstatus ist als deklaratorischer und nicht als konstitutiver Akt konzipiert (Hathaway 2003, S. 25). Flüchtlinge verlieren wegen einer unerlaubten Einreise weder ihre Flüchtlingseigenschaft noch dürfen sie dafür bestraft werden. Darüber hinaus verbietet die GFK (Artikel 34) grundsätzlich, „einen Flüchtling auf irgendeine Weise über die Grenzen von Gebieten ausweisen oder zurückweisen, in denen sein Leben oder seine Freiheit wegen seiner Rasse, Religion, Staatsangehörigkeit, seiner Zugehörigkeit zu einer bestimmten sozialen Gruppe oder wegen seiner politischen Überzeugung bedroht sein würde." Dieser erweiterte Schutz vor Abschiebung (Refoulment-Verbot) wurde durch die Einführung eines subsidiären Schutzstatus in der Europäischen Qualifikationsrichtlinie (2004) zu einer bindenden Rechtsposition für alle EU-Mitgliedsstaaten (Betts 2010, S. 364). Das Refoulment-Verbot der GFK und der subsidiäre Schutzstatus der Qualifikationsrichtlinie bilden für Flüchtlinge eine Ressource deontischer Machtausübung im Verhältnis zu dem Staat, bei dem ein Antrag auf Schutzgewährung gestellt werden konnte.

Die Konzeption des Flüchtlingsstatus weist in anderen Hinsichten aber erhebliche Einschränkungen auf. Die GFK macht keine Vorgaben im Hinblick darauf, welcher Nationalstaat für die Schutzgewährung zuständig ist, wie die Verfahren zur Schutzgewährung konkret ausgestaltet werden oder wie der Zugang zur Schutzgewährung zu gestalten ist. Die Verpflichtung zur Schutzgewährung beschränkt sich zudem auf eine Person, die aus „der begründeten Furcht vor Verfolgung wegen ihrer Rasse, Religion, Nationalität, Zugehörigkeit zu einer bestimmten sozialen Gruppe oder wegen ihrer politischen Überzeugung sich außerhalb des Landes befindet, dessen Staatsangehörigkeit sie besitzt, und den Schutz dieses Landes nicht in Anspruch nehmen kann oder wegen dieser Befürchtungen nicht in Anspruch nehmen will" (GFK Art. 1). Die Flüchtlingseigenschaft ist somit eng begrenzt auf Personen, die vom eigenen Staat *verfolgt* oder vor Verfolgung nicht geschützt werden. Die Zuerkennung der Flüchtlingseigenschaft ist an das Kriterium individueller Verfolgung geknüpft und nicht an die Tatsache einer mit Flucht verbundenen humanitären Notlage. Damit wird das Recht auf Schutz abhängig gemacht von der Ursache und den Umständen einer Verfolgungssituation (Hathaway 1990).

Das Genfer Abkommen hatte zunächst allein die Rechtsstellung europäischer Flüchtlinge geregelt. Zur Versorgung nichteuropäischer Flüchtlinge wurde 1951 das Flüchtlingshilfswerk der Vereinten Nationen gegründet. Das Flüchtlingshilfswerk übernimmt die Versorgung von Flüchtlingen in Ländern, die nicht in der Lage sind, eine große Anzahl an Flüchtlingen aus eigener Kraft zu versorgen, zu schützen und ihnen ein faires Asylverfahren zu garantieren. Faktisch bietet dieses System der humanitären Hilfe auch denjenigen Geflüchteten Schutz und Versorgung an, auf die die Flüchtlingsdefinition der GFK im engeren Sinne nicht zutrifft. Es knüpft an die tatsächliche humanitäre Notlage an und bietet niedrigschwellig erreichbare Hilfe.

Die humanitären Angebote des UN Flüchtlingshilfswerks basieren auf der Annahme, dass Gefährdungssituationen vorübergehenden Charakter haben und die Rückkehr der Geflüchteten nach kurzer Zeit möglich ist und auch die beste Lösung darstellt. Die vom UN Flüchtlingshilfswerk registrierten Geflüchteten erhalten Unterstützung bei der Beantragung von Asyl, werden in Lagern versorgt, und – sobald die Gefährdungslage vorüber ist – bei der Rückkehr unterstützt. Außerdem verwaltet das UN Flüchtlingshilfswerk das Programm zur Neuansiedlung (resettlement) in diejenige sicheren Länder, die sich zur Aufnahme von Flüchtlingen bereit erklären. Die Mittel zur Finanzierung der Versorgung von Flüchtlingen muss das UN Flüchtlingshilfswerk bei Nationalstaaten und privaten Spendern auf freiwilliger Basis einwerben. Feste Zuwendungen der Vereinten Nationen decken nur zwei Prozent des Budgets des UN Flüchtlingshilfswerk zur Finanzierung der Verwaltungstätigkeiten.

Geflüchtete, die die Angebote des UN-Flüchtlingshilfswerks annehmen, gelten in der Logik des internationalen Flüchtlingsschutzes als geschützt. Das System der humanitären Hilfe weist den registrierten Geflüchteten eine defizitäre Rechtsstellung zu, da mit der Registrierung der Anspruch, außerhalb der vom UN-Flüchtlingshilfswerk verwalteten Verfahren an anderen Orten erneut internationalen Schutz oder Asyl zu beantragen, von einigen Nationalstaaten bestritten wird (Zimmermann 2009).

5 Geringe Kooperation und Beteiligung der Nationalstaaten

Die knappe Darstellung verweist darauf, dass die erfolgreiche Umsetzung des Systems des internationalen Flüchtlingsschutzes von der Beteiligung der Nationalstaaten abhängt. Die Bereitschaft dazu ist aber gering. In den letzten Jahren haben Nationalstaaten Regime der Zugangsverhinderung eingeführt (Höfling-Semnar 1995; Cyrus 1999; Orchard 2014; United Nations Development Programme 2009). Um Schutzsuchende daran zu hindern, das Territorium zu betreten und damit die Vorbedingung für das Recht auf Beantragung von Asyl zu erfüllen, werden Maßnahmen angewandt, durch die Menschenrechte verletzt werden – so auch von Mitgliedsstaaten der Europäischen Union (Weber 2012). Zudem wird der Zugang zum Asylverfahren durch zusätzlich deklarierte Verfahrensbestimmungen und -voraussetzungen eingeschränkt (sichere Herkunfts- und Drittstaaten). Für die Dauer des Verfahrens schreiben einige Ländern auch Einschränkungen der Lebensführung (Arbeitsverbot, Residenzpflicht, Sachleistungen) vor. Die Anerkennung als Asylberechtigte orientiert sich eng an dem Merkmal der politischen Verfolgung. Schließlich wird Antragstellern, denen die Flüchtlingseigenschaft nicht zuerkannt wird, keine dauerhafte Bleibeperspektive zugestanden.

Die Politiken der Zugangsverhinderung und Absenkung von Standards werden auch von der Europäischen Union und ihren Mitgliedsstaaten gemeinsam verfolgt (Müller 2010). Dabei stehen die EU-Mitgliedsstaaten zugleich in Konkurrenz zueinander, wenn es um die Vermeidung der Schutzgewährung für Personen geht, die es geschafft haben, auf das Gebiet der Europäischen Union zu gelangen. Die Nichtkooperation der EU-Mitgliedsstaaten führt seit Jahren zu einer ungleichen Verteilung der Geflüchteten über die EU-Mitgliedsstaaten.

Mit der „erfolgreichen" Verschiebung der Verantwortung für den Flüchtlingsschutz auf andere Länder oder in die Verantwortung des UN-Flüchtlingshilfswerks sinkt der innenpolitische Druck, sich an der Finanzierung der Versorgung von Flüchtlingen oder am Programm der Neuansiedlung zu beteiligen. Die vorliegenden Angaben des UN-Flüchtlingshilfswerks und qualitativer Studien verdeutlichen, dass die Konzepte der humanitären Hilfe von den unzutreffenden Annahmen ausgehen, dass Schutzbedürftigkeit regional begrenzt und zeitlich befristet auftritt und Geflüchtete nach dem Ende einer Gefährdungssituation in ihr Land zurückkehren. Diese Voraussetzungen sind nicht immer gegeben. Einige Lager haben sich zu Dauereinrichtungen entwickelt (Bookman 2002; Simeon 2013; Janmyr 2014; Gammeltoft-Hansen 2011). Insgesamt lebten im Jahr 2013 etwa 3,3 Millionen Flüchtlinge in geplanten Lagern (UNHCR 2015, S. 43). „In Afrika lebt die Hälfte aller Flüchtlinge in Flüchtlingslagern. Diese Art der Unterbringung soll eigentlich eine Notlösung sein, doch viele Menschen müssen jahrelang ausharren, da sich die Situation in ihrem Heimatland nicht bessert. Häufig leben mehrere zehntausend Menschen auf engstem Raum".[2] Nach Angaben des UN-Flüchtlingshilfswerks ist das größte Flüchtlingslager der Welt Dadaab im Nordosten Kenias. Seit der Eröffnung 1991 zur Versorgung von 90 000 Flüchtlingen, die vor dem Bürgerkrieg in Somalia geflüchtet waren, ist das Lager auf fünf Standorte zur Versorgung von mehr als 350 000 Flüchtlingen angewachsen. Inzwischen lebt hier schon die dritte, im Lager geborene Generation von Flüchtlingen.[3]

2 http://www.unhcr.de/mandat/humanitaere-hilfe.html.
3 http://www.unhcr.org/4f439dbb9.html.

Auch das Programm der Neuansiedlung bietet keine nachhaltige Lösung: Im Jahr 2013 haben Nationalstaaten gerade einmal 100 000 Flüchtlinge neu angesiedelt. Unzureichend ist auch die Beteiligung an der Finanzierung des UN-Flüchtlingshilfswerkes. Für das Jahr 2013 bezifferte das UN-Flüchtlingshilfswerk den Umfang der finanziellen Mittel, die für eine angemessene Versorgung der Flüchtlinge erforderlich gewesen wären, auf 5,3 Milliarden Dollar. Nur 60 Prozent dieser Summe (etwas mehr als 2,9 Milliarden Dollar) konnte für dieses Jahr tatsächlich eingeworben werden (UNHCR 2015, S. 26f.). Als Konsequenz der Unterfinanzierung kürzt das UN-Flüchtlingshilfswerk die materielle Unterstützung. Damit verschlechterten sich die Lebensbedingungen und Zukunftsaussichten der vom UNHCR versorgten Flüchtlinge weiter.

Das Konzept des internationalen Flüchtlingsschutzes bietet den Nationalstaaten Anreize und Gelegenheiten, den Flüchtlingsschutz auf andere abzuschieben, aber nur wenig Anreize zur Kooperation. Nach Suhrke (1998) sind die Anreize zur Kooperation aus zwei Gründen schwach: Die Maßnahmen des Flüchtlingsschutzes setzen bei den Symptomen und nicht bei den Ursachen an. Regierungen vermeiden Selbstverpflichtungen, weil die möglichen Kosten *verbindlicher* Vereinbarungen zur Lastenteilung die Zukunft betreffen und unsicher sowie nicht kalkulierbar sind. Zudem sehen Nationalstaaten eine Alternative darin, die Lasten durch unilaterale Handlungen auf andere zu verschieben (beggar-thy-neighbour policy). Suhrke argumentiert, dass – zumindest für liberaldemokratische Staaten – eine durchaus mögliche konsequente militärische Durchsetzung der Migrationskontrolle und vollständige Nichtbeteiligung am Flüchtlingsschutz durch die damit verbundenen politischen und moralischen Kosten begrenzt wird (Suhrke 1998). Die Erfahrungen der letzten Jahrzehnte belegen allerdings, dass auch liberale demokratische Staaten durchaus menschenrechtswidrige Maßnahmen anwenden, solange diese Maßnahmen nicht von einer kritischen Öffentlichkeit skandalisiert und durch gerichtliche Entscheidungen unterbunden werden.

6 Die Handlungsfähigkeiten und -gelegenheiten von Flüchtlingen

Die Situation Flüchtender ist durch soziale und rechtliche Verletzlichkeit charakterisiert, da der eigene Staat die Verpflichtung zur Einhaltung der individuellen Menschen- und Grundrechte als Ursache oder Folge einer Flucht nicht mehr erfüllt. Nur ein kleiner Teil der Geflüchteten wird von anderen Staaten als Asylberechtigter mit starker Rechtsstellung aufgenommen. Die große Mehrheit lebt in einem anderen Land unter Bedingungen einer defizitären Rechtsstellung und prekären sozialen Lage. In vielen Ländern ist die soziale Situation auch für die vom

UN-Flüchtlingshilfswerks registrierten und in Lagern versorgten Flüchtlinge unzureichend. Unter diesen Bedingungen wird der Flüchtlingsstatus als Ressource deontischer Macht zu einem Orientierungsrahmen für Geflüchtete: Sie versuchen, ihre Lage durch opportunistische und instrumentelle Berufung auf den Flüchtlingsstatus zu verbessern.

In diesem Sinne lässt sich eine von Gaim Kibreab berichtete Episode verstehen. Kibreab interviewte einen alten, aber vitalen Mann, der durch das UN-Flüchtlingshilfswerk versorgt wurde. Als eine Vertreterin des Flüchtlingshilfswerks zu Besuch kam, veränderte der Mann sein Erscheinungsbild und begann über akute Schmerzen und Unwohlsein zu klagen. Auf diese Episode später angesprochen, erklärte der Mann: „Obwohl ich in Armut lebe will mir niemand von diesen Leuten helfen. Sie wollen mir nicht einmal zuhören. Es bekommen nur diejenigen (zusätzliche) Unterstützung die ernsthaft krank sind. Diese Weißen verschließen ihre Augen solange bis es fast zu spät ist. Warum soll ich warten bis es zu spät ist? Ich brauche jetzt Unterstützung. Ich versuche doch bloß die Sprache zu sprechen, die diese Leute verstehen" (Kibreab 2004, S. 9).

Die Episode zeigt, dass Flüchtlinge versuchen, ihre Interessen durch die Anwendung von Taktiken durchzusetzen, die in einer formalrechtlichen Perspektive als betrügerisch und unmoralisch bewertet werden. Für die Machtunterlegenen ist die Anwendung solcher „Waffen der Schwachen" (Scott 1987) aber ein legitimes Mittel, um die eigene Lage zu verbessern. Im Flüchtlingslager Dadaab in Kenia beobachtete Katharina Inhetveen, wie junge Männer sich je nach Situation als hilfsbedürftige Bittsteller oder als selbstbewusst ihre Rechte einfordernde Flüchtlinge präsentierten (Inhetveen 2010b, S. 149 f.). In einem Flüchtlingslager in Somalia setzten eritreische Flüchtlinge in Kooperation mit somalischen Behörden durch, dass sie vom UN-Flüchtlingshilfswerk mehrfach registriert wurden, um höhere Nahrungsmittelrationen und umfangreichere Unterstützungsleistungen zu erhalten (Kibreab 2004, S. 6–8). Auch das vom Flüchtlingswerk der Vereinten Nationen vermittelte Angebot zur Neuansiedlung in westlichen Ländern stellt einen Anreiz dar, durch Angabe falscher Informationen eine Verbesserung der Lebenssituation erreichen. So ließen sich in der Elfenbeinküste lebende Auswanderungswillige in einem Flüchtlingslager in Ghana registrieren, um an dem Neuansiedlungsprogramm teilnehmen zu können. Da sie bereits Verwandte in den USA hatten, rechneten sie sich größere Erfolgschance aus (Ludwig 2016). In Flüchtlingslagern in Kenia arrangierten sich Bewohner*innen mit dem von Korruption geprägten Antragsverfahren zur Neuansiedlung. Sie leisteten verlangte Bestechungszahlungen und machten falsche Angabe, um einen Platz zu erhalten. Für andere Bewohner*innen wurde die Beantragung auf Berücksichtigung in dem Neuansiedlungsprogramm von einer verstörenden Veränderung der Persönlichkeit begleitet. Die als *Buufis* bezeichneten Antragstellenden richteten ihr gesamtes Leben an der Vorstellung der Neuansiedlung aus. Die Ablehnung des Antrags führte zu schweren psychischen Erkrankungen bis zum Selbstmord (Horst 2006, S. 161 ff.).

Da Geflüchtete mit der Registrierung durch UNHCR im rechtlichen Sinne als geschützt gelten, wird eine unkontrollierte Weiterwanderung rechtlich als „Sekundärwanderung" betrachtet, die keinen Anspruch auf Schutzgewährung in einem anderen Land begründet. Dennoch verweist ethnographische Forschung schon seit längerem darauf, dass einige in Lagern versorgte Personen versuchen, auf irregulärem Wege unter Inanspruchnahme der Dienstleistungen von Schleusern in ein westliches Land zu gelangen, um dort Asyl zu beantragen (Horst 2006, S. 190 ff.; Zimmermann 2009). In einer aktuellen Studie kommen Flüchtlinge zu Wort, die aus Flüchtlingslagern in Äthiopien und Somalia geflüchtet waren und im Herbst 2015 in europäischen Städten interviewt wurden. Sie berichteten von Überbelegung, unhygienischen Lebensbedingungen und unzureichenden Zugang zu sauberem Wasser und ausreichender Menge an Lebensmittel: „Die Bedingungen waren sehr schlecht. Es war heiß und staubig. Ich teilte eine kleine Hütte mit elf anderen Mädchen und wir haben nicht immer Essen bekommen. Diejenigen, die Geld hatten, haben sich ihr Essen gekauft" (zitiert in Cummings et al. 2015, S. 18). Die skeptische Haltung handlungsfähiger Geflüchteter gegenüber den Angeboten humanitärer Hilfe kann auch den Verlauf der Fluchtmigration beeinflussen. Für eine ethnographische Untersuchung erklärt ein Geflüchteter, warum er in der Türkei keinen Antrag auf Asyl stellen will: Die Befragung erinnert an Polizeiverhöre, die Flüchtlingsdefinition wird sehr eng ausgelegt, die Beweislast liegt auf Seiten der Antragsteller, die Verfahren dauern lang und die Unsicherheit über das Ergebnis ist hoch, die Anerkennungsquote ist niedrig ist und es gibt auch keine finanzielle Unterstützung. Er könne anderen Geflüchteten in der Türkei nur empfehlen: „Stay away from the system" (zitiert in Hess und Karakayali 2007, S. 45).

Die Schutzlücken und Mängel des Systems des internationalen Flüchtlingsschutzes und die spezifische Verengung des Zugangs zu Asyl- und Schutzgewährung führen im Ergebnis dazu, dass es gegenwärtig keine institutionellen Mechanismen gibt, die Flüchtlingen den individuellen Zugang zur Geltendmachung von Rechtsansprüchen in sicheren und wohlhabenden Staaten sicherstellt (Betts 2010, S. 376). Unter diesen Bedingungen setzt der Flüchtlingsstatus für Schutzsuchende Anreize, auf das Territorium eines als sicher und Perspektive bietenden Staates zu gelangen, um das Recht auf Beantragung von Asyl einzulösen. Den meisten von Cummings et al. interviewten Flüchtenden war bewusst, dass die Reise schwierig und gefährlich wird. Eine Migrantin aus dem Senegal kommentierte das Risiko: „Die Menschen, die das tun, haben keine andere Wahl, sie sterben so oder so. Wenn sie versuchen ihr Land zu verlassen, dann haben sie zumindest etwas unternommen um voranzukommen, um eine schwierige Situation zu überwinden" (zitiert in Cummings et al. 2015, S. 26). Flüchtende betrachteten Bedrohungen, Gewalt und Todesgefahr als gegebene Begleitumstände der Reise an einen Ort, der ihnen als Flüchtling Schutz und Perspektive zu geben verspricht (Zimmermann 2011; Collyer 2010).

7 Schluss

Die individuell-nationalstaatliche Logik und allgemeine Tendenz zur Externalisierung von Kosten und Verantwortlichkeit (Lessenich 2015) regiert auch in der internationalen Migrationspolitik (Cyrus 2011) und beim internationalen Flüchtlingsschutz. Statt kollektiven Handelns dominieren unilaterale Handlungen, die sich an den jeweiligen vermeintlich nationalen Interessen kurzfristig ausrichten. Das allen Staaten im Grundsatz gemeinsame Interesse an einer stabilen Ordnung reicht nicht aus, um eine fair verteilte Aufnahme von Flüchtlingen durch sichere Staaten oder die proportional angemessene Beteiligung an der Finanzierung des UN-Flüchtlingshilfswerkes zu bewirken. Nationalstaaten nutzen bestehende Lücken und Unverbindlichkeiten konsequent, um die eigene Beteiligung am System des Internationalen Flüchtlingsschutzes zu vermeiden oder zu reduzieren. Sie lehnen die mit dem Internationalen Flüchtlingsschutz verbundenen Werte und Verpflichtungen aber nicht offen ab.

Da die nationalstaatlichen Abwehrmaßnahmen die mit dem Flüchtlingsstatus verbundenen Versprechen und deontischen Machtressourcen nicht eliminieren, evozieren sie für Schutzsuchende Handlungsanreize und -gelegenheiten. Um die Angebote des Flüchtlingsschutzes in Anspruch nehmen zu können, müssen Flüchtende auf das Territorium der Staaten gelangen, von denen sie sich eine menschenwürdige Behandlung erhoffen. Die Regime der Zugangsverhinderung führen zu einem eklatanten Widerspruch: Damit Flüchtlinge das gesetzlich verbriefte Recht in Anspruch nehmen können, müssen sie zuerst das Gesetz brechen (Gamlen 2015, S. 310). Dabei bietet der Flüchtlingsstatus als Ressource deontischer Macht auch Personenkategorien, die ebenso wie Flüchtlinge auf irregulärem Wege einreisen ohne den engen und eng ausgelegten Kriterien der Schutzgewährung zu entsprechen, Gelegenheiten und Anreize, sich darauf zu berufen, um weiter in dem Land bleiben zu können.

Als Ressource deontischer Macht beinhaltet das Konzept des Flüchtlingsstatus für die an der Institution Flüchtlingsschutz Beteiligten Anreize und Gelegenheiten, sich zum Flüchtlingsstatus je nach Positionierung und Situationseinschätzung in abweisender, opportunistischer, instrumenteller aber auch verzweifelter Weise zu verhalten. Die Einsicht, dass dem Flüchtlingsstatus antagonistische Anreizlogiken und Gelegenheitsstrukturen inhärent sind, kann zur Erklärung beitragen, warum der Internationale Flüchtlingsschutz versagt. Bis zur Deklaration eines wirklich kollektiven und nachhaltigen institutionellen Flüchtlingsschutzes, wie er bereits seit Anfang der 1970er Jahre diskutiert wird (siehe Suhrke 1998; Hathaway 1997), ist es noch ein weiter Weg.

Literatur

Betts, A. (2010). Survival Migration: A New Protection Framework. *Global Governance: A Review of Multilateralism and International Organizations* 16 (3), 361–38.

Bookman, M. Z. (2002). *After involuntary migration. The political economy of refugee encampments*. Lanham, Md.: Lexington Books.

Castles, S. (2003). Towards a Sociology of Forced Migration and Social Transformation. *Sociology* 37 (1), 13–34. DOI: 10.1177/0038038503037001384.

Chimni, B. S. (2008). The Birth of a ‚Discipline'. From Refugee to Forced Migration Studies. *Journal of Refugee Studies* 22 (1), 11–29. DOI: 10.1093/jrs/fen051.

Collyer, M. (2010). Stranded Migrants and the Fragmented Journey. *Journal of Refugee Studies* 23 (3), 273–293. DOI: 10.1093/jrs/feq026.

Cummings, C., Pacitto, J., Lauro, D. & Foresti, M. (2015). *Why people move: understanding the drivers and trends of migration to Europe*. ODI Working Paper 430. Overseas Development Institute. London.

Cyrus, N. (2011). *Die Eigendynamik der Migrationsprozesse lässt sich nicht steuern – Warum Migrationsmanagement nicht funktionieren kann*. https://heimatkunde.boell.de/2011/05/18/die-eigendynamik-der-migrationsprozesse-laesst-sich-nicht-steuern-warum.

Feller, E. (2001). The Evolution of the International Refugee Protection Regime. *Washington University Journal of Law & Policy* 5 (1), 129–139, http://openscholarship.wustl.edu/law_journal_law_policy/vol5/iss1/11.

Gamlen, A. (2015). ‚An inborn restlessness'. Migration and exile in a turbulent world. *Migration Studies* 3 (3), 307–314. DOI: 10.1093/migration/mnv020.

Gammeltoft-Hansen, T. (2011). *Access to asylum. International refugee law and the globalisation of migration control*. Cambridge, New York: Cambridge University Press (Cambridge studies in international and comparative law).

Hathaway, J. C. (1997). *Reconceiving international refugee law*. The Hague, Boston, Cambridge, MA: M. Nijhoff Publishers.

Hathaway, J. C. (2003). What's in a Label? *European Journal of Migration and Law* 5, 1–21.

Hathaway, J. C., Foster, M. (2014). *The law of refugee status. Second edition*. Cambridge, United Kingdom: Cambridge University Press.

Höfling-Semnar, B. (1995). *Flucht und deutsche Asylpolitik. Von der Krise des Asylrechts zur Perfektionierung der Zugangsverhinderung* (1. Aufl.). Münster: Westfälisches Dampfboot.

Holzkamp, K. (1983). *Grundlegung der Psychologie*. Frankfurt a. M., New York: Campus Verl.

Homfeldt, H. G. (2006). *Transnationalität, soziale Unterstützung, agency*. Nordhausen: Bautz (Interkulturelle Bibliothek, Bd. 28).
Hess, S., Karakayalı, S. (2007). New Governance oder: Die imperiale Kunst des Regierens. Asyldiskurs und Menschenrechtsdispositiv im neuen EU Migrationsmanagement. In Transit Migration Forschungsgruppe (Hrsg.), *Turbulente Ränder. Neue Perspektiven auf Migration an den Grenzen Europas* (S. 39–55). Bielefeld: transcript.
Horst, C. (2006). *Transnational Nomads. How Somalis Cope with Refugee Life in the Dadaab Camps of Kenia*. New York and Oxford: Berghahn.
Inhetveen, K. (2010a). Der Flüchtling. In Stephan Moebius und Markus Schroer (Hrsg.), *Diven, Hacker, Spekulanten. Sozialfiguren der Gegenwart* (S. 148–160). Berlin: Suhrkamp.
Inhetveen, K. (2010b). *Die politische Ordnung des Flüchtlingslagers*. Bielefeld: transcript.
Janmyr, M. (2014). *Protecting Civilians in Refugee Camps. Unable and Unwilling States, UNHCR and International Responsibility*. Leiden: Martinus Nijhoff Publishers (International Refugee Law Series).
Kibreab, G. (2004). Pulling the Wool over the Eyes of the Strangers: Refugee Deceit and Trickery in Institutionalized Settings. *Journal of Refugee Studies* 17 (1), 1–26.
Kimminich, O. (1982). Asyl, das älteste Recht. In H. Spaich (Hrsg.), *Asyl bei den Deutschen: Beiträge zu einem gefährdeten Grundrecht* (S. 150–167). Reinbek bei Hamburg: Rowohlt.
Lessenich, S. (2015). Die Externalisierungsgesellschaft. *Soziologie* 44 (1), 22–32.
Ludwig, B. (2016). „Wiping the Refugee Dust from My Feet": Advantages and Burdens of Refugee Status and the Refugee Label. *International Migration* 54 (1), 5–18.
Müller, D. (2010). *Flucht und Asyl in europäischen Migrationsregimen: Metamorphosen einer umkämpften Kategorie am Beispiel der EU*. Deutschlands und Polens: Universitätsverlag Göttingen.
Orchard, P. (2014). *A Right to flee. Refugees, states, and the construction of international cooperation*. Cambridge, United Kingdom, New York: Cambridge University Press.
Richmond, A. H. (1988). Sociological Theories of International Migration: The Case of Refugees. *Current Sociology* 36 (2), 7–25.
Scott, J. C. (1987). *Weapons of the weak: Everyday forms of peasant resistance*. Princeton, N. J.
Searle, J. R. (2012). Wie wir die soziale Welt machen. Die Struktur der menschlichen Zivilisation (1., neue Ausg.). Berlin: Suhrkamp.
Simeon, J. C. (2013). *The UNHCR and the supervision of international refugee law instruments*. Cambridge: Cambridge UP.
Suhrke, A. (1998). Burden-sharing during Refugee Emergencies: The Logic of Collective versus National Action. *Journal of Refugee Studies* 11 (4), 396–415.
UNHCR (2015). *World at War. UNHCR Global Trends – Forced Displacements 2014*. Hg. v. UNHCR. Geneva.
United Nations Development Programme (2009). *Overcoming barriers. Human mobility and development: human development report 2009*. New York: Palgrave Macmillan.

Weber, A. (2012). Menschenrechtlicher Schutz von Bootsflüchtlingen. Bedeutung des Straßburger Hirsi-Jamaa-Urteils für den Flüchtlingsschutz. *ZAR* 32 (8), 265–270.

Zetter, R. (2007). More Labels, Fewer Refugees. Remaking the Refugee Label in an Era of Globalization. *Journal of Refugee Studies* 20 (2), 172–192. DOI: 10.1093/jrs/fem011.

Zimmermann, S.E. (2009). Irregular Secondary Movement to Europe: Seeking Asylum beyond Refuge. *Journal of Refugee Studies* 22 (1), 74–96. DOI: 10.1093/jrs/fen048

Zimmermann, S.E. (2011). Danger, Loss, and Disruption in Somalia After 1991. Practicalities and Needs Behind Refugee Decision-Making. *Refugee Survey Quarterly* 30 (2), 45–66. DOI: 10.1093/rsq/hdr004.

Flüchtlinge als gesellschaftliche Kategorien und als Konfliktfeld

Ein soziologischer Zugang

Albert Scherr und Çiğdem Inan

Zusammenfassung

In den gegenwärtigen Migrations- und Fluchtdynamiken und den Versuchen ihrer staatlich-politischen Steuerung kommt ein struktureller Grundwiderspruch der globalisierten Weltgesellschaft zum Ausdruck: der Widerspruch zwischen der Produktion immer neuer Migrationsmöglichkeiten und -motive einerseits, Versuchen ihrer Eindämmung und Regulation andererseits. In politischen, medialen und rechtlichen Diskursen artikuliert sich dieser strukturelle Widerspruch als normatives Spannungsverhältnis zwischen Kalkülen, die von nationalstaatlich gefassten Interessen ausgehen und solchen, die auf die bindende Kraft der universalistisch gefassten Prinzipien der Grund- und Menschenrechte verweisen. Der vorliegende Beitrag nimmt darauf bezogen eine konfliktsoziologische Perspektive ein und setzt sich kritisch mit gängigen Annahmen des politischen und medialen Diskurses auseinander. Vor diesem Hintergrund werden Grundlagen einer kritisch-reflexiven Flüchtlingsforschung dargestellt.

> „Bürgerrechte, der Bürgerstatus, die Bürgergesellschaft [...] sind Errungenschaften der Zivilisation, immer wieder gefährdet, überall und vollkommen, aber doch zumindest möglich [...]. Diese Errungenschaften bleiben solange unbefriedigend, ja verstümmelt, wie sie mit dem Ausschluss anderer verbunden sind. [...] Der heterogene Nationalstaat ist einstweilen der verlässlichste Rahmen, der für die Bürgergesellschaft gefunden worden ist. Aber er schließt auch aus. Er muss daher überwunden werden. Wie?"
>
> Dahrendorf (1992, S. 284)

1 Einleitung

Soziologie als Gesellschaftswissenschaft ist darauf verwiesen, die Entstehung, die Formen und die Auswirkungen von Migration und Flucht in einem gesellschaftstheoretischen Rahmen zu betrachten. Und das heißt: als soziale Phänomene, die angemessen nur im Kontext der modernen, globalisierten Weltgesellschaft verstanden werden können. Programmtisch wird die Aufgabenstellung einer Soziologie der erzwungenen Migration (forced migration)[1] bei Stephen Castels (2003, S. 27) wie folgt gefasst:

> „Theorie in diesen Bereich bedeutet, erzwungene Migration als einen zentralen Aspekt der globalen sozialen Beziehungen zu analysieren und in ihrem Zusammenhang mit der neuen politischen Ökonomie, im Kontext der politischen und militärischen Dominanz der USA, mit ökonomischer Globalisierung, der Nord-Süd-Ungleichheit und mit Transnationalismus" (Übersetzung A. S./C. I.).

In politischen und medialen Diskursen, aber auch in der klassischen Soziologie, wird dagegen wie selbstverständlich von der Annahme ausgegangen, dass Gesellschaften als Nationalstaaten verfasst sind, dass der soziale Status und die soziale Zugehörigkeit von Individuen zentral durch ihre Mitgliedschaft als Bürger/innen eines (und nur eines) Staates bestimmt sind sowie dass die Kontrolle über den Zugang zum und den Aufenthalt auf dem Staatsgebiet ein unverzichtbarer Bestandteil der staatlich-politischen Ordnung ist. Grenzüberschreitende Migration ist unter dieser Voraussetzung prinzipiell eine Verletzung der internationalen Ordnung, die nur dann zulässig ist, wenn sie, beispielsweise als Arbeitskräftemigration oder

1 Die Soziologie der forced migration hat sich seit ca. 25 Jahren entwickelt; s. als Überblick dazu Stepputat und Sorensen (2014).

als Bildungsmigration von Studierenden und Wissenschaftler/innen, staatlich erwünscht und deshalb zugelassen oder auch gezielt herbeigeführt wird.

Mit der Entwicklung eines völkerrechtlich verankerten Flüchtlingsschutzes nach dem Zweiten Weltkrieg – der Verankerung des Asylrechts in der Allgemeinen Erklärung der Menschenrechte (AEDM) von 1948, der Verabschiedung der Genfer Flüchtlingskonvention (GFK) 1951 und der Ausweitung ihres Geltungsbereichs durch das Zusatzprotokoll von 1967 – erfolgte jedoch – vor dem Erfahrungshintergrund von Sklaverei, Kolonialismus, Nationalsozialismus und Antisemitismus – eine Einschränkung des staatlichen Rechts, Migration allein nach eigenen Interessen zu regulieren: Durch die Unterzeichnung der AEDM und der GFK verpflichteten sich Staaten, Menschen als Flüchtlinge anzuerkennen, die politisch verfolgt sind und/oder ihr Herkunftsland aus begründeter Furcht vor Verfolgung verlassen, d. h. ihnen auch dann Aufnahme und Schutz zu gewähren, wenn dies nicht im wirtschaftlichen oder politischen Eigeninteresse des jeweiligen Staates liegt.[2] Von Anfang an ist die staatliche Selbstverpflichtung auf die Anerkennung und Aufnahme von Migrant/innen als Flüchtlinge jedoch umstritten und wird mit Einschränkungen versehen: So wurde in der AEDM zwar das Recht verankert, das Herkunftsland zu verlassen und Asyl zu suchen. Diesem völkerrechtlich unumstrittenen „exit right" entspricht jedoch kein „entry right", d. h. kein Recht auf Aufnahme durch einen bestimmten Staat und keine bindende Verpflichtung der Staaten, jeweilige Asylsuchende in ihr Land aufzunehmen (vgl. Offe 2011; Scherr 2012a). Entsprechend ist für das Asylrecht und die GFK festzustellen, dass die allgemein anerkannte Kernbestimmung des Flüchtlingsbegriffs „begründete Furcht vor Verfolgung" erhebliche politische und rechtliche Interpretationsspielräume und damit auch Interpretationskonflikte eröffnet. Dies zeigt sich nicht zuletzt aktuell in den Debatten darüber, wer als „wirklicher Flüchtling" gelten kann und wer als „Armutsmigrant" oder als „Wirtschaftsflüchtling" zu betrachten sei (s. dazu u. a. Scherr 2015).

Bereits in diesen Unterscheidungen wird deutlich: Der Begriff Flüchtling bezeichnet in einflussreichen politischen, medialen und juristischen Diskursen keineswegs alle Menschen, die sich gezwungen sehen, ihr Herkunftsland zu verlassen. Genauso wenig stellt der Flüchtlingsbegriff eine umfassende Einschränkung des Rechts von Staaten dar, den Zugang zum Aufenthalt auf ihrem Territorium zu regulieren. Vielmehr wird mit dem Flüchtlingsbegriff politisch und rechtlich zwischen legitimen und illegitimen Gründen für Migration unterschieden, und dies in einer Weise, die keineswegs unproblematisch ist (s. u.; vgl. dazu u. a. Gatrell 2015, S. 2983 ff.; Scherr 2013; Scherschel 2015; Zetter 2007 und 2014). Soziologi-

2 Eine instruktive Darstellung der Geschichte des Asyl- und Flüchtlingsrechts liegt bei Tiedemann (2014) vor. Die Entwicklung des deutschen Asyl- und Flüchtlingsrecht seit der Verabschiedung des Grundgesetzes hat Poutras (2015) detailliert nachgezeichnet.

sche Flüchtlingsforschung kann sich deshalb nicht dabei darauf beschränken, die gesellschaftlichen Ursachen von Flucht in den Herkunftsländern und die gesellschaftlichen Auswirkungen von Flucht auf die Aufnahmeländer zu untersuchen. Vielmehr ist soziologische Flüchtlingsforschung darüber hinaus aufgefordert zu analysieren, wie gesellschaftlich zwischen Flüchtlingen und sonstigen Migranten unterschieden wird, was die Gründe und Ursachen dafür sind und welche Folgen daraus entstehen. Denn für den Flüchtlingsbegriff gilt in zugespitzter Weise: „Labels have consequences." (Gatrell 2015, S. 284).

Dabei ist zu berücksichtigen, dass Migration keineswegs der einzige Prozess ist, der das immer noch gängige Verständnis von Gesellschaften als Nationalstaaten in Frage stellt: Unter Bedingungen fortgeschrittener ökonomischer, informationeller und kultureller Globalisierung ist es vielmehr angemessener, die moderne Gesellschaft als eine Weltgesellschaft zu begreifen, in der Prozesse und Dynamiken, die nationale Grenzen überschreiten, der unverzichtbare Normalfall sind.[3] Notwendiger Ausgangspunkt soziologischer Flüchtlingsforschung ist deshalb die Frage, wie das staatlich-politische Interesse an der Regulierung von Migration mit der Struktur und Dynamik der Weltgesellschaft, insbesondere mit ihren regionalen Unterschieden und Ungleichheiten, verknüpft ist.

2 Globalisierung als Kontext

In den gegenwärtigen Migrations- und Fluchtdynamiken und den Versuchen ihrer staatlich-politischen Steuerung kommt ein struktureller Grundwiderspruch der globalisierten Weltgesellschaften zum Ausdruck: das Spannungsverhältnis zwischen der Produktion immer neuer Migrationsmöglichkeiten und -motive einerseits und den Prozessen ihrer Eindämmung und Regulation andererseits (vgl. Stichweh 2000, S. 66 ff.; Bommes 2011, S. 19 ff.). Anders formuliert: Die gesellschaftliche Entwicklungsdynamik forciert grenzüberschreitende Prozesse auf allen Ebenen, sie erzwingt und auch erleichtert Migration, Arbeits- und Bildungsmigration wird durch staatliche Politik auch gezielt herbeigeführt, während unerwünschte Migration zugleich als eine Bedrohung wahrgenommen wird, deren Kontrolle und Einschränkung als legitime Aufgabe staatlicher Politik gilt. In politischen, medialen und rechtlichen Diskursen artikuliert sich dieser strukturelle Widerspruch als normatives Spannungsverhältnis zwischen Kalkülen, die von nationalstaatlich gefass-

3 Siehe zum Begriff der Weltgesellschaft und der Problematik eines sozialwissenschaftlichen Denkens im nationalstaatlichen Rahmen u. a. Luhmann (1997, S. 145 ff.) sowie Beck und Poferl (2010, S. 9 ff.).

ten Interessen ausgehen und solchen, die auf die bindende Kraft der universalistisch gefassten Prinzipien der Grund- und Menschenrechte verweisen.

Es wäre jedoch missverständlich, Globalisierung, Migration und Flucht nur als Phänomene der Gegenwartsgesellschaft zu betrachten. Denn die moderne kapitalistische Ökonomie und die modernen Nationalstaaten haben sich von Anfang an auf der Grundlage globaler Wirtschaftsbeziehungen entwickelt. Und Migration – insbesondere als Arbeitskräfte- und Armutsmigration von Europa nach Nord- und Südamerika, als erzwungene Migration in Form des transatlantischen Sklavenhandels, aber auch als Vertreibung und Flucht von religiös und politisch Verfolgten – waren eine unverzichtbare Grundlage für die Entstehung des modernen Kapitalismus und der modernen Nationalstaaten (vgl. dazu u.a. Beckert 2015; Oltmer 2012; Wallerstein 2004). Von Anfang an geht die Entstehung der globalen kapitalistischen Ökonomie auch mit der Verschärfung von Entwicklungsunterschieden zwischen den Regionen der Weltgesellschaft, zwischen den Nationalstaaten und Kolonien, einher. Der Globalisierungsschub der letzten Jahrzehnte stellt jedoch ein qualitativ neues Phänomen dar, weil er *einerseits* zu einer erheblichen Erleichterung, Beschleunigung und Intensivierung grenzüberschreitender Produktionsprozesse und Handelsbeziehungen sowie einer globalen Vernetzung von Information und Kommunikationsprozessen geführt hat. Die digitalen Medien und das weltumspannende Verkehrswesen haben den Globus verkleinert und Migrationswege und -chancen nicht nur etabliert, sondern auch sichtbar werden lassen. Mit der Verlagerung von industriellen Produktionsstandorten an die Peripherie und Semiperipherie der Weltgesellschaft seit den 1970er Jahren und der Entstehung von „Global Cities", d.h. Städten, die internationale Produktions- und Dienstleistungszentren bilden (vgl. Sassen 1996), ist der Aufbau eines Weltmarkts für Arbeitskräfte einhergegangen. In Verbindung mit der Liberalisierung und Deregulierung des Produktions-, Dienstleistungs- und Finanzsektors sowie verfestigten sozialen Ungleichheiten zwischen den Regionen der Weltgesellschaft hat dies zur Konsequenz, dass sich die Migrationsanlässe, -motive und -möglichkeiten vervielfältigt haben. Bildungs- und Arbeitsmigration ist in bestimmten Sektoren des Arbeitsmarktes zum Normalfall geworden, der die Aufforderung impliziert, auch jenseits des eigenen Herkunftslandes Qualifikationen zu erwerben und berufliche Möglichkeiten zu ergreifen. Zugleich führt die Ausweitung der globalen Produktions- und Handelsbeziehungen dazu, dass kleinbäuerlich geprägten Ökonomien die Grundlagen entzogen werden, mit der Folge einer Zunahme der Binnenwanderungen von ländlichen Regionen in die Städte und der Multiplikation sich grenzüberschreitend bewegender „Überlebensmigranten" (Betts 2013). Darüber hinaus ist für das Verständnis gegenwärtiger Migrationsdynamiken die Einsicht von zentraler Bedeutung, dass eine der grundlegenden Zielsetzung der Allgemeinen Erklärung der Menschenrechte von 1948 keineswegs realisiert worden ist: die globale Durchsetzung nationaler politischer Ordnungen, in denen die Menschenrechte garantiert sind.[4]

Der hier nur knapp skizzierten Verstärkung und Vervielfältigung von Migrationsanlässen und Migrationsmotiven im Globalisierungsprozess korrespondiert *andererseits* das Festhalten an nationalstaatlichen bzw. supranationalen Ordnungen, die sich im Anspruch gründen, souverän über Staatsbürgerschaft und territorialen Aufenthalt zu entscheiden. Trotz der Globalisierungsprozesse ist es nicht zur Auflösung von „Nationalgesellschaften" (Schimank 2005, S. 399) in eine kosmopolitische Weltgesellschaft gekommen, sondern zur Herausbildung „nationaler Wettbewerbsstaaten" (Hirsch 1995) sowie supranationaler Wirtschaftsregionen wie der EU, die sich zentral an den nationalstaatlich bzw. EU-europäisch verstandenen Eigeninteressen ihrer Staatsbürger/innen orientieren. Entsprechend wird Migration politisch in folgenreicher Weise zentral unter ökonomischen Gesichtspunkten betrachtet[5] und versucht, eine den ökonomischen Nutzenkalkülen und politischen Erfordernissen entsprechende Steuerung der Migration herbeizuführen: Es wird gezielt angestrebt, diejenige Migration herbeizuführen, die unter quantitativen (Anzahl) und qualitativen (Alter, Qualifikationen) Gesichtspunkten den national gefassten Eigeninteressen entspricht. Zugleich aber wird versucht, diejenige Migration zu verhindern, die als wirtschaftlich unnütz oder belastend sowie als politisch unerwünscht betrachtet wird. Voraussetzung für solche Steuerungsversuche ist die Kontrolle der nationalen und europäischen Grenzen (s. Hess und Kasparek 2010; Scherr 2013). Dies geschieht durch zunehmend flexible Grenzarrangements, in denen Kontrollen gleichzeitig nach innen (mobile Personenkontrollen), nach außen (EU-Grenzen usw.) und nach oben (transnationale Institutionen) verlagert werden (s. Mau et al. 2008, S. 144 f.).

Die Nationalstaaten erweisen sich damit als nach wie vor bedeutsame „institutionalisierte Gleichheits- und Ungleichheitsschwellen" (Stichweh 2000, S. 69), durch die der Zugang zu rechtlich regulierten Arbeitsmärkten, zu wohlfahrtsstaatlichen Leistungen, zur rechtsstaatlichen Gewährleistung bürgerlicher Freiheiten, zu juridischen Garantien, aber auch zu politischer Interessensvertretung zentral über Staatsangehörigkeit und Aufenthaltstitel reguliert wird. Die „Fähigkeit und

---

4 Artikel 28 der AEDM lautet: „Jeder hat Anspruch auf eine soziale und internationale Ordnung, in der die in dieser Erklärung verkündeten Rechte und Freiheiten voll verwirklicht werden können."

5 Bei der Festlegung der rechtlichen Zuwanderungsbedingungen tritt das Interesse an ökonomischer Steuerung der Migration hervor, die entsprechend von Nutzenkalkülen und Arbeitsmarktbedürfnissen sowohl im Niedriglohnbereich (Pflegekräfte, Landwirtschaft) als auch im Hochlohnbereich (IT, Maschinenbau, Medizin) ausgestaltet werden soll. Butterwegge spricht hier von einem dualen Selektionsprozess, in dem migrationspolitisch zwischen „Elitemigration" und „Elendsmigration" unterteilt wird (Butterwegge 2009, S. 71 ff.).

Möglichkeit zur Grenzüberschreitung" stellt „in der globalisierten Welt" deshalb eine entscheidende Dimension sozialer Ungleichheit dar (Beck 2010, S. 32).

Vor dem Hintergrund dieses Grundwiderspruchs einer Weltgesellschaft, in der die strukturelle Vervielfältigung von Migrationsmöglichkeiten und -gründen mit der staatlich-politischen Anstrengung konfligiert, Migration gemäß ökonomischer Verwertbarkeit und nationalstaatlicher Interessen zu steuern, werden in politischen, rechtlichen und medialen Diskursen wirkmächtige Ordnungskategorien entwickelt, die eine Unterscheidung zwischen erwünschter und nichterwünschter, legitimer und illegitimer Zuwanderung etablieren. Vor allem drei Kategorien haben sich hier herausgebildet: (1) Als erwünschte und legitime Einwander/innen gelten diejenigen, die aufgrund ihrer Qualifikation für den Arbeitsmarkt und/oder aus demographischen Gründen für die sozialen Sicherungssysteme benötigt werden. (2) Berechtigt zum Aufenthalt ist außerdem, wer nach jeweils geltenden Interpretationen des Asylrechts und der Genfer Konvention als verfolgt gilt oder als ein Bürgerkriegsflüchtling eingeordnet wird, der vorübergehend geschützt werden soll, solange im Herkunftsland Gefahr für Leib und Leben besteht. (3) Nicht legitimiert und unerwünscht sind hingegen Migrant/innen, die als Armuts- oder Wirtschaftsmigranten gelten, denen weder ökonomische Nützlichkeit noch anerkennungswürdige Fluchtgründe zugesprochen werden.

Mit den staatlich definierten Interessenskalkülen auf der einen und der Verpflichtung auf menschenrechtliche Prinzipien auf der anderen Seite ist die Migrations- und Flüchtlingspolitik in einem Spannungsverhältnis zweier widersprüchlicher Prinzipien situiert. Denn durch die Anerkennung der Vorgaben des Asyl- und Flüchtlingsrechts verpflichten sich Staaten zur Aufnahme auch solcher Migrant/innen, an denen ökonomisch und politisch kein Interesse besteht. Deshalb handelt es sich bei der Kategorie des Flüchtlings, so wie sie gegenwärtig verwendet wird, um eine spezifisch moderne Kategorie, deren Bedeutung aus der Verankerung des Flüchtlingsrechts im Völkerrecht, in nationalen Gesetzen und europäischen Gesetzgebung resultiert (s. dazu Gatrell 2015).

3 Flüchtlinge: eine Grenz-Kategorie

Dieses nicht auflösbare Spannungsverhältnis wird politisch und rechtlich nicht zuletzt in Kontroversen um die Frage ausgetragen, wer als Asylberechtigte im Sinne der AEDM und des Grundgesetzes sowie als Flüchtling im Sinne der GFK gelten kann (s. dazu Marx 2016; Scherr 2015). Denn der Flüchtlingsbegriff stellt eine umkämpfte Grenz-Kategorie dar: Sie zieht eine Grenzlinie zwischen den Personen, die Anspruch auf Schutz vor Verfolgung haben sollen, und den Personen, für die das nicht gilt.

Da mit der Verweigerung des Flüchtlingsstatus das Recht bestritten wird, als schutzbedürftiges und aufenthaltsberechtigtes Subjekt zu gelten, lässt sich die Unterscheidung von Armutsmigrant/innen und Flüchtlingen in Anschluss an Max Weber soziologisch als eine Form der sozialen Schließung beschreiben, durch die soziale Ungleichheiten und Herrschaftsverhältnisse stabilisiert werden. Wie Frank Parkin (1983) gezeigt hat, sind „Ausschließungsstrategien die dominante Schließungsform in allen Schichtungssystemen" (ebd., S. 125). Parkin analysiert diese Form als Ausdruck der Strategie herrschender Gruppen, durch die der „Zugang zu wichtigen Ressourcen, wie etwa Land, esoterisches Wissen, oder Waffen, auf einen begrenzten Kreis von auserwählten mit bestimmten sozialen Merkmal beschränkt worden ist" (ebd., S. 125). Schließung erfolgt im Fall der Migrations- und Flüchtlingspolitik durch polizeiliche und quasi-militärische Formen der Grenzüberwachung und -sicherung, durch rechtliche Festlegungen und Entscheidungen, aber auch durch politische und mediale Diskurse, in Kriterien der tatsächlichen und potenziellen Zugehörigkeit verhandelt werden.

Die zentrale ideologische Grundlage der Ausschließungsstrategien, die in der Migrations- und Flüchtlingspolitik wirksam werden, ist der „gewöhnliche Nationalismus", den Thomas Pogge (2011) deutlich von Varianten eines ideologisch aufgeladenen partikularen bzw. revisionistischen Nationalismus abgrenzt: Der gewöhnliche Nationalismus benötigt nicht mehr als die Annahme, dass sich „Bürger und Regierungen (…) stärker um Überleben und Wohlergehen ihres eigenen Staates, ihrer Mitbürger und ihrer Kultur kümmern" dürfen und sollen, „als um Überleben und Wohlergehen fremder Staaten, Kulturen und Personen" (ebd., S. 150 f.). Auch im Hinblick auf menschenrechtliche und humanitäre Grundsätze wird in der Logik des gewöhnlichen Nationalismus zwischen Mitbürgern der eigenen Nation, des eigenen Staates, und Mitgliedern anderer Staaten und Nationen im Sinne eine Hierarchie der Rechte und Verpflichtungen unterschieden. Nur für diejenigen, die nach Maßgabe jeweiliger politischer und rechtlicher Definitionen als wirkliche Flüchtlinge gelten, ist ein besonderer Status vorgesehen, der Schutz vor der Verletzung grundlegender Menschenrechte auch im Fall von Nicht-Staatsbürger/innen als Verpflichtung anerkennt. Damit erweist sich der Flüchtlingsbegriff als eine sehr wirkungsmächtige Kategorie.

Wie die sozialhistorische Forschung gezeigt hat (Gatrell 2015), unterliegt der Flüchtlingsbegriff einem Bedeutungswandel, der durch interessegeleitete Definitionsprozesse und darauf bezogene Konflikte bedingt ist. Das zeigt sich bereits an der Definition der Flüchtlingseigenschaften durch die GFK, die eine Reaktion auf die Nachkriegssituation bildete und zunächst für einen begrenzten Zeitraum auf die innereuropäische Migration bezogen war. Im ergänzenden Protokoll über die Rechtsstellung der Flüchtlinge vom 31. Januar 1967 wurde zwar die regionale und die zeitliche Begrenzung außer Kraft gesetzt, an der Bindung der

Flüchtlingseigenschaft an Verfolgung als Fluchtursache wurde und wird aber weiterhin festgehalten. Damit sind u. a. Bürgerkriege sowie ökonomische Verhältnisse ausgeschlossen. Auch Formen der gesellschaftlichen Diskriminierung, die nicht von staatlichen oder staatsähnlichen Akteuren ausgehen, werden nicht – bzw. nur unter sehr spezifischen Voraussetzungen – als Fluchtursache anerkannt, so dass der Flüchtlingsbegriff der GFK aus geschichtlichen und durchweg veränderlichen Gründen keineswegs alle Ursachen erzwungener Migration als Fluchtgründe berücksichtigt (Tiedemann 2014, S. 32 ff.). Die Problematik des Flüchtlingsbegriffs wird auch dadurch deutlich, dass verschiedene Versuche zur Etablierung eines erweiterten Begriffs unternommen wurden, so 1969 in der Convention Governing the Specific Aspects of Refugee Problems in Africa, 1979 im Handbuch über Verfahren und Kriterien zur Feststellung der Flüchtlingseigenschaft des UNHCR (2003) sowie 1984 in der lateinamerikanischen Cartagena Declaration on Refugees, deren Reichweite jedoch begrenzt blieb.

Folglich sind die Annahmen, die dem Flüchtlingsbegriff zugrunde legen, soziologisch als Ergebnis gesellschaftlicher Aushandlungsprozesse zu analysieren, also auch von sozialen Konflikten und Machtverhältnissen. Soziologie kann nicht voraussetzen, dass evident ist, wer als Flüchtling gelten kann und wer nicht, und sie kann sich diesbezüglich auch nicht an nicht-soziologischen, etwa politischen oder rechtlichen Definitionen orientieren. Soziologie ist vielmehr aufgefordert, die Aushandlungsprozesse sowie die diesen zu Grunde liegenden Strukturen und Konfliktdynamiken zu analysieren, in die jeweilige Verwendungsweisen der Kategorie „Flüchtling" eingebettet sind (s. u.).

4 Soziologie erzwungener Migration

In der soziologischen Diskussion werden Flüchtlinge gewöhnlich der Unterkategorie der forced migration, der erzwungenen Migration betrachtet. Damit wird eine doppelte Unterscheidung angenommen: Erstens die Differenz zwischen freiwilliger und erzwungener Migration und zweitens die Unterscheidung von Flucht gegenüber anderen Formen erzwungener Migration. Problematisch ist diesbezüglich nicht nur, dass gewöhnlich keine zureichende soziologische Klärung der Kriterien erfolgt, mit denen Flucht von anderen Formen erzwungener Migration abgegrenzt wird (Castles et al. 2014, S. 221).[6] Vielmehr muss die grundlegende, scheinbar evidente Unterscheidung von erzwungener und freiwilliger Migration

6 Es ist aber durchaus strittig, ob eine soziologische Abgrenzung von Flucht von anderen Formen erzwungener Migration angestrebt werden soll; darauf gehen wir im Folgenden noch ein; s. dazu Chimni (2009).

selbst hinterfragt werden. Denn für Migrationsprozesse gilt das gleiche, wie für alle anderen Formen des individuellen und kollektiven sozialen Handelns auch: Sie sind das Ergebnis einer komplexen Verschränkung von strukturellen Zwängen mit der individuellen und kollektiven Handlungsmächtigkeit (agency) (s. Emirbayer und Misch 1998; vgl. Scherr 2012). Von einer im strikten Sinne freiwilligen Migration kann nur für Grenzfälle gesprochen werden, wie zum Beispiel für den Tourismus oder eine Arbeitsmigration, die dadurch gekennzeichnet ist, dass bereits wohlhabende Arbeitskräfte migrieren, um ihr gutes Einkommen zu optimieren. In Bezug auf Migration stellt Gibney (2013) deshalb fest: „Almost all migration is matter of both force and choice" (ebd., S. 116).

Dementsprechend wird in der neueren Migrationsforschung von „mixed migration flows", einer faktischen Gemengelage von sich überlagernden Migrationsfaktoren ausgegangen (vgl. Zetter 2014, S. 22 ff.). Auch die Begriffsprägung des „survival migrant" (Betts 2013) weist darauf hin, dass es gewöhnlich eine komplexe Verschränkung von politischen, sozialstrukturellen, ökonomischen und rechtlichen Faktoren ist, die dazu führt, dass für Einzelne, Gruppen oder Familien keine Alternative zur Auswanderung aus ihrem Herkunftsland mehr erkennbar ist, um sich eine erträgliche Überlebensperspektive zu verschaffen.

Soziologisch betrachtet ist es vor diesem Hintergrund nicht plausibel anzunehmen, dass mit der politischen und rechtlichen Kategorie Flüchtling eine tatsächliche trennscharfe Unterscheidung von anderen Formen erzwungener Migration in Bezug auf individuelle Flüchtlinge und/oder ihre Herkunftsregionen möglich ist. Angemessener ist es vielmehr *erstens,* von einer komplexen Verursachungslage auszugehen sowie *zweitens* zu berücksichtigen, dass Fluchtbewegungen aus einer Verschränkung von gesellschaftlichen Bedingungen mit den Entscheidungen der Akteure für Flucht als eine mögliche und aussichtsreiche Überlebensstrategie resultieren. D. h. auch: Keineswegs alle, die potenziell gute Gründe hätten, ihr Herkunftsland zu verlassen, werden zu Zwangsmigranten bzw. zu Flüchtlingen. Denn dies setzt zumindest die Überzeugung voraus, über die erforderlichen Mittel zu verfügen und die in der Regel hoch riskante Flucht überstehen zu können sowie Zugang zu einer Aufnahmegesellschaft zu finden, die Chancen zur Verbesserung der eigenen Lebenssituation bietet. Soziologische Flüchtlingsforschung ist damit auf eine theoretische Rahmung angewiesen, die Wechselverhältnisse von strukturellen Zwängen mit individueller und kollektiver Handlungsfähigkeit in den Blick zu nehmen vermag.

Ein theoriegeschichtlich und systematisch wichtiger Ausgangspunkt dafür ist das in der älteren Migrationssoziologie entwickelte Paradigma wechselseitig verschränkter push- und pull-Faktoren, das Everett S. Lee (1966) begründete und das einen klassischen Ansatz zur Erklärung von Gründen, Formen und Folgen von Wanderung bildet (Treibel 2011; Pries 2001). Dieses Modell akzentuiert ökonomische, ökologische und politische Unterschiede zwischen Herkunfts- und Zielland und betrachtet Migration als eine rationale Strategie zur Verbesserung der eigenen Lebenssituation. Zu den klassischen Druck-Faktoren werden Armut, Arbeitslosigkeit, niedriges Lohnniveau, politische Krisen, staatliche Gewalt, Menschenrechtsverletzungen, aber auch Umweltkatastrophen und strukturelle Verknappung von Naturressourcen gerechnet, zu den Zug-Faktoren Arbeitskräftebedarf, Hochkonjunktur, hoher Lebensstandard, politische und rechtliche Sicherheit, günstige Einwanderungsgesetze.[7] In der Logik dieses Modells ist Flucht das Ergebnis spezifischer Push- und Pull-Faktoren, dessen, was im politischen und rechtlichen Diskurs als Fluchtursachen und Fluchtmotive betrachtet wird.

Ein Vorteil dieses Modells ist zweifellos seine einfache Konstruktion und damit seine Eignung für politische und mediale Erklärungen. In der soziologischen Diskussion sind jedoch eine Reihe von Schwächen dieses Modells aufgezeigt worden: *Erstens* wird unterstellt, dass Flucht das Ergebnis einer im Kern rationalen Entscheidung ist, die Individuen in Abwägung ihrer Einschätzung der Situation in der Herkunfts- und in der Zuwanderungsgesellschaft als auch im Interesse an der Verbesserung ihrer Lebenssituation vornehmen. *Zweitens* wird Migration in diesem Modell als Bewegung zwischen nur zwei Staaten betrachtet, und *drittens* legt das Modell die Annahme nahe, eine politische Steuerung von Migration wäre allein durch die Gestaltung der Push- und Pullfaktoren möglich. Die empirische Migrations- und Flüchtlingsforschung hat jedoch gezeigt, dass diese Sichtweise allzu vereinfachend ist. Dies führte zunächst zu einer Modifikation des Modells durch die Einführung der Informationshypothese oder migrant stock variable, die auf die Bedeutung von Informationsnetzwerken zwischen denen, die schon ausgewandert sind, und denen die auswandern wollen, als eigenlogischem Faktor der Migration hinweist (Treibel 2011, S. 40). Dementsprechend wird Migration auch vom Wissen über Migrationswege und Bedingungen im Zielland beeinflusst, die über informelle Kanäle weitergegeben werden. Aber auch damit können Migrations- und Fluchtdynamiken noch nicht angemessen begriffen werden. Denn auch das angenommene Wanderungsschema von Staat A zu Staat B wird der Realität der vielfältigen Migrationsformen, von zirkulärer Migration, von Pendel- und Mehrfach-Bewegungen sowie der Entstehung transnationaler Räume und „plurilokaler Wirklichkeiten" (Pries 2001, S. 33) nicht gerecht. Zudem wird argumentiert, dass Migrationsbewegungen eigendynamisch sind, d. h., dass einmal in Gang gekommene Migration weitere Migration ermöglicht und hervorbringt sowie dass Migrationsentscheidungen nicht als rationale egoistische Wahlhandlungen verstanden werden können (Castles und Miller 2009).

7 Treibel (2011, S. 39 ff.) betont, dass das push- und pull-Modell anfänglich auf den zwei dominanten Hypothesen der job vacancy und der income differentials beruhte.

In der neueren Migrationssoziologie wird das einfache Modell rationaler Migrationsentscheidungen unter Bedingungen von Druck- und Zug-Faktoren deshalb grundsätzlich als unterkomplex betrachtet. Als Alternative dazu sind Theorien komplexer „Migrationssysteme“ (Castles und Miller 1993; Castles und Miller 2009) entwickelt worden, in denen Analysen gesellschaftlicher Strukturen, individueller und kollektiver Handlungsmächtigkeit und differenzierter Migrationsformen auf der Mikro-, Meso- und Makroebene kombiniert werden. In der „Theorie der Migrationssysteme“ wird Wanderung als Resultante von makro- und mikrosoziologischen Faktoren in multifaktoriellen Settings begriffen, in denen angesichts der Verschränkung von ökonomischen, politischen und historischen Faktoren auch die Unterscheidung zwischen Wirtschaftsmigranten und Flüchtlingen fraglich ist (Castles 2005, S. 16). Castles spricht in diesem Zusammenhang von der Herausbildung eines transnationalen „Migration-Asyl-Nexus“ (Castles 2005, S. 16; Castles 2003) und akzentuiert damit, dass in den Migrationsdynamiken zwischen dem globalen Norden und dem globalen Süden politische, ökonomische, rechtliche und soziale Aspekte verschränkt sind, sowie dass es sich bei Migrant/innen um Menschen handelt, die „mehrfache Motivationen“ (ebd.) zur Wanderung besitzen. Auf der makrosoziologischen Ebene entwickelt die Theorie der Migrationssysteme ein komplexes Analysesetting: Es setzt die Untersuchung globaler Ungleichheitsstrukturen, sozio-politischer Interessenskonflikte in den Herkunfts- und den Einwanderungsländern sowie die Dissonanzen zwischen nationalstaatlicher Regulierung und transnationalen Antriebskräften der Migration in ein Verhältnis zueinander. In diesem Zusammenhang wird unter anderem das Projekt einer „politischen Ökonomie der erzwungenen Migration“ (Castles und Van Hear 2005) entworfen, das die hochselektiven Ein- und Ausschlusspraktiken im globalen Weltsystem entlang von Handels-, Produktions-, Investitions-, Ressourcen- und Menschenbewegungen zu untersuchen anstrebt. Auf der mikrologischen Ebene betont die Theorie der Migrationssysteme die Sozialität und Transindividualität von Wanderungsbewegungen, die nicht auf individuelle Entscheidungsmotive rückführbar sind. Migration wird vielmehr als ein Projekt von Familien, Verwandtschaften und lokalen Gemeinschaften betrachtet, und auf der Mesoebene wird auf die Bedeutung von sozialen Netzwerken hingewiesen, die Migration durch finanzielle Unterstützung erst ermöglichen (Castles 2005, S. 14). Anhand von Kettenmigrationen wird verdeutlicht, dass Migrationswege und -ziele von sozialen Beziehungen und kollektiven Wissensformen abhängig sind. Migrant/innen entsprechen demnach nicht dem Bild des *homo oeconomicus,* des zweckrationalen egoistischen Nutzenmaximierers, der individuell auf Marktanreize und bürokratische Regeln reagiert, sondern sie sind soziale Wesen, die in transindividuelle Kommunikations- und Handlungszusammenhänge eingebunden sind und eigensinnige Wanderungsprojekte entwickeln und realisieren. Darüberhinausgehend hat der Ansatz der „Autonomie der Migration" (Transit Migration Forschungsgruppe 2007) betont, dass Migrant/innen Subjekte sind, die nicht beliebig über sich verfügen lassen, die sich organisieren und die Berücksichtigung eigener Interessen einfordern können.

Mit der Theorie komplexer Migrationssysteme ist die Tragfähigkeit gängiger Unterscheidungen von freiwilliger und unfreiwilliger, ökonomischer und politischer Migration und damit auch die von Armutsmigration und Fluchtmigration in Frage gestellt. Als angemessener wird demgegenüber die Annahme komplexer Migrationsdynamiken begriffen, in denen sich unterschiedliche Ursachen, Gründe, Motive und Prozessdynamiken überlagern.

In einer soziologischen Perspektive ist es zudem nicht plausibel, ökonomische Verhältnisse, die Formen der Überlebensmigration hervorbringen, anders zu gewichten als Zwang, der aus politischen Verhältnissen resultiert. Denn in beiden Fällen handelt es sich vielfach um eine Migration aus gesellschaftlichen Bedingungen, in denen ein menschenwürdiges Leben, der Zugang zu grundlegenden Menschenrechten nicht gewährleistet ist.

Die politische und rechtliche Wirksamkeit der Flüchtlingskategorie erzwingt jedoch eine Vereindeutigung: Migrant/innen müssen sich, wenn ihnen keine Möglichkeiten der Arbeitsmigration offenstehen, selbst zu Flüchtlingen erklären, wenn sie eine Chance auf Aufnahme und Schutz erreichen wollen. Sich als Flüchtling zu deklarieren kann also eine Strategie sein, die auf die Vorgabe reagiert, dass auch gravierende Armut und Verelendung nicht als legitime Migrationsursachen anerkannt werden.[8] Darauf reagieren dann moralisierende Diskurse, indem sie Migrant/innen, die den Anforderungen des Asyl- und Flüchtlingsrechts nicht entsprechen können, „Asylmissbrauch" vorwerfen. Eine solche Normalisierung blendet jedoch aus, dass der Zwang, die Flüchtlingskategorie zu verwenden, aus den politischen und rechtlichen Vorgaben folgt, die dazu führen, dass Überlebensmigrant/innen die Möglichkeit verweigert wird, sich mit Aussicht auf Erfolg als solche zu deklarieren.

5 Reflexive Flüchtlingsforschung

Nicht nur aufgrund der Überlagerung heterogener Ursachen und Motive sowie der gesellschaftlichen Wirkungsmächtigkeit der Flüchtlingskategorie, sondern auch aufgrund grundsätzlicher wissenschaftstheoretischer Überlegungen kann soziologische Flüchtlingsforschung die politischen und rechtlichen Definitionen ihres Gegenstandes nicht einfach voraussetzen. Vielmehr hat sie diese zu reflek-

8 Zu den politischen Implikationen dieser Beobachtung s. Crépau (2015).

tieren und eigenständig zu begründen, ob, und wenn ja, mit welchen Maßstäben sie Flüchtlinge von sonstigen Migrant/innen unterscheiden kann. Denn eine methodologische Grundanforderung an die kritische und reflexive Soziologie lautet: nicht mit den Begriffen und Normen zu arbeiten, mit denen soziale Wirklichkeit hergestellt wird, sondern über diese Begriffe und Normen, über ihre Entstehung, ihre Implikationen und ihre Verwendung.

Eine solche sozialwissenschaftliche Auseinandersetzung mit dem Flüchtlingsbegriff ist kein wissenschaftlicher Selbstzweck und auch nicht allein wissenschaftsintern bedeutsam. Sie kann vielmehr auch dazu beitragen, die Begrenzungen der Anerkennung von Schutzbedürftigkeit infrage zu stellen, die aus den geltenden rechtlichen und politischen Festlegungen resultieren. Ohnehin sind soziologische Bestimmungen des Flüchtlingsbegriffs und soziologisches Wissen über Flüchtlinge – oder der Verzicht darauf – nicht nur wissenschaftlich, sondern auch politisch und rechtlich folgenreich. Denn das, was sozialwissenschaftlich über den Flüchtlingsbegriff und Flüchtlinge gesagt oder nicht gesagt wird, trägt – auch unabhängig davon, ob damit ausdrücklich kritische Intentionen verfolgt werden oder nicht – zur Legitimation oder Delegitimation politischer und rechtlicher Festlegungen bei.

Flüchtlingsforschung ist in diesem Sinne auf eine Klärung ihrer Erkenntnisinteressen und des möglichen Verwendungszusammenhangs des von ihr produzierten Wissens verwiesen. Denn es kann nicht ignoriert werden, dass Wissen und Nicht-Wissen über Flüchtlinge Bestandteil von politischen, medialen und rechtlichen Kontroversen und nicht zuletzt von Versuchen der Migrationskontrolle sowie deren Legitimierung bildet. Im Unterschied zu einer anwendungsorientierten Wissensproduktion, die in staatliche Institutionen eingebunden ist (etwa Auswärtiges Amt, BAMF, Frontex), besteht die Aufgabe kritischer Soziologie u. E. darin, die möglichen Verstrickungen von Wissensproduktionen in gesellschaftliche Machtverhältnisse zu thematisieren und ihnen gegenüber kritische Distanz einzunehmen (Chimni 2009). Eine normative Begründung dafür formuliert David Turton:

> „Es gibt keine Rechtfertigung, die Gründe menschlichen Leids zu studieren und zu versuchen zu verstehen, wenn das Ziel der eigenen Studien nicht ist, Wege zu finden, das Leid zu vermindern und zu verhindern" (Turton 2003, zit. nach Kleist 2015, S. 164).

Für die darauf ausgerichtete Auseinandersetzung mit dem Flüchtlingsbegriff ist ein Vergleich mit den Unterscheidungen der Armenpolitik des frühen 20. Jahrhunderts instruktiv. Unterschieden wurde dort zwischen „würdigen" und „unwürdigen Armen" mit der Folge, dass der normativ abgewerteten Teilgruppe der Armutsbevölkerung die Berechtigung bestritten wurde, Hilfe für die Überwindung ihrer Notlage einzufordern (Gans 1992; Sachße und Tennstedt 1988). Wie Georg Simmel in seiner klassischen Analyse zur Funktion der Armenfürsorge zeigt (Simmel 1908, 1968; Bommes und Scherr 2012, S. 58 ff.), beruhen diese Unterscheidungen nicht auf objektivierbaren Einschätzungen des Ausmaßes jeweiliger Notlagen, sondern auf interessegeleiteten Festlegungen von Kriterien, die Hilfsberechtigung begründen können: Zwecksetzung ist weder eine moralisch artikulierte Unterstützung für Hilfsbedürftige noch die Beseitigung der Armut, sondern ein Umgang mit sozialen Ungleichheiten, der das gesellschaftliche Zusammenleben von Armen und Wohlhabenden reguliert. In der Konsequenz nimmt Simmel deshalb eine Umkehrung der Analyserichtung vor: Demnach sind es nicht bestimmte Merkmale von Individuen oder sozialen Gruppen, die Armut kennzeichnen, auf die gesellschaftlich mit sozialen Hilfen reagiert wird. Vielmehr ist es die gesellschaftliche Hilfsbereitschaft, die Armut als sozialen Status konstituiert. Arm sind diejenigen, von denen – aufgrund veränderlicher und umstrittener Kriterien – angenommen wird, dass sie fürsorgebedürftig und -berechtigt seien.

Analog kann die Funktion des Flüchtlingsbegriffs darin gesehen werden, dass er die Teilgruppen der Migrant/innen interessengeleitet eingrenzt, denen gesellschaftlich ein Anspruch auf Aufnahme und Schutz zugesprochen wird. Die Analogie zur Armenfürsorge legt weiter die Vermutung nahe, dass der Zweck des Flüchtlingsschutzes auch kein ausschließlich humanitärer ist, sondern dass dieser eine solche Reaktion auf Auswirkungen globaler Ungleichheiten und Ungerechtigkeiten darstellt, die dazu beitragen soll, eine grundlegende Infragestellung der globalen politischen und ökonomischen Verhältnisse abzuwehren. Plausibilität gewinnt diese Vermutung einerseits durch die Beobachtung, dass die Anstrengungen zu einer wirksamen Bekämpfung von Fluchtursachen – z. B. im Sinne einer globalen politischen Regulierung der destruktiven Auswirkungen der kapitalistischen Ökonomie – begrenzt sind. Andererseits ist zu berücksichtigen, dass der Bezug auf die Menschenrechte eine zentrale Legitimationsgrundlage der Politik der demokratisch verfassten Gesellschaft des globalen Nordens ist, Flüchtlingspolitik also auch im Interesse des Legitimationserhalts erfolgt, jedenfalls solange, wie der normative Bezug auf die Menschenrechte nicht aufgekündigt wird.

Die Aufgabenstellung soziologischer Flüchtlingsforschung kann vor diesem Hintergrund darin gesehen werden, die gesellschaftlichen Auseinandersetzungen, wer als Flüchtling gelten soll, gesellschaftstheoretisch fundiert zu analysieren. Dazu ist es erforderlich, die Begründungen und Rechtfertigungen unterschiedlicher Positionen auf ihren Zusammenhang mit strukturell bedingten Perspektiven und Interessen hin zu betrachten. Relevant sind derartige Analysen nicht zuletzt deshalb, weil sie aufzeigen können, dass politische und rechtliche Entscheidungen, wer als Flüchtling gelten soll, nicht aus alternativlosen und eindeutigen moralischen, rechtlichen oder politischen Vorgaben folgen. Sie sind vielmehr als ein Resultat konflikthafter Aushandlungsprozesse in einer durch heterogene Interessen gekennzeichneten Konstellation zu analysieren. Damit wird die Kontingenz von politischer und rechtlicher Entscheidungen sichtbar, die als solche nicht eindeutig und zwingend, sondern politisch und moralisch zu verantworten sind.

Literatur

Beck, U., Poferl, A. (2010). Einleitung. In U. Beck & A. Poferl (Hrsg.), *Große Armut, großer Reichtum* (S. 9–22). Frankfurt am Main: Suhrkamp.

Beckert, S. (2015). *King Cotton. Eine Geschichte des globalen Kapitalismus.* München: C. H. Beck.

Betts, A. (2013). *Survival Migration: Failed Governance and the Crisis of Displacement.* Ithaca: Cornell University Press.

Bommes, M. (2011). Nationale Paradigmen der Migrationsforschung. In Ders., *Migration und Migrationsforschung in der modernen Gesellschaft* (S. 15–52). Osnabrück: IMIS-Beiträge 38/2011.

Bommes, M., Scherr, A. (2012). *Soziologie der Sozialen Arbeit.* Wiesbaden: Springer VS.

Butterwegge, C. (2009). Globalisierung als Spaltpilz und sozialer Sprengsatz. Weltmarktdynamik und „Zuwanderungsdramatik" im postmodernen Wohlfahrtsstaat. In C. Butterwegge, G. Hentges (Hrsg.), *Zuwanderung im Zeichen der Globalisierung. Migrations-, Integrations- und Minderheitenpolitik* (S. 55–103). Wiesbaden: VS Verlag.

Castles, S. (2003). Towards a Sociology of Forced Migration and Social Transformation. *Sociology* 37 (1), 13–34.

Castles, S. (2005). Warum Migrationspolitiken scheitern. *Peripherie. Zeitschrift für Politik und Ökonomie in der Dritten Welt* 25b (97/98), S. 10–34.

Castles, S., Miller, M. J. (2009). *The Age of Migration. International Population Movements in the Modern World* (4. Aufl.). Basingstoke: Palgrave Macmillan.

Castles, S., de Haas, H. & Miller, M. J. (2014). *The Age of Migration. International Population Movements in the Modern World* (5. Aufl.). Basingstoke: Palgrave Macmillan.

Chimni, B. S. (2009). The Birth of a ‚Discipline': From Refugee to Forced Migration Studies. *Journal of Refugee Studies* 22 (1), 11–29.

Crépeau, F. (2015): *From Enforced Closure to Regulated Mobility: The Need for a Paradigm Shift in Migration Policies.* Toronto: RCIS Working Papers. http://www.ryerson.ca/rcis/publications/rcisworkingpapers/.

Dahrendorf, R. (1992). *Der moderne soziale Konflikt. Essay zur Politik der Freiheit.* Stuttgart: DVA.

Emirbayer, M., Mische, A. (1998). What Is Agency? *American Journal of Sociology* 104, 962–1023.

Gans, H. J. (1992). Über die positiven Funktionen der unwürdigen Armen. Zur Bedeutung der „underclass" in den USA. In S. Leibfried & W. Voges (Hrsg.), *Armut*

im modernen Wohlfahrtsstaat. Sonderheft 32 KZfSS (S. 48–62). Opladen: Westdeutscher Verlag.
Gatrell, P. (2015). *The Making of The Modern Refugee.* Oxford: Oxford University Press.
Gibney, M. J. (2013). Is Deportation a Form of Forced Migration? *Refugee Survey Quarterly* 32 (2), 116–129.
Hess, S., Kasparek, B. (2010). (Hrsg.): *Grenzregime.* Berlin: Assoziation A.
Hirsch, J. (1995). *Der nationale Wettbewerbsstaat. Staat, Demokratie und Politik im globalen Kapitalismus.* Berlin/Amsterdam: Edition ID-Archiv.
Kleist, O. (2015). Über Flucht forschen. *Peripherie,* H. 138/139, 150–169.
Lee, E. S. (1966). A Theory of Migration. *Demography* 5 (1), 47–57.
Luhmann, N. (1997). *Die Gesellschaft der Gesellschaft.* Frankfurt am Main: Suhrkamp.
Marx, R. (2016). Diskriminierungen im Zuwanderungs- und Flüchtlingsrecht. In A. Scherr, A. El-Mafaalani & G. Yüksel (Hrsg.), *Handbuch Diskriminierungsforschung.* Wiesbaden: Springer VS (I. E.).
Mau, S., Laube, L., Roos, C. & Wrobel, S. (2008). Grenzen in der globalisierten Welt. Selektivität, Internationalisierung, ExterrMartorialisierung. *Leviathan. Berliner Zeitschrift für Sozialwissenschaft* 36, 123–148.
Offe, C. (2011). From Migration in Geographic Space to Migration in Biographic Time: Views from Europe. *The Journal of Political Philosophy* 19 (3), 5–19.
Oltmer, J. (2012). *Globale Migration – Geschichte und Gegenwart.* München: Beck'sche Reihe.
Poutras, P. (2015). Zuflucht im Nachkriegsdeutschland. In J. Oltmer (Hrsg.), *Handbuch Staat und Migration in Deutschland seit dem 17. Jahrhundert* (S. 853–894). Oldenburg: De Gruyter.
Parkin, F. (1983). Strategien sozialer Schließung und Klassenbildung. In R. Kreckel (Hrsg.), *Soziale Ungleichheiten Soziale Welt, Sonderband 2* (S. 121–136). Göttingen: Otto Schwarz & Co.
Pogge, T. (2011). *Weltarmut und Menschenrechte. Kosmopolitische Verantwortung und Reformen.* Berlin/New York: de Gruyter.
Pries, L. (2013). *Internationale Migration.* Bielefeld: Transcript Verlag.
Sassen, S. (1996). *Metropolen des Weltmarkts. Die neue Rolle der Global Cities.* Frankfurt am Main: Campus.
Sachße, C., Tennstedt, F. (1988). *Geschichte der Armenfürsorge in Deutschland. Band 2: Fürsorge und Wohlfahrtspflege 1870–1918.* Stuttgart/Berlin/Köln/Mainz: Mohr.
Scherr, A. (2012a). Nationalstaatlichkeit. Moral und Kritik. *Sozialwissenschaftliche Literaturrundschau.* H. 1, 27–35.
Scherr, A. (2012b). Soziale Bedingungen von Agency. Soziologische Eingrenzung einer sozialtheoretisch nicht auflösbaren Paradoxie. In S. Bethmann, C. Helfferich, H. Hoffmann & D. Niermann (Hrsg.), *Agency. Die Analyse von Handlungsfähigkeit und Handlungsmacht in qualitativer Sozialforschung und Gesellschaftstheorie* (S. 99–121). Weinheim und Basel: Beltz Juventa.
Scherr, A. (2013). „Offene Grenzen? Migrationsregime und die Schwierigkeiten einer Kritik des Nationalismus". *PROKLA. Zeitschrift für kritische Sozialwissenschaft* 171, 335–349.

Scherr, A. (2015). Wer soll deportiert werden? Wie die folgenreiche Unterscheidung zwischen den „wirklichen" Flüchtlingen, den zu Duldenden und den Abzuschiebenden hergestellt wird. *Soziale Probleme. Zeitschrift für soziale Probleme und soziale Kontrolle* H. 2/2015, 151–170.

Scherschel, Karin (2015). Zwischen universellen Menschenrechten und nationalstaatlicher Kontrolle: Flucht und Asyl aus ungleichheitssoziologischer Perspektive. *Soziale Probleme. Zeitschrift für soziale Probleme und soziale Kontrolle* 26 (2), 123–136.

Schimank, U. (2005). Weltgesellschaften und Nationalgesellschaften. In B. Heinz, R. Münch & H. Tyrell (Hrsg.), *Weltgesellschaft. Theoretische Zugänge und empirische Problemlagen.* Sonderheft der Zeitschrift für Soziologie (S. 394–414). Stuttgart: Lucius & Lucius

Simmel, G. (1908/1968). *Soziologie.* Tübingen: Mohr.

Stepputat, F., Nyberg Sorensen, N. (2014): Sociology and Forced Migration. In *The Oxford Handbook of Refugee and Forced Migration Studies* (S. 86–98). Oxford: Oxford University Press.

Stichweh, R. (2000). *Die Weltgesellschaft.* Frankfurt: Suhrkamp.

Tiedemann, P. (2014). *Flüchtlingsrecht: Die materiellen und verfahrensrechtlichen Grundlagen.* Berlin/Heidelberg: Springer Verlag.

TRANSIT MIGRATION Forschungsgruppe (Hrsg.). (2007). *Turbulente Ränder. Neue Perspektiven auf Migration an den Rändern Europas.* Bielefeld: Transcript Verlag.

Treibel, A. (2011). *Migration in modernen Gesellschaften. Soziale Folgen von Einwanderung, Gastarbeit und Flucht.* Weinheim/München: Juventa Verlag.

UNHCR (2003). *Handbuch über Verfahren und Kriterien zur Feststellung der Flüchtlingseigenschaft* (2. Aufl.). Genf (1. Aufl.: 1979).

Wallerstein, I. (2004). *Die große Expansion. Das moderne Weltsystem III. Die Konsolidierung der Weltwirtschaft im langen 18. Jahrhundert.* Wien: Promedia.

Zetter, R. (2014). *Schutz für Vertriebene. Konzepte, Herausforderungen und neue Wege. Eidgenössische Kommission für Migrationsfragen EKM.* https://www.ekm.admin.ch/dam/data/ekm/dokumentation/materialien/mat_schutz_d.pdf. Zugegriffen: 01.02. 2016.

„Geflüchtete" als Bildungsaspiranten und Flucht als Gegenstand für eine Bildung in der Weltgesellschaft

Thomas Eppenstein

Zusammenfassung

Der Beitrag reflektiert Spannungen im Feld unterschiedlicher Bildungsverständnisse und Fluchtdynamiken. Dabei werden nicht nur die Geflüchteten als Anwärter für Bildungsprozesse in den Blick genommen, sondern das Thema Flucht als Bildungsanlass und Bildungsaufforderung (für Alle) verstanden. Gezeigt wird, welche Bildungszugänge und Bildungsperspektiven für Geflüchtete empirisch offenstehen und welche Barrieren hier wirksam sind. Der Erwartung nach einer rein funktionalen Bildungsintegration werden Perspektiven hinzugefügt, die Geflüchtete und verantwortliche Akteure im Bildungssystem gleichermaßen adressieren und jenseits einer Verwertbarkeit formaler Bildung auch jene Bildungshorizonte thematisieren, die Bildung im Sinn des menschenrechtlichen Würdebegriffs verortet.

1 Einleitung

Pädagogische Aufgaben und erziehungswissenschaftliche Zugänge zum Zusammenhang „Flucht und Bildung" sind komplex und beziehen sich auf unterschiedliche Kontexte. Es werden sowohl Personen als Individuen und Subjekte mit unterschiedlichen Zugehörigkeiten und Dispositionen adressiert, es wird sich aber dabei auch auf Strukturen im Rahmen der Bildungsinstitutionen im Kontext von rechtlichen, politischen oder administrativen Vorgaben bezogen. Die pädagogische Alltagspraxis gewährt Einblicke in Bildungswege von Geflüchteten nach der Flucht und spannt sich auf zwischen Konzepten transnationalen Lernens mit einer substanziellen menschenrechtlich basierten politischen Bildung für Zugewanderte und Ansässige einerseits, andererseits wird Bedarf zur Vermittlung basaler

Kenntnisse gesehen, etwa durch Alphabetisierung oder zum Beispiel die Anbringung von Piktogrammen in öffentlichen Schwimmbädern zur Vermeidung von Unfällen im Nichtschwimmerbereich[1]; in beiden Fällen droht der ‚Pädagogik' Überforderung: Im ersten Fall übernimmt sie die Lasten ungeklärter Perspektiven in der Weltgesellschaft, die – sensu Klafki – als epochaltypische Schlüsselprobleme in der Figur des Geflüchteten erkannt werden und durch globales Lernen und grenzüberschreitende Solidaritätsfähigkeit der Bewältigung harren[2]; im Typus des zweiten Falles wird sie mit kompensatorischen Aufgaben überhäuft, um Chancen der Anschlussfähigkeit von Geflüchteten zu erzielen, deren Bildungsvoraussetzungen für eine Integration in der Bundesrepublik zunächst als ungünstig erscheinen.

In normativer Hinsicht kann Pädagogik nicht abstinent oder neutral bleiben, sondern muss ihre Handlungspraxis vertreten in Hinblick auf Perspektiven, die Ansprüchen an ein gutes, gelingendes Leben genügen; dazu gehört etwa die Einlösung menschenrechtlicher Prinzipien, die Einlösung rechtlicher Ansprüche auf schulische Bildung unabhängig vom jeweiligen Aufenthaltsstatus von Kindern und Jugendlichen, Barriere- und Diskriminierungsfreiheit und Inklusion in das System der Bildungsinstitutionen. Perspektiven der Anschlussmöglichkeiten und Anschlussfähigkeiten in das bestehende Bildungssystem sind zu ergänzen um Perspektiven der Verarbeitung biografischer Erfahrungen von Geflüchteten, sie sind zu ergänzen um Wissen um transnationale Bildungsbiografien und Perspektiven eines dialogisch und interkulturell ausgerichteten ‚Globalen Lernens' von Ansässigen und Geflüchteten. Die Figur des „Flüchtlings" in- und ausserhalb von Bildungsräumen kann auf den Ebenen formaler Bildung, non-formaler Bildung und informeller Bildung als Repräsentation der Wirklichkeit der Weltgesellschaft aufgefasst werden. Diese weltgesellschaftliche Wirklichkeit zeigt sich auf unterschiedlichen Ebenen nicht widerspruchsfrei: Einmal in Kristallisationspunkten struktureller bzw. politischer Natur und als diskursives Phänomen; ein andermal leibhaftig anhand sprechender oder schweigender Personen, dabei sind Perspektiven *von* Flüchtlingen, etwa bildungsbiografische Selbstauskünfte, von Perspektiven *auf* Flüchtlinge zu unterscheiden, die diese zum Gegenstand von – auch wissenschaftlicher – Beobachtung, Planung oder eben auch pädagogischer Intervention ma-

1 Vgl. Pressemeldungen zu Bäderbetrieben Frankfurt, z. B. Frankfurter Neue Presse vom 9. Juni 2016. http://www.fnp.de/lokales/frankfurt/Baderegeln-fuer-Fluechtlinge;art675,2050785 oder FAZ unter dem Titel: „In Syrien gibt es keine Schwimmkurse" vom 30. 05. 2016 http://www.faz.net/aktuell/rhein-main/ueberarbeitete-baderegeln-fuer-schwimmbaeder-in-frankfurt-14259201.html. Zugegriffen: 07. 07. 2016.

2 Aufruf 10/2015: „Für solidarische Bildung in der globalen Migrationsgesellschaft" http://www.aufruf-fuer-solidarische-bildung.de/sites/default/files/flucht_und_bildung_-_ein_erziehungswissenschaftlicher_aufruf.pdf. Zugegriffen: 08. 07. 2016.

chen. Optionen für Bildungsperspektiven *mit* Flüchtlingen sind im derzeit dominanten Bildungsdiskurs hingegen nur selten und in Anfängen auszumachen.

Zu erinnern ist aus der Perspektive der Bundesrepublik Deutschland an die große Zahl zur Flucht und Emigration gezwungener Menschen zur Zeit des Nationalsozialismus, die nach gegenwärtigen Maßstäben einen gesellschaftlich hoch angesehenen Bildungsstand repräsentierten; innerhalb der humanitären Verbrechen des NS ein ‚brain-drain', wie er auch unter heutigen Verfolgungen von Frauen und Männern, Intellektuellen, Schriftstellern_innen, Wissenschaftlern_innen usw. stattfindet. Einer von ihnen, Ernst Jablonski, 1933 von Deutschland nach Frankreich emigriert und danach unter dem Decknamen Ernest Jouhy tätig, promovierter Psychologe und später in Frankfurt am Main Professor für Sozialpädagogik und Mitbegründer ‚interkulturellen Lernens' und heutiger ‚Eine-Welt-Pädagogik' nimmt sich im Exil unbegleiteten jugendlichen Flüchtlingen aus dem Reich an und schreibt: *„ein kleines Mädchen hat im Krieg ein Bein verloren. Wir können es ihm nicht wiedergeben; aber wir können verhindern, dass dieses Handycap zum Hauptfaktor seines ganzen Verhaltens und seines Innenlebens wird“* (1964/1988, S. 23). Für Jouhy, dem Pädagogen als Flüchtling und Flüchtlingshelfer in einer Person, ist das zentrale Bildungsziel die Lösung des Kindes aus der blinden Verkettung jeweiliger Lebensbedingungen, mithin eine Bildungsperspektive, die auch in Hinblick auf heutige Geflüchtete Maßstäbe setzen kann. Erfahrungen der Flucht sollen nicht negiert werden, eine dauerhafte Zuschreibung im Status als „Flüchtling“ indes wäre ebenso problematisch.

Wenn es um Bildungsaspirationen und Bildungsperspektiven geflüchteter Kinder, Jugendlicher und Erwachsener geht, steht am Beginn eine kritische Reflexion der Bildungsverständnisse jener, die sich dafür interessieren: Geht es – wie im obigen historischen Beispiel – um eher sozialpädagogische Bewältigung und Erziehung, geht es – wie im zur Zeit dominanten Bildungsdiskurs – um eine ‚Investition' in das eigene kulturelle Kapital bzw. eine entsprechende Marktfähigkeit, geht es um die von Geflüchteten mitgebrachten Aufträge ihrer zurückgebliebenen Familien, wenn diese etwa durch Bildungsabschlüsse Perspektiven aus der Armut erhoffen, oder geht es um die Anerkennung lebensweltlicher Erfahrungen im Sinne einer auch durch Fluchterfahrungen gewonnen Kompetenz? Schließlich: Als gebildet gilt, wer sich als mit identischen Bildungsvoraussetzungen ausgestattet wechselseitig zu erkennen gibt, die jeweilige Bildungsvoraussetzung also als Signum und Ticket von Zugehörigkeiten oder Ausschluss fungiert (Bourdieu). Hierüber bilden sich Bedingungen für Muster wechselseitiger Kommunikation, die für das Verhältnis zwischen „uns“ (Einheimischen) und „Ihnen“ (Geflüchteten) a priori festzulegen scheinen, wer hier wem etwas beizubringen hat: Die dominante Kultur des Aufnahmelandes tendiert zur Dominanz auch in der pädagogischen Beziehung immer dann, wenn „unsere Werte“ als Informationsquanten meist abstrakt übermittelt werden. Ansätze reziproker Bildungsprozesse sind bestenfalls dort erkennbar, wo konzeptionell interkulturelle Perspektiven eingenommen werden, bzw. wo praktisch etwa zivilgesellschaftliche Akteure im Verständnis von Dialogforen, Erzählrunden, Sprachcafés etc. „mitgeflohenes" Wissen und Können als das oft einzig verbliebene ‚Gepäck' zu erkennen und im Sinne eines eigenen Lernprozesses zu würdigen bemüht sind. Wissen, Kompetenzen und Willen sind neben Beziehungsnetzwerken als sozialem Kapital oft die einzigen Güter, so lehren viele Fluchtgeschichten, vergangene und aktuelle, die im Vollzug der Flucht, auf der meist alles zurückgelassen werden muss und vieles verloren geht, nicht ihre Besitzer wechseln können.

2 Bildungsperspektiven

Eine exemplarische Kontrastierung von Perspektiven von Flüchtlingen und auf Flüchtlinge zeigt folgende Gegenüberstellung:

Zuerst die Perspektive von Sanja Jagesic, entnommen einem autobiografischen Bericht über ihre eigene transnationale Bildungserfahrung: *„Ich werde oft gefragt, warum meine Bildungserfahrung doch so anders war als die anderer junger Menschen, die meine Herkunft teilen. (…) Die ehrliche Antwort lautet, dass es vor allem mit Glück zu tun hat. (…) Obwohl es in jedem Land einige vorhandene Mittel gibt, die dazu dienen, Minderheiten und weniger Privilegierten zu helfen, Erfolg zu haben, arbeitet das ganze Bildungssystem häufig gegen sie"* (2009, S. 29). Sanja Jagesic ist als Kind 1992 in Folge des Jugoslawienkrieges zunächst zu den Großeltern an der kroatisch-dalmatinischen Küste in ein Dorf geflohen, wo sie erste Erfahrungen mit Schlägen in der Schule macht, über Hamburg nach USA, Kampf um Einschulung in eine Regelklasse, mühsamer Erfolg in der *„Highschool, in der Waffen eine Normalität waren und man durch bloßes Erscheinen gute Noten bekam"* und in der sie durch Mitschüler permanentem rassistischen Mobbing ausgesetzt war bis zum Stipendium und Studium an einer Elite-Universität, *„die für Studenten gedacht war, die aus viel privilegierteren Verhältnissen als ich kamen (…)"* (S. 29). Interessant an dieser Erzählung einer transnationalen Bildungskarriere ist, dass man die Anstrengungen und das Durchhaltevermögen, den Fleiß und die Frustrationstoleranz der Erzählerin zu identifizieren glaubt, ganz im Modus von Begabung, Motivation und Bildungsaspiration; die Autorin selbst jedoch in ihrem Resumé zwar eigene Anstrengungen nicht verschweigt, hingegen für ihren Bildungserfolg das *Glück* innerhalb von Strukturen identifiziert, die selbigen nur als Ausnahmefall zulassen.

Im Kontrast hierzu dominieren im öffentlichen Diskurs Perspektiven auf Flüchtlinge in Bildungskontexten in Hinblick auf deren Integration als Bringschuld der Geflüchteten. Im deutschen Bildungssystem ist zwar programmatisch viel von „Durchlässigkeit“ die Rede, seine Strukturen sind indes kaum auf umwegreiche Lernbiografien ausgelegt. Der Blick auf Flüchtlinge in Hinblick auf Bildungsperspektiven scheint entsprechend häufig verengt auf eine an aufenthaltsrechtliche Bleibeperspektiven gekoppelte voraussichtliche Dauer bis zu einer Berufsfähigkeit; Deutsch- und Integrationskurse, Vorbereitungsklassen und Seiteneinsteigerprogramme stehen im Mittelpunkt, entsprechend werden Daten erhoben: Als Argumentationshilfe zur Aussetzung des Mindestlohns bediente sich das IFO Institut im September 2015 einer alarmierenden Meldung, „viele Flüchtlinge sind nicht für den Arbeitsmarkt qualifiziert“, ihre Produktivität sei für den deutschen Arbeitsmarkt „schlicht zu gering“[3]. Dabei wird der Anteil von ca. 50 % Analphabeten der 14- bis 29-jährigen Afghanen und 6 % syrischer Hochschulabsolventen sowie die fehlende Gleichwertigkeit von Bildungsabschlüssen ins Feld geführt. Als Datenbasis geben die Autoren eine Erhebung des türkischen Amtes für Katastrophen- und Notfallmanagement (AFAD) aus dem Jahr 2013 an, wonach 20 % der befragten syrischen Flüchtlinge einen Schulabschluss über dem Niveau eines Hauptschulabschlusses hatten, 11 % einen mit dem deutschen Abitur vergleichbaren Abschluss und 9 % einen Abschluss an einer Universität. 34,5 % hatten den Grundschulabschluss, 7,8 % blieben ohne Schulabschluss und 16,1 % waren Analphabeten. Ein Abgleich mit Daten der UNESCO vor dem syrischen Bürgerkrieg 2009 legt nahe, dass vor allem besser Gebildete unter den Flüchtlingen sind.[4] (Epoch Times, 3. 11. 2015. 16:30)

Doch gab und gibt es auch kritische Forschungsperspektiven: Zur gesellschaftlichen und politischen Wahrnehmung „Asyl- und Fluchtzuwanderung“, so resümieren Behrensen und Westphal 2009 zum damaligen Forschungsstand, werde diese zwar „systematisch eingebunden und als Teil der allgemeinen Dynamik der internationalen Migration beschrieben“ (S. 45) allerdings „vorwiegend aus politikwissenschaftlicher oder demographischer Perspektive betrachtet (…) und auf Themen wie Europäisierung der Asylzuwanderung (…), Steuerung des Zuzugs und Arbeitsmarktzugang beschränkt“ (S. 45). „Die Erziehungs- und Sozialisationsbedingungen der Kinder und Jugendlichen sowie ihre Bildungsmöglichkeiten und -chancen stehen, insgesamt betrachtet, nicht im Blickfeld öffentlicher Diskussion um Integration und Bildung“ (S. 46). Insgesamt ist es eher eine kleine Zahl wissenschaftlicher Publikationen, die sich bisher mit Fragen der Bildung von asyl-

3 IFO: http://www.faz.net/aktuell/wirtschaft/ifo-institut-viele-fluechtlinge-sind-nicht-fuer-arbeitsmarkt-qualifiziert-13813576.html. Zugegriffen: 23. 02. 2016.

4 Anhand einer Stellungnahme des BAMF erfolgt zwar bei Antragstellung auf Asyl eine Nachfrage nach „Bildung und Ausbildung“, eine statistische und systematische Erfassung der Ausbildung und Qualifikation von Asylbewerbern erfolge jedoch nicht.

suchenden oder geduldeten Flüchtlingen auseinandersetzen (S. 47). Der Band von Maren Gag und Franziska Voges gehören zu den wenigen aktuelleren Veröffentlichungen (2014), die vor allem Projekte am Fluchtort Hamburg und deren wissenschaftliche Begleitung dokumentieren und diskutieren. Zum *Bildungspotenzial* junger Flüchtlinge liegen eine Reihe von Studien und zahlreiche Berichte aus der Praxis, jedoch bislang keine umfassende empirisch qualitativ wie quantitativ belastbare Gesamtübersicht vor, die auch Differenzierungen innerhalb der alles andere als homogenen Gruppe zuließe. Auch ist es kaum möglich, Einblick in die aktuelle bundesweite und länderspezifische Kraterlandschaft von Bestimmungen und Verfahrenspraktiken in differenzierter und transparenter Form zu nehmen, ein Befund, der bereits vor dem Jahr 2014 vorlag (Schwaiger und Neumann 2014, S. 66; vgl. auch Harmening 2005). Mehrere Untersuchungen belegen eine überdurchschnittliche Bildungsmotivation und großes Interesse an formaler Bildung und beruflicher Perspektive bei Geflüchteten (vgl. Schwaiger und Neumann 2014, S. 63/64; Stenger 2009; Krappmann et al. 2009, Einleitung, S. 19; Neumann et al. 2003, S. 53). Auch liegen empirische Belege zu „Umwegbiografien" einzelner „Movies" vor; sie stützen die These: „Gute schulische Leistungen sind Kompensation für ihr ‚Anderssein' als Flüchtling" (Carstensen 1998b, S. 61).

Allerdings ergeben sich bei der Realisierung der vorhandenen Bildungsaspirationen eine Reihe von Anforderungen und Schwierigkeiten für Schule, Unterricht und Lehrkräfte: So qualifizieren Internationale Vorbereitungsklassen ohne zusätzliche Unterstützung vor allem beim Übergang in die Regelklasse kaum, den hohen Anforderungen an schriftliche Kompetenzen und fachgerechte Sprache einzelner Unterrichtsfächer zu genügen (Schwaiger und Neumann 2014, S. 73). Für die Lehrkräfte sind weniger mangelnde Lernbereitschaft, also Fleiß oder Disziplinprobleme vorrangig, sondern eher die durch hohe Fluktuation, sprachliche oder altersabhängige Heterogenität gekennzeichnete Struktur, die Diskontinuitäten in Lehr- und Lernprozessen nach sich zieht und die durch eine differenzsensible Didaktik oder mit Methoden innerer Differenzierung kaum bewältigt werden kann.

Hier operieren Lehrkräfte im Spannungsfeld zwischen dem Anliegen, neu eintreffenden geflüchteten Jugendlichen so schnell wie möglich den Zugang zu einer Vorbereitungsklasse zu ermöglichen und der nach Leistungsstand und Alter homogenisierten Klassenstruktur der Regelschule, auf die vorbereitet werden soll. Für Bildungsperspektiven werden daher flankierende sozialpädagogische und zuweilen auch psychosoziale Unterstützungsangebote und die verstärkte Übernahme erfolgreicher Modellversuche für nötig befunden. Letztere beschreiben Schwaiger und Neumann und empfehlen kleine Unterrichtsklassen, Peer-Mentoring durch Gleichaltrige oder zweisprachiges Teamteaching (ebd., S. 74).

Auch bildungsbiografische Selbstthematisierungen von Geflüchteten können zielführend sein (vgl. Krappmann et al. 2009). Bildung spielt als Ressource eine Rolle in Hinblick auf persönliche Bildung (Bildung eines eigenen Lebensentwurfs i. S. von Identitätsarbeit), praktische Bildung (Aneignung von Wissen und Fertigkeiten) und Bildung als politische Bildung (Rechte und Pflichten in der Gesellschaft), Lebenskompetenz und die Entwicklung kritischer Urteilskraft[5] „Lebensbreites Lernen" wie Seukwa es nennt, der feststellt, *„dass Flüchtlinge und Asylsuchende aufgrund ihrer (…) Sozialisation in verschiedenen Kontexten ihrer Herkunftsländer (und) aufgrund ihrer transnationalen Biografien und Fluchterfahrungen mit vielfältigen formellen, nonformalen und informellen Bildungsbereichen erworbenen Kompetenzen ausgestattet sind"* (Seukwa 2014, S. 54).

Bildungsaspirationen von Geflüchteten werden meist anhand der Vorstellung verhandelt, man müsse Vorbildung, Begabung und Motivation nur in einer Melange individueller Potenziale erheben, um Aussagen zu Bildungsperspektiven machen zu können. Im öffentlichen und politischen Diskurs stehen dann „Integrationsverweigerer" gegen vorzeigbare Bildungskarrieren; was beide eint ist die Fehlsicht, dass Geflüchtete barrierefrei über Bildungsperspektiven individuell in einem frei zugänglichen Bildungsmarkt verfügen könnten.

Ein historischer Rückblick kann darüber aufklären, dass bildungspolitische Adressierungen von Flüchtlingen eng mit den Erwartungen an ihre imaginierte ‚Brauchbarkeit' verknüpft sind: Hansen (2002) erkennt eine Traditionslinie anhand der Beispiele von Hugenotten, Böhmischen Brüdern, russischen Flüchtlingen nach 1917, displaced persons und deutschen Flüchtlingen nach dem zweiten Weltkrieg, wonach Flüchtlinge zeitweilig aus unterschiedlichen Gründen durchaus willkommen und einer „begünstigenden Schulpolitik" unterworfen waren: *„Hugenotten und Böhmische Brüder waren willkommen als Bevölkerungszuwachs, als Arbeitskräfte und als ‚Entwicklungshelfer'. Russische Emigranten waren aus außen- und außenwirtschaftlichtspolitischen ebenso wie aus ideologischen Gründen willkommen. Displaced persons waren zwar vielleicht deutschen Nachkriegsbehörden nicht willkommen, standen aber unter dem Schutz der (west-)alliierten Besatzungsmächte. ‚Deutsche' Flüchtlinge waren zwar vielleicht der Bevölkerung nicht willkommen, wurden aber als dazugehörig betrachtet, als Eigene begriffen. Entweder waren die Flüchtlinge, die als willkommen angesehen wurden, also zwar Fremde, aber nützlich, oder sie waren zwar vielleicht fremd, aber keine Fremden, sondern Eigene"* (Hansen 2002, S. 66).

5 „Flucht ist ohne ein gewisses Maß an Organisationsfähigkeit und Planung nicht zu bewältigen. Flüchtlinge benötigen Durchhaltevermögen und die Fähigkeit, sich schnell auf wechselnde Umstände einzustellen und mit unterschiedlichen Kontaktpersonen zweckbezogen zu interagieren. Gefordert sind Findigkeit bei der Suche nach Zugangswegen, die Bereitschaft zu einem Neuanfang und eine Vision für das künftige Leben" (Treber 2009, S. 74).

Insgesamt kommt Hansen in seiner historischen Rekonstruktion zu dem Ergebnis, dass es zwar unterschiedliche Regelungen der Beschulung von Flüchtlingen gab[6], Flüchtlinge jedoch „keine bildungspolitische Kategorie sind" (S. 66). Bis in die Gegenwart (2002) zeichne sich ab, dass „willkommene Flüchtlinge bildungspolitische Beachtung" finden, unwillkommene Flüchtlinge indes durch den Ausschluss von Rechten auch im Bildungssystem marginalisiert werden (S. 68).

Die anfangs zitierte Erzählung von Sanja Jagesic und Ihre Einschätzung, dass ihr persönlicher Bildungserfolg eher einem Glücksfall denn persönlicher Begabung und Anstrengung geschuldet sei, erhält durch diese Analyse eine traurige empirische Bestätigung.

Eine weitere historische Spur gibt Hinweise auf Bildungsbarrieren[7] und auf Elemente interkultureller Pädagogik im Kontext der „Vertriebenen in Westdeutschland" (Lemberg 1959, S. 379) Jahrzehnte bevor dieses pädagogische Paradigma später entwickelt wurde: Lemberg identifiziert drei Wirkungsbereiche durch die Nachkriegsflüchtlinge:

1) *Veränderung der Bildungsinstitutionen: „Einmal treffen Bevölkerungsteile mit verschiedener Bildungstradition, verschiedenen Bildungssystemen und Schulgesetzen aufeinander, was notwendig zu Veränderungen im überlieferten Bildungswesen des Aufnahmelandes (...) führen muß"* (S. 366).
2) *Horizonterweiterung der Bildungsaspiranten: „Zum anderen erweitert sich der Horizont bei den Neuankömmlingen wie bei den Altansässigen: Man lernt sich*

6 Die Formen und jeweiligen Regelungen zur Bildung von Flüchtlingskindern in Schulen folgten gewissermaßen der jeweiligen Zweckbestimmung, räumten Zwei- bzw. Mehrsprachigkeit für Kinder „fremder Volksgruppen" ein, und unterstanden auch nicht immer der deutschen Schulaufsicht. So besuchten Flüchtlingskinder zwischen 1945 und 1950 in der Trägerschaft nationaler Vereinigungen von Displaced Persons und von der UNO-Flüchtlingsorganisation UNRA finanziert ukrainische oder lettische Volksschulen, quantitativ beachtliche nahezu 100 Volksschulen, 57 höhere Schulen mit ca. 1000 Lehrerinnen und Lehrern sowie von 1946 bis 1949 eine „Baltische Universität" mit Sitz in Hamburg (Hansen 2002, S. 62f.).

7 „Schlimmer wirkte sich für die Schulbildung vor allem der die weiterführenden Schulen besuchenden Kinder der Vertriebenen die erste, schnell improvisierte Einweisung der Vertriebenen in ländliche Gegenden aus, wo zunächst allein Platz für ihre Unterbringung gegeben war. Das hat viele begabte junge Menschen, die in der alten Heimat höhere Schulen oder Fachschulen besucht hatten, oder nach Begabung und Berufsziel besucht hätten, verhindert, den ihnen gemäßen Bildungsweg zu beschreiten oder fortzusetzen. Auch in den Ländern, in denen grundsätzlich Unterrichtsgeldfreiheit und Lernmittelfreiheit herrschten, war ihnen, vor allem in den ersten Jahren der mangelnden Bekleidung und der schlechten Verkehrsverhältnisse, die Überwindung der weiten Entfernungen zum nächsten Ort einer Mittelschule, einer höheren Schule oder einer Fachschule einfach unmöglich. (...) Es ist erstaunlich, was von Kindern und Eltern oft an Energie aufgewendet wurde, um das vorher gesteckte Berufsziel trotz all dieser Schwierigkeiten doch noch zu erreichen" (Lemberg 1959, S. 379).

gegenseitig kennen, man erfährt die Geschichte, die Eigenart und Probleme der jeweiligen Partnergruppe (...)" (S. 366/367).

3) *Veränderung von Weltbildern:* Schließlich findet *„(...) ein Austausch von Ideen statt, der allmählich die Begriffswelt, die Denkmethoden und das Weltbild der gesamten Bevölkerung, das, was man nationale Eigenart, Ideologie und Volkscharakter nennen könnte, verändert"* (S. 367).

Die durch Flucht und gemeinsame Bildungsprozesse imaginierten Effekte – so Lemberg – behalten ihr veränderndes Potenzial auch dann bei, falls es zu einer Rückkehr der Vertriebenen kommen sollte.

Dies klingt – freilich in der Semantik von „Volkstum" und kultureller Differenzierung entlang der Differenz- und „Schicksalslinie" (Lemberg 1959, S. 368) Katholizismus und Protestantismus, gekreuzt mit „Nationalkulturen Ostmitteleuropas" – erstaunlich aktuell wie ein frühes Muster einer interkulturellen Programmatik.

Die seit den 1980er Jahren in der Bundesrepublik pädagogisch ausgearbeitete interkulturelle Perspektive betont den Bildungsanspruch für Ansässige wie für Zugewanderte und will sich von einer rein kompensatorischen Pädagogik absetzen, die Migranten_innen als neue Zielgruppe fokussiert.

Zum Verhältnis von interkultureller Bildung und Fluchtverhältnissen diagnostizierte bereits 1996 Ursula Apitzsch einen „Blinden Fleck" in der interkulturellen Pädagogik. Vieles angesichts empirischer pädagogischer Praxis deutet derzeit darauf hin, dass mit den Geflüchteten eine Wiedervorlage der alten Ausländerpädagogik geschieht; eine bestenfalls vorübergehende Perspektive sowohl für die Geflüchteten wie für die Ansässigen am Fluchtort Bundesrepublik.

Bildungsperspektiven bei Geflüchteten – soweit sich das bei dem fragmentierten Forschungsstand sagen lässt – kumulieren demnach anhand zahlreicher Bewältigungsaufgaben im Kontext mit Fluchterfahrung, der Alltagsbewältigung im Aufnahmeland, dem Versuch, zuvor gefasste Bildungsziele bzw. Abschlüsse zu erreichen und dabei „Umwegbildungsbiografien" in Kauf zu nehmen. Bildungsperspektiven von Geflüchteten werden limitiert durch fluchtbedingte Einschränkungen individueller Natur sowie durch strukturelle Barrieren.

Bildungsperspektiven für die Nicht-Geflüchteten ergeben sich hingegen ohne vergleichbare Barrieren und aus einer privilegierten Position heraus. Bildung im Angesicht von Fluchtverhältnissen für Nicht-Geflüchtete in Hinblick auf weltgesellschaftliche Zusammenhänge und menschenrechtliche Perspektiven sind nicht zwingend und resultieren nicht wie bei den Geflüchteten aus eigenen Fluchterfahrungen und Bewältigungsaufgaben. Vielmehr haben die Fluchtverhältnisse gegebenenfalls Aufforderungscharakter, hierin ein epochaltypisches Schlüsselproblem zu erkennen, das solidarischer Lösungen bedarf. *Interkulturelle Lernprozesse* auf ‚Augenhöhe' *zwischen Geflüchteten und Nicht-Geflüchteten* sind somit strukturell limitiert.

Interkulturelle Lernprozesse von Geflüchteten unterschiedlicher Motivlage, Bildungsbiografie, Herkunft, Religion usw. unter den Vorzeichen einer vergleichbaren Betroffenheit als „Flüchtlinge" *untereinander* werden durch eine unter Bedingungen der Flucht oder Erstaufnahme oft noch gesteigerte Betonung ethnischer, religiöser oder kultureller Beziehungsmuster häufig erschwert.

3 Bildungsbarrieren

Als der Erfurter Oberbürgermeister und Thüringer Landeschef der SPD Andreas Bausewein auf dem Höhepunkt der Debatte um Flüchtlinge in der Bundesrepublik im August 2015[8] die Abschaffung der Schulpflicht für Flüchtlinge mit unklarem Status forderte – vom NPD Kreisverband Erfurt-Ilmkreis als „ein erster Schritt für einen grundlegenden Politikwandel" zustimmend kommentiert –[9], widersprach dies nicht nur dem von der Bundesregierung am 3. Mai 2010 getroffenen Beschluss, zur Ratifizierung der UN-Kinderrechtskonvention eine bis dato abgegebene Vorbehaltserklärung zurückzunehmen, sondern verlieh der Haltung möglicherweise vieler Schulträger Ausdruck, dem Recht auf Schulbesuch nicht weiter Nachdruck zu verleihen, wenn es durch anspruchsberechtigte Flüchtlinge nicht wahrgenommen wird.

Nach Art. 28 UN-Kinderrechtskonvention (BGB II 1992, S. 122 ff.) hat jedes Kind ein Recht auf Bildung. Der Besuch der Grundschule ist Pflicht und weiterführende allgemein- oder berufsbildende Schulen sollen für alle Kinder und Jugendlichen zugänglich sein. Die „UN-Kinderrechtskonvention gilt für alle Kinder und Jugendlichen unabhängig von ihrem Aufenthaltsstatus oder ihrer Aufenthaltsdauer und somit auch für Asylsuchende uneingeschränkt (…)" (Weiser 2013, S. 8). Schulpflichtige Flüchtlinge haben somit im Wesentlichen den gleichen *rechtlichen* Zugang zu Bildungsangeboten wie Inländer. „Die rechtliche Gleichstellung führt aber nicht zu einer gleichberechtigten Teilhabe am Bildungssystem, solange sie sich auf das Fehlen von Leistungsausschlüssen beschränkt" (ebd., S. 74), und nach dem Ende der Schulpflicht sind die Perspektiven für Personen mit Duldungsstatus prekär: Der Zugang zu Vorbereitungsmaßnahmen für die Nachholung von Schul-

8 http://www.tagesspiegel.de/politik/abschaffung-der-schulpflicht-fuer-fluechtlingskinder-erfurter-ob-andreas-bausewein-in-der-kritik/12235396.html und http://www.faz.net/aktuell/politik/inland/andreas-bausewein-will-kein-schulpflicht-fuer-fluechtlinge-13769471.html. Zugegriffen: 11. 07. 2016.

9 http://www.npd-erfurt.de/?p=601. Zugegriffen: 11. 07. 2016.

abschlüssen ist stark eingeschränkt und „der ausländerbehördliche Anwendungsspielraum (…) verhindert die Inanspruchnahme von Bildungsoptionen" (ebd., S. 75). Die uneinheitliche Lage wird bereits vor 1 ½ Jahrzehnten beschrieben: Ein bildungspolitisches Vakuum im Schnittfeld von Asylpolitik (Ausgrenzend, partikularistisch) und Bildungspolitik (integrativ, universeller Rechtsanspruch) oder wenn wenig bildungsaffine Flüchtlinge (bzw. deren Eltern) auf an Flüchtlingen desinteressierte Bildungsinstitutionen treffen, beschreibt etwa Neumann: Je nach dem, in welches Bundesland Flüchtlingskinder mit Ihren Eltern zugewiesen werden, „unterliegen sie der Schulpflicht oder haben einen Anspruch auf Schulbesuch, wenn sie selbst oder ihre Erziehungsberechtigten dies wünschen – oder eben nicht" (Neumann 2002b, S. 15). Auch bei allgemeiner Schulpflicht führen unterschiedliche Regelungen der Länder empirisch zu faktischen Ausschlüssen, so ist die Lage uneinheitlich und auch von Möglichkeiten des Schulbesuchs abhängig, z. B. Anfahrten von abgelegener Unterbringung ohne Busverbindung.

Die Benachteiligungen von Kindern mit Fluchtgeschichte waren immer wieder Anlass von Kritik, vor allem die Unterscheidung von Schulrecht gegenüber Schulpflicht. Während erstere besteht, wird de facto nicht unbedingt in einzelnen Bundesländern auf die Einhaltung letzterer bestanden, bzw. eine Wartefrist von mehreren Monaten eingeschoben (Schwaiger et al. 2014, S. 62)[10].

Einreisende Jugendliche ab 16 Jahren hatten bislang in der Regel kaum Chancen, noch im allgemeinbildenden Schulsystem aufgenommen zu werden bzw. einen allgemeinbildenden Schulabschluss in Deutschland zu erwerben (ebd. S. 68).

Aus einem Forschungsprojekt zur Bewältigungspraxis junger Flüchtlinge aus Afrika im Alltag in Hamburg, zur Rolle von Bildung und zu den Reaktionen einschlägiger Institutionen, mit denen diese Jugendlichen zu tun haben, ziehen die Autor_innen den Schluss, der Begriff „Bildungsangebote" suggeriere einen Zugang zu einem „Bildungsmarkt", der jedoch durch juristische, ökonomische und symbolische Barrieren im Bildungssektor versperrt oder behindert ist (Niedrig et al. 2002, S. 20).

Als zentrale rechtliche Ausschlussmechanismen im Bildungsbereich sind demnach zu nennen:

- Lücken zwischen Schulpflicht und Schulrecht, lediglich ein „Schulbesuchsrecht" als schwaches Recht, das die Information von Erziehungsberechtigten

10 Vgl. Kritik und Handlungsempfehlungen des CESCR im Jahr 2011 zum deutschen Staatenberichts von 2008 in: Committee on Economic, Social an Cultural Rights/CESCR 2011. Consideration of reports submittes by States parties under articles 16 and 17 of the Coenant. Concluding observations of the CESCR (Germany) über: http://tbinternet.ohchr.org/_layouts/treatybodyexternal/TBSearch.aspx?Lang=en&TreatyID=9&DocTypeID=5. Zugegriffen: 26. 09. 2013.

über Möglichkeiten des Schulbesuchs nicht vorsieht, keine Ansprüche auf individuelle Förderung beinhaltet und vom Unterrichtsbesuch nach Belieben freistellt.

- Die „BAföG-Sozialhilfe-Falle", wonach ein Ausschluss von Jugendlichen mit ungesichertem Aufenthalt aus BAföG-geförderten Bildungsgängen erfolgt. *„Ohne private finanzielle Unterstützung ist die höchste für asylsuchende Jugendliche in unserem Bildungssystem zu erreichende Bildungsqualifikation der Realschulabschluss, weil bereits die Oberstufe des Gymnasiums ein BaföG-fähiger Bildungsgang ist. Darüber hinaus ist jungen Flüchtlingen mit ungesichertem Aufenthaltsstatus im Prinzip der Zugang zu allen weiterführenden schulischen oder beruflichen Qualifizierungsmöglichkeiten versperrt"* (Niedrig et al. 2002, S. 26).
- Arbeitsverbote oder eingeschränkter Zugang zu einer Arbeitsgenehmigung als Bildungsbarriere
- Hinzu können Formen symbolischer Ausgrenzung treten, denn der „Flüchtlingsstatus ist (…) nur scheinbar ein ‚ethnisch neutraler' gesellschaftlicher Status, was sich erkennen lässt, wenn Hautfarbe zum „Signal für den ‚Flüchtlingsstatus' wird (…)" (ebd., S. 28 f.).

Es werden also nicht nur subtile Ausschlussmechanismen wirksam, wie sie gegenüber Migrant_innen generell bilanziert wurden (vgl. Gomolla und Radtke 2002), sondern hinzu kommt ein durch rechtliche und Verfahrens- wie verwaltungsimmanente Vorgaben produziertes Exklusionsrisiko.

Auch die als spezifisch ausländerpädagogisch konzeptionierten Integrationskurse sind nicht barrierefrei: So sind Flüchtlinge, deren Asylverfahren noch nicht abgeschlossen ist und Personen mit einer Duldung vom Recht bzw. der Verpflichtung, einen Integrationskurs nach § 44 AufenthG zu belegen ausgenommen. Wer einen Deutschkurs belegen will, muss dies selbst finanzieren oder ist auf ehrenamtliche Angebote angewiesen (Geiger 2016, S. 31).

Für Hochschulen ist ein Zugang aufenthaltsrechtlich zwar grundsätzlich gestattet, die mit dem Duldungsstatus einhergehenden Einschränkungen wie Residenzpflicht, Verpflichtungen zu „Arbeitsgelegenheiten" (nach § 5 AsylbLG), Zugangsbarrieren bzgl. Spracherwerb und finanzielle Beschränkungen stehen einem Studium allerdings entgegen (ebd. S. 33)[11]. Auch hier ist das Problem, wenn län-

11 Erschwerte administrative Zugänge bemängelt eine Studie der Bosch-Stiftung in Berlin (2015, S. 13), andere Hochschulen suchen nach Lösungen für erleichterte Zugänge. Eine Regelung der Hochschulrektorenkonferenz und KMK-Konferenz vom 03.12.2015 sieht vor: 1. Prüfung „persönlicher Voraussetzungen" (asyl- und aufenthaltsrechtliche Bedingungen); 2. Plausibilitätsprüfung anhand der Bildungsbiografie und 3. „Studierfähigkeit". http://www.kmk.org/fileadmin/pdf/PresseUndAktuelles/2015/BS_151203_HochschulzugangHochschulzulassung_Flüchtlinge_01.pdf. Zugegriffen: 10.03.2016.

derrechtliche Vorgaben zum Hochschulzugang mit Bundesrechtlichen Vorschriften kollidieren, wenn etwa Wohnortauflagen die Zulassung zu einem bestimmten Studienort konterkarieren oder die gesicherte Studienfinanzierung durch einen unsicheren Aufenthaltsstatus nicht gewährleistet werden kann.

Die Thematisierung von Bildungsbarrieren erfordert, Handlungen, Handlungsfähigkeiten und Handlungsmöglichkeiten zu unterscheiden. Auch im Duldungsstatus sind Geflüchtete nicht nur Opfer einer restriktiven Politik, Rechtslage oder Verwaltungspraxis, sondern sie sind bestrebt, die Einschränkungen während des oft jahrelangen Duldungsstatus zu bewältigen. Bewältigungsmuster lassen sich nur mit Blick auf die Subjekte und jenseits stereotyper Opfer- oder Täterzuschreibungen gewinnen. Die Studie von Geiger macht an solchen qualitativen Studien deutlich, dass dem Zugang zu Erwerbsarbeit und Wohnung (außerhalb von Massenunterkünften) eine gewisse Priorität vor dem Besuch von Bildungsinstitutionen zukommt, nicht, weil es den Betroffenen an Willen oder Ideen fehlen würde, sondern weil die Aufwendungen, den Alltag zu bewältigen zu groß sind.

Praktiker_innen berichten, dass Geflüchtete kaum die nötige Konzentration etwa zum Spracherwerb aufbringen können, während sie um ihre Familienangehörigen bangen müssen, deren Nachzug etwa aus Syrien mehr als ungewiss ist. Hinzu kommen schwierige Lernumgebungen in den Aufnahmeeinrichtungen, Traumatisierungen, Unsicherheiten im Aufnahmeland oder auch Inkompatibilitäten zwischen schulischen Anforderungen und lebensweltlich-religiösen Gebräuchen, etwa hinsichtlich der Erledigung von Hausaufgaben während des Ramadan.

Bereits Befunde einer Untersuchung zur Bildungsmotivation junger Flüchtlinge im Land Brandenburg aus den Jahren 1995 und 1996 ergeben sehr große Unterschiede bezüglich Voraussetzungen und Perspektiven: Einerseits die segregierende Struktur im Bildungswesen für Geflüchtete, zum anderen der Umstand, dass z.Tl. schneller Erwerbsarbeit Priorität eingeräumt wird, um Angehörige in der Heimat zu versorgen oder Kredite der Schlepper abzuzahlen (Rieker 1999, S. 424). Kritikpunkt der Befragten war immer wieder die Isolation in nur von Flüchtlingen besuchten Klassen und der Wunsch nach Integration (ebd., S. 425).

Mit der rechtlichen Stellung von Bildungsanwartschaften sind die pädagogischen Fragen mithin noch nicht gelöst. Diese stellen sich, da Geflüchtete unterschiedlichste Bildungsvoraussetzungen ja bereits mitbringen und Bewältigungskompetenzen schon im Verlauf der Flucht entwickeln mussten. Integrationskurse oder internationale Vorbereitungsklassen sind darauf fokussiert, oft ohne innere Differenzierung Kenntnisse in Sprache und Landeskunde zu vermitteln, strukturell können sie jedoch den Ausschluss von sozialer und kultureller Teilhabe innerhalb der deutschen Gesellschaft nicht beheben. Es entstehen zuweilen paradoxe Konstellationen, wo jenen, die Bildungschancen ergreifen wollen, Hürden in den

Weg gelegt werden und andere, die mit den Angeboten wenig anzufangen wissen, disziplinarisch gedroht wird.[12]

Die Funktion von Bildungsinstitutionen für die Entwicklung von kognitiven und sozialen Kompetenzen und Bildung in einem allgemeinen Sinn als Ressource der Lebensgestaltung und Lebensbewältigung bei Geflüchteten Kindern und Jugendlichen einzulösen bedeutet mehr, als eine Investition für eine Beschäftigungsfähigkeit im Arbeitsmarkt (employability) (Krappmann et al. 2009b, S. 17). Ein derart verstandenes Bildungsverständnis macht das Recht auf Bildung innerhalb der Liste der unveräußerlichen Menschenrechte erst plausibel, weil es neben einer rein funktionalen Bestimmung ‚Bildung' an die Möglichkeiten, ein Leben in Würde zu führen, knüpft.

Schließlich wird einem Bildungsnotstand als mögliche Fluchtursache bislang kaum Bedeutung beigemessen. Der Stellenwert von ‚Bildung' als eines der zentralen gesellschaftspolitischen Felder scheint im Falle von Geflüchteten im Kontext der engen Anerkennungschancen als politisch Verfolgter keine oder bestenfalls eine nachgeordnete Rolle zu spielen. Es gibt kein „Bildungsasyl" (Nassehi 2015, S. 107) und Fluchtgründe aufgrund vorenthaltener Bildungschancen werden durch andere einhergehende Ursachen dominiert. Dies schließt nicht aus, dass Flüchtlingsbiografien durch starke Motive bestimmt sind, dem Bildungsnotstand in der Herkunftsregion zu entfliehen und die Erwartungen an die Zielländer oft mit der Koppelung von Bildungskarriere und Wohlstandshoffnung verknüpft werden.

4 Grenzüberschreitungen und pädagogische Aufgaben

„Ich war ausgegangen in weißen Handschuhen, mit einer Blume im Knopfloch, um erfreuliche Eindrücke und liebliche Erinnerungen einzuheimsen bei den Hungrigen, Missachteten und Enterbten. (…)" (Korczak 1967, S. 246). So reflektierte Janusz Korcak eine Erfahrung mit eskalierender Gewalt unter Jungen seiner Ferienkolonie, die sich auch gegen ihn selbst zu richten drohte und ihn gezwungen hatte, seine romantisch-idealistische Sicht zu revidieren: *„Ich hatte begriffen, dass Kinder eine Macht sind, die man zur Mitwirkung ermuntern und durch Geringschätzung verletzen kann, mit der man aber auf jeden Fall rechnen muß"* (Korczak 1967, S. 247). Korczak hatte vor einer bevorstehenden Schlägerei im Schlafsaal einen Hinweis erhalten und war eingeschritten, indem er Schlagstöcke konfiszierte, das

12 Vgl. „Asylpaket II" Jan/Febr. 2016 Große Koalition CDU-CSU-SPD: CDU Papier mit pejorativem Duktus, aber auch positiv: Ausdehnung der Schulpflicht auf 25 Jahre. Vgl. zum Konstrukt des „Integrationsverweigerers" Brumlik 2014.

Licht brennen liess und für den kommenden Tag eine Aussprache ankündigte: *„Am nächsten Tag (...) sprach ich zum ersten mal nicht zu den Kindern, sondern mit ihnen, und ich sprach nicht davon, wie sie nach meinem Wunsche sein sollten, sondern darüber, was sie selbst sein wollten und könnten*" (Korzcak 1967, S. 247). Korczak war es gelungen, die Eskalation zu unterbinden und Respekt zu erlangen, ohne die Integrität der Jungen zu verletzen.

Ein einfacher Vergleich zwischen den Kindern der Sommerkolonie Korzcaks mit heutigen geflüchteten Kindern und Jugendlichen hinsichtlich der Unterschiedlichkeit historischer Kontexte hinkt und ist hier auch nicht intendiert; der Vorgang beleuchtet jedoch gerade vor dem Hintergrund der unbestreitbaren moralischen Integrität Korzcaks ein pädagogisches Problem, kennzeichnet eine pädagogische Haltung und Anstrengung, wenn es um Kinder und Jugendliche in Kontexten schwieriger Lebenssituationen geht. Das historische Bild einer Pädagogik, die ‚vom Kinde her' denkt und handelt, das lehrt die obige Reflexion, bleibt auf die Bewältigung kritischer Ereignisse verwiesen und muss sich verorten können jenseits von pejorativer Problemzuschreibung oder problemabstinentem bloßen Wohlwollen: *„Ich hatte darauf gewartet, dass sie mir ihre Sympathie entgegenbrächten, und ich wollte ihre in den Winkeln des Großstadtlebens großgezüchteten Fehler nicht zur Kenntnis nehmen*" (ebd., S. 246) So beschreibt Korczak seine ursprüngliche Haltung, die er schmerzhaft zu revidieren lernte.

Die *pädagogische Grenzüberschreitung* ist hier eine doppelte und gilt für sozialpädagogische Zugänge auch heute für die Adressierung von „Flüchtlingen": Einmal bedeutet die pädagogische Hinwendung zu Ihnen eine Grenzüberschreitung und Abwendung gegenüber der gesellschaftlich dominanten Struktur, die den Bildungsansprüchen von Geflüchteten nur bedingt Zugänge einräumt und sich an ihren lebensweltlichen je spezifischen Erfahrungen und Bildungsvoraussetzungen nur mäßig interessiert zeigt. Zum anderen wird dem Pädagogen/der Pädagogin schmerzhaft bewusst, dass die Überschreitung der Grenze auf die Seite der „Überflüssigen"[13] vor Konflikten mit diesen nicht verschont und mögliche Erwartungen dankbarer Aufnahme der offerierten pädagogischen Angebote nicht erwartet werden können.

Anstöße für Bildungsprozesse mit Geflüchteten, die die Grenzen formaler Bildung überschreiten, ergeben sich seit 2015 auffällig vermehrt durch Zivilgesellschaftliche Initiativen im non-formalen Bildungsbereich: Theater- oder Kunstprojekte, Initiativen von Museen; Chören; Sportvereinen; Geschichtsvereinen, Stadtführungen usw. Sie übernehmen Verantwortung im Sinne pragmatischer

13 Der Begriff wird hier im Sinne einer Analyse von Robert Castle zur „Metamorphose der Sozialen Frage" übernommen, wonach neue „Risiken der Entkoppelung" (Désaffiliation) massenhafte Vulnerabilitäten erzeugen (2008, S. 142).

Idealisten dort, wo formelle Strukturen Leere, Langeweile, Wartezeiten und Angst produzieren. Im ehrenamtlichen Sektor übernehmen sie sozialpädagogische Funktionen, bedürfen jedoch einer professionellen Supervision, wenn erwartete Effekte ausbleiben.

Eine qualitative empirische Studie über Initiativen zur Unterstützung von Asylsuchenden im Raum München (Dünnwald 2006, S. 340) verdeutlicht die Bedeutung partizipativer Konzepte und die Rolle von Selbsthilfeinitiativen[14]. Es bleibt nicht beim Lernen deutscher Sprache, sondern im Medium der Sprache werden die unterschiedlichen lebensweltlichen und biografischen Erzählungen kommuniziert. Eine Pädagogik der Anerkennung impliziert hier die wechselseitige Aneignung der Narrative, Geschichte und Pluralität der nationalen Kulturen und bildet eine Alternative zur monolinearen Vermittlung einer „Leitkultur" oder zu den zahlreichen Versuchen der religiösen oder politischen Vereinnahmung von Geflüchteten durch Interessengruppen. Globales Lernen, interkulturelles Lernen, Wissen in der Weltgesellschaft als Lerninhalt bekommen in der Interaktion Gesichter. Dem kommt das Konzept der Alltagsbegleitung von jungen Flüchtlingen durch Studierende sozialer bzw. päd. Berufe nahe, wenn es gelingt, sich in der Rolle eines Kooperationspartners ohne Bevormundung einzumischen (Alazar et al. 2014).

Berichte über praktische Ansätze, Konzepte und Verfahrensweisen in unterschiedlichen schulischen, berufsbildenden und sozialpädagogischen Praxisfeldern betonen deren Aufgaben und Funktionen, z. B. eine Stabilisierung durch Tagesstruktur, erfüllbare Aufgaben, Anregungen und geistige Auseinandersetzungen, die die große Motivation bedient und ein „kleines Gegengewicht gegen die ausländerrechtlich und politisch fast aussichtslos scheinende Zukunftsperspektive der Kinder" darstellen kann (Neumann 1998, S. 27). *„Orientierung und Halt brauchen die Jugendlichen auch in Bezug auf das Konsumangebot und das Konsumverhalten sowie bei der Interpretation ‚deutschen' Verhaltens (…)"* so Neumann (S. 28) und Akteure in der Regelschule benötigen komplementäre sozialpädagogische Aufgaben, da sich Lehrkräfte mit den Lebensbedingungen in Hotels, Übergangsheimen, Containerlagern, Wohnschiffen, Zeltunterkünften usw. auseinandersetzen müssen, wenn sie verstehen wollen, warum etwa Jugendliche im Unterricht übermüdet, unkonzentriert oder aggressiv sind (Neumann 1998, S. 29). Man möchte ergänzen: Menschenrechtsbildung, kritische Auseinandersetzung mit Rassismus und gruppenbezogener Menschenfeindlichkeit gehören als Querschnittsthemen auf die Agenda. Die jeweils unterschiedliche Erfahrungsdimension von ansässigen und geflüchteten Schülern_innen scheinen geradezu einzuladen, zu den hier-

14 Vgl. z. B. Informationen zur Kampagne (Selbsthilfe) „Bildung(s)los! Grenzenlos, Bedingungslos auch für Flüchtlinge". http://bildung.jpgspace.net.

zu vorliegenden Wissensbereichen einen auch lebensweltlichen Bezug herstellen zu können, im romantischen Sinn miteinander, aneinander, übereinander zu den jeweiligen Schlüsselproblemen lernen zu können. Eine Reflexion praktisch-pädagogischer Beobachtungen weist eine solche Perspektive nicht vollends zurück, markiert jedoch eine Reihe von Schwierigkeiten: *„Sich im Unterricht auf die lebensweltlichen Bedingungen und Problem von* Movies *einzulassen, setzt jedoch die Flüchtlingsjugendlichen, die Mitschüler wie auch das Unterrichtspersonal einem Spannungsverhältnis aus, das durch eine wechselseitige und permanente Scham und Beschämung gekennzeichnet ist, und das den Umgang miteinander nicht einfach macht“* (Schroeder 1998, S. 75). Als beschämend können materielle Lebenssituation, Rechtsstatus, Unterkunft gelten, die Einladungen unmöglich machen. Berichtet wird von Legendenbildungen und Verheimlichung des eigenen Status durch geflüchtete Schüler_innen, von Kontrasterfahrungen eigener Privilegien des Lehrpersonals gegenüber den Lebensbedingungen der Flüchtlinge als *„ständige Selbsterfahrung ökonomischer und sozialer Differenzen: Es ist nicht einfach, damit zurecht zu kommen, oder auch von den Jugendlichen manchmal sehr unwirsch und verletzend darauf hingewiesen zu werden“* (Schroeder 1998, S. 76 f.). Geflüchtete bringen persönliche Erfahrungen mit globalen Themen wie Krieg und Frieden, Militarismus und Rüstung, Rassismus, Gewalt, Intoleranz als Primärerfahrung ein. *„Das Thema Menschenrechte ist für sie eine doppelt persönliche Erfahrung: In ihren Herkunftsländern wurden ihnen elementare Grundrechte systematisch entzogen, und hier in Deutschland müssen sie ebenfalls immer wieder neu eingeklagt werden“* (ebd., S. 77). Diese Erfahrung erzeugt jedoch nicht automatisch Resultate einer Menschenrechtserziehung in Hinblick auf die Menschenrechtsagenda als Lerninhalt und in Hinblick auf die Wahrung der Menschenrechte im Bildungsprozess, d. h. Wahrung der Würde und Integrität der Kinder und Jugendlichen, die ihnen die normativen Implikationen einer Verteidigung von Menschenrechten plausibel macht.

Indes, bei Geflüchteten scheint sich die Geschichte der ‚Ausländerpädagogik‘ gegenüber den Kindern der ausländischen Arbeitnehmer_innen aus den 1970er Jahren zunächst einmal zu wiederholen: In einem Forderungskatalog von 10 Punkten wirbt der Bundesfachverband Unbegleitete Minderjährige Flüchtlinge e. V. für eine Beschulung von jungen Flüchtlingen bereits während des Aufenthalts in den Erstaufnahmeeinrichtungen. Dem Argument, die hohe Fluktuation würde einen geregelten Unterricht unmöglich machen, werden erfolgreiche Konzepte sogen. Clearinghäuser für unbegleitete Minderjährige bzw. Übergangsklassen mit geringerer Schülerzahl entgegengehalten. Hier erhalten Kinder in erhöhter Stundenzahl Deutschunterricht und werden in den anderen Fächern an den Stoff der Regelklasse herangeführt. *„Gerade junge Flüchtlinge in Gemeinschaftsunterkünften haben oft Probleme, den Unterrichtsstoff an öffentlichen Schulen zu verarbei-*

ten (…) erschwerend kommt die Ausrichtung des Lerninhalts auf einen deutsch-europäischen Lebenshintergrund hinzu. Kinder und Eltern aus anderen Kontinenten können mit Unterrichtsinhalten häufig keine Erlebnis- und Erfahrungshintergründe verbinden" (Riedelsheimer 2009, S. 283). Dies begründet entsprechenden Unterstützungsbedarf wie Hausaufgabenbetreuung in den Sammelunterkünften. Es wird deutlich, dass hier nicht ohne Grund ein Fachverband für die Gruppe der Geflüchteten auf Konzepte kompensatorischer Erziehung zurückgreift (vgl. auch Rieker 1999, S. 422). So wird der Eindruck verstärkt, Flüchtlingskinder machten vor allem doppelten Aufwand erforderlich, eine *interkulturelle Perspektive* scheint jedoch in weiter Ferne. „Lerninhalte" und „Lernstoff" bleiben kulturell einseitig codiert. Ob die Perspektive interkultureller Bildung unter Anerkennung der spezifischen Dispositionen von Geflüchteten einer empirischen Bewährung standhält, bleibt ein Forschungsdesiderat; Konzeptionell bieten die indizierten lebensweltlich differenten Erfahrungshorizonte jedoch allemal genügend Anlässe und ‚Stoff', daraus vergleichend und verstehend interkulturelle Bildung zu weben und damit weltgesellschaftliche Kompetenz zu etablieren.

In Ergänzung des Verständnisses von ‚interkultureller Kompetenz' als einem nicht in Routinen sich erschöpfenden Ensemble von Haltungen, Fähigkeiten und Fertigkeiten, das sich performativ in neuen oder irritierenden Situationen zeigt[15], macht es Sinn, für die Konstruktion des Typus ‚Flüchtlinge' eine Arbeitsdefinition von Seukwa zu integrieren. Er versteht Kompetenz als „eine Aktionspotenzial hervorbringende menschliche Fähigkeit (Sprachfähigkeit, höhere geistige Fähigkeiten oder kognitive Stukturen etc.) (…) (Seukwa 2006, S. 102). Die Unterscheidung von Kompetenz einmal in Hinblick auf die Konstruktion von Leistungen, die Fähigkeiten generieren, ein andermal als Konstitution eines sozial anerkanntes Wertes erlaubt es für den Bildungskontext ‚Flüchtlinge', Bewältigungsstrategien etwa gegenüber gesellschaftlichen Prozessen sozialer Ausschließung als bildungsrelevant einbeziehen. Auch wenn Flucht meist mit erheblichen Verlusten kulturellen Kapitals verbunden ist, geraten die je spezifischen Möglichkeiten des Transfers fluchtspezifisch erworbener Kompetenzen nicht aus dem Blick. Das in der Bourdieu'schen Systematik fehlende Element eines „juridischen Kapitals" (Seukwa 2006, S. 221), also die Ebene rechtlicher Voraussetzungen, um als Geflüchtete(r) am Bildungsmarkt zu partizipieren, lassen all jene Fälle als Paradox erscheinen, in denen dennoch Bildungserfolge erzielt werden. Seukwa nennt die Fähigkeit, Formen der Selbstgestaltung auch in Situationen extremer Fremdbestimmung zu entfalten, wie sie meist in Prozessen von Flucht und Asylverfahren auftreten, „Habitus der Überlebenskunst" und hat hierzu empirische Befunde anhand von

15 Eppenstein, Thomas (2003). Einfalt der Vielfalt? Interkulturelle pädagogische Kompetenz in der Migrationsgesellschaft. Frankfurt am Main: Cooperative Verlag.

76 Fallstudien Hamburger jugendlicher Asylbewerber afrikanischer Herkunft erhoben (vgl. Seukwa 2006, S. 220). Interessant an den Befunden ist für die Frage nach interkulturellen Kompetenzen, dass in Fällen von Bildungserfolgen im Aufnahmeland Deutschland, diese als die Aktualisierung von bereits zuvor erworbenen Kompetenzen entschlüsselt werden können (vgl. Seukwa 2006, S. 251). Die durchweg negativen Auswirkungen erfahrener struktureller Gewalt dürfen in normativer Perspektive nicht durch Befunde des Überlebenswillens und der Überlebenskunst kaschiert werden, es ist jedoch relevant, ihre potenziell produktive Seite für Aktivitäten von Individuen nicht zu unterschlagen und diese ob der Macht struktureller Verhältnisse nicht zu bloßen Opfern ihrer Verhältnisse zu stilisieren.

Damit Bildungskarrieren keine Glücksache bleiben, gilt es indes, die Kritik an strukturellen Barrieren aufrecht zu erhalten und auf Veränderungen zu drängen.[16]

Die Spannungen zwischen Integrationserwartungen und Integrationshemmnissen betreffen nicht allein Institutionen der Bildung, sondern sind beeinflusst von den Aporien rechtlicher und administrativer Vorgaben im Asylverfahren, die zwischen Anerkennungsoptionen und Restriktionen changieren, zwischen „Nötigung zur Teilnahme an ‚Bildungssackgassen'" (Heckt 2003, S. 47) und faktischem Vorenthalt zielführender Bildungsgänge. Auch hier werden pädagogische Akteure mit der Zumutung konfrontiert, sich im Sinne einer reflexiven Professionalität klar zu werden, dass sie im Feld des Vorläufigen operieren, dass sie in ihrer Praxis nicht abwarten können, bis rechtliche, politische oder soziale Voraussetzungen für eine gelingende Bildungsintegration vorliegen und dass sie als Professionelle mit Problemen zu tun haben, die sie nicht selbst verursacht haben und zu deren Lösung ihr Mandat nicht hinreicht. Brumlik fragt zum Problem der Anerkennung: *„Ist es überhaupt aus der Position kontrollierender, helfender und lehrender Professionalität möglich, zwischen Professionellen und ihren AdressatInnen eine Anerkennung auf der Basis herzustellen, dass beide Seiten an gleichsam unvollendeten Projekten – persönlicher und gesellschaftlicher – Art arbeiten?"* (Brumlik 2014, S. 260). Wie können Normen, Gesetzestreue, Regeln und Konventionen des Aufnahme-

16 Eine Expertenkommission zur Neuausrichtung der Flüchtlingspolitik hat zum Zugang zu Bildungseinrichtungen für Flüchtlinge 2016 erste Empfehlungen, Maßnahmen und Ziele vorgelegt. Dazu gehört u. a., den „Zugang zu frühkindlicher Bildung für Flüchtlingsfamilien und Informationsgrundlagen (zu)verbessern, (…)", den Schulbesuch von Flüchtlingen und Schulorganisation auf eine neue gesetzliche Grundlage (zu) stellen und zu reorganisieren, u. a. durch die Einführung der Schulpflicht für Flüchtlingskinder in allen Bundesländern, die Einführung von flächendeckenden Vorbereitungsklassen (…) und die Verpflichtung der Berufsschulen, auch nicht mehr schulpflichtige Heranwachsende (…) zu unterrichten (…). Ferner werden Investitionen in die Lehreraus- und -fortbildung empfohlen. (Robert-Bosch-Stiftung: Expertenkommission zur Neuausrichtung der Flüchtlingspolitik. Zugang zu Bildungseinrichtungen für Flüchtlinge. http://www.bosch-stitung.de/content/language1/downloads/Kommissionsbericht_Fluechtlingspolitik_Bildung.pdf. Zugegriffen: 07. 07. 2016.

landes gleichzeitig vermittelt, vertreten und doch auch unterschiedlich interpretiert oder relativiert werden? Wird professionelle Autorität untergraben, wenn Sie sich in Hinblick auf religiöse, ethnische, kulturelle oder politische Fragen als reflexiv und damit unabgeschlossen ausweist? Solche Fragen und weitere Implikationen gehen unter dem Ruf nach Pragmatismus und unter dem Eindruck unzureichender personeller und sachlicher Ressourcen leicht verloren. In Kontexten pädagogischer interkultureller Arbeit und in Hinblick auf pädagogische Arbeit mit geflüchteten Kindern und Jugendlichen im Horizont globalen Lernens stellen sie sich jedoch erneut und unter den anspruchsvollen Vorzeichen, dass weltgesellschaftliche Dynamiken in den Fluchtverhältnissen ihren Ausdruck finden und als *„epochaltypische Schlüsselprobleme"* im Sinne Klafkis den Bildungskanon beeinflussen und bestimmen werden.

Literatur

Alazar, T., Kleinekathöfer, E. & Ilka Tietje, I. (2014). Flüchtlinge durch Mentor/inn/en unterstützen! In Gag, *a. a. O.* (S. 246–266).

Apitzsch, G. (1996). Der Umgang mit minderjährigen Flüchtlingen. Ein blinder Fleck der interkulturellen Pädagogik. In G. Auernheimer, P. Gstettner (Hrsg.), *Jahrbuch für Pädagogik 1996: Pädagogik in multikulturellen Gesellschaften*. Frankfurt am Main 1996 (S. 99–119).

Behrensen, B., Westphal, M. (2009). Junge Flüchtlinge – ein blinder Fleck in der Migrations- und Bildungsforschung. In Krappmann et al. (Hrsg.), *a. a. O.* (S. 45–58).

Brumlik, M. (2014). Integration und Anerkennung – die Einwanderungsgesellschaft als Handlungsfeld. Professionstheoretische Implikationen der ‚Gegenwart'. In M.-P. Schwarz, W. Ferchhoff, R. Vollbrecht (Hrsg.), *Professionalität: Wissen – Kontext* (S. 242–261). Bad Heilbronn: Klinkhardt.

Carstensen, C., Neumann, U. & Schroeder, J. (Hrsg.). (1998): *Movies – Junge Flüchtlinge in der Schule*. Hamburg: Bergmann & Helbig.

Carstensen, C. (1998b). Beispiele von Bildungsverläufen jugendlicher Flüchtlinge. In C. Carstensen et al. (Hrsg.), *a. a. O.* (S. 61–71).

Castle, R. (2008). *Die Metamorphosen der Sozialen Frage*. Konstanz. Verlag?.

Dünnwald, S. (2006). *Der pädagogische Griff nach dem Fremden. Zur Haltung lokaler Initiativen gegenüber Flüchtlingen in der Bundesrepublik Deutschland*. Frankfurt a. M. London: IKO Verlag.

Epoch Times, 3. 11. 2015. 16:30. http://www.epochtimes.de/politik/deutschland/ifo-studie-widerlegt-hohen-bildungsstand-syrischer-fluechtlinge-a1281362.html. Zugegriffen: 23. 02. 2016.

Gag, M., Voges, F. (Hrsg.). (2014). *Inklusion auf Raten. Zur Teilhabe von Flüchtlingen an Ausbildung und Arbeit. Bildung in Umbruchgesellschaften*, Bd. 10. Münster, New York, München, Berlin: Waxmann.

Geiger, D. (2016). *Handlungsfähigkeit von geduldeten Flüchtlingen*. Wiesbaden: Springer VS.

Gomolla, M., Radtke F. O. (2002). *Institutionelle Diskriminierung: Die Herstellung ethnischer Differenz in der Schule*. Opladen.

Heckt, M. (2003). „Forschung unter Beschuss". In Neumann et al. (Hrsg.), *a. a. O.* (S. 43–54).

Hansen, G. (2002). Traditionslinien der Schulpolitik für Flüchtlingskinder. In Neumann et al. (Hrsg.), *a. a. O.* (S. 57–72).

Harmening, B. (2005). „Wir bleiben draußen", Schulpflicht und Schulrecht von Flüchtlingskindern in Deutschland. In Terres des hommes (Hrsg.). Osnabrück.

Jagesic, S. (2009). Von Zenica nach Chicago. Eine autobiografische Bildungsreise. In Krappmann et al. (Hrsg.), *a. a. O.* (S. 25–29).

Jouhy, E. (1964/1988). *Klärungsprozesse. Gesammelte Schriften Bd. I–IV. Bd. III*. Herausgegeben von Robert Jungk. Frankfurt a. M. 1988: Athenäum.

Korczak, J. (1967). *Wie man ein Kind lieben soll*. Göttingen.

Krappmann, L., Lob-Hüdepohl, A., Bohmeyer, A. & Kurzke, S. Maasmeier (Hrsg.). (2009). *Bildung für junge Flüchtlinge – ein Menschenrecht. Erfahrungen, Grundlagen und Perspektiven*. Bielefeld: W. Bertelsmann.

Krappmann et al. (2009b). *a. a. O.: Einleitung* (S. 17–22).

Lemberg, E. (1959). Das Bildungswesen vor neuen Aufgaben. In Ders. und F. Edding (Hrsg.), *Die Vertriebenen in Westdeutschland, Bd. III*. (S. 356–401). Kiel: Ferdinand Hirt.

Nassehi, A. (2015). „Die arbeiten nichts". Eine kleine Polemik gegen die „Wirtschaftsflüchtlinge". In Ders. (Hrsg.), *Kursbuch 183* (S. 101–110). Hamburg: Murmann Verlag.

Neumann, U. (1998). Die Bedeutung schulischer Bildung für jugendliche Flüchtlinge. In Carsensen et al. (Hrsg.), *a. a. O.* (S. 27–33).

Neumann, U., Niedrig, H., Schroeder, J. & Seukwa, L.-H. (Hrsg.). (2002). *Wie offen ist der Bildungsmarkt? Rechtliche und symbolische Ausgrenzungen junger afrikanischer Flüchtlinge im Bildungs-, Ausbildungs- und Beschäftigungssystem. Bildung in Umbruchgesellschaften* Bd. 1. Münster, New York, München, Berlin: Waxmann.

Neumann, U. (2002b). Probleme der Bildungsarbeit mit Flüchtlingen. In Dies. et al. (Hrsg.), *a. a. O.* (S. 11–18).

Neumann, U., Niedrig, H. & Schröder, J. (Hrsg.). (2003). *Lernen am Rande der Gesellschaft. Bildungsinstitutionen am Rande von Flüchtlingsbiografien*. Münster: Waxmann.

Niedrig, H., Seukewa, L.-H. & Schroeder, J. (2002). Lernen in „totalen Räumen". Ausgrenzung und Marginalisierung afrikanischer Flüchtlingsjugendlicher im deutschen Bildungssystem. In Neumann et al. (Hrsg.), *a. a. O.* (S. 19–31).

Riedelsheimer, A. (2009). Das Recht auf Bildung für junge Flüchtlinge. Forderungen des Bundesfachverbandes Unbegleitete Minderjährige Flüchtlingen e. V. In Krappmann et al. (Hrsg.), *a. a. O.* (S. 281–284).

Rieker, P. (1999). Schule/Schulbesuch. In Woge e. V./Institut für Soziale Arbeit e. V. (Hrsg.), *Handbuch der Sozialen Arbeit mit Kinderflüchtlingen* (S. 420–427). Münster: Votum Verlag.

Schroeder, J. (1998). Zwischen Scham und Beschämung. Anregungen für einen lebensweltorientierten Unterricht mit Flüchtlingsjugendlichen. In Carstensen et al. (Hrsg.), *a. a. O.* (S. 75–95).

Schwaiger, M., Neumann, U. (2014). Junge Flüchtlinge im allgemeinbildenden Schulsystem und die Anforderungen an Schule, Unterricht und Lehrkräfte. In Gag et al. (Hrsg.), *a. a. O.* (S. 60–79).

Seukwa, L.-H. (2006). *Der Habitus der Überlebenskunst. Zum Verhältnis von Kompetenz und Migration im Spiegel von Flüchtlingsbiografien.* Münster, New York, München, Berlin: Waxmann (Bildung in Umbruchgesellschaften, Bd. 5).

Seukwa, L.-H. (2014). Soziale Arbeit mit Flüchtlingen zwischen Macht und Ohnmacht. In Gag, Voges (Hrsg.), *a. a. O.* (S. 49–59).

Stenger, U. (2009). Die Potenziale junger Flüchtlinge durch schulische Förderung – die SchlaU-Schule. In Krappmann et al. (Hrsg.), *a. a. O.* (S. 197–202).

Treber, M. (2009). Die Ressource Bildung in der Sozialen Arbeit mit jungen Flüchtlingen. In Krappmann et al. (Hrsg.), *a. a. O.* (S. 71–81).

Weiser, B. (2013). *Recht auf Bildung für Flüchtlinge. Rahmenbedingungen des Zugangs zu Bildungsangeboten für Asylsuchende. Beilage zum ASYLMAGZIN 2013* (Ausg. 11), Beil. Berlin Informationsverbund Asyl&Migration.

Geflüchtete und wir – sozialpsychologische Perspektiven[1]

Ulrich Wagner

Zusammenfassung

Die steigende Zahl an geflüchteten Menschen in Deutschland führt zu Akzeptanz und Unterstützung, aber auch zu Ablehnung. Psychologisch gehen solche Reaktionen auf Kategorisierungsprozesse und Emotionen zurück, die mit der Gruppe der Geflüchteten in Verbindung gebracht werden. Diese psychologischen Mechanismen selbst hängen ab vom politischen und medialen Umgang mit dem sogenannten Flüchtlingsproblem. Die Bestimmung der relevanten gesellschaftlichen und psychologischen Voraussetzungen für Akzeptanz und Ablehnung erlaubt Praxisempfehlungen: Wenn man gegen Vorurteile, Diskriminierung und Gewalt gegen Fremde vorgehen will, sind unnötige Kategosierungen und willkürliche Abwertungen „der Fremden" zu vermeiden. Und, Kontakt hilft, negativer politischer Propaganda vorzubeugen.

1 Einleitung

Im Sommer 2015 ist die Zahl der Geflüchteten, die nach Europa und speziell nach Deutschland gekommen sind, deutlich gestiegen. Begleitet war dieser Anstieg von einem Zulauf zu rechtspopulistischen und rechtsextremen Organisationen und einer drastischen Zunahme an Gewalt gegen Geflüchtete und gegen Einrichtungen zur Unterbringung von Geflüchteten. Gleichzeitig gab es im Sommer 2015 und den folgenden Monaten aus der Bevölkerung ein beeindruckendes Maß an Hilfe für Geflüchtete. Nach einer repräsentativen Umfrage waren 10 % der deut-

1 Ich danke Simon Greipl für seine Kommentare zu einer ersten Version des Textes.

schen Bevölkerung aktiv an der Unterstützung von Geflüchteten beteiligt (Ahrens 2015).

Wie lassen sich die Ereignisse sozialpsychologisch erklären, insbesondere unter Rückgriff auf Gruppenprozesse, Emotionen aber auch politische Einflüsse? Im Folgenden will ich einige psychologische Mechanismen darstellen, die Ablehnung, Akzeptanz oder Willkommen von Geflüchteten auslösen. Dabei wird deutlich werden, dass psychologische Prozesse eine wichtige Rolle spielen, um besser zu verstehen, wie es zu Akzeptanz und Ablehnung kommt. Allerdings soll auch gezeigt werden, dass allein psychologische Erklärungsmuster nicht ausreichen, um Akzeptanz und Ablehnung zu verstehen. Insbesondere wenn es um die Frage geht, was zu tun ist, wenn man Vorurteile, Diskriminierung und Gewalt gegen Geflüchtete vermeiden will, stellt sich auch die Frage politischer Verantwortlichkeiten.

2 Psychologische Ursachen für Akzeptanz und Ablehnung

Viele sozialwissenschaftliche und ökonomische Modelle zur Erklärung der sozialen Welt gehen davon aus, dass Menschen rationale InformationsverarbeiterInnen sind: Wir werden mit Informationen konfrontiert, können diese vollständig erfassen und nach ihrer jeweiligen Bedeutung verarbeiten und treffen dann unter Abwägung von Vor- und Nachteilen eine rationale Entscheidung (vgl. z. B. Esser 1993). Häufig sind wir aber nicht diese rationalen InformationsverarbeiterInnen, sondern, lassen uns oft von Urteilsverzerrungen und Emotionen leiten. Auch im Kontext von Flucht und Migration kommen wir nicht immer zu rationalen Schlüssen.

Die Abbildung 1 verdeutlicht sozialpsychologische Einflüsse auf Akzeptanz und Ablehnung von Geflüchteten. In der mittleren Zeile sind die wichtigsten psychologischen Prozesse zum Verständnis des Umgangs der ansässigen Bevölkerung mit Geflüchteten skizziert, die ich im Folgenden diskutieren möchte.

2.1 Informationssuche und -verarbeitung

Die Begegnung mit Migration bedeutet für viele Menschen, dass sie sich mit einer Intergruppensituation konfrontiert sehen: „Die Flüchtlinge" werden zunächst nicht als einzelne Individuen wahrgenommen, sondern als Gruppe. Es gibt einen psychologischen Mechanismus, die Fähigkeit zu kategorisieren, der eine solche Gruppenwahrnehmung vorantreibt (vgl. z. B. Wagner 1994). Die Kategorisierung der Umwelt in Frauen und Männer, belebte und unbelebte Gegenstände, Autos

Abbildung 1 Sozialpsychologische Einflüsse auf Akzeptanz und Ablehnung von Geflüchteten

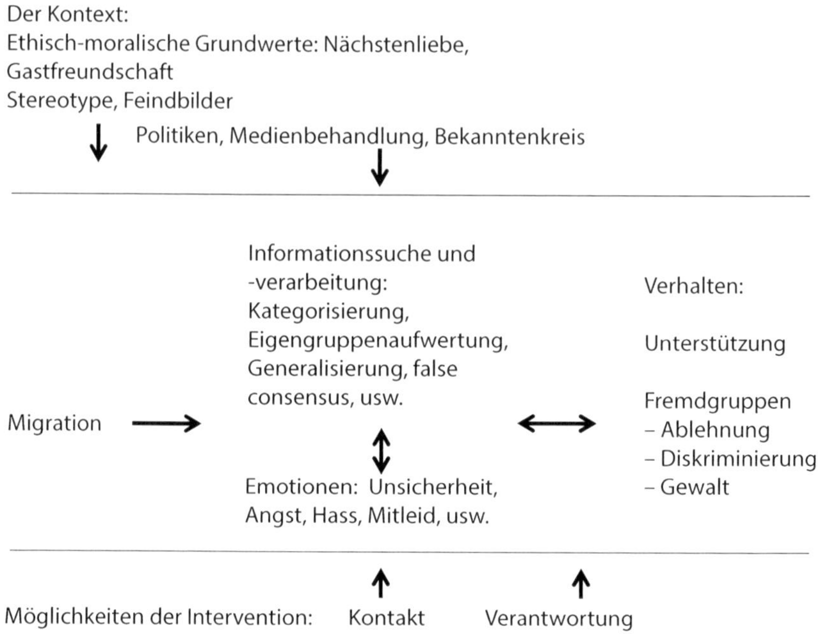

und Fahrräder hat Vorteile, sie lässt eine automatische und schnelle Umweltbewältigung zu: Die Kategorisierung eines querenden Fahrzeugs als Fahrrad erlaubt mir als Fußgänger die schnelle Überquerung der Straße noch vor dem Fahrradfahrer, eine Kategorisierung als Auto würde mich vermutlich davon abhalten.

Kategorisierung ist nicht nur von großer Bedeutung, wenn wir die Umwelt um uns herum wahrnehmen, Kategorisierung spielt auch für die Selbstdefinition und Identitätsbildung eine wichtige Rolle. Die Identifikation mit einer Kategorie bestimmt zumindest einen Teil menschlicher Identität (Tajfel 1978). Wer ein Mensch ist, hängt – auch – von ihrer oder seinen Kategorien- bzw. Gruppenzugehörigkeiten ab: nämlich eine Frau oder Mann zu sein, Arbeitgeber oder Arbeitnehmer, Deutsche oder Ausländerin. Identitätsbildung durch Gruppenzugehörigkeit geht mit weiteren Verzerrungen einher: Gruppenzugehörigkeiten sagen mir nicht nur, wer ich bin, sondern auch, wie gut ich bin. Wir tendieren dazu, Gruppen, denen wir uns zugehörig fühlen, aufzuwerten, weil wir uns damit selbst aufwerten. Wenn diese Tendenz zur Aufwertung der eigenen Gruppe nur dadurch umsetzbar ist, dass Vergleichsgruppen – die Fremden – relativ zur eigenen Gruppe abgewertet werden, tun wir das (Tajfel et al. 1971). Wenn SozialwissenschaftlerInnen darauf verweisen, dass das Funktionieren von Gemeinwesen davon abhängt, dass die Mitglieder der Gemeinschaft sich mit ihr identifizieren (Barash und Webel 2009, S. 150 ff.), muss man dem aus sozialpsychologischer Sicht entgegenhalten, dass Identifikationen mit ethnischen, nationalen, religiösen etc. Gruppen auch mit der Gefahr einhergehen, dass diejenigen, die als nicht zugehörig betrachtet werden, ausgegrenzt, abgewertet, diskriminiert und mit Gewalt attackiert werden (Wagner et al. 2012).

Zwei Anmerkungen sind im gegebenen Zusammenhang wichtig: Erstens gilt es, einen Typus soziobiologischer Argumentation zurückzuweisen, die die hier behandelten sozialen Prozesse naturalisieren. Zuweil wird die wiederholt dokumentierte Abwertung von fremden Gruppen als Beleg für die Annahme gesehen, dass Gruppenmitglieder aus biologisch-evolutionären Prozessen heraus nicht anders könnten, als Mitglieder fremder Gruppen abzuwehren. Dem ist entgegenzuhalten: Die Tendenz zur Fremdgruppenabwertung könnte auch ein Merkmal kapitalistisch geprägter Konkurrenzkulturen sein, in denen es gilt, besser zu sein als andere und andere Gruppen. Bislang gibt es dazu wenig kulturvergleichende Studien. Und selbst wenn Fremdgruppenabwertung ubiquitär beobachtbar wäre, bedeutete das keinen Beleg für biologische Evolution. Inzwischen gibt es viele weltweit beobachtbare Phänomene, von denen man nicht annehmen kann, dass diese evolutionär determiniert sind, wie die weltweite Präferenz für take-away Pizza zeigt.

Zweitens, die Fähigkeit zu kategorisieren ist angeboren, die Inhalte sind psychologisch jedoch weitgehend willkürlich. Die klassischen experimentellen Studien, die sogenannten Minimal Group Untersuchungen, arbeiten – bewusst – mit sehr künstlichen Gruppenzuweisungen. Billig und Tajfel (1973) beispielsweise machten ihren VersuchsteilnehmerInnen sehr deutlich, dass sie nach einer zufälligen Losentscheidung der Gruppe X oder der Gruppe W zugeordnet worden seien. Obwohl ihnen also klar war, dass ihre Gruppen und Gruppenzugehörigkeiten künstlich waren, reagierten die Versuchspersonen mit der beschriebenen Begünstigung der eigenen Gruppen. Das zeigt: Gruppen und Gruppenzugehörigkeiten sind oft willkürlich und konstruiert. Ohne gemeinsame Erfahrungshintergründe, ohne miteinander zu interagieren, kann die Zuweisung zu einer gemeinsamen Kategorie oder „Gruppe", schon allein die Belegung mit einem gemeinsamen, Identifikations- und Ausgrenzungsprozesse nach sich ziehen. Bedeutungsschwere Phänomen wie nationale, ethnisch oder religiöse Zugehörigkeiten lassen sich, psychologisch betrachtet, auch deshalb so leicht herstellen, weil Menschen kategorisieren können, weil sie sich mit Gruppen identifizieren wollen und weil sie den jeweils besseren Gruppen angehören wollen.

Gruppen werden Eigenschaften zugeschrieben. Das führt – über die beschriebene Tendenz zur Aufwertung von Gruppen, denen wir uns zugehörig fühlen hinaus – zu weiteren Fehlern. Autos sind schnell, Fahrräder eher langsam, Eigenschaften, die mich zu dem Schluss kommen lassen, dass ich vor dem Fahrrad die Straße noch überqueren kann. Wir generalisieren von der Gruppenzugehörigkeit auf das einzelne Exemplar. Was aber, wenn es sich bei dem kreuzenden Fahrrad um ein Elektrorad handelt? Gleichermaßen bedeutet die Kategorisierung all derjenigen, die seit Sommer 2015 nach Europa und nach Deutschland gekommen sind, als Geflüchtete, eine Vereinfachung, hinter der sich große Vielfalt verbirgt.

Wir ziehen aus der Gruppen- oder Kategorienzugehörigkeit Einzelner nicht nur Schlüsse über die Eigenschaften des Einzelexemplars, wir verallgemeinern auch vom Einzelexemplar auf die Gruppe, der es zugehört: Nach den Ausschreitungen am Silvesterabend in Köln erscheinen alle Geflüchtete in besonderem Maße als aggressiv und sexistisch, obwohl es sich bei den Tätern in Köln um eine sehr spezielle Gruppe von Männern mit Migrationshintergrund handelte. Solche Verallgemeinerungen von Einzelpersonen und ihren Handlungen auf die Gesamtgruppe funktionieren umso besser, je stärker die Generalisierung dem Bedürfnis zur Aufwertung der eigenen Gruppe und der Abwertung der Fremden entgegenkommt: Negative Handlungen von Mitgliedern fremder Gruppen passen ins Bild und werden daher gerne als Eigenschaft auf die Gesamtgruppe generalisiert, positive Handlungen aus der Fremdgruppe heraus werden hingegen eher als Ausnahmen betrachtet (Pettigrew 1979). Die Merkmale, die wir aufgrund von Einzelereignissen der Gesamtgruppe zuschreiben, werden so zu finalen Erklärungen des Gruppenverhaltens, „die sind nun mal aggressiv, sexistisch, faul". Diese Neigung zur Zuschreibung von geteilten letzterklärenden Gruppenmerkmalen kann durch spezifische Begriffsverwendungen weiter gefördert werden: Von einem Flüchtling als einem eigenen Typus zu sprechen führt in das Dilemma, mit solcher Kategorisierung eine Person auf ihren Status auf Dauer festzulegen, weshalb ich den Begriff „Geflüchteter" vorziehe, der eine (einmalige) Handlung beschreibt, die der Mensch in Zukunft vielleicht anders gestaltet.

Schließlich spielt noch eine weitere Verzerrung bei der Beurteilung von fremden Gruppen eine Rolle. Je extremer unser Urteil über „die Fremden" ausfällt, umso eher meinen wir, dass viele in unserer eigenen Gruppe diese Überzeugung teilen (Watt und Larkin 2010). Wir fühlen uns also – oft fälschlicherweise – von der Mehrheit in der uns wichtigen Gruppe unterstützt, was die eigene extreme Meinung stabilisiert. Vor allem aber trägt die fälschliche Unterstellung eines Konsenses in der eigenen Gruppe dazu bei, dass Einstellungen in Verhalten münden: Fremdenfeindliche Gewalttäter sind in der Regel von der Überzeugung getrieben, sie handelten im Sinne einer schweigenden Mehrheit hinter ihnen, die sich lediglich nicht traue, ihren Überzeugungen Taten folgen zu lassen.

Wann kommt es zu Hilfeverhalten anderen Menschen gegenüber, wann zu Vorurteilen, Ausgrenzung und Gewalt? Psychologisch betrachtet begünstigt die

Kategorisierung von Menschen als Mitglieder einer fremden Gruppe ihre Ablehnung (s. o.). Kategorisierung führt daher auch dazu, dass mit der Zuordnung einer Person zu einer fremden Gruppe Hilfeverhalten zurückgeht (Stürmer und Snyder 2010). Anders ausgedrückt: Je stärker wir eine hilfesuchende Person als Mitglied einer fremden Gruppe wahrnehmen, umso weniger sind wir bereit zu helfen.

2.2 Emotionen

Die Wahrnehmung von Mitgliedern fremder Gruppen führt nicht nur zu Verzerrungen dergestalt, dass den Fremden Eigenschaften, bevorzugt negative Stereotypen, zugeschrieben werden. Die direkte oder indirekte Konfrontation mit Fremden ist oft auch mit intensiven Emotionen verbunden. Fremde können Unsicherheit, Mitleid und Empathie auslösen, oft schlägt die Unsicherheit aber auch um in Angst oder Hass. Die Verbindung von fremden Gruppen mit Emotionen ist das Ergebnis von Prozessen klassischer Konditionierung: Einzelne Personen, die der fremden Gruppe zugerechnet werden, fallen durch bedrohliche Verhaltensweisen auf. Dies führt nicht nur dazu, dass wir uns künftig vor genau diesen Personen fürchten, sondern wir generalisieren auf die Gruppe insgesamt und beginnen, weitere Mitglieder der Gruppe zu fürchten – auch wenn diese „eigentlich" ganz anders sind als die ursprünglichen Protagonisten, sich selbst vielleicht mit den Tätern gar nicht gemein sehen und nur von uns als Mitglieder derselben Gruppe wahrgenommen werden (Meiser und Hewstone 2010). Die Verknüpfung von fremden Gruppen mit negativen Emotionen verschärft die Kategorisierung (Sherif und Sherif 1969) und hat Vorurteile und gesteigerte Ablehnung zur Folge (Stephan und Renfro 2002).

2.3 Verhalten

Wird die fremde Gruppe mit Angst in Verbindung gebracht, resultiert das bei den Verängstigten zu Vermeidung und Rückzug – man weicht den Fremden aus. Fühlen Verängstigte sich durch andere unterstützt und damit sicher und – vor allem – schlägt Angst in Hass um, kommt es zur Attacke und fremdenfeindlichen Gewalttaten (Wagner und Christ 2007). Hass bedeutet Attacke. Hass kann so weit führen, dass die Welt der Hassenden nicht mehr durch eine Einteilung in Eigen- und Fremdgruppe gekennzeichnet ist, sondern dass die Fremden aus der gemeinsamen Kategorie der Menschen psychologisch ausgeschlossen, dehumanisiert werden (Kteily et al. 2016): Wenn die Anderen nicht einmal mehr den Menschen zugerechnet werden, erlaubt das jede Form der Brutalität.

Wann und warum zeigen Einheimische in Deutschland Unterstützung für Geflüchtete? Erstens, wenn sie die Fremden als ähnlich und nicht als Mitglieder einer fremden Gruppe kategorisieren. Zweitens, wenn Geflüchtete Empathie auslösen. Empathie ist die Emotion, die Hilfeverhalten fördert (Batson 1995). Auch Mitleid kann zu Hilfeverhalten führen. Allerdings kann Mitleid auch eine Form der Unterstützung für die Bemitleideten zur Folge haben, die auf subtile Form dann doch zur Diskriminierung wird. Das geschieht, wenn Hilfeverhalten benevolent oder paternalistisch daherkommt und so die Hilflosigkeit der Unterstützten eher erhöht, wenn sie also nicht zu einer Stärkung von Selbstbestimmung beiträgt, sondern zur Abhängigkeit. Oft sind solche Formen der Unterstützung für die Unterstützten durchaus angenehm, sie gefährden aber die Emanzipation der gesamten Gruppe (Cuddy et al. 2008).

2.4 Der Kontext

Die beschriebenen psychologischen Mechanismen, die zur Akzeptanz, vor allem aber zur Ablehnung von Geflüchteten beitragen, sind von sozialen und politischen Einflüssen abhängig (siehe Zeile 1 von Abbildung 1). Wir werden in einen vorgegebenen kulturellen Kontext hineinsozialisiert. Zu diesem Kontext gehören Vorstellungen über Nächstenliebe und Gastfreundschaft, kodifiziert z. B. in den Menschenrechten, die uns zu Unterstützung veranlassen (vgl. auch Ahrens 2015). Offen lassen diese kulturellen Normen, ob die Norm zur Hilfeleistung auch für Mitglieder fremder Gruppen gilt (Stürmer und Snyder 2010). Im Gleichnis vom Barmherzigen Samariter ist die kategoriale Begrenzung von Hilfsnormen verdeutlicht.

Der kulturelle Kontext, in den wir hineinsozialisiert werden, besteht auch aus traditionellen Stereotypen und Feindbildern über historisch oder aktuell konstruierte Fremdgruppen, wie über „Neger", Juden oder Türken (Asbrock et al. 2014). Diese kulturellen Vorgaben determinieren die Art unseres vorurteiligen Denkens, häufig ohne dass wir selbst uns dessen bewusst werden. (In meiner Kindheit wurden gefährliche Nachbarschaften dadurch beschrieben, dass dort „die Zigeuner durchrennen." Mir war klar, was gemeint war, die damit verbundene Diskriminierung habe ich lange nicht begriffen). Solche traditionellen Stereotypen und Feindbilder füttern die psychologischen Mechanismen der Fremdgruppenabwertungen mit Inhalten.

Psychologische Funktionsweisen korrespondieren oft mit kulturellen – und darauf aufbauend – strukturellen Vorgaben. Deutlich wird dies an der uns so geläufigen Vorstellung von Nation. Das Denken in Kategorien geht gut zusammen mit scheinbar objektiv gegebenen nationalen Grenzen oder, anders ausgedrückt, wir akzeptieren und suchen nach Grenzen, weil uns Kategorisierung und Selbstzuordnung zu Gruppen Gefühle der Zugehörigkeit und Überlegenheit versprechen.

Der geringste Teil der Leserinnen und Leser dieses Beitrags war bei den Sylvester-Ausschreitungen in Köln anwesend. Trotzdem können wir aus Nachrichten, Fernsehbildern und Diskussionen darüber im Freundeskreis nachempfinden, was geschehen ist – und wir erleben die Verallgemeinerungs- und Konditionierungsprozesse so, als wären wir tatsächlich physisch anwesend gewesen. Es gehört zu den menschlichen Fähigkeiten, auch aus vermittelten Informationen lernen zu können. Kinder entwickeln Ängste, wenn sie Geschichten aus der Grimm'schen Märchensammlung erzählt bekommen. Im Mittelalter haben Reisende wesentlich zum vermeintlichen Verständnis der Welt beigetragen: weitergetragene Gerüchte über Brunnenvergiftungen waren Auslöser von Judenpogromen. Zu den modernen Berichterstattern gehören – traditionell – die Menschen in unserem Bekannten- und Freundeskreis, vor allem aber auch politische, religiöse und anderweitige Verantwortungsträger und, als deren Vermittler, die Medien selbst. Das Ausmaß indirekter Zugänge zu Informationen ist mit den modernen Massenmedien erheblich gestiegen. Die Erfahrungen der Menschen stammen immer weniger aus eigenen unmittelbaren physischen Expositionen, als vielmehr aus den Berichten und Bildern über die Ereignisse.

Die beschriebenen psychologischen Mechanismen erhöhen unsere Bereitschaft, bestimmte Informationen aufzunehmen und zu unseren Überzeugungen zu machen und andere Informationen eher zurückzuweisen. Negative Informationen über fremde Gruppen füttern unser Bedürfnis, die eigene Gruppe im Vergleich zu fremden Gruppen positiv abzuheben, daher werden solche Informationen auch eher akzeptiert als positive Nachrichten über Mitglieder fremder Gruppen (Brewer et al. 1981). Wir suchen nicht nach der richtigen, realitätsangepassten Information, sondern nach Informationen, die unsere Positionen bestätigen (Festinger 1954). Das erklärt auch, warum das Internet bei aufgeheizten Debatten, wie denen über Geflüchtete, weniger zum Austausch von Argumenten, als zur Bestätigung der eigenen Position genutzt wird. Man begibt sich in Foren, um das heraus zu bekommen, was man erwartet.

Politik und Massenmedien tragen auch wesentlich dazu bei, welche Kategorien und Gruppenzugehörigkeiten den öffentlichen und privaten Diskurs bestimmen. Die Kategorie der Flüchtlinge wurde im Verlauf des Jahres 2015 in der öffentlichen Diskussion zunehmend prominenter, weil viele Geflüchtete nach Deutschland kamen und weil mehr und mehr darüber geredet wurde. Der öffentliche Diskurs kann auch bestimmte Subgruppen besonders in den Vordergrund rücken: 2015 waren unter den ca. 1 Million Einwanderern nach Deutschland nur rund 26 000 Geflüchtete aus den Maghreb-Staaten, geredet wurde trotzdem viel über sie und sie standen – als Folge dieses öffentlichen Diskurses – zeitweise als Prototyp für die Geflüchteten insgesamt.

Populistische Politik greift psychologische Mechanismen auf: Sie benutzt Situationen der Unsicherheit oder schafft und schürt sie. Im September 2015 hatte Bundeskanzlerin Merkel sich für eine Öffnung der Grenzen für gestrandete Geflüchtete ausgesprochen, ihrem „wir schaffen das" ließ sie aber keine Antwort auf die Frage folgen, wie das geschehen solle. Die damit erzeugte Unsicherheit nutzten rechtspopulistische Bewegungen und Parteien, diese weiter anzuheizen und gleichzeitig scheinbar Antworten zu geben. Ihr Argument: „Schuld an der Fluchtkrise sind die Geflüchteten selbst, die einzige Lösung besteht darin, sie abzuweisen, und wer kann das? Wir." Das Schicksal der Geflüchteten wird so instrumentalisiert zur Durchsetzung eigener politischer Interessen.

3 Was tun – Möglichkeiten der Intervention

Die aufgezeigten sozialpsychologischen Mechanismen zeigen, dass die Entstehung gruppenbezogener, hier auf Flüchtlinge gemünzter Feindlichkeit oder Freundlichkeit keinen unabänderlichen Naturgesetzen folgen, sondern veränderbar sind – wenn das gewollt ist. Die Wahrnehmung der gegenwärtigen Einwanderungssituation nach Deutschland und Europa in der Bevölkerung ist in weiten Teilen vom politischen und medialen Diskurs über „das Flüchtlingsproblem" abhängig. Wenn Menschen beginnen, sich vor Geflüchteten zu fürchten, ist das auch eine Folge der Art der öffentlichen Darstellung von Geflüchteten und der ihnen zugeschriebenen Verhaltensweisen. Eine Konsequenz daraus ist: Das öffentliche Reden, die politische Darstellung und die Medienberichterstattung müssen psychologische Mechanismen in Rechnung stellen, wenn sie sich über Geflüchtete und die damit zusammenhängende Situation in Deutschland verantwortlich äußern wollen. Das darf natürlich nicht bedeuten, wichtige Informationen zu verschweigen. Wir haben den Anspruch, in einer offenen Gesellschaft zu leben, in der wichtige Informationen zur Verfügung stehen. Aber, psychologische Mechanismen implizieren, dass die sachunangemessene pauschale Verknüpfung von Geflüchteten mit z. B. Kriminalität zu unterlassen ist, wenn man Generalisierungs- und Konditionierungsprozesse nicht befeuern will (vgl. auch die Argumentation im Pressecodex des Deutschen Presserates, http://www.presserat.de/presserat/). Denjenigen, die die Fluchtkrise instrumentalisieren, ist offensiv und klar entgegenzutreten, bei den Mitläuferinnen und Mitläufern ist Überzeugungsarbeit notwendig. Aktive und überzeugende Information gegen Feindbilder und Stereotypen hilft (Lemmer und Wagner, in prep.), auch wenn die adressierten RezipientInnen oft nur schwer erreichbar sind, weil sie Gegenpositionen pauschal als Lügenpresse abtun.

Eine wichtige Gegenstrategie gegen pauschalisierende negative Stereotype und Angst ist Kontakt. Kontakt führt zum Abbau von Vorurteilen, wenn der Kontakt es möglich macht, einander auf Augenhöhe zu begegnen, gemeinsame Ziele zu verfolgen und wenn Kontakt sozial und politisch erwünscht ist (Allport 1954; Pettigrew und Tropp 2006 – der manchmal zusätzlich zu beobachtende umgekehrte kausale Zusammenhang stellt dies nicht in Frage). Die Anwesenheit von Fremden in der Nachbarschaft geht mit größerer Toleranz einher (Kotzur und Wagner, in prep.; Wagner et al. 2006). Große Aufnahmeeinrichtungen für Geflüchtete sind daher schlecht, weil sie Kontakte mit der einheimischen Bevölkerung erschweren. Aus demselben Grund ist „Gettobildung" zu vermeiden. Eine kluge Ansiedlungspolitik, die durch geeignete Verteilung von Geflüchteten und Deutschen Kontakt möglich macht, verspricht Erfolg (Deutsch und Collins 1951).

Verschiedene Akteure können sich die vorurteilsreduzierende Wirkung von Kontakt zu Nutze machen. Dazu gehören Sportvereine. Sportverbände haben hierzu bereits Initiativen aufgenommen, vereinzelt auch bürgerschaftliche Einrichtungen wie die Freiwillige Feuerwehr. Die vielen freiwilligen Helferinnen und Helfer, die aktuell in der Hilfe für Geflüchtete engagiert sind, nehmen an einem intensiven Kontaktprogramm teil. Wichtige Institutionen zur Förderung von Kontakt zwischen Einheimischen und neu Hinzugekommenen sind die Schule und andere Bildungseinrichtungen, wie Universitäten. In den USA und in Israel gibt es Programme zur Förderung von Kooperation zwischen Schülerinnen und Schülern unterschiedlicher Herkunft, die zum Abbau gegenseitiger Vorurteile beitragen und gleichzeitig den Schulerfolg von Kindern aus Minderheiten verbessern (ohne den aus der Mehrheit in Frage zu stellen). Avci-Werning (2004) und Lanphen (2011) haben die Programme nach Deutschland übertagen. Schülerinnen und Schüler werden in ethnisch heterogene Kleingruppen aufgeteilt und aufgefordert, in den Kleingruppen gemeinsam Aufgaben zu bearbeiten. Dabei sind die Informationen so auf die Mitglieder der Kleingruppe verteilt, dass eine erfolgreiche Aufgabenlösung nur möglich ist, wenn alle Mitglieder einer Kleingruppe im Kontakt kooperativ ihre Beiträge einbringen. Solche gezielten Kontaktinterventionen helfen, Vorurteile zu reduzieren, wie Lemmer und Wagner (2015) in einer umfangreichen Meta-Analyse zeigen.

Kontakt hilft auch dann, wenn wir ihn bei anderen nur beobachten (Christ et al. 2014). Diese Beobachtung schafft eine Norm der Toleranz und Offenheit, die auch bei denjenigen, die persönlich nicht mit den Mitgliedern der fremden Gruppe in Kontakt treten, zum Abbau von Ressentiments und Vorurteilen führt. Auch deshalb sind die ehrenamtlichen Helferinnen und Helfer als Vorbilder so wichtig.

4 Verantwortung

Wir sind oft nicht die rationalen InformationsverarbeiterInnen, für die wir uns gerne halten. Wir verzerren Informationen aufgrund von Kategorisierungsprozessen und als Folge von emotionalen Einflüssen. Der vorliegende Beitrag hat dies zu zeigen versucht. Zum einen haben Kategorisierungen einen alltagstauglichen Wert – wir minimieren das Risiko, vom Auto überfahren zu werden, solange wir selbiges von Fahrädern unterscheiden gelernt haben –, zum anderen sind sie der Grundstoff für Ausgrenzung oder auch Verfolgung, wenn z. B. eine politisch befeuerte Eskalationsdynamik im Einklang mit psychologischen Prozessen eintritt. Die Wissenschaft liefert Erklärungen dafür, warum es zu Verzerrungen in der Wahrnehmung und im Umgang mit Fremden und fremden Gruppen kommt. Diese Erklärungen befreien uns aber nicht von unserer Verantwortung. Menschen haben die Möglichkeit zum Innehalten, sie können – zumindest in Teilen – über ihren eigenen Umgang mit der Welt nachdenken und ihn aktiv korrigieren (Devine 1989). Manchmal hilft es schon, selbstkritisch die eigenen Fremd- und Feindbilder zu reflektieren und mit der Realität abzugleichen, um die eigene vorurteilige Position in Frage zu stellen.

Literatur

Ahrens, P. A. (2015). *Skepsis oder Zuversicht? Erwartungen der Bevölkerung zur Aufnahme von Flüchtlingen in Deutschland.* Sozialwissenschaftliches Institut der Evangelischen Kirche in Deutschland. https://www.ekd.de/si/download/Fluechtlinge_21.12.15.pdf.

Allport (1954). *The nature of prejudice.* Cambridge MA: Addison-Wesley.

Asbrock, F., Lemmer, G., Becker, J. C., Koller, J. & Wagner, U. (2014). „Who are these foreigners anyway?" The content of the term Foreigner and its impact on prejudice. *Sage Open.* DOI: 10.1177/2158244014532819.

Avci-Werning, M. (2004). *Prävention ethnischer Konflikte in der Schule.* Münster: Waxmann.

Barash, D. P., Webel, C. P. (2009). *Peace and conflict studies.* Los Angeles, CA: Sage.

Batson, D. (1995). Prosocial motivation: Why do we help others? In A. Tesser (Ed.), *Advances in Psychology* (S. 333–391). New York: McGraw-Hill.

Billig, M., Tajfel, H. (1973). Social categorization and similarity in intergroup behaviour. *European Journal of Social Psychology* 3, 27–52.

Brewer, M. B., Dull, V. & Lui, L. (1981). Perceptions of the elderly: Stereotypes as prototypes. *Journal of Personality and Social Psychology* 41, 656–670.

Christ, O., Schmid, K., Lolliot, S., Swart, H., Stolle, D., Tausch, N., Ramiah, A. A., Wagner, U., Vertovec, S. & Hewstone, M. (2014). Contextual effect of positive inter-

group contact on outgroup prejudice. *PNAS Proceedings of the National Academy of Sciences of the United States of America* 111, 3996–4000.
Cuddy, A. J. C., Fiske, S. T. & Glick, P. (2008). Warmth and competence as universal dimension of social perception: The stereotype content model and the BIAS Map. *Advances in Experimental Social Psychology* 40, 61–150. DOI: 10.1016/S0065-2601(07)00002-0.
Deutsch, M., Collins, M. (1951). *Interracial Housing: A Psychological Evaluation of a Social Experiment.* Minneapolis: University of Minnesota Press.
Devine, P. G. (1989). Stereotypes and prejudice: Their automatic and controlled response. *Journal of Personality and Social Psychology* 56, 5–18.
Esser, H. (1993). *Soziologie.* Frankfurt: Campus.
Festinger, L. (1954). A theory of social comparison processes. *Human Relations* 7, 117–140.
Kotzur, P. F. & Wagner, U. (in prep). *„Love thy neighbour as thyself?" Contact, emotional reactions, and prejudice towards asylum seekers in the neighbourhood of initial reception centres: A longitudinal study.*
Kteily, N., Hodson, G. & Bruneau, E. (2016). They see us as less than human: Metadehumanization predicts intergroup conflict via reciprocal dehumanization. *Journal of Personality and Social Psychology* 110, 343–370.
Lanphen, J. (2011). *Kooperatives Lernen und Integrationsförderung.* Münster: Waxmann.
Lemmer, G., Wagner, U. (2015). Can we reduce prejudice outside the lab? A meta-analysis of direct and indirect contact interventions. *European Journal of Social Psychology* 45, 152–168.
Lemmer, G., Wagner, U. (in prep.). *The benefits of walking in the shoes of an outgroup: A meta-analysis of information interventions to reduce ethnic prejudice.*
Meiser, T., Hewstone, M. (2010). Contingency learning and stereotype formation: Illusory and spurious correlations revisited. *European Review of Social Psychology* 21, 285–331.
Pettigrew, T. F. (1979). The ultimate attribution error: Extending Allport's cognitive analysis of prejudice. *Personality and Social Psychology Bulletin* 5, 461–476.
Pettigrew, T. F., Tropp, L. R. (2006). A meta-analytic test of intergroup contact theory. *Journal of Personality and Social Psychology* 90, 751–783.
Sherif, M., Sherif, C. W. (1969). *Social psychology.* New York: Harper & Row.
Stephan, W. G., Renfro, C. L. (2002). The role of threat in intergroup relations. In D. M. Mackie, E. R. Smith (Eds.), *From prejudice to intergroup relations* (S. 191–207). New York: Psychology Press.
Stürmer, S., Snyder, M. (2010). Helping „us" versus „them." Towards a group level theory of helping and altruism within and across group boundaries. In S. Stürmer, M. Snyder (Eds.), *The psychology of prosocial behavior* (S. 33–58). Chichester: Whiley-Blackwell.
Tajfel, H. (1978). *Differentiation between social groups.* London: Academic Press.
Tajfel, H., Billig, M. G., Bundy, R. P. & Flament, C. (1971). Social categorization and intergroup behavior. *European Journal of Social Psychology* 1, 149–178.
Wagner, U. (1994). *Eine sozialpsychologische Analyse von Intergruppenprozessen.* Göttingen: Hogrefe.

Wagner, U., Becker, J.C., Christ, O., Pettigrew, T.F. & Schmidt, P. (2012). A longitudinal test of the relation between German nationalism, patriotism and outgroup derogation. *European Sociological Review* 28, 319–332.
Wagner, U., Christ, O. (2007). Intergroup aggression and emotions: A framework and first data. In M. Gollwitzer, G. Steffgen (Eds.), *Emotions and aggressive behavior* (S. 133–148). Göttingen: Hogrefe & Huber.
Wagner, U., Christ, O., Pettigrew, T.F., Stellmacher, J. & Wolf, C. (2006). Prejudice and minority proportion: Contact instead of threat effects. *Social Psychology Quarterly* 69, 380–390.
Watt, S.E., Larkin, C. (2010). Prejudiced people perceive more community support for their views: The role of own, media and peer attitudes in perceived consensus. *Journal of Applied Social Psychology 2010* 40, 710–731.

Mediale Zugänge II

Flüchtlinge in den Printmedien

Esther Almstadt

Zusammenfassung

Der Aufsatz „Flüchtlinge in den Printmedien" fokussiert die Repräsentation geflüchteter Menschen in den drei größten überregionalen deutschen Tageszeitungen. Eingefangen wird der Prozess öffentlicher Meinungsbildung vor dem Hintergrund der Umbrüche in der deutschen Flüchtlingspolitik im Spätsommer und Frühherbst 2015. Diese diskursanalytische Momentaufnahme verdeutlicht: Flüchtlinge tauchen vor allem in drei unterschiedlichen Repräsentationsformen auf. Als massenhaftes Phänomen sind sie Statisten der medial inszenierten Willkommenskultur, durch eine Nahaufnahme wird ein auf der Flucht ertrunkenes Kind zum Symbol für das Versagen Europas und in einem Diskurs über Kosten-Nutzen-Abwägungen wird die Frage verhandelt, ob Flüchtlinge eine ökonomische „Bereicherung" sind. Die Untersuchung zielt nicht zuletzt darauf ab, hegemoniale Prinzipien und Wertmaßstäbe in der Berichterstattung über geflüchtete Menschen offenzulegen.

1 Einleitung

Eine Million – das ist wohl die meist zitierte Zahl in der medialen Berichterstattung des Spätsommers und Frühherbstes 2015. Die Zahl bezieht sich auf Menschen, die aus den vielzähligen Kriegs- und Armutsregionen der Welt bis dato in die Bundesrepublik geflohen sind. In Deutschland werden diese Menschen mit dem Rechtsstatus „Flüchtling" versehen. Die Bedingungen, unter denen geflüchtete Menschen in der Bundesrepublik bleiben und ihr Leben bewältigen dürfen, setzt die Politik. Welche Bilder von Flüchtlingen in der medialen Öffentlichkeit vorherrschen – dazu leisten nach wie vor die Printmedien einen entscheidenden Beitrag.

2 Forschungsfragen und Forschungsleerstellen

In dem vorliegenden Aufsatz wird daher der zentralen Frage nachgegangen, wie Flüchtlinge in den Printmedien repräsentiert werden. Eingefangen wird der Prozess der öffentlichen Meinungsbildung vor dem Hintergrund der Umbrüche in der deutschen Flüchtlingspolitik im Spätsommer und Frühherbst 2015. Im Sinne einer Kritischen Diskursanalyse wird der kulturwissenschaftliche Blick[1] auf die Presseerzeugnisse geschärft durch die Frage nach der Perspektive und Position der Sprecher_innen. Anders ausgedrückt soll untersucht werden: Wer redet wie über Flüchtlinge und wo kommen sie selbst zu Wort (Jäger 2015, S. 85). Und schließlich geht es in dem vorliegenden Beitrag auch und gerade um das Verhältnis von politischem Ereignis und medialer Meinungsbildung. Die Pressetexte werden mithin unter dem Gesichtspunkt analysiert, wie die Verfasser_innen in ihrer Berichterstattung über Flüchtlinge wesentliche Entscheidungen und Änderungen der deutschen Flüchtlingspolitik verhandeln – und sie so der Öffentlichkeit zugängig machen (Jäger 2015, S. 82 f.).

Diese diskursanalytische Momentaufnahme bezieht sich auf Texte, die in den drei größten überregionalen Tageszeitungen der Republik erschienen sind; neben dem unangefochtenen Marktführer BILD-Zeitung (BILD) sind dies die Süddeutsche Zeitung (SZ) und die Frankfurter Allgemeine Zeitung (FAZ). Zusammen erreichen sie täglich über 12,5 Millionen Leser_innen.[2] Für die Untersuchung wurden unter dem Schlagwort „Flüchtlinge" circa 1 500 Überschriften samt Vorspann gesichtet. Die Recherche bezog sich dabei vornehmlich auf Artikel, die vom 31. August bis 15. Oktober 2015 an prominenter Stelle in den Rubriken „Politik" und „Allgemeine Nachrichten" veröffentlicht wurden. Auf Grundlage der breit angelegten Sichtung wurden diejenigen Diskursstränge herausgearbeitet, die die Berichterstattung in jenem Spätsommer und Frühherbst dominierten. In diesem Beitrag wird also keinesfalls der Anspruch erhoben, das gesamte Spektrum medialer Meinungsbildung für den genannten Zeitraum abzubilden.

Im Sinne einer qualitativen Präsentation der Rechercheergebnisse werden im Folgenden anhand der exemplarischen Analyse von Zeitungsartikeln Topoi aufgezeigt, die für den jeweiligen Diskursstrang signifikant sind. Die Repräsentation

1 Die Kritische Diskursanalyse verortet Siegfried Jäger, der Urheber dieses Verfahrens, in der interdisziplinär ausgerichteten Kulturwissenschaft – zu der auch und gerade linguistische und medienwissenschaftliche Ansätze gehören (Jäger 2007, S. 17 ff.).

2 Die Reichweite bezieht sich darauf, von wie vielen Personen die gekauften Exemplare gelesen werden (Noelle-Neumann et al. 2009, S. 206). Diesen Wert ermittelt für die deutsche Presselandschaft zweimal jährlich die Arbeitsgemeinschaft Media-Analyse. In der zweiten Hälfte des Jahres 2015 erreichen BILD 10,36 (Statista 2015a), die FAZ 680 000 (Statista 2015b) und die SZ 1,48 (Statista 2015c) Millionen Leser_innen.

von Flüchtlingen wird zwar für eine recht kurze Zeitspanne analysiert. Angesichts der verdichteten politischen und medialen Ereignisse im Spätsommer und Frühherbst 2015 zielt die Untersuchung jedoch darauf ab, hegemoniale Prinzipien und Wertmaßstäbe in der Berichterstattung über geflüchtete Menschen offenzulegen.

Wegen der Aktualität des Themas liegen noch keine weiteren kultur- resp. medienwissenschaftlichen Untersuchungen vor. Aber auch wenn man den Blick auf Publikationen der vergangenen Jahre richtet, wird vor allem eines deutlich: Die mediale Repräsentation von Flüchtlingen ist in wissenschaftlichen Diskursen eine Leerstelle.

3 Hegemoniale Diskursstränge

Im Frühsommer und Spätherbst 2015 tauchen Flüchtlinge vor allem in drei unterschiedlichen Repräsentationsformen auf: Als massenhaftes Phänomen sind sie Statisten der medial inszenierten Willkommenskultur, durch eine Nahaufnahme wird ein auf der Flucht ertrunkenes Kind zum Symbol für das Versagen Europas und in einem Diskurs über Kosten-Nutzen-Abwägungen wird die Frage verhandelt, ob Flüchtlinge eine ökonomische „Bereicherung“ sind.

3.1 Flüchtlinge als massenwirksame Kulisse: „Großer Bahnhof. Die Welt blickt auf München“[3]

Anfang September sitzen Tausende geflüchteter Menschen in Ungarn fest – nicht wenige von ihnen machen sich zu Fuß Richtung österreichischer Grenze auf. In dieser Situation vereinbart Bundeskanzlerin Angela Merkel mit ihrem Amtskollegen aus Österreich Werner Faymann und der ungarischen Regierung eine Ausnahmeregelung: Die Flüchtlinge dürfen ohne bürokratische Hürden und Kontrollen aus Ungarn nach Deutschland weiterreisen, um einen Antrag auf Asyl zu stellen. Darauffolgend kommen täglich mehrere Tausend Menschen auf dem Münchener Hauptbahnhof an und werden dort von den Einwohnern und Einwohnerinnen der Stadt zahlreich willkommen geheißen. Viele Flüchtlinge werden sogleich in andere Bundesländer weitergeleitet, vor allem nach Nordrhein-Westfalen. Und auch auf dem Bahnhof dieser Landeshauptstadt spielen sich ähnliche Willkommensszenen wie in München ab (Gruber und Preisinger 2015).

Während in der ersten Septemberwoche geflüchtete Menschen in großer Anzahl nach Deutschland einreisen, intoniert die SZ am 08. September „Ein Hoch auf

3 So titelt die SZ (Lohde 2015, S. R2) in ihrer Ausgabe vom 03. September 2015.

uns!“ und macht dies zum Thema des Tages (Hickmann und Rossmann 2015, S. 2). Die Überschrift rekurriert auf den gleichnamigen Songtitel des Sängers Andreas Bourani; der Song wurde von den Medien während der Fußballweltmeisterschaft 2014 als *die* Hymne der Deutschen inszeniert. In der Schlagzeile wird also eine Parallele gezogen zwischen dem Gewinn der Weltmeisterschaft durch die deutsche Nationalmannschaft und der großen Hilfsbereitschaft, die den Flüchtlingen bundesweit von Privatleuten entgegengebracht wird. Durch diese vergleichende Anspielung wird auch die Hilfsbereitschaft zum identitätsstiftenden nationalen Großereignis stilisiert. Das Konstruktionsprinzip ist in beiden Fällen dasselbe: Eine Gruppe von Menschen, hier elf Spieler auf dem Fußballplatz, dort Hunderte ehrenamtliche Helfer_innen auf dem Bahnhof, werden als Repräsentanten eines höheren Wertes dargestellt, der deutschen Nation. Und so werden Leistungen resp. Handlungen einzelner zu einem Ausweis für die Güte der deutschen Nation – und zu einem Grund, auf diese stolz zu sein. Dass es sich bei der zahlreichen Einwanderung nach Deutschland und der beträchtlichen Hilfsbereitschaft um ein nationales Großereignis handle, wird im Hauptteil des Beitrags durch ein Schlaglicht auf die Befindlichkeiten wie auch das hohe Ansehen der deutschen Bundeskanzlerin unterstrichen:

> Die Kanzlerin ist nicht gerade dafür bekannt, ihre Gefühlswelt nach außen zu tragen. Doch die vergangenen Wochen haben sie sichtlich bewegt. Hunderttausende Flüchtlinge suchen ihr Glück in Deutschland. […] Deutschland habe ein bewegendes, ja zum Teil ‚atemberaubendes Wochenende‘ hinter sich, sagt die Kanzlerin. Sie dankt allen, die mitgeholfen haben. Und ja, sie finde es ‚durchaus bewegend‘, dass sie von vielen Flüchtlingen als ‚Mama‘ oder Retterin gepriesen werde. Sie bilde sich aber nicht ein, dass es dabei nur um sie gehe. Das Lob gelte ganz Deutschland […]. (Hickmann und Rossmann 2015, S. 2)

Die Hilfsbereitschaft der Deutschen, die die Verfasser_innen im Titel feiern, wird hier ergänzt um die Herausstellung der Menschlichkeit der mächtigsten Frau der Republik. Flüchtlinge tauchen in diesem Zusammenhang als betroffene Zeugen und Zeuginnen für die menschlichen Qualitäten der Bundeskanzlerin auf. Durch die wohlwollend zitierte Figur der „Mama“ wird Angela Merkel als altruistische, keine politischen Kalkulationen kennende Schutzheilige der Flüchtlinge und ehrwürdige Vorsteherin der deutschen Nation konstruiert. Durch den zitierten Hinweis der Kanzlerin, die Huldigung, die sie durch die Flüchtlinge erfahre, sei als „Lob“ für Deutschland insgesamt zu verstehen, komplettieren die Verfasser_innen ihre Konstruktion von der harmonischen, sittlichen nationalen Gemeinschaft.

Entsprechend der Intention des Beitrags, die Versorgung der hohen Anzahl geflüchteter Menschen als anrührendes, nationales Großereignis zu inszenieren, machen die Autor_innen Anleihen beim märchenhaften Erzählen und sind in ihrer Ausdrucksweise teilweise biblisch. Menschen, die vor Krieg und Armut fliehen, werden zu „Glückssuchern", ihre Aufnahme und Versorgung in Deutschland wird mit dem gefühlsbetonten Adjektiv „atemberaubend" umschrieben und die Bundeskanzlerin wird „gepriesen".

Auch die FAZ thematisiert an diesem 08. September an prominenter Stelle Deutschlands Ansehen in der Welt im Allgemeinen und das der Bundeskanzlerin im Besonderen. In dem Titel ist metaphorisch-gefühlig vom „Sehnsuchtsort Deutschland" die Rede (Ehrhardt 2015, S. 2). Und im Vorspann heißt es: „Bundeskanzlerin Angela Merkel wird in der arabischen Welt gefeiert – als ‚mitfühlende Mutter' und ‚Heilige'" (Ehrhardt 2015, S. 2). Ebenso wie in dem Beitrag der SZ kommen Flüchtlinge ausschließlich zu Wort, um die Güte der deutschen Nation widerzuspiegeln. Zu diesem Behufe zitieren die Autoren und Autorinnen ungewohnt affirmativ Presseberichte aus arabischen Ländern.

> Die Bilder von den syrischen Flüchtlingen, denen auf deutschen Bahnhöfen ein herzlicher Empfang bereitet wird, finden ein starkes Echo in der arabischen Welt. [...] Es werden Menschen zitiert, wie ein junger Mann aus der Provinz Homs, der sagt: ‚Hier werden wir wie Menschen behandelt – anders als in Syrien'. (Ehrhardt 2015, S. 2)

Last, but not least sind die Fluchtbewegungen nach Deutschland auch für das auflagenstärkste Printmedium BILD ein guter Grund, der deutschen Nation ein Kompliment auszustellen. Dass BILD über einen „Zustrom" von Flüchtlingen positiv berichtet, ist neu: Über zwei Jahrzehnte prägte BILD den Prozess der öffentlichen Meinungsbildung in puncto Flüchtlings- und Asylpolitik mit alarmierenden Metaphern wie „Flüchtlingswellen" oder „Asylantenflut".[4] Im Spätsommer 2015 vollzieht die Zeitung eine Kehrtwende. Angesichts der vielzähligen Flüchtlinge, die von Ungarn nach Deutschland weiterreisen wollen, berichtet BILD in der kostenlosen Sonderausgabe zum 03. Oktober stolz: „‚Germany, Germany' skandierten Tausende in Budapest: Wir sind das Hoffnungsziel auf der Flucht vor Elend und Krieg" (Schuler 2015, S. 2). In derselben Ausgabe tituliert BILD die Integration von Flüchtlingen gar als „neue epochale Aufgabe" – und zwar „Weil das heutige Deutschland weltoffen, freundlich und hilfsbereit ist" (Schuler 2015, S. 1).

---

4 Die medial inszenierte Stimmungsmache der BILD gegen Asylbewerber_innen während der Asyldebatte in den 1990er Jahren dokumentiert der Historiker Ulrich Herbert mit seiner *Geschichte der Ausländerpolitik in Deutschland* (Herbert 2001, S. 199 ff.). Für diesen Zeitraum untersucht die Germanistin Evelyn Meyer den Einsatz alarmierender Metaphern wie „Flüchtlingswelle", „Flüchtlingsstrom" und „Asylantenflut" in der BILD, aber auch in anderen Leitmedien in ihrem Beitrag zu dem Sammelband *Die Sprache im Migrationsdiskurs* (Meyer 1997, S. 150–163).

3.2 Ausblendungen

Die von den Printmedien vorgenommene Perspektivierung soll dadurch verdeutlicht werden, worüber anlässlich der Zuwanderung nach Deutschland in dieser ersten Woche im September 2015 nicht geredet wird. Die Menschen, die Anfang September auf dem Münchner Hauptbahnhof eintreffen, haben die Herkunftsländer wegen Kriegen und Armut verlassen, eine mehrwöchige Flucht über das Mittelmeer und durch die Balkanländer hinter sich, sie haben womöglich auf dem Weg nach Europa Angehörige verloren. Die Menschen sind hungrig, durstig und vollkommen erschöpft, viele von ihnen sind traumatisiert und brauchen dringend medizinische Versorgung. In ihrem Zustand und in ihrer Mittellosigkeit sind sie existenziell auf Hilfe angewiesen.[5] Richtet man den Blick auf die Bedürfnislage der geflüchteten Menschen, gibt es keinen Grund für jene Euphorie, wie sie in den Printmedien inszeniert wird. Und schon gar nicht drängt sich der Eindruck eines „atemberaubenden" Erlebnisses auf. Das ist nur möglich, wenn die Bedürfnisse der Flüchtlinge ausgeblendet werden und die ihnen zuteil gewordene Hilfsbereitschaft nicht für sich steht, sondern zum Ausweis nationaler Güte konstruiert wird.

3.3 Flüchtlinge in der Nahaufnahme: Die Symbolträchtigkeit des toten Kindes

In der Berichterstattung über die Öffnung der deutschen Grenzen und die darauffolgende Einwanderung tauchen Flüchtlinge vornehmlich als anonyme, numerisch erfasste Masse auf. Einzelne Stimmen werden dann zu Gehör gebracht, wenn es darum geht, die Hilfsbereitschaft der Deutschen und die Gutherzigkeit der Bundeskanzlerin zu bezeugen. Parallel zu dieser medial inszenierten Willkommenskultur, für die die Flüchtlinge – zugespitzt formuliert – lediglich die Kulisse bilden, richten die Printmedien am 03. und 04. September ihren Fokus auf die Geschichte eines kleinen kurdischen Jungen aus Syrien, der auf seiner Flucht über das Ägäische Meer ertrunken und dessen Leichnam an der Küste des türkischen Ferienortes Bodrum angeschwemmt worden ist: Aylan Kurdi. Das Foto des toten Jungen geht um die Welt und erscheint auch großformatig in der BILD, während die FAZ und die SZ auf die Abbildung des kindlichen Leichnams verzichten.

Das Foto wird in der BILD ungewohnt wortreich kommentiert:

5 Derlei Erfahrungsberichte geflüchteter Menschen sind unter anderem nachzulesen auf der deutschen Webseite der UNO-Flüchtlingshilfe (2015).

> Ein syrisches Kind liegt tot am Strand von Bordum (Türkei), ertrunken auf der Flucht vor dem Krieg in seiner Heimat, gestorben auf dem Weg nach Europa. Bilder wie dieses sind schändlich alltäglich geworden. Wir ertragen sie nicht mehr, aber wir wollen, wir müssen sie zeigen, denn sie dokumentieren das historische Versagen unserer Zivilisation in dieser Flüchtlingskrise. Europa, dieser unermesslich reiche Kontinent, macht sich schuldig, wenn wir weiter zulassen, dass Kinder an unseren Küsten ertrinken. Wir haben zu viele Schiffe, zu viele Hubschrauber, zu viele Aufklärungsfahrzeuge, um dieser Katastrophe weiter zuzusehen. Dieses Foto ist eine Botschaft an die ganze Welt, endlich vereint dafür zu sorgen, dass kein einziges Kind mehr auf der Flucht stirbt. Denn wer sind wir, was sind unsere Werte wirklich wert, wenn wir so etwas weiter geschehen lassen. (o. V. 2015a, S. 1)

Den Leichnam von Aylan Kurdi im gestochen scharfen Großformat zu betrachten, ist berührend. Auf diese Wirkung setzt das Printmedium, wenn es das Foto des toten Jungen auf der Titelseite veröffentlicht. Dabei wäre es verfehlt, der Zeitung in diesem Zusammenhang eine geschäftsträchtige Effekthascherei zu unterstellen. Das Printmedium setzt vielmehr seine Marktmacht für eine politische Botschaft ein. Indem BILD durchweg mit dem Kollektivsymbol „WIR" operiert, spricht das Medium seine Leserschaft als Angehörige der westlichen Zivilisation an. Die durch die Abbildung des toten Jungen erweckte Betroffenheit nutzt die Zeitung dazu, bei den Leser_innen Schuldgefühle zu evozieren. Als Bewohner_innen des „reichen Kontinents" Europa seien sie mitschuldig an dem Tod von Kindern wie Aylan Kurdi. Das Bild, das von Europa gezeichnet wird, ist dabei gleich in mehrfacher Hinsicht idealistisch: Der Reichtum ist auf diesem Kontinent keinesfalls kollektiviert, sondern konzentriert sich bei einer vergleichsweise geringen Anzahl an Privateigentümer_innen. Dass es demzufolge in europäischen Ländern jede Menge Armut gibt – das ist BILD durchaus bewusst. Davon zeugen beispielsweise die vielzähligen Berichte über geflüchtete Menschen aus Osteuropa wie auch Artikel über Kinderarmut in Deutschland.[6] In dem Kollektivsymbol des „reichen Europa" sind diese gesellschaftlichen Unterschiede nivelliert – entsprechend der Intention des Beitrages, an das Gewissen der Leser_innen zu appellieren. Ebenso wenig wie in Europa der Reichtum kollektiviert ist, sind es die von BILD angeführ-

6 Für die Berichterstattung über geflüchtete Menschen aus Osteuropa sei hier beispielhaft verwiesen auf die Artikel „Im Kosovo gibt es kein Leben mehr" (Hellwig 2015, S. 20f.) und „Weil Flüchtlingsheime voll sind; CDU-Politiker fordert Visum für Balkan-Staaten" (Puskepeleitis 2015, S. 10). Zum Thema Kinderarmut fragt BILD unter anderem in einer Regionalausgabe für Berlin-Brandenburg: „147 269 Jungen und Mädchen müssen von Hartz IV leben; Warum bekommt Berlin die Kinder-Armut nicht in den Griff?" (Breitenbach und Keim 2015, S. 10). Auch berichtet das Printmedium über eine Initiative „Gegen Kinderarmut" (o. V. 2015e, S. 10).

ten Hubschrauber, Schiffe und Aufklärungsfahrzeuge. Diese Gerätschaften unterstehen bekanntermaßen dem Kommando des Verteidigungsministeriums und sind für den Einsatz in Kriegsgebieten wie auch die Kontrolle der europäischen Außengrenzen vorgesehen. Dass die Gerätschaften mitunter auch für zivile Einsätze genutzt werden, wie das bei den Rettungsaktionen im Mittelmeer der Fall ist, ist unbestreitbar. Dass sie aber für großangelegte Hilfs- und Rettungsaktionen produziert würden, ist der zweite Idealismus, der dem hier gezeichneten Bild von Europa resp. der westlichen Zivilisation immanent ist. Das Foto des toten Jungen möchte BILD verstanden wissen als Aufforderung an die „Welt“, für gesicherte Fluchtwege zu sorgen. Angesichts der vielzähligen Kriege, die unter maßgeblicher Beteiligung von Staaten der westlichen Zivilisation geführt werden, und der internationalen Konkurrenz darüber, wohin die massenhaften Fluchtbewegungen unter wessen Kontrolle gelenkt werden, mag der Appell von BILD auf den ersten Blick naiv wirken. Verdeutlicht man sich aber, weshalb das Printmedium die weltweite Sicherung von Fluchtwegen zu einem Prüfstein für „unsere“, also die westlichen Werte erklärt, gewinnt der Tenor des Beitrags an Kontur und erscheint alles andere als blauäugig: BILD fordert, dass die Flüchtlingspolitik weltweit im Namen europäischer Werte und damit unter der Regie Europas definiert und ausgestaltet wird. Ob sich die eingeforderte Führerschaft Europas auf der politischen Weltbühne verwirklicht, ist eine Frage der Machtmittel, die die jeweiligen Staaten oder Staatenverbünde gegeneinander ins Feld führen. Wofür die Europäische Union ihre Macht- resp. Gewaltmittel in puncto Flüchtlingspolitik einsetzt, lässt sich beispielhaft an ihren Verhandlungen mit der Türkei im Oktober 2015 studieren. Der Vorstoß zielt darauf ab, die Türkei zu der Errichtung von Lagern zu bewegen, in denen geflüchtete Menschen zu Tausenden untergebracht und so an der Weiterreise nach Europa gehindert werden sollen.[7] Sich das „reiche Europa“ mit seinen technischen Gerätschaften und Werten gleichsam als der potente, verlängerte Arm von UNICEF zu imaginieren, ist der dritte Idealismus, der in dem Beitrag konstruiert wird. Fiktiv richtet das Printmedium seinen Appell an das Kollektivsymbol „Europa“, real ist die Botschaft eben an die Millionen Leser_innen von BILD adressiert. In dem Wissen, dass ihre Leser_innen weder die zitieren Schiffe, Hubschrauber und Aufklärungsfahrzeuge befehligen, noch die Akteure der europäischen Flüchtlingspolitik sind, sieht BILD für die Leserschaft vermutlich fol-

7 Zu den Verhandlungen zwischen der EU und der Türkei im Oktober 2015 siehe unter anderem die beiden Beiträge aus der SZ „Keine Freunde, aber Partner; Die Türkei soll der EU dabei helfen, Flüchtlinge aus Europa fernzuhalten“ (o. V. 2015c, S. 7) und „EU will Flüchtlingspakt, Erdogan zögert; Mit Unterstützung von Ankara möchte Brüssel die Zuwanderung nach Europa schon an den Außengrenzen stoppen“ (Kirchner und Rossmann 2015, S. 1).

gende Aufgabe vor: Die Mächtigen Europas anzurufen und von ihnen die weltweite Führerschaft in puncto Flüchtlingspolitik einzufordern.

Der unter dem Foto platzierte Beitrag entfernt sich mit jeder Zeile von Aylan Kurdi. Der Tod des Jungen wird symbolisch aufgeladen und so zur medial inszenierten Zuständigkeitserklärung Europas für die globale Flüchtlingspolitik.

Im Gegensatz zu BILD entscheidet sich die FAZ dafür, das Foto des Leichnams von Aylan Kurdi nicht zu veröffentlichen. Seinen Entschluss begründet der Verfasser Berthold Kohler im Vorspann des Artikels über „Das tote Kind" mit der Wahrung der Menschenwürde (Kohler 2015, S. 1). Damit formuliert Kohler implizit eine Kritik an der massenhaften Verbreitung des Fotos durch die Medien und beteiligt sich auf diese Weise an einem intermedialen Diskurs über die Macht der Bilder.[8] Die Beiträge aus der FAZ und BILD weisen indes dieselbe Erzählstruktur auf. Auch in der FAZ erfährt Aylan Kurdi bereits in den ersten Zeilen eine symbolische Aufladung. Der tote Junge wird zum Sinnbild für die moralischen Verbrechen des Assad-Regimes in Syrien und der Schlepperbanden.

> Die Menschenwürde des kleinen Syrers wurde schon zu Lebzeiten mit Füßen getreten. Von einem Regime, das seine Familie aus dem Land trieb. Und von Schleppern, die Männer, Frauen und Kinder auf Seelenverkäufern und in Lastwagen zusammenpferchen in dem Wissen, dass viele von ihnen ertrinken. (Kohler 2015, S. 1)

Im Fortgang konstruiert der Verfasser dann das Bild des moralisch integren Europas. Kohler arbeitet sich dabei an den Stimmen in der medialen Berichterstattung ab, die der europäischen Flüchtlingspolitik eine „Mitschuld" an dem massenhaften Tod von Flüchtlingen im Mittelmeer geben. Vermutlich hat der Verfasser auch seine Kollegen und Kolleginnen von der BILD vor Augen, wenn er die Frage stellt: „Und was soll aus der Veröffentlichung des Fotos folgen?" Seine Antwort darauf folgt prompt:

---

8 „Der Wucht der Bilder" reflektiert Andrian Kreye am 04. September 2015 auf der Meinungsseite der SZ und leistet so einen zentralen Beitrag zu der intermedialen Debatte über die Abbildung des Kinderleichnams. Der Autor historisiert die Debatte, indem er das Foto des toten Aylan Kurdi einreiht in die wirkmächtige Abbildung von Kinderbildern – das Bild eines kleinen Jungen im Warschauer Ghetto, die Aufnahme des Napalm verbrannten Mädchens Phan Thii Kim Phúc in Vietnam, die Fotografie des afghanischen Mädchens Sharbat Gula in einem pakistanischen Flüchtlingslager. Seine Reflexion schließt Kreye mit den Worten: „Die Süddeutsche Zeitung hat das Bild des toten Jungen nicht gezeigt. Das mag ihr, wie in einem früheren Fall, den Vorwurf der Feigheit vor Emotionen einbringen. Andere nennen es Respekt" (Kreye 2015, S. 4).

> Ganz verhindern ließen sich die Flüchtlingstragödien auf dem Mittelmeer nur durch eine totale Abriegelung der Küsten Afrikas und des Nahen Ostens oder durch eine völlige Öffnung Europas für die Migranten mit freier Passage auf sicheren Fähren. Beides ist nicht möglich. Die – eher rat- als skrupellosen – europäischen Regierungen versuchen, einen Mittelweg zwischen diesen Extremen zu finden, der den Imperativen der Humanität und der christlichen Nächstenliebe folgt, aber auch die Interessen ihrer Länder berücksichtigt. (Kohler 2015, S. 1)

Den tausendfachen Tod geflüchteter Menschen auf dem Mittelmeer inszeniert Kohler als tragisches Dilemma, als „Flüchtlingstragödie". Entsprechend diesem antiken Erzählprinzip verwandelt der Verfasser die Subjekte der europäischen Flüchtlingspolitik – die europäischen Regierungen – mit ihren Zielen und Kalkulationen in Protagonisten, die sich höheren Werten verschrieben haben und um deren aussichtslose Verwirklichung ringen. Indem der Verfasser herausstreicht, die europäischen Regierungen seien „eher rat- als skrupellos", erklärt er sie zu mehr oder minder hilflosen Zaungästen des weltpolitischen Geschehens. Kohler weist so zurück, dass die Kriege im Nahen Osten – namentlich der in Syrien – nicht unmaßgeblich Resultate europäischer Außenpolitik sind. In Kohlers „Tragödie" ist Europa von massenhaften Fluchtbewegungen betroffen, die auf der anderen Seite des Mittelmeeres verursacht werden, und die durch die europäischen Regierungen nicht adäquat bewältigt werden können. Den Kern des Dilemmas fasst der Autor in dem Widerstreit höherer Werte – Humanität und christliche Nächstenliebe – mit nationalstaatlichen Interessenabwägungen. Die europäische Flüchtlingspolitik erfährt hier eine Adelung und Verklärung, wenn unterstellt wird, sie erkläre religiöse Werte zur Direktive ihres Handelns, getrennt von den jeweiligen Kalkulationen der Nationalstaaten. Mit Blick auf den im Ägäischen Meer ertrunkenen Aylan Kurdi teilt Kohler der medialen Öffentlichkeit mit, dass dieser Junge nicht der letzte Flüchtling gewesen sein wird, der bei der Flucht über das Mittelmeer stirbt. Denn weder die „totale Abriegelung der Küsten Afrikas und des Nahen Ostens" noch eine komplette Öffnung der europäischen Außengrenzen seien möglich. Die moralische Integrität der europäischen Regierungen sieht der Verfasser gerade darin, dass sie sich aus dem vermeintlich schicksalhaften Tod von Menschen ein Gewissen machen.

Die SZ berichtet ebenfalls am 04. September über „Das kurze Leben von Aylan Kurdi" (o. V. 2015b, S. 6). Wie die BILD und FAZ hebt auch die SZ auf die Symbolträchtigkeit des toten Jungen ab. So heißt es im Vorspann: „Ein syrisches Kind ertrinkt und wird zum Symbol für das Scheitern Europas" (o. V. 2015b, S. 6). Auch die Verfasser_innen der SZ operieren also mit dem Kollektivsymbol „Europa". Zeichnet Berthold Kohler in seinem Beitrag das Bild des moralisch integren Europas, erhebt die SZ eine moralische Anklage. Inhalt der Anklage sind Details zu der Flucht von Aylan Kurdi. Im Gegensatz zu den Beiträgen in der BILD und FAZ rückt die SZ den kleinen Jungen und dessen Familie in den Mittelpunkt der Berichterstattung. Die Leser_innen erfahren, dass die Familie Kurdi aus der syrischen Stadt Kobane stammt und von der Türkei auf einem Schlepper-Boot über das Ägäische Meer auf die griechische Insel Kos flüchten wollte. Die SZ zitiert Auszüge aus einem Interview, das der Vater von Aylan Kurdi dem syrischen Oppositionsradio gegeben hat. Abdullah Kurdi berichtet dort von seinen verzweifelten Versuchen, nach dem Kentern des Bootes seine Frau und seine beiden Söhne zu retten – vergebens. Abdullah Kurdi überlebte als einziger den gescheiterten Fluchtversuch (o. V. 2015b, S. 6). An der Berichterstattung der SZ ist signifikant, dass sie auch in anderen Kontexten die Lebensgeschichten geflüchteter Menschen recherchiert und ausführlicher präsentiert.[9]

3.4 Flüchtlinge als marktwirtschaftliche „Bereicherung"?! Eine medial inszenierte Kosten-Nutzen-Abwägung

Dass Flüchtlinge aus den Kriegsgebieten – vor allem Syrien – größtenteils in Deutschland bleiben werden, kündigt die Bundeskanzlerin Angela Merkel bereits auf ihrer Sommerpressekonferenz am 31. August an. Das Recht auf politisches Asyl sei unantastbar und kenne keine Obergrenze, so Frau Merkel. Gleichzeitig fordert sie die zügigere Rückführung sogenannter Wirtschaftsflüchtlinge aus Osteuropa. Durch eine effektivere Bearbeitung der Asylanträge solle fortan schneller darüber entschieden werden, welche Flüchtlinge in Deutschland bleiben dürfen und welchen das Bleiberecht verwehrt wird (Merkel 2015). Die Ausführungen schließt Angela Merkel mit einem Satz, der ihre Direktive deutscher Flüchtlingspolitik auf den Punkt bringt – und der mittlerweile zum Sprachdenkmal geworden ist: „Wir schaffen das!" Nach der Grenzöffnung für die Flüchtlinge aus Ungarn unterstreicht Angela Merkel abermals das Bleiberecht der politischen Flüchtlinge und das Vorhaben, sie in die Mehrheitsgesellschaft zu integrieren (Merkel 2015).

---

9 Am 04. September 2015 berichtet die SZ unter der Überschrift „Gestundetes Leben" (Zeller 2015, S. R8) über die drohende Abschiebung einer Familie aus dem Kosovo. Das Thema des Tages sind in der Ausgabe vom 10. September 2015 Geschichten über Menschen, die mit „Wenig Gepäck, viel Hoffnung" aus Syrien nach Deutschland geflüchtet sind (Britzelmeier 2015, S. R2). Und auch am 14. September 2015 erklärt die SZ einen Beitrag über Fluchtursachen und Fluchtwege – dargestellt an einzelnen geflüchteten Menschen – zum Thema des Tages. Die Not geflüchteter Menschen wird als Zitat in der Überschrift ausgedrückt: „Es ist besser, im Mittelmeer zu ertrinken, als hier langsam zu sterben" (Krüger 2015, S. 2). In der Ausgabe vom 30. Oktober schreibt Marie Schaper über die „Schicksale hinter den Zahlen" und gibt so einen Einblick in den Alltag geflüchteter Menschen (Schaper 2015, S. R8).

In den Printmedien werden Flüchtlinge ab dem Spätsommer zunehmend mehr als potenzielle Arbeitskräfte in den Blick genommen. Es entwickelt sich ein medialer Diskurs darüber, ob durch die Integration von Flüchtlingen in den Arbeitsmarkt der Fachkräftemangel kompensiert und mittelfristig Wirtschaftswachstum generiert werden kann. Letzteres wird auch und gerade angesichts des demografischen Wandels diskutiert. Stimmen, die zu dem Thema eingefangen werden, stammen vor allem in der SZ und FAZ häufig aus der Wirtschaft. In den Reportagen der SZ kommen geflüchtete Menschen aber auch selbst zu Wort.[10]

Hat BILD Anfang September die zahlreich nach Deutschland eingewanderten Menschen willkommen geheißen, unterbreitet die Zeitung ihrer Leserschaft gute Gründe dafür, dass ein Großteil von ihnen dauerhaft bleiben wird. BILD verweist werblich auf die gute Qualifikation der geflüchteten Menschen und auf deren Nutzen für die deutsche Gesellschaft. „Gerade viele syrische Flüchtlinge haben studiert, sind Ärzte, Ingenieure, Anwälte. Die Leute wollen hierbleiben, arbeiten, werden Steuern zahlen und zur Rentenkasse beitragen" (Diekmann 2015, S. 1). In der Berichterstattung der BILD zeichnet sich im Spätsommer und Herbst 2015 eine Idealisierung syrischer Flüchtlinge ab. Sie werden zu einer Flüchtlings-Elite konstruiert, die zu Deutschland passt.

Am 04. September führen Detlef Esslinger und Ulrike Nimz in der SZ ein ausführliches Interview mit dem Arbeitgeber-Präsidenten Ingo Kramer. Als Aufhänger wählen sie ein Statement von Kramer: „Der ist doch eine Bereicherung" (Esslinger und Nimz 2015, S. 6). Liest man den weiteren Vorspann, wird deutlich, wer sich hinter dem Pronomen verbirgt: ein Flüchtling. Der Arbeitgeber-Präsident berichtet in dem Interview nämlich „über seine Erfahrungen mit Flüchtlingen und Vorteile, die sie im Vergleich zu einheimischen Langzeitarbeitslosen haben [...]" (Esslinger und Nimz 2015, S. 6). Der Tenor des Gespräches wird mithin in dem Titel auf den Punkt gebracht. Dass die Erwerbsmöglichkeiten von Flüchtlingen pauschal mit denen von Langzeitarbeitslosen verglichen werden, verweist darauf, auf welcher Ebene der Berufs- und Einkommenshierarchie Ingo Kramer geflüchtete Menschen angesiedelt sieht: ganz unten, in der Konkurrenz im Billiglohnsektor.

Wenn im Folgenden Auszüge aus dem Interview analysiert werden, sind die Fragen ebenso interessant wie die Antworten. Denn die Fragen verdeutlichen, aus welcher Perspektive Esslinger und Nimz die Flüchtlinge betrachten.

Die Interviewer_innen zitieren eine Aussage des Vorstandsvorsitzenden der Deutschen Post Ingo Appel, der zufolge das Unternehmen auch geringqualifi-

10 In der Ausgabe vom 15. Oktober 2015 titelt die SZ provokant „Zu gut integriert" und berichtet über zwei geflüchtete Menschen, denen keine Arbeitserlaubnis erteilt wird, weil sie mit dem Senegal aus einem Land kommen, das die deutsche Politik zum sicheren Herkunftsland erklärt hat (Kuhr 2015, S. R15).

zierte Beschäftige gebrauchen könne. Nun möchte sie von Ingo Kramer wissen: „Haben wir nicht genug Langzeitarbeitslose im Land, die auf solche Jobs nur warten?“ (Esslinger und Nimz 2015, S. 6). Mit dieser Frage machen sich die beiden zu Anwälten eines ideellen Vorrechts der Deutschen auf einen Arbeitsplatz. Kramer gibt sich in seiner Antwort geradezu paternalistisch und unterstreicht: „Wir müssen uns um beide Gruppen kümmern“ (Esslinger und Nimz 2015, S. 6). An seinen weiteren Ausführungen wird jedoch deutlich, dass der Arbeitgeber-Präsident Flüchtlinge für die brauchbareren Arbeitnehmer_innen hält. Denn: „Wenn Menschen nicht erst seit einem Jahr arbeitslos sind, sondern seit zehn oder zwanzig Jahren, ist es schwierig, sie wieder ins Berufsleben zu integrieren“ (Esslinger und Nimz 2015, S. 6). Die Interviewer_innen geben daraufhin zu bedenken: „Wer aus Eritrea kommt, der hat auch Schwierigkeiten, wenn auch ganz andere“ (Esslinger und Nimz 2015, S. 6). Das, was die beiden also an den Flüchtlingen interessiert, ist ihre Arbeitsfähigkeit, ihre „Benutzbarkeit“. Von diesem Standpunkt aus werden auch und gerade die psychischen und physischen Folgen der Flucht zum Hemmnis für die Integration. Esslinger und Nimz rekurrieren mit ihrer Frage implizit auf den Maßstab, dem Beschäftigte in der Marktwirtschaft realiter unterliegen – und der eben auch für geduldete Flüchtlinge gilt: Sie müssen sich durch ihre berufliche Qualifizierung für die Unternehmen attraktiv machen. Gemäß diesem Maßstab sieht Ingo Kramer wiederum in der erfolgreichen Flucht von Menschen gleichsam ein Qualitätsmerkmal und eine Empfehlung für den deutschen Arbeitsmarkt: „Schauen Sie sich die Flüchtlingswege an: wie aufwendig und gefährlich die sind. Dies schafft nur, wer sein Leben in die Hand nehmen will. So jemand hat doch hervorragende Voraussetzungen, sobald er unsere Sprache beherrscht“ (Esslinger und Nimz 2015, S. 6).

Gegenüber dem von BILD und SZ vielfach betonten Nutzen, den Flüchtlinge als Arbeitskräfte für die deutsche Gesellschaft haben könnten, setzt die FAZ in ihren Berichten von Beginn an Kontrapunkte. So fragt Philipp Plickert in seinem Beitrag vom 12. September provokant: „Wachstumsschub durch Flüchtlinge?“ Im Hauptteil formuliert er dann einen Zweifel daran,

> dass ein Großteil der Flüchtlinge aus dem Nahen Osten und aus Afrika wirklich so qualifiziert ist, wie Migrationsoptimisten behaupten. […] Und unter den Asylbewerbern vom Balkan sind viele Roma mit sehr geringer Ausbildung. Etwa 15 Prozent der Asylbewerber, so Schätzungen aus Bayern, sind Analphabeten. (Plickert 2015, S. 19)

Bekräftigt durch den polemischen Neologismus „Migrationsoptimisten“ plädiert der Autor für eine aus seiner Sicht realistische Begutachtung der Flüchtlinge in ihrer Brauchbarkeit für den deutschen Arbeitsmarkt. Er folgt (weitgehend) der Kategorisierung von Flüchtlingen, so wie sie die Agentur für Arbeit in ihren Statistiken vornimmt, und stellt allen Gruppen in puncto Brauchbarkeit ein eher negatives Zeugnis aus – visualisiert in den zitierten 15 % Analphabeten und Analphabetinnen. Werden gerade in der BILD geflüchtete Menschen aus Syrien zu einer Flüchtlings-Elite stilisiert, erfahren Sinti und Roma in der Berichterstattung von FAZ und BILD nicht selten eine Stigmatisierung. Diese folgt meistens ein und demselben Schema: Die Verfasser_innen verweisen auf den geringen Bildungsgrad der Roma, deuten diesen im Wesentlichen als Ausweis schlechter Charaktereigenschaften und/oder ihrer kulturellen Rückständigkeit und bestreiten ihnen daraus schlussfolgernd das Bleiberecht. Wenn Philipp Plickert die Roma in seiner Rede wider den „Migrationsoptimismus" als Negativbeispiele exponiert, generiert er zumindest „Fakten", auf die sich dann die Protagonisten und Protagonistinnen der Stigmatisierung in ihren Beiträgen beziehen können.

Gerade die SZ gibt in ihrer Berichterstattung denjenigen Stimmen aus der Wirtschaft viel Raum, die in den Flüchtlingen einen „Wachstumsmotor" sehen und deren Integration in den Arbeitsmarkt nicht nur gutheißen, sondern sie einfordern. Dass es auch unter den Vertretern und Vertreterinnen der Wirtschaftsverbände Vorbehalte gegenüber der aktuellen Flüchtlingspolitik gibt, hebt die FAZ in einem Artikel am 19. Oktober hervor: „Bauindustrie warnt vor Blauäugigkeit". Stellvertretend für jene skeptischen Stimmen wird die Position der Bauindustrie zitiert. Diese „befürchtet, dass die Ausgaben zur Bewältigung der Flüchtlingskrise auf Kosten anderer Aufgaben gehen. Beruhigende Aussagen, Flüchtlinge seien ein kleines Konjunkturprogramm, stuft der Hauptverband der deutschen Bauindustrie als ‚blauäugig' ein" (o. V. 2015d, S. 15). Dass die Einwanderung von Flüchtlingen für die Nation im Allgemeinen und die Wirtschaft im Besonderen eine große Belastung darstelle, wird hier mit dem Begriff der „Flüchtlingskrise" ausgedrückt. Geflüchtete Menschen zu einem Konjunkturprogramm zu versachlichen, zeugt davon, welchen Maßstab Vertreter_innen der Wirtschaft an Flüchtlinge anlegen – und welches Interesse sie an ihnen haben. Entsprechend dem Ziel des Wirtschaftens, unter Anwendung rentabler Arbeit aus Geld mehr Geld zu machen, also Gewinne zu erzielen, suchen Unternehmen fortwährend nach neuen Geschäftsgelegenheiten. Die Bauindustrie nimmt dabei kommunale Ausschreibungen für den Bau von Straßen ebenso in den Blick wie für die Errichtung von Flüchtlingsheimen. Mit beidem lässt sich Geld verdienen, so die sachlogische Folgerung. In dieser Logik des Wirtschaftens begründet sich der instrumentelle Bezug – in diesem Fall der Bauindustrie – auf geflüchtete Menschen. Der Sache nach berichtet die FAZ hier über die partikularen Interessen von Unternehmern und Unternehmerinnen in der deutschen Gesellschaft. Indem aber der Beitrag an prominenter Stelle der Zeitung erscheint, soll suggeriert werden, dass unternehmerische Belange von einem gesamtgesellschaftlichen Interesse sind, dass der einzelne Leser resp. die einzelne Leserin sich also Kalkulationen und Sorgen des deutschen Unternehmertums zu Eigen machen solle. Und wenn vom Standpunkt der deutschen Wirtschaft die Frage verhandelt wird, ob geflüchtete Menschen nun als Konjunkturprogramm zu beurteilen sind oder nicht, schafft das Printmedium die Perspektive mit, aus der Flüchtlinge in Deutschland betrachtet werden.[11]

4 Forschungsperspektiven

Der vorliegende Beitrag hat gezeigt: In der Repräsentation von Flüchtlingen werden politische Entscheidungen und Auseinandersetzungen medial verhandelt. Wenn also in den Printmedien über Flüchtlinge geredet wird, positionieren sich die Verfasser_innen zu politischen Ereignissen. Dabei schaffen sie zugleich im Prozess der öffentlichen Meinungsbildung Perspektiven, aus denen geflüchtete Menschen betrachtet und beurteilt werden. Während Flüchtlinge in verschiedenen Repräsentationsformen und Konstruktionen ein zentraler Bestandteil der medialen Berichterstattung sind, werden sie in wissenschaftlichen Diskursen bislang kaum berücksichtigt. Angesichts der gesellschaftspolitischen Relevanz der Flüchtlingspolitik und der damit verbundenen medialen Repräsentation von Flüchtlingen ist es geradezu notwendig, die öffentliche Meinungsbildung wissenschaftlich zu reflektieren. Ein erhellender Beitrag diskursanalytischer Verfahren könnte darin bestehen, Perspektivierungen in der Berichterstattung offenzulegen und Leser_innen in der Selbstverständlichkeit, mit der sie womöglich die medial geschaffenen Perspektiven übernehmen, zu irritieren. Eine solche Irritation ist in dem vorliegenden Aufsatz mit Blick auf die Ereignisse der ersten Septemberwoche 2015 versucht worden: Welche Perspektive muss eingenommen und welche Ausblendungen müssen vorgenommen werden, um die massenhafte Ankunft von Menschen, die unter großen Anstrengungen und Gefahren aus ihren Herkunftsländern vor Kriegen und Armut geflohen sind, als „atemberaubendes", nationales Großereignis zu betrachten? In der Markierung von Ausblendungen wie auch Ausgrenzungsprozessen liegt ein weiterer Mehrwert diskursanalytischer Verfahren. Sie sensibilisieren nämlich dafür, welche Stimmen überhaupt in den Medien Gehör finden und damit Subjekte der öffentlichen Meinungsbildung sind.

11 Im Laufe des Oktobers 2015 korrigiert auch die SZ ihre positive Einschätzung, die Integration von Flüchtlingen in den Arbeitsmarkt könnte zu einem „Wachstumsschub" führen. So zitiert die Zeitung eine Statistik der Agentur für Arbeit, der zufolge unter den Flüchtlingen aus Syrien die Anzahl der Hartz-IV-Bezieher_innen rapide wächst. Im Gegensatz zur FAZ betont aber das Printmedium auch bisherige „Integrationserfolge". Siehe hierzu die Artikel vom 16. Oktober „Ohne Heimat, ohne Job; Flüchtlinge drängen auf den Arbeitsmarkt" (Öchsner 2015, S. 5) und 24. Oktober „Überstunden für ein neues Leben" (Hampel et al. 2015, S. 34).

Literatur

Breitenbach, L., Keim, K. (2015). 147 269 Jungen und Mädchen müssen von Hartz IV leben; Warum bekommt Berlin die Kinderarmut nicht in Griff? *Bild-Zeitung* Nr. 44, 10.

Britzelmeier, E. (2015). Wenig Gepäck, viel Hoffnung. *Süddeutsche Zeitung* Nr. 208, R2.

Diekmann, K. (2015). 7 Wahrheiten über Flüchtlinge. *Bild-Zeitung* Nr. 199, 1.

Ehrhardt, C. (2015). Sehnsuchtsort Deutschland. *Frankfurter Allgemeine Zeitung* Nr. 208, 2.

Esslinger, D., Nimz, U. (2015). „Der ist doch eine Bereicherung". *Süddeutsche Zeitung* Nr. 203, 6.

Gruber, A., Preisinger, I. (2015). *Flüchtlinge strömen nach Grenzöffnung nach Deutschland.* http://de.reuters.com/article/fl-chtlinge-idDEKCN0R50RM20150905. Zugegriffen: 05. September 2015.

Hampel, L., Ludwig, K., Salavati, N. & Wilke, F. (2015). Überstunden für ein neues Leben. *Süddeutsche Zeitung* Nr. 245, 34.

Hellwig, M. (2015). „Im Kosovo gibt es kein Leben mehr für uns". *Bild-Zeitung* Nr. 7, 20 f.

Herbert, U. (2001). *Geschichte der Ausländerpolitik in Deutschland.* München: Beck Verlag.

Hickmann, C., Rossmann, R. (2015). Ein Hoch auf uns. *Süddeutsche Zeitung* Nr. 206, 2.

Jäger, S. (2015). *Kritische Diskursanalyse. Eine Einführung* (7. vollst. überarb. Aufl.). Münster: UNRAST-Verlag.

Jäger, M., Jäger, S. (2007). *Deutungskämpfe. Theorie und Praxis Kritischer Diskursanalyse.* Wiesbaden: VS Verlag für Sozialwissenschaften.

Kirchner, T., Rossmann, R. (2015). EU will Flüchtlingspakt, Erdogan zögert; Mit Unterstützung von Ankara möchte Brüssel die Zuwanderung nach Europa schon an den Außengrenzen stoppen. *Süddeutsche Zeitung* Nr. 229, 1.

Kohler, B. (2015). Das tote Kind. *Frankfurter Allgemeine Zeitung* Nr. 205, 1.

Kreye, A. (2015). Flüchtlinge; Die Wucht der Bilder. *Süddeutsche Zeitung* Nr. 203, 4.

Krüger, P. A. (2015). „Es ist besser, im Mittelmeer zu ertrinken, als hier langsam zu sterben." *Süddeutsche Zeitung* Nr. 211, 2.

Kuhr, D. (2015). Zu gut integriert. *Süddeutsche Zeitung* Nr. 237, R15.

Lohde, S. (2015). Großer Bahnhof. Die Welt blickt auf München. *Süddeutsche Zeitung* Nr. 202, R2.

Merkel, A. (2015). *Im Wortlaut. Sommerpressekonferenz von Bundeskanzlerin Merkel.* https://www.bundesregierung.de/Content/DE/Mitschrift/Pressekonferenzen/2015/08/2015-08-31-pk-merkel.html;jsessionid=FB5AFD04B071CE9E8D8E0CD1F799E3AD.s2t1. Zugegriffen: 05. September 2015.

Meyer, E. (1997). Sprachgebrauch in der Asyldebatte. In M. Jung, M. Wengeler & K. Böke (Hrsg.), *Die Sprache des Migrationsdiskurses* (S. 150–163). Opladen: Westdeutscher Verlag.

Noelle-Neumann, E., Schulz, W. & Wilke, J. (Hrsg.). (2009). *Fischer Lexikon Publizistik Massenkommunikation* (Aktualisierte, vollst. überarb. und erg. Aufl.). Frankfurt am Main: Fischer Verlag.

o. V. (2015a). Wir trauern. *Bild-Zeitung* Nr. 205, 1.
o. V. (2015b). Das kurze Leben des Aylan Kurdi. *Süddeutsche Zeitung* Nr. 203, 6.
o. V. (2015c). Keine Freunde, aber Partner; Die Türkei soll der EU dabei helfen, Flüchtlinge aus Europa fernzuhalten. *Süddeutsche Zeitung* Nr. 228, 7.
o. V. (2015d). Bauindustrie warnt vor Blauäugigkeit. *Frankfurter Allgemeine Zeitung* Nr. 242, 15.
o. V. (2015e). Gegen Kinderarmut. *Bild-Zeitung* Nr. 243, 10.
Öchsner, T. (2015). Ohne Heimat, ohne Job; Flüchtlinge drängen auf den Arbeitsmarkt. *Süddeutsche Zeitung* Nr. 238, 5.
Plickert, P. (2015). Wachstumsschub durch Flüchtlinge? *Frankfurter Allgemeine Zeitung* Nr. 212, 19.
Puskepeleitis, D. (2015). Weil Flüchtlingsheime voll sind; CDU-Politiker fordern Visum für Balkan-Staaten. *Bild-Zeitung* Nr. 176, 10.
Schaper, M. (2015). Die Schicksale hinter den Zahlen. Flüchtlinge berichten über ihre Probleme im Alltag. *Süddeutsche Zeitung* Nr. 250, R8.
Schuler, R. (2015). Sonderausgabe. Wie wir wieder wir wurden. *Bild-Zeitung* Nr. 229, 1 f.
Statista (2015a). *Reichweite der Bildzeitung in den Jahren 2012 bis 2015*. http://de.statista.com/statistik/daten/studie/303475/umfrage/reichweite-der-bild-zeitung/. Zugegriffen: 25. März 2016.
Statista (2015b). *Reichweite der Frankfurter Allgemeinen Zeitung in den Jahren 2003 bis 2015*. http://de.statista.com/statistik/daten/studie/381991/umfrage/reichweite-der-frankfurter-allgemeinen-zeitung/. Zugegriffen: 25. März 2016.
Statista (2015c). *Reichweite der Süddeutschen Zeitungen in den Jahren 2003 bis 2015*. http://de.statista.com/statistik/daten/studie/381931/umfrage/reichweite-der-sueddeutschen-zeitung/. Zugegriffen: 25. März 2016.
UNO-Flüchtlingshilfe (2015). *Flüchtlinge erzählen ihre Geschichte*. https://www.uno-fluechtlingshilfe.de/fluechtlinge/fluechtlinge-erzaehlen.html. Zugegriffen: 25. März 2016.
Zeller, H. (2015). Gestundetes Leben. *Süddeutsche Zeitung* Nr. 203, R8.

Bilder auf der Flucht

Wenn Filme zu Fluchthelfern werden …

Doron Kiesel

Zusammenfassung

Fluchtgeschichten stehen seit dem Zeitpunkt, als hunderttausende Menschen Wege und Umwege ausmachten, um nach Europa zu gelangen, auf der Agenda der politischen Debatten. Ob es die kriegsbedingte Flucht, die religiöse Verfolgung oder die wirtschaftliche Perspektivlosigkeit ist, die für die existenzielle Entscheidung, die Heimat zu verlassen, bestimmend war, lässt sich oft erst in der Begegnung mit den Flüchtlingen und anhand ihrer biographischen Narrative rekonstruieren. Dem Medium Film kommt hierbei eine besondere Aufgabe zu, da es sowohl die politischen Strukturen, die zur Flucht geführt haben, als auch die individuellen Motive, Ambivalenzen, Hoffnungen und Verlusterfahrungen einfühlsam thematisiert und somit als kommunikativer Mittler zwischen Menschen auf der Flucht und den jeweiligen Aufnahmegesellschaften treten kann.

1 Einleitung

Menschen fliehen. In der Regel aufgrund von Menschenrechtsverletzungen, Bürgerkriegen, politisch, ethnisch, oder religiöser Verfolgung, wirtschaftlicher Perspektivlosigkeit, gewaltsamen Konflikten oder Naturkatastrophen. Nach Schätzungen des Hohen Flüchtlingskommissars der Vereinten Nationen ist die Zahl der Menschen, die sich auf der Flucht befinden in diesem Jahr auf ca. 65 Millionen gestiegen.

Menschen, die fliehen suchen Schutz. Sie nehmen erhebliche Risiken auf sich, um ihre Zielländer zu erreichen, in denen sie ihrer Ansicht nach Sicherheit, politische Stabilität und die Chance einer sozialen Verankerung in den Aufnahmeländern erwartet. Seit einiger Zeit bestimmen die Wanderungs- und Fluchtbewegungen nach Europa die mediale Aufmerksamkeit.

Mit Bildern werden die Erfahrungen der Flüchtenden, die aus weit entfernten Weltgegenden nach Europa kommen und die unterschiedliche Formen entgrenzter Gewalt erfahren haben, dokumentiert und zugleich in ein europäisches Narrativ eingeführt. Sie erreichen den Zuschauer oder die Beobachterin indem sie in ihm oder in ihr eine Reaktion hervorrufen: Identifikation, Abwehr, Wut, Resignation oder Indifferenz. Auf jeden Fall verlangen Bilder nach einer Resonanz, sie lösen sie aus. In einer politisch aufgeladenen Atmosphäre entscheiden Bilder nicht selten darüber, welche subjektiven Einstellungen sich durchsetzen. Sie drängen dabei ambivalente Perspektiven in den Hintergrund, und erheben den Anspruch, Evidenz und Eindeutigkeit zu demonstrieren. Dies ist gleichsam das Faszinierende wie das Verstörende an Bildern. Sie führen und verführen ihre Zuschauer und lassen sie zu Zeugen einer Erzählung werden. Gefühle und Gedanken werden berührt, erinnert und belebt. Wer Bildern ausgesetzt ist, lässt sich von ihrem Sog anziehen und spinnt die Geschichten, die vor ihnen ausgelegt werden, weiter. Das wollen auch die Filme, die das Thema Flucht aufgreifen. Sie begnügen sich aber nicht mit dem Nachstellen dramatischer Szenen, die uns durch die Medien bereits zugertragen wurden, sondern sie inszenieren Fluchtwege und Fluchtereignisse so, wie wir sie uns dann ins Gedächtnis rufen und vor Augen führen können. Filme über Flucht geraten aber dort an die Grenze der Darstellbarkeit, wo Akteure Eigensinn zeigen und die Dramaturgie von den Ereignissen und den menschlichen Dramen immer wieder eingeholt werden. Die Grenzen zwischen Spiel- und Dokumentarfilm lösen sich hierbei zunehmend auf. Anders als klassische Fluchthelfer, die Menschen auf der Flucht aus unterschiedlichen Motiven Wege bzw. Auswege aus ihrer Situation weisen – eröffnen filmische Einlassungen auf Fluchtmotive, Einblicke in die Hintergründe der Handlungen und Entscheidungen der Protagonisten. Filme werden in dem Sinne explizit zu Fluchthelfern, als sie die Perspektiven der Flüchtlinge einnehmen und den ethischen Anspruch verfolgen, sich für deren Anliegen humanitär und politisch einzusetzen.

2 ‚Flucht' als Gegenstand filmischer Erzählungen

Der Publizist Georg Seeßlen schlägt vor das Drama der Flucht in fünf Akte zu unterscheiden. „Der erste zeigt das Unerträgliche in Lebensgeschichten an einem Ort und die Zuspitzung der Lage, die eine Flucht erzwingen. Der zweite handelt vom Abschied, der dritte von den Gefahren der Flucht zwischen Abenteuer und Tragödien. Der vierte erzählt von der Ankunft, der fünfte schließlich von gelungenen oder scheiternden Versuchen, eine neue Heimat zu finden". Dieses Fluchtphasen-Modell dient den meisten Filmen als belastbares Muster, als Struktur des Aufbaus der filmischen Erzählung. Um diese nachvollziehen zu können beinhaltet das filmische Narrativ Aspekte aller genannten Fluchtstationen, wodurch dem Zuschauer neben einer emotionalen Identifikation auch ein hoher Grad an soziologischer Phantasie abgefordert wird. Filme, die die Flucht thematisieren, sind Filme über oft wehrlose, ohnmächtige Menschen, die unterschiedlichen Formen der Gewalt ausgesetzt sind. Die Herausforderung besteht darin, dichte biographische Prozesse in eine überzeugende Filmsprache zu übertragen, die mehr anbietet, als die Bestätigung des bereits Bekannten. Es sind die Bilder einer tief empfundenen Perspektivlosigkeit, einer nicht enden wollenden Verzweiflung verknüpft mit dem Aufscheinen einer vagen Hoffnung, die das Kino in der ihm eigenen filmsprachlichen Semantik zu vermitteln vermag. Es sind Bilder, die eine tiefe menschliche Krise öffentlich werden lassen, in der Gewissheiten obsolet geworden sind, nachdem vertraute und antizipierbare soziale Handlungen, die in einer vergangenen Lebenswelt galten, von Zufällen, intransparenten Machtkonstellationen und Überlebensängsten abgelöst wurden.

Nicht erst durch die aktuelle politische Entwicklung ist das Themenspektrum ‚Flucht' zum Gegenstand filmischer Auseinandersetzungen geworden. Im Laufe der jüngeren Filmgeschichte lassen sich eine Reihe von Filmen nennen, die sich diesem Sujet widmen.

Sobald Filme sich dieses Themas annehmen, können sie sich für unterschiedliche Perspektiven entscheiden und den Fokus entweder auf politische Prozesse, auf biographische Narrative oder auf beide Hinsichten richten. In der Regel ergreifen fiktive oder dokumentarische Filmproduktionen in diesem thematischen Umfeld Partei für ihre Protagonisten. Sie dokumentieren die kollektive Notlage und die individuelle Verzweiflung oder Hoffnung von Menschen auf der Flucht: sie nehmen Bezug auf die Bedingungen, unter denen sie leben mussten, bevor sie sich für die Flucht entschieden haben, geben einen Einblick in die oft ausweglose Lage vor dem ‚Point of no return' und schildern die Gefahren, die die Flüchtlinge auf sich nehmen, um an einem anderen Ort ihrem Leben eine zweite Chance zu geben.

Flüchtlinge sind gemäß dem internationalen Recht Personen, die in dem Land, dessen Staatsbürgerschaft sie besitzen, verfolgt werden oder befürchten, verfolgt zu werden. Auch wenn ihnen die Genfer Flüchtlingskonvention einen besonderen rechtlichen Schutz durch das sie aufnehmende Land zusichert und ihnen internationale Hilfeleistungen in Aussicht stellt, so finden sich doch gravierende Unterschiede in den jeweiligen Flüchtlingspolitiken derjenigen Staaten, in denen die Geflüchteten stranden.

Sobald sich Menschen auf die Flucht begeben, gelten sie aus nationalstaatlicher Sicht als entwurzelt und fallen unter die Kategorie der ‚displaced persons'. Nationale und internationale Vorgaben sowie die Einteilung von Menschen auf der Flucht in bestimmte Kategorien bestimmen den Verlauf von Fluchtbiographien und entscheiden somit über deren Lebensperspektiven.

In diese Schnittstelle zwischen Überlebenswunsch, dem Wissen um die subjektive Ohnmacht und die Abhängigkeit von politischen Großwetterlagen erweist sich der filmische Zugriff auf die Lebenswelt der Betroffenen als kommunikatives Medium, das sowohl deren individuelle Erfahrungen, Ängste und Schrecken, als auch deren objektives Ausgeliefertsein dem Bewusstsein der Zuschauer näherbringen kann.

Am Beispiel dreier Filme möchte ich dies exemplarisch verdeutlichen. Der eine Film ist bereits im Jahr 2002 von dem britischen Filmemacher Michael Winterbottom gedreht worden: *„In This World – Aufbruch ins Ungewisse"*.

Der Film handelt von zwei jungen Afghanen aus einem nordpakistanischen Flüchtlingslager, die sich auf den illegalen Migrationsweg nach England aufmachen. Von Menschenschmugglern von Land zu Land weitergereicht, erweist sich ihr beschwerlicher Weg als lebensgefährliche Odyssee.

Der zweite Film ist eine im Frühjahr 2016 im Sender 3Sat ausgestrahlte Dokumentation mit dem Titel: *„Wie der Krieg nach Europa kam"*. Die Regie führten Pietro Boschetti und Jean-Bernard Menoud.

Die Aussagen von rund 20 Migranten und Migrantinnen helfen die Hintergründe dieser großen menschlichen Katastrophe besser zu verstehen. Ihre Geschichten erhellen die Gründe der Konflikte, die den Mittleren Osten in Blut tauchen. Sie legen Zeugnis ab von der Hölle, in die sich die Region gewandelt hat.

Innerhalb von 14 Jahren, die zwischen diesen beiden Filmproduktionen liegen, hat sich die geopolitische Lage im Mittleren und Nahen Osten massiv verändert und die Konflikte im arabischen Raum haben weitreichende Auswirkungen auch auf Europa.

Der dritte Film schließlich *„La Pirogue" (Die Piroge)* beleuchtet die dramatischen Ereignisse auf einem Fluchtboot während der Überfahrt von Senegal auf die Kanarischen Inseln. Er ist im Jahre 2012 von Moussa Touré gedreht worden.

Die Vorzeichen der Entwicklung, dass zahllose Menschen ihr Schicksal selbst in die Hand nehmen und den gewalttätigen politischen oder religiösen Verfolgungen oder Kriegen in ihren jeweiligen Nationalstaaten dadurch begegnen, dass sie ihren Gesellschaften den Rücken kehren, sind seit langem bekannt und ausführlich beschrieben worden. Während die Menschen, die auf ungezählten verschlungenen Wegen aufbrechen und die Flucht ergreifenden, zumindest die Vorstellung haben, in einem anderen Land überleben zu können, entscheiden sich andere, ausgewählte Vertreter ihrer Familien in das Land ihrer Hoffnung zu senden, um dort zu eruieren, ob eine Nachzug möglich oder sinnvoll ist. In jedem Fall handelt es sich um Menschen, die in der Regel nach langen Zweifeln, Kämpfen und Phasen der Resignation keine Zukunft mehr für sich und ihre Familien in ihrer Heimat erkennen können. Sie orientieren sich um und sind entschieden, diesen einmal eingeschlagenen Weg zu gehen.

2.1 „In this World"

Winterbottom begründet die Idee seines Films *„In This World"* mit dem seinerzeit vorherrschenden politischen Willen aller Parteien in Großbritannien, Migranten und Flüchtlinge in ihre Herkunftsländer zurückzuschicken. Er ging davon aus, dass die Empathie mit Zuwanderern in dem Maße zunehmen würde, in dem ihre Fluchterfahrungen bekannt und veröffentlicht würden. Die Protagonisten seines Films, ein weiser afghanischer Jugendlicher namens Jamal und sein Cousin Enayatullah, leben in dem Flüchtlingslager Sangatte in Pakistan. Die fehlenden lebenswürdigen Perspektiven der Familie veranlassen den Onkel Jamals einen Schleuser zu engagieren, mit dessen Hilfe sie nach London kommen sollen, wo bereits ein Verwandter der Familie lebt.

Ihre Reise führt sie entlang der alten Seidenstraße, einer Verbindung zwischen dem europäischen und dem asiatischen Kontinent, die vielen Flüchtlingen als Fluchtweg dient. Sie führt die beiden von Pakistan, über den Iran und die Türkei nach Italien, Frankreich und schließlich nach Großbritannien. Der Weg ist unendlich mühselig, mit Rückschlägen verknüpft und voller Gefahren, erwischt, verhaftet oder zurückgeschickt zu werden. Winterbottom geht nicht detailliert auf die Fluchtgründe der beiden Pakistani ein, der Blick der Kamera in den Alltag des Flüchtlingslagers reicht jedoch aus, um den Zuschauer davon zu überzeugen, dass in Anbetracht der dort herrschenden Verhältnisse, der Wille auszuwandern oder zu fliehen, naheliegend erscheint. Die Entscheidung, Laiendarsteller einzusetzen, die das Milieu kennen und die von früher Kindheit an Überlebensstrategien kennengelernt und erlernt haben, dient dazu, die Authentizität der Situation nachempfinden zu können. Nahezu jede Familie in diesen oder ähnlichen Flüchtlingslagern spielt mit dem Gedanken, aus ihren aktuellen Lebensbedingungen auszubrechen und es anderen, die es geschafft haben, gleich zu tun. Die mediale Transparenz globalisierter oder transnationaler Lebensformen suggeriert, dass es immer eine Alternative gibt. Es gilt nur, die Chance zu ergreifen. Dies ist der Grund, weshalb die einmal getroffene Entscheidung, sich auf den langen Weg zu begeben – sei es für die eigene Lebensperspektive oder in Namen der Familie –, zumeist irreversibel ist.

Winterbottoms Film ist – auch wenn er wie ein Dokumentarfilm wirkt – durchgängig inszeniert. Eingespielte Landkarten-Grafiken und Erklärungen eines Sprechers aus dem Off verstärken den gewünschten Eindruck des Dokumentarischen. Der Film nimmt durchgängig die Perspektive seiner beiden Hauptfiguren ein. Die so intendierte Nähe zwischen dem Zuschauer und den jungen Pakistani schafft die Voraussetzung für einen identifikatorischen Umgang mit deren Erleben auf der Reise von Ost nach West. Die Zuschauer werden zu Mitreisenden und Zeugen von widersprüchlichen und aufreibenden Erfahrungen, ohne in die Rolle von Voyeuren zu schlüpfen. Sie übernehmen vielmehr für die Dauer des Films die Weltwahrnehmung von Jamal und Enayatullah. Was immer sie auch befürchten, aushandeln oder verheimlichen, der Zuschauer wird zum teilnehmenden und somit zum mitfühlenden Beobachter einer Odyssee. Die lange Reise endet dramatisch: Jamal überlebt die Wirren der Flucht und erreicht London, während sein Cousin dabei ums Leben kommt.

Der Realismus dieses überwiegend an Originalschauplätzen gedrehten Spielfilms überzeugt durch die Auswahl seiner Akteure und die Darstellung der Unwägbarkeiten und Torturen, die sie auf sich nehmen und überstehen müssen, um sich dem gelobten Land zu nähern, wohl wissend, dass sie sich auf einen Aufbruch ins Ungewisse einlassen. Es ist der eindringlichen filmsprachlichen Kompetenz des Regisseurs zu verdanken, dass der Film den Zuschauer mit einer sozialen und politischen Wirklichkeit konfrontiert hat, noch bevor hunderttausende Flüchtlinge in Europa angekommen sind.

2.2 „Wie der Krieg nach Europa kam"

In dem Film „*Wie der Krieg nach Europa kam*" wird deutlich, welche dramatischen Entwicklungen sich im Nahen Osten und in Nordafrika in den vergangenen Jahren abgespielt haben und weshalb diese zu der größten Fluchtbewegung seit dem Zweiten Weltkrieg geführt haben.

Die Regisseure weisen in knappen Informationen auf die politischen Bedingungen hin, die seit dem sogenannten arabischen Frühling im Jahre 2011 zu radikalen Veränderungen der politischen Landschaft in Tunesien, Libyen, Ägypten, Syrien und im Irak geführt haben. Hierzu spielen sie Dokumentaraufnahmen von Fernsehanstalten oder von Privatpersonen ein. Der Schwerpunkt der Dokumentation liegt jedoch auf der Vorstellung von über zwanzig Überlebenden, vorwiegend der Bürgerkriege in Syrien und im Irak. Die Gesprächspartner, Frauen, Männer Jugendliche, werden in Großaufnahmen namentlich vorgestellt; sie berichten über die unvorstellbaren Leidenserfahrungen, die sie durchleben mussten, bis sie in Europa Schutz fanden.

Das Ausmaß der Katastrophe wird dadurch unterstrichen, dass der Kommentator im Film daran erinnert, dass bislang 250 000 bis 300 000 Syrer Opfer des Bürgerkrieges wurden und vier Millionen Syrer ihr Land verlassen mussten.

Diese Zahlen werden exemplarisch in Gesichter verwandelt und mit individuellen Biographien unterlegt. In den Narrativen der Zeitzeugen wird in erster Linie das Ausmaß des Terrors und der Barbarei seitens der syrischen Truppen und der terroristisch agierenden sunnitischen Miliz des sogenannten ‚Islamischen Staats' erkennbar. Doch auch die Folgen des Zerfalls der staatlichen Autoritäten in Afghanistan, Libyen und dem Irak, die zu der Herausbildung zahlreicher, sich bekämpfender Milizen geführt haben, spiegeln sich in den Erfahrungen der Flüchtlinge wider. Sämtliche Opfer sind traumatisiert und haben eher zufällig überlebt. Nichts scheint ihnen entfernter zu sein als die Normalität eines berechenbaren Alltags. Und doch erinnern sie bessere Zeiten und hoffen auf Schutz und Unversehrtheit, wo immer sie auch aufgenommen und geduldet werden. In diesem ausdrucksstarken Dokumentarfilm wird zugleich die Grenze der Sprache thematisiert. Die Erfahrung der Erniedrigung, des Schmerzes und der grenzenlosen Gewalt können in sprachlichen Bildern kaum gefasst werden. Die Gesichter, die Augen und die Tränen klagen an, ohne das Objekt der Anklage zu benennen. Es ist vielmehr die Fassungslosigkeit, dass Menschen zu solchen Verbrechen fähig sind.

Die geopolitische Lage im Mittleren und Nahen Osten hat sich in den vergangenen Jahren weitgehend gewandelt, und die blutigen Konflikte im arabischen Raum sind mit unmittelbaren Folgen für die europäischen Staaten verbunden. Flüchtlingsströme haben sich auf den Weg nach Europa gemacht, zu dem Kontinent, von dem es heißt, dass die auf dessen Territorium versammelten Staaten, die Menschenrechte würdigen und respektieren.

Beide hier vorgestellten Filme wissen um die politischen Verhältnisse, in denen ihre Protagonisten handeln oder zu Wort kommen. Die Filmemacher entscheiden sich bewusst, die individuellen Geschichten ihrer Akteure in den Fokus ihrer Filme zu stellen, womit es ihnen gelingt, die Zuschauer zu kundigen Paten der vorgestellten Migranten und Migrantinnen werden zu lassen.

Die selbstgestellte Aufgabe solcher Filme liegt in der Überzeugung, dass die Macht der Filmsprache die moralische Abstinenz zu überwinden vermag und den Zuschauer zu einem Perspektivwechsel verleitet: War in dem Film ‚In this World' noch die weltweite Fluchtbewegung vor der eigenen Haustür ins Visier genommen, so geht der Film ‚Wie der Krieg nach Europa kam' weiter und führt uns vor, wie sehr wir als Europäer und Europäerinnen von den grauenhaften Verhältnissen außerhalb Europas tangiert werden. So wird das noch allgemeingehaltene ‚In this world' zu ‚In our world'.

2.3 „Die Piroge"

Der Film „*La Pirogue*" (Die Piroge 2012) erzählt die Geschichte des Fischers Baye Laye, der als Kapitän eines Fischkutters dazu gedrängt wird, mit einer Gruppe von Migranten den Atlantik zu überqueren, um auf die Kanarischen Inseln zu gelangen.

Die vielfältigen Erfahrungen von Baye Lave angesichts der Gefahren des Meeres sind der Grund dafür, dass er sich auf gewagte Überfahrten nicht einlassen möchte. Doch die düstere wirtschaftliche Perspektive, auf die er sich als Fischer in Zukunft einlassen müsste, ändert schließlich seine Einstellung, und er zeigt sich bereit, mit dreißig Männern, die aus unterschiedlichen sozialen und kulturellen Lebenswelten stammen, in See zu stechen. Während die Passagiere mit dem Aufbruch die Erfüllung langgehegter Träume von einem Neuanfang verbinden, weiß er nur zu gut, welches Risiko sie auf sich nehmen, wenn sie sich in einem Boot, das für Meeresüberquerungen dieser Art völlig ungeeignet ist, auf den Weg machen. Ihm ist zudem sehr wohl bekannt, dass zahlreiche Pirogen, die unter ähnlichen Bedingungen aufbrachen, ihr Ziel nie erreicht haben. Der Film begleitet die Zuschauer zunächst in den senegalesischen Alltag und seine soziale und wirtschaftliche desolate Lage. Der mühsame und mit allerlei Widrigkeiten ausgestattete Weg, der schließlich zum Aufbruch des Flüchtlingsboots führt, verweist auf die komplexe und widersprüchliche Ausgangssituation im Vorfeld der Flucht. Die angespannte Lage der Flüchtlinge auf dem Boot, die klaustrophobische Enge sowie die Gefahren, die von der stürmischen See ausgehen, aber auch ihre faszinierende Weite sind Mittel einer bildhaften Symbolik, die dazu überleitet, die Aufmerksamkeit auf ausgewählte Bootsinsassen und ihre Fluchtmotive zu richten. Die Entscheidung zur Überfahrt auf dem Boot setzt die wechselseitige Akzeptanz der Bedingungen einer scheinbar alternativlosen – aber auch gewählten – zeitlich befristeten Koexistenz der Bootsinsassen voraus.

Moralische Dilemmata treten während der Überfahrt immer wieder auf, so auch bei der Begegnung der Piroge mit einem auf dem Meer umhertreibenden Boot mit Flüchtlingen. Diese sind auf Hilfe angewiesen, da ihnen der baldige Untergang ihres Bootes droht, doch die Passagiere der Piroge sehen sich außerstande ihnen zu helfen, da sie selbst in einer qualvollen Enge ausharren müssen. Bedrückt, hilflos und mit Schuldgefühlen belastet lässt diese Entscheidung die Männer zurück. Baye Layes Freund Kaba ist einer der ersten, der im Sturm von Bord gerissen wird und sein Leben lassen muss. Am Morgen danach bestatten die Flüchtlinge weitere Todesopfer, unter ihnen auch den Mann, der gern in seiner Heimat begraben werden wollte. Versuche, das Boot wieder flott zu machen, scheitern. Hunger, Durst, Angst, Apathie und Irrsinn nehmen zu, mit ihnen Selbstzweifel und Spannungen unter den Flüchtlingen. Schließlich nimmt Nafy das Geräusch eines Hubschraubers wahr, mit letzter Kraft macht sie die Besatzung auf die Überlebenden aufmerksam. Unter dem Schutz des spanischen Roten Kreuzes werden sie geborgen und auf die Kanarischen Inseln gebracht.

In der parabelhaften Filmerzählung werden existenzielle philosophische Fragen aufgeworfen und als Dilemmata inszeniert: es geht immer wieder um moralische Prinzipien und ethische Grundlagen von Entscheidungen in Extremsituationen. Das Meer als Metapher für den ersehnten Ausweg aus der schier ausweglosen Lage kann sich zugleich in ein Grab von Hoffnungen verwandeln. Und dennoch halten diejenigen, die in der Enge des Bootes ausharren, unbeirrt an ihren unbestimmten Hoffnungen fest.

Der Film stellt in eindrücklichen Bildern dar, wie zufällig die Grenze zwischen Tod und Leben ist, wie sich die Beziehungen zwischen Migranten und Zurückgebliebenen entwickeln, wie sich menschliche Interaktionen angesichts der herrschenden Knappheit an Ressourcen aller Art verändern und nur noch das bloße Überleben bedeutsam ist.

Reinhard Middel verweist darauf, dass die Erzählperspektive des Films in einer Synthese von Tatsachen und Fiktion besteht, die durchgängig „den Blickwinkel des Südens“ einnimmt. Tourés Film zählt zu den Flüchtlingsdramen, die ihr Sujet in einer Synthese von Tatsachen und Fiktion authentisch umsetzen. Tourés Film, so schreibt die *New York Times* vom 23. 01. 2013, wird von einer universellen Perspektive getragen, sie ist „schmerzhaft individuell – über die einzelnen Flüchtlinge auf dem Boot – und gleichzeitig unermesslich, da die Erfahrung, die sie schildert, von Millionen Menschen auf der Welt geteilt wird.“

Die Beschäftigung mit diesem Film, so betont Reihhard Middel in seinem Essay, kann die blinden Flecken der vertrauten Medienberichterstattung aufdecken. „Weil der Film von den Flüchtlingen sowohl individuell als auch universell erzählt, können sich auch hiesige Zuschauer/innen ein Stück weit in die Protagonisten hineinversetzen, um sich die „Kernaussage“ zu erschließen: Dass es, anders als die Stereotypen von Opfer und Armut suggerieren, für Migranten eben ganz unterschiedliche Überlegungen, Beweggründe, Überzeugungen, Träume und Visionen gibt bzw. geben kann, die Heimat in Richtung Europa zu verlassen“ (Middel).

3 Vom Perspektiv- zum Einstellungswechsel

Alle drei hier vorgestellten Filme sind in einem gebührenden zeitlichen Abstand voneinander gedreht worden und thematisieren unterschiedliche Fluchtwellen. Ihnen gemein ist die Intention der Regisseure, die dramatischen Fluchtprozesse am Beispiel individueller Schicksale zu entfalten. Die Darstellung des individuellen Leids von Menschen, die ihre Heimat gegen ihren Willen auf Wegen verlassen mussten, die sie in höchstem Maße gefährden, setzt voraus, dass sie als Menschen mit vielfältigen biographischen Narrativen vorgestellt werden. Es sind Menschen, die einen Namen und eine Geschichte aufzuweisen haben und durch diese Filme eine Anerkennung erfahren. Erst dieser Schritt birgt in sich die Möglichkeit, einen Perspektivwechsel seitens der Zuschauer zu erwirken. Anders als der Verweis von Zahlen und Fluchtwegen findet im Kino eine visuelle Begegnung mit Flüchtlingen statt, die zu einer emotionalen Reflexion führen kann, deren Folgen sich nicht selten in ethischen und politischen Einstellungen niederschlagen. Insofern werden Filme am Ende dieses Prozesses von Fluchthelfern zu Vermittlern kultursensibler und empathischer Einstellungen.

Filmdaten und Literatur

Seeßlen, Georg. *epd film* 1/16, 30–35.
Middel, Reinhard. EZEF/Arbeitshilfe/Die Piroge/November 2013
New York Times vom 23. 01. 2013

1. Film:
In This World – Wie der Krieg nach Europa kam
Regie: Michael Winterbottom
GB 2002
86 Min., Spielfilm, Deutsch
DVD

2. Film:
Wie der Krieg nach Europa kam
Regie: Pietro Boschetti und Jean-Bernard Menoud
Deutschland 2016
50 Min. Dokumentarfilm, Deutsch
Ausgestrahlt auf 3sat am 22. 02. 2016
Film kann auf YouTube angesehen werden

3. Film
La Pirogue (Die Piroge)
Regie: Moussa Touré
Frankreich/Senegal 2012
87 Min., Spielfilm, Omdt. U.
Vertrieb: EZEF

Das Bild des Flüchtlings

Displacement als Thema der zeitgenössischen Kunst

Stephan Strsembski

Zusammenfassung

Die Zahl der Äußerungen zum Thema „displacement" im Medium der bildenden Kunst ist seit der Jahrtausendwende sprunghaft angestiegen. Die wachsende Virulenz des Themas im Werk zeitgenössischer Künstler geht einher mit seiner zentralen Stellung innerhalb einflussreicher kuratorischer Modelle. Kunst- und Theorieproduktion lassen die Rede von der paradigmatischen Stellung des Topos innerhalb der zeitgenössischen Kunst schlüssig erscheinen – eine Stellung, welche der jüngsten Bedeutung der Flüchtlingsthematik als politischem Paradigma entspricht. Die Ikonografie des „displacement" erscheint als Bild von Gesellschaft, welches textlich fixierten Narrativen zur Seite steht. Der Beitrag untersucht relevante Werke der zeitgenössischen Kunst, wirft einen Blick auf die Motivgeschichte und stellt den Stand der Forschung dar.

1 Einleitung

Bilder beeinflussen die Welt. Wie weit dieser Topos der „Ikonischen Wende"[1] am betrachteten Thema ablesbar wird, zeigt die jüngste Entwicklung deutlich. Die globalen Migrationsbewegungen von Armuts- und Kriegsverfolgten sind nicht im Sommer 2015 entstanden, sondern wachsen seit Jahren kontinuierlich.[2] Dennoch wird seit dieser Zeit die sogenannte Flüchtlingsproblematik als politisches und

1 Zum Begriff der Ikonischen Wende vgl. Belting (2007).

2 UNCHR belegt in seinem aktuellen Report einen Anstieg von 10,4 Millionen im Jahr 2011 auf 14,4 Millionen im Jahr 2014. Valide Zahlen für 2015 liegen noch nicht vor. (vgl. UNHCR 2015).

kulturelles Paradigma wahrgenommen. Es waren journalistische Bilder, die einen Schub der Aufmerksamkeit mitbewirkten. Angela Merkels Selfies mit Flüchtlingen, die Bilder freiwilliger Flüchtlingshelferinnen und -helfer an deutschen Bahnhöfen und andere positive Medienbilder verdichteten sich in zahlreichen Kommentaren der jüngsten Zeit zur „media's lens on Germany as the shining bastion of *Willkommenskultur*" (Lennard und Hermsmeier 2015). Die Fotos des in der türkischen Ägäis ertrunkenen Alan Kurdi bewegten nicht nur weltweit zahllose Menschen, sondern haben konkret die (Asyl-)Politik zumindest in Kanada und Großbritannien beeinflusst (Austen 2015; Freedland 2015). Ungeachtet des heuristischen Wertes der Frage nach dem Einfluss der Bilder auf die Welt soll an dieser Stelle aber mit dem Einfluss der Welt auf die Bilder vor allem die angestammte kunsthistorische Fragestellung zur Sprache kommen. Welches ist das Bild des Flüchtlings, das sich die zeitgenössische bildende Kunst macht? Den Deutschen wird, wie auch anderen Gesellschaften von Zielländern, heute ein ambivalentes Verhältnis zum Thema „displacement"[3] nachgesagt. Von dieser Ambivalenz ist auf der Insel „Kultur" nicht viel zu spüren. Hier überwiegen bei weitem die Stimmen, die sich klar für die (in Deutschland grundgesetzliche festgeschriebene) Verpflichtung zur humanitären Hilfe für Flüchtlinge und für deren Aufnahme und Integration aussprechen. Exemplarisch sei der Fall des lettischen Regisseurs Alvis Hermanis genannt, der jüngst in Hamburg eine bereits zugesagte Inszenierung absagte, weil er „nicht bei dem ‚Refugees-Welcome-Zentrum' mitmachen wolle, als das sich das Thalia verstehe" (Briegleb 2015). Praktisch alle größeren deutschen Sprechtheater thematisieren die Lage regelmäßig, das Leitthema setzt sich fort im Literaturbetrieb, die Fernsehprogramme und sogenannten sozialen Netzwerke haben seit dem Sommer 2015 kein „größeres" Thema. Die Situation in Deutschland steht hier stellvertretend für die des globalen Nordens.

„Displacement" spielt auch in der visuellen Kultur und ihrer hochkulturellen Repräsentantin, der zeitgenössischen Kunst, eine herausgehobene Rolle. Die aktuellen Kunstäußerungen zum Thema sind äußerst unterschiedlich in ihren Formen wie in ihrer Qualität. Sie reichen von bloßen Solidaritätsadressen von Künstlern, welche denen des lokalen Lion's Club nichts voraushaben, bis zu überzeitlich relevanten Werken, die im Zentrum eines Œuvre stehen. Auch steht nicht unbedingt der große Name der Künstlerin/des Künstlers für Qualität. Generell unterscheiden sich die betrachteten Kunstwerke im Grad ihrer Involviertheit, der von kritischer Distanz und hochgradiger Ästhetisierung bis hin zu emphatischem Aufruf

---

3 Die *Lingua franca* des Kunstbetriebs ist (mitunter schlechtes) internationales Englisch. Der Begriff „displacement/displaced person" eignet sich in diesem Zusammenhang aber besser als „Flucht/Flüchtling", weil er anders als jener nicht Freiwilligkeit suggeriert, sondern die den Fluchtentscheidungen zugrundeliegende Gewalt impliziert.

zur Veränderung der Zustände unter völliger Vernachlässigung der Form reicht. Zwischen diesen beiden Polen Ästhetisierung und Aktionismus entfaltet sich das Panorama der zeitgenössischen Ikonografie von „displacement", welches an dieser Stelle in gebotener Kürze betrachtet werden soll. Dabei wird gezeigt, inwiefern „displacement" als Thema der Kunst von einem signifikanten Randmotiv zu einem paradigmatischen Topos wurde.

1.1 Stand der Forschung

Die notwendige Diskussion um die Integrierbarkeit heteronomer „engagierter" Konzepte in die Autonomie der Kunst kann im Umfang der vorliegenden Ausführungen lediglich angesprochen werden. Einen Überblick hierzu verschafft der Reader *Truth is concrete* (steirischer herbst und Malzacher 2014). Der Sammelband zum Kongress anlässlich des steirischen herbstes 2014 versammelt zahlreiche Beiträge aus Kunst und Wissenschaft zum Thema. Eine Gesamtschau der Problematik unternimmt auch die Untersuchung des Politikwissenschaftlers Klaus von Beyme (1998). Holger Kube Ventura (2002) untersucht den Gegenstand mit Blick auf die Kunst der 1990er Jahre im deutschsprachigen Raum. Der Stand der kunsthistorischen Forschung zur Ikonografie des „displacement" ist überschaubar. Zwar hat das Thema Migration seit den 1990er Jahren in den Geisteswissenschaften an Fahrt aufgenommen. Doch kuratorischen Großprojekten[4] zum Trotz hat nicht einmal die Forschung zur deutschen Vertriebenengeschichte die Kunstgeschichte nachhaltig erreicht (Brade 2015, S. 41). Ähnliches lässt sich für die Geschichte der Arbeitsmigration der 1960er und -70er Jahre feststellen. Einen wichtigen Beitrag zum Thema „displacement" in dem neuen Wissenschaftsgebiet der *visual culture* leisteten Tom Holert und Mark Terkessidis, die in ihrem 2006 erschienenen Band „Fliehkraft"[5] nicht nur Migration und Tourismus im Fokus der Bildwissenschaften parallelisieren, sondern auch den üblichen Blickwinkel auf Krisenregionen in Richtung der westlichen Städte erweitern. Es gibt vereinzelte Versuche, sich des engeren Themas „displacement" in der Kunst in Überblickspublikationen zu nähern. Das Kunsthistorische Institut der RUB Bochum veranstaltete im Februar 2016 eine Studierenden-Tagung zu *Flucht und Migration als Thema der zeitgenössischen Kunst,* die zur Zeit der Drucklegung noch nicht dokumentiert war. Die Münchner Kunsthistorikerin Burcu Dogramaci gab 2013 in ei-

4 Besonders umfangreich und zudem gut dokumentiert war das *Projekt Migration,* das Kathrin Rhomberg im Kölnischen Kunstverein kuratierte (vgl. Kölnischer Kunstverein 2005).

5 Der Band und die Recherche hierzu waren Teil des o. a. *Projekt Migration* (vgl. Holert und Terkessidis 2006).

nem Sammelband einen Überblick zum Thema *Migration und künstlerische Produktion* (Dogramaci 2013). Weitaus zahlreicher und für die aktuelle Diskussion wichtiger sind die kunstwissenschaftlichen Primärtexte, welche die paradigmatische Dimension des Topos erahnen lassen. Roger M. Buergels documenta 12 stellte im Jahr 2007 mit der Frage nach dem „bloßen Leben" einen Begriff Giorgio Agambens in den Mittelpunkt seiner Betrachtung, der sich implizit oder explizit in der Arbeit vieler auch hier erwähnter Künstlerinnen und Künstler wiederfindet. Neben Formen der Migration versuchte die Großausstellung auch die manifeste „Migration der Form" in der Kunst nachzuweisen. Okwui Enwezor, der sich vor Buergel 2002 um die restlose Globalisierung der Kasseler Weltkunstschau bemüht hatte, verantwortete 2015 die 56. Biennale in Venedig unter dem Motto *All the World's Futures.* Die Ausstellung war, sowohl in den zentral kuratierten Schauen als auch in den Länderpavillons, maßgeblich vom Thema „displacement" geprägt. Die documenta 14, vorbereitet für 2017 von Adam Szymczyk, hat bislang weder Künstlerliste noch konkrete Projekte publiziert. Klar ist trotzdem schon, dass „displacement" im Mittelpunkt der kuratorischen Überlegungen und wohl auch vieler künstlerischer Auseinandersetzungen stehen wird. Szymczyk verortet die documenta zu gleichen Teilen in Athen und Kassel und begründet diese Entscheidung mit der Bedeutung der Schuldenkrise Griechenlands einerseits und den aktuell massenhaften Migrationsbewegungen andererseits: „Dies ist die größte Fluchtbewegung weltweit seit dem Zweiten Weltkrieg, und für viele der Flüchtlinge, die nach Europa gelangen, ist Griechenland die erste Station" (Latimer und Szymczyk 2015). Die Publikation, der dieses Statement entstammt, ist vorbereitender Reader und documenta-Magazin in einem. Der Titel „South Magazine" rekurriert weniger auf eine konkrete topografische Verortung der Beiträge(r) als vielmehr auf die ursprünglich von der Weltbank geprägte Wendung des „Global South", mit der die im globalen System benachteiligten gesellschaftlichen, politischen und ökonomischen Weltgegenden pauschal bezeichnet werden. An gleicher Stelle beschreibt Szymczyk seine documenta in den Worten der französischen Politologin Françoise Vergès als dekolonisatorische Anstrengung und als „Quelle von Bildern, Texten und Liedern, die eine gegenhegemoniale Bibliothek für die Schlachten von heute formieren" (Latimer und Szymczyk 2015). Diese Sentenz hätte auch als Motto für die documenta-Ausgaben von Catherine David und Okwui Enwezor dienen können.[6] Hier klingt ein Konzept der Kunst als Agentin

6 Oliver Machart vergleicht die documenta-Ausgaben dX, D11 und d12 und beschreibt deren Entwicklung von Politisierung im Zeichen des Poststrukturalismus (Catherine David) über den postkolonialen Diskurs (Okwui Enwezor) bis zur Depolitisierung (Roger M. Buergel). Auch hinsichtlich der normativen Kraft solcher kuratorischen Großprojekte ist sein Beitrag aufschlussreich: Marchart (2008).

einer Ästhetik des Widerstandes an, welches die Motive aus Peter Weiss' gleichnamigem Theorie-Roman (Weiss 1983) übernimmt und in die Sprache des Zeitalters von Information und Globalisierung übersetzt. Wie diese Mammutprojekte stellen viele kleinere, nationale oder internationale Ausstellungen und Biennalen „displacement" ins Zentrum der Aufmerksamkeit. Ob die meinungsbildenden kuratorischen Projekte hier das Thema setzen oder sich umgekehrt auf signifikante Arbeitsfelder der Künstlerinnen und Künstler beziehen, ist kein akademisches Henne-/Ei-Problem, sondern vielmehr eine betrachtenswerte Frage, die allerdings den Rahmen dieses Beitrags überstrapazieren würde.

2 Ikonografische Vorgeschichte: „displacement" als kunsthistorisches Motiv

Obwohl das Thema jüngst paradigmatisch geworden ist, hat es eine verzweigte ikonografische Geschichte und Vorgeschichte. Jene beginnt mit dem „displacement" des Odysseus, der als Bootsflüchtling über das Mittelmeer irrt.[7] Sein Name sei Niemand *(Outis),* entgegnet er dem Polyphem, um seinen Mordversuch an diesem zu verschleiern und seine Flucht abzusichern. Die *Odyssee* birgt also nicht nur den Kern aller Geschichten vom Leid der Vertreibung, sondern präfiguriert auch den Entschluss des Flüchtlings, seine Identität zu verschleiern (heute: den Pass zu zerreißen) auf dem Weg ins Ungewisse.[8] Obwohl in der Bibel an Fluchtgeschichten kein Mangel ist (Abraham, Josef und seine Brüder, Moses), bündelt das Mittelalter die den Zeitgenossen allgegenwärtigen Erfahrungen von „displacement" vor allem in der Ikonografie der *Flucht nach Ägypten.* Der literarisch interessierte Giotto bemüht eigens das apokryphe Pseudo-Matthäusevangelium, um der Kleinfamilie mit Jesu Halbgeschwistern weitere flüchtende Kinder zur Seite zu stellen. Während anfangs noch die Flucht zu Fuß und der gleichzeitige bestialische Kindermord des Herodes thematisiert werden, entscheiden sich viele Maler seit der Renaissance für das genrehafte Motiv der *Ruhe auf der Flucht.* Aus der Zeit der napoleonischen Kriege, die nicht arm war an Migrationsbewegungen innerhalb und außerhalb Europas, kennen wir mit Géricaults *Floß der Medusa* eine der eindrucksvollsten Darstellung einer Fluchtkatastrophe überhaupt. Zwar sind die dargestellten Schiffbrüchigen keine Flüchtlinge im eigentlichen Sinne, son-

7 Die kulturellen Verästelungen und politischen Implikationen des Themas Flucht und Vertreibung in den alten und modernen Gesellschaften untersucht Michael Walzer (1995).

8 Dem Künstler und Mythos-Experten Matthias Schamp verdanke ich den Hinweis, dass die Nennung von Odysseus als Ahnherren der „displaced persons" nicht ohne tragische Ironie ist, verfügt er doch im Gegensatz zu anderen Flüchtenden wie Aeneas über eine veritable Täterbiografie. Aber seine Geschichte wurde zum Sprichwort, eine *Odyssee* ist keine *Aeneis.*

Abbildung 1 Arnold Böcklin: Odysseus und Polyphem, 1896

Abbildung 2 Banksy: Raft of the Medusa, 2015

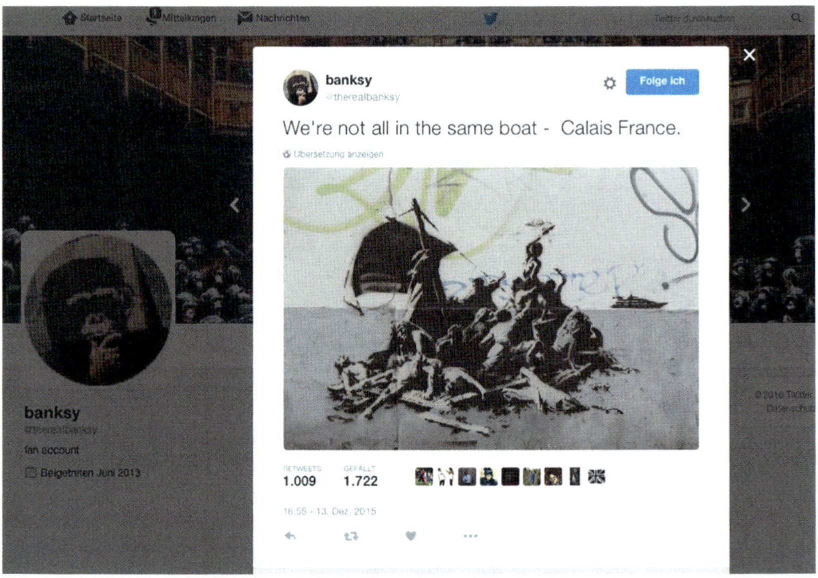

dern Teil einer kolonialen Militäroperation. Das Bild wurde trotzdem auf Anhieb richtig verstanden als couragierte Kritik am zynischen Mißverhalten der Regierung in Person des Kapitäns de Chaumareys. Auch heute noch hat das Bild seine Wirkung nicht verloren. Als Sinnbild des Schiffbruchs ist es zu einem popkulturellen Gemeinplatz geworden. Unter den zahlreichen Zitaten und Apropriationen als Plattencover etc. sticht Banksys Version als *stencil* (gespraytes Schablonenbild) im berüchtigten Flüchtlingslager „Dschungel" in Calais heraus, in der dem Floß der Verdammten eine Superyacht á la Abramowitsch zur Seite gestellt wird: „we're not all in the same boat!" (Banksy 2015).

Der US-Amerikaner Jacob Lawrence schafft in der Zeit des zweiten Weltkrieges ein bildnerisches Epos der Flucht – allerdings nicht auf den Schauplätzen des Krieges. Er widmet sich in seinem Werk der Binnenmigration in den USA, die als „Great Migration" der Zeit vom ersten Weltkrieg bis zu den 1950er Jahren erinnert wird. Seine 60-teilige *Migration Series* (1940–41) über die Massenbewegung vom ländlichen Süden in den urbanisierten Norden der USA gilt als Schlüsselwerk einer genuin amerikanischen Moderne jenseits des Mainstream von Abstraktem Expressionismus. HAP Grieshaber gehört zu den wenigen, die zu Zeiten der vornehmlich informellen Nachkriegskunst das Thema der (deutschen) Vertreibung aufgegriffen hat, etwa in dem monumentalen Holzschnitt *Deutschland* von 1952 (Boeck 1959, S. 44). Seine Darstellung eines beladenen Pferdewagens ist offensichtlich von einer Werbepostkarte der deutschen Gesellschaft zur Rettung (DGzRS) Schiffbrüchiger beeinflusst; so erklärt sich die Bootsform des Karrens und das Auftauchen des von der DGzRS verwendeten Hansekreuzes. Raimund Girkes Bild *Erinnerung an eine Landschaft* von 1956, nach Aussagen des Künstlers „aus dem kleinen Flüchtlingsdasein heraus" (Gillen 1998, S. 132). entstanden, belegt die verbreitetere Tendenz dieser Jahre, sein künstlerisches Heil in der Abstraktion zu suchen und die virulenten Themen allenfalls in begleitenden Zitaten oder Bildtiteln zu lancieren.

3 „Displacement" in der zeitgenössischen Kunst

An die Problematik der „Vertreibung" in Europa, die in erstaunlich wenigen Werken der bildenden Kunst ihren Widerhall fand, schloss sich seit den 1970er Jahren das Thema der Arbeitsmigration an. Der Grieche Vlassis Caniaris gehört zu den Künstlern, die sich früh dem Thema angenähert haben. Mit Environments wie *Arrivederci – Willkommen* von 1976 thematisiert er die Probleme der Arbeitsmigration und exemplifiziert die ökonomische und seelische Notsituation der Ankömmlinge anhand realer Gegenstände und Artefakte aus deren Besitz. Ähnlich peripher dem Thema „displacement" verhaftet, aber einer gänzlich neuen Ästhetik verpflichtet zeigt sich Alan Sekulas Installation *fish story* (1989–1995). Der US-Amerikaner vergegenwärtigt in seinem Beitrag zur Documenta11 in hunderten Fotos, Filmen und Texten die Formen und Dimensionen der globalen Schifffahrtsindustrie und zeigt früh eine der möglichen Reaktionen der Kunst auf die Folgen der Globalisierung. Ist Sekula als prominenter Figur der politischen Linken der Aktionismus nicht fremd, so vertraut er in *Fish Story* doch bemerkenswert radikal auf die alleinige Überzeugungskraft des Kunstwerks an sich.

Das Schiff als metaphorischer wie realer Ort des Aufbruchs und der Flucht ist für die Kunst zum Thema „displacement" von übergeordneter Bedeutung. Nicht umsonst verbindet die erwähnten Beispiele Géricaults, Grieshabers und Sekulas das Vehikel. Der junge deutsche Fotograf Heiko Schäfer dokumentiert in der Serie *Maritime Incidents* (2008) Flüchtlingsboote, die in Sizilien angelandet sind. Er komponiert aus annähernd zweihundert Einzelfotos hochauflösende und enorm detailreiche Tableaus der meist erbärmlichen Fahrzeuge, welche er um standardisierte Informationen wie Material, Motorisierung, Ort und Datum der Aufbringung, lebenden und toten Insassen und einer knappen Beschreibung der Flucht ergänzt. Schäfers Arbeiten fungieren nicht nur als ästhetische Objekte. Sie schließen zudem eine historiografische Lücke: in der derzeit gängigen (italienischen) Praxis werden nicht nur die Flüchtlingsboote vernichtet, sondern die Behörden verzichten aus Kapazitätsgründen generell auf eine detaillierte Erfassung der Fluchtumstände. Maritime Motive finden sich auch wiederholt im Werk Ai Weiweis. Ai, dessen Werk generell um die Themenkomplexe „displacement" und „dispossession" kreist, plant 2016 ein Mahnmal für die ertrunkenen Flüchtlinge auf Lesbos und kündigte dessen Umsetzung auf der Wohltätigkeitsgala Cinema for Peace in Berlin bereits gewissermaßen als Häppchen an: Die geladenen Celebrities flanierten durch ein Entree aus realen Rettungswesten von der Insel Lesbos an der Säulenvorhalle des Berliner Konzerthauses und einem weniger realen Flüchtlingsboot mit der Aufschrift „Safe Passage". Seine Aktion gipfelte in der Verteilung von goldenen Rettungsdecken an die Abendgesellschaft, die diese für eine Fotogelegenheit dann um Smoking und Robe legte. Der Künstler posierte im Januar 2016 am Strand von Lesbos als toter Alan Kurdi. Das Foto wurde sowohl als Pressefoto verwendet als auch auf einer Kunstmesse verkauft und steht mit seiner weltweiten Medienpräsenz und kommerziellen Verwertbarkeit beispielhaft für die hoch-professionalisierte Rezeptions- und Verwertungskette von Ais Kunstschaffen.[9]

Ein weiterer ikonografischer Schwerpunkt liegt in der Darstellung von Grenzzäunen, Lagern und Gefängnissen. Rosemary Laings aufwändige und trotzdem la-

9 Die ganze Aktion brachte Ai die gewünschte Aufmerksamkeit, allerdings auch eine Welle der Empörung ob seines für viele Beobachter zynischen und opportunistischen Verhaltens (vgl. Voss 2016).

konische Fotos *welcome to Australia* (2004, aus der Serie *to walk on a sea of salt*) des Internierungslagers *Woomera Detention Centre* lehnen sich formal an Beispiele einer objektivierenden fotografischen Sehweise wie die der Becher-Schule an. Die Architektur mit Flutlichtmasten, Zäunen, Nato-Draht und Wohncontainern erzielt ihre Wirkung gerade durch die Abwesenheit der betroffenen Menschen. Das berüchtigte Lager, erbaut in der Wüste um maximal 400 Flüchtlinge zu fassen, war zeitweise mit über 1 500 Personen belegt und wurde 2003 nach heftigen Protesten zeitweise geschlossen. Australien interniert seit 1992 alle Einreisenden ohne gültiges Visum in Lagern, bis zur Visaerteilung bzw. Abschiebung. Die rigide Flüchtlingspolitik der australischen (liberalen und konservativen) Regierungen seit der Zeit steht weltweit massiv in der Kritik. Entsprechend früh und nachhaltig haben sich australische Künstler des Themas angenommen. Die Arbeiten von Rosemary Laing stehen hier stellvertretend für die anderer australischer Künstler wie Benjamin Armstrong, Jon Cattapan, Ross Gibson, Carl Warner u. a. Die Französin Jacqueline Salmon widmet sich in ihrer Fotoserie *Le Hangar und Sangatte* (2001) ebenfalls einer Lagerarchitektur zu. Salmons Fotografien sind weniger artifiziell als die von Laing. In den Bildern des Lagers bei Calais verzichtet die Künstlerin auf monumentalisierende Symmetrien. Komposition und Belichtung wirken mitunter beliebig. Zudem bildet die Künstlerin auch wie beiläufig die Insassen des *Hangars* ab. Doch wie bei Laing steht auch bei Salmon die Architektur als Bedeutungsträger im Vordergrund. Die Geschichte(n) der Insassen fungieren gleichermaßen als Ellipse, ohne dass die Künstlerinnen appellativ zu werden bräuchten. Die belgische Filmkünstlerin und Regisseurin Chantal Ackermann hat eine Reihe von dokumentarischen und fiktionalen Filmen zum Thema „displacement" vorgelegt (*Aus dem Osten (D'Est),* 1993; *Süden (Sud),* 1999, *La Bas,* 2006). Der dokumentarischen Film *Jenseits von Sonora – Mexiko (de l'autre côté),* 2002, der im Entstehungsjahr auf der Documenta11 zu sehen war, beschreibt die Fluchtbewegungen mexikanischer Immigranten auf dem Weg in die USA und die Reaktionen der Grenz-Anrainer in Arizona. Ackermanns Werk bezeugt einen ähnlichen Blick auf die Aussagekraft der Architektur. Eine der stärksten Einstellungen des Filmes ist eine Kamerafahrt entlang der schier endlosen Grenzmauer. Für Ackermann ist die konkrete Architektur von Belang, als Signifikat wie als abstraktes Zeichen: Die Grenzmauer hält sie für „more powerful and less anecdotical than some people walking", die lange Kamerafahrt „becomes concrete, and abstract, and again concrete" (Rapold 2015). Dass eine deutliche Ästhetisierung nicht zwangsläufig eine Verharmlosung des Kunstwerks bedeutet, belegen auch die Fotografien der Serie *Sleepers* (2006/07) der marokkanisch-französischen Künstlerin Yto Barrada. Die großformatigen Bilder zeigen, schwarz weiss oder farbig, einzelne Schlafende, meist auf einer Wiese liegend. Immer sind die Gesichter verdeckt durch ein Kleidungsstück, den Arm, eine Tasche. Barrada fand ihre Motive in öffentlichen Parks

Abbildung 3 Yto Barrada: Sleepers, 2006, Figure 2, C-Print, 125 × 125 cm. Courtesy: Yto Barrada und Galerie Sfeir-Semler Hamburg/Beirut

in Tangier, wo sich die Dargestellten mit einem Nickerchen vorbereiten auf ihre Passage über das Mittelmeer. Die *harrages* (nach *hrag,* magrebinisch für verbrennen) haben ihre Pässe verbrannt, verbergen ihre Gesichter vor der Sonne und evtl. den Autoritäten und sind auf dem gefährlichen Weg ins Ungewisse – dennoch zeigt Barrada sie nicht ausschließlich als Erdulder und Opfer. Das universelle Motiv des Schlafes, die entspannte Haltung der *Sleepers,* die im Ausschnitt nicht näher zu bestimmende Natursituation tragen dazu bei, dass die Bilder Barradas offen bleiben und Assoziationen Raum bieten, ohne konkrete Handlungsoptionen aufzuzeigen.

Als besonders tragfähig erweisen sich die künstlerischen Beiträge zum Thema „displacement", wenn sie sich einer eindeutigen Zuordnung zu einem der beiden

Abbildung 4 Ausstellungsansicht Tobias Zielony, The Citizen, KOW, Berlin, 2016. Photo: Ladislav Zajac/KOW. Courtesy: Tobias Zielony und KOW, Berlin

Pole Ästhetisierung oder Aktionismus entziehen. Wie bei Yto Barrada geschieht das in der Installation *The Citizen* (2015), dem Beitrag von Tobias Zielony für den Deutschen Länderpavillon auf der Biennale in Venedig. Die komplexe Installation vereint verschiedene Medien, Produktionsschritte, Zeitebenen und Grade der Fiktionalisierung bzw. Dokumentation. Zielonys Arbeit beginnt mit dem Kontakt zu afrikanischen Flüchtlingen in Deutschland, die er interviewt und fotografiert. Anschließend bittet der Künstler die Teilnehmer, ihre Erfahrungen aufzuschreiben, um diese Geschichten in einer Gratiszeitung innerhalb der Ausstellung verfügbar zu machen. Zielonys eigene künstlerische Umsetzung besteht aus fotografischen Tableaus, die an das Layout von Zeitungsseiten erinnern, an Stelle der Textpassagen aber Leerstellen aufweisen. Diese Form der Installation verweist nach Auffassung des Künstlers auf die reale Situation, in der sich die Interviewten befinden, „die Leerstellen verweisen auf die Brüche in den Biografien und auf das, was in der öffentlichen, medialen Debatte ausgespart wird“ (Deutscher Pavillon 2015). An dieser Stelle wäre das Werk Zielonys, allem dokumentarischen Realismus zum Trotz, durchaus als Ästhetisierung ohne appellativen *call to action* zu verstehen. Doch der Künstler schaltet noch einen Schritt nach, indem er seine eigenen Aufnahmen afrikanischen Zeitungen zur Verfügung stellt, verbunden mit der Bitte, die dargestellten Migranten in Artikeln zu portraitieren. Die so entstandenen Zeitungsseiten aus Sudan, Uganda und Kamerun sind in großen Schaukästen ausgestellt. Die Zeitungen berichten aus afrikanischer Perspektive über die behandelten Fluchterfahrungen. Durch die Präsentation der kompletten Zeitungsseiten, in denen sich neben den erbetenen Features auch andere Beiträge aus Redaktion und Werbung finden, schafft der Künstler einen afrikanischen Kontext der Fluchtgeschichten. Zielony geht so über den Bereich einer reinen künstlerischen Bestandsaufnahme hinaus und eröffnet Perspektiven, die den Diskurs in den Zielländern zu erweitern im Stande sind. Banu Cennetoğlus *The List* ist ein Projekt, in dem die türkische Künstlerin alle seit 1993 dokumentierten Fälle von Migranten und Flüchtlingen auflistet, die in der EU oder beim Versuch der Einreise ums Leben kamen. Cennetoğlu dokumentiert, in Zusammenarbeit mit der niederländischen NGO UNITED for Intercultural Action, Namen, Herkünfte, Todesursachen und die jeweiligen Nachrichtenquellen. Seit 2007 hat Cennetoğlu die mittlerweile auf über 22 000 Menschen angewachsene Liste in verschiedenen europäischen Städten (Amsterdam, Basel, Istanbul, Bonn) im öffentlichen Raum plakatiert oder gescreent. Die gewollte formale Kunstlosigkeit dieser Liste scheint die Selbstaussage der Künstlerin zu bestätigen, es handele sich bei *The List* nicht um ein Kunstwerk.[10] Diese Aussage wird fragwürdig, wenn man sich das Gesamtwerk der Künstlerin vergegenwärtigt, in dem genau diese Frage nach dem dokumentarischen Gehalt und der kunstlosen Form eines Kunstwerks im Mittelpunkt steht. Explizite Referenzen wie Marcel Broodthaers oder Hanne Darboven legen den Verdacht nahe, dass hier ästhetische Kategorien keinesfalls ausgeblendet sind, sondern im Gegenteil im Sinne des „documentary turn“ (Lind und Steyerl 2008) als zentral betrachtet werden müssen. Cennetoğlus *The List* zeigt indes keine Handlungsoptionen auf und bleibt so paradoxerweise in seiner betonten Kunstlosigkeit im Bereich der Ästhetisierung. Der Künstler Dierk Schmidt geht in seiner Werkgruppe *SIEV-X* –

10 „But I don't consider it an art piece, because I don't edition it, I don't commercialize it, and I don't sign it. And there is no authorship. I mean, I have a rather large emotional relationship with the whole content but it is more about making the content visible through many different levels of collaboration. I guess you can call it an intervention. But what it actually is: It's a document (…)“ (Cennetoğlu und Turkowski 2015).

Abbildung 5 Banu Cennetoğlu: The List. Quelle Kunsthalle Basel. © Banu Cennetoğlu, Rodeo Gallery

Zu einem Fall von verschärfter Flüchtlingspolitik (2001/02) den umgekehrten Weg, um zum ähnlich prägnanten Ausgang zu gelangen. Dierk Schmidt thematisiert in seiner insgesamt 19-teiligen Bilderserie den Fall einer skandalösen Fluchtkatastrophe vor dem australischen Festland. Das Kürzel SIEV-X steht für „Suspected Illegal Entry Vessel X", die offizielle Nomenklatur des australischen Grenzschutzes für ein Flüchtlingsboot, das im Oktober 2001 vor der indonesischen Küste sank. 353 Flüchtlinge starben, nur 45 wurden von indonesischen Fischern gerettet. Zum Skandal wurde der Vorfall, weil die australischen Grenzschutzbehörden zu der Zeit die Unglückszone vor den australischen Weihnachtsinseln zum Beobachtungsgebiet erklärt hatten (Adams 2014). Schmidt wählt für die Bearbeitung des Themas überraschenderweise das Medium der Malerei. In den drei als Triptychon angelegten Hauptwerken der Serie kontrastiert er die realen Geschehnisse im indischen Ozean mit der Paraphrase europäischer Kunstwerke und Werbebilder. Die größte Tafel trägt den Titel *Xenophobe-Shipwreck Scene, Dedicated to the 353 Drowned Asylum Seekers Died on the Indian Ocean, on the morning of October 19*. Auf schwarzer Teichfolie als Bildträger ist das Gemälde als Gerüst weißer Linien angelegt, auf dem einzelne Schiffsmotive, bewaffnete Grenzer und anonyme Figuren collagerartig überblendet werden. Einem BBC Feature entnahm der

Künstler die Gesichter von zehn Überlebenden, die er als Portraits in die schematische Darstellung einfügt. Das zweite Bild, *Untitled (Louvre),* zeigt eine Zusammenschau zweier Ansichten aus dem Louvre aus dem 19. Jahrhundert und aus jüngster Zeit. Abgebildet sind u. a. das oben erwähnte *Floß der Medusa* von Géricault und *Die Freiheit führt das Volk* von Eugène Delacroix. Das Freiheitsbild leitet über zu Schmidts drittem Bild, *Freedom,* welches die Bearbeitung eines Motivs aus einem Werbespot des Sportartikelherstellers Nike aus dem Jahr 1998 darstellt. In dem Spot überwinden die Fußballer der brasilianischen Nationalmannschaft um den damaligen Star Ronaldo kickend die Sicherheitssperren des Flughafens in Rio. Die machtlosen Sicherheitskräfte sind, wie die stählerne Sicherheitsschleuse, die am Schluss als Torersatz für Ronaldo dient, eher als kollaterale semantische Zutaten des großen Spaßes zu bewerten – inwiefern die Tragweite dieser Ikonografie den Machern des Werbespots klar war, kann im Nachhinein kaum rekonstruiert werden. Die wirkliche Tragweite dieses Spots zu erfassen hilft aber die Kunst in Person von Dierk Schmidt, der das Motiv des Spots in seinen Zyklus *SIEV-X* inkorporiert und damit das heile Bild der Werbung in den Zusammenhang der konfliktreichen Realität stellt. Dierk Schmidt verfährt in seinem Versuch, eine Neuauflage des Historienbildes zu liefern, nach traditionell-künstlerischem Muster (Malerei, Triptychon, reales historisches Ereignis). Dennoch ist die appellative Qualität des Zyklus evident, die sich aus der herausgehobenen Bedeutung des zuvor marginalisierten historischen Ereignisses ergibt. Auch hier zeigt sich, dass formale Aspekte nicht zwingend eine bestimmte Neigung des Kunstwerks zu einer der Kategorien Ästhetisierung und Aktionismus bedingen.

Jedoch: die Aktion bleibt der Kern der aktionistischen Methode. Etwa wenn Christoph Schlingensief einen Big Brother-Container für Asylanten vor die Wiener Staatsoper stellt und unter dem Banner „Ausländer raus" allabendlich zwei Bewohner vom Publikum in die Abschiebung voten lässt (*BITTE LIEBT ÖSTERREICH – ERSTE ÖSTERREICHISCHE KOALITIONSWOCHE,* 2000). Der Container wird zur sozialen Plastik und die ethischen Maßstäbe wanken wie die Genregrenzen der Kunst. Schlingensiefs Zynismus hat genug Schärfe um unmissverständlich aktionistisch gedeutet zu werden.[11] Noch weniger Kunst im autonomen Sinne gibt es bei Aktionen wie *Sprachschulen im Balkankrieg* der österreichischen Gruppe WochenKlausur zu sehen, die als österreichischen Beitrag zur Biennale in Venedig 1999 in Mazedonien Sprachschulen für kosovo-albanische Flüchtlinge des Balkankrieges gründen und 20 Wochen bereitstellen. Der Berliner Künstler Thomas

11 „Sinnfälliger lässt sich kaum die Verschränkung zwischen dem inszenierten Zynismus des Fernsehens und dem objektiven Zynismus einer Gesellschaft zeigen, die Asylpolitik nach ihrer Mehrheitsfähigkeit beurteilt, unter Absehung von moralischen Werten" (Jessen 2000, S. 41).

Abbildung 6 Ausländer raus! Schlingensiefs Container, 2000 im Rahmen der Wiener Festwochen © Filmgalerie 451 und Paul Poet

Kilpper realisiert 2011 als Beitrag zum Dänischen Pavillon in Venedig den Beitrag *PAVILION FOR REVOLUTIONARY FREE SPEECH*, in dem Rednerinnen und Redner u. a. zum Thema Migration zu Wort kommen. Der Künstler setzt das Thema „displacement" aber auch in seinen typischen großformatigen und in situ entstandenen Linolschnitten um.[12] Kilpper vereint also Ästhetisierung und Aktionismus im Korpus seines Werks und setzt „reine" Aktionen in einen ästhetischen wie politischen Kontext. Sein Projekt *Ein Leuchtturm für Lampedusa* entwickelt sich seit 2009. Die ursprüngliche Idee, einen real lebensrettenden Leuchtturm mit angeschlossenem Kunstzentrum zu errichten, hält der Künstler mittlerweile aus politischen wie aus finanziellen Gründen für unwahrscheinlich (Kilpper und Fessler 2013). Marcel Duchamp provozierte einst den König-Midas-Fluch, nachdem eben

12 Etwa in *Ohne Titel (Flüchtlinge auf dem Mittelmeer auf dem Weg nach Lampedusa); aus dem Projekt State of Control, Bodenschnitt im ehem. Ministerium für Staatssicherheit der DDR, Berlin*, 2009–2010.

Kunst ist, was (auch immer) ein Künstler macht. Eine Aktion ganz ohne Kunst, die aber wie ein Kunstwerk rezipiert wird, stellt Banksys Ankündigung vom September 2015 dar, die Baumaterialien seines südenglischen Mißvergnügungsparks mitsamt Helfern in das Flüchtlingslager „Dschungel" nach Calais zu transportieren um aus dem Material Hütten, Gemeinschaftsräume und Spielplätze zu bauen. *Dismaland* wird *Dismal Aid.* Schließlich und ganz ohne Zweifel der aktionistischen Richtung zuzuordnen ist das maßgeblich vom deutschen Philipp Ruch verantwortete *Zentrum für Politische Schönheit* (ZPS). Die Aktivistengruppe lanciert international medienwirksame Projekte zwischen Aktionskunst und politischer Aktion, die ihren Schwerpunkt im Thema des „displacement" haben. 2014 initiierte das ZPS die Aktion *Erster Europäischer Mauerfall,* in der Gedenkkreuze deutscher Maueropfer an die EU Außengrenzen verbracht und Busfahrten zu EU-Grenzen organisiert wurden, mit dem Zweck, diese abzubauen. In der Aktion *Die Toten kommen* (2015) exhumierten die Aktionisten Leichen von an EU-Außengrenzen zu Tode gekommenen Menschen, um diese in Berlin erneut beizusetzen. Das jüngste Projekt „Die Brücke" (seit 2015) verbindet den fiktiven Bau einer Brücke als Fluchtroute von Nordafrika nach Europa mit der realen Bereitstellung von Rettungsinseln für Schiffbrüchige im Mittelmeer. Die Aktionen des ZPS werden, wie die des 2010 verstorbenen Christoph Schlingensief, immer wieder als unkünstlerisch kritisiert. Dies geschieht meist ungeachtet der Tatsache, dass sie sich auf eine lange und verzweigte Geschichte der politischen Aktionskunst berufen können. Die Debatte um die Aktionen des ZPS verdeutlichen nicht nur, dass sich die mutmaßlich 70 Mitglieder der Gruppe in einer künstlerischen Grauzone bewegen, am Rande dessen also, was hier als die aktionistische Behandlung des Themas „displacement" beschrieben wird. Sie zeigt außerdem, dass Kategorien, die zur Beurteilung künstlerischer Aktionen durchaus und z. T. seit Jahrzehnten bereitstehen, außerhalb der wissenschaftlichen Beschäftigung mit Kunst erst selten zur Anwendung kommen.

4 Resumé

Aus diesen Betrachtungen lassen sich, trotz der gebotenen Kürze, Schlüsse ziehen. Die Zahl der nachvollziehbaren Kunstwerke, Werkblöcke und Ausstellungen zum Thema „displacement" ist grob seit der Jahrtausendwende sprunghaft angestiegen. Die wachsende Virulenz des Themas im Werk zeitgenössischer Künstler geht einher mit seiner zentralen Stellung innerhalb relevanter kuratorischer Erklärungsmodelle, von denen hier nur die wichtigsten Erwähnung finden konnten. Kunst- und Theorieproduktion zusammen gesehen lassen also die Rede von der paradigmatischen Stellung des Topos innerhalb der zeitgenössischen Kunst schlüssig erscheinen – eine Stellung, welche der jüngsten Bedeutung der Flüchtlingsthematik als politischem Paradigma entspricht. Die Ikonografie des „displacement" erscheint somit als das Bild von Gesellschaft, welches textlich fixierten Narrativen zur Seite steht. Wie üblich ist das Verhältnis von Ikonografie, Zeitgeschichte und Soziologie keines, das sich einfach entwirren ließe; zu komplex sind die wechselseitigen Beeinflussungen. Dennoch spricht einiges dafür, dass beim betrachteten Thema die hergebrachte Logik der von sozialen/historischen „Subtexten" beeinflussten Ikonografie überdacht werden und die Möglichkeit einer umgekehrten Kausalkette im Sinne der „Ikonischen Wende" zumindest in Betracht gezogen werden sollte.

5 Forschungsperspektive

Die vorliegenden kurzen Ausführungen können weder alle relevanten Kunstäußerungen zum Thema „displacement" erwähnen noch auch nur der kleinen getroffenen Auswahl im Sinne einer erschöpfenden Betrachtung gerecht werden. Diese Sammlung und Deutung einer zeitgenössischen Ikonografie des „displacement" wäre aber angesichts der paradigmatischen Stellung des Themas in der zeitgenössischen Kunst dringend zu leisten. Flankiert werden sollte diese Forschungsarbeit durch eine Analyse der oben angemerkten parallelen Themen der Bedeutung des Kuratorischen einerseits und der realen Wirkung der (Medien-)Bilder andererseits – die hier noch als These zu betrachtende Rede von der „Ikonischen Wende" bedarf hinsichtlich des gewählten Themas einer fundierten Untersuchung. Wünschenswert wäre auch eine Untersuchung des Bildes des Flüchtlings in der Werbung. Etwa in der Kampagne des italienischen Modelabels Benetton, das mit seinem Fotografen Oliviero Toscani 1991 eine Print- und Außenwerbungskampagne lancierte, die einen mit albanischen Flüchtlingen heillos überladenen Seelenverkäufer im Mittelmeer zeigt. Die Frage, was die Kampagnenbilder (es treten noch auf: ein Soldatenfriedhof, ein sterbender HIV-Patient, eine blutverschmierte Militäruniform, ölverpestete Seevögel etc.) mit der vom Unternehmen Benetton verkauften Strickware zu tun haben, bleibt Aporie. Kein kalkulierter Tabubruch wie der von Benetton ist der oben erwähnte Nike Spot von 1998. Trotzdem lohnte auch hier, wie oben angedeutet, der Blick auf die intendierte wie auf die tatsächliche Ikonografie des Themas „Grenze".

Literatur

Adams, P. (2014). Why we should still hang our heads in shame over SIEV X. In *The Australian,* 18.10.2014. http://www.theaustralian.com.au/life/weekend-australian-magazine/why-we-should-still-hang-our-heads-in-shame-over-siev-x/story-e6frg8h6-1227092806148. Zugegriffen: 16.02.2016.

Austen, I. (2015). Aylan Kurdi's Death Resonates in Canadian Election Campaign. In *The New York Times,* 03.09.2015. permalink http://nyti.ms/1UqFCqv. Zugegriffen: 02.02.2016.

Banksy (2015). *tweet von @therealbanksy vom 13. Dez. 2015, 16:55.* https://twitter.com/therealbanksy/status/676203826244747264. Zugegriffen: 02.02.2016.

Belting, H. (Hrsg.). (2007). *Bilderfragen. Bildwissenschaften im Aufbruch.* München.

Beyme, K. von (1998). *Die Kunst der Macht und die Gegenmacht der Kunst.* Frankfurt a.M.

Boeck, W. (1959). *HAP Grieshaber,* Holzschnitte, Pfullingen.

Brade, J. (2015). Bildende Kunst. In Stephan Scholz, Maren Röger & Bill Niven (Hrsg.), *Die Erinnerung an Flucht und Vertreibung. Ein Handbuch der Medien und Praktiken.* Paderborn.

Briegleb T. (2015). Ist der Theaterregisseur Alvis Hermanis ein Rassist? *Süddeutsche Zeitung,* 06.12.2015.

Cennetoğlu, B, Turkowski, A. (2015). Banu Cennetoğlu im Interview mit Annika Turkowski. In *Artblog Cologne,* 12.12.2015. http://www.artblogcologne.com/interview-i-know-very-well-but-nevertheless/. Zugegriffen: 20.12.2015.

Deutscher Pavillon (2015). http://www.deutscher-pavillon.org/2015/. Zugegriffen: 03.02.2016.

Dogramaci, B. (Hrsg.). (2013). *Migration und künstlerische Produktion: aktuelle Perspektiven.* Bielefeld.

Freedland, J. (2015). Aylan Kurdi: this one small life has shown us the way to tackle the refugee crisis. In *The Guardian,* 04.09.2015. permalink http://gu.com/p/4c5h5/sbl. Zugegriffen: 02.02.2016.

Gillen, E. (1998). Abermals Emigration. In *Deutschlandbilder, Kunst aus einem geteilten Land. Katalog zur Ausstellung im Martin-Gropius-Bau Berlin.* Köln.

Holert, T., Terkessidis, M. (2006). *Fliehkraft. Gesellschaft in Bewegung – von Migranten und Touristen.* Köln.

Jessen, J. (2000). Warten auf das Böse. In *DIE ZEIT* Nr. 24, 08.06.2000, 41.

Kilpper, T., Fessler, A.-K. (2013). Thomas Kilpper im Interview mit Anne Katrin Fessler. In *Der Standard,* 5. August 2013.

Kölnischer Kunstverein (Hrsg.). (2005). *Projekt Migration.* Köln.

Kube Ventura, H. (2002). *Politische Kunst Begriffe. Edition Selene.* Wien.

Latimer, Q., Szymczyk, A. (2015). Editorial. In *South Magazine Issue #6* [documenta 14 #1]. http://www.documenta14.de/de/south/12_editorial. Zugegriffen: 29.01.2016.

Lennard, N., Hermsmeier, L. (2015). Merkel's Refugee Policy Is Political Calculus, Not Humanitarian Generosity. In *The Nation,* 19.11.2015. http://www.thenation.

com/article/merkels-refugee-policy-is-political-calculus-not-humanitarian-generosity/. Zugegriffen: 02. 02. 2016.
Lind, M., Steyerl, H. (Hrsg.). (2008). *The Greenroom. Reconsidering the Documentary and Contemporary Art #1*. Berlin.
Machart, O. (2008). *Hegemonie im Kunstfeld. Die documenta-Ausstellungen dX, D11, d12 und die Politik der Biennalisierung*. Köln.
Rapold, N. (2015). *Over There: Chantal Akerman presents From the Other Side at FIAF*. http://www.filmcomment.com/blog/over-there-chantal-akerman-presents-from-the-other-side-at-fiaf/. Zugegriffen: 15. 02. 2016.
steirischer herbst und Malzacher, F. (Hrsg.). (2014). *Truth is concrete. A Handbook for Artistic Strategies in Real Politics*. Berlin.
UNHCR (2015). *UNHCR Midyear Trends 2015*. http://www.unhcr.org/56701b969.html. Zugegriffen: 02. 02. 2016.
Villiger Heilig, B. (2015). Eine Absage und ein Shitstorm. In *NZZ*, 4. 12. 2015, http://www.nzz.ch/feuilleton/eine-absage-und-ein-shitstorm-1.18657944. Zugegriffen: 26. 02. 2016.
Voss, J. (2016). Künstler Ai Weiwei. Ich bin Aylan Kurdi. *FAZ*, 03. 02. 2016, permalink: http://www.faz.net/-gqz-8d3v2. Zugegriffen: 04. 02. 2016.
Walzer, M. (1995). *Exodus und Revolutio*. Frankfurt am Main.
Weiss, P. (1983). *Die Ästhetik des Widerstands*. 3 Bde. in einem Bd. Frankfurt a. M.

Vulnerabilität und Handlungszugänge III

Flüchtlinge als Kinder – Kinderflüchtlinge

Dima Zito

Zusammenfassung

Die Zahl der Kinder auf der Flucht ist auf historischem Höchststand. Durch Erlebnisse im Herkunftsland und auf der Flucht sind Flüchtlingskinder häufig von Traumatisierungen betroffen, deren weitere Entwicklung von den Lebensbedingungen im Aufnahmeland geprägt ist. Belastungs- und Risikofaktoren ergeben sich aus der Asylsituation, insb. durch die Aufenthaltsunsicherheit, die Unterbringung, finanzielle Knappheit und Barrieren im Zugang zum Bildungswesen. Stabilisierende Ressourcen können sich in Familie, Freundeskreis, Freizeitaktivitäten sowie Institutionen wie Schule und Kindergarten finden. Zur Stabilisierung ist die kultursensible Einbeziehung der (häufig selbst belasteten) Eltern unerlässlich, auch emotional verfügbare Fachkräfte sind wichtig.

1 Einleitung

Medial omnipräsent: Bilder von Flüchtlingskindern, auf Flüchtlingstrecks, ertrunken im Meer, an Grenzen, in Warteschlangen, bei der Ankunft. Und auch im Alltag hierzulande sind sie angekommen, die geflüchteten Kinder – in der Nachbarschaft, in Schulklassen, Sportvereinen, Beratungsstellen… Was zeichnet „den Flüchtling" als „Kind" aus? Was ist das Spezifische an Kindern mit Fluchthintergrund, an Flüchtlingen im Kindesalter? Auch bei Flüchtlingskindern handelt es sich nicht um eine homogene Gruppe, sondern um Individuen in unterschiedlichen sozialen Konstellationen und Kontexten, mit unterschiedlichen Erfahrungshintergründen und aktuellen Möglichkeiten.

Fangen wir beim Flüchtlingsbegriff an. Woher ist dieses Kind geflüchtet? Was waren die Fluchtursachen? Hat es den Krieg erlebt, Bomben, zerstörte Häuser und

Ruinen? Hat es erlebt, wie sein Lebensraum, seine Schulklasse, sein Kinderzimmer, seine Spielsachen zerstört wurden? Oder hat es nie Spielsachen gehabt, weil es zu einer diskriminierten Gruppe gehörte und immer schon in extremer Armut und Marginalisierung gelebt hat? Hat es Hunger, Kälte, Angst erlebt? Ist es das, was es mit seinem Herkunftsland verbindet? Oder ist da noch etwas Anderes? Gibt es Erinnerungen an schöne Orte, Farben, den ganz besonderen Duft eines blühenden Baumes, das Lieblingsessen, das Haustier, Geschichten, Lieder, Bilder? Gibt es vielleicht einen großen Verlust, Heimweh, Sehnsucht?

Wie ist es hierhergekommen? In den Armen seiner Eltern, an den Händen fremder Menschen? Gab es einen falschen Pass, ein echtes Visum, ein Flugticket? Oder hat es auf einem kleinen Boot das raue Meer überquert? Ist es über Kilometer, durch Matsch und Schlamm, Wälder und Berge gelaufen, über Landstraßen und Autobahnen, durch Stacheldrahtzäune geklettert? Wurde es von helfenden Händen empfangen, von Grenzsoldaten geschubst? Welche Stationen hat es hinter sich gebracht und wo ist es angekommen? Eine Erstaufnahmeeinrichtung, ein Massenlager, ein Kinderheim oder das Sofa im Wohnzimmer von entfernten Verwandten? Fühlt es sich sicher, willkommen an seinem neuen Lebensort oder marschieren draußen grölende Horden auf und verlangen, dass es mit seinesgleichen wieder von hier verschwindet?

Zu dem Kind gehören wahrscheinlich Eltern, Geschwister, vielleicht Großeltern, Onkel, Tanten, Cousins und Cousinen... Wo sind die Menschen, denen es sich zugehörig fühlt? Was ist mit den Eltern? Sind Sie dabei? Sind sie unterstützend, verlässlich, geben sie Halt und Orientierung, auch in der Umbruchsituation der Flucht? Findet es bei ihnen Sicherheit und Geborgenheit, trotz allem ein geschütztes Aufwachsen? Oder sind sie selbst belastet, verängstigt und überfordert? Sind sie unberechenbar in ihrer Überforderung, schreien, streiten, schlagen sie? Hat das Kind Angst vor den Eltern? Angst um die Eltern? Muss es stark sein, auf die Eltern aufpassen, bloß keine eigenen Bedürfnisse zeigen? Oder sind die Eltern weg, der Kontakt abgebrochen, tot? Gibt es Sorge, Sehnsucht, Trauer, Schuldgefühle, Überlebensschuld? Was ist mit den Geschwistern, mit all den anderen Menschen? Und welches soziale Umfeld hat das Kind geprägt? Kommt es aus der Großstadt, vom Land, aus einem intellektuellen Haushalt oder aus so genannten bildungsfernen Schichten? Welche Bildung, Vorbilder, welchen Habitus bringt es mit?

Was macht es aus, dass es sich bei diesem „Flüchtling“ um ein „Kind“ handelt? Geht es also den hierzulande „kindheitstypischen“ Beschäftigungen nach wie spielen, malen, erkunden, lernen? Hat es eine derart gestaltete Kindheit vielleicht nie erlebt, sondern schon immer zum Überleben der Familie beigetragen? Und was heißt überhaupt Kind? Ist es ein Baby, ein Kleinkind, ein Kindergartenkind, ein Schulkind, ein Teenager, ein Heranwachsender? Was ist altersgemäß, und ist es das tatsächlich überall? Welche Entwicklung kann es machen im Kontext von Verlust, Flucht und Neubeginn?

Und dann trifft ja dieses „Kind" nach der Flucht auf eine „Aufnahmegesellschaft". Wesentliche Sozialisationsinstanzen in dieser neuen Gesellschaft werden Institutionen wie Kindergarten, Schule, Jugendeinrichtungen sein. Vermutlich gibt es vieles zu lernen: Sprache, Schrift, Geschichte und kollektives Wissen, erwünschte Verhaltensweisen genauso wie Verbote. Entwickelt sich mit der Zeit eine Kluft zwischen den Normen und Werten, dem gelebten Leben drinnen und draußen, in der Familie und in der Gesellschaft? Gibt es eine Spannung, ein Doppelleben? Oder eröffnen sich neue Horizonte, Wahlmöglichkeiten? Gelingt es, in der neuen Umgebung Fuß zu fassen? Oder kommt es zu Entwurzelung, Haltlosigkeit und der Suche nach Orientierung, die fundamentalistische Ideologien attraktiv machen kann? Auf welche Menschen trifft es hier? Findet es in pädagogischen Institutionen oder ehrenamtlichen Unterstützerkreisen Ansprechpartner, Bezugspersonen, die das Kind wahrnehmen, seine Bedürfnisse sehen, Halt und Orientierung anbieten?

2 Perspektiven auf (geflüchtete) Kinder

Die Fülle der hier aufgeführten Fragen zeigt, wie vielschichtig und divers sich die Lebenslagen geflüchteter Kinder darstellen. Ebenso vielfältig sind die Zugänge, von denen aus wir uns mit dieser Gruppe befassen könnten. Alle in diesem Buch vertretenen Disziplinen bieten Ansatzpunkte: politische, rechtliche, historische, ethnologische, soziologische, gendersensible, pädagogische, sozialarbeiterische oder psychologische Zugänge sind denkbar.

Unser Blick auf Flüchtlingskinder wird nicht zuletzt durch die eigene (Beobachtungs-)Perspektive geprägt, vom jeweils vorausgesetzten oder vertretenen Konzept von Kindern und Kindheit. Gültige Kinderschutznormen und internationale Vereinbarungen basieren auf einer Konzeption von Kindern und Kindheit, in der das Kind „wegen seiner mangelnden körperlichen und geistigen Reife besonderen Schutzes und besonderer Fürsorge" bedarf und seinen Platz hat in „der Familie als Grundeinheit der Gesellschaft und natürlicher Umgebung für das Wachsen und Gedeihen aller ihrer Mitglieder" (Präambel der UN-Kinderrechtskonvention). Diese Konzeption von Kindern und die Vorstellung von deren „natürlicher Umgebung" hat sich (vor allem im westlichen Kulturkreis) historisch entwickelt. Bei den als „natürlich" wahrgenommenen Gruppen „Kinder" und „Erwachsene" handelt es sich um gesellschaftlich produzierte, soziale Kategorien im Rahmen einer „generationalen Ordnung" (vgl. Bühler-Niederberger 2011). So gab es im Europa des Mittelalters noch keine strikte Trennung zwischen dem Status eines Kindes und dem eines Erwachsenen. Kinder gingen, sobald sie dazu in der Lage waren, den gleichen Tätigkeiten wie Erwachsene nach und hielten sich an den gleichen Orten auf. Auch die Vorstellung von Erziehung entwickelte sich erst im ausgehenden Mittelalter. Die Durchsetzung des allgemeinen Schulsystems und des Arbeitsverbots für Kinder trugen entscheidend zur Entwicklung der modernen, abhängigen Kindheit in der heutigen Form bei (vgl. Ariès 1960/2003). In der modernen Konzeption von Kindheit werden Kinder von der Teilnahme an gesellschaftlichem Leben weitgehend ausgeschlossen und auf spezifisch für sie vorgesehene Orte und Institutionen (Schulen, Kindergärten, Freizeiteinrichtungen) und den Bereich der Privatheit (Familie) verwiesen. Kindheit findet in einem klar eingegrenzten institutionellen Rahmen statt, dem Kinder in totaler Abhängigkeit lückenlos unterstellt sind. Kindheit ist so „entökonomisiert": Kinder tragen nicht zur Sicherung des Lebensunterhalts bei, sondern die Kindheit wird als Lebensphase des Spiels und der Ausbildung definiert (vgl. Bühler-Niederberger 2011).

Mit großer Wahrscheinlichkeit weichen die Erfahrungen von Flüchtlingskindern an vielen Punkten signifikant von einem so gezeichneten Muster moderner Kindheit als pädagogischem Moratorium und Schon- und Schutzraum ab. So erleben sie das Zerbrechen gesellschaftlicher und auch familiärer Strukturen, überwinden möglicherweise lange Fluchtrouten, sind körperlichen Strapazen und Lebensgefahr ausgesetzt, müssen vielleicht über längere Zeit ohne ihre Angehörigen zurechtkommen. Möglicherweise stammen Flüchtlingskinder aus Gesellschaften oder Milieus, in denen eine ähnliche generationale Ordnung praktiziert wird und können im Exil rasch wieder daran anknüpfen. Es können im pädagogischen Umgang aber durchaus Irritationen auf Seiten aller Beteiligten auftreten, weil die Kinder oder Jugendliche es z. B. gewohnt sind, selbständige Entscheidungen zu treffen und für ihren Lebensunterhalt zu sorgen, und sie sich schwerlich in der Rolle der Schutzbefohlenen einfügen.

Generalisierungen sind schwer möglich, aber eine Annäherung an relevante Themenfelder, eine Reihe von Gemeinsamkeiten bzw. Hürden, die Flüchtlingskinder in der einen oder anderen Form bewältigen müssen. Unter dem Oberthema „Vulnerabilität und Handlungszugänge" will ich mich an dieser Stelle auf die Themen beschränken, die Kinder von geflüchteten Erwachsenen unterscheiden. Dabei geht es um besondere Vulnerabilitäten junger Menschen, insbesondere in Bezug auf potentielle Traumatisierungen und um mögliche Schutz- oder auch Risikofaktoren in der Familie, bei der Unterbringung, dem Zugang zum Bildungswesen und sozialen Netzwerken.

In diesen Artikel fließen unter anderem die Erfahrungen praktischer Arbeit im Psychosozialen Zentrum für Flüchtlinge Düsseldorf, die wissenschaftliche Beschäftigung mit dem Thema Trauma und Flucht anhand einer Dissertation zu

Kindersoldatinnen und -soldaten als Flüchtlingen in Deutschland (vgl. Zito 2015) sowie einer ländervergleichenden Studie im Auftrag des Norwegischen Migrationsdirektorats zur verbesserten Versorgung kriegsbetroffener Flüchtlingskinder in Erstaufnahmeeinrichtungen (vgl. Tonheim et al. 2015) ein.

3 Zahlen, Herkunftsländer, Fluchtwege

„Im siebzigsten Jahr seines Bestehens sieht sich UNICEF mit einem seit der Gründung nicht mehr dagewesenen Ausmaß humanitärer Krisen und Gewalt gegen Kinder konfrontiert" (UNICEF 2016a). Die Zahl der Kinder, die von bewaffneten Konflikten, Krisen und Naturkatastrophen – also klassischen Fluchtursachen – betroffen sind, ist nach Einschätzung des Kinderhilfswerks der Vereinten Nationen UNICEF so hoch wie seit dem Zweiten Weltkrieg nicht mehr. Laut UNICEF-Report 2016 wachsen ca. 250 Millionen Mädchen und Jungen in Konfliktgebieten auf, alleine im Jahr 2015 wurden 16 Millionen Kinder in Konfliktregionen geboren.[1] Dazu kommt noch eine weit größere Zahl von Kindern, die durch Naturkatastrophen wie Dürren, Überschwemmungen oder Epidemien bedroht ist, deren Ausmaß und Auswirkungen durch das Fehlen von Infrastruktur, Gesundheitsversorgung und effektive Hilfsmaßnahmen verstärkt werden (vgl. UNICEF 2016b).

Nach Angaben des UNHCR waren im Jahr 2015 65,3 Millionen Menschen auf der Flucht (vgl. UNHCR 2016, S. 2), über die Hälfte (51 %) von ihnen waren Kinder und Jugendliche.[2] Unter den 476 649 Menschen, die 2015 einen Asylantrag in Deutschland gestellt haben, waren 137 479 Minderjährige, d. h. der proportionale Anteil ist deutlich geringer (vgl. BAMF 2015a, S. 7).[3] Ähnlich sind die Zahlen 2016:

1 UNICEF hat in Syrien allein im Jahr 2015 über 1 500 schwerste Kinderrechtsverletzungen verifiziert – die Dunkelziffer wird deutlich höher sein. In 60 Prozent der Fälle wurden Kinder durch Bomben in dicht besiedelten Wohngebieten getötet oder verstümmelt. Ein Drittel der Opfer wurde auf dem Schulweg getötet. Kinder sind einerseits durch die Gewalt ebenso betroffen wie Erwachsene, ihr Leben und ihre Entwicklungsmöglichkeiten werden aber zunehmend auch gezielt bedroht. Laut UNICEF wurden im Jahr 2014 allein in Afghanistan 164 Angriffe auf Schulen registriert, im Irak 67. In Nigeria wurden in den vergangenen Jahren mehr als 1 200 Schulen durch BOKO Haram angegriffen und über 600 Lehrer getötet. Weltweit können rund 75 Millionen Kinder aufgrund von anhaltenden Krisen oder Katastrophen keinen Kindergarten besuchen und nicht oder nur unregelmäßig zur Schule gehen (vgl. UNICEF 2016b).

2 98 400 unbegleitete Kinder und Jugendliche ersuchten 2015 in 78 Ländern um Asyl – die höchste Zahl, seit der UNHCR diese statistisch erhebt (vgl. UNHCR 2016, S. 3).

3 Die Hälfte der Flüchtlinge weltweit ist weiblich. Im Jahr 2015 erreichten 305 584 männliche und nur 136 115 weibliche AsylbewerberInnen Deutschland (vgl. BAMF 2015a, S. 7).

von Januar bis Mai wurden rund 100 000 Asylanträge für Minderjährige gestellt, das ist ein Drittel der Gesamtanträge (vgl. UNICEF 2016, S. 25).

Diese Zahlen haben viel mit Vulnerabilität und dem Fehlen sicherer Fluchtwege zu tun. 86 % aller Flüchtlinge bleiben in der Herkunftsregion und in Entwicklungsländern, derzeit vor allem in der Türkei, Pakistan, Libanon, Iran, Äthiopien und Jordanien (vgl. UNHCR 2016, S. 2). Die Situation in diesen Ländern, in Flüchtlingslagern und improvisierten Unterkünften ist häufig elend und perspektivlos. Der Weg ins „sichere" Europa, nach Deutschland ist weit, teuer, beschwerlich und lebensgefährlich. Und so sind es häufig die „weniger Vulnerablen", die sich auf den Weg machen: Männer, noch Unverheiratete, Familienväter, die ältesten Söhne. Und oft bleiben die Familien, die Frauen und Kinder, zurück – im Herkunftsland, in Flüchtlingslagern, in der Hoffnung, dass sie auf sicherem Wege nachkommen können. Für die Kinder bedeutet dies in jedem Fall eine Belastung: entweder müssen sie die Flucht gemeinsam mit ihren Eltern auf lebensgefährlichen Routen bewältigen oder sie erleben die Trennung von ihren Bezugspersonen, meist den Vätern. Eine Trennung von unklarer Dauer und mit ungewissem Ausgang, auch dies ist (gerade für kleinere Kinder) schwer zu erklären und zu bewältigen.

Anerkannte Flüchtlinge haben das Recht, ihre direkten Familienangehörigen (Ehepartner und minderjährige Kinder) nach Deutschland zu holen – der sogenannte Familiennachzug basiert auf dem Grundrecht auf Schutz der Familie (Art. 6 GG). Mit dem Gesetz zur Einführung beschleunigter Asylverfahren wird der Familiennachzug nun (zunächst) für zwei Jahre ausgesetzt. Das bedeutet für Flüchtlingskinder, entweder dass sie eine noch längere Zeit der Trennung unter schwierigen Bedingungen durchstehen müssen oder dass mangels legaler und sicherer Alternativen immer mehr Kinder ihren Eltern(teilen) auf den lebensgefährlichen Routen nach Deutschland folgen werden.

Es kommen auch Minderjährige ohne ihre Eltern in Deutschland an. Analog zu den gestiegenen Flüchtlingszahlen stiegen auch die Zahlen unbegleiteter Minderjähriger an. 2015 wurden 14 439, d. h. 3 % aller Asyl-Erstanträge von unbegleiteten minderjährigen Flüchtlingen gestellt. Von Januar bis Mai 2016 stellten rund 9 000 unbegleitete Minderjährige einen Asylantrag (vgl. UNICEF 2016, S. 25).[4] Die Mehrzahl der Kinder und Jugendlichen, die alleine nach Deutschland kommen, stellt allerdings keinen Asylantrag, sondern versucht auf anderem Wege einen Aufenthaltsstatus zu erlangen.[5] Nach Angaben des Bundesfachverbandes unbegleitete

4 Das sind ca. zehn Prozent der Asylanträge von Minderjährigen im gleichen Zeitraum (vgl. UNICEF 2016, S. 25).

5 So gab es im Jahr 2014 nur 4 398 Asylanträge unbegleiteter Minderjähriger, aber 11 642 Inobhutnahmen durch das Jugendamt. Für das Jahr 2015 liegen noch keine Zahlen vor (vgl. BAMF 2015b).

minderjährige Flüchtlinge (BumF) hielten sich im Januar 2016 insgesamt 60 162 unbegleitete minderjährige Flüchtlinge in Deutschland auf (vgl. BumF 2016a).

Auch unbegleitete Minderjährige, deren Flüchtlingseigenschaft durch das Bundesamt anerkannt wurde, haben ein Anrecht auf Familiennachzug. Diese gesetzliche Regelung hat die Tücke, dass die Einreise der Angehörigen bis zum Erreichen des 18. Lebensjahres vollzogen werden muss – und selten sind alle Anträge (Asylverfahren, Antrag auf Familiennachzug etc.) in diesem begrenzten Zeitraum positiv beschieden. Im Jahr 2015 wurde gerade einmal 442 Personen eine Aufenthaltserlaubnis aufgrund des Nachzugs zu minderjährigen Kindern erteilt. Mit Inkrafttreten des sogenannten „Asylpakets 2" dürfte die Zahl noch geringer werden bzw. gen null tendieren (vgl. BumF 2016, S. 1).[6]

4 Besondere Belastungen – Trauma und Resilienz

Mit Blick auf die Länder und Gründe, aus denen Menschen fliehen, sowie auf die Wege, auf denen sie dies tun, liegt nahe, dass Flüchtlingskinder in ihrer Entwicklung besonderen Risiken ausgesetzt sind. Mit einiger Wahrscheinlichkeit waren sie einem „belastenden Ereignis oder einer Situation mit außergewöhnlicher Bedrohung oder katastrophalem Ausmaß ausgesetzt, die bei fast jedem eine tiefe Verstörung hervorrufen würde", wie die Weltgesundheitsorganisation ein Trauma definiert (ICD 10, F 43.1)[7]. Traumatisierende Ereignisse können auf verschiedenen Ebenen stattfinden (vgl. DSM-5 309.81)[8]. Im Kontext von Krieg, Verfolgung und Flucht erfahren Kinder extreme Bedrohung und Gewalt am eigenen Leib. Sie werden Zeugen, wie andere Menschen verletzt werden oder sterben. Ebenso traumatisierend kann es sein zu erfahren, dass nahestehenden Menschen Schreckliches passiert ist. Und auch wiederholte detaillierte Berichte anderer Menschen über deren traumatische Erlebnisse können Traumatisierungen auslösen. Nicht expli-

6 Der Bundesfachverband unbegleitete minderjährige Flüchtlinge (BumF) kritisiert, dass „die aus dem Entwurf resultierende langfristige bis dauerhafte Trennung minderjährig eingereister Flüchtlinge von ihren Eltern mit dem Grundrecht auf Schutz der Familie (Art. 6 GG) nicht zu vereinbaren" ist (ebd.).

7 Die „Internationale statistische Klassifikation der Krankheiten und verwandter Gesundheitsprobleme" (Englisch: International Statistical Classification of Diseases and Related Health Problems, Abkürzung: ICD) wird von der Weltgesundheitsorganisation (WHO) herausgegeben und ist ein international anerkanntes Klassifikationssystem für medizinische Diagnosen. Die aktuelle Fassung ist das ICD-10.

8 Der „Diagnostische und Statistische Leitfaden psychischer Störungen" (Englisch: Diagnostic and Statistic Manual of Mental Disorders, Abkürzung: DSM) wird von der Amerikanischen Psychiatrischen Vereinigung (APA) herausgegeben und findet auch hierzulande Verwendung in der Diagnostik psychischer Störungen. Die aktuelle Fassung ist das DSM 5.

zit in den Diagnosemanualen erfasst, aber umso gravierender kann die Erfahrung sein, selbst Gewalt ausüben zu müssen, z. B. als KindersoldatInnen (vgl. Zito 2015).

Eine Reihe internationaler Studien belegt, dass die Raten psychischer Belastung und Traumatisierungen unter Flüchtlingen deutlich erhöht sind im Vergleich zur Allgemeinbevölkerung (vgl. Fazel et al. 2005; Fazel und Stein 2002; Hepinstall et al. 2004; Lustig et al. 2004; Oppedal et al. 2011; Schwarz-Nielsen und Elklitt 2009). Ein junger Flüchtling aus einem Land, in dem Krieg oder bewaffnete Konflikte stattfinden, ist nicht automatisch ein Kriegsopfer oder traumatisiert. Dennoch ist es sehr wahrscheinlich, dass ein großer Teil dieser Kinder direkte oder indirekte Konsequenzen der bewaffneten Konflikte erlebt hat und daher möglicherweise besonders belastet ist (vgl. u. a. Bean et al. 2007; Derluyn et al. 2008; 2009). So belegt eine norwegische Studie, bei der 660 unbegleitete minderjährige Flüchtlinge mindestens einmal und 273 mindestens zweimal befragt wurden, dass beinahe 80 % Krieg aus nächster Nähe erlebt haben. Über die Hälfte von ihnen litt an einer posttraumatischen Belastungsstörung (PTBS) und berichtete von starken Erinnerungen an Kriegserfahrungen (vgl. Oppedal et al. 2011, S. 7 und S. 20).

Darüber hinaus werden psychische Belastungen bei Flüchtlingskindern nicht nur durch traumatische Erlebnisse in den Herkunftsländern ausgelöst, sondern können auch durch Erfahrungen während der Flucht oder die Lebensbedingungen im Aufnahmeland verursacht oder verstärkt werden. Dieses Alltagswissen der psychosozialen Arbeit mit jungen Flüchtlingen wird wissenschaftlich u. a. durch eine Langzeit-Studie von Vervliet et al. (2013b) belegt, bei der über 100 unbegleitete Minderjährige über ein Jahr begleitet wurden.

Die psychosozialen Entwicklungen infolge traumatischer Ereignisse sind (auch bei Flüchtlingskindern) durch Schutz- und Risikofaktoren auf persönlicher, familiärer und sozialer Ebene geprägt, die miteinander in Beziehung stehen oder dynamisch interagieren. Diese Prozesse erhöhen oder verringern die Wahrscheinlichkeit einer gesunden oder auch belasteten Entwicklung (vgl. Boyden und Mann 2005, S. 17 f.). Von daher sind die verfügbaren Ressourcen relevant, die sich in der Familie, dem Freundeskreis, in wichtigen Institutionen wie Schule und Kindergarten und möglicherweise auch im Asyl-Aufnahmesystem finden lassen.

Eine schwedische Studie von Ascher und Mellander (2010) zu den Erfahrungen asylsuchender Kinder kommt zu dem Schluss, dass Eltern, Schule, Freunde und Freizeitaktivitäten die wichtigsten gesundheitsfördernden Faktoren darstellen. Als negative Faktoren wurden die unsicheren Zukunftsperspektiven, die geringen finanziellen Mittel, die Unterbringungssituation und der eingeschränkte Zugang zum Schulsystem herausgearbeitet.

Die Bedingungen des Asylsystems selbst – insbesondere bei unsicherem Aufenthalt sowie unter Lagerbedingungen – können zu psychischer Belastung führen oder diese verstärken (vgl. Fazel und Stein 2002; Gerlach und Pietrowsky 2012;

Hallas et al. 2007; Silove et al. 1997; 1998, Staehr et al. 2006, Sultan und O'Sullivan 2001, Steel und Silove 2001).

Eine interessante Referenz stellt an dieser Stelle das Modell der Sequentiellen Traumatisierung nach Keilson (1979) dar. In seiner Forschungsarbeit mit Holocaustüberlebenden hat er die Auswirkungen massiver kumulativer Traumatisierung von Kindern durch man-made-disaster untersucht, „die auch nach dem Kriege, also nach Beendigung der Verfolgung selbst, weiterging" (Keilson 1979, S. 426). Dabei hat Keilson herausgearbeitet, dass die dritte Sequenz (also die Lebensphase nach dem Krieg, in der die Waisenkinder in Heimen oder Pflegefamilien untergebracht wurden) für die Verarbeitung oder Chronifizierung von Belastungen von entscheidender Bedeutung ist. Übertragen auf Flüchtlingskinder beginnt die entscheidende traumatische Sequenz mit ihrer Ankunft im Exil. Keilsons Forschungsergebnisse legen nahe, dass die Lebensbedingungen und die Unterstützung, die sie hier vorfinden, ihre weitere Entwicklung maßgeblich prägen bzw. dass bei einer entsprechenden Gestaltung der Aufnahme- und Betreuungsstrukturen traumabedingte psychische Belastungen nicht chronifiziert, sondern ausgeglichen werden können.

In meiner Forschungsarbeit zur sequentiellen Traumatisierung bei KindersoldatInnen und -soldaten, die als Flüchtlinge in Deutschland leben, wurde deutlich, dass diese traumatische Sequenz andauert, solange die Lebenssituation in Deutschland von aufenthaltsrechtlicher Unsicherheit sowie damit einhergehender weitgehender oder zumindest teilweiser Exklusion aus gesellschaftlichen Funktionssystemen geprägt ist, und dies ist teilweise über Jahre der Fall. Auch hier werden Risiko- und Schutzfaktoren wirksam. Im Rahmen des Asylverfahrens werden die jungen Flüchtlinge zum Objekt bürokratischer Entscheidungen, die sie als undurchschaubar wahrnehmen und denen sie ohne subjektiv wahrgenommene Einflussmöglichkeiten unterworfen sind. Die behördlichen Entscheidungen betreffen alle wesentlichen Lebensbereiche: Bleiberecht oder Abschiebung, Wohnort, Unterbringungsform, Altersfestsetzung und somit Zugang zu oder aber Verweigerung von Jugendhilfeleistungen, Zugang zum Bildungssystem oder Beschäftigung, Bewegungsfreiheit und somit Teilhabe an sozialen Netzwerken. Diese erneute Erfahrung von Unsicherheit und Unterworfensein sowie die flüchtlingstypischen Lebensbedingungen schildern alle Interviewten als extrem belastend. Insbesondere die über lange Zeit andauernde Angst vor einer möglichen Abschiebung und die konkreten Lebensbedingungen in den Flüchtlingsunterkünften können als gravierende Risikofaktoren bei der Bewältigung der Traumatisierungen gewertet werden. Als Gegengewicht zur Erfahrung im Umgang mit Behörden beschreiben einige der interviewten ehemaligen Kindersoldatinnen und -soldaten vor allem soziale Unterstützung, durch andere Flüchtlinge und insbesondere durch Fachkräfte im psychosozialen Bereich. In vielen Fällen nehmen diese emotional die

Rolle einer „Ersatzfamilie“ ein. Die soziale Unterstützung wird als grundlegend für die Stabilisierung beschrieben und kann als wesentlicher Resilienzfaktor eingestuft werden. Einen besonderen Stellenwert hat der Zugang zu trauma- und kultursensibler Psychotherapie als Möglichkeit, die häufig schambesetzten Erfahrungen in bewaffneten Konflikten, die im Alltag nicht thematisiert werden können, zu bearbeiten (vgl. Zito 2015).

Zusammenfassend wird deutlich, dass Traumatisierungen bei Flüchtlingskindern nur im Zusammenhang mit den sozialen Bedingungen begriffen werden können, unter denen sie entstanden sind und unter denen sie bewältigt werden können oder aber sich verschärfen. Einige Punkte, die von besonderer Relevanz sind, werden im Folgenden genauer aufgeschlüsselt.

4.1 Familie und Bezugspersonen

Das Wohlbefinden eines Kindes, ebenso wie seine Resilienz und Bewältigungsstrategien, sind geprägt durch vergangene und aktuelle Erfahrungen und die soziale Unterstützung, die in seiner Umgebung (Familie und Gemeinschaft) verfügbar ist (vgl. Kostelny 2006). Wie Flüchtlingskinder Traumata, aber auch die Herausforderungen von Flucht und Neubeginn bewältigen, hängt auch davon ab, in welcher Weise ihre Eltern Traumata ausgesetzt waren und diese bewältigen (vgl. Montgomery und Linnet 2012; Godani et al. 2008). Normalerweise wenden sich Kinder in Belastungssituationen an ihre direkten Bezugspersonen, in der Regel die Eltern, auf der Suche nach Trost und Unterstützung. Bereits die existentiellen Umwälzungen der Flucht und des Neubeginns unter unsicheren Bedingungen können Eltern durchaus destabilisieren und dazu führen, dass sie vorrangig mit ihren eigenen Problemen beschäftigt sind. Wenn sie zudem selbst traumatisiert sind, sind sie häufig weniger emotional verfügbar und in der Lage, auf die Bedürfnisse ihres Kindes einzugehen. Auch erwachsene Flüchtlinge sind überdurchschnittlich häufig von Traumafolgestörungen betroffen, und es besteht das Risiko, dass Eltern ihre unverarbeiteten Traumatisierungen an Kinder ‚übertragen‘ können (vgl. van Ee 2013; Brendler-Lindqvist 2014). Darüber hinaus steigt das Risiko innerfamiliärer Gewalt, wenn eines oder beide Elternteile traumatisiert sind oder unter anderen psychischen Problemen leiden (vgl. Tonheim et al. 2015). Kinder traumatisierter Mütter in Flüchtlingsunterkünften sind überdurchschnittlich häufig selbst von Gewalterfahrungen und psychischen Belastungen wie der PTBS betroffen (vgl. Ruf-Leuschner, Roth, Schauer 2014).

Diese enge Verbindung zwischen dem psychosozialen Wohlbefinden des Kindes und der psychischen Verfassung der Eltern erfordert familienbezogene Interventionen, die bei Bedarf psychologische Unterstützung für die Erziehungsberechtigten umfassen sollte. Grundsätzlich kann das Recht des Kindes auf Rehabilitation nicht umgesetzt werden, wenn es nicht auf das Recht auf Behandlung und Unterstützung für die Eltern ausgeweitet wird. Dabei ist die Stärkung der Eltern und deren Erziehungskompetenz von großer Bedeutung, sowohl in Bezug auf den Umgang mit traumatisierten Kindern, als auch bezüglich ihrer Elternrolle in einem neuen kulturellen Kontext.

Erziehungskonzepte sind zutiefst kulturgebunden und im Kontakt zwischen geflüchteten Eltern und pädagogischen Institutionen besteht ein großes Irritations- und Missverständnispotential. Heidi Keller hat die Diversität von Erziehungsvorstellungen und Bindungsverhalten durch Studien unter anderem mit Berliner Mittelschichtseltern und traditionellen dörflichen Gemeinschaften in Kamerun untersucht und dabei prototypische Modelle herausgearbeitet (vgl. Otto und Keller 2011). Im deutschen Kontext dominiert ein Erziehungsideal, das von den Idealen und Bedürfnissen einer gebildeten, städtischen, „westlichen" Mittelschicht geprägt ist, die sich durch ein relativ hohes Maß an Bildung, ein spätes Erstgeburtsalter und das Zusammenleben in der engen Kernfamilie auszeichnet. Die „Mittelschichtseltern" und ebenso pädagogische Institutionen praktizieren einen Erziehungsstil, der als prototypisches Ziel „psychologische Autonomie" verfolgt. Im deutschen Kontext erscheinen die darin vertretenen Normen und Ziele universell gültig zu sein, in der Realität sind sie es nicht. Weltweit ist die Bevölkerungsmehrheit eher durch niedrige formale Bildung, Subsistenzwirtschaft, ein frühes Erstgeburtsalter, viele Kinder und das Leben in einer Großfamilie gekennzeichnet. Hier wird als prototypisches Erziehungsziel die „relationale Adaptivität", also Anpassung an die Gemeinschaft verfolgt. Sozialisationsziele beim Prototyp „psychologische Autonomie" sind Selbständigkeit und Selbstbewusstsein, das Kind wird als „gleichberechtigter Interaktionspartner angesehen". Beim Prototyp „relationale Adaptivität" geht es um Respekt, Gehorsam und Hilfsbereitschaft, das Kind nimmt die Rolle des „Lehrlings" ein. „Westliche Mittelschichtseltern" verhalten sich „distal", das heißt, sie interagieren mit dem Kind meist in körperlicher Distanz, verbal, vermittelt von Spielzeugen und mit Blickkontakt. In traditionellen Kulturen hingegen herrscht eine „proximale Strategie" im Elternverhalten, d. h. das kleine Kind hat ständigen Körperkontakt, aber wenig Blickkontakt oder direkte Ansprache. Keine Erziehungsform ist „besser" oder „schlechter", sie entsprechen den Erfordernissen des jeweiligen kulturellen Kontexts. Insofern ist in der Arbeit mit geflüchteten Eltern eine kultursensible Herangehensweise unerlässlich.

Häufig sind es nicht die Eltern (alleine), die Flüchtlingskinder und -jugendliche unterstützen und begleiten. Insbesondere für Flüchtlingskinder und unbegleitete minderjährige Flüchtlinge, die einen oder beide Elternteile verloren haben, ist es wichtig, unterstützende Erwachsene im Aufnahmeland zu finden. Diese Rolle nehmen häufig MitarbeiterInnen in Aufnahmeeinrichtungen ein. In der Traumapädagogik wird die emotionale Verfügbarkeit von Bezugspersonen als relevanter Stabilisierungsfaktor angesehen (vgl. Scherwath und Friedrich 2012). Es gibt bislang wenige Forschungsergebnisse zu möglichen positiven Auswirkungen fürsorglicher Beziehungen von MitarbeiterInnen in Aufnahmeeinrichtungen zu Flüchtlingskindern. Eide et al. (2014) betonen die Wichtigkeit von Begleitung und emotionaler Verfügbarkeit der Fachkräfte, die für die Betreuung unbegleiteter minderjähriger Flüchtlinge zuständig sind; zu dem gleichen Ergebnis kam die Evaluation der Betreuungsreform für unbegleitete minderjährige Flüchtlinge in Norwegen (vgl. Deloitte 2014). Damit pädagogische Fachkräfte tatsächlich emotional verfügbar und unterstützend wirken können, müssen bestimmte Rahmenbedingungen erfüllt sein, z. B. eine entsprechende Personalpolitik und Stellenkonzeptionen, die genügend Zeit zum Beziehungsaufbau mit Flüchtlingskindern berücksichtigen und die wiederum auch die Fachkräfte, beispielsweise durch regelmäßige Supervisionen, dabei unterstützen, hilfreiche Beziehungsarbeit zu leisten. Es sind Arbeitsbedingungen erforderlich, die eine Kontinuität der Mitarbeitenden ermöglichen, um weitere Beziehungsabbrüche im Leben der Flüchtlingskinder zu vermeiden.

4.2 Unterbringung

Natürlich hat die Unterbringung einen enormen Einfluss auf das Wohlbefinden von Flüchtlingskindern. Aus gutem Grund beschäftigt sich die Traumapädagogik mit der Gestaltung „heiler", „sicherer Räume" z. B. in Jugendhilfeeinrichtungen, die dazu beitragen sollen, dass traumatisierte Kinder und Jugendliche wieder ein Gefühl von Sicherheit entwickeln und sich stabilisieren können (vgl. Scherwath und Friedrich 2012). Während unbegleitete Minderjährige inzwischen in der Regel in Jugendhilfeeinrichtungen (unterschiedlicher Ausgestaltung) untergebracht werden, sind Kinder in Begleitung ihrer Angehörigen zumeist den belastenden Lebensbedingungen der Flüchtlingsunterkünfte und Lager ausgesetzt. Das Bewusstsein über die Vulnerabilität unbegleiteter Minderjähriger hat an einigen Punkten Niederschlag in der Praxis gefunden,[9] während die Vulnerabilität von Kindern asylsuchender Familien weiterhin tendenziell ignoriert wird. Kindern stehen in Flüchtlingsunterkünften meist keine Rückzugsräume zur Verfügung, sie sind in der Regel gemeinsam mit ihren Familien untergebracht, oft in einem Raum, und häufig haben alle Beteiligten nur Zugang zu gemeinschaftlich genutz-

9 Noch vor wenigen Jahren wurden 16- bis 17-jährige mit Verweis auf ihre „Asylmündigkeit" wie alleinstehende Erwachsene behandelt und ohne weitere Betreuung in Sammelunterkünften untergebracht.

ten Küchen und Sanitäranlagen in zweifelhaftem hygienischen Zustand. Die Enge und der Mangel an Rückzugsmöglichkeiten führen zu verstärkten Konflikten unter den BewohnerInnen von Flüchtlingsunterkünften, die manchmal in gewalttätigem Verhalten münden können. Dies belegt auch eine Studie im Auftrag des Norwegischen Migrationsdirektorats (vgl. Probasamfunnsanalyse 2014). Diese Lebensbedingungen tragen nicht dazu bei, dass (traumatisierte) Flüchtlingskinder ein Gefühl von Sicherheit entwickeln können. Auch die Schulentwicklung wird dadurch negativ beeinflusst. Schwedische Studien haben herausgearbeitet, dass die Schulleistungen häufig mit der Möglichkeit zusammenhängen, nach der Schule die Hausaufgaben zu erledigen. Kinder, die keinen ruhigen Ort der Konzentration haben, verbringen weniger Zeit mit ihren Hausaufgaben (vgl. Boverket 2008). Insofern beeinträchtigen die Lebensbedingungen in Flüchtlingsunterkünften und der Mangel an Rückzugsmöglichkeiten nicht nur die aktuelle Stabilisierung von Flüchtlingskindern, sondern auch eine erfolgreiche Bildungslaufbahn und somit deren Zukunftsperspektiven (vgl. Tonheim et al. 2015).

Auch die Häufigkeit der Verlegungen innerhalb des Asylsystems hat negativen Einfluss auf die psychische Verfassung von Flüchtlingskindern (vgl. Nielsen et al. 2008). Flüchtlingskinder haben schon vor ihrer Ankunft im Aufnahmeland Erfahrungen mit unfreiwilligen Ortswechseln, Verlust und Beziehungsabbrüchen gemacht und tragen von daher bereits ein erhöhtes Risiko psychischer Belastungen. Eine niederländische Langzeitstudie, in der die Daten von über 8000 Flüchtlingskindern über einen Zeitraum von acht Jahren ausgewertet wurden, belegt, dass das Risiko psychischer Erkrankungen mit häufigen Umverteilungen steigt. Besonders vulnerable Kinder, die Opfer von Gewalt wurden, oder bei deren Mutter eine Depression oder PTBS diagnostiziert wurde, sind in noch größerem Ausmaß von psychischen Belastungen betroffen (vgl. Goosen et al. 2014).

4.3 Zugang zum Bildungswesen, zu Freizeitaktivitäten und sozialen Netzwerken

Die unterbrochene oder verhinderte Bildungslaufbahn (wieder) aufzunehmen, ist für viele Flüchtlingskinder von besonderer Bedeutung, nicht zuletzt im Hinblick auf die soziale Integration im Aufnahmeland. Eine unterstützende schulische Umgebung hat positive Auswirkungen auf den Zugang zur Aufnahmegesellschaft sowie auf die psychische Verfassung von Flüchtlingskindern und -jugendlichen. Schulen können einen klar strukturierten „sicheren Ort" darstellen, an dem Kinder Fähigkeiten, soziale Kompetenzen, Freundschaften zu Gleichaltrigen und Beziehungen zu Erwachsenen entwickeln können (vgl. Chase et al. 2008; Fazel und Stein 2002). Eine gute Integration in lokale Schulen und das Etablieren neuer sozialer Netzwerke führt zu geringeren psychischen Problemen (vgl. Montgomery 2008). In Bildungseinrichtungen werden Grundwerte wie der Respekt der Menschenrechte vermittelt, gleichzeitig bieten sie Kindern Struktur und Vorhersagbarkeit und tragen somit zu dem Gefühl von (emotionaler) Sicherheit bei (vgl. Duncan und Arntson 2004). Eine unterstützende schulische Umgebung kann also als starker Schutzfaktor in der psychosozialen Entwicklung angesehen werden.

Tonheim et al. (2015) stellen auf der Basis von Interviews mit Fachkräften und ExpertInnen fest, dass ein pädagogischer Ansatz mit klaren und vorhersehbaren Strukturen bei dieser Gruppe erfolgsversprechender ist als weniger strukturierte Ansätze. Empfohlen werden Unterrichtsmodelle, die ein Gefühl von Sicherheit und Vorhersagbarkeit ermöglichen und somit das Gefühl, die Kontrolle wiederzuerlangen. Einige ExpertInnen plädieren sogar für eine Rückkehr zum Frontalunterricht, welcher Flüchtlingskindern in der Regel vertraut ist und daher auf belastete Kinder stressreduzierend wirkt.

Damit Schulen tatsächlich den besonderen Bedürfnissen von Flüchtlingskindern gerecht werden können, ist es allerdings notwendig, dass sie sich strukturell auf die erweiterten Aufgaben und Bedarfe einstellen und über ausreichende und angemessene Ressourcen verfügen. Das luxemburgische Modell der interkulturellen Mediatoren scheint hier beispielhaft zu sein. Hierbei werden systematisch muttersprachliche Fachkräfte in der Kommunikation mit den Kindern und ihren Eltern hinzugezogen, welche die Integration neu eingereister Kinder ins Bildungssystem unterstützen sollen.

Tonheim et al. betonen den positiven Effekt von Freizeitaktivitäten im Alltagsleben von Flüchtlingskindern nicht nur für die physische Gesundheit, sondern auch für das psychologische Wohlbefinden. Auch Forschungsarbeiten und Praxis im globalen Süden betonen die Wichtigkeit von Freizeitaktivitäten für Kinder in Konflikt- oder Post-Konflikt-Settings. Die Teilhabe z. B. an Spiel, Tanz, Sport, Musik kann Kindern Momente der Entspannung ermöglichen und somit einen heilsamen Effekt haben (vgl. Kalksma-van Lith et al. 2007). Tonheim et al. berichten, dass die Teilnahme an Freizeitaktivitäten zur Reduzierung von Konflikten in Flüchtlingsunterkünften und Einrichtungen für unbegleitete Minderjährige beiträgt. Auch eine Studie zu Gewalt in norwegischen Flüchtlingsunterkünften kommt zu dem Ergebnis, dass Freizeitaktivitäten einen positiven Effekt in der Prävention von Gewalt und Drohungen haben (vgl. Probasamfunnsanalyse 2014). Teil eines Fußballteams oder Chors in der Gemeinde zu sein, eröffnet die Möglichkeit, Freundschaften außerhalb der Flüchtlingsunterkunft zu knüpfen. Es erweitert das soziale Netzwerk des Kindes oder Jugendlichen und steigert seine Chancen, die Landessprache zu erlernen und sich in der Aufnahmegesellschaft zu orientieren. Auch die Möglichkeit, dass ein Flüchtlingskind Zeit mit anderen Kindern in einer „normalen" Lebenssituation verbringt, kann zu einem Gefühl von Normalität beitragen. Eine Studie zu dänischen Flüchtlingsunterkünften zeigt, dass andauernde und unüberschaubare Phasen des Wartens und der „existentiellen Langeweile" bei Kindern zu Gefühlen der Entkopplung ihrer selbst von Gegenwart und Zukunft führen können. Tiefgreifende Störungen des eigenen Empfindens von „Sein und Werden", die mit Rastlosigkeit, Ohnmacht und Verzweiflung einhergehen, sind mögliche Folgen (Vitus 2010). Entsprechend empfehlen Tonheim et al., bereits in den Erstaufnahmeeinrichtungen systematisch dafür zu sorgen, dass Flüchtlingskindern Zugang zu Freizeitaktivitäten auch außerhalb der Einrichtung ermöglicht wird, und die entsprechenden finanziellen Ressourcen dafür bereit zu stellen.

5 Handlungslinien

Angesichts einer Gesellschaft, die zunehmend multikulturell und divers wird, müssen sich sowohl das Bildungssystem als auch das Gesundheitswesen an die neue Situation anpassen. Diese Anpassung kann nicht nur in Schulen und Behandlungseinrichtungen stattfinden, sondern auch in Institutionen der Berufsausbildung, in denen Fachkräfte und Personal aus- und fortgebildet werden. Curricula an Universitäten, Fachhochschulen, Ausbildungsinstituten und Berufsschulen sollten entsprechend verändert werden, um den zunehmend unterschiedlichen Bedarfen sowie den sozialen und kulturellen Hintergründen der Bevölkerung zu entsprechen. Die Auswirkungen von Krieg und bewaffneten Konflikten auf das psychosoziale Wohlbefinden und die Entwicklung von Kindern sollten Schlüsselthemen in der langfristigen Kompetenzentwicklung von Fachkräften im Gesundheitswesen und Bildungssystem werden.

Eine Politik, die darauf abzielt, das Recht vulnerabler Flüchtlingskinder auf Rehabilitation und Inklusion zu verwirklichen, muss einen ganzheitlichen Ansatz verfolgen. Rehabilitations- und Inklusionsmaßnahmen sollten sowohl Schutz- als auch Risikofaktoren berücksichtigen; Interventionen sollten darauf abzielen, Erstere zu stärken und Letztere zu reduzieren. Die Konfrontation mit Krieg und Gewalt ist ein Hauptrisikofaktor, der für Flüchtlingskinder häufig mit multiplen traumatischen Erfahrungen verbunden ist. Abgesehen davon können zahlreiche Risikofaktoren identifiziert werden, die dem Asylsystem innewohnen, nicht zuletzt die Lebensbedingungen in den Flüchtlingsunterkünften, Beziehungsabbrüche durch Umverteilungen, das Leben mit traumatisierten Eltern, unsichere und belastende Alltagssituationen, Hindernisse in der sozialen Integration sowie ein Mangel an kompetenten und vertrauenswürdigen Fachkräften und Einrichtungen der Gesundheitsversorgung, die eine therapeutische Behandlung für diejenigen Kinder oder Eltern bereitstellen, die traumatisiert sind oder an anderen psychischen Problemen leiden.

Gleichzeitig können Schutzfaktoren identifiziert werden, die eine wichtige Rolle in der Förderung des psychosozialen Wohlbefindens von Flüchtlingskindern spielen. Beispiele für Schutzfaktoren sind strukturierte Aktivitäten in Schulen und Kindergärten, eine stabile und sichere Unterkunft, aber auch die Teilnahme an „normalen" Freizeitaktivitäten, unterstützende und emotional verfügbare Eltern, hilfreiche Beziehungen zu Erwachsenen außerhalb der Familie sowie Freundschaften zu Gleichaltrigen, nicht zuletzt indem neue soziale Netzwerke mit einheimischen Kindern und Jugendlichen aufgebaut werden können.

Die Umsetzung des Rechts vulnerabler Flüchtlingskinder auf Rehabilitation und soziale Reintegration, so wie es die UN-Konvention über die Rechte des Kindes verlangt, kann nur gewährleistet werden, indem soziale Systeme wie Familie, Schule, das Asylsystem und die größere Gemeinschaft mit einbezogen werden. Forschungen der letzten Jahrzehnte belegen, dass viele kriegsbetroffene Kinder, sogar ehemalige KindersoldatInnen, sich durchaus positiv entwickeln können. Belege zu Resilienz zeigen sich sowohl in Studien des globalen Südens (vgl. Betancourt 2013; Vindevogel et al. 2012; Wessells 2006) als auch bei Flüchtlingskindern in westlichen Ländern (vgl. Ascher und Mellander 2010; Eide 2012). Die Charakteristiken dieser „Erfolgsgeschichten" hängen in weiten Teilen mit sozialer Unterstützung auf verschiedenen – individuellen, institutionellen und gesellschaftlichen Ebenen zusammen, um Belastungen, wenn notwendig unter Einbeziehung spezialisierter Traumatherapie, zu bewältigen und einen Neuanfang wagen zu können.

Die zunehmende Zahl von Flüchtlingen und Asylsuchenden – unter ihnen viele Familien mit Kindern – aus Teilen der Welt, in denen bewaffnete oder kriegerische Konflikte stattfinden, zeigt die Dringlichkeit, ein solides Hilfesystem aufzubauen, um die Kinder zu unterstützen und ihr Recht auf Rehabilitation und soziale Integration zu verwirklichen (vgl. Tonheim et al. 2015).

Literatur

Ariès, P. (1960/2003). *Geschichte der Kindheit.* München: Deutscher Taschenbuch Verlag.

Ascher, H., Mellander, L. (2010). Asylsökande barns tankar om hälsa. In Andersson/Ascher/Björnberg & Eastmond (Hrsg.), *Mellan det förflutna och framtiden – Asylsökande barns välfärd, hälsa och välbefinnande.* Geson: Hylte Tryck.

BAMF (2015a). Aktuelle Zahlen zu Asyl. Ausgabe Dezember 2015. https://www.bamf.de/SharedDocs/Anlagen/DE/Downloads/Infothek/Statistik/Asyl/statistik-anlage-teil-4-aktuelle-zahlen-zu-asyl.pdf?__blob=publicationFile. Zugegriffen: 05.02.2016.

BAMF (2015b). Unbegleitete Minderjährige. Entwicklung des Zugangs. www.bamf.de/SharedDocs/Anlagen/DE/Downloads/Infothek/Asyl/um-zahlen-entwicklung.pdf?__blob=publicationFile. Zugegriffen: 05. 02. 2016.

Bean, T., Derluyn, I., Eurelings-Bontekoe, E., Broekaert, E. & Spinhoven, P. (2007). Comparing psychological distress, traumatic stress reactions and experiences of unaccompanied refugee minors with experiences of adolescents accompanied by parents. *Journal of Nervous and Mental Disease* 195 (4), 288–297.

Betancourt, T. S. (2013). The Social Ecology of Resilience in War-Affected Youth: A Longitudinal Study from Sierra Leone. In M. Ungar (Hrsg.), *The Social Ecology of Resilience: A Handbook of Theory and Practice.* New York: Springer.

Betancourt, T. S., Meyers-Ohki, S. E., Charrow, A. P. & Tol, W. A. (2013). Interventions for children affected by war: An ecological perspective on psychosocial support and mental health care. *Harvard Review of Psychiatry* 21(2), 70–91.

Betancourt, T. S., Khan, K. T. (2008). The mental health of children affected by armed conflict: protective processes and pathways to resilience. *International Review of Psychiatry* 20 (3), 317–328.

Boothby, N., Strang, A. & Wessells, M. (Hrsg.). (2006). *A world turned upside down: Social ecological approaches to children in war zones.* Bloomfield: Kumarian Press.

Boverket (2008). *Asylsökandesegetboende – EBO. En kartläggning.* http://www.boverket.se/sv/om-boverket/publicerat-av-boverket/publikationer/2009/asylsokandes-eget-boende-ebo---en-kartlaggning/. Zugegriffen: 13. Februar 2016.

Boyden, J., Mann, G. (2005). Children's Risk, Resilience, and Coping in Extreme Situations. In M. Ungar (Hrsg.), *Handbook for Working with Children and Youth: Pathways to Resilience Across Cultures and Contexts* (S. 3–25). Thousand Oaks: Sage Publications.

Brendler-Lindqvist, M. (2014). Early intervention to prevent intergenerational traumatization: A treatment program for refugee parents and their infants. In G. Overland, G. Eugene, B. Lie (Hrsg.), *Nordic work with traumatised refugees: Do we really care.* Newcastle upon Tyne: Cambridge ScholarsPublishing.

Bühler-Niederberger, D. (2005). *Kindheit und die Ordnung der Verhältnisse – Von der gesellschaftlichen Macht der Unschuld und dem kreativen Individuum.* Weinheim und München: Juventa Verlag.

Bühler-Niederberger, D. (2011). *Lebensphase Kindheit: Theoretische Ansätze, Akteure und Handlungsräume. Grundlagentexte Soziologie.* Weinheim: Juventa.

BumF (2015). *Rechtliche Neuerungen für UMF 2015–2017.* www.b-umf.de/images/Rechtliche_Neuerungen_UMF_Dezember_2015.pdf. Zugegriffen: 05. 02. 2016.

Bundesfachverband unbegleitete minderjährige Flüchtlinge (BumF) (2016a). Zahlen zu unbegleiteten minderjährigen Flüchtlingen: Bestand, Verteilung, Quotenerfüllung und Elternnachzug. Im Internet verfügbar unter: http://www.b-umf.de/images/150129_PM_AktuelleZahlenUMF.pdf. Zugegriffen: 05. 02. 2016.

BumF (2016b). *Stellungnahme des Bundesfachverband unbegleitete minderjährige Flüchtlinge zum Entwurf eines Gesetzes zur Einführung beschleunigter Asylverfahren.*

Bundesministerium der Justiz und für Verbraucherschutz (2014). *Grundgesetz für die Bundesrepublik Deutschland in der im Bundesgesetzblatt Teil III, Gliederungs-*

nummer 100-1, veröffentlichten bereinigten Fassung, das zuletzt durch Artikel 1 des Gesetzes vom 23. Dezember 2014 (BGBl.I S. 2438) geändert worden ist. http://www.gesetze-im-internet.de/bundesrecht/gg/gesamt.pdf. Zugegriffen: 05. 02. 2015.

Bundesministerium für Familie, Senioren, Frauen und Jugend (Hrsg.). (1996). Übereinkommen über die Rechte des Kindes – UN-Kinderrechtskonvention im Wortlaut mit Materialien – Texte in amtlicher Übersetzung, Bonn. http://www.auswaertiges-amt.de/cae/servlet/contentblob/358176/publicationFile/3609/UNkonvKinder1.pdf. Zugegriffen: 02. 05. 2016.

Chase, E., Knight, A. & Statham, J. (2008). *The emotional well-being of young people seeking asylum in the UK*. London: British Association for Adoption and Fostering.

Deloitte (2014). *Evalueringavomsorgsreformenforensligemindreårigeasylsøkere. For Barne-, ungdoms- og familiedirektoratet.* http://www.bufdir.no/global/nbbf/minoriteter/Evalueringen_av_omsorgsreformen_for_enslige_mindrearige_asylsokere.pdf. Zugegriffen: 13. 02. 2016.

Derluyn, I., Broekaert, E. & Schuyten, G. (2008). Emotional and behavioural problems in migrant adolescents in Belgium. *European Child and Adolescent Psychiatry* 17 (1), 54–62.

Derluyn, I., Mels, C. & Broekaert, E. (2009). Mental health problems in separated refugee adolescents. *Journal of Adolescent Health* 44 (3), 291–297.

Duncan, J., Arntson, L. (2004). Children In Crisis: Good Practices. In *Evaluating Psychosocial Programming. Save the Children Federation.* http://siteresources.worldbank.org/INTMH/Resources/Evaluating_Psychosocial_Programming.pdf. Zugegriffen: 16. 12. 2014.

ECRE (2002). Position On The Integration Of Refugees In Europe. http://www.ecre.org/component/downloads/downloads/168.html. Zugegriffen: 14. 02. 2016.

Eide, K., Guribye, E. & Lidén, H. (2014). Refugee children: Ambiguity in care and education. In G. Overland, E. Guribye & B. Lie (Hrsg.), *Nordic work with traumatised refugees: Do we really care*. Newcastle upon Tyne: Cambridge Scholars Publishing.

Eide, K. (Hrsg.). (2012). *Barn på flukt. Psykososialt arbeid med enslige mindreårige flyktninger*. Otta: Gyldendal Akademisk.

Fazel, M., Wheeler, J. & Danesh, J. (2005). Prevalence of serious mental disorder in 7000 refugees resettled in western countries: a systematic review. *Lancet 2005 Apr 9-15* 365 (9467), 1309–1314.

Fazel, M., Stein, A. (2002). The mental health of refugee children. *Archives of Disease in Childhood* 87, 366–370.

Gerlach, C., Pietrowsky, R. (2012). Trauma und Aufenthaltsstatus: Einfluss eines unsicheren Aufenthaltsstatus auf die Traumasymptomatik bei Flüchtlingen. *Verhaltenstherapie & Verhaltensmedizin* 2012/1. Lengerich, Berlin, Bremen, Miami, Riga, Viernheim, Wien, Zagreb: Pabst Science Publishers.

Godani, G., Bodegård, G. & Rydelius, P. (2008). *Bördan de kom med. Rapport från forskningsprosjektet: Barn I asylprocessen som utvecklade uppgivenhetssymtom i Sverige*. Stockholm: Karolinska Institutet and Rädda Barnen, Sweden.

Goosen, S., Stronks, K. & Kunst, A. E. (2014). Frequent relocations between asylum seekercenters are associated with mental distress in asylum-seeking children: a longitudinal medical record study. *International Journal of Epidemiology* 43 (1), 94.

Hallas, P., Hansen, A. R., Staehr, M. A., Munk-Andersen, E. & Jorgensen, H. L. (2007). Length of stay in asylum centers and mental health in asylum seekers: a retrospective study from Denmark. *BMC Public Health 2007, Oct 11 7*, 288. London: BioMed Central.

Hanswille, R., Kissenbeck, A. (2008). *Systemische Traumatherapie. Konzepte und Methoden für die Praxis.* Heidelberg: Carl-Auer-Systeme-Verlag.

Hepinstall, E., Sethna, V. & Taylor, E. (2004). PTSD and depression in refugee children – Associations with pre-migration trauma and post-migration stress. *European child and adolescent psychiatry 2004* 13 (6), 373–380.

Huber, M. (2009). *Trauma und die Folgen*. Paderborn: Junfermann-Verlag.

Huemer, J., Karnik, N. J., Voelkl-Kernstock, S. Granditsch, E., Dervic, K., Friedrich, M. H. & Steiner, H. (2009). Mental health issues in unaccompanied refugee minors. *Child and Adolescent Psychiatry and Mental Health 2009* 3, 13. http://www.capmh.com/content/3/1/13. Zugegriffen: 21. 02. 2016.

International Organization for Migration (2010). *„Exchange of information and best practices on first reception, protection and treatment of unaccompanied minors": Manual of Best Practices and Recommendations.* Fundedbythe European Commission.

Kalksma-van Lith, B., de Graaff, D., Jansveld, E. & de Jager, A. (2007). *State Of The Art Psychosocial Interventions With Children In War-Affected Areas, War Child Holland.* http://www.warchildholland.org/sites/default/files/bijlagen/node_492/6-2013/war_child_state_of_the_art_psychosocial_interventions.pdf. Zugegriffen: 14. 02. 2016.

Keilson, H. (1979/2005). *Sequentielle Traumatisierung – Untersuchung zum Schicksal jüdischer Kriegswaisen.* Gießen: Psychosozial-Verlag.

Kostelny, K. (2006). A culture-based, integrative approach: Helping war-affected children. In N. Boothby, A. Strang, M. Wessells (Hrsg.), *A world turned upside down: Social ecological approaches to children in war zones.* Bloomfield: Kumarian Press.

Lustig, S. L., Kia-Keating, M., Knight, W. G., Geltman, P., Ellis, H., Kinzie, J. D., Keane, T. & Saxe, G. N. (2004). Review of child and adolescent refugee mental health. *Journal of the American Academy of Child and Adolescent Psychiatry 2004* Jan. 43 (1), 24–36. New York: Elsevier.

Montgomery, E., Linnet, S. (2012). *Børnogungemedflygtningebaggrund. Anbefalingertilprofessionelle.* Kopenhagen: Hans ReitzlesForlag.

Montgomery, E. (2008). Long-term effects of organized violence on young Middle Eastern refugees' mental health. *Social Science & Medicine* 67, 1596–1603.

Nielsen, S. S., Norredam, M., Christiansen, K. L., Obel, C., Hilden, J. & Krasnik, A. (2008). Mental health among children seeking asylum in Denmark – the effect of length of stay and number of relocations: a cross-sectional study. In *Department of Health Services Research, Institute of Public Health, University of Copenhagen.*

http://bmcpublichealth.biomedcentral.com/articles/10.1186/1471-2458-8-293. Zugegriffen: 13. 02. 2016.

Oppedal, B. L., Jensen, K. B., Seglem & Haukeland, Y. (2011). *Psykiskhelse, mestringo gsosialintegrasjonblantungdomsomkomtilNorgesomEnsligeMindreårigeAsylsøkere.* Folkehelseinstituttet&UngKul. Rapport 2011: 8. http://www.fhi.no/eway/default.aspx?pid=239&trg=Content_6503&Main_6157=6246:0:25,5498&Main Content_6246=6503:0:25,5508&Content_6503=6259:95185:25,5508:0:6250:103:::0:0. Zugegriffen: 10. 03. 2015.

Osofsky, J. D. (1995). The effects of exposure to violence on young children. *American Psychologist* 50, 782–788.

Otto, H., Keller, H. (2011). *Bindung und Kultur.* Niedersächsisches Institut für frühkindliche Bildung und Entwicklung, nifbe Themenheft Nr. 1.

Probasamfunnsanalyse (2014). *Undersøkelseavvoldoguønskedehendelseriasylmottak. Rapport 2014–08.* https://www.udi.no/globalassets/global/forskning-fou_i/asylmottak/probarapport-2014-hendelser-asylmottak.pdf. Zugegriffen: 13. 02. 2016.

Public Policy and Management Institute (2013). *Study on educational support for newly arrived migrant children: Final report. Luxembourg: Publications Office of the European Union.* http://www.eunec.eu/sites/www.eunec.eu/files/attachment/files/report_en.pdf. Zugegriffen: 14. 02. 2016.

Ruf, M., Schauer, M. & Elbert, T. (2010). Prävalenz von traumatischen Stresserfahrungen und seelischen Erkrankungen bei in Deutschland lebenden Kindern von Asylbewerbern. *Zeitschrift für klinische Psychologie und Psychotherapie* 39 (3), 151–160. Göttingen: Hogrefe Verlag.

Ruf-Leuschner, M., Roth, M. & Schauer, M. (2014). Traumatisierte Mütter – traumatisierte Kinder? Eine Untersuchung des transgenerationalen Zusammenhangs von Gewalterfahrungen und Traumafolgestörungen in Flüchtlingsfamilien. *Zeitschrift für klinische Psychologie und Psychotherapie* 43 (1), 1–16. Göttingen: Hogrefe Verlag.

Scherwath, C., Friedrich, S. (2012). *Soziale und pädagogische Arbeit bei Traumatisierung.* München: Ernst Rheinhardt Verlag.

Schwarz-Nielsen, K. H., Elklitt, A. (2009). An evaluation of the mental status of rejected asylum seekers in two Danish asylum centers. *Torture: quarterly journal on rehabilitation of torture victims and prevention of torture* 19 (1), 51–59. Kopenhagen: International Rehabilitation Council for Torture Victims (IRCT).

Silove, D., Steel, Z., McGorry, P. & Mohan, P. (1998). Trauma exposure, postmigration stressors, and symptoms of anxiety, depression and post-traumatic stress in Tamil asylum seekers: comparison with refugees and immigrants. *ActaPsychiatricaScandinavica* 97 (3), 175–181. Malden/Sussex: John Wiley & Sons.

Silove, D., Sinnerbrink, I., Field, A., Manicavasagar, V. & Steel, Z. (1997). Anxiety, depression and PTSD in asylum seekers: associations with pre-migration trauma and post-migration stressors. *The British Journal of Psychiatry* 170, 351–357.

Staehr, M. A., Munk-Andersen, E. (2006). Suicide and suicidal behavior among asylum seekers in Denmark during the period 2001–2003. A retrospective study. UgeskrLaeger. 2006 Apr 24; 168 (17), 1650–1653. Kopenhagen: Danish Medical Bulletin.

Steel, Z., Silove, D. (2001). The mental health implications of detaining asylum seekers. *The Medical Journal of Australia, MJA* 175, 596–599.
Sultan, A., O'Sullivan, K. (2001). Psychological disturbances in asylum seekers held in long term detention: a participant-observer account. Medical Journal of Australia, MJA 175, 593–596. http://www.mja.com.au/public/issues/175_12_171201/sultan/sultan.html. Zugegriffen: 21. 02. 2016.
Tonheim, M., Derluyn, I., Rosnes, E. V. & Zito, D. (2015). *Rehabilitation and social reintegration of asylum-seeking children affected by war and armed conflict*. Stavanger: Center for Intercultural Communication SIK.
UN Committee on the Rights of the Child (2005). *CRC/GC/2005/6*. General Comment 6: Treatment of Unaccompanied and Separated Children outside Their Country of Origin. http://www.unicef.org/protection/files/CRCGC6_EN.pdf. Zugegriffen: 17. 12. 2014.
UN (1989). *Convention on the Rights of the Child*. http://www.ohchr.org/EN/HRBodies/CRC/Pages/CRCIndex.aspx. Zugegriffen: 15. 12. 2014.
UNHCR (2008). *UNHCR Guidelines on Determining the Best Interests of the Child*. May 2008.
UNHCR (1997). *Guidelines on Policies and Procedures in dealing with Unaccompanied Children Seeking Asylum.February 1997*. http://www.unhcr.org/3d4f91cf4.pdf. Zugegriffen: 16. 12. 2014.
UNHCR (2015a). *Mid Year trends 2015*. www.unhcr.de/service/zahlen-und-statistiken.html. Zugegriffen: 05. 02. 2015.
UNHCR (2015b). *World at War. Global trends. Forced displacement in 2014*. www.unhcr.de/service/zahlen-und-statistiken.html. Zugegriffen: 05. 02. 2015.
UNHCR (2016). *Global trends. Forced Displacement in 2015*. http://www.unhcr.de/service/zahlen-und-statistiken.html. Zugegriffen: 14. 07. 2016.
UNICEF (2016a). https://www.unicef.de/report2016. Zugegriffen: 14. 07. 2016.
UNICEF (2016b). *UNICEF-Report 2016. Flüchtlingskindern helfen. Mit allen Daten zur Situation der Kinder in der Welt*. Frankurt a. M.: Fischer.
UNO (1951). *Abkommen über die Rechtsstellung der Flüchtlinge vom 28. Juli 1951*. www.unhcr.org/cgi-bin/texis/vtx/refworld/rwmain/opendocpdf.pdf?reldoc=y&docid=48ce50912. Zugegriffen: 05. 02. 2016.
vanEe, E. (2013). *A new generation: How refugee trauma affects parenting and child development*. Psychotrauma Expert Group: Amsterdam.
Vervliet, M., De Mol, J., Broekaert E. & Derluyn, I. (2013a). „That I live, that's because of her." Intersectionality as framework for unaccompanied refugee mothers' experiences. *British Journal of Social Work* (2013), 1–19. doi:10.1093/bjsw/bct060.
Vervliet, M., Lammertyn, J., Broekaert, E. & Derluyn, I. (2013b). Longitudinal Follow-Up of the Mental Health of Unaccompanied Refugee Minors. *European Journal of Child and Adolescent Psychiatry. 2014 May 23* (5), 337–46. (DOI) 10.1007/s00787-013-0463-1.
Vindevogel, S., Coppers K., Derluyn I., Loots G. & Broekaert E. (2012). Life in rebel captivity and its challenges for the psychosocial rehabilitation and reintegration of former child soldiers: the case of northern Uganda. In I. Derluyn, C. Mels, St. Parmentier & W. Vandenhole (Hrsg.), *Re-Member: Rehabilitation, Reintegra-*

tion and Reconciliation of War – Affected Children.Cambridge, Antwerpen (S. 325). Portland: Intersentia.

Vito, K. (2010). Waiting Time. The de-subjectivation of children in Danish asylum centres. *Childhood* 17(1), 26–42.

Wessells, M. (2006). *Child soldiers: from violence to protection.* Cambridge: Harvard University Press.

Zito, D. (2010). Traumatherapie mit jungen Flüchtlingen. In P. Dieckhoff (Hrsg.), *Kinderflüchtlinge – theoretische Grundlagen und berufliches Handeln* (S. 125–140). Wiesbaden: VS-Verlag.

Zito, D. (2015). *Überlebensgeschichten. Kindersoldatinnen und -soldaten als Flüchtlinge in Deutschland. Eine Studie zur sequentiellen Traumatisierung.* Weinheim: Beltz-Juventa.

Geflüchtete in der Psychotherapie – Heilung in einem politisierten Raum

Cinur Ghaderi und Eva van Keuk

Zusammenfassung

Der Beitrag beleuchtet Möglichkeiten einer kultursensiblen Psychotherapie im Kontext politischer Spannungsfelder auf Grundlage empirischer Befunde und Erfahrungen professioneller Praxis zwischen Pathologisierung und Politisierung. Auf zwei Schlaglichter – Begutachtung und Folter – wird im Sinne eines kurzen Problemaufrisses eingegangen. Anhand konkreter typisierter Kasuistiken werden diversitätssensible psychotherapeutische Handlungsmöglichkeiten aufgezeigt. Die Reflexion psychotherapeutischer Heilungsbedingungen für Flüchtlinge verspricht allgemeine Erweiterungen für die therapeutische Praxis, die über die Betroffenheit der Geflüchteten hinausweisen.

1 Einleitung

Psychotherapie ist ein Raum, der Heilung, Beziehung und Bezogenheit durch die Wiederaufnahme in die eigene soziale Gemeinschaft als vollwertiges Gruppenmitglied, erhöhte Handlungsmöglichkeiten und Verwirklichungschancen verspricht und der ein Schutz- und Übergangsraum sein kann. Wenn sich in diesem psychotherapeutischen Raum individuelle Konflikte der Klient_innen als Spiegel gesellschaftlicher Irritationen – oder sogar als Schrecken unserer Zeit – präsentieren, dann ist es die Aufgabe der Therapeut_in, diese im Zaum zu halten, eigene Zuschreibungen zu reflektieren und human zu handeln.

Gerade bei Flüchtlingen spielen die Bewältigung extremer Leidenserfahrungen – oft aufgrund Kriegs- und Gewalterfahrungen in der Vormigrationsphase –, massive psychische und kulturelle Veränderungen durch die Migration selbst und strukturelle, gesundheitspolitische Rahmenbedingungen im Aufnahmeland für die Psychotherapie eine wesentliche Rolle. Und manche Therapeut_innen befragen sich, ob ihre Behandlung mit dem Standardrepertoire angemessen ist oder spezielle Konzepte notwendig sind. Entsprechend fokussiert die psychologische und psychotherapeutische Forschung und Praxis mit Flüchtlingen folgende Zugänge:[1] Traumatisierung, Kultursensibilität, Umgang mit Fremdheit, Diversität, Arbeit mit Dolmetscher_innen, sozialpsychologische Dynamiken wie Rassismus, migrationssoziologische Ansätze und eine achtsamere Wahrnehmung des politisierten Raumes.[2] Es lohnt sich gerade in Hinsicht auf Geflüchtete das klinische Paradigma des integrativen Vulnerabilität-Stress-Modells bzw. Diathese-Stress-Modell erneut zu prüfen und umfassender zu konzeptualisieren. Für die individuelle Vulnerabilität werden heute biologische, psychologische und soziale Begründungen herangezogen und ihre dialektischen Verhältnisse mit Ressourcen und Resilienzen gesehen. Vulnerabilität hat eben nicht nur eine subjektiv-psychische, sondern auch eine rechtliche, soziale und körperliche Dimension und zwar immer zugleich objektiv und subjektiv. Künftig wird deutlicher zu diskutieren sein, wie die Verteilung von Ressourcen in der Gesellschaft die Ätiologie psychischer Störungen und deren Heilung beeinflusst und inwiefern gerade im Hinblick auf Geflüchtete eine *politische Vulnerabilität* erzeugt wird.

Während einiger dieser Themen prinzipiell auch bei anderen Klientengruppen wie Migranten relevant wären, hat der politische Aspekt bei Flüchtlingen besonderen Einfluss auf Zugang *zum* und Umsetzung *des* Handwerks. So macht der Versorgungsbericht der Bundesweiten Arbeitsgemeinschaft der Psychosozialen Zentren für Flüchtlinge und Folteropfer (BafF e. V.) darauf aufmerksam, dass diese als hochvulnerabel identifizierte Gruppe für psychische Störungen nur unzureichend psychosozial und psychotherapeutisch versorgt wird (vgl. Baron und Flory 2016).

Der Zugang zur Psychotherapie wird über das Asylbewerberleistungsgesetz reguliert. Die Einführung der Gesundheitskarte hat für Flüchtlinge an Orten, wo sie eingeführt wurde, zum Teil den Zugang erleichtert. Allerdings ist Psychotherapie eine Leistung, die grundsätzlich beantragt und bewilligt werden muss, und unterliegt daher einer weiteren Hürde. Die Regelungen des § 4 AsylbLG sehen nur

1 Zu Traumatisierung u. a. Feldmann (2013); Becker (2014); vgl. Zito; vgl. Joksimovic in diesem Buch; zu Kultursensibilität vgl. u. a. Abdulla-Steinkopff (2013), Machleidt und Heinz (2011); von Lersner et al. (2016); zum Umgang mit Fremdheit (Ehret 2013); Diversität (van Keuk et al. 2011), Arbeit mit Dolmetscher_innen (u. a. Kluge 2013; Joksimovic et al. in diesem Buch), sozialpsychologische Dynamiken wie Rassismus (vgl. Wagner in diesem Buch). Einige dieser Theoriebezüge sind in anderen Artikeln dieses Buches erarbeitet und sollen daher nicht wiederholt werden.

2 Dies steht im Gegensatz zur Kritik noch vor wenigen Jahren, in dem z. B. Keupp den Psychotherapeuten und ihren eher individualisiert orientierten Ansätzen „Gesellschaftsvergessenheit" (Keupp 2005) attestierte.

eine Akut- und Notfallbehandlung vor, sonstige Leistungen wie es u.a. psychotherapeutische Behandlungen sind, bleiben eine „*Kann*-Leistung" nach § 6, und die Bewilligungspraxis weist regional erhebliche Unterschiede auf und ist wenig transparent. Zudem werden Dolmetscherkosten nicht als notwendiger Bestandteil der Krankenbehandlung anerkannt und in der Regel nicht übernommen – es sei denn von weiteren Kostenträgern. Die fehlende sprachliche Verständigung stellt eine wesentliche, mit den gegebenen rechtlichen Regelungen kaum zu überwindende Zugangsbarriere dar; eine Änderung ist weiterhin nicht in Sicht (Diese Zugangsbarrieren gelten im Übrigen auch für weitere Dienstleistungen im Gesundheitswesen wie Tagesstätten, gemeindepsychiatrische Angebote, gesetzliche Betreuungen etc.). Die Verfügbarkeit von Angeboten unterscheidet sich erheblich in den unterschiedlichen Kommunen (im großstädtischen Raum besser verfügbar als in ländlichen Gebieten), die psychosoziale Unterstützung ist daher zum Teil auf die Angebote der Psychosozialen Zentren für Flüchtlinge und Folteropfer (PSZ) beschränkt, die wiederum lange Wartezeiten haben und den Bedarf – trotz finanzieller Aufstockungen – nicht annähernd decken können.[3] Dort, wo der Zugang zu Psychotherapie gelungen ist, beeinflussen flüchtlingsspezifische Lebensbedingungen den Verlauf der Behandlung: die aufenthaltsrechtliche Unsicherheit, Zeugenschaft von Abschiebung und Angst vor einer Rückkehr, die Notwendigkeit von klinischen Attesten und Stellungnahmen für Behörden. Letztgenannte können eine Ressource sein und den Flüchtlingsschutz stärken oder mit dem prognostizierten Ende der Behandlung auch das Ende des Aufenthalts bedeuten. Es entstehen offensichtliche Spannungen zwischen juristischen und klinischen Perspektiven. Hier debattieren klinische Expert_innen kontrovers über methodische Fragen, z.B., ob und wann in einer traumatherapeutischen Behandlung Konfrontation angemessen sei oder nicht. In jeder psychotherapeutischen Phase – vom Zugang bis hin zum Beenden der Therapie – beeinflusst also der politische Status als Flüchtling die Psychotherapie von Geflüchteten. Beispielsweise wünschen sich Psychotherapeut_innen, die erstmals mit Geflüchteten arbeiten möchten, Patient_innen „mit abgeschlossenen Asylverfahren und festen Papieren". Derzeit erhält aber ein syrischer Kriegsflüchtling mit hoher Wahrscheinlichkeit einen subsidären Schutz, was bedeutet, dass der Aufenthalt regelhaft überprüft werden wird und der Familiennachzug erst nach zwei Jahren erfolgen darf. Eine psychisch kranke albanische Geflüchtete hingegen kann mit baldiger Abschiebung rechnen, da ihr Herkunftsland als sicher gilt – auch wenn es durchaus individuelle Schutzgründe gibt. Erhalten syrische Flüchtlinge also leichtere Zugänge, weil die Psy-

3 Einige PSZs sind personell so dünn besetzt und die wenigen Angestellten nur mit befristeten Verträgen ausgestattet, so dass manchmal nur basale Beratung und die Vermittlung in Regelstrukturen angeboten werden kann, und keine Behandlung durchgeführt wird.

chotherapeut_innen irrigerweise von einem sicheren Aufenthalt ausgehen? Oder werden albanische Geflüchtete von vorn herein nicht als Klient_innen angenommen, da eine baldige Abschiebung erwartet wird? An den Fragestellungen wird deutlich: was nicht funktioniert, ist eine *entkontextualisierte Pathologisierung* von Menschen. Der rechtlich-politische Rahmen beeinflusst als gesellschaftliche Realität die Wahrnehmung auf spezifische Weise und somit auch schulübergreifend die Basis jeder Psychotherapie – nämlich die therapeutische Beziehung. Was Psychotherapeut_innen aus der Lebenssituation ihrer geflüchteten Klient_innen aber lernen können, ist: dauerhaft provisorisch[4] zu arbeiten, nicht immer nach Manual zu planen und zu therapieren; die Balance zwischen Stagnation und Entwicklung im Auge zu behalten, zwischen Anpassung an asylrechtliche Vorgaben und geduldigen Widerstand für den Schutz des therapeutischen Raums zu pendeln, sich berufsgruppenübergreifend zu vernetzen und klinische Atteste und Stellungnahmen zu schreiben – und vor allem bei all dem die reale Lebenssituation von Flüchtlingen außerhalb des Therapieraumes nicht zu vergessen.

2 Mehr als ein „Fall": Einblicke in die professionelle Praxis

2.1 Kasuistiken aus der psychotherapeutischen Arbeit im Psychosozialen Zentrum für Flüchtlinge (PSZ)

Herr M.: *„Ich sitze hier und werde wahnsinnig. Seit 2 Jahren habe ich meine Frau und meine Kinder nicht gesehen. Niemals wollte ich so lange getrennt sein. Lieber würde ich mit ihnen gemeinsam sterben, als hier zum Nichtstun verdammt zu sein und die Nachrichten über die Bombenabwürfe über Aleppo hören zu müssen. Seit 5 Tagen habe ich kein Lebenszeichen. Ich werde verrückt, ich halte das nicht mehr aus. Ich esse nicht mehr, ich schlafe nicht, ich höre ständig die verdammten Nachrichten. Ich werde verrückt vor Sorge"*, berichtet ein 38-jähriger Jurist und Gymnasiallehrer aus Aleppo/Syrien in einem ersten Gespräch im PSZ Düsseldorf. Er ist verheiratet und hat drei Kinder; vor 2 Jahren verließ er in Einvernehmen mit seiner Ehefrau seine Heimat, um sich eine sichere Existenz in Europa aufzubauen und wenige Monate später seine Familie nachkommen zu lassen. Doch seine Flucht dauerte 2 Jahre und seine Heimatstadt wurde schließlich bombardiert. Der Klient

4 Der Exilliteraturforscher Hans-Albert Walter zitiert in seinem Buch *„... wo ich im Elend bin"* oder *„Gib dem Herrn die Hand, er ist ein Flüchtling"* (1992) den Sozialarbeiter Henry Jacoby, der sein Leben im Exil mit den Worten resümiert: „Im Leben eines Flüchtlings ist das einzig Dauernde, dass alles provisorisch ist" (ebd., S. 13).

wurde von einer Sozialarbeiterin angemeldet, sie mache sich Sorgen, er habe stark abgenommen und wirke zunehmend verwirrt. Herr M. ist schlank, seine Hose ist deutlich zu groß, er ist gepflegt, jedoch unrasiert. Er trägt eine Brille und knetet unruhig seine Hände, seine Augen fahren unruhig über die Tischfläche vor ihm. Er redet sehr schnell, sein Arabisch deutet laut Dolmetscherin auf einen hohen Bildungsstand hin. Wir diagnostizierten eine Anpassungsstörung mit suizidalen Krisen und vermittelten ihn in eine psychotherapeutische Behandlung bei einer arabischsprachigen Psychotherapeutin.

Frau A.: *„Wir hatten ein gutes Leben. Mein Mann arbeitete, den Kindern ging es gut, ich hatte einen Rosengarten. Jeden Tag habe ich nach den Rosen gesehen; sie waren schwer und dufteten, im Sommer habe ich sie geschnitten, sonst waren die Blüten zu schwer. Sie dufteten, anders als die Rosen hier. Mein Vater liebte seine Blumen ebenso, und mein Mann hat mir dann den Vorgarten angelegt, als er unser Haus baute. Er hat es für mich getan. Es ging uns gut. Hier, siehst Du, diese Blume, sie bekommt auch einen neuen Trieb. Alles war gut. Aber dann…dann. Ich… Dann. … Weißt Du das? Das mit den Männern? Vorher war es gut. Dann. Nichts war wie vorher“*, beschreibt eine 43-jährige Klientin aus Mazedonien, verheiratet, drei erwachsene Kinder, in der 4. Therapiesitzung. Sie wurde von ihrem Ehemann zur Psychotherapie angemeldet, nachdem sie einen schweren Suizidversuch unternommen hatte und anschließend in stationärer psychiatrischer Behandlung war. Die ambulant betreuende Psychiaterin verwies die Familie an das PSZ Düsseldorf mit der Empfehlung einer traumatherapeutischen Behandlung, Diagnose: Posttraumatische Belastungsstörung mit psychotischen Symptomen, bei bekannter Epilepsie. In der ersten Sitzung sprach die Klientin gar nicht; sie wirkte zu Beginn angespannt und sah sich sehr genau im Raum um. Erst nach einiger Zeit schien sie uns – die Dolmetscherin und mich – wahrzunehmen, nahm Augenkontakt auf und reagierte durch Nicken oder Kopfschütteln auf uns. Erst nach einiger Zeit nahm sie etwas zu trinken an und schien sich zu entspannen. In der zweiten Therapiesitzung war es möglich, sie über den Kontakt zu den im Therapieraum vorhandenen Zimmerpflanzen zum Sprechen zu bewegen. Seit der 3. Sitzung hatte sich eine Art Ablauf etabliert – die Klientin nahm mit ihren Händen Kontakt zu den Pflanzen auf, beschrieb sehr genau deren Zustand und gab Empfehlungen („braucht mehr Wasser, sieh nur“). Anschließend war sie phasenweise und in Ansätzen in der Lage, mit uns über ihr Erleben zu sprechen. Frau A ist stark übergewichtig, ungeschminkt, mit bequemen Joggingsachen praktisch angezogen und sehr gepflegt, meist in Rosatönen gekleidet. Ihr Mann wähle ihre Kleidung aus und helfe ihr beim Anziehen. Sie spricht in Romanes, wiederholt Gesagtes oft, sie wählt ihre Worte mit Bedacht und lächelt im Augenkontakt.

2.2 Kontextualisierung statt Pathologisierung

Psycholog_innen und Psychotherapeut_ innen sind es gewohnt, in „Fallbeispielen" zu denken, ähnlich wie in den beiden vorgestellten Kasuistiken – Flüchtlinge als psychologischer „Fall". Und doch fehlen wesentliche Aspekte in der Darstellung von Herrn M und Frau A. In der transkulturellen Arbeit besteht die Verführung, sich auf das vermeintlich Fremde, den „Anderen", zu konzentrieren, oder aber die vermeintliche Pathologie zu behandeln und dabei die situativen Rahmenbedingungen aus den Augen zu verlieren – sicher auch ein effektiver Schutzmechanismus, um die eigene Überflutung durch intensive Gefühle von Hilflosigkeit abzuwehren. Und doch bestimmt der konkrete Kontext wesentlich den Ablauf des Kontaktes, ebenso wie die individuellen Eigenschaften der Kommunikationspartner_innen in ihrem triadischen Zusammenspiel (Klient_in, Psychotherapeut_in, Dolmetscher_in) und der gesellschaftliche, flüchtlingsspezifische Kontext.

Umgebungsvariablen bestimmen die Begegnung – das Setting: Beide Klient_innen kommen freiwillig in das PSZ, beide mussten lange auf einen Termin warten. Das PSZ Düsseldorf unterscheidet sich, ähnlich wie viele Beratungsstellen, in der räumlichen Gestaltung von Behörden und Arztpraxen – Räume, die allen Flüchtlingen in Deutschland bekannt sind. Allen Klient_innen wird etwas zu trinken angeboten, das Team des PSZ ist multiprofessionell und spricht viele Sprachen, die Räume sind freundlich. Die Termine fanden bei einer langjährigen Mitarbeiterin, deutsche psychologische Psychotherapeutin, 45 Jahre, verheiratet, statt. Die Verständigung war möglich über den Einsatz von erfahrenen Sprach- und Integrationsmittlern: bei Herrn M. war der Dolmetscher ein arabischsprachiger, 48-jähriger ehemaliger Bankangestellter aus Ägypten, bei Frau A. eine deutsche 29-jährige, sehr erfahrene Romanes-Dolmetscherin, beide verheiratet mit zwei Kindern. In einer anderen Situation (beispielsweise in einer Behörde oder Asylunterkunft), mit anderen Gesprächspartner_innen (ein männlicher Dolmetscher bei Frau A., ein männlicher jüngerer Therapeut bei Herrn M.) wäre die Kommunikation möglicherweise völlig unterschiedlich verlaufen – der/die Andere wäre „anders anders".

Flüchtlingsspezifische rechtliche Rahmenbedingungen beeinflussen die Symptomentwicklung und die Prognose: In den beiden vorgestellten Fallbeispielen zeigt sich der Einfluss der rechtlichen Rahmenbedingungen für bestimmte Flüchtlingsgruppen in vollem Umfang:

Herr M. ist anerkannter Asylbewerber aus Syrien – allerdings hat er in Deutschland „nur" einen subsidären Schutz erhalten, was bedeutet, dass er zwei Jahre lang seine Familie nicht nachkommen lassen kann. Es ist aus psychologischer Sicht extrem kritisch zu sehen, dass nach dem neuen Asylpaket Flüchtlinge lange von ihrer Familie getrennt bleiben werden – nicht nur für die Rollenaufteilung und die Beziehungsgestaltung innerhalb der Familie, sondern auch in Bezug auf Integrationsfähigkeit der bereits hier lebenden Flüchtlinge. Herr M. zeigte alle Anzeichen einer erheblichen Anpassungsstörung, verbunden mit suizidalen Krisen, und war im Übrigen psychopathologisch gesund. Es ist schlecht vorstellbar, dass ein gesunder Familienvater in einer ähnlichen Situation (Familie ist in der Heimat Bomben ausgesetzt) weniger Symptome als Herr M. aufweisen könnte. Es handelt sich also um eine menschliche Reaktion auf eine extreme äußere Belastung. In der Therapie ging es neben der Aufklärung über die Symptome vor allem um den Aufbau einer Tagesstruktur, um die persönliche Entlastung als Ventilfunktion in der mehr als verständlichen großen Sorge, und um die Kontrolle der suizidalen Krisen, wobei er eine medikamentöse Einstellung ablehnte. Im weiteren Verlauf gelang der Familie die Flucht an die syrisch-türkische Grenze, wo sie jedoch zurückgewiesen wurden. Zuletzt war die Familie nach Istanbul gereist, wo sie unter schlechten Lebensbedingungen, aber zumindest unverletzt, angekommen waren. Nach dieser guten Nachricht zeigte sich der Klient in einem erheblich verbesserten Zustand – er fand nachts etwas Schlaf, konnte wieder regelmäßig essen und sich tagsüber besser konzentrieren, beispielsweise auf den Sprachunterricht. Deutlich wird, dass es nicht nur um deutsche gesetzliche Rahmenbedingungen geht, sondern auch um die individuellen Folgen internationaler Abkommen im Umgang mit Flüchtlingen. Die Tatsache, dass die Türkei die Grenze nach Syrien schloss, um dem Abkommen mit Deutschland und der EU nachzukommen, zwang seine Familie zunächst wieder zurück zu kehren nach Aleppo.

Frau A. hingegen gehört zu einer Gruppe, die nach dem Asylpaket 2 aus einem so genannten sicheren Herkunftsstaat stammt – sie ist Roma aus Mazedonien. In ihrem Aufenthaltspapier (Duldung) steht „Aussetzung der Abschiebung", und sie wird von ihrer Ausländerbehörde maximal 3 Monate verlängert. Niemand aus ihrer Familie darf einen Sprachkurs besuchen oder arbeiten – Flüchtlinge aus sicheren Herkunftsländern sollen keine Rechte auf Integration haben, anders als beispielsweise Flüchtlinge aus Syrien wie Herr M. Ihr Suizidversuch erfolgte laut Auskunft der behandelnden Psychiaterin und nach Darstellung des Ehemannes, nachdem die Ausländerbehörde eine Abschiebung angedroht hatte; anschließend war sie vier Wochen in stationärer psychiatrischer Behandlung. Sie ist kontinuierlich auf neurologische und psychiatrische Behandlung angewiesen, ist im Alltag komplett unselbständig und abhängig von der Pflege durch ihren Ehemann. Sicherlich ist hier ein Anteil einer überfürsorglichen protektiven Haltung ihres Ehemannes zu sehen, wie sie häufig anzutreffen ist bei chronisch psychisch Kranken in liebevollen familiären Bezügen, was auch Bestandteil der therapeutischen Arbeit ist (Abbau der Schonhaltung, Aufbau von Tätigkeiten im Familienkontext, schrittweise Übernahme von Verantwortlichkeiten). Jedoch ist die Perspektive völlig unklar, zudem im Asylpaket 2 ausdrücklich erwähnt ist, dass auch psychisch kranke Menschen abgeschoben werden sollen.

In Zukunft werden einreisende Flüchtlinge, die aus den sicheren Herkunftsstaaten stammen, ihre Aufnahmezentren gar nicht mehr verlassen dürfen, um eine schnellere Abschiebung zu ermöglichen. Natürlich herrscht in Mazedonien kein Bürgerkrieg, auch die Familie dieser Klientin hatte dort in sehr guten Lebensumständen viele Jahre gelebt. Als die Familie jedoch von Kriminellen erpresst und bedroht wurde und sie dies der Polizei meldete, blieben die Polizeikräfte tatenlos und die Kriminellen verwirklichten ihre Drohung. Sie zerstörten die Einrichtung des Einfamilienhauses, vergewaltigten die älteste Tochter und die Mutter und zwangen Sohn und Ehemann, dabei zuzusehen, anschließend entführten sie die Tochter. Viele Gruppen in den Heimatländern von Flüchtlingen – regierungsnahe und regierungsferne Akteure – setzen sexuelle Gewalt bewusst ein, um Familien innerlich zu zerstören, sie sozial zu isolieren, andere Bürger in der Nachbarschaft zu warnen. So auch in dieser Familie; Mutter und Sohn sind seitdem schwer psychisch krank. Die Tochter war zunächst monatelang verschwunden und lebt inzwischen bei einer Verwandten in Frankreich, hat aber selbst keinen Kontakt mehr zu ihren Eltern, die darunter sehr leiden. Die Familie floh sofort nach dem Übergriff und hat keinen Kontakt mehr zu ihren Nachbarn, aus Scham. Seit dem zog sich die Klientin mutistisch zurück, entwickelte Halluzinationen und zeigt wenig Reaktion auf neuroleptische medikamentöse Behandlung. Deutlich wird: Es gibt Einzelfälle, in denen Flüchtlinge auch in vermeintlich sicheren Herkunftsländern schwerster Gewalt ausgesetzt sind und sich nicht schützen können.

In der Psychotherapie mit Flüchtlingen werden Psycholog_innen immer wieder diese Realitäten und gesetzlichen Härten im Umgang mit Flüchtlingen konkret miterleben – was sie ansonsten auf einer abstrakten Ebene in den Medien erfahren. Eine Psychotherapeutin formulierte:

> *„Seit ich auch Flüchtlinge behandle, weiß ich, was Exklusion bedeutet und was ihnen an Rechten, die ich als selbstverständlich voraussetze, verwehrt wird. Wenn ich einem depressiven Patienten ansonsten empfehlen würde, sich einer Gruppe anzuschließen, beispielsweise einer Schachgruppe, einem Chor, einer Laufgruppe, scheitert dies an der Sprachbarriere und an der sozialen Situation: Am Ortsrand gelegene Wohnheime ohne regelmäßige Busverbindung, mangelnde finanzielle Mittel, um Tickets zu finanzieren. Und einer meiner Patienten darf noch nicht einmal an einem Sprachkurs teilnehmen; er kommt aus dem falschen Land.“*

Aus diesem Grund ist die gute Vernetzung mit effektiver Sozialarbeit und rechtlicher Beratung zwingend notwendig – um psychisch belastete Flüchtlinge tatsächlich unterstützen zu können, aber auch, um sich in der realen Hilflosigkeit gegenüber einem Kontext von Unrecht und Exklusion Handlungsoptionen in der Psychotherapie überhaupt offen zu halten. Gleichzeitig müssen in der psychotherapeutischen Behandlung die äußeren Einflussfaktoren berücksichtigt werden, wenn der therapeutische Prozess mit Klient_innen reflektiert wird:

Herr M. erfuhr eine drastische Verbesserung, als seine Familie sich endlich aus ihrer lebensgefährlichen Situation retten konnte – und nicht durch eine ausgefeilte psychotherapeutische Intervention. Die Psychotherapie konnte jedoch zweifellos dazu beitragen, eine weitere Verschlechterung des Gesundheitszustandes von Herrn M abzufedern und eine suizidale Krise aufzufangen. Daher ist eine regelmäßige Beratung bzw. eine psychotherapeutische Behandlung in jedem Fall sinnvoll – selbst unter widrigen äußeren Rahmenbedingungen, ja, gerade dann. Allerdings müssen Psycholog_innen in diesen Fällen selbstkritischer mit dem Anspruch auf Effizienz der eigenen Interventionen leben lernen.

3 Perspektiven auf Psychotherapie mit Geflüchteten zwischen Pathologisierung und Politisierung

3.1 Die Perspektive der Psychotherapeuten, ihrer Institutionen und Verbände

Die politischen und rechtlichen Bedingungen nehmen die Psychotherapeuten als „Psychotherapie im Zustand der Unsicherheit" wahr (Brandmaier 2013, S. 24), der bei ihnen und ihren Verbänden Reaktionen evoziert. Die Positionen im Diskurs pendeln zwischen Kulturalisierung und Befremden auf der einen Seite („Um Gottes willen, das ist kulturell anders und wir verstehen das nicht", „Ich kann keine muslimischen Männer behandeln, sie akzeptieren mich als weibliche Psychotherapeutin nicht"), und Ignoranz auf der anderen Seite („alles problemlos, wir haben schließlich eine differenzierte Regelversorgung, die prinzipiell jedem offensteht").

Zugleich ist ein reges Treiben bei Fortbildungen, Kongressen und Forschungen zu Flüchtlingsthemen zu verzeichnen. ‚Flüchtlinge in der Psychotherapie' ist kein neues Thema, immerhin arbeiten die Psychosozialen Zentren seit Mitte der 80er Jahre in diesem Themenfeld.[5] Gewandelt hat sich jedoch die öffentliche

5 Das erste psychosoziale Zentrum in Deutschland wurde in Frankfurt von politisierten chilenischen Flüchtlingen gegründet, mit der Leitidee, dass ein Flüchtling nicht „Objekt" eines Verfahrens sein darf. Das Selbstverständnis dieser Gründer_innen – selbst Flüchtlinge – war, durch Wissen und Unterstützung zu der Subjektivierung der Schutzsuchenden beizutragen. Damals sprach noch niemand von psychischen Störungen und Traumata und es befasste sich auch kaum jemand mit den theoretischen Konzepten in diesem Feld. Der Begriff war eher

Wahrnehmung vom unsichtbaren Kokon für eine besondere Gruppe, zum medial omnipräsenten Thema. Und während es noch vor einem Jahrzehnt eher ein leichtes Erschrecken beim Gegenüber verursachte, wenn Psychotherapeut_innen erwähnten, dass sie Flüchtlinge und Folteropfer behandeln, erfahren diese eine nie dagewesene Aufmerksamkeit. Auch auf Verbandebene[6] und politischer Ebene sind Bewegungen zu verzeichnen. So möchte die Landesregierung NRW niedrigschwellige Hilfen für Flüchtlinge in den Unterkünften durch mehrsprachige Laienhelfer_innen initiieren, andere Bundesländer haben Erfahrungen in modellhafter systematischer Früherkennung belasteter Flüchtlinge gesammelt. Auf praktischer Ebene gibt es durchaus Verunsicherung der jungen Kolleg_innen, beispielsweise zu der Frage, wann eine Konfrontation als Intervention der Wahl bei traumatisierten Flüchtlingsklient_innen durchgeführt werden sollte, oder wie genau Dolmetscher_innen ihre Rolle auszufüllen haben (Übersetzungsautomat versus Teil der Triade).

In dieser unübersichtlichen Lage scheinen viele Psycholog_innen zunächst nach Testverfahren und übersetzten Fragebögen zu suchen – wenigstens eine vermeintliche Sicherheit. Gleichzeitig ist der Einsatz von übersetzten Fragebögen sehr kritisch im Hinblick auf Praktikabilität, Reliabilität und Validität zu beurteilen.[7]

Sich zum Thema Flüchtlinge zu positionieren, scheint nicht nur im Alltag, sondern auch bei den unterschiedlichen Schulen und Richtungen zur Gretchen-

---

präsent in den Diskursen über die Vietnam-Veteranen, bei der Frauenbewegung oder den Opfern des Holocaust. In Deutschland beriefen sich die Flüchtlinge auf individuelles Asyl aus politischen Gründen. Später in den 90er Jahren, insbesondere nach dem Bosnienkrieg, als bei den kriegerischen Konflikten Menschen nach ethnischen Gruppen sortiert und massakriert wurden und diese hier Schutz suchten, entstand das Problem, dass diese Personen nachweisen müssten, dass sie traumatisiert sind (Gesprächsnotiz mit Annette Windgasse, Leiterin des PSZ Düsseldorf, 09. 05. 2014). Aktuell gibt es alleine 12 PSZs in NRW (vgl. http://www.psz-nrw.de/), die PSZs im Bundesgebiet sind verbunden über die BafF (http://www.baff-zentren.org/).

6 BPtK-Standpunkt „Psychische Erkrankungen bei Flüchtlingen" vom 16. 09. 15. http://www.bptk.de/aktuell/einzelseite/artikel/mindestens-d.html. Zugegriffen: 25. 07. 2016.

7 Ohne anwesende Dolmetscher_in können die Fragen, so sie verstanden werden, durchaus krisenhafte Momente auslösen, vor allem traumaspezifische Fragebögen, die eben Traumabelastungen abfragen. Gleichzeitig kann ein Verständnis auf Klient_innenseite nicht vorausgesetzt werden, nur, weil ein übersetzter Bogen vorliegt. Hat beispielsweise eine studierte Afghanin, die sich lange im Iran aufgehalten hat, die diagnostischen Fragen in Dari übersetzt, und ein afghanischer Dorfbewohner mit wenig Schulbildung soll auf diese antworten, ist ein Unverständnis mehr als wahrscheinlich. Fehlen zudem Normstichproben und Mittelwerte – was in der Regel der Fall ist – können die Ergebnisse nicht interpretiert werden. Sicher ist es sinnvoll, Fragebögen und Testverfahren einzusetzen – allerdings mit Einsatz qualifizierter Dolmetscher_innen und mit einer differenzierten Interpretation der Ergebnisse, die oberflächlich objektiv scheinen und doch sehr genau einzuordnen sind in den klinischen Gesamteindruck.

frage zu avancieren: Wie man es jeweils mit „den Flüchtlingen" hält wird zu einer Angelegenheit, in der es nicht allein um deren Nöte geht, sondern auch um die Nöte, die jeweiligen therapeutischen Grundüberzeugungen zu rechtfertigen und zu verteidigen. Die Reaktionen reichen von der Annahme, geflüchtete Laienhelfer können ehrenamtlich Psychotherapeut_innen ersetzen, bis zur Position, alle Flüchtlinge benötigten eine genaue Psychodiagnostik und eine spezialisierte, wissenschaftlich fundierte Traumatherapie durch klinische Profis mit langjähriger Berufserfahrung.[8]

Diese Entwicklungen haben insgesamt dazu geführt, dass verstärkt migrationssoziologische und interkulturelle Sichtweisen für die Analyse von Behandlungsfällen bei Flüchtlingen herangezogen werden, d. h. die Berücksichtigung der Barrieren und Ressourcen aufgrund der sozialen Platzierung, die unmittelbar mit dem Aufenthaltsstatus verbunden ist und Einfluss auf Identität und psychische Prozesse der Anpassung an die neue Umwelt hat.[9]

Favorisiert werden multidisziplinäre und multiperspektivische Zugänge, die sich in den Problemanalysen und Handlungsoptionen bei Veröffentlichungen zum Thema Flüchtlinge in der Psychotherapie spiegeln. In dem Herausgeberband „Traum(a) Migration" legen Feldmann und Seidler ihren Fokus bei der Psychotherapie von Flüchtlingen auf Thematisierung zu Unsicherheit, Suizidalität, Sprache, Interkulturalität, Identität, weiterhin relevante Störungsbilder wie PTBS und Psychosen im transkulturellen Kontext und Empfehlungen zur Begutachtung. Exemplarisch werden Behandlungskonzepte einiger psychosozial tätiger Einrichtungen vorgestellt (bfzo/CCM Berlin, Göttingen, Refugio München) vorgestellt, die sich an dieser äußeren und inneren Verzahnung orientieren und integrative und multimodale Behandlungsprozesse vorschlagen.

In den Zeitschriften und Journalen beschreiben weitere Autor_innen neue Angebote und Konzepte der ambulanten und stationären Psychotherapie für Flüchtlinge, die derzeit erprobt und untersucht werden, z. B. psychologische Erstbetreuung für Asylsuchende (Demir et al. 2016) oder sprachreduzierte Methoden (Özkan 2014).

---

8 In der Ausgabe des Deutschen Ärzteblattes vom 24. 02. 2016 schlägt der Bielefelder Psychologieprofessor Frank Neuner vor, qualifizierte Laien für die psychotherapeutische Arbeit mit Flüchtlinge einzusetzen. Eine Reihe Traumatherapeut_innen reagierten daraufhin mit einem gemeinsam unterzeichneten Widerspruch. http://www.aerzteblatt.de/nachrichten/65844#comments. Zugegriffen: 14. 08. 16.

9 Das klassische Phasenmodell von Sluzki (2001) über den Prozess der psychischen und emotionalen Anpassung bei Migrant_innen wurde von Machleidt (2003) weiterentwickelt. Kizilhan hat dieses Modell an die Lebensumstände bei Flüchtlingen durch aufenthaltrechtliche Perspektiven adaptiert (vgl. Kizilhan 2011, S. 57).

Bei der Auseinandersetzung der Frage „was heilt" bzw. „wie heilen" (Problemanalyse und Lösungsansätze) variieren Ansätze, die eher die Verwundbarkeit in Fokus (Ottomeyer 2013, 2015) nehmen und gerade, wenn politische Verhältnisse verwunden können, darin auch eine Handhabe und Potential zur Heilung sehen. So argumentieren beispielsweise Wenk-Ansohn et al. (2014, S. 69) in der Schwerpunktausgabe „Politische Traumatisierung" der Zeitschrift Psychosozial, dass die Einhaltung von internationalem Recht auf gesundheitliche Versorgung von Schutzbedürftigen und Folteropfern unabdinglich sei. Ähnlich begründet die Medizinische Flüchtlingshilfe in Bochum ihre langjährige Initiative „Gerechtigkeit heilt" als Bestandteil der Arbeit mit der Grundidee, dass die strafrechtliche Verfolgung von Menschenrechtsverbrechen der Rehabilitation der Überlebenden dienlich sei.[10] Andere Autor_innen fokussieren bewusst die individuellen Ressourcen (Leckner 2014) oder erklären Flucht als Autonomie- und Kompetenzleistung (Egger und Walter 2015), die als Erfolgsgeschichten in der Psychotherapie verdichtet narrativ zugänglich werden.

3.2 Perspektive der Geflüchteten

Die Perspektive auf die rechtlichen Rahmenbedingungen darf sich nicht auf die Psychotherapeut_innen beschränken, sondern sollte auch danach fragen, wie Geflüchtete ihrerseits – als handlungsfähige Subjekte – auf den begrenzten Zugang zur gesundheitlichen Versorgung reagieren. Einige wenige Studien geben darüber Auskunft. So haben Baron et al. (2014) konkret die Perspektive der Flüchtlinge anhand qualitativer Interviews untersucht. Die Akteur_innen reagieren auf Barrieren, eine heilende psychotherapeutische Behandlung in Anspruch nehmen zu können mit unterschiedlichen Bewältigungsstrategien, mal proaktiv, mal defensiv. Dabei empfinden sie sich teils gefangen in einem Zustand erzwungener Passivität, teils als unangenehm, da sie beharrlich auf ihre Bedürfnisse insistieren und ungewollt viel Lärm um sich machen müssten (ebd., S. 711). Zu diesem „Lärm" gehört z. B. auch die oft wiederholte Begutachtung zur Objektivierung des psychischen Zustands.

Auch Brandmaier (2013) nimmt die Perspektive von Flüchtlingen in den Blick, sie hat Flüchtlinge aus Ex-Jugoslawien, befragt. In den Ergebnissen kristallisiert sich heraus, dass sich viele Flüchtlinge „neben sprachvermittelter […] psychotherapeutischer Behandlung […] vor allem soziale und juristische Unterstützung zur Verbesserung ihrer Lebensbedingungen" wünschen (ebd., S. 27). Brandmaier folgert: *„Traumafokussierte psychotherapeutische Arbeit bildet nur einen Teil des bei*

10 Vgl. http://www.mfh-bochum.de/index.php/gerechtigkeit-heilt.html. Zugegriffen: 11.08.2016.

traumatisierten Flüchtlingen und Folteropfern notwendige Behandlungs- und Rehabilitationsprozesses. Sie ist eingebettet in ein therapeutisches Konzept, das auch medizinische sowie sozialarbeiterische, sozialtherapeutische und integrationsfördernde Maßnahmen umfasst" (ebd., S. 28).

Neben der notwendigen Multidisziplinarität und Multimodalität angemessener psychotherapeutischer Ansätze für Flüchtlinge, verweist Ottomeyer (2013) auf Grenzen: „*Psychotherapie kann [...] erwiesenermaßen helfen. Allerdings nicht immer und vor allem nicht denen, die zwar Schreckliches erlebt haben, aber keine Psychotherapie wollen. Der Anteil dieser Personen ist nicht gering, gerade auch unter politisch Verfolgten, die oftmals andere Vorstellungen von der Wiederherstellung ihrer verletzten Integrität haben. Manche wollen ihren Peinigern nicht auch noch den Triumph gönnen, dass sie zu einem Fall für die Mediziner und Psychologen werden*" (Ottomeyer 2013, S. 223). Hingegen machen viele Psychotherapeut_innen, die mit Flüchtlingen arbeiten, die Erfahrung, dass das Angebot der Psychotherapie zwar erklärungsbedürftig und in der Regel in den Heimatländern unbekannt ist, jedoch bereitwillig und mit hoher Motivation angenommen wird und sehr gute Effekte zeigt –, wenn die realen sozialen Barrieren wie Aufenthalt, Wohnen, Familie, Arbeit, Bildung bewältigt werden können und eine gesellschaftliche Inklusion möglich wird. Ein 17-jähriger Jugendlicher aus Sierra Leone sagte beispielsweise rückblickend (Fallbeispiel aus dem PSZ Düsseldorf): „*Am Anfang war es so merkwürdig. In der Heimat hat mein Vater mir beigebracht, zu schweigen und Respekt zu zeigen. Hier sehen mich eine ältere Therapeutin und ein älterer Dolmetscher an und erwarten, dass im Raum meine Stimme klingt. Es fühlte sich ungehörig an, und ich habe nicht verstanden, wozu es gut sein soll, ich fragte mich immer, wann die Behandlung beginnt. Aber danach war mein Kopf leichter. Mit der Zeit habe ich gefühlt, dass es gut tut, und ich habe mich ein bisschen daran gewöhnt, immer angeguckt zu werden und zu sprechen.*"

3.3 Perspektive auf den Kern des ‚Geschäfts': die therapeutische Beziehung

Die therapeutische Beziehung – als wichtigster Wirkmechanismus jeder Psychotherapie – wird abhängig vom Störungsbild, therapeutischer Schule und vor allem der Persönlichkeit der Beteiligten geformt und dient als Interventionspool; sie wird durch verbale, para- und nonverbale Handlungsweisen gestaltet. In der psychotherapeutischen Arbeit mit Geflüchteten lassen sich neben erwartbaren, „normalen" Beziehungsdynamiken, die es in jeder Psychotherapie gibt – abhängig von der Psychopathologie (z. B. Traumatisierung, Psychose, Persönlichkeitsstörung) der Klient_in und der Persönlichkeit der Psychotherapeut_in – typische

Momente und Muster für die Beziehung herausstellen. Als äußerer Rahmen beeinflussen politische, rechtliche und kulturelle Aspekte den inneren Rahmen der Beziehung, auf die wir im Folgenden eingehen.

3.3.1 Politisiertes Umfeld

Als Herausforderung für die Gestaltung der therapeutischen Beziehung identifiziert Mogk (2016) vor allem die verletzten Grundbedürfnisse (Hunger, Durst, Schlaf, Bindung) in der Vergangenheit (Traumatisierung) und Gegenwart (Lebenssituation von Flüchtlingen: Unterbringung, Schlaf, Ernährung, Trennung von Familie), die in der Beziehung zu Psychotherapeuten Einfluss haben können. Diese Frustrationen der Bedürfnisse führen zu Erwartungen seitens der Klienten und können nicht selten Impulse zu Versorgung und Befriedigung bei Psychotherapeuten auslösen, die dem Heilungsprozess nicht unbedingt dienlich sind und gelegentlich mit Überhöhung der Therapeuten oder bei Nicht-Befriedigung zu ihrer Abwertung führen können.

Gerade wenn Psychotherapeut_innen im Herkunftsland Verfolgung und im Aufnahmeland Ungleichheiten wahrnehmen, wenn Menschenrechtsverletzungen ihre Wahrnehmungsroutinen einer sicheren Welt irritieren, verleitet es sie zu Abwehrvorgängen und Gegenübertragungen, die von empathischem Überengagement bis hin zum Vorwurf nach Übertreibung und Simulation reichen können. Ottomeyer spricht in diesem Zusammenhang von einem notwendigen „Empörungsmanagement" (2014, S. 75) der Psychotherapeuten, die balancieren müssen zwischen einem therapeutisch-beruhigendem und einem menschenrechtspolitisch empörten Ego-State, zwischen „Mutter Theresa" und „Zorro" (ebd., S. 81). Gelegentlich sei es möglich, die Empörung an engagierte Jurist_innen und auf Kolleg_innen, die Öffentlichkeits- und Menschenrechtsarbeit machen, zu delegieren. Ottomeyer verweist darauf, dass ein fremdenfeindliches Umfeld und ein „Klima der Verleugnung" (ebd., S. 80), die Psychotherpaeut_innen nicht unbeeindruckt lässt. Auch wenn diese quasi per Handwerk Abwehrdynamiken reflektieren können sollten, ist die Wahrscheinlichkeit der eigenen Verunsicherung und Verängstigung vorhanden. Sei es, in einer imaginierten Fremdwahrnehmung (Bin ich jetzt der dumme Gutmensch, der karikiert wird?) oder in Ängsten, wie dem Einbruch einer gewalttätigen Welt in die eigne friedlich-ruhige Wirklichkeit.

Diese unruhige Wirklichkeit wird durch die internationalen politischen Entwicklungen unlängst in den therapeutischen Raum hineingetragen. Vor dem Hintergrund der aktuellen globalen politischen Konflikte, die teils kriegerisch ausgetragen werden, genügt es nicht, sich auf Befremdungsgefühle einzustellen, vielmehr scheint Positionierung auch im psychotherapeutischen Beziehungsgeflecht integraler Bestandteil zu sein. Problemfelder wie: Grenzen und Herausforderungen des psychotherapeutischen Handelns, die Übertragungsdimensionen in transkulturellen Kontexten, die notwendigen Haltungen gegenüber eigenen prekären Gefühlen (Ambiguität), Fragen ethischer Verantwortung, werden längst von Psychotherapeut_innen thematisiert[11], wenn auch weiterhin in spezialisierten Kreisen.

Über den Einfluss der äußeren Welt auf die innere Welt der Klienten und der psychotherapeutischen Beziehung hebt Kudritzki (2015, S. 124) das Thema des Verlusts und Trauer bei Flüchtlingen hervor.

Kudritzki unterscheidet neben äußerer und innerer Welt die Besonderheiten des Settings (Sprachbarrieren, Unsicherheit Aufenthalt, begrenzte Stundenzahl, Problem der Trauer und Identitätsentwicklungen, Kultursensible Therapie, Fortsetzung von Kriegen). Viele Flüchtlinge seien traumatisiert, aber *alle* haben ihre Heimat verloren, der Verlust der Heimat ist allen gemeinsam und ist zunächst eine politische Tatsache. Die Komplexität des Heimatverlustes besser zu fassen, schlägt Kudritzki mit Bezug auf Papadopoulos den Begriff der „nostalgischen Desorientiertheit“ (ebd., S. 119) vor, um zu verdeutlichen: es geht nicht nur um „Verlust konkreter Objekte, sondern den Verlust der prospektiven und retrospektiven Funktion der Heimat“ (ebd.) und einer existentiellen Angst, die damit ausgelöst wird. Geflüchtete könnten eben nicht „gefahrlos heimkehren“, was Gefühle von tiefem Schmerz auslöst, sie wissen aber nicht, ob der neue Ort Heimat werden darf/kann, das hinterlässt eine innerseelische Lücke und Leere. Es ist wichtig diese Lücke zu füllen, um sich wieder eine schützende und haltende Haut der Heimat aufzubauen. Dafür braucht es die „Sicherheit des Aufenthalts und die Kontinuität von Beziehungen“ (ebd.). Diese Lücke kann überbrückt werden, zunächst mit guten Erinnerungen, kleinen Geschichten aus der Familie, über den Heimatort, die so lebendig gehalten werden und den Verlustschmerz abmildern. „Therapeutische Arbeit mit Flüchtlingen sollte dafür Sorge tragen, dass der innerseelische Kontakt (im Sinne einer Kontinuität zu diesen – vielleicht widersprüchlichen Gefühlen nicht abreißt“ (ebd.). Den „psychischen Luxus“ der Nostalgie nach dem verlorenen Paradies können sich Flüchtlinge nicht unbedingt leisten, denn die Heimat, die sie verlassen mussten, ist zerstört, teils verhasst, und kann nicht idealisiert werden. Gelegentlich ist darin eine Chance zu sehen: „Die Unmöglichkeit der Rückkehr konzentriert sämtliche Bemühungen in Richtung Integration in die neue Umgebung“ (ebd., S. 120).

Ziel der Therapie ist es die Möglichkeiten der Heilung zu erweitern, um unfassbare Verluste zu trauern und trotz der fluchtbedingten Diskontinuität, dem Leben ein Gefühl von Kontinuität und Kohärenz zurückzugeben. Das geschieht

11 Z. B. die Jahrestagungen des DTPPP, die 10. Jahrestagung in Bielefeld 2016 (vgl. http://www.transkulturellepsychiatrie.de/aktuelle-kongresse/).

mitunter indem die Lebensgeschichte erzählt wird und dadurch erzählbar wird und so Identitätserleben und Integration von Erfahrungen möglich werden.

3.3.2 Kulturgebundenheit und psychotherapeutische Beziehung

Eine veränderte Welt fordert Psychotherapeut_innen heraus, nicht nur die Kultur ihrer Klient_innen zu beachten, sondern auch ihre eigene kulturgebundene Positionierung und Beschränktheit zu begreifen. Denn ein Entwicklungsprozess in der Psychotherapie setzt voraus, dass die Beziehungserfahrung kontinuierlich reflektiert wird. Fremdheit ist zu einer Normalitätserfahrung in der Weltgesellschaft geworden und dabei werden Psychotherapeut_innen in einer vielfältigen Gesellschaft zunehmend gefordert, ihnen unbekannte Lebensformen kennenzulernen, bzw. sich konfrontiert zu sehen mit allzu bekannten, abgewehrten Wertvorstellungen (beispielsweise patriarchale Annahmen von Würde und Ehre, die zunächst fremd scheinen, aber in der biographisch relevanten Emanzipation der Psychotherapeut_in von ihrer eigenen Elterngeneration im Grunde mehr als vertraut sind). Diese Kompetenz lebensweltlicher Beweglichkeit erfordert, sensibel zu sein für die eigne Verortung und für die Vielfalt von Lebensweisen. Für die eigene Positionierung können vier Prämissen angenommen werden:

1) Fremdverstehen ist Grundlage jeder Therapie, psychotherapeutische Kernkompetenz.
2) Nicht nur die Klient_in, sondern auch die Psychotherapeut_in ist ein kulturelles Wesen.
3) Die Psychotherapie als Methode ist kulturgebunden.
4) Die Begegnung ist eingebettet in die Kultur der Mehrheitsgesellschaft inklusive ihrer Ordnungen.

Jenseits menschlich-universeller Verhältnisse kann eine Ignoranz eigener Kulturgebundenheit zu „Kulturschock" führen, und zwar nicht nur der Klienten, sondern im therapeutischen Kontext insbesondere der eingeborenen Fachkräfte (Lanfranchi 2006). Lanfranchi differenziert als Ausweichstrategien, um aus einer Situation der Verlegenheit, der Irritation und manchmal auch des Kulturschocks auszubrechen, verschiedene Strategien u. a. Projektionen, Machtmanifestation, Blockaden und Rückzug, Formalismus, Rationalisierung, Pathologisierung.[12] Nicht „das System", nicht die Flüchtlinge, sondern die professionellen Fachkräfte selbst würden

12 „a) *Projektionen*. Misserfolge werden den Migranten selber zugeschrieben: Sie sind unmotiviert, uneinsichtig, unzuverlässig, etc.

dann zu einer „Zugangsbarriere". Die Entstehung der Ausweichreaktionen seien nachvollziehbar, da diese Hürden quasi gelernt wurden: als Stereotype und Vorurteile, über Ethnozentrismus, über einengende individualisierte theoretische Modelle, die Professionelle während ihrer Ausbildung lernen und die dazugehörigen Verfahren wie z. B. unbedingte Abstinenz und Distanz.

Der Titel „Von Wänden und Wenden im Therapiezimmer"[13] ist ein typisches Skript von berichteten Fallgeschichten, die zunächst scheinbar schwierig und in einer Sackgasse scheinen und sich später auflösen. Die Sackgassen entstehen in der Regel, wenn Klient_innen in ethnischen Stereotypen essentialisiert werden, ihnen statische Zugehörigkeiten unterstellt werden, wenn mechanistisch an Manuale und Tests orientiert gearbeitet wird und eigene selbstreflexive Potentiale durch persönliche „hot spots"[14] der Therapeut_innen den Prozess erlahmen.

So führt Kagan (2015, S. 102 f.) ein Fallbeispiel aus ihrer supervisorischen Tätigkeit mit Therapeut_innen, die mit Flüchtlingen arbeiten, auf. Eine Therapeutin klage über fehlende Kooperationsbereitschaft einer Frau aus dem Kosovo. Trotz des Bewusstseins für die tiefe Depression der Patientin, habe die Therapeutin keine Empathiefähigkeit aufbringen können. Sie argumentiere, dass eine muslimische Patientin weit weg von westlichen Werten nicht über Therapie erreichbar sei

---

b) *Machtmanifestation.* Die eigene up-Position als Experte wird markiert und mit Machtmitteln legitimiert. Beispiel eines Heimleiters: ‚Sollten Sie sich im nächsten halben Jahr nicht regelmäßig von den Erzieherinnen ihres Sohns beraten lassen, leite ich den Obhutentzug ein.'

c) *Blockaden und Rückzug.* Die Stressüberflutung lähmt den Professionellen. Auf Klemmen reagiert er mit defensivem Zuhören und dann evtl. mit Beziehungsabbruch: ‚Ich kann Ihnen leider doch nicht helfen, wenden Sie sich an einem Berater aus ihrem Kulturkreis...'

d) *Formalismus.* Statt Beziehung zu gestalten und die eigenen Handlungsspielräume mit Kreativität zu nutzen wird auf Reglemente und Gesetze verwiesen: ‚Lesen Sie zuerst diese Dokumente und melden Sie sich dann wieder, bei Bedarf...'

e) *Rationalisierung.* Um nicht kritisiert oder disqualifiziert zu werden, und um keine Blamage vor den Kollegen zu riskieren, werden externalisierende, etwa kulturalisierende Erklärungen gesucht: ‚Sein patriarchalisches Verhalten ist kulturell bedingt, er fühlt sich von mir bedroht, weil ich eine Frau bin.' Oder: ‚Ich kann nichts tun, weil ich wegen seiner mangelnden Sprachkenntnisse nicht zu den wesentlichen Informationen komme'.

f) *Pathologisierung.* Statt Widerstand oder bizzarres Verhalten im Kontext einer spezifischen Situation oder eines bestimmten Lebenszyklus zu stellen und somit zu normalisieren, werden diagnostische Kategorien aktiviert oder neu geschaffen. Ab und zu geschieht das in einer furchtbar despektierlichen Art und Weise, wie bei den Begriffen ‚Transalpinitis', ‚Tutto-fa-male-Syndrom' oder sogar ‚Ethnodebilität'" (Lanfranchi 2006, S. 12 f.).

13 Workshop auf dem DTPPP Kongreß 2015 in Münsterlingen „Von Wänden und Wenden im Therapiezimmer"

14 Meint biographisch relevante Vorerfahrungen oder persönlich besonders bedeutsame Werte und Normen (vgl. Keuk et al. 2011, S. 343), hat hier keinen Bezug zum dem Begriff Registrierzentren für Flüchtlinge.

und gibt indirekt Auskunft über ihre unbewusste Wut über die Stagnation in der Therapie. Nach einigen Supervisionen löst sich die Starre, als die Therapeutin der Supervisorin von einem Familiengeheimnis erzählt, dass ihre Großmutter während des Krieges von einem russischen Soldaten vergewaltigt worden sei. Später, in einem Einzelgespräch ohne Dolmetscher und Ehemann, mit gebrochenen Deutsch, gelingt das Gespräch: die Patientin berichtet sie sei brutal während des Krieges von serbischen Soldaten vergewaltigt worden. Ein Geheimnis, das sie niemals ihrem Mann erzählen könne. Nach dieser Erzählung säßen sie schweigend, da keine tröstenden Worte gefunden wurden. Doch aus dem Weg geräumt war schließlich die anfängliche Skepsis und es wurde klar, dass es natürlich möglich ist, mit einer Frau anderer Religion und Kultur zusammenzuarbeiten.

Die Wände lösen sich in Wenden auf, wenn es gelingt Empathiefähigkeit beizubehalten, menschliche Verbundenheit wahrzunehmen, auch bei Fremdheit und Unterschieden im Hinblick auf Sprache, Werte, Religion, Geschlecht und emotionaler Kommunikation usw., wenn an systemischen, dynamischen und prozessorientierten Perspektiven gearbeitet wird. Hilfreich ist – im Sinne von Yalom – die Psychotherapie für jede Patientin neu zu erfinden.

Lanfranchi plädiert dafür, die „erlebten Situationen des Scheiterns und der Insuffizienz" zu transformieren in neugieriges, mehrperspektivisches Denken und Handeln. Sprich: Migrationsbedingtes und Kulturelles nicht zu pathologisieren, Psychologisches nicht kulturalisieren und Soziologisches nicht zu psychologisieren. „Dieser Patient war auffällig parathym", konstatiert eine junge Psychologin nach dem Erstgespräch mit einem jungen tamilischen Geflüchteten. Dieser wiederum zeigte lediglich ein erlerntes, im heimatlichen Kontext sozial angepasstes Verhalten – lächle und belästige Dein Gegenüber nicht mit Deinen aversiven Gefühlen. Die Vielfalt der Perspektiven beugt „Kulturalisierungsfallen" (Gün 2007) vor und korrespondiert mit der Strategie der diversitätsbewussten Analyse (van Keuk et al. 2011), die im Folgenden in Bezug auf die eingangs eingeführten Fallbeispiele (2.) exemplarisch ausgeführt wird.

3.3.3 Arbeitsbeziehung gestalten – Gemeinsamkeiten und Unterschiede der Interaktionspartner_innen anhand der Diversity Merkmale

Zur Gestaltung der psychotherapeutischen Arbeitsbeziehung und zum Verständnis von möglichen Kommunikationsstörungen ist die Analyse der Diversity Kriterien hilfreich.[15] Diversity Kriterien bleiben zwar gruppenbezogen und damit nicht

15 Oftmals erreichen die Psychosozialen Zentren Fortbildungsanfragen von psychologischen Profis aus den unterschiedlichen Arbeitsfeldern, beispielsweise mit Fragen wie „Können Sie

frei von Zuschreibungen, aber die Kriterien sind zum einen hilfreicher zum Verständnis von Gemeinsamkeiten und Unterschieden, und andererseits fokussieren Diversity Ansätze strukturelle Zugangsbarrieren und Exklusion. Diversity als englischer Begriff ist mit „Vielfalt, Mannigfaltigkeit" nur unzureichend übersetzt. Im 14. Jahrhundert im Oxford Dictionary erwähnt, wird er mit „Bedingung und Beschaffenheit von Verschiedenheit" erklärt (vgl. Ehret 2011, S. 44) – unter, welchen situativen Bedingungen wird beispielsweise ein Mensch als „anders" eingestuft?

Eine der Wurzeln von Diversity Konzepten beruht auf der US-amerikanischen Bürgerbewegung, also von ‚unten', während in Europa die Durchsetzung interessanterweise eher als Top-Down Prozess erfolgte, beispielsweise durch die EU Verordnungen zu Antidiskriminierung und Gleichbehandlung. In Deutschland wurde der Ansatz durch Umsetzungen in der Wirtschaft etabliert, beispielsweise in den Ford Werken in den 90er Jahren. Dabei bietet Diversity vielversprechende konzeptionelle Möglichkeiten, das eigene Befremden und die strukturelle Ausgrenzung in den Blick zu nehmen. Die sogenannten Diversity Kriterien stellen dabei keine Zuschreibungen von Eigenschaften dar („alte Menschen sind…", „Frauen sind…"), sondern Wahrscheinlichkeiten von struktureller Exklusion. Ein 45-jähriger Obdachloser mit dunkler Hautfarbe wird im Kontakt mit Behörden andere Erfahrungen machen als ein 45-jähriger Bankier mit schwäbischen Akzent und weißer Hautfarbe. Oftmals werden Schwierigkeiten in der therapeutischen Beziehung auf den vermeintlich unterschiedlichen nationalen oder kulturellen (was oft gleichgesetzt wird, aber keinesfalls gleichbedeutend ist) Hintergrund hin attribuiert, und könnten im Einzelfall möglicherweise eher mit Geschlechterdifferenz, unterschiedlichen Alter oder Sprachbarrieren zu erklären sein. Ein Blick durch die Diversity Perspektive auf die eingangs vorgestellten Fallbeispiele (siehe die Tabelle für Herrn M. auf der nächsten Seite) macht deutlich, dass es viele Gemeinsamkeiten gibt, und vor allem die gemeinsame Milieuzugehörigkeit in der Interaktion ein verbindendes Element darstellt. In einem psychotherapeutischen Prozess hingegen könnte die religiöse Praxis des Dolmetschers in spezifischen therapeutischen Situationen problematisch wahrgenommen werden (‚wenn beispielsweise Verhaltensweisen des atheistischen Klienten durch den gläubigen Dolmetscher unausgesprochen als „haram" bewertet werden oder, wenn die nicht-muslimische Therapeutin sich zu Werten des Klienten äußert, die aus der Perspektive des Dol-

---

uns vermitteln, welche Erziehung in muslimischen Familien erfolgt und wie wir die Väter erreichen?" oder „Welche Konzepte von Krankheit und Heilung existieren in Syrien?". Anhand der Praxiserfahrungen in der Arbeit mit Geflüchteten können diese Erwartungen nicht erfüllt werden, da sich keine Aussagen zu diesen großen, heterogenen Gruppen treffen lassen. Hilfreich könnte sein, die eigenen Bilder und Vorannahmen zu „muslimischen Eltern" oder „Syrern" zu reflektieren.

Herr M.:

Diversity Kriterium	Herr M.	Dolmetscher	Therapeutin
Alter (Jahre)	38	48	45
Geschlecht, sexuelle Orientierung	M heterosexuell	M heterosexuell	W heterosexuell
Migrationsgeschichte, (Erst)Sprache	Migrationserfahrung Asylbewerber Arabisch	Migrationserfahrung „Neuer Deutscher" Arabisch	In Deutschland geb. „Alte Deutsche" Deutsch
Milieuzugehörigkeit	Mittleres Bürgertum, studiert (Jura), in Großstadt sozialisiert (Aleppo)	Mittleres Bürgertum, studiert (BWL), in Großstadt sozialisiert (Kairo)	Mittleres Bürgertum, studiert (Psychologie), auf dem Dorf sozialisiert (Eifel), aktuell Großstadt (Düsseldorf)
Behinderung	nein	nein	nein
Hautfarbe (Selbstbeschreibung)	weiß	weiß	weiß
Religion und religiöse Praxis	Muslim, Atheistische religiöse Praxis	Muslim, sunnitische religiöse Praxis	Christin, deistische religiöse Praxis
Familienstand	verheiratet, 3 Kinder	verheiratet, 2 Kinder	verheiratet, kinderlos

metschers nicht im Einklang zu dessen offizieller Glaubenszugehörigkeit stehen). Umso wichtiger wäre es im Falle einer kontinuierlichen psychotherapeutischen Behandlung in dieser Triade, gründliche Nachgespräche mit dem Dolmetscher zu führen, um ihn in seiner persönlichen religiösen Überzeugung zwar akzeptierend zu begegnen ihm gleichzeitig aber eine professionelle, wertschätzende Offenheit und Flexibilität gegenüber abweichenden Werten und Normen von „Glaubensbrüdern" zu ermöglichen.

Die Analyse der Diversity Kriterien erlaubt also, Gemeinsamkeiten und Unterschiede jenseits der nationalen Herkunft wahrzunehmen, die eine gelungene oder konflikthafte therapeutische Arbeitsbeziehung mit bedingen. In diesem Fall war es vor allem das Merkmal „religiöse Zugehörigkeit und Praxis", dessen Diversität in der Behandlung berücksichtigt werden musste und dass augenscheinlich

Frau A.:

Diversity Kriterium	Frau A.	Dolmetscherin	Therapeutin
Alter (Jahre)	43	29	45
Geschlecht, sexuelle Orientierung	w heterosexuell	w heterosexuell	w heterosexuell
Migrationsgeschichte, (Erst)Sprache	Migrationserfahrung Asylbewerberin Romanes	Migrationserfahrung „Neue Deutsche" Romanes, Mazedonisch, Deutsch	In Deutschland geb. „Alte Deutsche" Deutsch u. a.
Milieuzugehörigkeit	Geboren in unterem Arbeitermilieu, Familiengründung in Mittleres Bürgertum, keine Schulbildung, lebte in Kleinstadt (Mazedonien)	Mittleres Bürgertum, Eltern sind Akademiker, mittlerer Schulabschluss, in Großstadt sozialisiert (Skopje)	Mittleres Bürgertum, studiert (Psychologie), auf dem Dorf sozialisiert (Eifel), akt. Großstadt (Düsseldorf)
Behinderung	Ja (Epilepsie, schwere psychische Erkrankung mit Wahn und Halluzinationen, Intrusionen, sozialer Rückzug/Mutismus, Pflegebedürftigkeit im Alltag)	nein	nein
Hautfarbe (Selbstbeschreibung)	„dunkel"	weiß	weiß
Religion und religiöse Praxis	Muslima, religiöse Praxis	Muslima, religiöse Praxis	Christin, deistische religiöse Praxis
Familienstand	verheiratet, 3 Kinder	verheiratet, 2 Kinder	verheiratet, kinderlos

stärkeren Einfluss auf die therapeutische Arbeitsbeziehung hatte als die gemeinsame Sprache (Arabisch).

In diesem Fallbeispiel zeigt sich in der Analyse der Diversity Merkmale zum einen die Gemeinsamkeit in Milieuerfahrungen, jedoch wesentliche Unterschiede in Bezug auf Bildung, selbst zugeschriebene Hautfarbe/Minderheitenzugehörigkeit und Behinderung. Ohne sorgfältige Berücksichtigung dieser Unterschiedlichkeiten könnten leicht spezifische Beziehungshindernisse in der therapeutischen Arbeitsbeziehung auftauchen – beispielsweise indem die Dolmetscherin lauter wird, um zu erreichen, dass die aus ihrer Sicht ungebildete Klientin endlich etwas versteht oder, indem die Therapeutin auf wesentliche Interventionen verzichtet, weil sie die Klientin „überfordern" könnten. Gerade die Zugehörigkeit zu einer Minderheit, die extremer Ausgrenzung und Diskriminierung sowohl in der Heimat als auch in Deutschland ausgesetzt ist, erfordert oft eigene Supervision und klärende Nachgespräche mit der Dolmetscherin. In diesem Fall beispielsweise ertappte sich die Therapeutin in einer überfürsorglichen, paternalistischen Haltung gegenüber der Klientin, die nicht zielführend war. Die Dolmetscherin wiederum erkannte bei sich abwertende emotionale Reaktionen („sie versteht es nicht, und das macht mich immer so wütend, dass meine Leute nichts verstehen, es kann doch nicht so schwer sein"). Umso wichtiger war es, im therapeutischen Verlauf die Gemeinsamkeiten – alle Beteiligten kannten Lebenssituationen in gesicherten, materiellen Verhältnissen, alle sind heterosexuelle Frauen. Letztere Gemeinsamkeit konnte sich zu einem tragenden Element der Arbeitsbeziehung entwickeln, zumal die Klientin schwerer frauenspezifischer Gewalt durch männliche Kriminelle in der Heimat ausgesetzt war, gegen die die mazedonische Staatsgewalt nicht schützen wollte oder konnte.

4 Beispiele politischer Vulnerabilität: Begutachtungswesen und Umgang mit Folteropfern

Anhand der Schlaglichter zu den Themen ‚*Atteste und Begutachtung*' und ‚*Folter*' soll im Folgenden der Einfluss flüchtlingsspezifischer Strukturen für die Psychotherapie aufgezeigt, und die damit einhergehende mögliche politische Vulnerabilität abschließend reflektiert werden.

4.1 Schlaglicht Atteste und Begutachtung

Flüchtlinge unterliegen speziellen gesetzlichen Rahmenbedingungen, die wiederum Einfluss auf die Behandlung haben. Beispielsweise gilt die „Mitwirkungspflicht", die umfassen kann, den Behörden über laufende Behandlungen Auskunft zu geben und einen Nachweis zu liefern. Wohlgemerkt – eine Auskunftspflicht nicht nur den evtl. zahlungspflichtigen Sozialämtern gegenüber, sondern beispielsweise gegenüber der Ausländerbehörde. Ein zugewandter Sachbearbeiter der Ausländerbehörde könnte beispielsweise einen Geflüchteten fragen „Befinden Sie sich in therapeutischer Behandlung? Bringen Sie mal ein Attest!", womit sich dann der geflüchtete Klient an seinen Psychotherapeuten wendet. Bei Unkenntnis des gesetzlichen Rahmens kann an dieser Stelle bereits eine Beziehungsstörung entstehen, wenn der Psychotherapeut beispielsweise vermutet, der Geflüchtete habe nur eine Behandlung aufgesucht, um eine solche Bescheinigung zu erlangen und seinen Aufenthalt möglicherweise abzusichern. Sicher mag es auch diese Fälle geben, aber zunächst sagt die Bitte nach einem Attest nichts über die

Therapiemotivation des Geflüchteten, sehr wohl aber über die flüchtlingsspezifischen Rahmenbedingungen aus.

Grundsätzlich wird unterschieden zwischen kurzen Attesten und Bescheinigungen mit eingeschränkter Fragestellung, ausführlichen Stellungnahmen im Auftrag der Klient_innen und Gutachten, die von den entscheidungsbefugten juristischen Instanzen wie Bundesamt für Migration und Flüchtlinge (Bamf), Verwaltungsgerichten (VG) und Ausländerbehörden in Auftrag gegeben werden können.

Seit März 2016 gilt das *Asylpaket 2*, in dem an anderer Stelle im Zusammenhang mit Abschiebungen ausführlich eingegangen wird (vgl. Beitrag Eßer in diesem Buch). Relevant ist aber dieses Gesetzespaket auch für die psychotherapeutische Behandlung Geflüchteter: Die neuen Gesetze sollen „Durchführungshindernisse in der Abschiebung abschaffen" und reibungslose Rückführungen auch kranker Flüchtlinge erleichtern. Hierbei stellen die bisherigen Atteste und Bescheinigungen, die psychische Störungen attestieren, für die rückführenden Behörden ein Durchführungshindernis dar. Ab März 2016 dürfen nur noch ärztliche Atteste, die bestimmten Qualitätskriterien genügen, und die nicht älter als zwei Wochen sind, überhaupt berücksichtigt werden. Der Spielraum der einzelnen Sachbearbeiter wurde hierbei deutlich eingeschränkt. Die „Posttraumatische Belastungsstörung" wird „regelhaft als nicht schwer wiegend" eingestuft, eine rein medikamentöse Behandlung an einem beliebigen Ort in der Heimat wird als ausreichende Behandlung eingestuft. Lediglich eine lebensbedrohliche Schwere der Störung, die nachgewiesen wird, kann im Einzelfall ein Abschiebehindernis darstellen.

Trotz massiver Proteste der klinischen Fachgesellschaften (BDP, IPPNW, DGSP, BafF etc.), die sich auf inhaltliche Fehler des ersten Gesetzesentwurfes bezogen, wurde das *Asylpaket 2* beschlossen. Es ignoriert hierbei u. a., dass …

- die Posttraumatische Belastungsstörung (PTBS) ein Störungsbild darstellt, dass wegen der vielfachen traumatischen Belastungen, denen Flüchtlinge ausgesetzt sind, bei dieser Population sehr häufig vorkommt (wobei die Prävalenzen in der Forschung zwischen 35 % und 60 % in den repräsentativen Stichproben schwanken (vgl. 40 %, Gäbel et al. 2006).
- eine theoretisch verfügbare Behandlung in der Hauptstadt eines Herkunftslandes möglicherweise im Einzelfall weder bezahlbar noch verfügbar ist,
- ein Zahnarzt sicher weniger kompetent ist, eine psychische Störung auszuschließen oder zu diagnostizieren, als approbierte Psychotherapeut_innen, deren Expertise aber im Vorfeld einer Abschiebung ausgeschlossen wird,
- laut Behandlungsleitlinie eine PTBS eben nicht rein medikamentös zu behandeln ist. Es handelt sich um eine Störung mit Intrusionen, Ängsten und Vermeidungsverhalten als zentrale Symptome. Zwar können Intrusionen durch

Neuroleptika gedämpft werden, jedoch nur um den Preis von teils gravierenden Nebenwirkungen. Ängste hingegen sind rein medikamentös nur unzureichend zu lindern; viele Sedativa haben ihrerseits eine abhängig-machende Wirkung und können nur kurzfristig verschrieben werden.

Im Verlauf des Asylverfahrens können die explorierten Inhalte aus der Psychotherapie durchaus entscheidungsrelevant sein. Während kurz vor einer Abschiebung nur noch ärztliche (keineswegs nur fachärztliche) Einschätzungen der Reisefähigkeit oder -unfähigkeit zugelassen sind, sollten im laufenden Asylverfahren alle differenzierten klinischen Schreiben Berücksichtigung finden. Hierbei sind die in der folgenden Tabelle aufgeführten Stationen im Asylverfahren zu unterscheiden.

Nachvollziehbar, wenn niedergelassene Psychotherapeutinnen zunächst eine solch weitgehende Verpflichtung abwehren und sagen – „dies gehört nicht zu meiner Aufgabe". Zumal niemand diese Leistung bezahlt, es sei denn, ein ausführliches Gutachten würde von den juristischen Entscheidungsträgern in Auftrag gegeben. Aber es muss berücksichtigt werden, dass eben auch das Nicht-Schreiben zu einer Abschiebung führen kann. Dem flüchtlingsspezifischen gesetzlichen Rahmen können weder der Geflüchtete, noch Psychotherapeut_in sich tatsächlich entziehen, er wirkt in jedem Fall von außen in die Behandlung und die psychotherapeutische Beziehungsgestaltung ein.

Empfehlenswert ist es daher, die Anzahl der behandelten Klient_innen mit Fluchterfahrungen langsam und schrittweise zu erhöhen und sich währenddessen sehr gut mit den örtlichen PSZs, den Flüchtlingsberatungsstellen und deren Anwälten, kompetenten und aufgeschlossenen Fachärzten zu vernetzen, um eine eigenen Überforderung zu umgehen und sinnvolle, effiziente Interventionen zu unternehmen. Die Bundesärztekammer hat zudem ein Curriculum verabschiedet, das ebenfalls von den verschiedenen Psychotherapeutenkammern unterstützt wird, und das der qualifizierten Begutachtung im Asylverfahren dient (vgl. Übersicht auf der folgenden Seite).[16]

4.2 Schlaglicht Folter

Nach der UN Anti Folterkonvention, Artikel 1 und 2 (Convention against Torture and Other Cruel, Inhuman or Degrading Treatment or Punishment/CAT), umfasst Folter… *„jede Handlung, durch die einer Person vorsätzlich große körperliche oder seelische Schmerzen oder Leiden zugefügt werden, zum Beispiel um von ihr oder einem Dritten eine Aussage oder ein Geständnis zu erlangen, um sie für eine*

16 Unter www.sbpm.de sind die Fortbildungstermine bundesweit zu erfahren.

Stand des Asylverfahrens	Erkennbar an…	Hilfreiche klinische Schreiben
Vor Antragstellung	▪ Papier: Bescheinigung über die Anmeldung, „Büma" oder Ankunftsnachweis ▪ Noch kein Interview beim Bundesamt für Migration und Flucht Bamf	▪ Kurze Bescheinigung an das Bundesamt, dass der geflüchtete sich in psychotherapeutischer Behandlung befindet. Achtung: Unbedingt mit Angabe des Aktenzeichens des Bundesamtes, falls schon vorhanden (nach Aktenanlage mit Daumenabdruck)
Laufendes Asylverfahren 1: Bundesamt für Migration und Flucht	▪ Papier: Aufenthaltsgestattung ▪ Interview zu Fluchtgründen beim Bundesamt für Migration und Flucht Bamf ist erfolgt ▪ noch keine Entscheidung des Bamf	▪ Protokoll des Interviews anfordern (Rechtsanwalt/Flüchtlingsberatungsstelle) ▪ Mit Angabe des Aktenzeichens des Bundesamtes ausführliche Stellungnahme aus dem Therapieverlauf erstellen ▪ Kernfragen aus juristischer Sicht: Was hat er/sie? Wie wahrscheinlich ist es, dass diese Störung vorliegt, gibt es alternative Erklärungen (Simulation, Differentialdiagnose)? Was passiert bei Rückkehr?
Laufendes Asylverfahren 2: Verwaltungsgericht	▪ Papier: Aufenthaltsgestattung ▪ Interview zu Fluchtgründen beim Bundesamt für Migration und Flucht Bamf ist erfolgt ▪ negative Entscheidung des Bamf liegt vor ▪ Gerichtsverfahren hat noch nicht stattgefunden	▪ Vernetzung mit Flüchtlingsberatungsstellen und Rechtsanwalt ▪ Rechtsanwalt muss binnen 1 bzw. 2 Wochen eine Klage gegen den ablehnenden Bescheid des Bamf einlegen ▪ Mitteilung an das Gericht über evtl. eingeschränkte Aussagefähigkeit ▪ ausführliche Stellungnahme an das Verwaltungsgericht, Berücksichtigen von bisherigen Aussagen und Protokollen ▪ Kernfragen s. o., evtl. zusätzlich: Warum hat erst jetzt eine Behandlung begonnen? Warum wird erst jetzt eine psychische Störung vorgetragen?
Abgeschlossenes Asylverfahren 1: Positive Entscheidung	▪ Papier: Unterschiedliche Formen der Aufenthaltserlaubnis (später: Niederlassungserlaubnis)	▪ ggf. kurze klinische Schreiben erforderlich, beispielsweise um Auszug aus Wohnheim in Privatwohnung zu beschleunigen, um Überbelastung durch Vollzeit Sprachkurs abzufedern etc. ▪ ggf. Vernetzung mit Flüchtlingsberatungsstellen für integrative Maßnahmen
Abgeschlossenes Asylverfahren 2: negative Entscheidung	▪ Papier: Duldung	▪ zwingend: Vernetzung mit Flüchtlingsberatungsstellen, Rechtsanwalt ▪ ärztliche Schreiben erforderlich ▪ Kernfragen: Wie oft und wie lange hat eine Behandlung (welche) stattgefunden? Mit welchen Methoden wurde das Störungsbild diagnostiziert? Welcher Schweregrad liegt vor? Droht bei Rückführung Lebensgefahr (im Einzelfall konkretisieren und begründen)?

tatsächlich oder mutmaßlich von ihr oder einem Dritten begangene Tat zu bestrafen oder um sie oder einen Dritten einzuschüchtern oder zu nötigen, oder aus einem anderen, auf irgendeiner Art von Diskriminierung beruhenden Grund, wenn diese Schmerzen oder Leiden von einem Angehörigen des öffentlichen Dienstes oder einer anderen in amtlicher Eigenschaft handelnden Person, auf deren Veranlassung oder mit deren ausdrücklichem oder stillschweigendem Einverständnis verursacht werden. Der Ausdruck umfasst nicht Schmerzen oder Leiden, die sich lediglich aus gesetzlich zulässigen Sanktionen ergeben, dazu gehören oder damit verbunden sind".

Menschenrechtsinitiativen kritisieren diese Definition als zu eng, da sie nicht schwere Misshandlungen im Rahmen von Bürgerkriegen und durch Rebellen umfasst. Ebenso werden unmenschliche und grausame Behandlung, wie erniedrigende Inhaftierungsbedingungen, nicht erfasst. Wenn ein Staat Auspeitschungen als reguläre Strafe vorsieht, zählt dies nach der Definition ebenfalls nicht als Folter, da es sich um eine „zulässige Sanktion" handelt. Daher legte beispielsweise EIDHR, The European Instrument for Democracy and Human Rights, eine weitere Definition von Folter zugrunde, die auch lokale Machthaber umfasst, die nicht dem regulären Staat zuzurechnen sind. Folter kennzeichnet sich nicht durch die Qualität und Grausamkeit aus, sondern durch die Intention des Folterers: Geständnisse erpressen, einschüchtern, bestrafen, diskriminieren. Neben der physischen Folter (u. a. Schläge und andere Formen stumpfer Traumata, Schläge auf die Fußsohlen, Aufhängen, andere Positionen für Folter, Stromstöße, dentale Folter, Ersticken, sexuelle Folter einschließlich Vergewaltigung) werden auch psychische Foltermethoden eingesetzt, die in der Regel keine sichtbaren Narben hinterlassen und ebenfalls schwere psychische Schäden verursachen. Hierzu zählen Scheinhinrichtungen, Zeugenschaft von Folterungen Dritter, Entzug von Tageslicht und zeitlicher Orientierung, Isolationshaft etc.

Quirogaund und Jaranson[17] kritisieren, dass die Trennung zwischen körperlicher und psychischer Foltermethoden künstlich sei, da beide Formen ineinandergreifen und vergleichbare Störungen auslösen (Quiroga et al. 2008). Zugleich würden nicht nur Misshandlungen, die der engen Folterdefinition der UN Konvention entsprechen, spezifische Störungsbilder auslösen, sondern ebenso weitere Formen der unmenschlichen, grausamen Behandlung, weshalb die Trennung per definitionem obsolet sei (Basoglu et al. 2007).

Flüchtlinge erleiden häufig in den Heimatländern und auf der Flucht Folter und unmenschliche, grausame Behandlung von regionalen Machthabern, gegenüber denen sie sich nicht wehren können (Wenk-Ahnson 2014). Es gibt keine zu-

17 Quiroga (Medical Director for Torture Victims, Los Angeles, California) und Jaranson (Expert of the World Psychiatric Association, International Rehabilitation Council for Torture Victims, Copenhagen).

verlässigen Daten über die Prävalenz von Folter, 32 % der Klient_innen des PSZ Düsseldorf gehörten 2015 zur Gruppe der Folteropfer.

> *„Sie schlagen mich, ich kenne das, es ist kein Problem. Aber wenn sie mich erniedrigen, wenn ich auf den Knien rutschen soll, wenn sie mich ausziehen und mich wie Dreck behandeln, dann hasse ich mich. Ich werde den Ekel nicht los. Sie zwangen mich, aus einer Toilette zu trinken, sie bedrohten mich, mich wie eine Frau zu behandeln. Aber ich hatte noch Glück, ich sprach Singalesisch und sie konnten mit mir sprechen. Meinen tamilischen Zellennachbar misshandelten sie viel schlimmer, einmal, ich kann die Worte nicht in den Mund nehmen, sie, sie steckten…sowas wie einen Stock. …Nein ich kann das nicht sagen, ich will das nicht. Es bleibt in meinem Kopf. Sie waren wie Tiere. Wie Tiere. So sind keine Menschen. Ich will das alles loswerden.“* (Zitat eines tamilischen Flüchtlings und Folteropfers aus Sri Lanka in einer Exploration im Rahmen einer Begutachtung im PSZ Düsseldorf)

Das Istanbul Protokoll („Handbuch für die wirksame Untersuchung und Dokumentation von Folter und anderer grausamer, unmenschlicher oder entwürdigender Behandlung oder Strafe“) ist der einzige von den Vereinten Nationen anerkannte Standard für die Begutachtung von Folterüberlebenden. Es wurde von der UN Versammlung 2001 verabschiedet.[18] Das Handbuch geht zurück auf eine Initiative der Stiftung für Menschenrechte in der Türkei. An dem Manual arbeiteten seinerzeit 75 Ärztinnen und Ärzte, Psychotherapeut_innen, Rechtsanwälte und Menschenrechtler_innen aus 40 Organisationen und 15 Ländern.[19] Es dient der Untersuchung und dem Nachweis von Folter und unmenschlicher Behandlung und umfasst juristische, medizinische und psychologische Aspekte der Untersuchung.

Die EU Richtlinie 2013/33/EU trat am 19. Juli 2013 in Kraft. Dabei gilt es, vulnerable Geflüchtete frühzeitig zu erkennen, ihnen Schutz vor weiteren gesundheitlichen Beeinträchtigungen sowie die notwendige klinische Behandlung zu gewähren. Die EU Richtlinie (2013/33/EU) stellt insbesondere für die folgenden Personengruppen einen erhöhten Schutzbedarf fest:

- Minderjährige
- unbegleitete Minderjährige
- Menschen mit Behinderung
- Personen mit schweren körperlichen Erkrankungen

18 Resolution 55/89 on December 4, 2000, UHCHR 2001. vgl. www.istanbulprotocol.info.
19 siehe auch die Darstellung auf www.mfh-bochum.de der Medizinischen Flüchtlingshilfe Bochum.

- Ältere Menschen (d.h. Personen über 65 Jahren)
- Schwangere
- Alleinerziehende mit minderjährigen Kindern
- Opfern des Menschenhandels
- Personen mit psychischen Störungen
- Menschen, die Folter, Vergewaltigung oder sonstige Formen psychischer, physischer oder sexueller Gewalt erlitten haben, wie z.B. Opfer der Verstümmelung weiblicher Genitalien.

Die Richtlinie 2013/33/EU trat am 19. Juli 2013 in Kraft. Die Mitgliedstaaten hatten zwei Jahre Zeit, also bis 20. Juli 2015, diese umzusetzen, was nach Einschätzung der spezialisierten Einrichtungen für Flüchtlinge und Folteropfer nicht geschehen ist.[20]

In dem jüngsten Versorgungsbericht (Baron et al. 2015) zieht die Baff (Bundesweite Arbeitsgemeinschaft der Psychosozialen Zentren für Flüchtlinge und Folteropfer) das Fazit: „Ein Versorgungsanspruch für besonders schutzbedürftige Geflüchtete besteht zwar formal durch EU Richtlinien, UN Konventionen sowie weitere internationale Menschenrechtsabkommen – die Analysen zur Versorgungssituation zeigen jedoch,…: Behandlungsangebote erweisen sich in zahlreichen Fällen als nicht verfügbar, nicht zugänglich oder nicht erreichbar… Es bedarf … eines Konzeptes, welches sowohl ein Verfahren für die Frühfeststellung als auch für die Vermittlung und Erbringung der entsprechenden Leistung vorsieht.“

Folteropfer leiden neben körperlichen Beschwerden an einer Vielzahl an psychischen Folgestörungen: Posttraumatische Belastungsstörungen, Schmerzstörungen, Angststörungen, depressive Störungen, psychosenahe Störungen; hinzu kommen soziale Ängste und Beziehungsprobleme, sozialer Rückzug, Schamgefühle. In der Realität aber werden Folteropfer in der Regel nicht als solche erkannt. Im PSZ Düsseldorf werden regelmäßig Folteropfer behandelt, die eine Vielzahl an Narben und teilweise Veränderungen der tieferen Gewebe-, Knorpel- und Knochenstrukturen aufweisen. Sie wurden bereits von Amtsärzten und Hausärzten untersucht,

20 Die Bundesweite Arbeitsgemeinschaft der Psychosozialen Zentren Baff fordert: „Die erforderlichen Maßnahmen dürfen sich nicht nur auf den Zeitraum kurz nach der Einreise der Asylbewerber beschränken; insbesondere vulnerable bzw. besonders schutzbedürftige Menschen müssen auch später Zugang zum Hilfesystem haben. Dies ist nicht nur aus humanitärer, beratender und therapeutischer Sicht notwendig, sondern auch ökonomisch begründbar. Die Behandlung von Spätfolgen traumatisierter Flüchtlinge bei nicht stattgehabter früher Intervention ist mit deutlich erhöhten Kosten für das Sozial- und Gesundheitssystem verbunden; nicht zuletzt kann dadurch das Gelingen einer Integration stark behindert werden“ (http://www.baff-zentren.org/eu-vernetzung/eu-richtlinien. Zugegriffen: 12.08.2016, 11.15 Uhr). Eine systematische Früherkennung von besonders schutzbedürftigen Flüchtlingen und Folteropfern passiert – trotz der EU Richtlinie – nicht.

ohne dass weitere Schritte erfolgten. Vielen Mediziner_innen ist der Umgang mit Folteropfern nicht bekannt, im Studium wird dies in der Regel nicht vermittelt, einzelne Fortbildungen erfordern ein hohes Eigenengagement. Eine rechtsmedizinische Abklärung ist im Asylverfahren nicht vorgesehen und es gibt keiner Kostenübernahme hierfür; in der Regel kennen sich weitere Mediziner_innen mit den Spuren schwerer Misshandlungen nicht aus. Narben können auf vielfältige Weise entstanden sein und müssen nicht zwingend Folge von Folterungen sein. Während es international (Türkei, Großbritannien, Dänemark) durchaus erprobte rechtsmedizinische Verfahren gibt, werden diese in Deutschland bisher nur in Einzelfällen und nach Klärung der Kostenübernahme (Spenden oder im Auftrag beispielsweise des Verwaltungsgerichtes) durchgeführt.

An dem Schlaglicht „Folteropfer" zeigen sich die flüchtlingsspezifischen strukturellen Defizite besonders deutlich – trotz geltender EU Richtlinien und UN Konventionen.

4.3 Internalisierte Grenzregime: Von politischer zu psychologischer Borderline?

Es gibt kein Nicht-Handeln, da auch das Nicht-Schreiben einer Stellungnahme oder Gutachten Folgen hat, ähnlich einer double-bind Situation (vgl. Koch 2013); diese wird im Istanbul Protokoll thematisiert als „Doppelverpflichtung".

Wer Subjekt und Objekt in diesem Prozess ist, Gutachter, Entscheider, Psychotherapeuten oder Geflüchtete, ist reflexionswürdig. Ehret (2013) plädiert für einen „Subjektwiederherstellungsmodus" für Flüchtlinge, da die europäische Migrationspolitik eine Kultur der Verobjektivierung schaffe. Durch die rechtlich-politische Ungleichbehandlung werde bei jedem Alltagsschritt Differenz und Fremdheit hergestellt und der „Verlust des Subjektsstatus allgegenwärtig" (ebd., S. 30). So nachvollziehbar diese Sichtweise ist, trägt sie doch auch die Perspektive in sich, ein Subjekt, nämlich die Gutachterin/Psychotherapeutin springe über ihr unbewusstes kollektives Archiv und mache aus einem bisherigen Objekt ein Subjekt: göttlich, im Wahrsten Sinne des Wortes. D. h. wir lernen professionell Augenhöhe zu erzeugen, die soziale Ungleichheiten und politische Kalküle temporär zur Seite schiebt und sich zwei Menschen begegnen lässt. Wenn wir es allerdings ernst meinen, muss dieser Prozess das Eingeständnis mit sich tragen, dass wir vermeintlichen Profis im selben Boot der Begrenzung vor der „Festung Europa" sitzen, und dass durch unser Handeln das Grenzregime in uns sitzt.

Die Frage der Subjekt-Objekt-Beziehung bleibt vielschichtig und die Dichotomie von Expert_innen und Betroffenen fragwürdig. Aufhorchen ließ uns der Fall einer syrischen Flüchtlingsfrau aus Palästina, die nach Libanon geflüchtet war, in

Syrien studiert hatte und dort palästinensische Flüchtlinge im Lager Jarmuk im Süden der Hauptstadt Damaskus unterstützte und die nun selbst geflüchtet nach Deutschland war und hier Geflüchtete unterstützt. Grenzregime sind nicht nur an den Außengrenzen Europas, wir produzieren sie durch unser fachliches Handeln und durch persönliches Verhalten und sie reichen bis in unser Denken und Fühlen, in sozialen Interaktionen und therapeutischen Settings. Die Grenzen verlaufen zwischen denen, die forschen, und denen, die beforscht werden, denen, die behandeln, und denen, die behandelt werden, denen, die sprechen und die über die gesprochen wird. Ein Anspruch könnte sein „Sprechen lassen", Zuschreibung selbst überlassen. Flüchtlinge selbst zu Wort kommen lassen als reflektierte, handelnde, sprechende Subjekte, die ihre „Pathologie" verhandelt haben. Uns fallen Flüchtlinge ein, wie z. B.:

a) Ein kurdischer Vater, der das pathologische Etikett wollte, aber gesund war.
b) Ein Vater, Roma aus Albanien, der unter der verweigerten Identität als Schutzbedürftiger litt. Herr A. schildert wie er im Kindesalter beim Spielen auf eine Mine – ihm sei gesagt worden aus dem 2. Weltkrieg – getreten sei und wie er infolge erblindet sei und weitere körperliche Verletzungen wie den Verlust der rechten Hand davongetragen habe. Er hat u. a. Psychologie studiert. Obwohl er zum Zeitpunkt des Gesprächs hoch suizidal war, verweigerte er die freiwillige Einweisung mit der Begründung, er habe Angst, dass während er im Krankenhaus sei, seine Frau und Kinder abgeschoben werden könnten. Er war körperlich beeinträchtigt, es gab Verdacht auf eine Traumafolgestörung und er war suizidal, aber er bekam keinen Schutz.
c) Ein afghanischer Mann, mit der Diagnose einer schizoaffektiven Psychose, der die Diagnose und das pathologisierende Label verweigerte. Er war wütend, dass immer nach der Ermordung seines Vaters gefragt wurde. Er fragte, ob wir denn nicht verstehen würden, dass er kein Hund, sondern ein Mensch sei und ihm das schmerze, immer wieder über diese offene Wunde zu sprechen. Leise, den Kopf und Blick senkend und die Schultern eingesenkt, sagt er: Er habe nun verstanden, dass dies hier auch einer der Orte sei, wo er kaputt gemacht werde. Er habe das Gefühl, der Tod sei in seinem Mund. Die Bewohner im Heim würden plötzlich seine Zimmertür aufreißen, ihm sagen, er sei verrückt und sobald dies festgestellt sei, würde er gefesselt und nach Afghanistan abgeschoben.

Was in den Gesprächen passiert ist, ist mehr als eine Therapie oder ein Gutachterin-Gespräch, es ist die Aushandlung von Zuschreibung, von Grenzen und ein Abringen um Würde und Anerkennung in einem menschenunwürdigen Mechanismus.

Psychotherapie dient als Raum innerer Reflexion über diese Grenzen und ist schützenswert, da sie immer äußere Integration, biographische Auseinandersetzung und Entwicklung erlaubt. Dort, wo Mitwirkungspflicht von Geflüchteten Psychotherapeut_innen dazu bringt, diesen Schutzraum zu brechen, wird dieser Raum porös und der Mensch verwundbar.

Selbstverständlich ist Psychotherapie kein rechtsfreier Raum und sie ist eingebunden in die gesellschaftliche Ordnung, doch muss sie als Ort bewahrt werden, in dem die Behandlung gedeihen kann. Einige Frage zum Nachdenken: Wie gehen wir Psychotherapeut_innen mit politischer Vulnerabilität um, wie sehen unsere internalisierten Grenzregime aus? Wie kann gelingende Psychotherapie unter diesen komplexen Bedingungen des politisierten Umfelds ermöglicht werden? Was bleibt als Resümee, wenn die Reflexion nicht in Handlungsstarre, sondern in konstruktive Handlung münden soll?

Dazu ein fast zehn Jahre altes Zitat, welches nach wie vor gilt: „*Mental health professionals have a great deal to offer refugees as long as there is a clear understanding of the complexities involved. These complexities include the way the refugee predicament is construed by the wider society and by the systemic interconnections between mental health systems and refugees. If these connections are not properly understood, there is a danger that mental health professionals may unwittingly fall into a position that fails to distinguish the various overlapping epistemologies involved and they may end up pathologizing human suffering*“ (Papadopoulos 2007, S. 310).

Folglich: Geflüchtete benötigen Psychotherapie und sind eine relevante Bevölkerungsgruppe. Auf der wissenschaftlichen Ebene ist eine Vielzahl an differenzierter Forschung und Publikation zu verzeichnen – einiges hat sich bewegt in den vergangenen Jahren, was aber noch längst nicht in der psychotherapeutischen Praxis flächendeckend angekommen ist. Zwar ist Deutschland bereits seit Jahrzehnten eine Migrationsgesellschaft, aber spätestens seit dem Zuzug der Flüchtlinge 2015 werden die Handlungsfelder, die bisher unbeachtet blieben, zu einem realen Problem und erhalten Aufmerksamkeit. Grundsätzlich sind Psychotherapeut_innen so geeignet wie wenige weitere Berufsgruppen, eigene Zuschreibungen und Vorurteile zu reflektieren. Psychotherapie mit Flüchtlingen ist sehr gut möglich (vgl. auch Brune et al. 2014), wenn die Behandler_innen die erforderliche Diversität und Multidimensionalität verstehen. Psychologische, individuelle und familiäre Aspekte bedürfen der Beachtung, wie bei allen anderen Klient_innen – aber eben genauso gesellschaftliche, finanzielle und politischen Faktoren – letztlich das komplexe Spannungsfeld, indem die (psychisch belasteten) Flüchtlinge stehen, die Psychotherapie aufsuchen und Heilung erhoffen.

Literatur

Abdallah-Steinkopff B., Soyer J. (2013). „Traumatisierte Flüchtlinge – kultursensible Psychotherapie im politischen Spannungsfeld". In R. E. Feldmann, G. H. Seidler (Hrsg.), *Traum(a) Migration: Aktuelle Konzepte zur Therapie traumatisierter Flüchtlinge und Folteropfer* (S. 137–167).

Akhtar, S. (2007). *Immigration und Identität*. Gießen: Psychosozial-Verlag.

Basoglu, M., Livanou, M. & Crnobaric, C. (2007). Torture vs. other cruel, inhuman and degrading treatment. Is the distinction real or apparent? *Archives of General Psychiatry* 64, 277–285.

Baron, J., Flory, L. (2016). *Versorgungsbericht zur psychosozialen Versorgung von Flüchtlingen und Folteropfern in Deutschland* (2. aktualisierte Auflage). Berlin. http://www.baff-zentren.org/wp-content/uploads/2016/05/Versorgungsbericht_2015.pdf. Zugegriffen: 05. 07. 2016.

Baron, J., Steinhäuser, T., Berth, H., Auckenthaler, A. (2014). „Überall ‚Nein'. Ein Alptraum". Erfahrungen von Flüchtlingen und Asylsuchenden. *Verhaltenstherapie & psychosoziale Praxis: VPP* 46 (3), 701–718.

Becker, D. (2006/2014). *Die Erfindung des Traumas – Verflochtene Geschichten*. Berlin: Freitag. Neu aufgelegt 2014. Gießen: Psychosozial Verlag.

Brandmaier, M. (2013). „Ich hatte nie festen Boden unter den Füßen". In Robert E. Feldmann, Günther H. Seidler (Hrsg.), *Traum(a) Migration* (S. 15–35). Gießen: Psychosozial-Verlag.

Brune, M., Eiroá-Orosa F. J., Fischer-Ortman, J. & Haasen, J. (2014). Effectiveness of psychotherapy for traumatized refugees without secure residency status. *International Journal of Migration, Health and Social Care* 10 (1), 52–59.

Demir S., Reich H. & Mewes R. (2016). Psychologische Erstbetreuung für Asylsuchende – Entwicklung und Evaluation einer Gruppenpsychoedukation für Geflüchtete. *Psychotherapeutenjournal* 2/2016.

Egger, I., Walter, G. (2015). Flucht vor Not, Krieg und Folter als Kompetenzleistung. *Zeitschrift für Systemische Therapie und Beratung ZSTB* 33 (3), 102–108.

Ehret, R. (2011). Diversity – Modebegriff oder eine Chance für den struktutrellen Wandel? In E. van Keuk, C. Ghaderi, L. Joksimovic, D. David (Hrsg.), *Diversity. Transkulturelle Kompetenz in sozialen und klinischen Arbeitsfeldern* (S. 34–43). Kohlhammer Verlag.

Ehret, R. (2013). Zum Subjektwiederherstellungsmodus. Eine ethnologisch-psychoanalytische Auslegung von Differenz und Fremdheit. In T. Heise, R. Ehret, Küchenhoff et al. (Hrsg.), *Die Herstellung von Differenz*. Reihe: Das Transkulturelle Psychoforum Bd. 20 (S. 27–33). Verlag für Wissenschaft und Bildung.

Feldmann, R. E., Seidler, G. H. (Hrsg.). (2013). *Traum(a) Migration*. Psychosozial-Verlag.

Ghaderi C., van Keuk E. (2013). Von kultureller Irritation und kulturalistischer Reduktion in der Psychotherapie. In U. Bauer, W. Körner, G. Özdoğanoğlu (Hrsg.), *Handbuch Migration und Beratung* (S. 67–76). Stuttgart: Kohlhammer.

Gün, A. K. (2007). *Interkulturelle Missverständnisse in der Psychotherapie*. Freiburg: Lambertus-Verlag.

Gäbel, U., Ruf, M., Schauer, M., Odenwald, M. & Neuner, F. (2006). Prävalenz der Posttraumatischen Belastungsstörung (PTSD) und Möglichkeiten der Ermittlung in der Asylverfahrenspraxis. *Zeitschrift für Klinische Psychologie und Psychotherapie* 35 (1), 12–20.

Keupp, H. (2005). Die ambivalente gesellschaftliche Funktion von Psychotherapie. *Psychotherapie im Dialog* 6 (2), 141–144.

Kizilhan, J.I. (2011). Psychologie der Migration. In W. Machleidt, A. Heinz (Hrsg.), *Praxis der interkulturellen Psychiatrie und Psychotherapie. Migration und psychische Gesundheit* (S. 55–61). München: Elsevier, Urban & Fischer.

Koch, E. (2013). Asyl und Psychiatrie – ein therapeutisches Dilemma. In T. Heise, R. Ehret, Küchenhoff et al. (Hrsg.), *Die Herstellung von Differenz.* Reihe: Das Transkulturelle Psychoforum Bd. 20 (S. 117–131). Verlag für Wissenschaft und Bildung.

Kogan, I. (2015). Supervisor, Therapeut und Patient. Eine psychoanalytische Annäherung an therapeutisches Arbeiten mit Flüchtlingen. Hediaty Utari-Witt, Ilany Kogan (Hrsg.), *Unterwegs in der Fremde. Psychoanalytische Erkundungen zur Migration* (S. 101–113). Psychosozial-Verlag.

Kluge, U. (2013). (Un)sichtbare Dritte. Dolmetscher als Sprach- und Kulturmittler in der psychosozialen und psychotherapeutischen Versorgung. Dissertation. Online abrufbar. http://d-nb.info/1046312928/34. Zugegriffen: 16.08.2016.

Lanfranchi, A. (2006). Kulturschock? Interkulturelle Kompetenz in psychosozialen Berufen. *Psychoscope* 8 (27), 12–14.

Lackner, G. (2014). „Eure Zelte wärmen nicht wie das Kuscheln meiner Mutter" Psychotherapie mit Barzan aus Syrien. In M. Böhm, O. Decker, J. Frommer (Hrsg.), *Politische Traumatisierung. Zeitschrift psychosozial,* 89–101.

Machleidt, W., Heinz, A. (Hrsg.). *Praxis der interkulturellen Psychiatrie und Psychotherapie. Migration und psychische Gesundheit.* München: Elsevier, Urban & Fischer.

Mogk, C. (2016). Allein in Deutschland – Psychotherapie und psychosoziale Arbeit mit minderjährigen, unbegleiteten Flüchtlingen. In Karl Heinz Brisch (Hrsg.), *Bindung und Migration* (S. 44–82). Stuttgart: Klett-Cotta.

Ottomeyer, K. (2013). *Die Behandlung der Opfer. Über unseren Umgang mit dem Trauma der Flüchtlinge und Verfolgten.* Stuttgart: Klett-Cotta.

Ottomeyer, K. (2014). Psychotherapie mit traumatisierten Flüchtlingen unter den Bedingungen von Diskriminierung und Verfolgung. In M. Böhm, O. Decker, J. Frommer (Hrsg.). *Politische Traumatisierung. Zeitschrift psychosozial,* 75–89.

Özkan, I./Belz, M. (2013). Ressourcenorientierte traumazentrierte Behandlung von Migranten. In R.E. Feldmann, G.H. Seidler (Hrsg.). *Traum(a) Migration. Aktuelle Konzepte zur Therapie traumatisierter Flüchtlinge und Folteropfer* (S. 193–220).

Özkan, I., Belz, M. (2014). Neue Wege in der Behandlung von traumatisierten Migranten. Stabilisierung jenseits von Sprache und Traumatherapie. *Nervenheilkunde* 33 (2014/6), 451–454.

Papadopoulos, R. (2007). Refugees, trauma and adversity-activated development. *European Journal of Psychotherapy and Counselling* 9 (3), 301–312.

Quiroga J, Jaranson J. (2008). Torture. In G. Reyes, J. D. Elhai, J. D. Ford (Hrsg.), *The encyclopedia of Psychological Trauma* (pp. 654–657). John Wiley & Son.

Richtlinie 2013/33/EU des Europäischen Parlaments und des Rates vom 26. 6. 2013 zur Festlegung von Normen für die Aufnahme von Personen, die internationalen Schutz beantragen (Neufassung).

Van Keuk, E., Ghaderi, C., Joksimovic, L. & David, D. (2011). *Diversity in klinischen und sozialen Arbeitsfeldern*. Stuttgart: Kohlhammer.

von Lersner, U., Baschin, K., Wormeck, I. & Mösko, M. (2016). Leitlinien für Trainings inter-/transkultureller Kompetenz in der Aus-, Fort- und Weiterbildung von Psychotherapeuten. *Psychotherapie, Psychosomatik, medizinische Psychologie* 66 (02), 67–73.

Wenk-Ahnson, M., Weber-Nelson, C., Hoppmann, F. & Ahrndt, A. (2014). Behandlung und Rehabilitation von Folterüberlebenden und Kriegstraumatisierten. In M. Böhm, O. Decker, J. Frommer (Hrsg.), *Politische Traumatisierung. Zeitschrift psychosozial*, 55–57.

Flüchtlinge als Patienten

Über die Notwendigkeit einer ganzheitlichen medizinischen Versorgung

Ljiljana Joksimovic, André Karger, Dieter Kunzke
und Monika Schröder

Zusammenfassung

Nach der einleitenden Darstellung der gesundheitspolitischen Vorgaben werden anhand der aktuellen Studienlage die hohen psychischen und psychosomatischen Belastungen von Flüchtlingen und Asylsuchenden durch Gewalterfahrungen, Krieg und Vertreibung wie auch die Aufnahme- und Lebensbedingungen in Deutschland aufgezeigt. Neuere Untersuchungsergebnisse bestätigen die bisherigen Erfahrungen, dass neben der körperlichen Akutversorgung die oft komplexen und komorbiden psychischen Traumafolgestörungen dringend in die Behandlung integriert werden müssen. Die Regelversorgung von Flüchtlingen stellt allerdings vielfältige Herausforderungen an das Gesundheitssystem sowie an behandelnde Ärzt/innen und Psychotherapeut/innen. Das „Düsseldorfer Modell" der Behandlung traumatisierter Flüchtlinge in der transkulturellen psychosomatischen Ambulanz des LVR-Klinikums wird als möglicher Lösungsansatz skizziert.

1 Einleitung

Die seit 2015 deutlich angestiegene Zahl von Flüchtlingen stellt das Gesundheitssystem vor große Herausforderungen. Gesetzliche Regelungen und Zuständigkeiten, Einsatz vorhandener fachlicher und logistischer Ressourcen, Lösungen medizinischer, interkultureller und organisatorischer Fragen sind nur einige der Problembereiche. Einerseits hat die medizinische Versorgung den gesetzlichen Auftrag zur Vermeidung der Verbreitung von Infektionskrankheiten und zur Durchführung kurativer Maßnahmen in den Erstaufnahme- und Unterbringungseinrichtungen, anderseits steht sie vor den Aufgaben der langfristigen Integration von Flüchtlingen innerhalb der gesundheitlichen Regelversorgung. Hierbei stellt sich allerdings die Frage, ob die derzeitige politisch-administrativ vorgegebene Zielsetzung dies vor dem Hintergrund der besonderen Anforderungen von Flüchtlingen an das Gesundheitssystem tatsächlich fördert oder durch ihre restriktive Praxis nicht vielmehr konterkariert. „Ein strukturelles Hauptproblem bei der medizinischen Versorgung von Asylsuchenden liegt in den Limitationen, die das Asylbewerberleistungsgesetz (AsylbLG) vorgibt. In dem aus politischer Perspektive und seitens medizinischer Fach- und Sozialverbände umstrittenen Regelungswerk ist festgelegt, dass sich die medizinische Versorgung von Asylsuchenden ausschließlich auf akute Erkrankungen, Schmerzzustände oder lebensbedrohliche Gesundheitsstörungen zu beschränken hat“ (Sieberer und Machleidt 2015, S. 176). Aus diesem Grund ist es für Asylsuchende z. B. besonders schwierig, eine angemessene psychotherapeutische Behandlung zu erhalten.

Die hieraus resultierende Reduzierung, bzw. Fokussierung auf die körperlichen Aspekte der Versorgung ist hochproblematisch. Eine Studie aus Deutschland, die von Oktober 2014 bis Februar 2015 die Inanspruchnahme des Gesundheitssystems unter 1 017 Asylsuchenden systematisch untersuchte, fand, dass nur 15,5 % einen Psychotherapeuten innerhalb der letzten 12 Monate gesehen hatten, 62,8 % aber einen Allgemeinmediziner (Bozorgmehr et al. 2015). Dass dies an den tatsächlichen Erfordernissen höchst wahrscheinlich weit vorbeigeht, zeigt beispielsweise eine Studie bei syrischen Flüchtlingen, die eine Prävalenz von 33,5 % für PTBS (Alpak et al. 2015) und 29,5 % für Depression nachwies (Gammouh et al. 2015). Für Deutschland existieren noch wenig belastbare Zahlen unter Asylsuchenden. Eine Studie, die 76 Asylsuchende einschloss und direkt nach Ankunft befragte, fand eine PTBS-Punktprävalenz von 40 % (Gäbel et al. 2006), eine weitere Studie mit einer größeren Stichprobenzahl (n = 283) fand eine PTBS-Punktprävalenz von 33,2 % und für depressive Erkrankungen eine Punktprävalenz von 21,9 % (Niklewski et al. 2012).

Wer als Ärztin und Arzt traumatisierte Personen betreut, weiß genau, dass selbst ein zuvor psychisch und körperlich stabiler und gesunder Mensch infolge traumatisierender Erfahrungen und Lebensumstände umfassend, sowohl seelisch, als auch körperlich erkranken kann. Z. B. treten Diabetes, Bluthochdruck, chronische Schmerzen etc. häufiger vergesellschaftet mit PTBS auf (O'Toole und Catts 2008; Liedl und Knaevelsrud 2007). Die Prävalenz für chronischen Schmerz unter Flüchtlingen mit PTBS liegt mit 75 bis 88 % besonders hoch (Dahl et al. 2006; Johnson und Thompson 2008; Teodorescu et al. 2015). Die dramatische Verschlechterung von bereits vorhandenen körperlichen Erkrankungen (Bozorgmehr et al. 2016) sowie gesundheitsschädigende Veränderungen des Lebensstils können zu weiteren gesundheitlichen Folgen führen (Böttche et al. 2016; Sieberer und Machleidt 2015).

Auch die Postmigrationsstressoren, wie Dauer des Asylverfahrens, Anhörung, Unterbringung usw. begünstigen die Entwicklung einer psychischen Störung (Schweitzer et al. 2006; Steel et al. 2009). So konnte eine Studie einen deutlichen Zusammenhang zwischen der Dauer des Asylverfahrens und der Verschlechterung der psychischen Verfassung aufzeigen (Laban et al. 2004). Laban und Kollegen (Laban et al. 2009) beispielsweise fanden auch, dass ein langes Asylverfahren das Risiko, gesundheitliche Probleme zu entwickeln, verdoppelt – unabhängig von den Erfahrungen (inkl. Folter) im Herkunftsland. Auch fand sich ein Zusammenhang für die Zeitdauer von der Ankunft im Aufnahmeland bis zur ersten Inanspruchnahme des Gesundheitssystems und der Auftretenswahrscheinlichkeit einer PTBS sowie einer Depression (Song et al. 2015). Vor diesem Hintergrund stellt sich die drängende Frage, ob die gesundheitspolitische Verengung auf die Versorgung organmedizinischer Erkrankungen und Verletzungen nicht an den basalen Erfordernissen vieler Betroffener verbeigeht und diese mit ihren komplexen gesundheitlichen Problemen, die teilweise auf die Lebensbedingungen im Aufnahmeland zurückzuführen sind, und dem daraus resultierenden Leid alleine gelassen werden.

2 Warum umfasst die frühe medizinische Versorgung nicht auch die seelischen Belastungen der Flüchtlinge?

Sicherlich muss es für Flüchtlinge innerhalb der medizinischen Versorgung einen Anspruch auf uneingeschränkte Behandlung sichtbarer oder zumindest körpermedizinisch augenfälliger Erkrankungen und Verletzungen geben. Das stellt eine humane Pflicht dar. Allerdings ist auch zu bedenken, dass die Einengung hierauf beide Seiten – die Helfenden und die Flüchtlinge – im Sinne einer kollektiven Abwehr möglicherweise unbewusst davor bewahrt, sich den erschütternden, oft stark tabuisierten und nicht auf den ersten Blick sichtbaren seelischen Folgen von Krieg, Verletzung und Vertreibung zu stellen. Die Konfrontation mit Gewalt, Schuld sowie Fragen der gesellschaftspolitischen Mitverantwortung und Beteiligung im Rahmen des nationalen und internationalen Interessengeflechtes in den Krisenherden können so eher ausgeblendet und geleugnet werden. Auch mögliche verborgene transgenerationale Folgen von Krieg und Vertreibung in der eigenen Geschichte können auf diese Weise eher gemieden werden. So besteht aber die erhöhte Gefahr für die Entstehung von stressbedingten psychischen und psychosomatischen Erkrankungen, die oft schwerer als körperliche Erkrankungen zu therapieren sind und hohe Sozialkosten verursachen. Die Lebensbedingungen in Unterbringungseinrichtungen selbst stellen schon ein Risiko für psychische Belastungsreaktionen und in vielen Fällen erhöhte Retraumatisierungsgefahr dar

(Böttche et al. 2016; Laban et al. 2005). Genau diese Gefahr macht aus fachlichen und ethischen Gründen die Einbeziehung der seelischen Belastungen in die Akutversorgung von Flüchtlingen dringend notwendig. Außerdem setzt Deutschland trotz regelmäßiger Ermahnungen seitens der EU den Artikel 17 der EU-Richtlinie von 2003 (2003/9/EG) (aktualisiert 2013) nicht in deutsches Recht um. Damit werden die in der genannten Richtlinie geforderte systematische Früherkennung von besonders schutzbedürftigen, traumatisierten Flüchtlingen und die Einleitung der erforderlichen medizinisch-therapeutischen Maßnahmen zeitnah nach Ankunft in Deutschland unmöglich gemacht.

Die völlige Vernachlässigung der seelischen Belastungsfaktoren in der frühen Versorgung von Flüchtlingen führt auch dazu, dass die erlittene Gewalt und der Verlust von Würde, Ansehen, Sprache, Angehörigen und Heimat kaum verarbeitet werden können und somit sich negativ auf Integrationsleistungen von Flüchtlingen auswirken.

Allerdings müssen für die Helfenden, welche sekundär traumatisiert werden können (Figley 1995; Pell 2013), durch Supervisionen etc. Abhilfen geschaffen werden.

3 Flüchtlinge als Fremde auch im medizinischen Regelversorgungssystem. Wie finden sie hinein und was finden sie vor?

Für die medizinische Versorgung von Flüchtlingen sind die Kommunen zuständig. Flüchtlinge müssen sich im Krankheitsfall vom Sozialamt einen Behandlungsschein ausstellen lassen, welcher ihnen den Arztbesuch erlaubt. Aktuell (Stand Juli 2016) erhalten Geflüchtete in den Stadtstaaten Hamburg, Bremen und Berlin sowie in Schleswig-Holstein die elektronische Gesundheitskarte, welche ihnen einen weniger diskriminierenden Zugang zu ärztlicher Versorgung ermöglicht. Die Institutionen des deutschen Gesundheitswesens und deren Angebote sind aber stark auf die einheimische Bevölkerung ausgerichtet. Dies liegt einerseits an der Annahme einer gesellschaftlichen Homogenität, anderseits herrscht bisher die Vorstellung von Flüchtlingen als Personen, die nach einem zeitlich begrenzten Aufenthalt in ihr Land zurückkehren (müssen). Diese Vorstellung eines zeitlich eng befristeten Aufenthalts von schutzsuchenden Flüchtlingen im Aufnahmeland lässt sich jedoch angesichts der Situation in den aktuellen Hauptherkunftsländern wie z. B. Syrien, dem Irak oder auch Eritrea nicht aufrechterhalten. Hieraus erwachsen für die in Deutschland lebenden Menschen aus anderen Kulturen und Gesellschaften zwangsläufig Inanspruchnahmebarrieren, Fehladaptationen und Versorgungslücken (Aparicio et al. 2005; Blum et al. 2015).

Viele Flüchtlinge sind von dem Verlust des vertrauten soziokulturellen Kontexts so stark betroffen, dass sie mit dem Anpassungsdruck an das Neue, auch an das neue Gesundheitssystem, völlig überfordert sind. Sie stehen als Patient/innen vor der Aufgabe, in einem Gesundheitssystem, dessen Strukturen, Regeln und Wertesystem ihnen nicht vertraut und transparent sind, geeignete Hilfe zu finden. Auch für Ärztinnen und Ärzte kommt es bei der Begegnung mit Flüchtlingen als Patient/innen zu einer qualitativ neuen, intensiven Arzt-Patient-Begegnung, die von beiden Seiten hohe emotionale Anstrengungen abverlangt. Diese Begegnung beinhaltet in der Regel Begegnungen von Angehörigen einander mehr oder weniger fremden bzw. wechselseitig unbekannten Kulturen, deren Lebenswelten und Lebenserfahrungen sich häufig sehr stark unterscheiden. Sie befinden sich auch in gänzlich unterschiedlichen Lebenslagen. Daraus können sich bei jedem Behandlungsanlass auf beiden Seiten divergente Perspektiven, Erwartungen und Gefühle ergeben. Ein breites Defizit im Bereich der interkulturellen Öffnung von Einrichtungen (Penka et al. 2015) und die unklare Finanzierung von medizinischen und psychotherapeutischen Leistungen für Flüchtlinge führen insgesamt dazu, dass viele Flüchtlinge (wie auch Patient/innen mit Migrationshintergrund überhaupt) sich an diese Situation dahingehend anpassen, dass sie in hohem Maße Notfallambulanzen aufsuchen und häufiger stationär behandelt werden (Pfortmueller et al. 2016; Rukavina 2016), vermutlich auch beim Vorliegen psychosozial bedingter Erkrankungen. In Deutschland werden aktuell einige Modelle zur ganzheitlichen Versorgung von Flüchtlingen diskutiert, konzeptualisiert und praktiziert (Kluge et al. 2006; Joksimovic et al. 2010, 2011, 2015; Wittig et al. 2009). Allerdings ist die Effektivität dieser adaptierten kultursensiblen Maßnahmen bisher nicht ausreichend wissenschaftlich untersucht.

Zu den Strategien für die Verbesserung der gesundheitlichen Versorgung von Flüchtlingen gehören in erster Linie der Abbau von Verständigungs- und Kulturbarrieren. Die Sprachbarriere und soziokulturell bedingten Unterschiede in Bezug auf das Krankheitsverständnis, Interpretationen und Bewertungen von Krankheitssymptomen, die Beziehungsgestaltung, die Erwartungen sowie die Kommunikationsweisen führen zu einer Reihe von realen Erschwernissen für die Versorgung von Flüchtlingen als Patientinnen und Patienten im engeren Sinne, wie z. B. bei der Durchführung von Anamnesen und Patientenaufklärungen, der Diagnostik und Vermittlung von präventiven und prophylaktischen Maßnahmen sowie dem Aufbau einer vertrauensvollen Arzt-Patient- bzw. therapeutischen Beziehung.

Über den Abbau dieser sprachlichen und soziokulturellen Barrieren hinaus sind weitergehende Modifikationen der medizinischen und psychischen Diagnostik sowie der Indikationsstellung erforderlich. Dies betrifft insbesondere die Versorgung von zahlreichen Flüchtlingen, die das Gesundheitssystem aufgrund von sogenannten „medizinisch unerklärlichen Beschwerden" aufsuchen (Rohlof et al.

2014). Eine aktuelle retrospektive Studie zu den gesundheitlichen Problemen von Asylbewerber/innen aus dem Mittleren Osten inkl. Syrien, welche von November 2011 bis Juni 2014 die Abteilung für Notfallmedizin der Universitätsklinik Bern in der Schweiz aufgesucht haben, zeigt, dass beispielsweise bei sehr jungen Patient/innen die Behandlungsanlässe sehr häufig psychiatrische Erkrankungen und unspezifische körperliche Symptome darstellten (Pfortmueller et al. 2016). Die Autoren weisen auf die Notwendigkeit hin, dass die behandelnden Ärztinnen und Ärzte für die höhere Inzidenz von ungeklärten körperlichen Symptomen bei dieser Population sensibilisiert werden müssen. Bei gegebener Tendenz zu Chronifizierung führen sie zu dauerhaften seelischen, körperlichen und sozialen Beeinträchtigungen, welche mit hohem menschlichen Leid und hohen gesellschaftlichen Kosten verbunden sind. Viele Chronifizierungen sind auf iatrogene Schädigungen durch unnötige Untersuchungen zurückzuführen. Spezielle ärztliche und therapeutische Haltungen, Fertigkeiten und Handlungskompetenzen, welche für eine ganzheitliche Versorgung von Flüchtlingen als Patient/innen notwendig sind, werden im Medizinstudium bzw. im Rahmen von Weiterbildungen so nicht vermittelt.

4 Abbau der Sprach- und Kulturbarriere: ein erster Schritt zur ganzheitlichen Versorgung von Flüchtlingen

Untersuchungs- und Behandlungsbedingungen bei Flüchtlingen sind oft durch häufige Krisen, komplexe Symptombelastungen und hohe Erwartungen an die Behandelnden geprägt. Hinzu kommen die bereits beschriebenen Kommunikations- und Sprachbarrieren. Verkürzungen, Unschärfen und Grenzen des gegenseitigen Verstehens, welche im transkulturellen Setting ohnehin unumgänglich sind, können sich aufgrund dieser besonderen Gegebenheiten verstärken und die Beratungs- und Therapieverläufe negativ beeinflussen. Ärzt/innen, Therapeut/innen und Berater/innen, die über keine einschlägigen Erfahrungen in der Arbeit mit geflüchteten Menschen aus Krisengebieten verfügen, können mit den allgemein üblichen Kommunikationskompetenzen den komplexen Herausforderungen der Behandlung dieser Patient/innen auf Dauer nur selten gerecht werden.

Jede fehlende oder mangelhafte Verständigung zwischen fremdsprachigen Patient/innen und Ärzt/innen oder Psychotherapeut/innen erhöht das Risiko einer Fehl- beziehungsweise Mehrfachbehandlung oder auch Unterversorgung.

Zudem müssten beim Vorliegen einer Sprachbarriere auch haftungsrechtliche Konsequenzen bedacht werden: ärztliche und psychologische Psychotherapeut/innen unterliegen der Aufklärungspflicht, Patient/innen können aber nur in eine Behandlung einwilligen, wenn eine hinreichende Verständigung mit ärztlichen und psychologischen Psychotherapeuten gewährleistet ist. Eine unzulängliche Aufklärung oder gar eine nicht gewünschte Behandlung hätten also auch in diesem Sinne Folgen (Bühring 2015). Die medizinische Versorgung von Flüchtlingen macht es also erforderlich, sich mit der Integration von Dolmetscher/innen bzw. Sprach- und Integrationsmittler/innen in die Behandlung zu befassen.

Allerdings ist die Diagnostik- bzw. Behandlungssituation „zu Dritt" für Fachleute häufig ungewohnt, kann neben Unsicherheit auch das Gefühl eines Kontrollverlustes hervorrufen und wird nicht selten von vorneherein als ein mögliches Setting abgelehnt. Jedoch stehen derzeit muttersprachliche Behandlungsangebote für Flüchtlinge in Deutschland nur punktuell zur Verfügung und selbst in spezialisierten psychotherapeutischen Einrichtungen mit mehrsprachigen Therapeutinnen können nicht alle Sprachen abgedeckt werden. Aus diesem Grund bleibt die Hinzuziehung von geschulten Dolmetscher/innen bzw. Sprach- und Integrationsmittler/innen als fachlich einzig sinnvoller Ausweg (Kluge et al. 2006; Morales 2016). Es scheint zielführender, sich weniger mit dem Ob als mit dem Wie einer möglichst störungsfreien Gestaltung des Behandlungssettings zu beschäftigen. Hierbei spielen unter anderem die Frage nach der Passung zwischen Patient/innen und Behandelnden sowie Dolmetscher/innen (z. B. Geschlecht, soziale und berufliche Herkunft und Persönlichkeit), komplexe Übertragungs- und Gegenübertragungsphänomene (Westermeyer 1990), der Verlust von Spontaneität etc. eine Rolle (Haenel 1997).

Studien weisen allerdings darauf hin, dass die Sprachmittlung durch qualifizierte Dolmetscher/innen bei traumatisierten Flüchtlingen keinen negativen Effekt auf die Wirksamkeit von Psychotherapie hat (d'Ardenne et al. 2007; Kluge et al. 2011; Brune et al. 2011). Flores et al. (2005, 2012) konnten zeigen, dass der Einsatz von geschulten Dolmetscher/innen mit dem Krankheitsverlauf und Krankheitsbefinden sowie der Besserung der Arzt-Patient-Kommunikation positiv zusammenhängt. Für das Gelingen der Kommunikation „im Trialog" sind zum einen die Kenntnisse über bestimmte Grundsätze und Regeln hilfreich. Zum anderen sollte die Aufmerksamkeit auf die typischen Fehlerquellen beim Einsatz von Sprach- und Integrationsmittler/innen gegeben sein, um mögliche Verzerrungen zu minimieren (Joksimovic et al. 2015). Des Weiteren spielt die tatsächlich erlebte Vertrautheit im Umgang mit dem Behandlungssetting offenbar eine zentrale Rolle, die wie andere ärztliche oder psychotherapeutische Techniken und Fertigkeiten durch den gezielten Wissenserwerb sowie Übungen angeeignet werden. Thompson et al. (2013) fanden beispielsweise heraus, dass formale Trainings zum Einsatz von geschulten Dolmetscher/innen das Selbstvertrauen von Ärzt/innen erhöhen.

Sinnvoll erscheint in diesem Zusammenhang die Hinzuziehung speziell für den psychotherapeutischen Behandlungskontext geschulter Dolmetscher/innen oder aber professioneller Sprach- und Integrationsmittler/innen, die seit 2008 nach bundesweit einheitlichen Qualitätsstandards ausgebildet werden (Morales 2016; Becker et al. 2010). Aufgrund der speziellen Anforderungen in der transkulturellen Psychotherapie (z. B. kulturelle Sensibilität, reflektierte Subjektivität, Schweigepflicht sowie ein klares Rollenverständnis) haben die professionelle Haltung von Dolmetscher/innen und Sprach- und Integrationsmittler/innen und das Fachwissen über diesen speziellen Behandlungskontext eine zentrale Bedeutung. Darüber hinaus weisen Jacobsen und Vesti (1990) auf die emotionale Beteiligung der Dolmetscher/innen an dem therapeutischen Prozess hin. Daraus ergeben sich die Notwendigkeit regelmäßiger Nachbesprechungen sowie der Zugang zu Supervisionsangeboten. Die Voraussetzung für eine erfolgreiche Zusammenarbeit ist, dass sowohl die Behandelnden als auch Dolmetscher/innen bzw. Sprach- und Integrationsmittler/innen diese als Teamarbeit begreifen. Dabei sollen ihre unterschiedlichen Rollen klar definiert sein (Brune et al. 2008; Brune et al. 2011).

5 Ganzheitliche Behandlung von Flüchtlingspatienten am Beispiel des „Düsseldorfer Modells" der klinischen psychosomatischen Versorgung

Das Konzept des „Düsseldorfer Modells" basiert auf der Verankerung einer „Diversity"-Kompetenz[1] im klinischen Arbeitsfeld (Joksimovic 2011). Damit sind die Maßnahmen zum Abbau von Inanspruchnahmebarrieren und gegenseitigen Berührungsängsten durch die Förderung der transkulturellen ärztlichen bzw. therapeutischen Kompetenz im engeren Sinne u. a. durch Fortbildungen und Coaching der Team- und Strukturentwicklungsprozesse gemeint. Transkulturell kompetente Mitarbeiterinnen und Mitarbeiter im Gesundheitswesen müssen Sensibilität dafür haben, dass allein das Wissen über Sitten und Gebräuche von Menschen aus anderen Ländern nicht ermöglichen, eine fremd erscheinende Beziehungs- oder Kommunikationsgestaltung von Patient/innen zu charakterisieren. Mitarbeitende im Gesundheitswesen dürfen in schwierigen Arzt-Patient-Situationen im transkulturellen Kontext nicht vorschnell auf „Kultur" als einzige Erklärung hierfür zurückgreifen. Sie müssen die entstandenen Problemlagen zunächst auf andere mögliche

1 „Diversity"-Kompetenz ermöglicht dem Untersucher, die Auswirkungen von „Diversity"-Dimensionen wie Alter, Geschlecht, sexuelle Orientierung, Behinderung, Religion, soziokultureller Hintergrund und Hautfarbe, auf das ärztliche Handeln zu reflektieren und professionell, d. h. patientengerecht, anzuwenden – unabhängig davon, welche Fachgebiete der Medizin betroffen sind.

Ursachen untersuchen, wie z. B. Krankheitsbild, erhöhter Stress in der aktuellen Lebenssituation oder institutionelle Rahmenbedingungen.

In einem ersten Schritt setzt das Modell auf eine kultursensible Ausrichtung der Abläufe im Rahmen der Anmeldesituation, da hier die zentrale Weichenstellung für eine „Willkommenskultur" im Gesundheitswesen und eine gelingende Inanspruchnahme erfolgt. Diese erfordert eine gezielte, strukturierte, geduldige und kultursensible Abfrage des Anliegens sowie die Klärung der Dringlichkeit und des Bedarfs der Einbeziehung von Sprach- und Integrationsmittler/innen. Bei bestehenden Verständigungsproblemen werden nur ausgebildete Sprach- und Integrationsmittler/innen hinzugezogen, was im LVR-Klinikum Düsseldorf durch die finanzielle Förderung im Rahmen des Förderprogramms „Migration" des LVR-Klinikverbunds ermöglicht wird (Wenzel-Jankowski et al. 2015).

Eine verlängerte tiefenpsychologische Diagnostikphase sichert das ganzheitliche Vorgehen und die klinische Sorgfalt. Die Diagnostikphase beinhaltet die Erhebung einer ausführlichen Anamnese zu psychischen und körperlichen Beschwerden, vorhergehenden Arztbesuchen, Vorerkrankungen, Biographie sowie zu den aktuellen Lebensbedingungen. Es ermöglicht eine adäquate Indikationsstellung und die Beantwortung der für die Erstellung des Behandlungsplans wichtigen Fragen wie z. B.: Welcher Mechanismus liegt der Entstehung der Erkrankung zu Grunde? Sind weitere Untersuchungen notwendig? Welches therapeutische Vorgehen ist indiziert? Welcher „verborgene Sinn" kann sich hinter medizinisch nicht erklärbaren körperlichen Symptomen verbergen? Welche Faktoren führen zur Entwicklung von Komorbiditäten und zur Chronifizierung der Erkrankung?

Anhand eines speziellen halbstrukturierten Interviews werden explizit die Krankheitsvorstellungen und Erwartungen der Patient/innen erhoben, um die Therapieplanung darauf abstimmen zu können und das durch die Traumatisierung und die erzwungene Flucht meist verlorengegangene Gefühl der Mitbestimmung und Kontrolle schon in der Anfangsphase der Behandlung wieder aufzubauen.

In der ersten Phase der Behandlung steht eine ganzheitliche psychische, medizinische und soziale Stabilisierung im Fokus. Die medizinische Stabilisierung umfasst vor allem die Kooperation mit den behandelnden Haus- und Fachärzt/innen anderer Richtungen.

Die psychische Stabilisierung erfolgt zunächst durch eine stabilisierende psychotherapeutische Behandlung im Einzelsetting und einer nachfolgenden, längerfristigen stabilisierenden Gruppenpsychotherapie. Hierzu wurde ein Stufenmodell der psychodynamisch orientierten Gruppenpsychotherapie für Flüchtlinge (Joksimovic et al. 2011) entwickelt, das durch eine Stärkung interaktioneller Fähigkeiten insbesondere auf die Integration und Inklusion in die neue Gesellschaft zielt. Dieses gruppenpsychotherapeutische Modell kam bisher in der Arbeit mit schwer traumatisierten Flüchtlingsfrauen aus Kosovo, ehemaligen Lagerinsassen aus Bosnien, Folteropfern aus verschiedenen Ländern, komplex traumatisierten Frauen aus Tschetschenien sowie Migrant/innen mit Erfahrungen massiver intrafamiliärer Gewalt zur Anwendung. Eine traumaspezifische stabilisierende Gruppenpsychotherapie in modifizierter Form für Roma-Frauen wird ebenfalls angeboten.

Außerdem finden speziell konzipierte, resilienzbasierte kunsttherapeutische Einzel- und Gruppentherapieangebote ihre Anwendung, die je nach Indikation als ein ergänzendes oder alternatives stabilisierendes Angebot angesetzt werden können (Heriniaina 2010).

Die psychotherapeutische Behandlung mit traumakonfrontativen Elementen erfolgt im Anschluss an eine gelungene Stabilisierungsphase. Hier wird in der Regel EMDR-Therapie (Eye Movement Desenzitisation and Reprocessing) angewandt, ein Behandlungsverfahren, mit dem traumatisierende Erfahrungen durch eine rhythmische bilaterale visuelle und/oder haptische Stimulation rascher verarbeitet werden können (Shapiro 1998).

Zu den weiteren Konzeptinhalten der ganzheitlichen Behandlung nach dem „Düsseldorfer Modell“ zählt die wissenschaftlich fundierte fachärztliche Beratung zu Fragen und Problemen bzw. Nebenwirkungen der psychopharmakologischen Behandlung. Die hohe Notwendigkeit dieser speziellen Beratung ergibt sich nicht zuletzt aufgrund der Erkenntnisse aus der aktuellen Forschung: das Krankheitsbild der PTBS kann bei Patient/innen dazu führen, dass die Wirkung von Medikamenten verzerrt wahrgenommen wird (Laddis 2010; Laddis 2011; LeVine et al. 2007).

6 Fazit

Zusammenfassend lässt sich sagen, dass die bisherigen Maßnahmen, Flüchtlingspatient/innen durch den Abbau sprachlicher und soziokultureller Barrieren in die Regelversorgung zu integrieren, einerseits nicht ausreichend umgesetzt werden – hier lässt sich beispielhaft die im kürzlich verabschiedeten Integrationsgesetz weiterhin nicht vorgesehene Kostenübernahme für Dolmetschereinsätze zur Gewährleistung einer bedarfsgerechten medizinischen Versorgung nennen – und zudem insgesamt meist immer noch kurz greifen.

Als Anregung für einen umfassenderen Abbau von Inanspruchnahmebarrieren und gegenseitigen Berührungsängsten in der psychotherapeutischen Regelversorgung können hier ganzheitliche und „Diversity“-orientierte Behandlungsansätze dienen.

Literatur

Alpak, G., Unal, A., Bulbul, F., Sagaltici, E., Bez, Y., Altindag, A., Dalkilic, A. & Savas, H. A. (2015). Post-traumatic stress disorder among Syrian refugees in Turkey: A cross-sectional study. *International Journal of Psychiatry in Clinical Practice* 19 (1), 45–50.

Aparicio, M. L., Döring, A., Mielck, A. & Holle, R. (2005). Unterschiede zwischen Aussiedlern und der übrigen, deutschen Bevölkerung bezüglich Gesundheit, Gesundheitsversorgung und Gesundheitsverhalten: eine vergleichende Analyse anhand des KORA-Surveys 2000. *Sozial- und Präventivmedizin* 50, 107–116.

Blum, K., Steffen, P. (2015). Kultursensibilität im Krankenhaus. *Public Health Forum* 23 (2), 95–96.

Becker, C., Grebe, T. & Leopold, E. (2010). Sprach- und Integrationsmittler/-in als neuer Beruf – Eine qualitative Studie zu Beschäftigungspotenzialen, Angebotsstrukturen und Kundenpräferenzen. In Diakonie Wuppertal (Hrsg.), *i. A. des Bundesministeriums für Arbeit und Soziales.*

Bozorgmehr, K., Schneider, C. & Joos, S. (2015). Equity in access to health care among asylum seekers in Germany: evidence from an exploratory population-based cross-sectional study. *BMC health services research* 15 (1), 1.

Bozorgmehr, K., Mohsenpour, A., Saure, D., Stock, C., Loerbroks, A., Joos, S. & Schneider, C. (2016). Systematische Übersicht und „Mapping" empirischer Studien des Gesundheitszustands und der medizinischen Versorgung von Flüchtlingen und Asylsuchenden in Deutschland (1990–2014). *Bundesgesundheitsblatt – Gesundheitsforschung – Gesundheitsschutz* 59 (5), 599–620.

Böttche, M., Heeke, C. & Knaevelsrud, C. (2016). Sequenzielle Traumatisierungen, Traumafolgestörungen und psychotherapeutische Behandlungsansätze bei kriegstraumatisierten erwachsenen Flüchtlingen in Deutschland. *Bundesgesundheitsblatt – Gesundheitsforschung – Gesundheitsschutz* 59 (5), 621–626.

Brune, M., Akbayir, E. (2008). Psychotherapie zu Dritt – über die Arbeit mit Dolmetschern in therapeutischen Gesprächen. *Flüchtlingsrat* Sonderheft 125.

Brune, M., Eiroá-Orosa, F. J., Fischer-Ortman, J., Delijaj, B. & Haasen, C. (2011). Intermediated communication by interpreters in psychotherapy with traumatized refugees. *International Journal of Culture and Mental Health* 4 (2), 144–151.

Bühring, P. (2015). Dolmetscher und Sprachmittler im Gesundheitswesen: Regelungen zur Finanzierung nötig. *Deutsches Ärzteblatt* 112 (45), A1873–A1874.

d'Ardenne, P., Ruaro, L., Cestari, L., Fakhoury, W. & Priebe, S. (2007). Does Interpreter-Mediated CBT with Traumatized Refugee People Work? A Comparison of Patient Outcomes in East London. *Behavioural and Cognitive Psychotherapy* 35 (3), 293–301.

Dahl, S., Dahl, C., Sandvik, L. & Hauff, E. (2006). [Chronic pain in traumatized refugees]. *Tidsskrift for den Norske laegeforening: tidsskrift for praktisk medicin, ny raekke* 126 (5), 608–610.

Figley, C. R. (1995). Compassion Fatigue as Secondary Traumatic Stress Disorder: An Overview. In C. R. Figley (Ed.), *Compassion Fatigue Coping with Secondary*

Traumatic Stress Disorder in Those Who Treat the Traumatized (pp. 1–20). New York: Brunner/Mazel.

Flores, G. (2005). The impact of medical interpreter services on the quality of health care: a systematic review. *Med Care Res Rev.* 62 (3), 255–99.

Flores, G., Abreu, M., Barone, C. P., Bachur, R. & Lin, H. (2012). *Errors of medical interpretation and their potential clinical consequences: a comparison of professional versus ad hoc versus no interpreters.* doi: 10.1016/j.annemergmed.2012.01.025.

Gäbel, U., Ruf, M., Schauer, M., Odenwald, M. & Neuner, F. (2006). Prävalenz der posttraumatischen Belastungsstörung (PTSD) und Möglichkeiten der Ermittlung in der Asylverfahrenspraxis. *Zeitschrift für Klinische Psychologie und Psychotherapie* 35 (1), 12–20.

Gammouh, O. S., Al-Smadi, A. M., Tawalbeh, L. I. & Khoury, L. S. (2015). Peer Reviewed: Chronic Diseases, Lack of Medications, and Depression Among Syrian Refugees in Jordan, 2013–2014. *Preventing chronic disease* 12.

Haenel, F. (1997). Spezielle Aspekte und Probleme in der Psychotherapie mit Folteropfern unter Beteiligung von Dolmetschern. *systhema* 2, 136–144.

Heriniaina, N. (2010). *Kunsttherapie mit jungen Flüchtlingsfrauen: Ein Konzept zur Förderung ihrer Resilienz.* München: AVM Akademische Verlagsgesellschaft.

Jacobsen, L., Vesti, P. (1990). *Torture Survivors – A new Group of Patients* (pp. 59–61). Kopenhagen: Danish Nurses Organization.

Johnson, H., Thompson, A. (2008). The development and maintenance of post-traumatic stress disorder (PTSD) in civilian adult survivors of war trauma and torture: A review. *Clinical Psychology Review* 28 (1), 36–47.

Joksimovic, L., Bierwirth, J. & Kruse, J. (2009). Traumatisierte Flüchtlinge in der Psychotherapie. In F. A. Muthny, I. Bermejo (Hrsg.), *Interkulturelle Medizin. Laientheorien, Psychosomatik und Migrationsfolgen* (S. 105–119). Berlin: Deutscher Ärzteverlag.

Joksimovic, L. (2010). Psychotherapeutische Institutsambulanzen für Migranten und Flüchtlinge. *Psychotherapie im Dialog* 4, 341–345.

Joksimovic, L. (2011). Diversity-Kompetenz bei der ärztlichen Untersuchung: Von Symptomen zur Diagnose. In E. van Keuk, C. Ghaderi, L. Joksimovic & D. David (Hrsg.), *Diversity Transkulturelle Kompetenz in klinischen und sozialen Arbeitsfeldern* (S. 135–145). Stuttgart: Kohlhammer Verlag.

Joksimovic, L. et. al. (2011). Gruppentherapeutische Interventionen bei traumatisierten Flüchtlingen. *Gruppenpsychotherapie. Gruppendynamik* 47, 192–210.

Joksimovic, L., Schröder, M. & van Keuk, E. (2015). Psychotherapy With Immigrants and Refugees from Crisis Zones. In Meryam Schouler Ocak (Ed.), *Trauma and Migration Cultural Factors in the Diagnosis and Treatment of Traumatised Immigrants* (pp. 223–241) Berlin: Springer.

Kluge, U., Kassim, N. (2006). „Der Dritte im Raum" – Chancen und Schwierigkeiten in der Zusammenarbeit mit Sprach- und Kulturmittlern in einem interkulturellen psychotherapeutischen Setting. In E. Wohlfahrt, M. Zaumseil (Hrsg), *Transkulturelle Psychiatrie – Interkulturelle Psychotherapie* (S. 177–196). Berlin: Springer.

Kruse, J., Joksimovic, L., Cavka, M. et al. (2009). Effects of trauma-focused psychotherapy uponwar refugees. *Journal of Traumatic Stress* 22 (6), 585–592.

Laban, C. J., Gernaat, H. B., Komproe, I. H., Schreuders, B. A. & De Jong, J. T. (2004). Impact of a long asylum procedure on the prevalence of psychiatric disorders in Iraqi asylum seekers in The Netherlands. *The Journal of nervous and mental disease* 192 (12), 843–851.

Laban, C. J., Gernaat, H. B. P. E., Komproe I. H. et al. (2005). Postmigration living problems and common psychiatric disorders in Iraqi asylum seekers in the Netherlands. *The Journal of Nervous and Mental Disease* 19, 825–832.

Laban, K. J., Gernaat, H. B. P. E., Komproe, I. H., & Jong, J. T. V. M. (2009). Die Auswirkungen eines langen Asylverfahrens auf die Gesundheit von Asylbewerbern. Eine Untersuchung unter irakischer Asylbewerbern in den Niederlanden. In E. Koch, M. J. Müller (Hrsg.), *Asyl und Psychiatrie* (S. 79–95). Freiburg i. Br.: Lambertus.

Laddis, A. (2010). Outcome of crisis intervention for borderline personality disorder and posttraumatic stress disorder: a model for modification of the mechanism of disorder in complex posttraumtic syndromes. *Ann Gen Psychiatry* 9 (19). doi: 10.1186/1744-859X-9-19.

Laddis, A. (2011). Medication for complex postraumatic disorders. *Journal of Aggression, Maltreatment & Trauma* 20, 645–668.

LeVine, E. S., Orabona Mantell, E. (2007). The integration of psychopharmacology and psychotherapy in PTSD treaetment: A biopsychosocial model of care. In E. Carll (Hrsg.), *Trauma psychology: Issues in violence, disaster, health and illness* (pp. 282–314). Westport, CT: Praeger Puplishers.

Liedl, A., Knaevelsrud, C. (2007). Chronic pain and PTSD: the Perpetual Avoidance Model and its treatment implications. *Torture: quarterly journal on rehabilitation of torture victims and prevention of torture* 18 (2), 69–76.

Marshall, G. N., Schell, T. L., Elliot, M. N. et al. (2005). Mental health of Cambodian refugees 2 decades after resettlement in the United States. *Journal of American Medical Association* 294, 571–579.

Morales, V. (2016). Professionelle Sprachmittlung im Gesundheitswesen ist eine Notwendigkeit. *impulse 90 Landesregierung für Gesundheit und Akademie für Sozialmedizin Niedersachsen e. V.*, 11.

Niklewski, G., Richter, K. & Lehfeld, H. (2012). *Abschlussbericht im Verfahren Az.: Z2/0272.01-1/14 für „Gutachterstelle zur Erkennung von psychischen Störungen bei Asylbewerberinnen und Asylbewerbern-Zirndorf": Klinikum Nürnberg*, Nürnberg.

O'Toole, B., Catts, S. (2008). Trauma, PTSD, and physical health: an epidemiological study of Australian Vietnam veterans. *Journal of Psychosomatic Research* 1, 33–40.

Penka, S., Faißt, H., Vardar, A. et al. (2015). Der Stand der interkulturellen Öffnung in der psychosozialen Versorgung: Ergebnisse einer Studie in einem innerstädtischen Berliner Bezirk. *Psychother Psych Med* 09/10, 353–362.

Pell, M. (2013). *Sekundärtraumatisierung bei Helferinnen im Umgang mit traumatisierten Flüchtlingen.* http://othes.univie.ac.at/29474/1/2013-07-08_0349137.pdf. Zugegriffen: .

Pfortmueller, C. A., Schwetlick, M., Mueller, T., Lehmann, B. & Exadaktylos, A. K. (2016). Adult Asylum Seekers from the Middle East Including Syria in Central Europe: What Are Their Health Care Problems? *PLOS ONE:* doi: 10.1371/journal.phone.0148196.

Rohlof, H. G., Knipscheer, J. W. & Kleber, R. J. (2014). Somatization in refugees: a review. *Soc Psychiatry Psychiatr Epidemiol.* doi: 10.1007/s00127-014-0877-1.

Rukavina, M. (2016). Medizinische Versorgung von Flüchtlingen. Asylsuchende werden häufiger stationär behandelt. doi: 10.1055/s-0041-109457. *Dtsch Med Wochenschr* 141, 10–16.

Schweitzer, R., Melville, F., Steel, Z. & Lacherez, P. (2006). Trauma, post-migration living difficulties, and social support as predictors of psychological adjustment in resettled Sudanese refugees. *Australian and New Zealand Journal of Psychiatry* 40 (2), 179–187.

Shapiro, F. (1998). *EMDR (Eye Movement Desensitization and Reprocessing). Grundlagen und Praxis. Handbuch zur Behandlung traumatisierter Menschen.* Paderborn: Junfermann.

Sieberer, M., Machleidt, W. (2015). Seelen ohne Heimat: Zur Situation von Asylsuchenden in Deutschland. *Psychiatrische Praxis* 42 (4), 175–177.

Song, S. J., Kaplan, C., Tol, W. A., Subica, A. & de Jong, J. (2015). Psychological distress in torture survivors: pre-and post-migration risk factors in a US sample. *Social psychiatry and psychiatric epidemiology* 50 (4), 549–560.

Steel, Z., Chey, T., Silove, D., Marnane, C., Bryant, R. A. & Van Ommeren, M. (2009). Association of torture and other potentially traumatic events with mental health outcomes among populations exposed to mass conflict and displacement. *JAMA: The Journal of the American Medical Association* 302 (5), 537–549.

Teodorescu, D.-S., Heir, T., Siqveland, J., Hauff, E., Wentzel-Larsen, T. & Lien, L. (2015). Chronic pain in multi-traumatized outpatients with a refugee background resettled in Norway: a cross-sectional study. *BMC psychology* 3 (1), 1.

Thompson, D. A., Hernandez, R. G., Cowden, J. D., Sisson, St. D. & Moon, M. (2013). Caring for Patients With Limited English Proficiency: Are Residents Prepared to Use Medical Interpreters? *Academic Medicine.* doi: 10.1097/ACM.0b013e3182a3479d.

Wenzel-Jankowski, M., Blüchner, U., Kitzig, F. et al. (2015). Sensibilisieren und befähigen. Förderprogramm „Migration". *f&w* 32, 804–807.

Westermeyer, J. (1990). Working with an Interpreter in Psychiatric Assessment and Treatment. *Journal of Nervous and Mental Desease* 178 (12), 745–749.

Wittig, U., Schumacher, G., Merbach, M. & Brähler, E. (2009). Verbesserung der Gesundheitsversorgung von Migrant(inn)en und Flüchtlingen am Beispiel von Leipzig. *Zeitschrift für Medizinische Psychologie* 3, 162–199.

Flüchtlinge als Adressat_innen Sozialer Arbeit?

Sozialarbeitswissenschaftlicher Zugang

Christine Rehklau

Zusammenfassung

Die Arbeit mit Geflüchteten findet in unterschiedlichen Arbeitsfeldern und bei sehr unterschiedlichen Trägern statt. Im Rahmen bundesweiter Programme für Personen mit einer Aufenthaltserlaubnis entstanden Migrationsberatungsstellen für Erwachsene Zuwanderer und Jugendmigrationsdienste. Die klassische Flüchtlingssozialarbeit als Betreuung in den Gemeinschaftsunterkünften und dezentralen Unterbringungsformen unterliegt dagegen keinen bundesweiten Standards. Sozialarbeiter_innen sind darüber hinaus in der Asylverfahrensberatung, in psychosozialen Zentren oder als Koordinator_innen für Ehrenamtliche tätig. Durch die gestiegene Zahl der Inobhutnahmen von unbegleiteten minderjährigen Flüchtlingen nimmt die Arbeit mit Geflüchteten auch in der Kinder- und Jugendhilfe immer größeren Raum ein. Insgesamt gibt es noch eine sehr dürftige Forschungslage zur Sozialen Arbeit mit Geflüchteten. Einer Tätigkeit, die von zahlreichen Spannungsverhältnissen geprägt ist.

1 Einleitung

Flüchtlingssozialarbeit als solche hat bisher noch keinen Eingang in die zahlreichen Handbücher und Nachschlagewerke der Sozialen Arbeit erhalten (Deutscher Verein für öffentliche und private Fürsorge 2011; Otto und Thiersch 2015; Thole 2010). Die Arbeit mit Geflüchteten indes findet in verschiedenen Arbeitsfeldern und bei sehr unterschiedlichen Trägern statt.

Auch wenn es bis dato keinen klar abgegrenzten Bereich für die Soziale Arbeit mit Geflüchteten gibt, gab es bereits Ende der 1940er Jahren Flüchtlingsarbeit. Zum damaligen Zeitpunkt handelte es sich um die Betreuung der „Displaced Persons" und der „heimatlosen Ausländer". Zuständig waren zunächst die UNRRA, eine Unterorganisation der Vereinten Nationen, und die von ihr beauftragte amerikanische Caritas, bevor im Jahr 1959 der Deutsche Caritasverband die Betreuung übernahm (Püschel 1972). Mit dem Bürgerkrieg auf dem Gebiet des ehemaligen Jugoslawiens Anfang der 1990er Jahre stieg die Zahl der Asylsuchenden in Deutschland. Der Flüchtlingssozialarbeit kam als Tätigkeitsfeld der Sozialen Arbeit nun eine größere Bedeutung zu. Die Betreuung unbegleiteter minderjähriger Flüchtlinge wurde in diesem Zeitraum zu einem kleinen, aber eigenständigen Arbeitsfeld (Weiss 2002, zit. nach Cyrus und Treichler 2004, S. 19). Die Zahlen der Flüchtlinge gingen Anfang der 2000er Jahre immer weiter zurück, bis sie im Jahre 2008 einen Tiefstand erreichten (BAMF 2016a, S. 8). 2004 stellten Cyrus und Treichler (S. 20) zusammenfassend fest, dass im Aufgabenfeld Migration[1] die institutionellen Strukturen der Sozialen Arbeit als Antwort auf historisch auftretende Problemlagen entstanden und keiner systematischen Konzeption folgten. Diese Konzeptionslosigkeit nicht nur in der Migrationsarbeit im Allgemeinen, sondern auch in der Flüchtlingssozialarbeit im Besonderen wird besonders offenbar, angesichts der stark angestiegenen Flüchtlingszahlen ab dem Jahre 2014 und den damit einhergehenden Herausforderungen.

Aktuell wirft Soziale Arbeit mit Flüchtlingen Fragen auf, die nicht nur für die Akteur_innen in diesem Arbeitsfeld relevant sind, sondern generelle Bedeutsamkeit für die Disziplin und Profession der Sozialen Arbeit haben. So konstatiert Scherr (2015, S. 17), dass, „im Fall der Sozialen Arbeit mit Flüchtlingen [...] die Diskrepanz zwischen den Idealen der Profession und ihrem normativ fundierten Selbstverständnis einerseits, und den faktischen Grenzen, die aus ihrer Einbindung in die Strukturen des sozialen Wohlfahrtsstaates resultieren in zugespitzter Weise deutlich wird". In diesem Beitrag sollen zunächst die verschiedenen Tätigkeitsfelder der Flüchtlingssozialarbeit und den damit verbundenen Aufgaben näher beschrieben werden. Anschließend wird auf den besonderen Fall der unbegleiteten minderjährigen Flüchtlinge eingegangen, um dann notwendige Aktivitäten der Sozialen Arbeit im Kontext der Arbeit mit Geflüchteten auf den Ebenen der Wissenschaft und Politik näher zu beleuchten.

2 Tätigkeitsfelder und Aufgaben

Die so genannte *Migrationsberatung* für Erwachsene Zuwanderer (MBE) ist seit 2004 Teil eines bundesweiten vom Bundesamt für Migration und Flüchtlinge durchgeführten und vom Zuwanderungsgesetz vorgesehenen Integrationsprogramms.

1 Zur Veränderung der pädagogischen Reaktionen auf Migration siehe auch Mecheril (2004).

Angeboten wird diese von Migrationsfachdiensten der Wohlfahrtsverbände und kleinerer freier Träger, die im Paritätischen Wohlfahrtsverband zusammengeschlossen sind. Das Integrationsprogramm fokussiert sich auf die Integration von Migrant_innen und verfolgt das Ziel, den Integrationsprozess von (Neu-)Zuwandernden gezielt zu initiieren, zu steuern und zu begleiten (BAMF 2010). Bei der MBE handelt es sich um ein zeitlich befristetes, bedarfsorientiertes, individuelles und migrationsspezifisches Beratungsangebot für Personen mit Aufenthalt oder Flüchtlingen mit Aussicht auf Anerkennung. Der wichtigste Baustein des Integrationsprogramms ist der so genannte Integrationskurs, der in der Regel aus 600 Stunden Deutschkurs und 40 Stunden Orientierungskurs besteht. Die wichtigste Aufgabe der Migrationsberatungsdienste liegt in der sozialpädagogischen Begleitung der Teilnehmer_innen dieser Kurse.

Ergänzend zu diesem Beratungsangebot finanziert das Bundesministerium für Familie, Senioren, Frauen und Jugend *Jugendmigrationsdienste* (JMD) für Personen mit Migrationshintergrund bis 27 Jahre, die vor allem in der Trägerschaft der Wohlfahrtsverbände liegen.

Die Ziele des Jugendmigrationsdienstes wurden in den Grundsätzen zur Förderung und Durchführung des Programms festgehalten. Es handelt sich um die Verbesserung der Integrationschancen (sprachliche, soziale, schulische und berufliche Integration), die Förderung von Chancengerechtigkeit und die Förderung von Partizipation in allen Bereichen des sozialen, kulturellen und politischen Lebens (BMFSFJ 2015, S. 2). Die Fachkräfte arbeiten hauptsächlich im Bereich der Einzelfallhilfe. Dennoch sollen sie auch eine koordinierende Funktion im Sozialraum einnehmen und die interkulturelle Öffnung der Regeldienste im Feld der Jugendsozialarbeit initiieren. Für und mit den Jugendlichen erfolgt eine individuelle Integrationsplanung, die in einem so genannten Integrationsförderplan auch schriftlich festgehalten wird. Die Integrationsleistungen werden somit explizit vom neuen Zuwanderer bzw. der neuen Zuwanderin verlangt. Demgegenüber steht ein Verständnis von Integration, wie es beispielsweise der Caritasverband (2008, S. 7) vertritt: „Bei der Integration geht es nicht darum, Menschen in etwas Bestehendes und Statisches einzugliedern oder sie daran anzugleichen. Es geht vielmehr darum, Teilhabechancen zu gewährleisten und die Gesellschaft gemeinsam zu gestalten. (…) Eine unverzichtbare Grundlage für Integrationsprozesse sind Toleranz und Achtung vor dem jeweils Anderen und Neuen."

2.1 Flüchtlingssozialarbeit

Flüchtlinge, deren Asylverfahren noch nicht abgeschlossen ist oder die mit einer Duldung in Deutschland leben, zählen *nicht* zur Zielgruppe der MBEs und JMDs.

Sie leben in Gemeinschaftsunterkünften oder werden von den Kommunen dezentral untergebracht und unterliegen generell einer Wohnsitzauflage. In den Unterkünften und auch im Rahmen der dezentralen Unterbringung wird die Betreuung durch Sozialarbeiter_innen sichergestellt. Hierbei handelt es sich um die „klassische“ *Flüchtlingssozialarbeit.* Zur Ausgestaltung der Arbeit gibt es weder eine verbindliche Verpflichtung noch bundesweite Standards. Sie hängt wesentlich von den Verordnungen der einzelnen Bundesländer, den Trägern und den einzelnen Fachkräften vor Ort ab. Die Verordnungen der Bundesländer zur Gewährleistung der sozialen Betreuung weisen eine sehr große Bandbreite an Positionen hinsichtlich der Zielsetzung in punkto Integration auf. So soll der Stadtstaat Bremen hier als Stellvertreter einer integrationsfördernden Haltung genannt werden. In der Verordnung der zuständigen Senatorin heißt es: „Asylsuchende sind nicht (!) von Angeboten der Integration und Partizipation auszuschließen. Die soziale Betreuung von Asylbewerbern und Geduldeten wird in einen integrationspolitischen Gesamtzusammenhang gestellt“ (Die Senatorin für Soziales, Kinder, Jugend und Frauen 2014, S. 12). In starkem Kontrast dazu stehen die Grundsätze der Asylsozialberatungsrichtlinie aus Bayern aus dem Jahr 2016. Unter Punkt 1.1 heißt es: „Zweck der Förderung ist es, Ausländerinnen und Ausländer sozial zu beraten und zu betreuen, damit sie sich in dem für sie fremden Lebens- und Kulturbereich für die Dauer ihres Aufenthaltes in Deutschland orientieren können“. Dieses Ziel wird in Punkt 1.12 weiter konkretisiert: „Da zum Zeitpunkt der Beratung noch kein gesicherter Bleibestatus besteht, soll die Fähigkeit zur Reintegration in die Herkunftsländer erhalten bleiben“ (ebd.).

Die Gemeinschaftsunterkünfte werden von den Kommunen, gemeinnützigen Organisationen oder privaten Firmen betrieben. Es ist zu beobachten, dass in letzter Zeit zunehmend private Betreiber in den Markt eingestiegen sind (Robert-Bosch-Stiftung 2015, S. 47). Die Preisverhandlungen bei der öffentlichen Auftragsvergabe können sich auch auf die Bezahlung der Fachkräfte niederschlagen. Gerade bei den privaten Betreibern ist die Diskrepanz zwischen den eigenen Geschäftsinteressen und dem professionellen Verständnis der Sozialarbeiter_innen groß (ebd., S. 49). Für den Betreuungsschlüssel oder die Qualifikation des in den Gemeinschaftsunterkünften oder zur Betreuung der dezentral untergebrachten Geflüchteten eingesetzten Personals gibt es keine bundeseinheitliche Regelung. Aus einer kleinen Anfrage an die Thüringer Landesregierung aus dem Jahr 2015 ist bekannt, dass in Thüringen nur knapp über die Hälfte der Beschäftigten in diesem Bereich die Qualifikation ein_r Sozialarbeiter_in bzw. Sozialpädagog_in vorweisen konnte. Ein Drittel hatte überhaupt keine einschlägige Qualifikation (Thüringer Landtag, Drucksache 6/109).

Grundsätzlich fehlen Beratungskapazitäten für Kinder und Jugendliche. Beratung richtet sich regelmäßig an die Eltern und hat die Rolle der Kinder nicht im Blick (Berthold 2014, S. 45). Beteiligungs- und Mitspracherechte können nicht wahrgenommen werden. Durch die Unterbringung in sehr beengten Verhältnissen haben die jungen Menschen keinen Ort, wo sie einmal für sich bleiben können. Ob Kinder und Jugendliche die Möglichkeit haben, eine Hausaufgabenbetreuung zu nutzen, ob es Freizeitangebote für sie gibt, ob Kinder den Kindergarten besuchen, ob die Familien Unterstützung bei Erziehungsproblemen finden, ob sie die Möglichkeit haben, ihre traumatischen Erlebnisse zu verarbeiten oder an Einrichtungen und Dienste der Kinder- und Jugendhilfe verwiesen werden, hängt vom Einzelfall ab: vom bürgerschaftlichen Engagement Einzelner, vom Engagement privater Initiativen oder freier Träger und davon, wie sich die Sozialdienste – deren Fokus in der Regel nicht Kinder und Jugendliche sind – verstehen.

2.2 Asylverfahrensberatung

In der *Asylverfahrensberatung* wird über das Verfahren selbst sowie die Rechte und Pflichten von Asylsuchenden und ihre Möglichkeiten und Grenzen aufgeklärt. Asylsuchende werden in ihrem Verfahren gegebenenfalls durch die Vermittlung zu Fachanwälten unterstützt. Aus der Beratungspraxis ist bekannt, dass Asylsuchende oftmals Ablauf und Anforderungen des Asylverfahrens nicht verstehen. So wissen sie oftmals nicht, dass die Anhörung der Zeitpunkt ist, an dem sie ihre Fluchtgründe detailliert darlegen müssen, damit in voller Kenntnis ihrer Fluchtgründe über ihren Asylantrag entschieden werden kann. Eine gute Vorbereitung und Information über das Asylverfahren hilft Asylsuchenden, ihre Rechte geltend machen zu können, aber auch Asylverfahren zu verkürzen, indem im erstinstanzlichen Verfahren alle Fluchtgründe vorgebracht werden können und sich ein gerichtliches Verfahren erübrigt. Auch ist es beispielsweise sinnvoll, vor der Anhörung Hinweise auf einen besonderen Schutzbedarf von Asylsuchenden mitzuteilen, damit Sonderbeauftragte zum Beispiel für traumatisierte Asylsuchende gleich hinzugezogen werden können und die Anhörung nicht abgebrochen und neu angesetzt werden muss. Insbesondere traumatisierte Asylsuchende sind in der Anhörung überfordert, ad hoc ihre Geschichte strukturiert wiederzugeben. Eine gute Vorbereitung kann helfen, den psychologischen Effekt des Vergessens traumatisierender Erfahrungen in der Anhörung zu überwinden.

Flüchtlinge haben aufgrund ihrer spezifischen Situation besondere Schutzbedarfe, zum Beispiel, weil sie Kinder oder Jugendliche sind, eine Krankheit oder Behinderung haben oder Opfer von Gewalt sind. Um Asylsuchende und anerkannte Flüchtlinge so zu versorgen, wie es auch europäisches Recht vorsieht, ist es notwendig, den besonderen Schutzbedarf zu erkennen. Eine systematische Identifizierung und bedarfsgerechte Versorgung gibt es bisher nicht. Anschließend ist eine entsprechende Versorgung sicherzustellen. Bei Kindern und Jugendlichen oder Alleinerziehenden können dies zum Beispiel Leistungen der Jugendhilfe, bei kranken und traumatisierten Flüchtlingen Angebote der Gesundheitsversorgung oder bei behinderten Flüchtlingen Leistungen der Eingliederungshilfe sein. Teilweise kommen auch mehrere besondere Schutzbedarfe zusammen. Psychosoziale Zentren führen eine Erstberatung, auf Wunsch Exploration und Diagnostik von psychischer Belastung oder Traumatisierung durch. Sie informieren über Hilfsmöglichkeiten zur psychosozialen Stabilisierung und bieten selbst individuell abgestimmte Therapien an oder vermitteln an geeignete Therapeuten.

2.3 Psychosoziale Zentren

Psychosoziale Zentren für Geflüchtete sind ebenfalls Arbeitsorte für Sozialarbeiter_innen. Diese Einrichtungen haben sich auf die Arbeit mit traumatisierten Flüchtlingen spezialisiert und haben psychologische Ansätze entwickelt, um mit Folter, Verfolgung, Fluchterlebnissen und anderen traumatischen Erfahrungen umzugehen. Den größten Teil der Teams der Psychosozialen Zentren bilden Mitarbeiter_innen aus den Bereichen Psychotherapie und (Psycho)Soziale Arbeit – beide Arbeitsbereiche nehmen im Bundesdurchschnitt jeweils etwa 39 % ein (BAFF[2] 2015, S. 12).

Die Psychosozialen Zentren sind ein Angebot, Flüchtlinge mit einem besonderen Schutzbedarf, insbesondere traumatisierte Flüchtlinge zu beraten, zu begleiten und bei Bedarf auch zu therapieren. Die Möglichkeiten psychotherapeutischer Versorgung von Flüchtlingen sind abhängig von ihrer jeweiligen Lebenssituation. Klassische Therapien wie tiefenpsychologische oder Verhaltenstherapie oder Psychoanalyse kommen erst in Betracht, wenn die Lebenssituation ausreichend gesichert ist. Das Angebot der Psychosozialen Zentren ist eine integrierte Komplexleistung aus sozialpädagogischer Beratung und Begleitung sowie gesundheitlicher Versorgung in Form verschiedener therapeutischer Ansätze. Die Zentren arbeiten dabei mit unterschiedlichen Schwerpunkten, das Leistungsspektrum umfasst in der Regel folgende Angebote: Erstgespräche und Clearing, Stabilisierung und Krisenintervention, psychosoziale Beratung, sowie therapiebegleitende sozialarbeiterische und pädagogische Angebote, Informierung zu allen Lebensbereichen (Asyl-, Aufenthalts-, Sozial-, Arbeitsrecht etc.). Hilfen zur sozialen Integration und Rehabilitation, individuell abgestimmte Diagnostik und Therapie, medizinische und körpertherapeutische Methoden und Verfahren, Stellungnahmen in aufenthalts-

2 Bundesweite Arbeitsgemeinschaft der psychosozialen Zentren für Flüchtlinge und Folteropfer e. V.

rechtlichen und sozialen Fragen, sowie Anleitung von thematischen Selbsthilfe- und Gesprächsgruppen. Weitere Bestandteile der Angebote dienen vor allem der Erweiterung der Ressourcen in der Flüchtlingsarbeit und der Sensibilisierung der (Fach-)Öffentlichkeit. Hierzu zählen Gruppen- und Projektarbeit, Vernetzung von Multiplikator_innen, Informationen und Fortbildung für die Fachöffentlichkeit, Öffentlichkeits- und Lobbyarbeit, sowie Dokumentation, Evaluation und Publikationen (Baff 2015, S. 3).

Psychosoziale Zentren sind bisher bei weitem nicht in ausreichendem Maß vorhanden und können bisher nur weniger als 10 % ihrer Leistungen nach dem AsylbLG, SGB V oder SGB VIII abrechnen. Sie sind daher auf Projekt- und Spendengelder angewiesen. Sie haben lange Wartelisten und können nur einen Bruchteil der hilfesuchenden Flüchtlinge versorgen.

2.4 Koordination von Ehrenamtlichen

Eine sehr aktuelle Rolle ist die *Koordination der Ehrenamtlichen* im Bereich der Flüchtlingshilfe. Immer mehr Menschen engagieren sich in der Flüchtlingsarbeit. In einer 2015 veröffentlichten empirischen Studie gab die überwiegende Mehrheit der Organisationen an, dass sich in den letzten Jahren durchschnittlich 70 Prozent mehr Ehrenamtliche engagieren (Karakayali und Kleist 2015, S. 5). Dabei möchte die überwiegende Mehrheit nicht nur die humanitäre Lage der Flüchtlinge verbessern, sondern „Gesellschaft gestalten" (ebd.). Das freiwillige Engagement bedarf, um es langfristig zu sichern, der Koordinierung durch hauptamtlich Mitarbeitende. Dies beinhaltet: Engagementfelder identifizieren, attraktive Angebote formulieren und aktiv bewerben, Engagierte begleiten, qualifizieren und ihr Engagement anerkennen. Engagierte benötigen konkrete Ansprechpersonen, welche sie unterstützen und begleiten. Überforderungen von Engagierten müssen vermieden bzw. schnellstmöglich erkannt und entgegengewirkt werden. Es bedarf oft aber auch einer Qualifizierung von Hauptamtlichen für Begleitung der Ehrenamtlichen. Die koordinierende und finanzielle Unterstützung der Ehrenamtlichen kann und sollte nach Karakayali und Kleist (2015, S. 6) zu „einer langfristigen Verstetigung der Hilfsstrukturen und einer zivilen Willkommensgesellschaft beitragen".

Insgesamt kann festgehalten werden, so Scherr (2015, S. 18), dass in keinem anderen Feld – außer vielleicht bei der Sozialen Arbeit in Gefängnissen – die Diskrepanz zwischen dem, was Sozialarbeiter_innen, ehrenamtliche Helfer_innen oder flüchtlingspolitische Aktivist_innen angesichts der Situation der Adressat_innen als angemessene Formen der Unterstützung begreifen sowie dem, was organisatorisch und rechtlich möglich sowie zulässig ist, so groß wie in diesem Arbeitsfeld. Dazu tragen vor allem die politisch gewollten rechtlichen Rahmenbedingungen für Geflüchtete bei, die im Folgenden anhand einiger exemplarischer Themen aufgegriffen werden.

3 Rahmenbedingungen für Geflüchtete

3.1 Wohnen

Flüchtlinge brauchen Schutz und Privatsphäre. Sie sollten daher nach der Erstaufnahme schnellstmöglich in Wohnungen leben können. Dies ist insbesondere dann zu ermöglichen, wenn sie zum Beispiel aus gesundheitlichen (z. B. traumatisierte und behinderte Flüchtlinge) oder Altersgründen (minderjährige Flüchtlinge) oder als alleinstehende Frauen einen besonderen Schutzbedarf haben. Hierzu sollten auch alternative Wohnformen oder die Bildung von Wohngemeinschaften gefördert werden. Die Erfahrung zeigt, dass die oft jahrelange Unterbringung von Flüchtlingen in isolierten Gemeinschaftsunterkünften eine aktive Teilnahme am gesellschaftlichen Leben behindert, insbesondere, wenn sie am Rande oder außerhalb von Städten und Gemeinden liegen, weit entfernt von einer für einen gelingenden Alltag ausreichenden Infrastruktur. Die Perspektivlosigkeit des Lebens in solchen Unterkünften ist oft Ursache für Folgeprobleme und Desintegration.

3.2 Gesundheit

Auch das Thema Gesundheit spielt eine wichtige Rolle bezüglich der Lebenssituation von Geflüchteten. Neben den Herausforderungen der Kommunikation zwischen Ärzt_innen und Patient_innen mit Fluchthintergrund und der damit verbundenen Verzögerung oder gar Verhinderung von Heilungsprozessen ist vor allem bei den Personen mit (noch) nicht anerkanntem Flüchtlingsstatus die Gesundheitsversorgung immer noch weit schlechter als nach den Maßstäben der gesetzlichen Krankenversicherung (vgl. auch den Beitrag von Joksimovic et al. in diesem Band).

Die Einschränkungen bei der medizinischen Versorgung stellen nach wie vor ein zentrales Problem für Asylsuchende und Geduldete dar. Diese Einschränkungen basieren auf den Regelungen des AsylbLG, aufgrund derer für die Betroffenen nur die Behandlung akuter Erkrankungen und Schmerzzustände gewährleistet und vor medizinischer Versorgung ein Behandlungsschein zu erwirken ist. Die Übernahme sonstiger medizinischer Leistungen unterliegt einer Ermessensentscheidung und wird nur gewährt, wenn sie für die Gesundheit unerlässlich sind.

Damit ist die Gefahr verbunden, dass dies in der Praxis zur Ablehnung bzw. verspäteten Durchführung von Behandlungen nach der Anerkennung als Flüchtling führt. Die daraus folgende Chronifizierung von Krankheiten führt zu unnötigem Leid der Kranken und zu hohen Folgekosten für die öffentlichen Haushalte. Art. 19 der EU-Aufnahmerichtlinie sieht in Bezug auf die medizinische Versorgung vor, dass Asylsuchenden „mit besonderen Bedürfnissen bei der Aufnahme die erforderliche medizinische oder sonstige Hilfe, einschließlich erforderlichenfalls einer geeigneten psychologischen Betreuung" gewährt wird. Zudem ist sicherzustellen, dass die Bedarfe besonders schutzbedürftiger wie kranker, traumatisierter oder behinderter Flüchtlinge frühzeitig erkannt werden und entsprechende Unterstützungsleistungen zur Verfügung stehen (insbesondere Art. 21 ff.).

3.3 Bildung und Arbeit

Drei Viertel der in Deutschland im Jahr 2015 angekommenen Flüchtlinge sind im Alter von 15 bis 65 Jahren (BAMF 2016a, S. 17) und damit im erwerbsfähigen Alter. Ausbildung, Qualifizierung und Arbeit sind ein zentraler Schlüssel für eine erfolgreiche Integration. Aus Sicht der Aufnahmegesellschaft und aus Sicht der Betroffenen ist es (auch) für die Flüchtlinge wichtig, den Arbeitsmarktzugang möglichst frühzeitig zu ermöglichen. Mittlerweile haben Asylsuchende rechtlich nach drei Monaten des Aufenthalts einen Zugang zum Arbeitsmarkt[3]. Dem steht allerdings die Aufenthaltszeit in der Erstaufnahmeeinrichtung von bis zu sechs Monaten faktisch entgegen. Wie schnell eine Integration in den Arbeitsmarkt tatsächlich gelingen kann, hängt von vielen Faktoren ab. Entscheidend sind insbesondere der rechtliche Zugang, die Sprachkenntnisse, vorhandene Qualifikationen und deren Anerkennung, der Bedarf an Nachqualifizierung und die (regionale) Nachfrage auf dem deutschen Arbeitsmarkt. Grundsätzlich müssen Anstrengungen unternommen werden, dass alle erwerbsfähigen Menschen in Deutschland bei der Integration in den Arbeitsmarkt adäquat unterstützt werden. Es ist davon auszugehen, dass viele Geflüchteten durch die Situation in den Herkunftsländern und durch die Erlebnisse während ihrer Flucht Vermittlungshemmnisse haben werden. Hierzu zählen beispielsweise fehlende Bildungsmöglichkeiten, abgebrochene Ausbildungen, Trauma-Erfahrungen und die Bewältigung der psychischen und physischen Folgen der Flucht. Hinzu kommen die in den meisten Fällen fehlenden Kenntnisse der deutschen Sprache und das Problem vorhandener, nicht nachweisbarer oder am deutschen Arbeitsmarkt nicht verwertbarer Qualifikationen.

3 Für Asylsuchende und Geduldete aus so genannten sicheren Herkunftsstaaten wie zum Beispiel Serbien gilt ein Arbeitsverbot (§ 26 (2) BeschV).

Aufgrund der Vorbehalte, die manche Arbeitgeber_innen gegen Flüchtlinge haben, kann auch Diskriminierung eine Rolle bei der Integration in den Arbeitsmarkt spielen. Hinsichtlich der vorhandenen Qualifikationen ist die Datenlage derzeit noch sehr dünn. In einer Stichprobe aus dem Jahr 2013 hatten 13 % einen abgeschlossenen Hochschulabschluss und 24 % einen mittleren Abschluss. 58 % der Schutzberechtigten und Asylsuchenden dahingegen verfügten über keine abgeschlossene Berufsausbildung (Brücker et al. 2015, S. 8 f.). Für die Soziale Arbeit stellt sich hiermit zum einen die Aufgabe der Beratung hinsichtlich der Anerkennung von bereits erworbenen Abschlüssen und zum anderen die Begleitung von Maßnahmen zur berufsorientierten Sprachförderung mit Angeboten zur beruflichen Orientierung und Qualifizierung. Seit 2014 gibt es deutschlandweit 41 Projekte im Bundesprogramm „Integration von Asylbewerbern und Flüchtlingen" (IvaF)[4]. Im Mittelpunkt stehen hier Maßnahmen der speziell auf diese Zielgruppe ohne Altersgrenze ausgerichteten Beratung, betriebsnahen Aktivierung und Qualifizierung sowie Vermittlung in Arbeit oder Ausbildung. In Schulen sind für zehntausende Kinder bundesweit so genannte Willkommensklassen entstanden. Mit dieser Form des Unterrichts für Flüchtlingskinder wird ein Teil der „UN-Kinderrechtskonvention" erfüllt, wonach Kindern und Jugendlichen uneingeschränkter Zugang zum Bildungswesen eines Asyllandes zusteht. Jedem Bundesland ist es in Deutschland dabei selbst überlassen, wie es die Beschulung von zugewanderten Kindern und Jugendlichen gestaltet. Ziel ist es in der Regel, ausländischen Kindern und Jugendlichen in diesen Lerngruppen erste Grundkenntnisse der deutschen Sprache beizubringen, um die Schüler danach schnellstmöglich in den Regelklassen integrieren zu können (vgl. auch den Beitrag von Eppenstein S. 147 in diesem Band). Eine wichtige Aufgabe im Kontext von Bildung und Beruf kann auch die Jugendsozialarbeit übernehmen, deren Zielgruppe die jungen Geflüchteten sind.

3.4 Jugendsozialarbeit

Alle jungen Menschen haben einen Anspruch auf Entwicklung, Bildung, Ausbildung und Teilhabe. Jugendsozialarbeit (§ 13 SGB VIII) unterstützt die Jugendlichen, deren umfassende gesellschaftliche Integration aufgrund von sozialer Benachteiligung und/oder individueller Beeinträchtigung gefährdet ist. Mit arbeitsweltbezogener Jugendsozialarbeit, durch Schulsozialarbeit und Angebote des

---

4 Dies ist ein Nachfolgeprogramm des von 2008 bis 2013 laufenden ESF-Bundeprogramms zur arbeitsmarktlichen Unterstützung für Bleibeberechtigte und Flüchtlinge mit Zugang zum Arbeitsmarkt.

Jugendwohnens sowie mit aufsuchenden, mobilen und offenen sozialpädagogischen Ansätzen will Jugendsozialarbeit Benachteiligung entgegenwirken und individuelle Weiterentwicklung fördern.

Der Kooperationsverbund der Jugendsozialarbeit hat nicht zuletzt in seinem Positionspapier aus dem Jahr 2016 deutlich gemacht, dass seine Mitgliedsorganisationen vor großen Herausforderungen stehen, wenn sie die geflüchteten Kinder, Jugendlichen und jungen Erwachsenen – unabhängig von ihrem Aufenthaltsstatus – auf dem Weg zu einer guten Ausbildung als Grundlage für ein selbstbestimmtes Leben und für soziale Teilhabe fachlich begleiten und unterstützen. Der Verbund sieht es als notwendig an, in Ausbau und Qualifizierung des (Berufs-)Bildungssystems sowie der Sprachförderung weiter zu investieren, im Rahmen eines integrativen Gesamtkonzeptes Infrastruktur und Angebote der Jugendsozialarbeit auszubauen und Übergänge in Ausbildung individuell abzusichern (2016, S. 1). Darüber hinaus müsse es in den Kommunen als Bestandteil eines Integrationskonzeptes eine Koordinierung und konzeptionelle Verankerung der Angebote vor Ort geben (ebd., S. 6). Bei der bewussten Öffnung der Angebote für Kinder, Jugendliche und junge Erwachsene mit Fluchthintergrund sollte insbesondere auch darauf geachtet werden, dass in der Wahrnehmung der Sozialarbeiter_innen das eine Merkmal „Flüchtling" nicht alle anderen Merkmale der jungen Persönlichkeiten überlagert.

Nach der Aufgabe des Vorbehalts zur UN-Kinderrechtskonvention durch die Bundesregierung im Jahr 2010 steigt der Druck, Kinderrechte und den Vorrang des Kindeswohls auch für Flüchtlingskinder umzusetzen. Dennoch rücken die geflüchteten Kinder – vor allem, wenn sie gemeinsam mit ihrer Familie eingereist sind – erst langsam in den Blick der Kinder- und Jugendhilfe. Dies zeigt sich auch an den aktuellen fachlichen Empfehlungen und Stellungnahmen, die sich meist ausschließlich auf unbegleitete minderjährige Flüchtlinge (umF)[5] beziehen[6]. Der Bedarf an Hilfen zur Erziehung dürfte bei Familien mit Fluchthintergrund nicht zuletzt aufgrund der Belastungen des Lebens in Gemeinschaftsunterkünften hoch sein. Eine generelle Barriere dürfte sein, dass Familien mit einem Hilfebedarf nicht in jedem Fall Ansprechpersonen haben, die sie über Möglichkeiten und Rahmenbedingungen der Hilfen zur Erziehung informieren. Es liegen jedoch keine Daten vor, wie viele Familien tatsächlich ambulante oder stationäre Hilfen zur Erziehung in Anspruch nehmen. Aus rechtlicher Sicht stehen die Leistungen des SGB VIII dieser Personengruppe, unabhängig vom Aufenthaltsstatus, offen

5 Seit Ende 2015 beziehen sich die rechtlichen Grundlagen nur noch auf „unbegleitete minderjährige Ausländer" (umA). In Fachdiskursen wird jedoch weiterhin an dem Begriff „Flüchtling" statt „Ausländer" festgehalten.

6 U.a.: BAG Landesjugendämter (2014), Bremer Senatorin für Soziales, Kinder, Jugend und Frauen (2013).

(Kunkel 2009). Die Datenlage ist bei den Inobhutnahmen unbegleiteter minderjähriger Flüchtlinge wesentlich besser.[7]

4 Der besondere Fall: unbegleitete minderjährige Flüchtlinge

Die Zahl der Inobhutnahmen der unbegleiteten minderjährigen Flüchtlinge (umF) hat sich von 2009 bis 2014 um 345 % auf 10 404 erhöht (B-UMF 2015, S. 4). Die Hauptherkunftsländer, der zumeist männlichen Jugendlichen, im Jahr 2014 waren Afghanistan, Eritrea und Syrien (ebd.). Seit dem 01.01.2016 werden die Kinder und Jugendlichen nicht mehr am Ort Ihres Aufgreifens untergebracht, sondern nach dem Königsteiner Schlüssel[8] auf alle Bundesländer verteilt.

Wer als umF in Deutschland ankommt wird, wie alle Minderjährigen, die aus irgendeinem Grund von ihren Eltern bzw. Sorgeberechtigten getrennt sind, vom Jugendamt in Obhut genommen. Aufgrund widersprüchlicher Zielsetzungen des Asyl- und Ausländergesetzes sowie des Kinder- und Jugendhilfegesetzes ist die rechtliche Situation der minderjährigen Flüchtlinge – insbesondere der 16- bis 17-jährigen – kompliziert. Zudem wird der Umgang mit Ihnen in den einzelnen Bundesländern sehr unterschiedlich gehandhabt[9]. Während einige Bundesländer vergleichsweise dezidierte Strukturen zur Aufnahme und Versorgung von umF entwickelt haben und sich stark am Gebot des Kindeswohls orientiert, sind in anderen Ländern eher restriktive Umgänge mit umF zu beobachten, hier wird sich vor allem auf Regelungen des Ausländer- und Asylgesetzes berufen.

Seit 2005 ist der Anspruch unbegleiteter minderjähriger Flüchtlinge auf Jugendhilfe dezidiert im Gesetz verankert (§ 42, Abs. 1, SGB VIII). Der Anspruch auf die Jugendhilfe beinhaltet auch die finanzielle Sicherung des Lebensunterhaltes. Sie sind dadurch deutlich besser gestellt als Flüchtlinge, die Leistungen nach dem AsylbLG erhalten.

Das Jugendamt ist verpflichtet innerhalb von drei Tagen nach dem Erstkontakt ein Gespräch zu arrangieren, an dem neben dem Jugendlichen ein Mitarbei-

7 Hier vor allem die Erhebungen des Statistischen Bundesamtes in der Fachserie „Vorläufige Schutzmaßnahmen".

8 Nach dem sogenannten „Königsteiner Schlüssel" wird festgelegt, wie viele Asylsuchende ein Bundesland aufnehmen muss. Dies richtet sich nach Steuereinnahmen (2/3 Anteil bei der Bewertung) und der Bevölkerungszahl (1/3 Anteil bei der Bewertung). Die Quote wird jährlich neu ermittelt (BAMF 2016b).

9 Der Bundesverband UMF hat zur Praxis in den einzelnen Bundesländern eine Evaluation durchgeführt. Siehe: http://www.b-umf.de/de/abgeschlossene-projekte/laenderevaluationen.

ter der Aufnahmeeinrichtung, ein Mitarbeiter des Jugendamts und bei Bedarf ein Dolmetscher teilnehmen.

In diesem Prozess kommt es auch zum problematischen Verfahren der Altersfeststellung. Um zu klären, ob ein allein eingereister Jugendlicher, bei dem die Altersfrage nicht auf der Basis von Papieren geklärt werden kann, Jugendhilfemaßnahmen braucht und ob ein Vormund bestimmt werden muss, greifen Behörden auf „fiktive Altersfestsetzungen" zurück. Diese können von Jugendämtern, Ausländerbehörden, der Bundespolizei oder dem BAMF vorgenommen werden (Deutscher Caritasverband 2014, S. 9). Es gibt vielfältige Verfahren zur Alterseinschätzung von der „Inaugenscheinnahme" durch Mitarbeiter_innen des Jugendamtes im Rahmen eines Erstgesprächs bis zu medizinischen Untersuchungen wie der Messung des Handwurzelknochens oder der Untersuchung des Gebisses. Medizinische Altersfeststellungen sind jedoch umstritten, da beispielsweise auch das Knochenalter einer Person um mehrere Jahre von ihrem chronologische Alter abweichen kann (Eisenberg 2012, S. 2).

Ist der oder die Geflüchtete minderjährig, ist das Jugendamt nach § 42 SGB VIII verpflichtet unverzüglich einen Vormund zu bestellen, der den Minderjährigen rechtlich vertritt und ihn oder sie somit auch im Asylverfahren bzw. bei der Klärung seines Aufenthaltsstatus unterstützt. Hierbei kann es sich um Amtsvormünder aus dem Jugendamt, Berufsvormünder oder ehrenamtliche Vormünder handeln.

Das zu Beginn des Aufenthalts stattfindende Clearingverfahren hat zum Ziel, „die Bedürfnisse der Kinder und Jugendlichen zu ermitteln und die Ergebnisse mit den tatsächlichen Gegebenheiten abzuklären und so Perspektiven und Ziele für die weitere Planung zu erarbeiten" (Riedelsheimer 2010, S. 64). Während dieser Phase sind die Jugendlichen in der Regel noch in einer Inobhutnahmestelle oder wenn vorhanden in einer speziellen Clearingeinrichtung untergebracht. Priorität hat neben der Klärung rechtlicher und organisatorischer Fragen die Stabilisierung der jungen Menschen. So ist zu diesem Zeitpunkt beispielsweise zu klären, ob ein Asylantrag gestellt werden sollte, oder alternativ welche anderen Wege zu einer Aufenthaltsverfestigung führen können. Weiterhin geht es um Möglichkeiten in Bezug auf die Familienzusammenführung. Grundsätzlich steht bei all den Bemühungen immer die Frage der Kommunikation im Raum. Werden beispielsweise Dolmetscher_innen für die Beratungsgespräche mit den Jugendlichen finanziert oder nicht? Nach der Clearingphase erfolgt dann in der Regel die Folgeunterbringung als Hilfe zur Erziehung gemäß § 27 SGB VIII.

Bisher gibt es noch sehr wenige Studien zum Themenbereich stationäre Jugendhilfe und unbegleitete Flüchtlingskinder. Die befragten Sozialpädagog_innen verschiedener Einrichtungen in einer bundeslandbezogenen Evaluation in Rheinland-Pfalz charakterisierten die betreuten Kinder und Jugendlichen als sehr ehrgeizig und wissbegierig, mit einem hohen Bildungsbewusstsein und einer starken Lernmotivation, deren Bildungsweg würde bei einer entsprechenden Unterstützung positiv verlaufen (Stauf 2012, S. 139). Die Betreuer_innen betonen die ausgeprägte Selbstständigkeit der jungen Menschen, was dazu führen würde, dass vor alle die 16- und 17-jährigen im Rahmen einer engmaschigen Heimbetreuung schwer zu betreuen seien und dies angemessene Freiräume im Betreuungskontext erfordern würde (ebd., S. 142). Als notwendig für die pädagogische Arbeit wird der Aufbau eines Netzwerkes hinsichtlich Sprachunterstützung, Beratung und Therapie, Vormundschaften und Regelschulen empfunden (ebd., S. 150 f.).

In Nordrhein-Westfalen wurde ein Clearinghaus wissenschaftlich begleitet (Akbasoglu et al. 2012). Ziel war die Betrachtung von Strukturen und Prozessen aus der Perspektive der Mitarbeiter_innen, Klient_innen und Folgeeinrichtungen. Bei der Auswertung wurden drei Wirkfaktoren ermittelt, die die Arbeit mit umF beeinträchtigen: Erstens steht die Arbeit im Spannungsgefüge divergierender Ansprüche (z. B. Ausländerbehörde, Jugendamt, Jugendliche etc.). Dadurch entsteht im Alltag für die Mitarbeiter_innen ein Dilemma, für das es keine eindeutigen Handlungsmöglichkeiten gibt, was zu Frustration und Aggression sowohl bei ihnen als auch bei den Jugendlichen führen kann. Zweitens stellt das Clearingverfahren mit den Hauptaufgaben Grundversorgung, Ermittlung des Jugendhilfebedarfs und Klärung der aufenthaltsrechtlichen Situation einen widerspruchsvollen Auftrag dar. Es findet in einem rechtlich und institutionell spannungsvollen Umfeld statt und erfordert in der Praxis ein schwieriges Abwägen zwischen dem staatlichen Interesse an einer Zuwanderungskontrolle beziehungsweise der Durchsetzung des Asylrechts einerseits und der besonderen Schutzbedürftigkeit von Minderjährigen und der Orientierung am Kindeswohl andererseits. So kann zum Beispiel der Jugendhilfebedarf nur unter der Voraussetzung eines engen Beziehungs- und Vertrauensaufbaus sachgerecht beurteilt werden, was jedoch durch den Auftrag der Ermittlung des asylrechtlichen Status korrumpiert wird. Drittens werden umF als eine unbestimmte, verschwiegene und schwierige Klientel erlebt, da die Mitarbeiter_innen mit unterschiedlichen Hintergründen und unterschiedlichen Erwartungen konfrontiert sind. Bei vielen umF muss davon ausgegangen werden, dass sie traumatisiert sind und bei entsprechenden Schlüsselreizen dekompensieren können. Darüber hinaus sind sie bezüglich ihrer tatsächlichen Hintergründe und Verhältnisse häufig sehr verschwiegen (Akbasoglu et al. 2012, S. 35 ff.).

Insgesamt muss sich auch die Kinder- und Jugendhilfe stärker mit der Situation von Kindern, Jugendlichen und Familien mit Fluchthintergrund auseinandersetzen, den Zugang zu ihren Angeboten verbessern und Angebote für Flüchtlinge entwickeln.

5 Ausblick

Insgesamt gibt es gegenwärtig noch eine sehr dürftige Forschungslage zur Sozialen Arbeit mit Geflüchteten im Besonderen aber auch zur Situation der Geflüchteten im Allgemeinen. Die Anstrengungen in dieser Hinsicht müssen dringend verstärkt werden. Aktuell sind jedoch schon erhöhte Aktivitäten in diesem Bereich zu beobachten. So gründete sich im Jahr 2013 das interdisziplinäre Netzwerk Flüchtlingsforschung, welches seit dem Jahr 2015 ein FlüchtlingsforschungsBlog[10] betreibt. Weiterhin gibt es die online-Zeitschrift „movements. Journal für kritische Migrations- und Grenzregimeforschung"[11] und das Netzwerk „Kritnet"[12] aus dem Labor für kritische Migrations- und Grenzregimeforschung.

In Bezug auf die Kinder- und Jugendhilfe wäre es beispielsweise von besonderem Interesse zu untersuchen, wie Jugendämter mit den Ausländerbehörden kooperieren und ob bei diesem Prozess immer das Kindeswohl im Mittelpunkt steht. Weiterhin gibt es keine Übersichten darüber, welche fachlichen Standards in den Ländern und Kommunen für die Inobhutnahme und Anschlussunterbringung von umF existieren und ob diese angesichts der derzeit hohen Fallzahlen auch eingehalten werden. Zudem ist über die Inanspruchnahme von Angeboten der Jugendarbeit oder Jugendberufshilfe, gleich wie bei den Hilfen der Erziehung, aus statistischer Sicht sehr wenig bekannt.

Noch schwieriger erweist sich die Datenlage in Bezug auf die jungen Geflüchteten, die mit ihren Eltern eingereist sind. So ist die Aufgabe der gesetzlich vorgeschriebenen Jugendhilfeplanung die Entwicklung von Angeboten für die differenzierten Lebenslagen aller Kinder und Jugendlichen ihrer Familien. Bisher ist nicht bekannt, inwieweit Kinder und Familien mit Fluchthintergrund explizit in die Planungen mit einbezogen werden. Die DJI-Jugendamtsbefragung aus dem Jahr 2009 gibt darüber Auskunft, dass in den Jugendhilfeplänen auch Maßnahmen für Kinder und Jugendliche mit Migrationshintergrund formuliert sind: z. B. in 68 % der Jugendhilfepläne zur Jugendarbeit und in 40 % der Jugendhilfepläne zu Hilfen der Erziehung (Gadow et al. 2013, S. 49). Auch in der Jugendhilfeplanung stehen unbegleitete minderjährige Flüchtlinge im Fokus während die begleiteten Kinder und Jugendlichen nicht im Blick sind. Angesichts der derzeitigen Zahlen muss im Prozess der interkulturellen Öffnung vermehrt auf die Belange der Kinder und Jugendlichen mit Fluchthintergrund Rücksicht genommen werden. So wäre eine integrierte Planung zusammen mit der Sozialbetreuung der Wohlfahrtsverbände in den Flüchtlingsunterkünften und Initiativen sinnvoll. Bisher fehlt es allerdings

10 www.fluechtlingsforschungs.net.

11 www.movements-journal.org.

12 www.kritnet.org.

generell an integrierten Planungen (Gadow et al. 2013, S. 17). Nach Ansicht von Peuckert (2014, S. 3) schöpft die Kinder- und Jugendhilfe an dieser Stelle kaum ihr Potential aus.

Bisher hat die Soziale Arbeit abgesehen von kirchlichen Wohlfahrtsverbänden, dem Bundesverband für unbegleitete minderjährige Flüchtlinge und lokalen Flüchtlingsinitiativen und NGOs sich noch relativ wenig in die politische Auseinandersetzung mit eingebracht. In diesem Kontext wurden sodann auch Vorwürfe laut, dass die Soziale Arbeit ihr Selbstverständnis als Menschenrechtsprofession nicht ernst nehme (Scherr 2015, S. 18). Andernfalls müsste es in „zahlreichen Fällen zu massiven Konflikten auf der politischen Ebene, als etwa zwischen den Wohlfahrtsverbänden und den staatlichen Behörden, aber auch auf der direkten Ebene beruflichen Handelns, als zum Beispiel zwischen den Trägern der Flüchtlingssozialarbeit und den Ausländerbehörden führen“ (ebd.).

In Bezug auf die Praxis wurde von der „Initiative Hochschullehrender zu Sozialer Arbeit in Gemeinschaftsunterkünften“ mit der Veröffentlichung des „Positionspapiers Soziale Arbeit mit Geflüchteten in Gemeinschaftsunterkünften“ im Jahr 2016 eine erste Grundlage für eine weitere fachliche Auseinandersetzung geschaffen. Nun gilt es vor allem das Papier bekannter zu machen, die Forderungen in der Praxis auch tatsächlich umzusetzen und einen verstärkten Fokus auf die Ausgestaltung der dezentralen Unterbringung zu legen.

Durch die Arbeit mit Geflüchteten, die von zahlreichen Spannungsverhältnissen geprägt ist, werden wir gezwungenermaßen in die Lage versetzt unsere Profession der Sozialarbeiter_innen wieder kritisch zu hinterfragen und über unser eigenes Selbstverständnis nachzudenken. Um Veränderungen in der Praxis tatsächlich herbeizuführen „muss die Soziale Arbeit aufhören, ihr politisch-emanzipatorisches Mandat zu ignorieren“ (Dawod 2015, S. 121).

Literatur

Akbasoglu, S., El-Mafaalani, A., Heufers, P., Karaoglu, S. & Wirtz, S. (2012). *Unbegleitete minderjährige Flüchtlinge im Clearinghaus: Abschlussbericht der wissenschaftlichen Begleitung*. ISF-Ruhr. Dortmund.

BAG Landesjugendämter (Hrsg.). (2014). *Handlungsempfehlungen mit unbegleiteten minderjährigen Flüchtlingen. Inobhutnahme, Clearingverfahren und Einleitung von Anschlussmaßnahmen.* http://www.bagljae.de/downloads/118_handlungsempfehlungen-umf_2014.pdf. Zugegriffen: 15.03.2015.

BAFF (2015). *Versorgungsbericht zur psychosozialen Versorgung von Flüchtlingen und Folteropfern* (2. aktualisierte Auflage). Berlin.

BAMF (2010). *Förderrichtlinie MBE.* http://www.bamf.de/SharedDocs/Anlagen/DE/Downloads/Infothek/Migrationserstberatung/mbe-foeri_pdf.html?nn=1367102. Zugegriffen: 19. 04. 2016.

BAMF (2016a). *Das Bundesamt in Zahlen 2015. Asyl.* Nürnberg.

BAMF (2016b). *Königsteiner Schlüssel.* http://www.bamf.de/SharedDocs/Glossareintraege/DE/K/koenigsteiner-schluessel.html?view=renderHelp[CatalogHelp]&nn=1363258. Zugegriffen: 21. 06. 2016.

Berthold, T. (2014). *In erster Linie Kinder. Flüchtlingskinder in Deutschland. Im Auftrag von UNICEF.* https://www.unicef.de/blob/56282/fa13c2eefcd41dfca5d89d-44c72e72e3/fluechtlingskinder-in-deutschland-unicef-studie-2014-data.pdf. Zugegriffen: 13. 11. 2015.

BMFSFJ (2014). *Grundsätze zur Durchführung und Weiterentwicklung des Programms 18 im Kinder- und Jugendplan des Bundes (KJP) „Integration junger Menschen mit Migrationshintergrund".* http://www.bmfsfj.de/RedaktionBMFSFJ/Abteilung5/Pdf-Anlagen/14-grundsaetze-integration-migrationshintergrund,property=pdf,bereich=bmfsfj,sprache=de,rwb=true.pdf. Zugegriffen 15. 04. 2016.

BMFSFJ (2015). *Jugendmigrationsdienste* (5. Auflage). Berlin.

Brücker, H., Hauptmann, A. & Trübswetter, P. (2015). *Asyl- und Flüchtlingsmigration in die EU und nach Deutschland. IAB Aktuelle Berichte 08/2015.* http://doku.iab.de/aktuell/2015/aktuell Aladin er_bericht_1508.pdf. Zugegriffen: 15. 04. 2016.

BUMF (2015). *Inobhutnahmen von unbegleiteten Minderjährigen im Jahr 2014. Auswertung der Erhebung des Bundesfachverband UMF.* http://www.b-umf.de/images/inobhutnahmen-2015-web.pdf. Zugegriffen: 15. 04. 2016.

Cyrus, N., Treichler, A. (2004). Soziale Arbeit in der Einwanderungsgesellschaft: Von der Ausländerarbeit zur einwanderungsgesellschaftlichen Institution. In Andreas Treichler, Norbert Cyrus (Hrsg.), *Handbuch Soziale Arbeit in der Einwanderungsgesellschaft* (S. 11–32). Frankfurt am Main: Brandes & Apsel.

Dawod, H. (2015). Die Beratung syrischer (Kontingent-)Flüchtlinge. In Claus Melter (Hrsg.), *Diskriminierungs- und rassismuskritische Soziale Arbeit und Bildung. Praktische Herausforderungen, Rahmungen und Reflexionen* (S. 92–123). Weinheim und Basel: Beltz Juventa.

Deutscher Caritasverband e. V. (2008). *Perspektiven des deutschen Caritasverbands zur Migrations- und Integrationspolitik. Grundlagen – zentrale Botschaften, Erläuterungen.* Freiburg.

Deutscher Caritasverband e. V. (2014). *Unbegleitete minderjährige Flüchtlinge. Fluchtpunkte 2/2014.* Freiburg.

Deutscher Verein für öffentliche und private Fürsorge (Hrsg). (2011). *Fachlexikon der Sozialarbeit* (7. überarbeitete und aktualisierte Auflage). Baden-Baden.

Eisenberg, W. (2012). *Fachärztliche Stellungnahme. Altersfestsetzung bei jugendlichen Flüchtlingen.* https://www.ippnw.de/commonFiles/pdfs/Soziale_Verantwortung/Altersfestsetzung_UMF.pdf. Zugegriffen: 16. 05. 2016.

Gadow, T., Peucker, C., Pluto, L., van Santen, E. & Seckinger, M. (2013). *Wie geht's der Kinder- und Jugendhilfe? Empirische Befunden und Analysen.* Weinheim und Basel: Beltz Juventa.

Initiative Hochschullehrender zu Sozialer Arbeit in Gemeinschaftsunterkünften (2016). *Positionspapier: Soziale Arbeit mit Geflüchteten in Gemeinschaftsunterkünften. Professionelle Standards und sozialpolitische Basis. Berlin.* http://fluechtlingssozialarbeit.de. Zugegriffen: 15. 04. 2016.

Karakayali, S., Kleist, O. (2015). *EFA-Studie. Strukturen und Motive der ehrenamtlichen Flüchtlingsarbeit (EFA) in Deutschland.* www.bim.hu-berlin.de/media/2015-05-16_EFA-Forschungsbericht_Endfassung.pdf. Zugegriffen: 10. 06. 2015.

Kooperationsverbund Jugendsozialarbeit (2016). *Positionspapier. Geflüchteten jungen Menschen, Teilhabe, Bildung und Ausbildung ermöglichen!* Berlin.

Kunkel, P.-C. (2009). „Jugendhilfe versus Ausländerrecht". *Jugendhilfe* Jg. 47, April 2/2009, 116–130.

Mecheril, P. (2004). Beratung in der Migrationsgesellschaft. In Andreas Treichler, Norbert Cyrus (Hrsg.), *Handbuch Soziale Arbeit in der Einwanderungsgesellschaft* (S. 371–387). Frankfurt am Main: Brandes & Apsel.

Otto, H.-U., Thiersch, H. (2015). *Handbuch Soziale Arbeit. Grundlagen der Sozialarbeit und Sozialpädagogik* (5. erweiterte Auflage). München.

Püschel, E. (1972). *Die Hilfe der deutschen Caritas für Vertriebene und Flüchtlinge nach dem Zweiten Weltkrieg.* Freiburg im Breisgau: Lambertus.

Riedelsheimer, A. (2010). Clearingverfahren bei Unbegleiteten Minderjährigen. In Petra Dieckhoff (Hrsg.), *Kinderflüchtlinge. Theoretische Grundlagen und berufliches Handeln* (S. 63–69). Wiesbaden.

Robert-Bosch-Stiftung (Hrsg.). (2015). *Die Aufnahme von Flüchtlingen in den Bundesländern und Kommunen.* Stuttgart.

Scherr, A. (2015). Soziale Arbeit mit Flüchtlingen. *Sozial Extra* 4, 16–19.

Senatorin für Soziales, Kinder, Jugend und Frauen Bremen (2013). *Qualitätsstandards. Unbegleitete minderjährige Flüchtlinge (umF) in Bremen. Erstkontakt und Unterbringung.* Bremen.

Thole, W. (2010). *Grundriss Soziale Arbeit. Ein einführendes Handbuch* (3. Auflage). Wiesbaden.

Vorsicht zerbrechlich!

Das Flüchtlingsberatungsgespräch als fragiler Kooperationsprozess

Ronald Kurt

Zusammenfassung

Flüchtlingsberatungsgespräche mit dem Vorzeichen wechselseitiger Fremdheit versehend, fragt die Studie danach, wie Kooperation trotz kultureller Differenz möglich ist. In einer kurzen Geschichte der interkulturellen Sozialen Arbeit in Deutschland zeigt der Text zunächst, wie der Begriff der interkulturellen Kompetenz als Allheilmittel für den Umgang mit kulturbedingten Verstehensproblemen zu einer Kernkategorie Sozialer Arbeit wurde. In den anschließenden hermeneutischen Einzelfallanalysen wird anhand videografierter Beratungsgespräche herausgearbeitet, dass das in der Fachliteratur exponierte Set interkultureller Kompetenzen – Ambiguitätstoleranz, Differenzsensibilität, Konfliktfähigkeit etc. – in der untersuchten sozialarbeiterischen Praxis nur eine geringe Rolle spielt. Günstige Bedingungen für die Herstellung von Kooperationsbeziehungen sind insbesondere dann gegeben, wenn die Fachkraft für Soziale Arbeit die Thematisierung von kulturell Fremdem vermeidet und stattdessen insbesondere durch nonverbale Zeichen eine Atmosphäre des Verstehensvertrauens schafft. Der Text endet mit der These, dass interkulturelle Kompetenz nicht nur, aber eben auch darin besteht, nicht interkulturell zu kommunizieren.

1 Deutschland verändert sich

In der Folge steter Ein-, Aus-, Rück- und Weiterwanderung ist Deutschland zu einer Migrationsgesellschaft mit hoher kultureller Heterogenität geworden. 2012 lag der Anteil der Bevölkerung mit Migrationshintergrund bereits bei 20 %. 2014 gab es die höchste Zuwanderungsquote seit 1992; was gegenüber dem Vorjahr einen Anstieg um 19 % bedeutete. Die rapide ansteigenden Flüchtlingszahlen – 2015 wurden beim Bundesamt für Migration und Flüchtlinge insgesamt 476 649 Asylanträge gestellt – treiben diese demographische Entwicklung noch weiter voran (vgl. www.destatis.de).

Was bedeutet das für die hier Lebenden? Sie müssen sich nolens volens auf die soziale Tatsache der kulturellen Vielfalt einstellen und in ihrer sozialen Orientierung zunehmend der Annahme Raum geben, dass die Menschen, denen sie im Alltag begegnen, möglicherweise in kulturell fremden Welten leben. Durch die Ausweitung der Erwartung kultureller Fremdheit findet in Deutschland, wie in allen anderen modernen pluralistischen Gesellschaft auch, eine „Generalisierung der Fremdheit" (Hahn 1994, S. 162) statt. Mit dieser Fremdheitsannahme wendet sich diese Studie Gesprächen zu, in denen Flüchtlinge von Sozialarbeiterinnen beraten werden.

1.1 Was heißt hier „fremd"?

Fremd bedeutet, phänomenologisch betrachtet, etwas als nicht vertraut, fern, unbekannt, unzugänglich oder außer-ordentlich zu erfahren (Schütz 2011; Simmel 1987; Hahn 1994; Husserl 1950; Waldenfels 1987). Das Spektrum des Fremden reicht dabei vom noch Unbekannten, aber leicht Erlernbaren bishin zum radikal Anderen, schlechthin Nichtverstehbaren (vgl. Waldenfels 2001, S. 50 ff.). Das Fremde steht im Gegensatz zum Vertrauten, Nahen, Bekannten, Selbstverständlichen. Der „Kontrast von heimisch oder vertraut und fremd (gehört) zur beständigen Struktur jeder Welt, und zwar in einer beständigen Relativität" (Husserl 1973, S. 431). Wenn nun das Unvertraute im Verhältnis zum Vertrauten so sehr an Relevanz gewinnt, dass die Vermutung von Fremdheit zu einer Grundhaltung alltagsweltlicher Orientierung wird, dann wird die für soziales Handeln grundlegende Unterstellung der Reziprozität der Perspektiven – die Idealisierung der Austauschbarkeit der Standpunkte und die Idealisierung der Übereinstimmung der Relevanzsysteme (Schütz und Luckmann 1988, S. 27) – problematisch. Die Annahme, dass Andere anders sind und in kulturell fremden Welten leben, wird dann von der Ausnahme zum Regelfall. Und wer glaubt, ein Fremder unter Fremden zu sein, wird in der Begegnung mit anderen nicht auf Gemeinsamkeit setzen können. Die relationale Zuschreibung ‚fremd' (Münkler und Ladwig 1997, S. 14) steht dann quer zu der Annahme einer intersubjektiv geteilten Wirklichkeit. Zudem fordert die permanente Präsenz kultureller Pluralität zu einem relativierenden Blick auf das Eigene auf – es stellt sich in der Relationierung zum Nicht-Eigenen als kontingent heraus, als auch anders möglich. Die eigene Wirklichkeit ist dann nicht *die* Wirklichkeit, sondern lediglich – als relativ-natürliche Weltanschauung (Scheler) –

eine Wirklichkeit unter anderen. So kann das lebensweltlich Selbstverständliche befremdlich werden und verstörende Fragen aufwerfen: „wie fremd diese Menschen sind / wie fremd ich bin / wie fremd wir sind“ (Elias 2004, S. 137)?

fremd fremder ich
verschieden verschiedener wir
eigenartig wie fremdartig eigenes ist
wenn frагloses fraglich wird

Prosaischer gesagt: Die (objektive) Zunahme kultureller Heterogenität einerseits und die damit korrelierende Expansion der (subjektiven) Erwartung kultureller Fremdheit andererseits wirken sich irritierend auf den das alltägliche Handeln tragenden Glauben an eine mit anderen geteilte Wirklichkeit aus.

1.2 Die interkulturelle Soziale Arbeit und das Flüchtlingsberatungsgespräch

Die Fragmentierung des Sozialen in einen Plural von Kulturen einerseits und die allgegenwärtige Nähe des Fremden andererseits lassen Grenzerfahrungen alltäglich werden, insbesondere da, wo Kontaktzwänge den Handelnden auferlegen, sich mit kulturell anders Sozialisierten auseinanderzusetzen. Ein Praxisfeld, in dem diese Kontaktzwänge zu den Rahmenbedingungen des Handelns gehören, stellt die interkulturelle Soziale Arbeit dar. Mit dieser hat sich in der funktional differenzierten Gesellschaft Deutschlands in Reaktion auf die Migrationsprozesse der letzten Jahrzehnte ein Handlungskontext herausgebildet, in dem es im Kern um die Bearbeitung kultureller Differenzen geht. Das macht die interkulturelle Soziale Arbeit zu einem interessanten, aber auch sehr weiten Forschungsfeld. Es reicht von der Theorie der interkulturellen Sozialen Arbeit (interkulturelle Kommunikation, interkulturelles Verstehen, Soziale Arbeit im Kulturvergleich etc.) über Fragen der Methode (hier wäre vor allem das Lehren und Erlernen von interkultureller Kompetenz zu nennen) bis hin zur Praxis der interkulturellen Sozialarbeit (internationale Sozialarbeit, Migrationsdienste, kultursensible Früherziehung, Anti-Rassismus-Training, interkulturelle Öffnung wohlfahrtsstaatlicher Institutionen etc.). Hier nun das Flüchtlingsberatungsgespräch zum Gegenstand der Forschung zu machen, hat mehrere Gründe.

Zum einen lässt sich anhand der face-to-face-Interaktion zwischen Fachkräften der Sozialen Arbeit und Flüchtlingen exemplarisch untersuchen, unter welchen Bedingungen es Menschen möglich (bzw. nicht möglich) ist, auf der Basis ein- oder wechselseitiger Fremdheitszuschreibungen Kooperationsbeziehungen herzustellen – wobei auch grundsätzlich zu prüfen ist, ob tatsächlich die unterstellten Fremdheitsunterstellungen vorgenommen werden. Diese handlungstheoretische Fragestellung zielt vor allem auf die Herausarbeitung der verbalen und nonverbalen Kommunikationspraktiken, mit denen Individuen darauf reagieren, dass sie anderen bzw. dass andere ihnen fremd sind (bzw. fremd erscheinen).

Zum anderen kann durch die empirische Analyse von Flüchtlingsberatungsgesprächen erforscht werden, welche Rolle in diesen Interaktionen interkulturelle Kompetenzen spielen. An diesem für die Methoden der interkulturellen Sozialen Arbeit zentralen Punkt schließt die Frage nach der Professionalität an: Was müssen Sozialarbeiter können, um Expertinnen für hilfreiches interkulturelles Verstehen zu sein?[1]

Vorab soll im Rekurs auf die Entstehungsgeschichte der interkulturellen Sozialen Arbeit und dem damit verbundenen Aufstieg des Konzepts der interkulturellen Kompetenz verdeutlicht werden, welche besonderen soziohistorischen und sozialarbeitsspezifischen Voraussetzungen dem Flüchtlingsberatungsgespräch zugrunde liegen.

2 Zur Geschichte der Interkulturellen Sozialen Arbeit in Deutschland

Hamburger (1999) und Eppenstein/Kiesel (2008) folgend – und die Ende des Zweiten Weltkrieges einsetzende Einwanderungswelle der Flüchtlinge aus dem Osten aussparend – setzt die nachstehende Rekonstruktion in den 50er Jahren an.

Phase 1 – Die 50er und 60er Jahre. Das Anwerbeabkommen der BRD mit Italien im Jahr 1955 markiert den Anfangspunkt der ‚Gastarbeiterära' (Hamburger 1999, S. 34). Die insbesondere aus den ländlichen Regionen Süd- und Südosteuropas stammenden zunächst Fremd-, dann gegen Ende der 60er Jahre Gastarbeiter genannten Zuwanderer fanden in Deutschland eine für sie fremde Sprach-, Arbeits- und Kulturwelt vor. Als Hilfen zur Bewältigung des fremden Alltags sind für die Arbeitsmigranten Sozialdienste eingerichtet worden. Beratungen wurden in der Regel nicht von deutschen Fachkräften durchgeführt, sondern von Ausländern, welche die zum jeweiligen Gastarbeiter passende Herkunftssprache sprechen konnten, über sozialarbeiterische Fachkompetenzen aber zunächst nicht verfüg-

1 Diese Formulierung soll verdeutlichen, dass der Unterschied zwischen der weiblichen und männlichen Form in diesem Text keinen Unterschied macht.

ten. Das politische Kalkül vom „Gastarbeiter, der heute kommt, morgen bleibt und übermorgen wieder geht" (Hinz-Rommel 1994, S. 23), ging nicht auf. Das Rotationsprinzip – nach spätestens fünf Jahren sollten die ausländischen Arbeitnehmer wieder in ihre Heimatländer zurückkehren und durch andere, neu einzuarbeitende, Gastarbeiter ersetzt werden – wurde sowohl von den Betrieben als auch von den Wanderarbeitnehmern unterlaufen.

Phase 2 – Die 70er Jahre. 1973 reagierte das ‚Wirtschaftswunderland' BRD auf die wirtschaftliche Rezession mit einem Anwerbestopp. Aufgrund der dadurch ausgelösten Familienzusammenführungen nahm die Zahl der in Deutschland lebenden Ausländer nicht ab, sondern zu. Das Klientel und der Aufgabenbereich der Sozialen Arbeit veränderten sich: Statt mit Gastarbeitern, die nach dem Verlust ihres ‚Gast'-Status nun als ausländische Arbeitnehmer bezeichnet wurden, hatte es die Soziale Arbeit jetzt in erster Linie mit Familien zu tun, die es in den Wohnungsmarkt und das Bildungssystem zu integrieren galt.

Phase 3 – Die 80er Jahre. Unter dem Einfluss des in Kanada entwickelten Konzepts der multikulturellen Gesellschaft (vgl. Taylor 2009; Kurt 2014) setzte in der BRD in den Sozialwissenschaften ein Umdenken ein. Die Ausländer-Pädagogik wurde von der Interkulturellen Pädagogik (Auernheimer 2003) und das Assimilationsmodell vom Pluralismusmodell des Multikulturalismus (vgl. Han 2000, S. 286) abgelöst. Interkulturalität ist in den 80er Jahren ein Paradigma Sozialer Arbeit geworden. Während es in der Gegenrichtung zu diesem Paradigmenwechsel seitens der Politik abgelehnt wurde, die Bundesrepublik Deutschland als Einwanderungsland bzw. multikulturelle Gesellschaft aufzufassen, bildeten sich die ersten Ansätze Interkultureller Sozialer Arbeit in den Feldern der Kinder- und Jugendhilfe heraus (vgl. Nieke 2011, S. 651). „Soziale Arbeit und Pädagogik wurden als ‚interkulturell' programmiert" (Hamburger 2006, S. 181). Mit der Betonung des Inter wurde nun in der Sozialen Arbeit der Fokus von den Defiziten der Zuwanderer tendenziell auf die Begegnung von Deutschen und Nichtdeutschen bzw. Einheimischen und Hinzugekommenen gelegt. Integration wurde zunehmend als Prozess gegenseitiger Annäherung im Hinblick auf ein vernünftiges Zusammenleben in einer multikulturellen Gesellschaft verstanden (Nieke 2011, S. 651).

Phase 4 – Die 90er Jahre. Der Fall der Berliner Mauer führte nicht nur zum Beitritt der DDR zur BRD (03.10.1990), sondern auch zu neuen Formen der Zuwanderung. Die Migrationsströme aus den ehemaligen ‚Ostblockstaaten' (Aussiedler, Umsiedler, Weiterwanderer, Kriegsflüchtlinge) mischten sich mit Asylsuchenden aus weit entfernten Krisenregionen und darüber hinaus ließen entgrenzende Globalisierungsprozesse veränderte Arten der Arbeitsmigration entstehen. Je mehr die Gruppe der Menschen mit Migrationshintergrund anwuchs – 1990 erreichte die Zahl der Zuwanderer die Rekordhöhe von 2 Millionen (Han 2000, S. 155) –, desto heterogener wurde sie, nicht nur kulturell, sondern auch im Hinblick auf die Lebenslagen.[2]

Phase 5 – 2000 bis zur Gegenwart. Nachdem die rot-grüne Bundesregierung Deutschland offiziell zum Einwanderungsland erklärt hatte, verabschiedete der Bundestag am 1.1.2000 eine am ius solis orientierte Neuregelung der Staatsangehörigkeit. Mit dem Inkrafttreten des ersten deutschen Zuwanderungsgesetzes im Januar 2005 wurde das Anbieten von Integrationskursen für Zuwanderer zum sozialpolitischen Programm. Die in Deutschland zur Normalität gewordene kulturelle Heterogenität begann sich nun auch stärker im Bildungssystem und in den Sozialen Diensten zu spiegeln.

Seit 2014 hat eine Reihe von Ereignissen Deutschland stark verändert. Die hohe Anzahl von Kriegsflüchtlingen insbesondere aus Syrien, dem Irak und Afghanistan, die Willkommenskultur deutscher Flüchtlingshelfer, das Massensterben von Flüchtlingen im Mittelmeer, die Terroranschläge des Islamistischen Staates, die Montagsdemonstrationen von Pegida-Anhängern in Dresden und vielen anderen deutschen Städten und die politische Debatte um Kanzlerin Merkels Losung „Wir schaffen das" haben die Frage nach dem Umgang mit Zuwanderern (unter dem Schlagwort „Flüchtlingskrise") nunmehr ins Zentrum der öffentlichen Aufmerksamkeit gerückt.

Die Interkulturelle Soziale Arbeit hat sich im Zuge der hier skizzierten soziohistorischen Entwicklungsschübe von einer methodisch unreflektierten Sozial-

---

2 Zur Kultur-Frage entspann sich in den Sozialwissenschaften ein facettenreicher Diskurs (vgl. hierzu zusammenfassend Nieke 2011; Otto und Schrödter 2006; Eppenstein und Kiesel 2008): Die Multikulturalisten plädierten für einen auf wechselseitiger Anerkennung basierenden Kulturrelativismus. Befürworter eines mit den Menschenrechten argumentierenden ‚farbenblinden', liberalen Universalismus wandten hiergegen ein, dass erstens die kulturelle Herkunft in einer modernen Gesellschaft irrelevant zu sein habe, zweitens das Individuum vor den Ansprüchen einer Kulturgemeinschaft zu schützen sei, drittens multikulturalistisches Denken kulturalisierende, stigmatisierende Folgen haben kann (Diehm und Radtke 1999), viertens der Multikulturalismus die Entstehung von Parallelgesellschaften begünstige, und fünftens, so u.a. Jürgen Habermas (2005), die Verfassung keinen Artenschutz für Kulturen vorsehe. Den Menschenrechts-Universalisten wurde im Gegenzug vorgeworfen, einem ethnozentristischen Partikularismus aufzusitzen. Die ethnozentrischen Mono-Kulturalisten wiederum priorisierten eine deutsche Leitkultur oder die westliche Wertegemeinschaft – und forderten die Zuwanderer damit offen zur Assimilation auf. Die Strukturalisten hingegen waren der Meinung, dass die Fokussierung auf Kultur verdecke, dass Segregationsprozesse in der Gesellschaft in erster Linie sozialstrukturelle Gründe haben, wie etwa soziale Ungleichheit und institutionelle Diskriminierung.

Abbildung 1 Deutschland als Migrationsgesellschaft

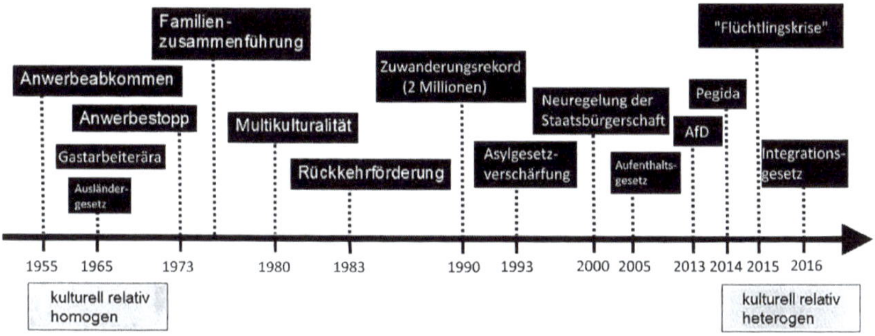

beratung für Gastarbeiter zu einem methodisch anspruchsvollen und interdisziplinär reflektierten Kompetenzbereich professioneller Sozialer Arbeit entwickelt. Ihr Kerngeschäft besteht einerseits darin, Menschen mit Migrationshintergrund zu unterstützen, die aufgrund fehlender Sprach- und Kulturkenntnisse Hilfe benötigen. Andererseits zielt Interkulturelle Soziale Arbeit auf die Bearbeitung interkultureller Kontakte, in denen Beratungs-, Betreuungs- und Kulturübersetzungsdienste nötig sind (vgl. Nieke 2011, S. 654).

3 Interkulturelle Kompetenz

Als Antwort auf die Frage, was fachspezifisch zur Erreichung der gerade genannten Ziele nötig ist, hat die Soziale Arbeit die Interkulturelle Kompetenz ins Feld geführt – „als eine Art Sonderkompetenz für Professionelle, die in einer Weise mit Differenz und Fremdheit beschäftigt sind, die ihr übliches Bewältigungs- und Gestaltungsvermögen übersteigt" (Mecheril 2010, S. 16). Neben Versuchen, interkulturelle Kompetenz als „kompetentes Handeln in der Einwanderungsgesellschaft" (Kalpaka 1998, S. 78) oder als „Fähigkeit, angemessen und erfolgreich in einer fremdkulturellen Umgebung oder mit Angehörigen anderer Kulturen zu kommunizieren" (Hinz-Rommel in Eppenstein und Kiesel 2008, S. 132) zu definieren, gab es auch zahlreiche Anstrengungen, Interkulturelle Kompetenz in Unterkategorien wie Sach-, Methoden- und Personenkompetenzen (z. B. Hinz-Rommel 1994, S. 62 ff.; Handschuk und Klawe 2010, S. 42 ff.; Fischer 2009) oder in Ge- und Verbotslisten (z. B. Yousefi und Braun 2011, S. 54) aufzufächern. Eppenstein und Kiesel (2008, S. 175 ff.) zufolge kann interkulturelle Kompetenz jedoch nicht mit dem Beherrschen eines Sets von Techniken gleichgesetzt werden. Sie beschreiben interkulturelle Kompetenz als eine differenzsensible, reflexiv-selbstkritische Haltung, die kulturelle Unterschiede weder betonen noch leugnen soll.[3]

Nach Wolfgang Hinz-Rommels 1994 erschienenem Buch „Interkulturelle Kompetenz. Ein neues Anforderungsprofil für die Soziale Arbeit" sind die Rufe nach interkultureller Kompetenz und nach der interkulturellen Öffnung der sozialen Dienste immer lauter geworden, und mit ihnen auch die kritischen Stimmen. Hamburger zum Beispiel meint, dass „‚Interkulturelle Kompetenz' zu einem Mythos in Sozialarbeit und Jugendhilfe geworden (ist)" (2006, S. 183). Weiterhin gibt er zu bedenken, dass der Begriff der interkulturellen Kompetenz „so weit ausgedehnt (wird), dass er das gesamte Bedeutungsspektrum der sozialen (sozialpädagogischen) Kompetenz oder der ‚Grundqualifikationen des Rollenhandelns' (Krappmann) umfasst" (2006, S. 189).[4] Bei aller Uneinigkeit über die Bedeutung des Begriffs besteht doch Einigkeit darüber, dass interkulturelle Kompetenz der Schlüssel zum professionellen Umgang mit Fremdkulturellem ist – und der Umgang mit Fremdkulturellem gilt heute als „generelle Querschnittsaufgabe der Sozialen Arbeit" (Nick 2006, S. 243).

4 Die Flüchtlingsberatung

Die interkulturelle Sozialarbeit ist ein Praxisfeld, in dem an Konzeptionen, Leitfäden, Merkblättern und Handlungsempfehlungen kein Mangel herrscht. Das gilt auch für die Flüchtlingsberatung. Sie findet in durch Gesetze, Richtlinien und Verhaltensregeln stark strukturierten institutionellen Kontexten statt. Die Einrichtung, in der die Daten für die vorliegende Studie erhoben wurden, bildet hier keine Ausnahme. In ihrer Konzeption zur Flüchtlingsberatung legt sie ausführlich dar, an welchen Leitideen, Zielen und Aufgaben sich das Fachpersonal orientieren soll. Zentrale Bedeutung kommt dabei der Unterstützung von Flüchtlin-

3 Mit seinem Begriff der Kompetenzlosigkeitskompetenz hebt auch Mecheril hervor, dass ein differenzsensibler Habitus zwangsläufig an den Grenzen des Wissens und Verstehens operiert. „‚Kompetenzlosigkeitskompetenz' meint ein professionelles Handeln, das auf Beobachtungskompetenz für die von sozialen Akteuren zum Einsatz gebrachten Differenzkategorien gründet und das von einem Ineinandergreifen von Wissen und Nicht-Wissen, von Verstehen und Nicht-Verstehen hervorgebracht wird, ein Ineinandergreifen, in dem sie Sensibilität für Verhältnisse der Dominanz und Differenz in einer handlungsvorbereitenden Weise möglich ist" (Mecheril 2010, S. 32).

4 Zugleich gibt es Tendenzen, interkulturelle Kompetenz ökonomistisch zu verengen: als Fähigkeit, mit der „die Zusammenarbeit ‚multikultureller Belegschaften' zum Wohle der wirtschaftlichen Ziele eines Unternehmens optimiert werden kann; eine synonym gebrauchte Bezeichnung solcher Strategien lautet ‚diversity management'" (Gogolin und Krüger-Potratz 2010, S. 111).

gen im Rahmen des Asylverfahrens zu. Fluchtpunkte des Beratungsgesprächs, das in der Regel in kommunalen Flüchtlingsunterkünften geführt wird, sind das Ermitteln von Bedarfen, die Vermittlung von Hilfen, die Unterstützung bei Antragstellungen, das Informieren über Sprachkurse, Sportangebote und Kulturveranstaltungen, das Schlichten in Konfliktfällen und die Förderung der sozialen Integration der Asylsuchenden. Als Hilfe für die Helfenden bietet die Einrichtung Teamgespräche, Weiterbildungsmaßnahmen und Supervisionen an. Ergänzt wird das Flüchtlingsberatungsteam durch Sprach- und Kulturmittler, deren Hauptaufgabe das Übersetzen ist. (Um die Anonymität der Sozialarbeiter zu wahren, wird der Name der Einrichtung hier nicht genannt.)

Soviel zur Theorie, Programmatik und institutionellen Rahmung des Flüchtlingsberatungsgesprächs. Nun zur Praxis. Wie verlaufen die Gespräche tatsächlich? Gelingen die Operationen ‚Verstehen', ‚Beraten' und ‚Helfen' oder gelingen sie nicht? Wie reagieren Sozialarbeiter und Flüchtling auf kulturell bedingte Verstehensprobleme? Und welche Rolle spielt interkulturelle Kompetenz dabei? Wenden die Sozialarbeiterinnen im Studium oder in Weiterbildungen angeeignetes Wissen an oder sind sie im Alltag der Flüchtlingsberatung zu Problemlösungen gelangt, die sich pragmatisch bewähren, aber in keinem Kriterienkatalog für interkulturelle Kompetenz zu finden sind?[5]

5 Fallanalysen von Flüchtlingsberatungsgesprächen

Auf der Basis von Videoaufzeichnungen, Interviews und teilnehmenden Beobachtungen gilt es nun in hermeneutischen Einzelfallanalysen zu rekonstruieren, mit welchen Verstehens- und Handlungsweisen sich Sozialarbeiter und Flüchtling in ihrem Verhältnis zu diesem Verhältnis verhalten.[6]

5 Der Frage, wie sich die Akteure zu der Asymmetrie ihrer Beziehung verhalten, wird hier nicht nachgegangen. Relevant ist sie gleichwohl. Schließlich sind das Machtgefälle und die Wissensasymmetrie zwischen Sozialarbeiter/in und Klient/in in der interkulturellen Sozialarbeit besonders stark ausgeprägt. Die fehlende Sprachkompetenz, der fremde Alltag, das geringe Verfahrenswissen, das Angewiesensein auf Hilfe und der prekäre Rechtsstatus können im Flüchtling schnell ein „Gefühl kindhafter Unmündigkeit" auslösen (Auernheimer 2009, S. 198).

6 Der Einzelfallanalyse liegen die folgenden Daten zugrunde: 7 Videoaufnahmen von Flüchtlingsberatungsgesprächen (aufgezeichnet zwischen Dezember 2015 und Februar 2016), 5 Interviews mit Sozialarbeiterinnen (durchgeführt zwischen Dezember 2015 und März 2016) und teilnehmende Beobachtungen (Februar 2014, Dezember 2015 bis März 2016). An dieser Stelle möchte ich mich bei Isabelle Bosbach (Sozialarbeiterin) und Maryam Pyc (Studentin der Sozialen Arbeit) für ihre Mitarbeit bei der Datenerhebung, -aufbereitung und -interpre-

Start- und Mittelpunkt der Analyse waren die Videoaufzeichnungen. Ausgehend von der Interpretation der Videos wurden problembezogen die entsprechenden Beobachtungs- und Interviewdaten in den Deutungsprozess integriert. Die Videos wurden dabei nach den Regeln der sozialwissenschaftlichen Hermeneutik sequenzanalytisch interpretiert (vgl. Kurt 2004; Kurt und Herbrik 2014).[7] Im Folgenden werden die Ergebnisse der Analysen auf der Grundlage empirischer Einzelfalldetails in idealtypischer Form dargestellt.

5.1 Die Beratungssituation

Die Beratungen fanden in Flüchtlingsunterkünften während der offiziellen Sprechstundenzeiten statt. Ob in der Containerwohnanlage, im Wohnheim oder im Hotel: in allen Fällen betraten die Flüchtlinge einen Raum, in dem die Ordnung der Dinge für eine büroartige Atmosphäre sorgte. Im Zentrum der Beratungsräume stand ein Tisch, auf dem die Sozialarbeiterinnen ihr – wie sich eine von ihnen ausdrückte – „mobiles Büro" installierten: mit Aktenordnern, Notizbüchern, Zetteln, Schreibutensilien, Info-Materialien und dem immer griffbereiten Diensthandy. Die Beratungstische waren von Stühlen (unterschiedlichster Machart) umstellt. Durch die Anordnung von Tisch und Stühlen war vorgegeben, dass man sich zum Gespräch an den Tisch setzt. An den Wänden waren Stadtpläne oder Weltkarten oder Pinnwände mit Bilder- und Dokumentencollagen angebracht. Die Personenkonstellationen ‚Sozialarbeiter/in – Flüchtling(e)' bzw. ‚Sozialarbeiter/in – Übersetzer/in – Flüchtling(e)' bildeten den sozialen Kern der Beratungssituation. Hinzu kamen noch Praktikanten, Verwaltungsangestellte und, in den beobachteten bzw. videografierten Fällen, wissenschaftliche Beobachter. Nicht selten wurden

---

tation bedanken. (Darüber hinaus sei hier noch angemerkt, dass bislang keine empirische Studie über Flüchtlingsberatungsgespräche vorliegt.)

7 Das Verfahren funktioniert so: Zu Beginn wird das erste signifikante Bild der Anfangssequenz als Standbild beschrieben. Die Bildbeschreibung orientiert sich (in der angegebenen Reihenfolge) an den folgenden Kategorien: Dinge, Personen und Interaktionssituation. Im nächsten Schritt wird das Beschriebene interpretiert: Welche Dinge sind wozu da? Welche Person macht was, wie und warum? Was ist der soziale/kulturelle Sinn der Interaktionssituation? Hiernach setzt die Analyse der ersten Sequenz mit der Bildung von Lesarten (bzw. Seh- und Hörarten) an. Das heißt, es wird gefragt, in welchem Kontext der Text bzw. das Sicht- und Hörbare Sinn ergibt. Auf der Basis der Lesarten werden dann Hypothesen über den Fortgang des Geschehens gebildet. Durch die Überprüfung der Hypothesen an den Folgesequenzen können im Verlaufe der von Sequenz zu Sequenz fortschreitenden Interpretation die Struktur und die Besonderheiten des Einzelfalls rekonstruiert und die Handlungen der Akteure als einzelfallspezifische Antworten auf allgemeine Problemlagen typisiert werden (vgl. Kurt und Herbrik 2014).

per Handy auch Dritte bzw. Vierte als telefonische Gesprächspartner in die Situation mit hineingeholt – in einem Fall versuchten Sozialarbeiterin und Flüchtling gleichzeitig per Handy Übersetzer zu kontaktieren.[8]

5.2 Das Gespräch

Im Folgenden wird versucht, aus der Anfangsphase eines Beratungsgesprächs die für die Interaktion zentralen Rahmungen und Regeln herauszuarbeiten. Ein Asylsuchender (ca. 30) und eine Sozialarbeiterin (25 Jahre) sitzen sich am Tisch gegenüber. Seitlich des Tisches sitzt eine Deutsch-Französisch-Übersetzerin (ca. 20). Der Mann beginnt das Gespräch in Französisch. 30 Sekunden lang redet er mit ausdrucksstarker Mimik selbstbewusst in Richtung der Übersetzerin. Zugleich gestikuliert er mit einem Ausweisdokument in Richtung der Sozialarbeiterin. Die aufmerksam beobachtende Sozialarbeiterin reagiert, indem sie dem Mann dezent zunickt, nach Zettel und Stift greift und etwas notiert. Einige Sekunden später nutzt sie eine kurze Redepause für eine Frage an die Übersetzerin: „Was ist seine Frage?" Die Sozialarbeiterin fragt nicht „Was hat er gesagt?" oder „Könnten Sie das bitte übersetzen?" oder „Was hat es mit dem Dokument auf sich?". Sie fragt nach der Frage des Flüchtlings – ohne wissen zu können, ob der Flüchtling überhaupt eine Frage gestellt hat – und weist sich selbst damit die Rolle der Antwortenden zu.

Das vom Flüchtling Gesagte erfährt hierdurch eine drastische Komplexitätsreduktion, und der Übersetzerin wird angezeigt: ‚Durch diese hohle Gasse muss er kommen' – einen anderen Weg in die Beratung als den der Frage gibt es nicht. In dem Sprachspiel ‚Flüchtlinge fragen – Sozialarbeiter antworten' muss sich das, was der Flüchtling aus der Fülle seines Lebens mitteilen will, der Form des Frage-Antwort-Schemas fügen.[9]

Wie die Form, so der Inhalt; das heißt die Gesprächsthemen sind nicht beliebig: ein Bezug zum Asylverfahren bzw. zu den im Rahmen des Verfahrens mög-

---

8 In allen Fällen waren die Flüchtlinge der Sozialarbeiterin – die videografierten Beratungsgespräche wurden alle von Sozialarbeiterinnen durchgeführt – aus früheren Gesprächen bekannt. Vor dem Beratungsgespräch wurden die Asylsuchenden von der Sozialarbeiterin gefragt, ob sie damit einverstanden sind, gefilmt zu werden.

9 Im Rahmen des Schemas findet in zwei Fällen ein Rollentausch statt: ‚Sozialarbeiter fragen – Flüchtlinge antworten'. In dem einen Fall fragt die Sozialarbeiterin: „Wie war es im Jobcenter?", in dem anderen: „Hast du denn mit Sabine irgendwas vereinbart?". Diese Einstiegsfragen legen den Episodencharakter von Beratungsgesprächen frei. Die Beratungsgespräche schließen aneinander an: nach dem Beratungsgespräch ist vor dem Beratungsgespräch – bis sich, im Idealfall, die Soziale Arbeit durch gute Soziale Arbeit überflüssig macht.

lichen Hilfeleistungen in den Lebensbereichen Wohnen, Lernen und Arbeiten muss – von existentiellen Themen wie Geburt, Krankheit und Tod einmal abgesehen – gegeben sein. In diesem Sinne ‚übersetzt' die Übersetzerin die ‚Frage' des Flüchtlings in ein mittelbar mit dem Verfahren zusammenhängendes Anliegen: „Ja, er will einen Deutschkurs besuchen … er möchte arbeiten, muss aber davor einen Deutschkurs besuchen". Das letzte Wort ist noch nicht ausgesprochen, da erwidert die Sozialarbeiterin auch schon: „Hm, okay, ah ja, genau, er möchte gerne arbeiten". Während sie diesen Satz sagt, nimmt die Sozialarbeiterin ein gelbes Din-A-4-Blatt aus ihrem auf dem Tisch in Griffweite liegenden Aktenordner heraus. Es handelt sich um das Info-Blatt einer Hilfeorganisation, die Sprachkurse anbietet. Sie legt das Blatt auf den Tisch, dreht das Schriftbild von sich weg, sodass die Übersetzerin und der Flüchtling den in Deutsch geschriebenen Text einsehen können, um dann mit dem Kugelschreiber in der Hand auf die entsprechenden Textstellen zeigend zu erläutern, wann und wo der Sprachkurs stattfindet: „Jeden Donnerstag zwischen 15:00 und 18:00 Uhr in dieser Adresse". Nahm der Flüchtling zu Beginn der deutschsprachigen Phase des Gesprächs noch mit nach Sinn suchenden Blicken an der Kommunikation teil, so wirkt er am Ende dieser Sequenz eher teilnahmslos; seinen Ausweis hat er bis hierhin nicht aus der Hand gelegt.

Aus dem hier beschriebenen Gesprächsbeginn lässt sich eine Struktur abstrahieren. Die Beratung findet – idealtypisch betrachtet – in den engen Grenzen eines formalen und inhaltlichen Bezugsrahmens statt, der alles, was nicht der Form von Frage und Antwort folgt und inhaltlich nicht mit dem Asylverfahren und den dazugehörigen Hilfsangeboten zusammenhängt, außen vor lässt. Die Regeln, wie worüber gesprochen werden kann, wirken nicht nur ordnend nach innen, sie schirmen die Kommunikation auch vor den Stacheln des Fremden ab. Zugespitzt formuliert: Das kulturell Fremde wird kommunikativ exkludiert. Solange die genannten Regeln gelten, sind überwältigende Fremdheitserfahrungen nicht zu erwarten – und tatsächlich konnte sich keine der interviewten Sozialarbeiterinnen daran erinnern, in den Beratungsgesprächen jemals eine überwältigende Fremdheitserfahrung gemacht zu haben. Auch in dem hier beschriebenen Fall gibt es seitens der Sozialarbeiterin keine kulturbedingten Verstehensprobleme. Wie auch? So wenig wie das vom Flüchtling in Französisch Gesagte in der deutschen Übersetzung zu Wort kommt, so sehr bleibt der Migrationshintergrund des Asylsuchenden dort, wo er dem Wort nach schon ist: im Hintergrund. Im Vordergrund stehen das Verfahren und, als Fluchtpunkte des Gesprächs, die in Aktenordnern und immateriellen Antwortregistern schon vorsortierten Hilfsangebote der Sozialarbeiterin.

Indes: Die Analyse griffe zu kurz, wenn sie das Beratungsgespräch auf rationale Sprachspielregeln reduzierte, denn neben der sachlichen hat das Gespräch auch eine Beziehungsdimension.

Die Sozialarbeiterin bringt dem Flüchtling von Anfang an ein Höchstmaß an Zuwendung entgegen. Körperhaltung und Blickrichtung signalisieren ‚ich bin ganz Ohr, ganz Auge – für mich gibt es jetzt nur das Gespräch mit dir'. Die körpersprachliche Darstellung unbedingter Aufmerksamkeit ist kein leeres Versprechen, denn als der Flüchtling die Sozialarbeiterin das erste Mal kurz anschaut, reagiert sie sofort mit einem einfühlsamen Kopfnicken. Im nächsten (weiter oben bereits beschriebenen) Augenblick greift sie zu Papier und Stift und dokumentiert damit Interesse und Notierbereitschaft – obwohl sie das Französisch des Flüchtlings nicht verstehen kann. Die Konjunktion ‚Obwohl' ist hier wahrscheinlich fehl am Platz. Gerade weil sie die Sprache des Flüchtlings nicht versteht, signalisiert sie ihm körpersprachlich, dass sie ihn eigentlich schon so gut wie verstanden hat.

Ob in diesem Fall der Versuch, Verstehensvertrauen mit nonverbalen Kommunikationsmitteln aufzubauen gelingt, ist schwer zu sagen, weil sich der Flüchtling auf seinen Sprechakt konzentrieren muss und die Zeichen der Sozialarbeiterin nur im Randbereich seiner Wahrnehmung registrieren kann. Unabhängig vom Erfolg der nonverbalen Kommunikationssignale ist hier aber zu markieren, dass dem Gespräch etwas Entscheidendes fehlte, wenn die Sozialarbeiterin keine Zeichen der Aufmerksamkeit, des Interesses und des Verstehens setzen würde. Denn dann bestünde die Kommunikation zwischen Sozialarbeiterin und Flüchtling ausschließlich aus verbalem Nichtverstehen. Daraus lässt sich im Umkehrschluss für das Flüchtlingsberatungsgespräch die Forderung ziehen, verbales Nichtverstehen mit Zeichen nonverbalen Verstehens zu grundieren.

Allgemeiner formuliert: Unter den Vorzeichen von Fremdheit gilt es unterhalb der gesprochenen Sprache mit nonverbalen Kommunikationsmitteln Beziehungs- und Verstehensarbeit zu leisten, um so die Grundlagen für eine gelingende Kooperation herzustellen. In Anlehnung an die mechanistische Metaphorik des Sender-Empfänger-Modells ließe sich aus dieser Struktur auch eine Handlungsmaxime ableiten: Viel senden, wo man nichts empfängt!

Der Beginn des Flüchtlingsberatungsgesprächs zeigt wie fragil Soziales ist. Fehlt die gemeinsame Sprache, dann verliert sich auch schnell der Glauben an eine mit dem Anderen geteilte Wirklichkeit. Dieser ‚Asozialisierungsprozess' kann aber auch zugleich eine Aufforderung sein, die Risse in der jedes soziale Handeln fundierenden Annahme der Reziprozität der Perspektiven kommunikativ zu kitten. Zum Beispiel, indem man, wie gezeigt, dem anderen mit nonverbalen Zeichen das Gefühl gibt, dass Verstehen möglich ist. Die Sozialarbeiterin geht noch einen Schritt weiter. Mit ihrem Zuwendungsmanagement zeigt sie professionelle Nähe an. Die Sozialarbeiterin ent-fernt bzw. ent-fremdet das Verhältnis zwischen ihr und dem Flüchtling, indem sie sich empathisch und hilfsbereit zeigt. In ihren eigenen Worten: „Ich denke, dass ich das schon den Menschen rüberbringe, dass ich halt sage, okay, ich verstehe dich. … Ich weiß, dass du ein Anliegen hast und wir finden jetzt ne Lösung dafür". Kraft ihrer Kompetenzdarstellungskompetenz (Pfadenhauer 2003) erarbeitet sich die Sozialarbeiterin den Credit, den sie im Verlauf des Gesprächs (unter Mithilfe der Übersetzerin) mit Hilfeleistungen dann auch tatsächlich einlöst.

In diesem Fall hat der (bewusste oder auch nicht bewusste) Einsatz nonverbaler Kommunikationsmittel den Effekt, dass er dem Entstehen von Fremdheitsgefühlen proaktiv entgegenwirkt. So gelingt es der Sozialarbeiterin, durch eine gute Atmosphärearbeit eine gute Arbeitsatmosphäre herzustellen. In einer Situation, in der es nicht möglich ist nicht zu kommunizieren, kommuniziert sie von Anfang an mit nonverbalen Verstehenssignalen gegen die Faktizität verbalen Nichtverstehens an. Hier ist allerdings zu beachten, dass notwendige Bedingungen keine hinreichenden sind. Denn ob der Flüchtling die nonverbalen Zeichen so versteht wie sie von der Sozialarbeiterin gemeint sind, ist eine offene Frage: weil eben auch nonverbale Zeichen Zeichen sind. Sie stehen als etwas Sinnliches für etwas Sinnhaftes und sind deshalb grundsätzlich deutungsbedürftig. Die Deutung wiederum beruht auf dem Wissen und den Auslegungsroutinen des Zeichen Verstehenden. Je nach kultureller Herkunft, sozialem Milieu und individuellem Eigensinn können Gesten und Mienen deshalb sehr verschieden verstanden werden. Wo grüßt man wen wie? Wen schaut man wie (und wie lange) an? Wann kann die Nase geputzt, wann darf gelächelt, wann soll geweint werden? Und wann muss man wem gegenüber wieviel Abstand wahren? Die Fachbücher über interkulturelle Kommunikation bieten zu diesen Fragen eine Fülle von Beispielen an – und die Ratgeberliteratur weiß hier jede Menge Tipps zur Vermeidung interkultureller Missverständnisse zu geben –, aber im konkreten Einzelfall ist es immer fraglich, wie körpersprachliche Zeichen gemeint und zu deuten sind. Die Sozialarbeiterinnen wissen das und sind entsprechend zurückhaltend, wenn es darum geht, ihre Kenntnisse über das in anderen Kulturen Übliche auf ‚Angehörige' dieser Kulturen anzuwenden. Standardregeln der interkulturellen Kommunikation wie etwa die Aufforderung zur Zurückhaltung bei der Begrüßung arabischer Frauen werden eher als unsichere Hypothesen denn als sicheres Wissen gehandhabt.

Trotz der Unsicherheit, ob der andere ein Lächeln als Freundlichkeit (oder als Hilflosigkeit oder als Symptom einer Krankheit) oder eine Berührung als wertschätzende Zuwendung (oder als entwürdigende Distanzlosigkeit oder als Aggression) versteht, werden in interkulturellen Kommunikationen nonverbale Zeichen – Lächeln, Kopfnicken, Okay- oder Daumen-hoch-Geste etc. – oftmals so verwandt als ob sie Wörter einer universal verständlichen Sprache seien. So auch in diesem Fall. Wenn die Sozialarbeiterin Kopf nickend in Richtung des Flüchtlings blickt und im nächsten Moment nach Stift und Papier greift, dann tut sie dies mit einer Selbstverständlichkeit, die nicht den Eindruck erweckt als ob sie an der Universalität der von ihr verwendeten Zeichen zweifeln würde. Die Frage nach der Kulturbedingtheit, und damit der Partikularität ihrer Körpersprache, stellt sich ihr gar nicht – was alles andere als erstaunlich ist: In der Körpersprache spricht sich ein in Sozialisationsprozessen erworbener kultureller Habitus aus, der sich in Situationen wie diesen gleichsam von selbst auslöst – in der Regel, ohne dass das Ich hiervon etwas mitbekommt. Auch der Sozialarbeiterin dürfte in diesem Moment nicht bewusst gewesen sein, dass und wie sie mit ihrem Körper sprachlich agiert. Sie hat es einfach getan, ganz selbstverständlich. Und es könnte sein, dass gerade die Selbstverständlichkeit ihres Tuns entscheidend dazu beitrug, dass die interkulturelle Kommunikation zwischen Sozialarbeiterin und Flüchtling gelingen konnte.

Warum? Weil die Fraglosigkeit des Selbstverständlichen jeglichen Zweifel außer Kraft setzt und den Gedanken an die Kulturrelativität körpersprachlicher Zeichen gar nicht erst aufkommen lässt.[10] Andererseits wirkt sich der Modus der Selbstverständlichkeit positiv auf die Gesprächsatmosphäre aus. Denn in dem selbstverständlichen Glauben, dass bestimmte nonverbale Zeichen universal verständlich sind, wächst die Zuversicht (mitunter bis zur Gewissheit), dass wechselseitiges Verstehen möglich ist. Und mit der Unterstellung, dass man eine körpersprachliche Äußerung in etwa so versteht wie sie der andere versteht, entsteht auch das Gemeinsamkeitsgefühl, das nötig ist, um sich überhaupt gegenüber anderen äußern zu können. Wenn wechselseitige Perspektivenübernahmen prinzipiell nicht für möglich gehalten werden – hier hätte dann die Annahme der Irreziprozität der Perspektiven gegenüber der Annahme der Reziprozität der Perspektiven die Überhand gewonnen –, dann gäbe es keinen Grund eine Kommunikation zu beginnen.[11] Die Annahmen ‚verstehen zu können' und ‚verstanden werden zu können' sind konstitutiv für jede Kommunikation. Interkulturelle Kommunikationen, in denen diese Annahmen durch die kulturelle Andersheit des Anderen in Frage gestellt werden können, sind deshalb sehr fragil. Dieser Fragilität begegnet die Sozialarbeiterin, indem sie mit ihrer Körpersprache Zeichen des Verstehens setzt. Durch ihre aktive Demonstration von Verstehen hält sie die Kommunikation von der Irreziprozitätsunterstellung fern. Einerseits; andererseits bietet sie

10 „Beziehungsbotschaften werden durch Mimik, Gestik, körperliche Nähe und Distanz, auch über sprachliche Intonation, also über nonverbale und paralinguistische Äußerungen ausgetauscht. – Der Ton macht die Musik. Gerade die Kulturspezifik dieser Codes ist aber den Beteiligten in der Regel am wenigsten bewusst" (Auernheimer 2005, S. 17).

11 Auf der Rückseite der für jede Form der Kommunikation notwendigen Maxime der Reziprozität der Perspektiven befindet sich die nicht notwendige, jederzeit aber mögliche (der Reziprozitätsannahme gegenläufige) Annahme der Irreziprozität der Perspektiven: die *Unterstellung* der Nichtvertauschbarkeit der Standpunkte (sich nicht in einen anderen hineinversetzen können (oder wollen!)) und die *Unterstellung* der Nichtübereinstimmung der Relevanzsysteme (nicht für wichtig erachten können (oder wollen!), was Anderen wichtig ist).

dem Flüchtling die Möglichkeit zur nonverbalen Verständigung an, indem sie den Abgrund kultureller Differenz kraft ihrer Körpersprache mit einem aus starken Verstehensannahmen geknüpften Seil überspannt.

Am Ende des Beratungsgesprächs verabschieden sich Sozialarbeiterin und Flüchtling voneinander, indem sich beide nicht nur die Hände, sondern auch ein Lächeln geben. Die Reziprozität der Perspektiven spiegelt sich endlich auch in der gesprochenen Sprache wider. Als es zu dem das Gespräch abschließenden Handschlag kommt, sagt die Sozialarbeiterin: „Alles klar". Der Flüchtling reagiert mit einem freundlichen „Okay". Dann geht es noch einmal hin und her, dieses Mal komplett in Deutsch: „Danke schön!" – „Danke!". Der wechselseitig ausgesprochene Dank ratifiziert das Ende einer gelungenen Kooperation. Die Sozialarbeiterin hat dem Flüchtling geholfen und der Flüchtling hat der Sozialarbeiterin dabei geholfen, ihm zu helfen.

Die Frage, ob sich in der Körpersprache der Sozialarbeiterin interkulturelle Kompetenz manifestiert, ist einerseits mit ‚nein', andererseits mit ‚ja' zu beantworten. Nein, weil die Sozialarbeiterin kein professionsspezifisches Theorie- oder Methodenwissen anwandte. Ja, weil es ihr über den Einsatz nonverbaler Zeichen gelang, günstige Bedingungen für die Herstellung einer Kooperationsbeziehung zu schaffen. Dass der Einsatz dieser Kommunikationsmittel weder reflektiert noch bewusst, sondern im Modus frageloser Selbstverständlichkeit erfolgte, macht dabei die Stärke der ‚Methode' aus. (Im Experteninterview zum Thema ‚Interkulturelle Kompetenz' kam die Sozialarbeiterin mit keinem Wort auf ihre Körpersprache zu sprechen.)

Hermeneutisch betrachtet ist hier ein Wechsel der Unterstellungsebenen zu konstatieren. Das heißt, das Fehlen einer gemeinsamen Sprache wirft das Verstehen im Gespräch auf die Annahme einer gemeinsamen Körpersprache zurück. Weiter zurück geht es nicht (und andere Zeichensprachen wie Musik, Malerei und Tanz gehören nicht zum Bezugsrahmen des Flüchtlingsberatungsgesprächs). Deshalb ist es für das Gelingen des Gesprächs von entscheidender Bedeutung, dass hier, auf der Ebene körpersprachlicher Kommunikation, die Grundlage für die Kooperationsbeziehung zwischen Sozialarbeiterin und Flüchtling geschaffen wird. Dabei dürfte die Authentizität einer Geste oder eines Gesichtsausdrucks hohe Relevanz besitzen. Wenn ein Sozialarbeiter von der Kraft und der Allgemeinverständlichkeit des Lächelns nicht wirklich überzeugt ist, dann wird ihm sein Lächeln in der Kommunikation mit Menschen, die nicht seine Sprache(n) sprechen, wahrscheinlich nicht sehr viel weiterhelfen. Zudem ist es fraglich, ob ein methodisch reflektiertes Lächeln, also ein durch schauspielerische Übungen erlerntes und bewusst als nonverbales Kommunikationstool eingesetztes professionelles Lächeln, im Hinblick auf die Herstellung einer vertrauensvollen Arbeitsatmosphäre das rechte Mittel ist.

Die Einzelfallanalyse kann auf diese Frage Antworten geben. Kennzeichnend für den interpretierten Interaktionsprozess sind insbesondere die folgenden zwei Strukturmerkmale: Zum einen die stark ausgeprägte Sachlichkeit des Beratungsgesprächs und zum anderen die intensive Beziehungs- und Verstehensarbeit der Sozialarbeiterin. Ein weiteres Strukturmerkmal des Gesprächs besteht darin, dass es von Anfang bis Ende auf eine dem Flüchtling dienliche Hilfeleistung bzw. -vermittlung zielt.

Was hat nun die Struktur des Gesprächs mit der Frage nach dem Umgang mit Fremdem zu tun? Viel, denn sie wirkt der Möglichkeit, Fremdheit zu erfahren und zu thematisieren, stark entgegen. Solange das Verstehen nicht problematisch scheint und sich das um das Thema Asyl kreisende Gespräch wie selbstverständlich auf eine Hilfeleistung zubewegt, bleibt das Fremde außen vor – obwohl es ja zugleich den inneren Kern der unter den Vorzeichen wechselseitiger Fremdheit stehenden Interaktion ausmacht. Anders herum formuliert: Gerade, weil in jedem Moment des Flüchtlingsberatungsgesprächs irritierende Fremdheitserfahrungen nicht nur möglich, sondern wahrscheinlich sind, gilt es dem kulturell Fremden strukturell Grenzen zu setzen. Um es mit Hilfe einer Fluss-Metapher zu sagen: Wird das Fremde nicht eingedämmt, dann könnte der Gesprächsfluss über seine Ufer treten und sich im Grenzenlosen verlieren.[12]

Die Frage ist nun: Wie verläuft die Kommunikation, wenn etwas geschieht, das quer zur Struktur des Beratungsgesprächs steht? Anhand ausgewählter Sequenzen aus den anderen Beratungsgesprächen wird im Folgenden gezeigt, mit welchen Problemlösungsmustern die Sozialarbeiterinnnen einzelfallspezifischen Herausforderungen begegnen können.

5.3 Die Balance zwischen professioneller Nähe und professioneller Distanz

Nach der Ablehnung seines Asylantrags droht einem 23jährigen Albaner die Abschiebung ins Herkunftsland. Um die Wiederaufnahme des Verfahrens zu erreichen, hilft die Sozialarbeiterin (27) dem Flüchtling dabei, einen Brief an das Ge-

12 Dabei wissen die Sozialarbeiterinnen in der Regel sehr genau, wo die Grenzen ihres Verstehens liegen. Wenn sich die Sozialarbeiterin nicht sicher ist, ob sie den Flüchtling richtig versteht, dann versucht sie ihr Verstehensproblem über Dritte zu lösen: mit Hilfe von Sprach- und Kulturmittlern, Mitarbeitern anderer Institutionen oder Sozialarbeitern, die in derselben Beratungsstelle tätig sind. Nicht zuletzt in diesem Punkt dürfte sich die professionelle Flüchtlingshilfe deutlich von der ehrenamtlichen Flüchtlingshilfe unterscheiden. Ehrenamtliche Flüchtlingshelfer sind sich in der Regel der Möglichkeiten und Grenzen ihres Verstehens eben nicht bewusst.

richt zu verfassen. In dem Prozess, in dem sie das Pidgin-Deutsch des Albaners in perfektes Amtsdeutsch übersetzt, ist die Sozialarbeiterin auch den Gefühlsausdrücken des Flüchtlings ausgesetzt, nicht nur den verbalen – „In Albanien ich habe nichts" –, sondern auch den nonverbalen. Als der dreifache Vater der Sozialarbeiterin auf seinem Handy Familienbilder präsentiert, schaut er seine Gesprächspartnerin mit weit geöffneten Augen erwartungsvoll an – ein Blick zum Steine erweichen. Die Sozialarbeiterin reagiert auf dieses Angebot zum Mitleiden mit einer Mischung aus professioneller Nähe und professioneller Distanz. Während sie sich das Bild aufmerksam anschaut, zeigt sie einerseits Nähe, indem sie dem Flüchtling empathisch zunickt. Andererseits bleibt sie körpersprachlich auf Distanz. Die Sozialarbeiterin verändert ihre Sitzhaltung nicht und ihr Blick spiegelt auch nicht die Emotionen des Klienten wider. Angesichts der klaren Sprache, die ihr Körper spricht, ist es schwer vorstellbar, dass die ‚coole' Sozialarbeiterin ‚weich' werden könnte und den Flüchtling mit einer Geste des Mitleids tröstend in den Arm nimmt.

Dass es sich hier um eine Handlungskompetenz der Sozialarbeiterin und nicht um eine zufällige Problemlösung handelt, zeigt das Ende des Beratungsgesprächs. Der Albaner bedankt sich überschwänglich bei der Sozialarbeiterin und diese bleibt, bei aller Zugewandtheit: cool. Die Sozialarbeiterin wusste im Übrigen auch dafür zu sorgen, dass die Beratung sachlich nicht aus dem Ruder läuft: So oft der Flüchtling im Rahmen seiner biografischen Erzählungen über sein Leben in Albanien versuchte, etwas zu thematisieren, das die Sozialarbeiterin möglicherweise mit (für sie) Fremdem konfrontiert hätte, genauso oft gelang es ihr, das Gespräch sachlich auf das zu beschränken, was im Hinblick auf das Asylverfahren Relevanz besitzt.

5.4 Gemeinsam lachen

Die Sozialarbeiterin – eine gebürtige Russin – der Flüchtling – ein etwa 40jähriger Anwalt aus Syrien, der mit seiner Frau und 3 Kindern seit gut einem Jahr in Deutschland lebt – und ein irakischer Sprach- und Kulturmittler, lachen mehr miteinander als dass sie miteinander reden.

Bereits der Beginn des Beratungsgesprächs scheint den Rahmen sachorientierter und affektgedimmter Bürokommunikation zu sprengen. Man blickt und gestikuliert kreuz und quer über die Interaktionsachsen hinweg, wirft sich spielerisch deutsche und arabische Wortbälle hin und her und lacht und lacht und lacht. Zum Beispiel dann, wenn der Flüchtling auf die arabische Gesprächseröffnung der Sozialarbeiterin „Merhaba" (Hallo) mit einem deutschen „Ich kann sprechen" antwortet. Das gemeinsame Lachen trägt die Kommunikation wie eine permanente

Verstehens(ver)sicherung durch einen sprachlich schwierigen Verständigungsprozess, in dem sich die Redenden faktisch sehr oft nicht bzw. missverstehen.

Hier ist das gemeinsame Lachen der Motor, der das Gespräch allen Sprachbarrieren zum Trotz immer weitertreibt, bis die Sozialarbeiterin und der Flüchtling zu dem Punkt finden, an dem das Beratungsgespräch sachlich werden kann. Auf den turn des Flüchtlings „Ich habe kleine Wohnung" folgt der take der Sozialarbeiterin: Sie legt sich Stift und Papier zurecht, notiert etwas, wiederholt dann leise die Worte „kleine Wohnung" und schaut dabei den Flüchtling mit einem verständnisvollen Nicken an – und das Beratungsgespräch nimmt den üblichen Verlauf.

Der Fall steht im maximalen Kontrast zu allen anderen Fällen, weil sich der Beginn des Gesprächs der hier herausgearbeiteten Struktur nicht subsumieren lässt. Und aus der Sicht der Sozialarbeiterin ist es in der Tat riskant, die Handlungssicherheit gebende Rollenstruktur und die damit einhergehende Sachlichkeit des Beratungsrahmens auf's Spiel zu setzen – und es öffnet auch dem Fremden Tür und Tor –, aber der Erfolg gibt ihr Recht.[13] Und einmal mehr zeigt sich, dass die Grenzen interkulturellen Verstehens nicht mit den engen Grenzen der gesprochenen Sprache identisch sind. Das gemeinsame Lachen ist ein nonverbales (und universal verständliches?) Kommunikationsprodukt, das in interkulturellen Interaktionen die Reziprozitätsunterstellung durchaus stützen und stärken kann – wenn es gut läuft. Die Frage, ob Humor eine Schlüsselkompetenz im Kontext interkultureller Kommunikation sein könnte, bleibt hier dahingestellt.

5.5 Das Beratungsgespräch als Sozialisationsprozess

Die Sozialarbeiterin und eine Kultur- und Sprachmittlerin sitzen auf der einen Seite des Tisches, auf der anderen Seite des Tisches nimmt ein etwa 20jähriger Flüchtling aus Albanien den für ihn vorgesehenen Platz ein. Er hat sich noch nicht ganz gesetzt, da beugt sich auch schon die Kultur- und Sprachmittlerin vor, um sich im Flüsterton nach seinem Befinden zu erkunden. Die Beteiligten wissen, wie das Spiel Beratungsgespräch gespielt wird und verhalten sich entsprechend. Mitwissend lächelnd tut die Sozialarbeiterin so als ob sie nichts gehört hätte. Als der Flüchtling der Ehrenamtlerin halblaut in Deutsch antwortet, dass er ein biss-

13 Im Erstkontakt mit einem Flüchtling würde die Sozialarbeiterin höchstwahrscheinlich anders agieren. Hier wusste die Sozialarbeiterin aber aus früheren Beratungsgesprächen mit demselben Flüchtling, dass mit ihm diese Art der Kommunikation möglich ist. Und wenn beide annehmen, dass beide den Frame und die in diesem Kontext möglichen Skripte kennen, dann sind die Bedingungen für ein gelingendes Miteinander günstig.

chen traurig sei, macht diese reichlich von der Möglichkeit ihrer Rolle Gebrauch, sich mit dem Flüchtling emotional zu verbünden. Dann eröffnet die Sozialarbeiterin den offiziellen Teil des Gesprächs, indem sie dem Flüchtling eine asylverfahrensrelevante Frage stellt: „Hast du denn mit Sabine irgendwas vereinbart?". Und schon knüpft sich gleichsam wie von selbst ein Antwort-Frage-Antwort-Band. Im Verlauf des Gesprächs wird allerdings schnell klar, dass der Flüchtling gar kein konkretes Anliegen hat. Er genießt es ganz offensichtlich in angenehmer Atmosphäre mit der Sozialarbeiterin und der Sprach- und Kulturmittlerin zu reden. Warum auch nicht? In dem nicht selten nicht sehr abwechslungsreichen Alltag in den Flüchtlingsunterkünften kann die Sprechstunde der Sozialarbeiterin für die dort Wohnenden durchaus eine starke Attraktion darstellen. Um aber immer wieder in den Genuss des Gesprächs kommen zu können, muss der Flüchtling wissen, welche Regeln dem Beratungsgespräch zu Grunde liegen. In diesem Fall weiß der Flüchtling sehr genau, mit welchen Kommunikationsitems er das Gespräch füttern kann: mit asylbezogenen Fragen, mit Dokumenten (Briefe von Behörden, Rechnungen, Anträge etc.) und natürlich mit einer Fülle nonverbaler Zeichen, die markieren, dass er versteht, was man ihm sagt und dass er auch tut, was man ihm sagt. Insofern ist es eine nicht intendierte Folge der Beratung, dass der Flüchtling am Ende des Gesprächs, nachdem er die Sozialarbeiterin auf ein Dokument in seiner Akte angesetzt hatte – die Sozialarbeiterinnen legen für jeden Flüchtling, der in die freiwillige Beratung kommt, eine Akte an –, den dringenden Rat erhält, eine Rechnung der Deutschen Bahn zu begleichen.

Auch wenn dieses Beratungsgespräch für den Flüchtling am Ende nicht optimal verlief, es zeigt, dass das Beratungsgespräch nicht nur eine willkommene Abwechslung im Alltag geflüchteter Menschen darstellt. Es ist darüber hinaus eine wichtige Sozialisationsinstanz für Flüchtlinge. Hier können sie lernen, worauf im Umgang mit deutschen Institutionen zu achten ist: deutsch sprechen, pünktlich sein, ergebnisorientiert kommunizieren, Vereinbarungen aushandeln und – so formulierte es eine Sozialarbeiterin im Interview – seine Hausaufgaben machen.[14] Flüchtlinge, die sich hier normenkonform zeigen, erhalten wahrscheinlich nicht nur eher, sondern auch mehr Hilfe als Flüchtlinge, die diesen (unausgesprochenen) Erwartungen nicht entsprechen. Dass die Flüchtlinge im Beratungsgespräch

14 Außerdem erzieht das Beratungsgespräch zu einem sorgsamen Umgang mit Dokumenten. Viele Flüchtlinge lernen schnell, dass Dokumente – Briefe vom Bundesamt für Migration und Flüchtlinge, Schreiben vom Jobcenter, Ausweise, Zahlungsaufforderungen etc. – im Beratungsgespräch eine wichtige Rolle spielen können und gehen mit den für sie relevanten Papieren sehr wertschätzend um: sie umhüllen sie mit Klarsichtfolien und heften diese dann in Aktenordnern oder Dokumentenmappen ab. Ausnahmen bestätigen die Regel: Ein ca. 20jähriger Balkan-Flüchtling zerknüllte ein für sein Asylverfahren wichtigen Brief und zerriss ihn kurze Zeit später; nicht im Zorn, sondern eher aus Langeweile.

Hilfe bzw. Hilfsangebote erhalten, steht außer Frage. Die Frage ist, ob sie so viel wie nötig oder so viel wie möglich erhalten. Und hier dürfte mitentscheidend sein, ob bzw. inwieweit die Sozialarbeiterin den Flüchtling für kooperativ hält. Wie dem auch sei; die Flüchtlinge können im Beratungsgespräch lernen, wie man in Deutschland mit Sozialarbeitern kooperativ kommunizieren kann: sachlich, höflich und zielorientiert – ohne dabei allzu emotional und allzu fremd zu wirken. Sonst könnte die Kooperationsbeziehung in die Brüche gehen. Vorsicht zerbrechlich!

6 Das Flüchtlingsberatungsgespräch als fragiler Kooperationsprozess

Kulturell Fremdes spielt in den (hier untersuchten) Flüchtlingsberatungsgesprächen kaum eine Rolle. Unter der Voraussetzung, dass sich in den Beratungsgesprächen füreinander Fremde begegnen, lag es nahe anzunehmen, dass es in der Kommunikation zwischen Sozialarbeiter und Flüchtling vor allem um die Bewältigung kultureller Differenzen geht. Diese Annahme hat sich nicht bestätigt.

Das Beratungsgespräch ist kein Ort, in dem Kulturen zusammenprallen oder ineinanderfließen. Es ist ein Ort, in dem Kooperation gelingt, – nicht immer, aber fast immer. Sie gelingt, wenn die Situationsdefinitionen, Rollenauffassungen und Relevanzsetzungen von Sozialarbeiterin und Flüchtling ausreichend kongruent sind und die Kommunikation von der Zuversicht getragen wird, dass man sich nicht nur verständigen und verstehen, sondern auch gemeinsam etwas erreichen kann. Die kommunikative Konstruktion dieses Verstehensvertrauens stellt die soziale Grundlage für die Herstellung und Aufrechterhaltung dieser auf Hilfe ausgerichteten Kooperationsbeziehung dar.

Zur Erschaffung dieser sozialen Atmosphäre ist seitens der Sozialarbeiterin interkulturelle Kompetenz vonnöten. Den Kern dieser Kompetenz bilden jedoch nicht das Wissen über die Herkunftskultur des Flüchtlings, Mehrsprachigkeit und der selbstkritische Umgang mit ethnozentrischen oder exotistischen Kulturklischees. Auch den in Lehrbüchern (und in den Interviews mit den Sozialarbeitern) immer wieder als hoch relevant hervorgehobenen Attributen interkultureller Sozialarbeit wie Empathie, Offenheit, Flexibilität, Ambiguitätstoleranz, Differenzsensibilität und Selbstreflexivität (im Hinblick auf die Kulturgebundenheit der eigenen Position) kommen in den Beratungsgesprächen keine große Bedeutung zu. Entscheidend sind andere Fähigkeiten:

Zeichen des Verstehens geben zu können (auch bzw. besonders dann, wenn man nichts versteht); den eigenen Körper als Mittel des mimischen und gestischen Ausdrucks zu nutzen (bzw. immer den „Mut zu Hand und Fuß" zu haben –

wie es ein Sozialarbeiter im Interview ausdrückte); mit Humor zu (re-)agieren; selbstsicher und authentisch zu wirken; Hilfsbereitschaft zu zeigen und in konkreten Hilfehandlungen zu beweisen (was mit dem sozialarbeiterischen Grundsatz der Hilfe zur Selbsthilfe oft nicht vereinbar ist); Verstehensprobleme erkennen und durch das Einbinden von Übersetzern, Kollegen und externen Experten zu lösen versuchen, über Routinen der Ent-fremdung von Situationen zu verfügen (zum Beispiel über Sprachchecks (deutsch? englisch? kurdisch? arabisch? …) den kleinsten gemeinsamen sprachlichen Nenner zu finden) und die Balance zwischen professioneller Nähe und professioneller Distanz finden und halten zu können.

Kennzeichnend für die meisten dieser Kompetenzen ist, dass sie nicht zur Auseinandersetzung mit der kulturellen Andersheit des Flüchtlings eingesetzt werden, sondern zur Kreation und Konfirmation reziproken Verstehensvertrauens. Interkulturell kompetent zu sein bedeutet demnach nicht nur, über Problemlösungsfähigkeiten im Umgang mit Fremdem zu verfügen, sondern auch: das Fremde umgehen zu können. Das Fremde ist Sand im Getriebe der Routinen. Und sich in Gesprächen offen für kulturell Fremdes zu zeigen, ist immer riskant. Steht das Gespräch erst unter den Vorzeichen kultureller Differenz, dann sind Verstehensprobleme, Kulturalisierungen und irritierende Fremdheitserfahrungen geradezu vorprogrammiert – und die Wahrscheinlichkeit, dass die Kommunikation dann in eine wechselseitige Irreziprozität der Perspektiven auseinanderfällt, ist hoch. Kurz: Interkulturelle Kompetenz besteht nicht nur, aber eben auch in der Fähigkeit, nicht interkulturell zu kommunizieren.

Wo aber Fremdes ist, da wächst das Verstehensvertrauen auch – wächst es nicht, dann zeigt sich, was für ein zerbrechliches Pflänzchen das Soziale ist.

Literatur

Auernheimer, G. (2003). *Einführung in die kulturelle Erziehung* (3. neu bearbeitete und erweiterte Auflage). Darmstadt: Wissenschaftliche Buchgesellschaft.

Auernheimer, G. (2005). Interkulturelle Kommunikation und Kompetenz. *Zeitschrift für Migration und Soziale Arbeit* Heft 1, 15–22.

Diehm, I., Radtke, F.-O. (1999). *Erziehung und Migration. Eine Einführung.* Stuttgart: Kohlhammer.

Elias, N. (2004). *Gedichte und Sprüche.* Frankfurt a. M.: Suhrkamp.

Eppenstein, T., Kiesel, D. (2008). *Soziale Arbeit interkulturell. Theorien – Spannungsfelder – reflexive Praxis.* Stuttgart: Kohlhammer.

Fischer, V. (2009). Interkulturelle Kompetenz. Ein neues Anforderungsprofil für die pädagogische Profession. In Veronika Fischer, Monika Springer, Ionna Zacharski (Hrsg.), (3. Auflage) (S. 33–47). Schwalbach: Wochenschau Verlag.

Freise, J. (2005). *Interkulturelle Soziale Arbeit. Theoretische Grundlagen, Handlungsansätze, Übungen zum Erwerb interkultureller Kompetenz.* Schwalbach: Wochenschau-Verlag.

Gogolin, I., Krüger-Potratz, M. (2010). *Einführung in die Interkulturelle Pädagogik* (2. Auflage). Opladen & Farmington Hills: Budrich/UTB.

Habermas, J. (2005). *Zwischen Naturalismus und Religion.* Frankfurt a. M.: Suhrkamp.

Hahn, A. (1994): Die soziale Konstruktion des Fremden. In Walter Sprondel (Hrsg.), *Die Objektivität der Ordnungen und ihre kommunikative Konstruktion* (S. 140–163). Frankfurt a. M.: Suhrkamp.

Hamburger, F. (1999). Von der Gastarbeiterbetreuung zur Reflexiven Interkulturalität. *Zeitschrift für Migration und Soziale Arbeit.* Heft 3-4, 33–38.

Hamburger, F. (2006). Konzept oder Konfusion? Anmerkungen zur Kulturalisierung der Sozialpädagogik. In Otto, Schrödter (Hrsg.), (S. 178–192).

Han, P. (2000). *Soziologie der Migration. Erklärungsmodelle, Fakten, politische Konsequenzen, Perspektiven.* Stuttgart: UTB.

Handschuk, S., Klawe, W. (2010). *Interkulturelle Verständigung in der Sozialen Arbeit. Ein Erfahrungs-, Lern- und Übungsprogramm zum Erwerb interkultureller Kompetenz* (3. Auflage). Weinheim und München: Juventa.

Hinz-Rommel, W. (1994). *Interkulturelle Kompetenz. Ein neues Anforderungsprofil für die Soziale Arbeit.* Münster: Waxmann.

Husserl, E. (1950). *Cartesianische Meditationen.* Husserliana Bd. 1. Den Haag: Martinus Nijhoff.

Husserl, E. (1973). *Zur Phänomenologie der Intersubjektivität. Texte aus dem Nachlass. Dritter Teil: 1929–1935.* Hrsg. von Iso Kern Husserliana Band 15. Den Haag: Martinus Nijhoff.

Kalpaka, A. (1998). Interkulturelle Kompetenz. Kompetentes (sozial-)pädagogisches Handeln in der Einwanderungsgesellschaft. *Zeitschrift für Migration und Soziale Arbeit.* Heft 3-4, 77–79.

Kurt, R. (2004). *Hermeneutik. Eine sozialwissenschaftliche Einführung.* Konstanz: UTB/UVK.

Kurt, R. (2014). Anderswo denken andere anders über andere. Differenz und Einheit bei Herder, Taylor und Tagore. In Hans-Georg Soeffner, Thea Boldt (Hrsg.), *Fragiler Pluralismus* (S. 61–88). Wiesbaden: VS.

Kurt, R., Herbrik, R. (2014). Sozialwissenschaftliche Hermeneutik. In Nina Baur, Jörg Blasius (Hrsg.), *Handbuch Methoden der empirischen Sozialforschung* (S. 473–491). Wiesbaden: VS.

Kurt, R., Pahl, J. (2016). *Interkulturelles Verstehen in Schulen des Ruhrgebiets. Gemeinsam gleich und anders sein.* Inkl. DVD. Wiesbaden: VS.

Mecheril, P. (2010). Pädagogisches Handeln unter Einwanderungsbedingungen. In Georg Auernheimer (Hrsg.), *Interkulturelle Kompetenz und pädagogische Professionalität* (3. Auflage) (S. 15–34). Wiesbaden: VS.

Münkler, H., Ladwig, B. (1997). Dimensionen der Fremdheit. In dies. (Hrsg.), *Furcht und Faszination. Facetten der Fremdheit* (S. 11–40). Berlin: Akademie Verlag.

Nick, P. (2006). Mit Differenz leben. Interkulturalität als Querschnittsaufgabe in der Sozialen Arbeit. In Hans-Uwe Otto, Mark Schrödter (Hrsg.), *Soziale Arbeit in der Migrationsgesellschaft. Neue Praxis.* Sonderheft 8 (S. 234–244).

Nieke, W. (2006). Anerkennung von Diversität als Alternative zwischen Multikulturalismus und Neo-Assimilationsismus. In Otto, Schrödter (Hrsg.), (S. 40–48).

Nieke, W. (2011). Interkulturelle Soziale Arbeit. In Hans-Uwe Otto, Hans Thiersch (Hrsg.), *Handbuch Soziale Arbeit. Grundlagen der Sozialarbeit und Sozialpädagogik* (4. Auflage) (S. 650–657). Basel: Ernst Reinhardt Verlag.

Otto, H.-U., Schrödter, M. (Hrsg.). (2006). Soziale Arbeit in der Migrationsgesellschaft. Multikulturalismus – Neo-Assimilation – Transnationalität. *Neue Praxis.* Sonderheft 8.

Pfadenhauer, M. (2003). *Professionalität. Eine wissenssoziologische Rekonstruktion institutionalisierter Kompetenzdarstellungskompetenz.* Opladen: Leske & Budrich.

Radtke, F.-O. (2011). *Kulturen sprechen nicht. Die Politik grenzüberschreitender Dialoge.* Hamburg: Hamburger Edition HIS.

Schütz, A., Luckmann, T. (1988). *Strukturen der Lebenswelt.* Bd. 1. Frankfurt a. M.: Suhrkamp.

Schütz, A. (2011). Der Fremde. Ein sozialpsychologischer Versuch. In ders. (Hrsg.), *Relevanz und Handeln 2. Gesellschaftliches Wissen und politisches Handeln* (S. 55–89). ASW VI.2.

Simmel, G. (1958). *Soziologie. Untersuchungen über Formen der Vergesellschaftung.* Berlin: Duncker & Humblot.

Taylor, C. (2009). *Multikulturalismus und die Politik der Anerkennung.* Frankfurt a. M.: Suhrkamp.

Waldenfels, B. (1987). *Ordnung im Zwielicht.* Frankfurt a. M.: Suhrkamp.

Waldenfels, B. (2001). *Verfremdung der Moderne. Phänomenologische Grenzgänge. Essener Kulturwissenschaftliche Vorträge.* Göttingen: Wallstein.

Yousefi, H. R., Braun, I. (2011). *Interkulturalität. Eine interdisziplinäre Einführung.* Darmstadt: Wissenschaftliche Buchgesellschaft.

Als Flüchtling gescheitert und raus?

Abschiebungen als Mittel der Migrationskontrolle

Barbara Eßer

Zusammenfassung

Parallel zu den steigenden Flüchtlingszahlen werden im gesellschaftspolitischen Diskurs Forderungen nach vermehrten Abschiebungen immer lauter. Der Artikel zeigt, wie getragen von dieser an Zahlen orientierten Diskussion, Problembeschreibungen und Lösungsansätze des Abschiebevollzugs politische Zielsetzungen beeinflusst und zu gravierenden Gesetzesänderungen geführt haben. Dabei werden der Perspektive der Innenbehörden Erfahrungen aus der Beratung von Flüchtlingen gegenübergestellt. Angesichts der zu erwartenden Konsequenzen beschleunigter Verfahren und Abschiebungen werden dringende Handlungsbedarfe aufgezeigt.

1 Einleitendes zu Abschiebungen als Mittel der Migrationskontrolle

„*Ich möchte, dass die Menschen schneller Gewissheit haben, können sie bleiben oder können sie nicht bleiben, und dann müssen wir konsequent abschieben*“ (Küpper 2016), so Hannelore Kraft (SPD) am 24.01.2016. Und der Fraktionsvorsitzende der CDU im Bundestag unterstreicht diese Zielsetzung mit Blick auf die in 2015 durchgeführten Abschiebungen: „*Insbesondere die von SPD und Grünen geführten Bundesländer müssen ihre Anstrengungen nach den jüngsten Statistiken erheblich verstärken, Ausländer ohne Bleiberecht mit aller Konsequenz abzuschieben (…). Gesetze müssen gerade im Asyl- und Ausländerrecht auch umgesetzt werden. Dies erwarten die Bürger zuallererst*“ (Presseportal 2016). Mit steigenden Flüchtlingszahlen werden die Forderungen nach Maßnahmen zu ihrer Begrenzung immer lauter. Zentrale Forderungen sind dabei: Grenzen schließen, Asylverfahren beschleunigen, nur „echte Flüchtlinge“ anerkennen, nach gescheitertem Asylverfahren den Aufenthalt in Deutschland sofort beenden. Von vielen wird dabei die umgehende Abschiebung Ausreisepflichtiger als unabdingbare Voraussetzung für die Aufnahme schutzbedürftiger Flüchtlinge bezeichnet. Ein Zusammenhang, den die Bundesregierung auf ihrer Internetseite so formuliert: *„Reisen abgelehnte Asylbewerber nicht freiwillig aus, muss der Staat sie mit Hilfe der Polizei zur Rückkehr zwingen – sie werden abgeschoben. Nur durch eine konsequente Abschiebung derjenigen, die keinen Schutz brauchen, kann Deutschland den Menschen helfen, die wirklich schutzbedürftig sind“* (Bundesregierung 2016).

Es gehört zum nationalstaatlichen Selbstverständnis, gesetzlich zu regeln, wer sich innerhalb der Grenzen aufhält und unter welchen Bedingungen von Gütern wie Sicherheit, Wohlstand, Verdienst- und Bildungsmöglichkeiten profitieren darf. Zwangsweise Aufenthaltsbeendigung, Ausweisung und strafbewehrtes Wiedereinreiseverbot werden als notwendige Mittel angesehen, die aufenthaltsrechtliche Differenzierung in die, die bleiben dürfen, und die, die gehen müssen, durchzusetzen. Der Zwangscharakter einer Abschiebemaßnahme beschränkt sich nicht darauf, Zeiten, Routen, Begleitpersonen und Ablauf einer Abschiebung festzulegen, sondern es sind Mittel des unmittelbaren Zwangs wie Durchsuchungen, Fixierungen, Fesselungen, Inhaftierungen und körperlicher Zwang erlaubt und kommen zum Einsatz (vgl. Innenministerium NRW 2004).

Die Abschiebung droht ab Ablauf der gesetzten Frist zur eigenständigen Ausreise, die in der Regel von einer Woche bis zu einem Monat ab Rechtskraft der Entscheidung beträgt (§ 59 AufenthG). Bei abgelehnten Asylanträgen erlässt das BAMF (Bundesamt für Migration und Flüchtlinge) die Abschiebungsandrohung bzw. -anordnung und z. T. auch Wiedereinreise- und Aufenthaltsverbote, während die Durchsetzung der Ausreisepflicht der zuständigen Ausländerbehörde obliegt. Die Hansestadt Hamburg erklärt dazu den Betroffenen auf ihrer Internetseite:

> „Wenn die Ausreisefrist abgelaufen ist, ist die Ausländerbehörde gesetzlich verpflichtet, den Aufenthalt in Deutschland zwangsweise im Wege der Abschiebung zu beenden. Dann besteht kein Einfluss mehr auf den Zeitpunkt und die Umstände der Rückkehr in Ihr Heimatland. Eine Abschiebung verursacht im Gegensatz zu einer freiwilligen Ausreise sehr hohe Kosten, die Sie zahlen müssen (vgl. §§ 66, 67 des Aufenthaltsgesetzes). (…) Außerdem zieht jede Abschiebung kraft Gesetzes ein Wiedereinreiseverbot verbunden mit einer Ausschreibung zur Festnahme nach sich. D.h. eine legale Wiedereinreise nach Deutschland ist ausgeschlossen“ (Hamburg, Behörde für Inneres und Sport 2016).

Die Hamburger Ausländerbehörde verweist hier – unter Ausblendung der auch später noch zu ermöglichenden freiwilligen Ausreise und der Befristung des

Wiedereinreiseverbots – auf die Einschränkungen und Verbote hinsichtlich der Erteilung einer Aufenthaltserlaubnis nach abgelehntem Asylverfahren (§ 10, III AufenthG) und das Einreise- und Aufenthaltsverbot im Fall einer Abschiebung (§ 11 AufenthG).

In diesem Beitrag werden Fragen wie die, ob Abschiebungen mit ihren Gewaltmomenten für die Betroffenen und die Vollziehenden ein unerlässliches Mittel der Migrationskontrolle sind, und wie sich die dadurch legitimierte Gewalt auf die Akteure und eine Gesellschaft auswirkt, ausgeblendet. Es geht im Folgenden allein darum, die aktuelle Umsetzung zentraler Zielformulierungen des Abschiebevollzugs in Gesetze und staatliches Handeln sichtbar zu machen und zu Erfahrungen aus der Beratung von Flüchtlingen in Beziehung zu setzen. Die Dringlichkeit dieser Umsetzung wird durch das Bild eines dramatischen Vollzugsdefizits bei Aufenthaltsbeendigungen legitimiert.

2 Die Zahlen und das Vollzugsdefizit im Abschiebediskurs

Der bisherige Höhepunkt von Abschiebungen aus der Bundesrepublik Deutschland wurde im Jahr 1994 mit 53 043 erreicht, wobei es Parallelen zur aktuellen Situation gab. In den vier Jahren davor waren die Zuwanderungszahlen im wiedervereinten Deutschland stark gestiegen. Es gab Das-Boot-ist-voll-Kampagnen, die Gewalt gegen Flüchtlinge und Migranten hatte enorm zugenommen, der sogenannte Asylkompromiss 1993 verringerte die Chance auf einen Schutzstatus und sollte die Verfahren beschleunigen. Damals wurden u. a. das Prinzip der „sicheren Herkunftsstaaten", das Flughafenverfahren und das Asylbewerberleistungsgesetz eingeführt, um Asylverfahren und Aufenthaltsbeendigung zu beschleunigen. Bis 2004 lag die Zahl der jährlich durchgeführten Abschiebungen bei über 20 000 und sank dann parallel zu den sinkenden Flüchtlingszahlen, den Bleiberechtsregelungen der Innenministerkonferenz (17. 11. 2006) und der gesetzlichen Altfallregelung (28. 08. 2007) auf etwa 8 000 Abschiebungen jährlich in der Zeit von 2008–2012. Nach den Anstiegen in den Jahren 2013 (10 251), 2014 (13 574) und 2015 (22 369) hat sich diese Entwicklung mit bereits 9 280 erfolgten Abschiebungen in den ersten vier Monaten des Jahres 2016 fortsetzt. Gleichzeitig stieg die Zahl der geförderten „freiwilligen Ausreisen" von 13 574 im Jahr 2014 über 37 200 in 2015 auf bereits 20 197 im ersten Drittel des Jahres 2016.[1]

1 Statistische Angaben des BMI, Migrationsberichte des BAMF. Eine konkrete Dokumentation der Herkunft der zusammengesuchten Zahlen wäre zu umfangreich. Es gibt z. T. in der

Trotz des Anstiegs der Abschiebungen und Ausreisen spielt ein durch Zahlen veranschaulichtes Vollzugsdefizit bei der Aufenthaltsbeendigung eine große Rolle in der gesellschaftspolitischen Diskussion. So schrieben z. B. die Deutschen Wirtschaftsnachrichten am 22. Dezember 2015: *„Die deutschen Behörden haben in diesem Jahr nur 1,8 Prozent aller Flüchtlinge oder Einwanderer abgeschoben“* (Deutsche Wirtschaftsnachrichten 2015). Oder die ZEIT berichtete im Februar 2016: *„Das Problem ist nur: Viele abgelehnte Asylbewerber wollen nicht zurück, und es ist oft äußerst schwer, sie gegen ihren Willen abzuschieben. Laut Bundesinnenministerium hielten sich Ende November 2015 hierzulande 201 402 zur Ausreise verpflichtete Ausländer auf. Zurückgeschickt wurden im vergangenen Jahr lediglich 21 640. Das entspricht einer Quote von weniger als elf Prozent“* (Klingst 2016).

Diese Berechnungen berücksichtigen weder die Ausreisen abgelehnter AsylbewerberInnen noch bestehende rechtliche oder faktische Duldungsgründe. Nimmt man zu den Abschiebungen die gefördert Ausgereisten hinzu, hat 2015 deutlich mehr als ein Viertel der Ausreisepflichtigen (59 569) Deutschland verlassen. Dabei sind die nicht gefördert Ausgereisten (in 2014 waren es 8 190) noch nicht berücksichtigt. Darüber hinaus fehlen Informationen, aus welchen rechtlichen und tatsächlichen Gründen Personen eine Duldung erhalten haben. Es gibt in der Beratung viele Geduldete, die aus rechtlichen oder faktischen Gründen (z. B. als Familienangehörige, Reiseunfähige, langjährig gut Integrierte) nicht abgeschoben werden können und nicht selten auch eine Aufenthaltserlaubnis erhalten sollen, aber z. B. aufgrund unzureichender Lebensunterhaltssicherung oder fehlender Passbeschaffung noch nicht alle Erteilungsvoraussetzungen erfüllen.

In der politischen Diskussion werden Zahlen ohne seriöse Analyse mit dem Ziel benutzt, ein gigantisches Vollzugsdefizit auszumalen und einschneidende Gesetzesänderungen zur Beschleunigung des Abschiebevollzugs zu legitimieren. Hierzu gehört auch die beharrliche Verwendung falscher Zahlen durch Bundesinnenminister de Maizière (CDU). So musste de Maizière eingestehen, dass es für die von ihm am 16. 6. 2016 in einem Interview genannten Zahlen, wonach *„70 Prozent der Männer unter 40 Jahren vor einer Abschiebung für krank und nicht transportfähig erklärt werden“* (Quadbeck und Bröcker 2016), keine faktische Grundlage gibt. Doch um den Kern seiner Botschaft, es würden *„immer noch zu viele Atteste von Ärzten ausgestellt, wo es keine echten gesundheitlichen Abschiebehindernisse gibt“* (ebd.) zu untermauern, verwies er in einer Rede im Bundestag am 23. Juni 2016 auf Zahlen aus einem Bericht, wonach eine Evaluierung des Innenministeriums in NRW ergeben habe, *„dass 70 Prozent der Ausreisepflichtigen psychische*

---

gleichen Quelle abweichende Zahlen zu den Abschiebungen und Ausreisen. Die angegebenen Zahlen sind als Orientierungswerte zu verstehen.

Erkrankungen als Vollzugshindernis geltend gemacht haben".[2] Das wäre bei der von ihm in der Rede zuvor genannten Zahl von 220 000 Ausreisepflichtigen eine unglaublich große Zahl. Doch die von ihm zitierte Evaluierung in NRW aus dem Jahr 2011 wertete 184 Erfassungsbögen über die Zusammenarbeit von Ausländerbehörden und ÄrztInnen bei Abschiebungen aus. Nicht 70 % aller Ausreisepflichtigen, sondern 70 % der Ausreisepflichtigen, bei denen eine ÄrztIn aufgrund einer Erkrankung eingeschaltet war, hatten demnach eine psychische Erkrankung geltend gemacht (vgl. UAG der AG Rück 2015, S. 16).

3 Vollzugshindernisse und ihre Beseitigung aus den Perspektiven des Abschiebevollzugs und der Beratung

Die Innenministerien hatten im Jahr 2010 einer Unterarbeitsgruppe (UAG) der Arbeitsgruppe Rückführungen (AG Rück) den Auftrag gegeben, Praxisprobleme bei der Aufenthaltsbeendigung Ausreisepflichtiger zu identifizieren und Lösungsvorschläge zu formulieren. Ihre Ergebnisse, die die UAG bereits 2011 in einem Bericht darlegte und im April 2015 aktualisierte, sind aufgrund ihres offensichtlichen Einflusses auf Entscheidungsträger, bis hin zu Gesetzesänderungen sehr aufschlussreich. Die UAG der AG Rück betont, dass Ausländerbehörden an die rechtlichen Vorgaben des Aufenthalts- und Asylverfahrensgesetzes gebunden sind und sich nicht unter dem Druck humanitärer Argumente über Recht und Gesetz hinwegsetzen dürfen. Für die UAG steht dem rechtstreuen Handeln der MitarbeiterInnen der Ausländerbehörden, die die Maßnahmen *„absolut auf der Grundlage des geltenden Rechts"* vorbereiten und vollziehen und denen *„keine Rechtsverstöße oder Pflichtverletzungen vorgehalten werden können"* (UAG der AG Rück 2015, S. 10) eine Praxis der „Vollzugsvereitelung" durch Asylsuchende und deren UnterstützerInnen gegenüber. Als ein besonderes Problem hebt sie Regelungen hervor, durch die Rechtsverstöße letztlich mit Bleiberecht belohnt würden, während die Rechtstreuen die Dummen seien, da sie frühzeitig ausgereist sind oder abgeschoben werden konnten (vgl. ebd., S. 5–6).

Die UAG der AG Rück benennt als Verursacher und Ursachen für Vollzugsdefizite bei der Aufenthaltsbeendigung im Wesentlichen: 1. Kreise aus Politik, Gesellschaft und Medien, die überhöhte humanistische Maßstäbe anlegen, von den Ausländerbehörden widerrechtliches Handeln mit massivem Druck fordern und

2 Rede des Bundesministers des Innern, Dr. Thomas de Maizière, in der Aktuellen Stunde zu seinen Aussagen zu ärztlichen Attesten in Abschiebeverfahren vor dem Deutschen Bundestag am 23. Juni 2016 in Berlin: Datum: 23. Juni 2016 Bulletin 74-3.

Abschiebungen aktiv vereiteln. 2. Ausländerbehörden und Bundesländer, die nicht ausreichend vollzugswillig sind, 3. Ausländerbehörden, die überfordert und unterbesetzt sind, 4. Herkunftsländer, die keine Rückreisedokumente ausstellen und Einreisen verweigern. 5. Ausreisepflichtige, die sich der Aufenthaltsbeendigung durch „Untertauchen", vorgebliche Erkrankungen, falsche Identitätsangaben, mangelnde Mitwirkung bei der Dokumentbeschaffung, Selbstverletzungen und Widerstandshandlungen entziehen. Im Folgenden werden diese Punkte im Einzelnen beleuchtet.

3.1 Einflussnahme aus Politik, Gesellschaft und Medien

Die UAG weist darauf hin, dass gesellschaftliche Gruppen wie Kirchen, Gewerkschaften, Wohlfahrtsverbände, politische Parteien *„Abschiebungen als einen Akt des inhumanen staatlichen Handelns"* darstellten und Medien Rückführungen *„stets mit dem Tenor des Skandalisierens des behördlichen Handelns bei gleichzeitiger Überhöhung der Darstellung des Schicksals des einzelnen Ausländers"* thematisierten (UAG der AG Rück 2015, S. 5). Beihilfe zum unerlaubten Aufenthalt wie Aktionen zur Verhinderung von Abschiebungen würden nicht mehr strafrechtlich sanktioniert, sondern eher als Ausdruck von Zivilcourage anerkannt. In diesem Zusammenhang verweist der Bericht mehrfach auf die Gefahr erheblicher Zuwanderungsanreize durch die neue, stichtagfreie Bleiberechtsregelung. Angesichts der Gefahr einer Verschärfung der Vollzugsprobleme durch die neue Bleiberechtsregelung müsse die frühzeitige Aufenthaltsbeendigung optimiert werden, damit *„Ausreisepflichtige, die das Ausreisehindernis durch nachhaltige eigene Handlungen zu vertreten haben, nicht profitieren können"* (ebd., S. 6). Für die Mitarbeiter der Ausländerbehörden brauche es einen bundesweit verbindlichen Rahmen und Handlungssicherheit sowie eine höhere Akzeptanz in Politik und Gesellschaft.

Die Aktivitäten der „interessierten Kreise" der Gesellschaft, die sich für humanitäre Rechte für Flüchtlinge einsetzen, sind ein wichtiger Bestandteil demokratisch verfasster Gesellschaften. Diese „Kreise" können sich ungebundener engagieren als Beratungsstellen. Die Flüchtlingsberatung hat die Aufgabe, bei rechtlichen und sozialen Fragen sachkundig zu unterstützen und zu den Einrichtungen und Entscheidungsträgern hin zu vermitteln. Da es bei vielen Entscheidungen im Aufenthaltsrecht um Kann- oder Soll-Regelungen und damit um Ermessenfragen geht, entscheidet neben fundierten Rechtskenntnissen ein guter Draht zu MitarbeiterInnen in Behörden darüber, was für Flüchtlinge im Einzelfall erreicht werden kann. FlüchtlingsberaterInnen müssen daher genau abwägen, ob sie mit Informationen über inhumanes Behördenhandeln an die Öffentlichkeit gehen. Denn unliebsam geworden, können sie weniger für KlientInnen erreichen. Beunruhigendes und Bedrückendes aus der Behördenpraxis verbleibt daher nicht selten als Wissen im Kreis der FlüchtlingsberaterInnen und der BehördenmitarbeiterInnen, die selber Probleme sehen, aber ihrem Arbeitgeber verpflichtet sind.

Engagierte UnterstützerInnen, JournalistInnen, mutige Betroffene bringen exemplarisch Problematisches an die Öffentlichkeit. Ihre Berichte, Bücher, Filme beschreiben die Folgen eines Vollzugs der Gesetze, der in der Regel nicht gegen geltendes Recht verstößt, aber nicht selten mögliche Ermessensspielräume ausblendet. Ein Beispiel dafür ist der Film „Die Weggeworfenen – Geschichte einer Abschiebung" (A. und M. Blasberg 2008), der das Schicksal der Familie Kpakou aus Togo zeigt, die 2006 nach 13 Jahren in Deutschland unangekündigt in den Morgenstunden abgeholt wurde. Während die Mutter mit acht Kindern und einem Enkelkind abgeschoben wurde, konnte der Vater aufgrund eines Zusammenbruchs nicht fliegen und blieb infolge dauerhafter Reiseunfähigkeit in Deutschland zurück. Der Abschiebevollzug war gesetzeskonform, es gab keine Verpflichtung, die zwei Monate später beschlossene Bleiberechtsregelung abzuwarten, die in Deutschland geborenen Kinder vor der Abschiebung nach Togo zu impfen oder die Familieneinheit in Deutschland zu wahren. Die Ausländerbehörde hätte die Abschiebung der Mutter und zumindest der minderjährigen Kinder abbrechen können, doch da im Moment der Abschiebung die vollziehbare Ausreisepflicht des Vaters nach Togo vorlag, war die Trennung juristisch korrekt. Auch mit dem Schicksal von Wadim, der 2005 als 18-Jähriger, nach 13 Jahren in Deutschland ohne seine Familie nach Lettland abgeschoben wurde, zeigt der gleichnamige Film von Carsten Rau und Hauke Wendler (2010) eine gesetzeskonforme Vollzugspraxis, die nach wiederholter Abschiebung und Abschiebungsdrohungen 2010 mit einem Suizid endete.

Zum Stichtag 31.12.2014 befanden sich 27 310 ausreisepflichtige Menschen bereits mehr als 8 Jahre (darunter 17 833 mehr als 12 Jahre) in Deutschland (Bundesregierung 2015, S. 27). Was wäre eine demokratische Gesellschaft ohne eine Berichterstattung, die inhumane Konsequenzen staatlichen Handelns, gerade wenn es gesetzeskonform ist, thematisiert? Diese Frage stellt sich umso mehr, wenn durch Gesetzesänderungen die Berücksichtigung humanitärer Anliegen verboten wird.

3.2 Unzureichend vollzugswillige Ausländerbehörden und Bundesländer

Die UAG problematisiert die Ausgestaltungsmöglichkeiten der Bundesländer bei der Umsetzung gesetzlicher Vorgaben durch Erlasse und ihre Möglichkeit, Abschiebungen für bestimmte Gruppen befristet auszusetzten. Einzelne Bundesländer erschwerten die Verhängung von Abschiebehaft und bauten durch ihre Vorgaben zur Ausgestaltung der Abschiebemaßnahmen so hohe Hürden auf, dass der Vollzug erschwert und sogar verhindert werde. Dies erzeuge einen Druck auf die anderen Bundesländer, da sie sich im Vergleich „*weniger großzügig und inhumaner*" darstellten (UAG AG Rück 2015, S. 6). Eine bundeseinheitliche Vollzugspraxis sei „*im Interesse der Gleichbehandlung*" geboten, auch um „*eine höhere Akzeptanz in Politik und Gesellschaft herzustellen*" (ebd., S. 7). Im Bericht von 2011 wird zudem eine fehlende Fachaufsicht bemängelt, da „*auf lokaler Ebene aus politischen und so genannten ‚humanitären' Gründen aufenthaltsbeendende Maßnahmen contra legem nicht vollzogen*" würden. Ursachen seien „*fehlender Vollzugswille in Verbindung mit extensiver Rechtsauslegung oder Untätigkeit, z. T. unter Hinnahme eklatanter Rechtsverstöße*" (UAG der AG Rück 2011, S. 11). Auf kommunaler Ebene bestehe die Gefahr der Einflussnahme aus politischen und gesellschaftlichen Kreisen, so dass „*aufenthaltsbeendende Maßnahmen, deren Rechtmäßigkeit durch die zuständigen Gerichte bestätigt wurde, noch in der Vollzugsphase von kommunalen Entscheidungsträgern gestoppt werden, weil interessierte Kreise im Verbund mit den regionalen und teilweise überregionalen Medien den Fall aufgegriffen haben*" (UAG AG Rück 2015, S. 10).

Aktuelle Gesetzesänderungen zielen auf eine Umsetzung der Forderung der UAG nach einer Vereinheitlichung der Abschiebepraxis. So wurde mit dem Asylpaket I (24.10.2015) in den § 59 AufenthG (Androhung der Abschiebung) eingefügt: „*Nach Ablauf der Frist zur freiwilligen Ausreise darf der Termin der Abschiebung dem Ausländer nicht angekündigt werden*". Diese Formulierung verbietet – im Unterschied zu einem „kann" oder „sollte" – den Ausländerbehörden die Ankündigung, auch dann, wenn humanitäre Gründe dafür vorliegen. Bislang war es den Ausländerbehörden freigestellt, ob sie den konkreten Abschiebetermin ankündigen. So haben in NRW einige Kommunen den ersten Termin zur Abschiebung grundsätzlich vorher schriftlich mitgeteilt, während andere Kommunen in der Regel unangekündigt zur Abschiebung abgeholt oder auch bei einem Behördentermin unerwartet in Abschiebehaft genommen haben.

In Kommunen, in denen Abschiebungen grundsätzlich mindestens einmal angekündigt wurden, konnte Asylsuchenden durch Beratung leichter die Angst vor einer unerwarteten Abholung genommen werden. Diese Angst belastet nicht nur vollziehbar Ausreisepflichtige, sondern auch Flüchtlinge im laufenden Verfahren, die unangekündigte Abschiebungen mitbekommen, insbesondere, wenn sie aufgrund ihrer Verfolgungserlebnisse große Angst vor Sicherheitskräften und einer Rückkehr in erneute Lebensgefahr haben. Eine unangekündigte Abschiebung ist gekennzeichnet durch eine Vielzahl von Vollzugskräften und nicht selten mit Unruhe, Weinen, Panik verbunden. Für die Betroffenen, insbesondere für Kinder, für kranke und psychisch vorbelastete Menschen ist eine plötzliche Abschiebungssituation mit Polizeieinsatz ein Schock, der als einschneidendes Erlebnis in Erinnerung bleibt. So erzählt z. B. der mittlerweile 30-jährige Orhan noch 17 Jahre nach seiner Abschiebung in einem Interview: *„Ich versuch das immer zu verdrängen mit der Abschiebung"*, *„Es war schlimm. Also die Polizei kam und hat uns genommen. Das geht mir wirklich, wenn ich mich zurückerinnere, sehr nah"* (Müller-Münch 2011). Die Betroffenen haben wenig Zeit zum Packen, können sich nicht von Nahestehenden verabschieden, sich kaum noch Unterstützung bei ihrer Ankunft im Zielland organisieren. Wichtige Dinge wie z. B. Schulzeugnisse, internationale Geburtsurkunden hier geborener Kinder, ausreichend Medikamente für eine Übergangszeit können nicht mehr organisiert werden. Demgegenüber ist bei angekündigten Abschiebungen von einer Kooperation der Betroffenen auszugehen, so dass in der Regel weniger Vollzugspersonal benötigt wird und für die Abholung auch ein Treffpunkt außerhalb des Heims vereinbart werden kann, um andere Bewohner nicht zu beunruhigen.

Die Ministerpräsidentin von NRW äußerte nach Verabschiedung des Asylpaket I, Familien mit Kindern würden in NRW nicht unangekündigt abgeschoben. In NRW fordert nun ein Erlass die Ausländerbehörden auf, bei *„Vorliegen von besonderen humanitären Gesichtspunkten (bspw. bei Familien mit Kindern)"* eine unmissverständliche Information über eine bevorstehende Abschiebung ohne Nennung des konkreten Termins und eine letzte Möglichkeit zur freiwilligen Ausreise zu geben und nächtliche Abschiebungen zu vermeiden (MIK NRW 13. 01. 2016). Damit sollte in NRW das Gesetz zumindest abgemildert angewendet werden. Doch eine humanere Abschiebepraxis, die zumindest den ersten Abschiebetermin ankündigt, ist nun für alle verbindlich verboten.

Ein weiterer Punkt, an dem der Ermessensspielraum der Ausländerbehörden im Abschiebevollzug per Gesetz gravierend reduziert wurde, betrifft die Berücksichtigung einer Erkrankung als inlandsbezogenes Abschiebehindernis, worauf unter 3.5. näher eingegangen wird.

3.3 Überforderte und unterbesetzte Ausländerbehörden – komplexes Recht und fehlende Sprachmittlung

Die UAG verweist auf die personell und finanziell vollkommen unzureichende Ausstattung der Ausländerbehörden. Dazu gehöre nicht zuletzt angesichts der Komplexität des Ausländerrechts eine zu niedrige Eingruppierung der Stellen. Die Anforderungen an eine hochspezialisierte Sachbearbeitung angesichts der Komplexität der verschiedenen nationalstaatlichen und europäischen Normen und der Rechtsprechung werde dabei unzureichend berücksichtigt. Als Beleg für die schwierige Handhabung der gesetzlichen Vorgaben wird auf einen Vortrag beim

17. Deutschen Verfassungsgerichtstag im Juni 2013 hingewiesen, wonach bei Anwendung der Maßstäbe von Rechtssicherheit und -klarheit *„das deutsche Ausländerrecht heute gewissermaßen insgesamt verfassungs- und unionsrechtswidrig"* sei (UAG AG Rück 2015, S. 9). Außerdem erfolge die *„zwingend notwendige Kommunikation mit den Betroffenen regelmäßig ohne neutrale professionelle Dolmetscher"* (ebd., S. 9), weshalb *„Missverständnisse programmiert sind und dadurch auch Vollzugshindernisse entstehen können und mögliche Alternativen zur Abschiebung und Abschiebehaft vertan werden"* (ebd., S. 10).

Das komplexe Asyl- und Ausländerrecht und fehlende Sprachmittlung sind für Behörden, Beratungsstellen, Rechtsanwälte, UnterstützerInnen und Asylsuchende zentrale Probleme. Flüchtlinge müssen Rechtsvertretung und Sprachmittlung oft selber finanzieren, bzw. organisieren. Allein in der Anhörung beim Bundesamt ist eine Sprachmittlung staatlich garantiert. Doch Flüchtlinge verstehen ohne qualifizierte Beratung die rechtlichen Anforderungen und Möglichkeiten oft unzureichend und wissen u. a. nicht, was zur Fundierung ihres Sachvortrags im Asylverfahren beitragen könnte. Eine gute Sprachmittlung ist eine Voraussetzung, um die komplexen Sachverhalte in der für aufenthaltsrechtliche Verfahren notwendigen Weise aufzuklären und zu dokumentieren. Eine qualifizierte Verfahrens- oder Rechtsberatung kann durch Recherchen im Internet, Sichtung von Unterlagen oder Kontakte zu Menschenrechtsorganisationen, die in den Herkunftsländern recherchieren, entscheidend zu einer Fundierung des Sachvortrags im Asylverfahren beitragen. Dann ist in Einzelfällen sogar trotz zunächst als unglaubhaft abgelehnter Asylanträge im Folgeverfahren ein Schutzstatus möglich. Doch viele Asylsuchende durchlaufen das komplexe Verfahren ohne eine qualifizierte Verfahrensberatung bzw. Rechtsvertretung und können potentielle Rechte nicht geltend machen.

Laut Asylverfahrensrichtlinie (Richtlinie 2013/32/EU vom 26. Juni 2013) müssen besondere Bedürfnisse u. a. von Personen, die Folter, Vergewaltigung oder sonstige schwere Formen psychischer, physischer oder sexueller Gewalt erlitten haben, bei der Durchführung des Asylverfahrens berücksichtigt werden (Artikel 24). Das würde ein frühzeitiges Erkennen der besonderen Schutzbedürftigkeit und der sich daraus ergebenden Bedarfe erfordern. Einen Ansatz, die seit Juli 2015 verpflichtende Anwendung der Asylverfahrens- und Aufnahmerichtlinien (Richtlinie 2013/33/EU vom 26. Juni 2013) in nationales Recht umzusetzen, enthielt der Referentenentwurf des Bundesministeriums des Innern („Entwurf eines Gesetzes zur Umsetzung des Gemeinsamen Europäischen Asylsystems") vom 1. 10. 2015 in § 54a AsylG „Schutzbedürftige Personen mit besonderen Bedürfnissen". Dieser Paragraph wurde im Gesetzgebungsprozess ersatzlos gestrichen. Doch gerade schwer Traumatisierte, Gefolterte, Opfer sexueller Gewalt können in der Anhörung ihre Fluchtgründe oft nicht in der geforderten detaillierten, anschaulichen und widerspruchsfreien Form vorbringen und scheitern deswegen. Eine frühzeitige Feststellung ihrer besonderen Vulnerabilität und eine Berücksichtigung dieser in der Gestaltung des Verfahrens, verbunden mit einer Verfahrensberatung und Sprachmittlung würden die Chance auf eine angemessene Berücksichtigung ihrer Erlebnisse im Asylverfahren verbessern. Anders als die MitarbeiterInnen der Behörden und Beratungsstellen sind Asylsuchende, denen es nicht gelingt, relevante Fluchtgründe in der geforderten Weise geltend zu machen, existentiell von den Konsequenzen einer fehlenden Sprachmittlung und unzureichender Rechtskenntnisse betroffen.

3.4 Nicht rücknahmewillige Herkunftsländer oder Drittstaaten

Die UAG weist darauf hin, dass aktuell 28 Herkunftsstaaten bei der Rücknahme ihrer BürgerInnen nicht kooperativ seien. Es gebe mit den Anforderungen und Einstellungen in den Herkunftsländern eine Vielzahl von Problemen, die dazu führten, dass die Beschaffung von Dokumenten für die Rückreise, bzw. Abschiebung völlig intransparent und in vielen Fällen unangemessen lange dauere oder gar unmöglich sei (vgl. ebd., S. 14). Aus dieser Liste müssten gezielt einige Staaten definiert werden, *„bei denen versucht werden soll, mit allen politischen, strategischen und operativen Mitteln, (…), eine Verbesserung der Situation zu erreichen“* (ebd., S. 14).

In der Flüchtlingsberatung ist die Rücknahmewilligkeit und Kooperation des Herkunftslandes mit den deutschen Behörden oft entscheidend für die Einschätzung, ob eine Abschiebung zeitnah bevorsteht. So ermöglichen Regelungen mit den Westbalkanstaaten eine umgehende Ausstellung von Rückreisedokumenten und damit die Abschiebung direkt nach Eintritt der Ausreisepflicht. Bei anderen Ländern ist eine längere Bearbeitungszeit und teilweise eine persönliche Vorsprache bei VertreterInnen des Herkunftslandes üblich, bevor Dokumente ausgestellt werden. Manche Länder fordern eine Erklärung der Person, dass sie freiwillig zurückkehren will, manche geben Dokumente nur für Personen mit eindeutig geklärter Identität, während es anderen ausreicht, aufgrund von Sprache oder Eindruck davon auszugehen, jemand stamme aus ihrem Land.

Aus menschenrechtlicher Perspektive stellt sich bei Staaten, in denen Menschenrechtsverletzungen stattfinden, die Frage, um welchen Preis mit ihnen Rückübernahmeabkommen ausgehandelt werden. Beispiele aus der Vergangenheit sind das jugoslawische Rückübernahmeabkommen mit der Regierung unter Milosevic von 1996, bei dem es vor allem um die Abschiebung von KosovarInnen ungeachtet des sich dort verschärfenden albanisch-serbischen Konflikts ging, der 1999 zum militärischen Eingreifen der Nato führte. Oder das deutsch-syrische Rückübernahmeabkommen vom 14. 07. 2008, das ausgehandelt wurde, obwohl bekannt war, dass in syrischen Gefängnissen gefoltert wird, Oppositionelle willkürlich inhaftiert und Kurden rechtlos gestellt werden. Ungeachtet des Dekrets vom 30. 09. 2008, das den *„Angehörigen der Geheimdienste, der Polizei und den Zollbehörden Immunität vor strafrechtlicher Verfolgung von Verbrechen, die während der Dienstzeit begangen werden“* (amnesty international 2009) garantiert, trat das Abkommen am 3. Januar 2009 in Kraft. In einer Pressemitteilung seines Ministeriums erklärte der damalige Innenminister Wolfgang Schäuble: *„Auf der Grundlage dieses Abkommens wird es künftig möglich sein, nicht nur ausreisepflichtige syrische Staatsangehörige, sondern auch Drittstaatsangehörige und Staatenlose, (…), dorthin zurückzuführen. (…) Die Ausländerbehörden in Deutschland werden die Rückübernahmeverfahren mit Syrien in Zukunft unter erleichterten Bedingungen und in kürzerer Zeit durchführen können“* (BMI 2008). Und weiter führt die Pressemitteilung aus, der schnelle Abschluss unterstreiche *„die konstruktive und vertrauensvolle Zusammenarbeit zwischen beiden Regierungen auf dem Gebiet der illegalen Migration“* (ebd.).

Was bedeutet eine „vertrauensvolle Zusammenarbeit“ mit Regierungen, die schwere Menschenrechtsverletzungen verantworten? Wie viele Menschen erleben in solchen Ländern nach der Abschiebung Gewalt? In Bezug auf Syrien gab es Berichte von Menschenrechtsorganisationen über Inhaftierungen und Gewalt an Abgeschobenen. Dennoch wurde am 25. 05. 2011 ein Antrag auf Aussetzung des Abkommens mit Syrien u. a. mit den Argumenten abgelehnt, die Rückkehrer würden bei Ankunft in Syrien zwar befragt, könnten danach jedoch ohne weitere Schwierigkeiten einreisen. Lediglich in vereinzelten Fällen würden sie für die Dauer der Identitätsüberprüfung festgehalten. Grundsätzlich sei an der Pflicht abgelehnter Asylbewerber zur Ausreise festzuhalten, da ja in jedem Einzelfall geprüft werde, ob eine Gefahr für diese Person bestehe (vgl. Frieser 2011).

Wie sicher kann bei einem Staat, in dem Willkür, Folter, Korruption verbreitet sind, davon ausgegangen werden, dass eine ablehnende Entscheidung im Asylverfahren gleichbedeutend damit ist, dass bei Rückkehr keine Gefahr für Leib und Leben droht?

3.5 „Vollzugsvereitelung“ durch Ausreisepflichtige

Ob „Untertauchen“ nennenswert durch die Nichtankündigung der Abschiebung verhindert wird, oder sich dann eher mehr Menschen vorsorglich für ein Leben in der Illegalität entscheiden, wären ebenso relevante Fragen, wie die nach der Motivation von Selbstverletzungen und Widerstandshandlungen bei Abschiebungen. Warum richtet jemand das Messer gegen sich, schlägt sich den Kopf an der Wand blutig? Lediglich um den Abschiebevollzug widerrechtlich zu behindern? Nachfolgend werden nur die von der UAG thematisierten Handlungen der Ausreisepflichtigen zur „Vollzugsvereitelung" näher beleuchtet, die zu weitreichenden Gesetzesänderungen geführt haben.

Probleme bei der Identitätsklärung und Passpapierbeschaffung

Die UAG verweist auf eine Auswertung des Ausländerzentralregisters zum 1.1.2015, wonach 73% der Asylsuchenden im laufenden Asylverfahren angegeben haben, kein Identitätsdokument vorlegen zu können. Die Erfahrung zeige, dass es sich vielfach um eine zielgerichtete Nicht-Vorlage von Dokumenten bis hin zur Verschleierung der Identitäten handele, um eine Aufenthaltsbeendigung zu verhindern. Identitätsdokumente würden plötzlich vorgelegt, sobald eine Aufenthaltserlaubnis in Aussicht stehe. Es fehlten oft Sachbeweise und schlüssige Angaben zur Person, um das Herkunftsland von seiner Rücknahmepflicht zu überzeugen. Zielführend seien möglichst frühe Befragungen durch qualifizierte Mitarbeiter mit Sprachmittlung zur Sicherung möglichst vieler Informationen zur Identität (UAG AG Rück 2015, S. 11–12). Die Strafverfolgung falscher oder unvollständiger Angaben sei unzureichend, wodurch die gesetzliche Pflicht zur Mitwirkung bei der Dokumentenbeschaffung und Identitätsklärung zur Farce werde. Gerade angesichts der stichtagfreien Bleiberechtsregelung seien Clearingstellen erforderlich, die frühzeitig umfassend Informationen sammelten und die widerrechtliche Verschleierung der Identität und Vorenthaltung von Dokumenten dokumentierten. Das müsse mit einer konsequenten strafrechtlichen Verfolgung einhergehen (ebd., S. 13).

Falsche Angaben sowie die fehlende Mitwirkung bei der Identitätsklärung und der Beschaffung von Ausreisedokumenten sanktionieren mehrere Gesetzesänderungen seit August 2015. Eine Aufenthaltserlaubnis nach dem stichtagfreien Bleiberecht für gut integrierte, langjährig in Deutschland lebende Erwachsene ist verboten, wenn *„der Ausländer durch vorsätzlich falsche Angaben, durch Täuschung über die Identität oder Staatsangehörigkeit oder Nichterfüllung zumutbarer Anforderungen an der Mitwirkung bei der Beseitigung von Ausreisehindernissen verhindert oder verzögert"* (§ 25b II 1. AufenthG). Wenn der Ausländer *„falsche oder unvollständige Angaben zur Erlangung eines deutschen Aufenthaltstitels, eines Schengen-Visums, (…) oder der Aussetzung der Abschiebung gemacht hat"*, besteht ein schwer wiegendes Ausweisungsinteresse (§ 54 II 8. AufenthG). Täuschungen über die Identität oder Staatsangehörigkeit oder fehlende Mitwirkung sind Gründe für ein grundsätzliches Arbeitsverbot bei Duldung (§ 60a VI 2.) und führen gleichzeitig zu massiven Leistungseinschränkungen (§ 1a III AsylbLG). Sie können auch Anlass für die bis zu viertägige Inhaftierung im Ausreisegewahrsam (§ 62b I 2. AufenthG) oder die Verhängung einer Abschiebehaft (§ 62 III 5. mit

§ 2 XIV AufenthG) sein. Außerdem kann es sich direkt auf die Chancen im Asylverfahren auswirken. So sind die neu eingeführten Beschleunigten Verfahren (§ 30a AufenthG, vom 11. 03. 2016) nicht nur für AntragstellerInnen aus sogenannten „Sicheren Herkunftsstaaten“ und bei Folgeantrag möglich, sondern ebenso wenn, „*Behörden durch falsche Angaben oder Dokumente oder durch Verschweigen wichtiger Informationen oder durch Zurückhalten von Dokumenten*“ über Identität oder Staatsangehörigkeit offensichtlich getäuscht wurden oder ein Identitäts- oder Reisedokument mutwillig vernichtet oder beseitigt wurde (30a Abs. 1 Punkt 2. u. 3.).

Es stimmt, dass Asylsuchende nicht selten aus Angst vor der drohenden Abschiebung keine Identitätsdokumente vorlegen und zum Teil falsche Identitäten angeben. Sie werden zwar über die Mitwirkungspflichten und die rechtlichen Konsequenzen falscher Angaben aufgeklärt. Doch die Angst vor einer ablehnenden Asylentscheidung und schnellen Abschiebung überwiegt nicht selten auch in Fällen, in denen asylrelevante Fluchtgründe vorliegen. Wenige Flüchtlinge haben eindeutige Beweise für die erlittene Gewalt, die drohende Verfolgung. Narben, Brüche oder andere Spuren von Verletzungen gelten im Asylverfahren nicht als Beweis für erlittene Folter, wenn die Spuren ebenso von einem Unfall oder einer privaten Auseinandersetzung herrühren könnten. Bei vielen Herkunftsländern wird aufgrund verbreiteter Korruption von der Käuflichkeit von Vorladungen, Urteilen, Dokumenten, Bescheinigungen, Zeitungsartikeln ausgegangen, so dass auch Dokumente nicht als Beweise gelten. Bei der Entscheidungsfindung spielen Faktoren wie die Fähigkeit der AsylsuchendEn zusammenhängend und anschaulich zu erzählen ebenso eine Rolle, wie fundierte Kenntnisse zu gesellschaftspolitischen Hintergründen bei der AnhörendEn und die Fähigkeit zur fehlerfreien und vollständigen Wiedergabe durch die ÜbersetzerIn. In Asylverfahren ist die Bewertung des Vortrags als „nicht glaubhaft“ aufgrund vermeintlicher Widersprüche oder nicht nachvollziehbarer Sachverhalte nicht selten ein zentraler Ablehnungsgrund, wobei soziokulturelle Unterschiede, mögliche Übersetzungsfehler oder abweichende Erinnerungsschwerpunkte von Personen in der gleichen Situation unzureichend berücksichtigt werden. Oder Ablehnungen beruhen auf der Einschätzung, es bestehe keine asylrelevante Wahrscheinlichkeit für eine dieser Person konkret drohende Gefahr. Diese Probleme in Anhörung und Entscheidungsfindung, die 2005 in einem von vielen Menschenrechtsorganisationen getragenen Memorandum zum Asylverfahren ausführlich thematisiert wurden (vgl. anmesty international u. a. 2005), gewinnen angesichts von Schnellverfahren, Entscheidungszentren und massenhaften Neueinstellungen an Aktualität.

Die Nichtvorlage von Identitätsdokumenten führt zum Teil bereits bei der Stellung des Asylgesuchs zu Durchsuchungen der Person, ihrer Habe sowie einer nachdrücklichen Befragung zur Identität, um möglichst viele Daten und Unterlagen für eine potentielle Abschiebung sicherzustellen. Fraglos gibt es AsylantragstellerInnen ohne asylrelevante Fluchtgründe, die Dokumente zurückhalten und ihre Identität verschleiern, um eine Abschiebung zu verhindern. Doch Asylsuchende erzählen in der Beratung sehr verunsichert von hartnäckigen Befragungen und Durchsuchungen. Es ist zu befürchten, dass die von der UAG geforderten frühzeitigen intensiven Befragungen zur Klärung der Identität durch spezialisierte MitarbeiterInnen der Ausländerbehörden gerade bei Schutzsuchenden mit schweren Gewalt- und Verfolgungserlebnissen zu einer verstärkten Angst vor einer Abschiebung führen und ihr Vertrauen in ein faires Asylverfahren schwächen.

Probleme mit den Abschiebehindernissen aus medizinischen Gründen
Laut UAG stellen medizinische Abschiebehindernisse die Behörden *„in quantitativer und qualitativer Hinsicht vor große Herausforderungen“* (ebd., S. 15), wobei *„insbesondere schwer diagnostizierbare Erkrankungen psychischer Art (z. B. Posttraumatische Belastungsstörungen [PTBS]“* (S. 15) geltend gemacht würden. Mit dem Hinweis, die PTBS werde oft *„mit Ereignissen begründet, die im vorausgegangenen Asylverfahren keine Anerkennung“* (S. 15) fanden, stellt die UAG implizit die Diagnose PTBS in Frage, für die das Vorliegen eines traumatischen Ereignisses eine Voraussetzung ist. Sie beklagt, dass gesundheitliche Abschiebehindernisse oft kurz vor dem Abschiebetermin geltend gemacht würden und dann eine Abschiebung erst nach einer Überprüfung möglich sei. Bei einer Evaluation in NRW seien von 75 gebuchten Flügen 29 wegen vortragender medizinischer Gründe storniert worden, doch nur in 25 % der Fälle sei eine Reiseunfähigkeit bestätigt worden. Da *„viele Ärzte aus weltanschaulicher und/oder berufsethischer Sicht“* (S. 16) nicht an Abschiebungen mitwirken wollten, sei es schwierig neutrale Fachärzte zu finden. Die zur Prüfung der Reisefähigkeit herangezogenen Ärzte würden von Unterstützerkreisen als nicht neutral kritisiert. Es sei für die Ausländerbehörden *„sehr aufwendig und kostenintensiv die vorgetragenen Erkrankungen abzuklären“* (S. 17). Es gebe kaum noch Fälle, ohne mindestens eine medizinische Begutachtung vor der Rückführung, wobei es überdurchschnittlich oft um psychische Erkrankungen gehe. Abgesehen von psychischen Erkrankungen, *„die erst angesichts der drohenden Rückführung (erneut) zu Tage treten können (etwa Posttraumatische Belastungsstörung [PTBS])“* (S. 16) liege die Vermutung nahe, dass kurz vor der Abschiebung vorgetragene Erkrankungen diese verhindern oder zumindest verzögern sollen.

Aus Beratungssicht ist es bemerkenswert, dass von den Ausländerbehörden beauftragte Ärzte bei einem Viertel der bereits auf Flieger gebuchten Personen mit beachtenswerten Attesten eine Reiseunfähigkeit bestätigt haben. Die Analyse der UAG hinsichtlich der Vollzugsdefizite aus medizinischen Gründen, führte im Asylpaket II (17. 03. 2016) zu einschneidenden Gesetzesänderungen. Diese beziehen sich nicht allein auf den Abschiebevollzug, sondern erschweren nun auch den Erhalt eines subsidiären Schutzstatus aus Krankheitsgründen nach § 60 Abs. 7 AufenthG, worüber bei AsylantragstellerInnen das BAMF entscheidet. So wurde in den § 60 Abs. 7 AufenthG neu aufgenommen: *„Eine erhebliche konkrete Gefahr aus gesundheitlichen Gründen liegt nur vor bei lebensbedrohlichen und schwerwiegenden Erkrankungen, die sich durch die Abschiebung wesentlich verschlechtern würden. Es ist nicht erforderlich, dass die medizinische Behandlung im Zielstaat gleichwertig ist. Eine ausreichende medizinische Versorgung liegt in der Regel auch vor, wenn diese nur in einem Teil des Zielstaats gewährleistet ist“.* Die Begründung zu dieser Gesetzesänderung bezieht sich umfangreich auf den Bericht der UAG der AG Rück und stellt dann unter Hinweis, dass nun nur noch äußerst gravierende Erkrankungen zu einem Abschiebeverbot nach Satz 1 führen, fest: *„Eine solche schwerwiegende Erkrankung kann hingegen zum Beispiel in Fällen von PTBS regelmäßig nicht angenommen werden: In Fällen einer PTBS ist die Abschiebung regelmäßig möglich, es sei denn, die Abschiebung führt zu einer wesentlichen Gesundheitsgefährdung bis hin zu einer Selbstgefährdung“* (Deutscher Bundestag 2016, S. 18). Außerdem stellt die Gesetzesbegründung fest: Erkrankungen, die *„bereits bei der Einreise in die Bundesrepublik Deutschland vorgelegen haben, stehen einer Abschiebung grundsätzlich nicht entgegen“* (ebd., S. 19).

Der oben zitierte Hinweis der UAG, eine PTBS könne in manchen Fällen erst angesichts der drohenden Rückführung (erneut) zu Tage treten, entspricht den Erfahrungen in der Beratung. Zwar leiden die Betroffenen in der Regel bereits länger unter Symptomen einer Traumafolgestörung, doch erst die Perspektive, in eine Lebenssituation zurückkehren zu müssen, die mit der erlebten Gewalt assoziiert ist, führt zu einer gravierenden Verschlechterung der Symptomatik, Erinnerungen an Erlebtes werden virulent. Erniedrigendes, Schambehaftetes, mit dem Verlust der Ehre Verbundenes steht dann wieder lebendig vor Augen. Erst jetzt wird in den Fällen der Leidensdruck so groß und für Beratungsstellen und HausärztInnen offensichtlich, dass sie zu FachärztInnen, PsychologInnen, PsychotherapeutInnen vermittelt werden. Sie treffen im therapeutischen Setting zum Teil zum ersten Mal auf einen zugewandten, vertrauensvollen Rahmen, in dem sie in der Lage sind, über belastende, tabuisierte Erlebnisse zu reden. Bisher führten fundierte ärztliche oder psychotherapeutische Stellungnahmen, die eine schwere psychische Erkrankung und Gefahr für Leib und Leben im Fall einer Abschiebung nachvollziehbar dokumentierten, nicht selten zu einer Aussetzung der Abschiebung nach § 60a AufenthG durch die Ausländerbehörde und zum Teil in Folgeverfahren beim BAMF zu einem Schutzstatus. Zwar wird erst die Praxis zeigen, wie sich die Gesetzesänderungen auf die Entscheidungen zu § 60 Abs. 7 AufenthG auswirken. Doch es kommt erschwerend hinzu, dass durch die Einfügung der Absätze (2c) und (2d) in den § 60a AufenthG (Vorübergehenden Aussetzung der Abschiebung) gleichzeitig die Möglichkeit der Ausländerbehörden massiv eingeschränkt wurde, Erkrankungen als Duldungsgrund zu berücksichtigen.

Der Absatz (2c) legt fest, dass ausschließlich die Vorlage einer qualifizierten ärztlichen Bescheinigung, die Angaben zur *„Methode der Tatsachenerhebung, die fachlich-medizinische Beurteilung des Krankheitsbildes (Diagnose), den Schweregrad der Erkrankung sowie die Folgen, die sich nach ärztlicher Beurteilung aus der krankheitsbedingten Situation voraussichtlich ergeben"* (§ 60a (2c) AufenthG) enthält, die ansonsten grundsätzlich angenommene Reisefähigkeit in Frage stellen *darf*. Psychologische und therapeutische Bescheinigungen werden durch die Einschränkung auf „ärztliche Beurteilungen" per Gesetz als Grundlage für Duldungserteilungen als unbeachtlich eingestuft. Gleichzeitig legt der Absatz (2d) fest, dass nur unverzüglich vorgelegte ärztliche Bescheinigungen berücksichtigt werden *dürfen*, *„es sei denn, der Ausländer war unverschuldet an der Einholung einer solchen Bescheinigung gehindert oder es liegen anderweitig tatsächliche Anhaltspunkte für das Vorliegen einer lebensbedrohlichen oder schwerwiegenden Erkrankung, die sich durch die Abschiebung wesentlich verschlechtern würde, vor"*. In Bezug auf die PTBS erläutert die Gesetzesbegründung, dass in den Fällen, in denen die der Krankheit zugrundeliegenden traumatisierenden Erfahrungen nicht in Deutschland gemacht wurden, eine qualifizierte ärztliche Bescheinigung nur dann berücksichtigt werden *darf*, wenn sie unmittelbar nach der Abschiebungsandrohung vorgelegt wird (vgl. Deutscher Bundestag 2016, S. 19). Hinzu kommt, dass laut Begründung die Präklusionswirkung trotz unverzüglicher Vorlage auch bei nach Absatz (2c) unvollständigen Bescheinigungen eintreten soll. Ein Nebensatz in der Gesetzesbegründung lässt MitarbeiterInnen der Ausländerbehörden einen kleinen Ermessensspielraum, wenn nach ihrer Einschätzung unverschuldet keine qualifizierte ärztliche Bescheinigung fristgerecht vorgelegt wurde und eine bedrohliche Verschlechterung durch die Abschiebung droht (vgl. ebd., S. 20). Andernfalls muss die Abschiebung konsequent durchgeführt werden.

Es ist zu befürchten, dass die Gesetzesänderungen vermehrt zur Abschiebung Schwerkranker führen werden, die bisher als reiseunfähig und zum Teil dann auch als Schutzbedürftige anerkannt in Deutschland geblieben sind. In Zukunft wird die Zeit für eine Fundierung von Folge- und Zweitanträgen fehlen. Das Gesetz berücksichtigt nicht die großen Probleme Asylsuchender, bei Erkrankungen und insbesondere bei psychischen Erkrankungen einen Behandlungsplatz und eine qualifizierte Bescheinigung zu erhalten. ÄrztInnen sind oft nicht zu dem Aufwand in der Lage, „qualifizierte Bescheinigungen" im Sinne des Gesetzes zu erstellen. Das führt zu der drängenden Frage, was mit kranken Personen während und nach der Abschiebung passiert.

4 Handlungsbedarfe angesichts beschleunigter Verfahren und Abschiebungen

Die Betonung der notwendigen Umsetzung von „Recht und Gesetz“ im Abschiebevollzug wird aktuell flankiert durch Gesetzesverschärfungen für mehr und schnellere Aufenthaltsbeendigungen. Die von der UAG der AG Rück angeregten Maßnahmen zu einer Beschleunigung des Abschiebevollzugs wären weniger problematisch, wenn juristische Entscheidungen unfehlbar wären und nach einer Ablehnung im Asylverfahren garantiert wäre, dass keine Gefahr für Leib und Leben im Zielland droht. Doch angesichts der Gesetzesänderungen und Maßnahmen zur Beschleunigung der Abschiebungen in Verbindung mit den massenhaften Neuanstellungen beim BAMF und dem Druck, schnelle Entscheidungen zu treffen, sind größere Defizite in der Anhörungs- und Entscheidungspraxis des BAMF und in Folge auch in den verwaltungsgerichtlichen Verfahren sehr wahrscheinlich. Dadurch erhalten Maßnahmen für eine faire Chance im Asylverfahren und die Überprüfung der Entscheidungsfolgen eine besondere Dringlichkeit. Dazu gehören:

1) die Früherkennung einer besonderen Vulnerabilität und besonderer Bedarfe in der Aufnahme und im Asylverfahren (Umsetzung der EU Aufnahme- und Verfahrensrichtlinien),
2) die Sicherstellung einer für alle Asylsuchenden zugänglichen qualifizierten Verfahrensberatung und einer Sprachmittlung in der Rechtsberatung und Gesundheitsversorgung,
3) die Sicherstellung, dass kranke Asylsuchende notwendige Behandlungen und qualifizierten Bescheinigungen tatsächlich erhalten,
4) eine unabhängige Beobachtung des Abschiebevollzugs in Deutschland insbesondere bei Kranken und vulnerablen Menschen wie Alten, Alleinerziehenden, Schwangeren und
5) ein Monitoring des Schicksals der Abgeschobenen und RückkehrerInnen im Zielland.

Die letzten beiden Punkte würden zu einer größeren Transparenz hinsichtlich des behördlichen Handelns bei Abschiebungen und der sachlichen Richtigkeit asyl- und aufenthaltsrechtlicher Entscheidungen beitragen. Die EU-Rückführungsrichtlinie (Richtlinie 2008/115/EG) bestimmt in Art. 8 Abs. 6: *„Die Mitgliedstaaten schaffen ein wirksames System für die Überwachung von Rückführungen“*, womit die Sicherstellung einer die Rechte der Abgeschobenen nicht verletzenden Vollzugspraxis gemeint ist. Eine wirksame Beobachtung von Abschiebungen könnte den Schutz der Menschenrechte von ausreisepflichtigen Personen bei Abschiebungen verbessern. Bislang lehnt die Bundesregierung die Schaffung einer gesetzlicher Grundlage für eine unabhängige Abschiebebeobachtung zur Umsetzung der Rückführungsrichtlinie mit der Begründung ab, die gegebenen Möglichkeiten der gerichtlichen und verwaltungsinternen Kontrolle von Rückführungen seien ausreichend (vgl. Deutscher Bundestag 2014). Gemeint ist damit, dass sich Betroffene mit Beschwerden und Vorwürfen an die Landes- und Bundesbehörden oder Staatsanwaltschaften und unabhängigen Gerichte wenden können. Doch wie sollen sich Menschen nach einer Abschiebung an diese Stellen wenden und Probleme geltend machen? Auch deshalb braucht es ein systematisches Monitoring, das mit Menschen nach ihrer Abschiebung im Zielland Kontakt hält und ihr weiteres Schicksal dokumentiert.

Literatur

amnesty international u. a. (2005). *Memorandum zur derzeitigen Situation des deutschen Asylverfahrens.* http://archiv.proasyl.de/fileadmin/proasyl/fm_redakteure/Broschueren_pdf/01_05_0524_B_Memorandum.pdf. Zugegriffen: 16. Juli 2016.

amnesty international (2009). *Länderbericht Syrien 2009.* http://www.amnesty.de/jahresbericht/2009/syrien. Zugegriffen: 16. Juli 2016.

Blasberg, A., Blasberg M. (2008). *„Die Weggeworfenen – Geschichte einer Abschiebung".* Dokumentation Film. Koproduktion ZDF.

Bundesinnenministerium (BMI) (2008). *Unterzeichnung des Rückübernahmeabkommens mit Syrien,* Pressemitteilung 14. 07. 2008. http://www.bmi.bund.de/SharedDocs/Pressemitteilungen/DE/2008/07/rue_abkommen_mitsyrien.html. Zugegriffen: 18. Juli 2016.

Bundesregierung (2016). *Warum werden Menschen abgeschoben, die gut integriert sind?* https://www.bundesregierung.de/Content/DE/Lexikon/FAQ-Fluechtlings-Asylpolitik/1-was-muss-ich-ueber-fluechtlinge-wissen/477-abschiebung-integration.html#GlossarEntry1674038. Zugegriffen: 16. August 2016.

Deutsche Wirtschaftsnachrichten (2015). *Abschiebungen: Merkel schafft es nicht, genaue Zahlen vorzulegen.* Veröffentlicht: 22. 12. 15. http://deutsche-wirtschafts-nachrichten.de/2015/12/22/abschiebungen-merkel-schafft-es-nicht-genaue-zahlen-vorzulegen/. Zugegriffen: 05. Juli 2016.

Deutscher Bundestag (2014). *Antwort der Bundesregierung auf die Kleine Anfrage der Fraktion BÜNDNIS 90/DIE GRÜNEN zur Umsetzung der EU-Rückführungsrichtlinie in Deutschland.* Drucksache 18/1785 vom 19. 06. 2014.

Deutscher Bundestag (2015). *Antwort der Bundesregierung auf die Kleine Anfrage der Fraktion DIE LINKE – Drucksache 18/3714. Zahlen in der Bundesrepublik Deutschland lebender Flüchtlinge zum Stand 31. Dezember 2014.* Bundestag Drucksache 18/3987 vom 10. 02. 2015.

Deutscher Bundestag (2016). *Entwurf eines Gesetzes zur Einführung beschleunigter Asylverfahren.* Drucksache 18/7538 vom 16. 02. 2016.

Frieser, M. (CDU/CSU) (2011). *Rede zum Tagesordnungspunkt 23: Unverzügliche Aussetzung des Deutsch-Syrischen Rückübernahmeabkommens* (S. 12794). http://dipbt.bundestag.de/dip21/btp/17/17111.pdf#P.12794. Zugegriffen: 20. Juli 2016.

Hamburg, Behörde für Inneres und Sport (2016). *Ausreiseverpflichtung: Freiwillige Ausreise.* http://www.hamburg.de/innenbehoerde/asyl/2725754/ausreise/. Zugegriffen: 16. 08. 2016.

Innenministerium NRW (2004). *Anwendung von Hilfsmitteln körperlicher Gewalt und Eigensicherung der Mitarbeiter(innen) der Ausländerbehörden bei der Durchsetzung bestehender Ausreiseverpflichtungen.* Erlass vom 24. 08. 2004. Aktenzeichen 15-39.16.01-1 – Eigensicherung ABH.

Klingst, M. (2016). *Krank, abgetaucht, Pass verloren. Woran die Abschiebung von mehr als 200 000 Ausländern, die Deutschland verlassen müssten, scheitert.* DIE ZEIT Nr. 6/2016, 4. Februar 2016. Zugegriffen: 18. Februar 2016.

Küper, M. (2016). *„Wir brauchen dringend ein Zuwanderungsgesetz", Gespräch mit Hannelore Kraft.* Deutschlandfunk 24. 01. 2016. http://www.deutschlandfunk.de/hannelore-kraft-wir-brauchen-dringend-ein-zuwanderungsgesetz.868.de.html?dram:article_id=343435. Zugegriffen: 08. August 2016.

MIK NRW – Ministerium für Inneres und Kommunales des Landes Nordrhein-Westfalen (2016). *Erlass: Abschiebung von Familien mit Kindern zur Nachtzeit. 121.39.10.00-10.154 vom 13. 01. 2016.*

Müller-Münch, I. (2011). *Der Aufsteiger. Geschichte eines Roma-Jungen.* Frankfurter Rundschau, Panorama vom 21. 02. 2011. http://www.fr-online.de/panorama/geschichte-eines-roma-jungen-der-aufsteiger,1472782,7220160.html. Zugegriffen: 18. Juli 2016.

Quadbeck, E., Bröcker, M. (2016). *Interview mit Minister de Maizière „Mit Hilfspolizisten gegen Einbrecher" in der Rheinischen Post vom 16. 06. 2016.* http://www.rp-online.de/politik/deutschland/thomas-de-maiziere-wachpolizei-soll-einbrueche-verhindern-aid-1.6051826. Zugegriffen: 18. Juli 2016.

Presseportal (2016). *Rheinische Post: Kauder verlangt von rot-grünen Ländern mehr Abschiebungen.* Vom 12. 02. 2016. http://www.presseportal.de/pm/30621/3249734. Zugegriffen: 05. Juli 2016.

Rau, C., Wendler, H. (2010). *WADIM.* Dokumentarfilm. PIER 53, 90 Min.

Unterarbeitsgruppe der Arbeitsgruppe Rückführung (UAG der AG Rück) (2011). *Vollzugsdefizite. Ein Bericht über die Probleme bei der praktischen Umsetzung von ausländerbehördlichen Ausreiseaufforderungen.* Clearingstelle Trier: im April 2011.

Unterarbeitsgruppe der Arbeitsgruppe Rückführung (UAG der AG Rück) (2015). *Bericht der Unterarbeitsgruppe Vollzugsdefizite über die Ergebnisse der Evaluierung des Berichts über die Probleme bei der praktischen Umsetzung von ausländerbehördlichen Ausreiseaufforderungen und Vollzugsmaßnahmen vom April 2011.* April 2015.

Der Flüchtling woanders

Verletzliche Orte des Ungewissen: ein Leben in Lagern

Ronald Lutz

Zusammenfassung

In den Diskussionen zur Flüchtlingskrise gerät aus dem Blick, dass der überwiegende Teil der Flüchtlinge in ihren Heimatländern bleibt oder von Anrainerstaaten aufgenommen wird. „Langwierige Flüchtlinge" leben in Flüchtlingslagern, die ihren vorübergehenden Charakter verlieren und in einen Zustand des „dauerhaften Wartens" übergehen. Menschen leben in einem toten Winkel, sowohl regional, national und transnational. Mit Lagern wächst eine neue Form der *banlieues,* eine Form der Ausgrenzung aus den Metropolen und den Machtkonstellationen der Welt. Statt den Menschen Perspektiven zu vermitteln, werden sie alimentiert; Entwicklungshilfe wird zur Dauerfinanzierung *„globaler Sozialhilfelandschaften",* die in sich keine Hoffnung realisieren, sondern Abhängigkeiten produzieren. Lager sind keine Lösungen, notwendig sind Antworten internationaler Politik.

1 Einleitung

In den kontroversen Diskussionen zur „Flüchtlingskrise"[1] gerät völlig aus dem Blickfeld, dass der überwiegende Teil der Flüchtlinge nach wie vor in ihren Heimatländern bleibt oder von Anrainerstaaten aufgenommen wird. UNHCR warnte im statistischen Halbjahresbericht für das erste Halbjahr 2015, dass erstmals mehr als 60 Millionen Menschen auf der Flucht sein könnten, den größten Teil von ca. 34 Millionen bilden sogenannte Binnenvertriebene[2], die innerhalb ihres eigenen

1 2015 und 2016 innerhalb der Bundesrepublik Deutschland.

2 Internally Displaced Persons – IDP.

Landes fliehen[3]. Davon waren ca. 11 Millionen unter dem Mandat von UNHCR[4], etwa die Hälfte galt als „langwierige Flüchtlinge", die sich in Flüchtlingslagern befinden, die ihren vorübergehenden Charakter verloren und in einen Zustand des „dauerhaften Wartens" übergingen (Hoffmann 2015).

Lager sind Orte, die aus Elend und Angst entstanden und die weiterhin Elend und Angst verursachen. Sicherheit und Versorgung, die sie bieten sollen, sind notwendig provisorisch, da sie als nur vorübergehend konzipiert sind und keine Perspektiven öffnen. Schon 2012 wies ich darauf hin, dass sich der Alltag vieler Flüchtlinge als ein ambivalentes Leben entwirft, zwischen Fürsorge und Kontrolle, zwischen Sicherheit und Kasernierung, zwischen Ankommen und Aufbruch. Im Anschluss an die damaligen Überlegungen (Frey und Lutz 2012), soll erneut die Situation in den Lagern aufgegriffen werden, die ich als *„verletzliche Orte des Ungewissen"* beschrieben habe, an denen Flüchtlinge vielfach zu leben gezwungen sind[5]. Dies geschieht aus der ethnologischen Perspektive postkolonialer Debatten der Sozialarbeit des Südens.

2 Flüchtlingslager

Flüchtende sind auf der Suche nach Räumen, in denen sie Schutz oder bessere Lebensbedingungen finden. Das vorläufige Ergebnis ihrer Flucht kann das Aufsuchen eines Zufluchtsortes sein, der Sicherheit und Fürsorge verspricht. Flüchtlingslager sind eine zwangsläufige Begleiterscheinung der sozialen Katastrophe Flucht. Das Leben der Flüchtenden geht in den Lagern, die für sie eröffnet werden bzw. schon länger existieren, unter extremen Bedingungen weiter. Der entsetzliche soziale Prozess ist mit der Flucht nicht beendet, er setzt sich fort, die Verwundbarkeit, die vor der Flucht bestand, ist auch nach der Flucht nicht aufgehoben (Lutz 2012).

Auch dieses Leben ist gleichfalls voller Bedrohungen, da es unter extrem widrigen Bedingungen stattfindet: Flüchtlinge werden nicht anerkannt, werden isoliert, werden kaserniert, werden diszipliniert, werden ignoriert, werden stigmatisiert, werden verwaltet, werden weiterhin verfolgt. Auch dürfen sie nicht arbeiten, da es kaum Arbeitsgelegenheiten gibt oder es ihnen schlichtweg verboten wird.

3 https://www.uno-fluechtlingshilfe.de/fluechtlinge/zahlen-fakten.html. Zugegriffen: 27.1.2016.

4 UN-Organ mit dem völkerrechtlichen Mandat für die Betreuung und Versorgung von Flüchtlingen.

5 Zweifelsohne gibt es auch in Deutschland Lager, doch im Vergleich mit den Lagern der westsaharischen Sahrouis, den Lagern palästinensischer Flüchtlinge im Libanon, den Lagern syrischer Flüchtlinge in der Türkei oder dem weltweit größten Lager Dadaab in Kenias Norden sehe ich prinzipielle Unterschiede, die nicht nur in der „Dauerhaftigkeit" liegen, sondern sich auch aus den Strukturen selber ergeben.

Zudem werden sie auf einem unteren Niveau des Existenzminimums versorgt, diese Versorgung ist mitunter würdelos und bei weitem nicht ausreichend. Oftmals dürfen sie den Ort, an dem man sie untergebracht hat, nicht verlassen und sind zur Untätigkeit gezwungen, der Willkür und den Strukturen an diesem Ort ausgesetzt. Eigentlich sind sie hilflos und abhängig von humanitären Organisationen, darin sind sie zugleich informellen ökonomischen und sozialen Strukturen ausgesetzt, die bis zu Ausbeutung und Gewalt gehen können.

Medial bekannt wurden die Flüchtlingslager des palästinensischen Volkes und das Lager in Dadaab (Nordkenia) sowie jene, in denen Syrer vor dem Bürgerkrieg in ihrem Land Zuflucht finden (Hoffmann 2015). Wir finden sie in vielen Teilen Afrikas, so liegen in Algerien Flüchtlingslager der aus der Westsahara geflohenen Sahrauis, sie finden sich in Tansania, in Sambia, im Tschad und in anderen Ländern, überall dort, wo Flüchtlinge Sicherheit suchen. Im Iran und in Pakistan leben Flüchtlinge aus dem benachbarten Afghanistan, in Thailand leben Flüchtlinge aus den angrenzenden Staaten in Lagern nahe der Grenze. Es gab und gibt immer wieder Lager, die nach Umweltkatastrophen errichtet werden, so in Haiti, Nepal oder in Bangladesch.

Flüchtlingslager stellen einen essentiellen Aspekt des „internationalen Flüchtlingsregimes" dar, einem „institutionalisiertes System", das Ordnungen zur Betreuung von Flüchtlingen errichtet hat (Inhetveen 2010, S. 17). Nach internationalem Recht ist zunächst das jeweilige Aufnahmeland für den Schutz der Flüchtlinge verantwortlich und die Aufnahmestaaten liegen überwiegend in Ländern des globalen Südens. Die Finanzierung der Lager, deren Errichtung und Unterhaltung erfolgt über UNHCR. Doch die Budgets hierfür reichen bei weitem nicht aus, weitere Mittel sind immer erforderlich, diese kommen durch Spenden und öffentliche Mittel aus den Haushalten von Regierungen (Entwicklungszusammenarbeit, Außenministerien) zusammen.

Die weltweit vorherrschende Form, in der Flüchtlinge offiziell untergebracht, administriert und versorgt werden, sind Notunterkünfte mit einer Minimalversorgung, die für eine bestimmte Zeit Menschen beherbergen sollen. Die Bewohner sind darin vor politischer Verfolgung, vor den Folgen der Kriege oder Bürgerkriege, vor denen sie geflohen sind, vor Vertreibung oder vor Umweltkatastrophen und Hungersnöten scheinbar sicher. Doch neben ihrem Fürsorgecharakter sind dies immer auch Orte der Kontrolle, aus deren Strukturen sich politische Ordnungen ablesen lassen (Hoffmann 2015). Auch werden immer wieder deutliche Grenzen zwischen der einheimischen Bevölkerung und den Flüchtlingen gezogen (Turner 2005). Insofern ist die Ordnung der Lager von massiven und widersprüchlichen Sicherheitsüberlegungen geleitet: von der Sicherheit der Flüchtlinge, von den Sicherheitsüberlegungen des aufnehmenden Staates und von den Sicherheitsbedarfen der humanitären Helfer*innen (Inhetveen 2010; Hoffmann 2015).

Gerade internationale Geldgeber – Geberstaaten oder Staatengemeinschaften (EU) – erreichen zusätzlich einen besonderen, normierenden und gestaltenden Einfluss, der sich auf die Strukturen und die Betreibung der Lager auswirkt. Als Konstruktion eines weltweit institutionalisierten Regimes agieren zudem immer wieder Akteure, die widersprechende Interessen verfolgen, die anderen Deutungen anhängen und die zudem die Intentionen des Regimes zweckentfremden. Manche davon misstrauen sich und arbeiten nicht zusammen. Durch die Strukturen der Flüchtlingshilfe entworfene Widersprüche schlagen auf das Leben im Lager durch.

2.1 Strukturen

Viele Ankömmlinge sind mittelos, sie bringen meistens nur das mit, was sie gerade am Körper tragen. Sie sind, nach all den Begleitumständen der Flucht und deren Ursachen, kaum in der Lage den neuen und unwirklichen Alltag selbständig zu gestalten. Gezeichnet durch die Strapazen der Flucht, durch Angst und Unsicherheit sind sie auf Unterstützung angewiesen. Nach der Registrierung und der Aufnahme wird geprüft, ob eventuell Familienangehörige im Lager sind, es werden Karten ausgegeben, die offiziell zum Aufenthalt im Lager und zum Erhalt von Hilfsgütern berechtigen. Im Lager existiert eine rudimentäre Gesundheitsversorgung, eine erste und notwendige medizinische Versorgung erfolgt. Im Idealfall wird den Flüchtlingen danach ein Platz zugewiesen, an dem zumeist ein Zelt aufgestellt ist.

Ein typisches Flüchtlingslager ist in verschiedene Sektoren aufgeteilt, die sich wiederum in Blöcke gliedern, diese können dann noch in „communities" aufgegliedert sein. Abhängig von der Größe des Flüchtlingslagers gibt es einen oder mehrere Sektoren. Aus diesen Flüchtlingslagern können schließlich richtige Städte entstehen, so wie es im Libanon der Fall ist oder bei Dadaab, der inzwischen „drittgrößten Stadt" Kenias. Viele dieser Lager müssen permanent ausgeweitet werden, weil ständig neue Wellen von Flüchtlingen kommen, verursacht durch Krieg, Vertreibung oder anhaltende Dürre, obwohl die Planung ursprünglich weniger Menschen vorsah. Neuankömmlinge siedeln sich oft notdürftig am Rand der Lager an, fast ähnlich wie am Rande von Metropolen des Südens, den Slums.

In den Lagern arbeiten viele Menschen, tausende Helfer, und viele Organisationen. Sie versuchen den traumatisierten Flüchtlingen Normalität zu vermitteln. Sie bohren Brunnen, bauen Schulen und Krankenhäuser, gründen Frauen- oder Theatergruppen und verteilen Nahrungsmittel. Die Versorgung der Menschen erfolgt zumeist durch Zuteilung, sie erhalten Wochen- oder Monatsrationen an Lebensmitteln, die von Region zu Region aber sehr verschieden sein kann. Die Zubereitung der Mahlzeiten wird von den Menschen selbst organisiert. Dabei kann ein florierender Tauschhandel entstehen, in den auch die lokal ansässige Bevölkerung involviert ist.

Überhaupt entwickeln sich ökonomische Strukturen, Märkte, Kleingewerbe, Tauschhandel, Kreditsysteme und somit auch Ausbeutungsstrukturen, die soziale Ungleichheiten verschärfen. Auch können sich durch die Flüchtlinge importierte Machtstrukturen ausweiten und das Alltagsleben durchdringen. Neben der Verwaltungshierarchie wachsen dann Parallelstrukturen der Machtausübung, die u. a. auf Chiefs, Clanältesten und anderen Institutionen ruhen. In einigen Lagern, in denen die Böden fruchtbar sind, das ist nicht überall und sogar eher selten, versuchen humanitäre Organisationen die Menschen zu motivieren, etwas anzubauen. Das hat zur Konsequenz, dass die Nahrungsmittelrationen reduziert werden können und sich ökonomische und lagerspezifische Strukturen entwickeln.

Gerade für Männer, die es sonst gewohnt waren, mit dem Vieh draußen zu sein, ist es ein Problem, jetzt auf engem Raum mit ihrer Familie den ganzen Tag zusammen und untätig zu sein. Sie wollen arbeiten, handeln, anbauen und sich frei bewegen, aber das wird kaum zugelassen – sie befinden sich in einem extrem belastenden Status des Wartens, der voller Gefahren und Risiken ist. Darauf reagieren Organisationen, indem sie versuchen die Bewohner zu beschäftigen. Es werden Schulungen durchgeführt, an denen man teilnehmen oder sich einfach austauschen kann. So werden Flüchtlinge im Gartenanbau oder in anderen handwerklichen Techniken unterrichtet, die bei der Rückkehr nützlich sein könnten. Diese Beschäftigungsformen helfen sicherlich Konflikte zu verhindern, auch wird die Zeit sinnvoll genutzt. Ob die Menschen später davon profitieren, bleibt aber fraglich. Letztlich ist es eine Form der Beschäftigung, die Langeweile und Krisen verhindern soll.

Unabhängig davon sind die Menschen ständig mit alltäglichen Dingen des Überlebens beschäftigt, mit Nahrung zubereiten, kochen, Wasser holen und die Kinder versorgen. Es sind immer wieder die gleichen Probleme, die das „Funktionieren" eines Lagers beeinträchtigen: Mangel an natürlichen Ressourcen, schlechte Transportwege, Konflikte im Lager, das Auftauchen von Rebellen, die sich entweder „vom Kampf erholen" oder neue Krieger rekrutieren sowie Konflikte mit der örtlichen Bevölkerung um Wasser, Land und Feuerholz.

In Lagern bilden sich Beziehungen aus, die ein fragiles Ordnungsgerüst darstellen. Sie formen sich aus der institutionalisierten Organisationsstruktur sowie aus den spezifischen Strukturen der Akteure, die über das Lager hinausreichen. Zur Ordnung gehört auch, dass Flüchtlinge aus ihren Herkunftsländern Strukturen und Hierarchien mitbringen, die sich in den Lagern etablieren und darin wirken. Insofern ist die Ordnung immer komplex und widersprüchlich, Konflikte sind Teil des Alltags.

Große Bedeutung gewinnt das Wertesystem der Hilfsorganisationen, das sich über das Leben im Lager legt, es ist eng mit dem humanitären Wertekanon der westlichen Moderne verbunden (Inhetveen 2010, S. 22). Insofern sind Lager auch eingebunden in die hegemonialen und nachkolonialen Beziehungen des Globalen Nordens zum Globalen Süden. Darin transportierte Überlegenheitsvorstellungen der „Helfer" gegenüber den kulturellen und religiösen Kontexten, die Flüchtlinge in das Lager bringen, können zusätzliche Ursachen für Konflikte im Alltagsleben hervorbringen (Lutz 2012).

Lager sind immer vorläufig konzipiert, doch in den Jahren ihres Bestehens wird diese Vorläufigkeit auf Dauer gestellt. Alles Handeln ist von dieser Dialektik einer auf Dauer gestellten Vorläufigkeit geprägt. Darin unterscheiden sie sich grundlegend von totalen Institutionen wie Gefängnissen oder Krankenhäusern, die als permanente Einrichtungen entworfen sind und zugleich den Insassen eine Botschaft von der Dauer ihres Aufenthaltes suggerieren. Die Menschen in den Lagern wissen wegen der Vorläufigkeit nicht, und können es auch kaum einschätzen, wie lange sie darin verweilen werden. Somit wird das Lagerleben ein Sich-Einrichten in der Vorläufigkeit (Inhetveen 2010, S. 255 f.), zum Leben an einem Ort des Ungewissen. Im Lager entfaltet sich ein Alltag mit eigenen Gesetzen, es formt sich eine reale Welt jenseits der bisherigen Realität. Das ist kein Ort um Leben zu entwickeln, es ist eine Situation der Abhängigkeit, die auf eine unklare Zukunft gerichtet ist und Warten institutionalisiert. Dies soll an Beispielen verdichtet werden.

2.2 Sahrauis

Eigentlich sollte die Westsahara mit dem Ende der spanischen Kolonialherrschaft im Jahre 1976 ein autonomes und eigenständiges Land werden, doch dieses Land gibt es bis heute nicht. Nach einem überstürzten Abzug spanischer Truppen und Behörden intervenierten die beiden Nachbarländer Marokko und Mauretanien, schon in den 1960er Jahren hatte sie ihre eigenen Ansprüche auf das Gebiet der Westsahara verkündet, und begannen das Gebiet systematisch zu besetzen und zu kontrollieren. Als am 26. Februar 1976 die spanische Herrschaft endete, gingen die nördlichen zwei Drittel der West-Sahara an Marokko, das südliche Drittel okkupierte Mauretanien[6]. Mit der Besetzung wurden hunderttausende *Sahrauis*

6 In der Folge proklamierte *Frente Polisario* einen provisorischen Sahraouischen Nationalrat, die Demokratische Arabische Republik Sahara, kurz DARS. Es begann eine lange Phase des Widerstands und der kriegerischen Auseinandersetzungen, auf der einen Seite die Besatzer und auf der anderen Seite die *Frente Polisario*. Dies dauert bis heute an, aber die Welt nimmt davon kaum noch Notiz. Es ist still geworden, nichts bewegt sich mehr.

aus ihrer Heimat vertrieben bzw. gingen freiwillig, seitdem leben die meisten in Flüchtlingslagern, überwiegend in Algerien. Wer nicht floh, lebt hinter einem 2 700 Kilometer langen Wall, der gesichert und vermint ist. Diese Menschen werden von marokkanischen Behörden, von Militärs und Polizisten bewacht, bespitzelt, unterdrückt und diskriminiert.

Sahrauis leben inzwischen in der dritten Generation in Lagern. Aus der Befristung ist eine offenkundig dauerhafte Wohnstätte geworden, irgendwo im Niemandsland, weitab von zuhause. Keiner weiß, wie lange dieser Zustand noch dauern wird. Das eigentliche Zuhause kennen viele Bewohner kaum noch, für die Kinder und Jugendlichen sind die Lager Heimat, obwohl auch sie wissen, dass diese wohl doch nicht endgültig ist. Es ist eine fragile Existenz, irgendwo in der weiten Wüste Algeriens[7]. Das Leben ist eine Zeit ohne Zukunft, eine Zeit mit eigenen Regeln[8].

Rund 180 000 leben in den vier großen Flüchtlingslagern Smara, Aiun, Dakhla und Ausserd in Algerien[9]: Seit 40 Jahren sind sie vollständig abhängig von humanitärer Hilfe, weil die Wüste, in der sich ihre Lager befinden, keine Selbstversorgung ermöglicht. Zum Überleben ist man auf Unterstützung aus dem Ausland angewiesen, die eigene Lebensmittelproduktion ist bescheiden, andere Waren werden nicht hergestellt. Ohne Arbeit und Beschäftigung warten die Menschen schon in dritter Generation auf ihre Rückkehr in die West-Sahara. Die Situation ist auch deshalb ernüchternd, da Frauen und Männer weitgehend getrennt voneinander leben: Das Leben im Lager wird fast ausschließlich von Frauen organisiert, sowohl administrativ als auch kulturell. Viele Männer sind irgendwo zum Studium oder zum Arbeiten im Ausland, Frauen leiten die Verteilung der wenigen Hilfslieferungen, organisieren eine basale Grundschulausbildung für die Kinder sowie kulturelle Aktivitäten.

Den *Sahrauis* in der Westsahara bleibt nur ein Leben als Minderheit und die allmähliche Aufgabe ihrer kulturellen Identität; den gut 180 000 Menschen in den Flüchtlingslagern nichts anderes als ein Leben in Abhängigkeit vom internationalen Flüchtlingsregime. Niemand weiß, wie lange das noch gehen wird; bei den zunehmenden Krisenherden der Welt drohen sie in Vergessenheit zu geraten.

---

7 Siehe auch aktuell: http://www.berliner-zeitung.de/archiv/immer-schon-leben-die-sahrauis-in-der-westsahara--doch-ihr-land-ist-besetzt--und-es-geht-ihnen-schlecht--jetzt-kaempfen-sie-in-einem-zeltlager-fuer-ein-besseres-leben-wut-in-der-wueste,10810590,10752944.html. Zugegriffen: 29. 1. 2016.

8 http://www.ag-friedensforschung.de/regionen/Westsahara/kuba.html. Zugegriffen: 30. 1. 2016.

9 http://www.lanzarote37.net/lanzarote/startseite/detailansicht/browse/1/article/lager_lebenslaenglichbrsahrauis_ohne_heimat_und_ohne_rechte/21.html. Zugegriffen: 9. 8. 2012.

2.3 Dadaab

Eine Reportage über Dadaab[10] beschrieb den *„harten Alltag im weltgrößten Flüchtlingslager“*, daraus sollen drei kurze „Lebensgeschichten“ extrahiert werden, die einen Einblick vermitteln[11] (Lutz 2012).

Ankommen im Lager. Eine der Neuangekommenen ist Mumino. Erschöpft sitzt die Frau auf einer der langen Bänke, auf denen Dutzende von anderen Flüchtlingen darauf warten, das Empfangsprozedere zu durchlaufen. Sie stammt aus Dinsor im Süden Somalias, und sie war zu Fuß 20 Tage unterwegs nach Dadaab. Seit Jahren herrsche Dürre und alle Tiere seien gestorben, erklärt die Frau ihre Flucht. Sieben Kinder hat die 38-Jährige. Die fünf jüngeren hat sie bei sich, die beiden älteren sind mit ihrem Mann schon vor ein paar Tagen angekommen. Ein Helfer streicht Mumino mit einem Pinsel lang haftende dunkle Farbe auf den kleinen Finger. Nach Abschluss der Empfangsformalitäten erhalten alle Flüchtlinge Güter und Nahrungsmittel, und die Tinte soll verhindern, dass die Flüchtlinge den Prozess mehrmals durchlaufen.

Nach vier Stunden Wartezeit darf sich Mumino nun auf die nächste Bank vor einem von drei länglichen und hufeisenförmig angeordneten Backsteinhäusern setzen. Im ersten Raum sitzt eine somalische Helferin des UN-Hochkommissariats für das Flüchtlingswesen (UNHCR) vor einem Laptop und nimmt die Personalien sowie Fingerabdrücke der Ankommenden auf. Dann erhalten sie ein farbiges Plastikband ums Handgelenk und einen Termin für die offizielle Registrierung. Alle Flüchtlinge nehmen bei der Ankunft Nahrung für 21 Tage entgegen, Kochutensilien, Schlafmatten, Decken und Seife. Im Durchschnitt dauert es dann 23 Tage von der Ankunft bis zur offiziellen Registrierung, welche die Flüchtlinge dann alle zwei Wochen zum Bezug ihrer Ration von Nahrungsmitteln berechtigt.

Mumino ist inzwischen im zweiten Raum angelangt, wo ein kurzer medizinischer Check durchgeführt wird und die Kinder gegen Masern und Kinderlähmung geimpft werden. Der Raum ist karg und staubig, an den Wänden hängen Plakate verschiedener Hilfsorganisationen mit Informationen auf Englisch und Somali. Schwer unterernährte oder kranke Kinder werden bei der Ankunft sofort

10 In Dadaab im Norden Kenias an der Grenze zu Somalia kommen noch immer Hunderte von Somaliern an, die vor Krieg und Hunger fliehen. Für mehr als 450 000 Menschen ist das Flüchtlingslager inzwischen eine Art Heimat, für Neuankömmlinge wie für Alteingesessene. Vor 20 Jahren war es für 90 000 konzipiert worden.

11 http://www.nzz.ch/aktuell/startseite/harter-alltag-im-weltgroessten-fluechtlingslager-1.12132587. Zugegriffen: 15. 8. 2012, Artikel wurde vom Autor bearbeitet und gekürzt (Lutz 2012).

in eines der drei Spitäler im Lager gebracht. Nun darf Mumino im zweiten Gebäude Nahrung und Gebrauchsgegenstände in Empfang nehmen. Vor dem ersten Raum werden in Plastik verpackte Decken, Schlafmatten und Kochgeschirr ausgelegt. An der Wand hängt eine handgeschriebene Liste, die je nach Familiengröße die Anzahl der Güter festlegt. Ein Mann schneidet einen großen Block Seife entzwei und händigt Muminos sechsjähriger Tochter ein Stück aus, ihre ältere Schwester hebt sich geschickt das Kochgeschirr auf den Kopf und trägt es davon.

Vor dem letzten Raum ist die Schlange am längsten. Hier stapeln sich riesige Säcke von Mais und Mehl, die Nahrungsmittel werden in kleinere Säcke geschaufelt, genau abgewogen und an die Wartenden verteilt. Im Moment gibt es genug Nahrungsmittel, die Spenden würden noch bis zum Oktober reichen. Die Krise könne sich aber noch verschärfen und noch dramatischer werden, wenn im Oktober und November wieder kein Regen fallen sollte. Lange andauernde Krisen sind immer schwierig. Das Interesse in den Geberländern hält nie lange an.

Mumino macht sich mit ihren Kindern auf den Weg. Wie die meisten Neuankömmlinge wird sie sich mit ihrem spärlichen Hab und Gut zunächst eine Behausung aus Ästen, Tüchern und Plastikplanen errichten, bis sie nach der offiziellen Registrierung ein kleines Stück Land und ein Zelt zugeteilt erhält. Die Helfer sind bestrebt, die unzähligen notdürftigen Unterkünfte außerhalb der Grenzen des Lagers rasch aufzuheben, da sie ein erhebliches Sicherheitsrisiko bergen.

Leben im Lager. Mohammed und Ibrahim sind somalische Flüchtlinge und leben schon seit 20 Jahren in Dadaab. Sie sind als Kinder angekommen, haben hier die Schule besucht, Freunde gefunden, und das Lager ist ihre Heimat geworden. Sie leben in Ifo, einem der drei Camps des Lagers, das mit seinen zahlreichen niedrigen Hütten aus geflochtenen Zweigen und Lehm im ziegelroten Sand den Dörfern in der Gegend gleicht. Auf dem Markt, der sich inzwischen gebildet hat, herrscht reger Betrieb. Es wird alles Mögliche angeboten, von Nahrungsmitteln über Elektroartikel und Gebrauchsgegenstände bis zu Telefonkarten für Handys, auch ein Coiffeur und ein Internetcafé finden sich hier. Die Waren kommen meist aus Nairobi. Ibrahim kann bei Bekannten Bestellungen aufgeben, die Güter werden ins Lager gebracht und über Mpesa bezahlt, eine in Kenia sehr populäre bargeldlose Zahlungsmethode über das Mobiltelefon, für die kein Bankkonto notwendig ist.

Da sie Flüchtlinge sind, ist es den beiden jungen Männern nicht gestattet zu arbeiten, und sie schlagen sich mit Gelegenheitsjobs durch. Mit dem dramatischen Anschwellen des Flüchtlingsstroms und der damit verbundenen Ausweitung der ausländischen Hilfsoperationen gab es aber mehr Möglichkeiten für sie. Mehr Personal war notwendig, um den Ansturm zu bewältigen, und die Hilfsorganisationen waren froh um Personen, die übersetzen und die ankommenden Somalier orientieren können – beide sprechen ein gutes und fließendes Englisch. Dafür erhalten Flüchtlinge ein kleines Entgelt. Das ist aber der einzige Vorteil, den Mohammed und Ibrahim darin sehen, dass so viele aus der alten Heimat vor der Dürre und dem Hunger fliehen und über die Grenze strömen. Mit diesem Ansturm sei alles viel schwieriger geworden. Die Schlangen wären überall länger, es gäbe viel zu wenig Platz, die Preise seien gestiegen, und irgendwann würden alle auch weniger Nahrungsmittel erhalten, klagt Mohammed. Beide haben Verständnis für die Fliehenden, in Somalia herrsche schließlich Krieg. Aber die Neuen würden besser behandelt als diejenigen, die schon lange da seien.

Hoffnungen und Träume im Lager. Anab lebt seit vielen Monaten mit ihrem Mann und den fünf Kindern in einem Zelt. Im Gegensatz zu den Hütten im Ifo-Camp sind Zelte die üblichen Unterkünfte im Erweiterungslager. Am Tag sei es darin zu heiß und in der Nacht zu kalt, schimpft Anab. Es fehle an allem, vor allem an Nahrungsmitteln, an der Gesundheitsversorgung und an Schulen. Ihr Baby sei krank, es weine immer und habe eine Verletzung am Kopf. Aber im Spital habe man sie wieder weggeschickt. Dort gäbe es schon so viele Kinder, nur die schweren Fälle würden behandelt. Auch die Schulen bereiten ihr Sorgen, es gebe zwar rund 20 Primarschulen in Dadaab, aber über 40 000 Kinder, die diese besuchen. Ein Lehrer unterrichte häufig über 60 Kinder, in den tiefen Klassen sogar über 90. Anab möchte Dadaab so schnell wie möglich verlassen und zurück in ihre Heimat. Wenn der Krieg in Somalia vorbei sei, gehe sie sofort zurück. Sie macht sich Sorgen um ihre Eltern und Geschwister, die alle noch im Land seien. Bald komme der Regen, dann gebe es auch wieder Nahrung, meint sie.

Die Hoffnung auf eine Rückkehr nach Somalia hat Ibrahim dagegen längst aufgegeben: „Seit ich hier bin, seit 20 Jahren, herrscht Krieg", sagt er. Er hat einen anderen Traum. Er möchte in die USA, wo bereits seine Schwester lebt. Sie hatten beide einen Asylantrag gestellt, aber nur seine Schwester wurde aufgenommen. Ibrahim will es wieder versuchen, er hat sich bereits die Formulare von der Botschaft beschafft. Und heiraten möchte er einmal, aber erst, wenn er an einem besseren Ort sei.

3 Verletzliche Orte des Ungewissen

Flüchtlingslager sind Orte, an denen man leben kann, aber sie sind keine wirkliche Heimat. Das Ankommen ist in seinen Perspektiven befristet, die Situation bleibt angespannt und ungewiss, auch nach langen Jahren. Lager sind nur temporär geplant, für eine bestimmte Zeit der Krisen und Konflikte. Wenn diese andauern, werden Lager *verletzliche Orte des Ungewissen,* zu einer neuen Lebensform, einer neuen *banlieue* vor den Toren und den Metropolen der Welt: „Beide Formen sind entkulturalisierte Areale, Dispositive der Gewalt. Wir haben keine Modelle dafür, außer der Alimentierung der Lager" (Priddat 2010, S. 94).

Es gibt inzwischen viele Flüchtlingslager, in denen Menschen geboren wurden, die bis heute nichts Anderes kennen als das Leben im Lager. Es gibt zudem Fälle, wo an eine Rückkehr gar nicht zu denken ist, da Krisen und Konflikte in der Herkunftsregion auf Dauer gestellt sind oder die Trockenheit einfach nicht mehr endet. In manchen Lagern leben Menschen schon seit fast drei Generationen. Es ist dennoch nicht das Ziel der Organisationen, an der Stelle des Lagers neue und dauerhafte Strukturen zu schaffen, weil dies für die Aufnahmeländer und die Region auch schwierig ist bzw. sie dies gar nicht wollen. So bleibt die Mindestversorgung, um die Zeit zu überbrücken, bis sie wieder zurückkehren. Das macht die Lager zu verletzlichen Orten, da hier die Flucht ins schier endlose verlängert wird. Der entsetzliche soziale Prozess befindet sich auf einem neuen Niveau.

Die meisten Menschen wollen zwar wieder in ihre Heimat zurück, dorthin woher sie kamen, denn sie haben ihre Dörfer ja nicht wirklich freiwillig verlassen. Das Problem aber ist, dass sie dort nur verbrannte Erde finden würden, ganze Dörfer wurden während der Bürgerkriege und Vertreibungen niedergebrannt. Für die Menschen wäre die Rückkehr ein kompletter Neuanfang und sie fragen sich ängstlich, was sie dort tatsächlich erwartet, ob die Konflikte nicht wieder neu aufbrechen. Manche Flüchtlinge wollen nicht mehr in ihre Heimatländer zurückkehren, weil sie Angst davor haben, dass die Kriege oder die Anlässe der Flucht nicht beendet sind oder sich jederzeit wiederholen. Einige von ihnen bleiben sogar illegal im Land des Lagers, während andere gezwungen wurden nach Hause zu gehen. Und wiederum Andere träumen von einer noch weitergehenden Migration in ein Land wie die USA oder nach Europa. Für eine große Zahl der Geflüchteten ist und bleibt das Leben ungewiss, da dessen Ende nicht absehbar und extrem belastend und bedrohlich ist. Ihr Alltag ist voller Konflikte und Krisen und verursacht eine Fülle neuer Probleme.

Mitunter nimmt die ökologische Zerstörung und Verwüstung des Landes zu, da viele Bäume und Büsche zum Kochen genutzt werden. Zugleich gibt es kaum fruchtbares Land, um sich selber zu versorgen. Lager liegen oft in eher unwirtlichen Gegenden. Ackerland, wo man anbauen könnte, ist nicht vorhanden oder wird verweigert. Der Mangel an Lebensmitteln kann dazu führen, dass viele Kinder von Flüchtlingen unterernährt sind, Krankheiten breiten sich aus, Epidemien drohen ständig. Viele leben in unaufhörlicher Angst um ihre Kinder. Hunger und Tod, die Angst um das Leben, gehören wie Staub und Hitze zum Überlebenskampf. Manche Flüchtlinge kommen mit ihren Waffen und benutzen diese auch, um sich zu verteidigen oder um sich Vorteile zu verschaffen.

Flüchtlingslager sind eine wichtige Kriegsressource und Bestandteil der Gewaltmärkte, da über die Lager Gelder bzw. Ressourcen aus dem Ausland in das

Kriegsgebiet fließen. Kriegsparteien, welche die Umgebung der Lager kontrollieren, profitieren von diesen: Sie können die Versorgung der eigenen Truppen mit Nahrung und Medikamenten durch internationale Hilfslieferungen sichern, indem sie versuchen deren Verteilung zu kontrollieren; sie können durch an den Zufahrtsstraßen erhobene Zölle sowie durch Verkauf der durch internationale Hilfslieferungen in das Lager gekommenen Güter (Nahrungsmittel, Medikamente usw.) Einnahmen erzielen; sie können die Lager als ein geschütztes Rückzugsgebiet für ermüdete und verwundete Kämpfer nutzen, die sich hier erholen; sie können im Lager neue Krieger rekrutieren, indem sie junge Leute in ihre Dienste zwingen oder den Familien Geld versprechen. So werden auch „Kämpfer" für radikale Gruppen rekrutiert.

Fluchtanlässe reichen bis in die Lager hinein, die Bedrohungen sind präsent, auch durch die vorherrschenden Strukturen. Das Leben im Alltag ist gefährlich, es reproduzieren sich alte und neue Konflikte. Es findet eine Fortsetzung des entsetzlichen sozialen Prozesses statt, aus dem sie resultierten. Lager formen eine andere Welt, zwar in der Zeit und doch jenseits von ihr. Von ihren Ursachen und ihren Strukturen her sind sie eine Zeit zwischen den Zeiten, unwirklich und doch real. Die Menschen leben ihren Alltag, sie organisieren ihr Überleben, und doch ist alles nur provisorisch. Stets ist präsent, dass alles nur vorübergehend sein soll, und dennoch ahnen die Menschen, dass dies sehr lang sein wird. Sie wurden verletzt und bleiben verletzbar, weiterhin fühlen sie sich bedroht, durch Armut, durch Hunger, durch Krankheit, durch Gewalt, durch Perspektivlosigkeit. Sie haben Hoffnung, doch diese ist fragil und verschwindet immer wieder hinter Angst und Sorge.

Nach der Flucht sind die Menschen im Lager weit weg von ihrer Heimat und der Normalität ihres seitherigen Alltags. Sie befinden sich in einer komplexen Situation des Dazwischen, an einem Ort, der nicht wirklich Ort sein kann. Es gelten andere Gesetze und es sind Orte ohne Zukunft, aber doch Orte, die für ihre Bewohner der einzige sind, an dem sie leben können. Das Flüchtlingslager ist kein Gefängnis, und doch sind die Menschen darin gefangen, in einer besonderen Welt, die eigene Strukturen, Ordnungen und Gesetze hat, die mitunter bedrohlich, verletzend und grausam sind. Zeit, Raum und Menschenrechte stehen still, erstarren, es gibt kaum Bewegung, obwohl so unendlich viel geschieht.

Das Leben im Lager ist eine „Kasernierung" und schränkt die Handlungsfähigkeit massiv ein. Die Bewohner können sich außerhalb kaum frei bewegen, sie unterliegen im Lager Einschränkungen, sie erhalten kaum eine Arbeitserlaubnis für reguläre Beschäftigungen. Dennoch sind Lager keine totale Institution, die jede Freiheit rauben, es wachsen Strukturen, Beziehungen und Abhängigkeiten (Inhetveen 2010, S. 360): „Die spezifischen Handlungsprobleme von Lagerflüchtlingen entstehen nicht, wie in totalen Institutionen, durch eine Überregulierung des Alltags, sondern wesentlich durch das Fehlen von Handlungsressourcen bei gleichzeitig vorhandenen Handlungsfreiräumen. In Flüchtlingslagern bildet sich nicht ein ‚Unterleben' in den schmalen Zwischenräumen eines engen Reglements heraus. Vielmehr konstituiert sich dort ‚Leben', ein in eigener Motivation gestalteter Alltag der Flüchtlinge, in denen sie wesentliche Bereiche ihres Daseins selbst gestalten und gestalten müssen".

4 Das große Schweigen

In Flüchtlingslagern leben Menschen in einem toten Winkel, sowohl regional, national und transnational. Ihre Lage ist weder den Eliten in den jeweiligen Ländern ein Thema noch wird sie öffentlich in den Ländern des Nordens diskutiert. Ihre Situation ist das Resultat globaler Ungleichheit (Beck 2010, S. 37), die transnational wächst, sich regional spiegelt und zu bitterer, realer und absoluter Armut in vielen Ländern des Südens führt. Darin eingelagerte Krisen, Konflikte und Katastrophen führen zu Fluchtbewegungen und schließlich zu einem ungewissen Leben im Lager.

Die gewachsene neue Form der *banlieues*, gezeichnet durch Ausgrenzung aus den Metropolen und den Machtkonstellationen der Welt, erweist sich als dauerhaft. Statt den Menschen Perspektiven zu vermitteln, werden sie alimentiert; Entwicklungshilfe wird zur Dauerfinanzierung *„globaler Sozialhilfelandschaften"*, die in sich keine Hoffnung realisieren und Abhängigkeiten produzieren (Priddat 2010, S. 95). Lager sind keine Lösungen, notwendig sind vielmehr Antworten internationaler Politik. Doch dieser scheint vor allem die Bekämpfung des Terrorismus wichtig, Sicherheitspolitik hat den Vorrang, alles andere scheint nebensächlich. Es scheint bedeutungslos, dass ganze Generationen von Menschen nichts als Krieg oder Lager erlebt haben.

Eigentlich ist es eine moralische Verpflichtung des Globalen Nordens die Konflikte in der Welt, die er mitverursachte, nachhaltig zu bekämpfen und zu beenden, damit alle Menschen in Würde leben können. Doch das würde ein radikales Umdenken in der Politik benötigen, eine offensive Friedenspolitik, die zugleich Entwicklungspolitik sein muss und nicht nach dem Profit schielt, sondern tatsächlich Leben und eine Ökonomie für die Menschen entwickelt. Hierzu wäre eine immense Anstrengung der Staatengemeinschaft erforderlich, die über allen Partikularismus und einseitige nationale Interessen hinausgehen müsste. Weder global noch in Europa ist das erkennbar. Vielleicht entfaltet das Große Schweigen deshalb ein so starkes Beharrungsvermögen, um genau dies zu verhindern.

Literatur

Beck, U. (2010). Risikogesellschaft und die Transnationalisierung sozialer Ungleichheit. In Ulrich Beck, Angelika Poferl (Hrsg.), *Große Armut, großer Reichtum* (S. 25–52). Berlin.

Frey, C., Lutz, R. (Hrsg.). (2012). *Flucht und Flüchtlingslager. Sozialarbeit des Südens Band IV*. Oldenburg.

Hoffmann, S. (2015). Wen schützen Flüchtlingslager? *peripherie* 138/139, 281–302.

Inhetveen, K. (2010). *Die politische Ordnung des Flüchtlingslagers*. Bielefeld.

Lutz, R. (2012). Flucht und Flüchtlingslager. Schreckliche soziale Prozesse. In C. Frey, R. Lutz (Hrsg.), (S. 25–82).

Priddat, B. (2010). Klimawandel. Das Ende der geotopologischen Identität. In Harald Welzer, Hans-Georg Soeffner & Dana Giesecke (Hrsg.), *Klimakulturen. Soziale Wirklichkeiten im Klimawandel* (S. 81–96). Frankfurt am Main.

Turner, S. (2005). Suspended Spaces – Contesting Sovereignities in a Refugee Camp. In Thomas Hansen, Finn Stepputat (Hrsg.), *Sovereign Bodies. Citizens, Migrants, and States in the Postcolonial World* (pp. 312–332). Princeton.

Verzeichnis der Autorinnen und Autoren

Esther Almstadt, Prof. Dr.: Evangelische Hochschule RWL Bochum, Fachbereich Soziale Arbeit, Fächergruppe Künstlerische Bildung, Arbeitsschwerpunkte: Sprache und Literatur/Medien- und Diskursanalyse/Medienkompetenz, Immanuel-Kant-Straße 18–20, 44803 Bochum, Kontakt: almstadt@evh-bochum.de.

Micha Brumlik, Prof. Dr. Em.: Institut für Allgemeine Erziehungswissenschaften der Johann Wolfgang Goethe-Universität Frankfurt am Main. Seit 2013 Senior Professor am Zentrum Jüdische Studien Berlin/Brandenburg. Sommersemester 2016 Franz Rosenzweig Gastprofessur Universität Kassel. Website: michabrumlik.de.

Norbert Cyrus, Dr.: Universität Bremen, Fachbereich 12, Erziehungs- und Bildungswissenschaften, Postfach 33 04 40, 28334 Bremen, ncyrus@uni-bremen.de.

Thomas Eppenstein, Prof. Dr.: Evangelische Hochschule RWL Bochum, Fachbereich Soziale Arbeit. Lehrgebiete: Pädagogik/Erziehungswissenschaft und Theorien Sozialer Arbeit. Schwerpunkte in Lehre und Forschung: Interkulturelle Bildung und Migrationspädagogik, Soziale Inklusion und globales Lernen. Immanuel-Kant-Straße 18–20, 44803 Bochum, Kontakt: eppenstein@evh-bochum.de.

Barbara Eßer: Psychosoziales Zentrum für Flüchtlinge, PSZ Düsseldorf. Arbeitsschwerpunkte: Asylverfahrensberatung, psychosoziale Beratung und Stabilisierung von Asylsuchenden mit Traumafolgestörungen. Kontakt: esser@psz-duesseldorf.de.

Dorothee Frings, Prof. Dr.: Verfassungs-, Verwaltungs- und Sozialrecht für die Soziale Arbeit, Hochschule Niederrhein. Ihre wissenschaftlichen Schwerpunkte liegen im Bereich des deutschen und Europäischen Sozialrechts für Migrant*innen, des Flüchtlings- und des Antidiskriminierungsrechts. Sie ist Autorin verschiedener Handbücher für Studium und Beratung im Bereich des Flüchtlings-, Migrations- und Sozialrechts. Dienstadresse Hochschule Niederrhein, Richard-Wagner-Str. 101, 41065 Mönchengladbach. Kontakt: dorothee.frings@hs-niederrhein.de.

Hajo Funke, Prof. Dr. phil. Em.: Für Politikwissenschaft an der Freien Universität Berlin, 1993–2010 Otto-Suhr-Institut. Forschungs- und Lehrschwerpunkte: Rechtsextremismus und Rechtspopulismus, zeithistorische Bedingungen der Aufarbeitung des Nationalsozialismus; Analyse der Konfliktlagen im Nahen und mittleren Osten. Ehem. Gastwissenschaftler an der Harvard University; Lehre an der University of California, Berkeley. Gutachter im Prozess, den der Holocaust-Leugner *David Irving gegen die Historikerin Deborah Lipstadt* anstrengte, und Sachverständiger in fünf NSU-Untersuchungsausschüssen. Letzte Veröffentlichungen u. a.: Von Wutbürgern und Brandstiftern. AfD – Pegida – Gewaltnetze. Berlin 2016; Staatsaffäre NSU. Eine offene Untersuchung, Münster/Berlin 2015; Kontakt: hfunke@zedat.fu-berlin.de.

Cinur Ghaderi, Prof. Dr.: Evangelische Hochschule RWL, Lehrgebiet Psychologie. Arbeitsschwerpunkte: Transkulturelle Psychotherapie, Psychotraumatologie, Gesundheitsversorgung von Flüchtlingen, Identität, Diversity und Gender. Immanuel-Kant-Str. 18–20, 44803 Bochum. Kontakt: ghaderi@evh-bochum.de.

Sigrid Graumann, Prof. Dr. Dr.: Evangelische Hochschule Rheinland Westfalen Lippe, Lehrgebiet Ethik, Prorektorin für Forschung und Weiterbildung. Mitglied im Deutschen Ethikrat. Kontakt: graumann@evh-bochum.de.

Çiğdem Inan: Institut für Soziologie, Pädagogische Hochschule, Kunzenweg 21, 79117 Freiburg, cigdem.inan@ph-freiburg.de.

Ljiljana Joksimovic, Dr.: Leitende Oberärztin der Klinik für Psychosomatische Medizin und Psychotherapie des LVR Klinikums Düsseldorf, Kliniken der Heinrich-Heine-Universität Düsseldorf, Fachärztin für Psychosomatische Medizin, Psychotherapie und Psychoanalyse. Ihre Arbeitsschwerpunkte in Praxis und Forschung liegen u. a. in der Psychotraumatologie und der transkulturellen Psychotherapie. Sie ist Vorsitzende des Dachverbandes für Transkulturelle Psychiatrie, Psychotherapie und Psychosomatik im deutschsprachigen Raum e. V. Kontakt: Ljiljana.Joksimovic@lvr.de.

André Karger, Dr.: Oberarzt, Facharzt für Psychosomatische Medizin/Facharzt für Psychiatrie und Psychotherapie, Moorenstr. 5, 40225 Düsseldorf. Kontakt: andre.karger@med.uni-duesseldorf.de.

Eva van Keuk, Dipl. Psych.: Psychologische Psychotherapeutin, Menschenrechtsbeauftragte des Bundes Deutscher Psychologen, Psychosoziales Zentrum für Flüchtlinge, PSZ Düsseldorf, Benrather Str. 7, 40213 Düsseldorf. Kontakt: van-keuk@psz-duesseldorf.de.

Doron Kiesel, Prof. Dr.: Lehrt an der Fachhochschule Erfurt Interkulturelle und Internationale Soziale Arbeit und Pädagogik. Veröffentlichungen zu Themen der Migrations- und Integrationsforschung sowie zu filmtheoretischen Diskursen.

Ulrike Krause, Dr.: wissenschaftliche Mitarbeiterin, Zentrum für Konfliktforschung, Philipps-Universität Marburg, Forschungsschwerpunkte: Governance, Flüchtlingsschutz, konfliktbedingter Zwangsmigration, Gender sowie sexuelle und geschlechterbasierte Gewalt mit regionalem Fokus auf Afrika, insbesondere Ostafrika und Uganda. Ulrike Krause ist Mitglied im Vorstand des Netzwerks Flüchtlingsforschung und der Arbeitsgemeinschaft für Friedens- und Konfliktforschung, leitet die Redaktion des FlüchtlingsforschungsBlogs und ist Mitherausgeberin der Zeitschrift für Flüchtlingsforschung. Kontakt: Email: ulrike.krause@staff.uni-marburg.de; http://www.uni-marburg.de/konfliktforschung/personal/krause/.

Dieter Kunzke, Dr.: Diplom Psychologe, Klinik für Psychosomatische Medizin und Psychotherapie, des LVR Klinikums Düsseldorf, Kliniken der Heinrich-Heine-Universität Düsseldorf. Arbeitsschwerpunkte: Posttraumatische Belastungsstörungen, Gruppenpsychotherapie und Abhängigkeitserkrankungen. Kontakt: Dieter.Kunzke@lvr.de.

Ronald Kurt, Prof. Dr.: Evangelische Hochschule Rheinland-Westfalen-Lippe, Fachbereich I Soziale Arbeit, Bildung und Diakonie, Immanuel-Kant-Str. 18–20, 44803 Bochum. Kontakt: kurt@evh-bochum.de. Arbeitsschwerpunkte: Soziologie, Soziale Arbeit, Interkultur, qualitative Methoden der Sozialforschung.

Ronald Lutz, Prof. Dr.: Fakultät für Angewandte Sozialwissenschaften der Fachhochschule Erfurt; Lehrgebiet: Besondere Lebenslagen; Arbeitsgebiete: Allgemeine Soziologie, soziale Ungleichheit, Internationale Soziale Arbeit; Kontakt: lutz@fh-erfurt.de.

Christine Rehklau, Dr.: Vertretungsprofessur Diversität und Interkulturelle Pädagogik. Fachhochschule Erfurt. Soziale Arbeit. E-Mail: christine.rehklau@fh-erfurt.de.

Albert Scherr, Prof. Dr. habil.: Institut für Soziologie, Pädagogische Hochschule, Kunzenweg 21, 79117 Freiburg, scherr@ph-freiburg.de. Aktuelle Veröffentlichungen u. a.: Handbuch Diskriminierung. Wiesbaden 2016 (im Druck).

Monika Schröder: Diplom-Psychologin, Transkulturelle Ambulanz der Klinik für Psychosomatische Medizin und Psychotherapie, LVR-Klinikum Düsseldorf, Kliniken der Heinrich-Heine-Universität Düsseldorf, Bergische Landstr. 2, 40629 Düsseldorf. Kontakt: monika.schroeder@lvr.de.

Stephan Strsembski, Dr.: Bundesverband Deutscher Kunsthistoriker. Kunstverleger, Dozent für Kunstgeschichte und Kunsttheorie an der Ruhrakademie Schwerte, Lehrbeauftragter an der Evangelischen Hochschule Rheinland-Westfalen-Lippe. Kontakt: http://strsembski.de, stephan@strsembski.de.

Ulrich Wagner, Prof. Dr.: Sozialpsychologe und Konfliktforscher an der Philipps-Universität Marburg. Seine Arbeitsschwerpunkte sind Konflikte zwischen Gruppen, Aggression und Gewalt sowie die Evaluation von Präventionsmaßnahmen. Anschrift: Gutenbergstr. 18, 35032 Marburg, Germany, Kontakt: wagner1@staff.uni-marburg.de.

Dima Zito, Dr.: Traumatherapeutin, außerdem Forschungs- und Lehrtätigkeit mit den Schwerpunkten Trauma und Flucht. c/o Psychosoziales Zentrum für Flüchtling, PSZ Düsseldorf, Benrather Str. 7, 40213 Düsseldorf. Kontakt: zito@psz-duesseldorf.de.

8569393R00224

Printed in Germany
by Amazon Distribution
GmbH, Leipzig